第三巻　　　　　　　　　　　　大雪山・北海道北東部

山の履歴簿
山と人の関わり

渡辺　隆［編著］

北海道出版企画センター

山 の 履 歴 簿

第三巻　大雪山・北海道北東部　目次

凡　例　3

第Ⅰ編　各山域の範囲と特徴　11

第Ⅱ編　山の履歴
- Ⅱ-1　阿寒摩周国立公園　17
- Ⅱ-2　雌阿寒岳周囲の主な火山活動　17
- Ⅱ-3　大雪山の読みかた　18
- Ⅱ-4　大雪山のあらまし　18
- Ⅱ-5　大雪山の生成と火山活動　19
- Ⅱ-6　大雪山沼沢水の汚染とトイレ事情　20

A-1	知床火山群	23	A-2	斜里山地	57
A-3	屈斜路摩周火山群	80	A-4	根釧台地	124
A-5	阿寒火山群	136	A-6	豊頃白糠丘陵	164
A-7	十勝中部丘陵	181	A-8	然別火山群	194
A-9	東大雪火山群（裏大雪）	218	A-10	北見盆地	248
A-11	北大雪火山群	260	A-12	表大雪火山群	285

第Ⅲ編　山小屋と登山基地

A-1	知床火山群	339	A-2	斜里山地	340
A-3	屈斜路摩周火山群	342	A-5	阿寒火山群	343
A-9	東大雪火山群	345	A-11	北大雪	348
A-12	表大雪	349			

第Ⅳ編　登山記録

A-1	知床火山群	367	A-2	斜里山地	373
A-4・A-8	阿寒火山群・然別火山群	374	A-9	東大雪火山群	375
A-11	北大雪火山群	383	A-12	表大雪火山群	389
	大雪山火山群と十勝火山群の縦走	404			

第Ⅴ編　遭難事故

A-1	知床火山群	413	A-2	斜里山地	414
A-3	屈斜路摩周火山群	414	A-8	然別火山群	415
A-9	東大雪火山群	415	A-11	北大雪火山群	415
A-12	表大雪火山群	416			

第Ⅵ編　炭鉱・鉱山・鉄道

A-1	知床地区の鉱山	427	A-2	斜里・標茶地区の鉱山	427
A-3	屈斜路地区の鉱山	427	A-4	厚岸・釧路地区の炭鉱	428
A-5	阿寒地区の鉱山	434	A-6	白糠・浦幌地区の炭鉱	437
A-10	北見地区の鉱山	440	A-12	表大雪の鉱山	441
	道東地区の炭砿鉄道と森林鉄道	442			

第Ⅶ編　付録

1　同名・類似の山名一覧表（大雪山・北海道北東部）　451
2　第二巻の訂正と補稿　453
3　参考文献・写真提供（第三巻）　458

第Ⅷ編　山名索引（大雪山・北海道北東部　A－Z順）　461

凡例 （第Ⅱ編、山の履歴）

[収録対象の山名]
　収録対象の山は、文献や地図に掲載され、ヌプリ（ノホリ）、シリ、山、岳（嶽）、峰、峠などと表記されているものとした。
　古文献にみえる山と峠のうち、名称と位置が変わっているものがある。

[山の配列順]
　略図に示す大雪山・北海道北東部の山域を、北から南の順に大分類し、同一の山域にあっては、国土地理院地形図（2万5千分の1）を、右上から左下の順に中分類した。同一地形図内の山は、おおむね、地図の右上（北東）から左下（南西）の順に配列した。

[呼　称]
　山名のローマ字綴りは「ヘボン式」を基本とした。「やま」「さん」「ざん」「たけ」「だけ」については、掲載資料や地元の呼び方に異なるものがあり、統一されていない場合があるので、どの呼称が正しいかきめることはできないが、索引作成の必要から、便宜上編者が付けたものもある。

[異称山名]
　同一の山で異なる名称を持つものは、（　）又は「→」を付けその山名を示した。

[標高値・記号]
　原則として国土地理院地形図などに記載されている最新数値を用いたが、実際の山頂の標高と異なる場合がある。　△：国土地理院三角点。　・：標石のない標高点。　仮：仮製5万図分の1図。　切：道廳20万分の1図（実測切図）。　無：三角点のない標高値。　？：位置や高さ不明。　×××：連山または山々のことなので表示不能。

[20万図]
　国土地理院発行の20万分1地勢図の図名。図名の数字は、その地勢図を縦8×横8の64に分割し、右端を1〜8、以下9〜16、…左端を57〜64とした。それぞれの山の頂上部がこの64分割のどれに位置するかを示した。

[2.5万図]
　国土地理院発行の2万5千分1地形図の図名。その地形図を4分割し、右上をa、右下をb、左上をc、左下をd、xは位置不明の山である。山名が国土地理院の2.5万図に記載されている場合は、掲載図名にアンダーラインを付けた。

[経緯度]
　国土地理院地形図の山頂三角点の位置を、東経と北緯の数値で表示した。

[市町村]
　山頂部の位置（原則として三角点などの表示箇所）が、どの市町村にあたるかを示した。登山記録、市町村史、炭鉱、鉱山などの市町村名は、当時の名称を、それ以外については令和元年現在とした。

[位置特徴]
　その山の周辺にある比較的分かり易い地名との距離を、地図上の水平直線で示した。また、その山が持っている特徴を簡単に書いた。

[河川と河川番号]
　山の位置について、山頂部直近の川（沢）土木現業所作製河川図の名称と河川番号を記載した。その山が川のどの辺りに位置するか、源流が山頂間近の場合は「源流」、それより下流の場合は、「中流」「下流」「河口（川口）」で示した。

[山名掲載資料]
　その山名が掲載されている文献や地図の名称を、古いものから順に記した。頻出する文献は略称を用い、松浦武四郎の著作や『永田地名解』に掲載された山名については、その文献の掲載頁を表示している。

[アイヌ語の由来と語源]
　アイヌ語の山名に係わる由来や語源について、諸説あるものを解説している。しかし、不明なもの、疑問のあるものなどが多く、約7割が確定できない。
　アイヌ語の表記法は、北海道アイヌ協会編「アコロイタクアイヌ語テキスト1」（1994年）を用いた。ただし、1994年以前に作成されたものについては、それぞれの文献の表記によった。

[夏季コース]
　最近の夏季登山コースについて、登山口とおおよその所要時間を簡単に示した。本書はコースガイドでない。

[同名類似の山]
　呼称の同じ山（例丸山、天狗岳）が第三巻（大雪山・北海道北東部）に複数ある場合は、その山名に①②‥を付けた。また、「同名・類似の山名一覧表」を、第Ⅶ編－1（451p）に掲載した。

「炭鉱・鉱山・鉄道」
　掲載した炭鉱は、総出炭量1,000㌧以上とした。「炭鉱」「炭礦」などの表記は、稼動当時の名称とした。

[その他]
　人数の「人」「名」、尺度の「m」「米」「k」「km」「粁」などは、資料に書かれている

そのままを転載し、統一していない。

[挿入写真]
　写真説明文末尾記載の【　】内数字は、その写真の関連記事が掲載されている「第Ⅱ編、山の履歴」および「第Ⅲ編 山小屋と登山基地」本文の頁を示す。

[挿入記号]
　　□：位置・特徴　　◇：文献・資料　　○：地名の語源・由来
　　◎：現在の登山コース　　⌀：廃道・旧道　　★：登頂記録　　☆：遭難事故
　　♨：温泉　　⛄：スキー場　　🏠：現山小屋　　🏚：旧山小屋　　⚒：鉱山・炭鉱

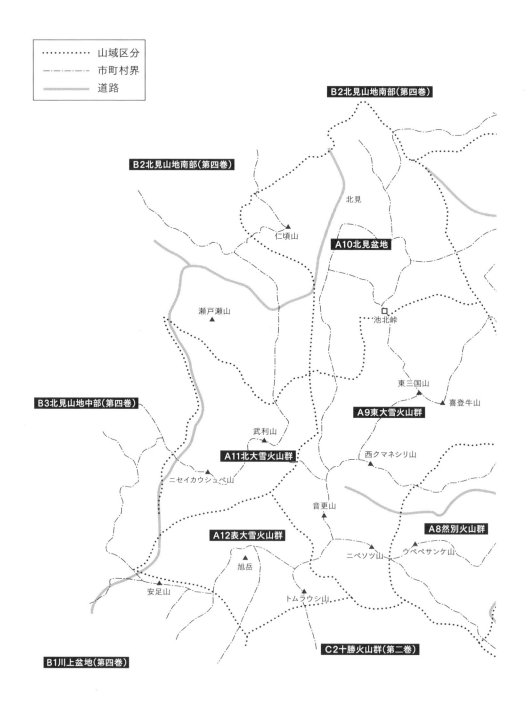

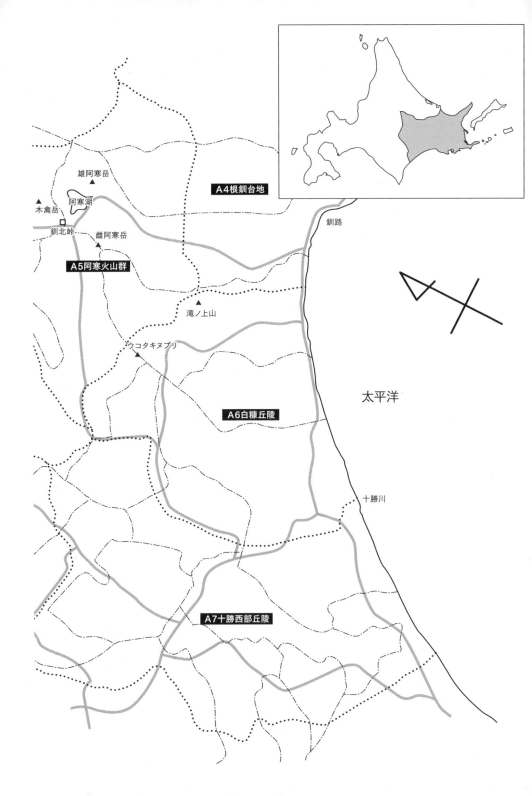

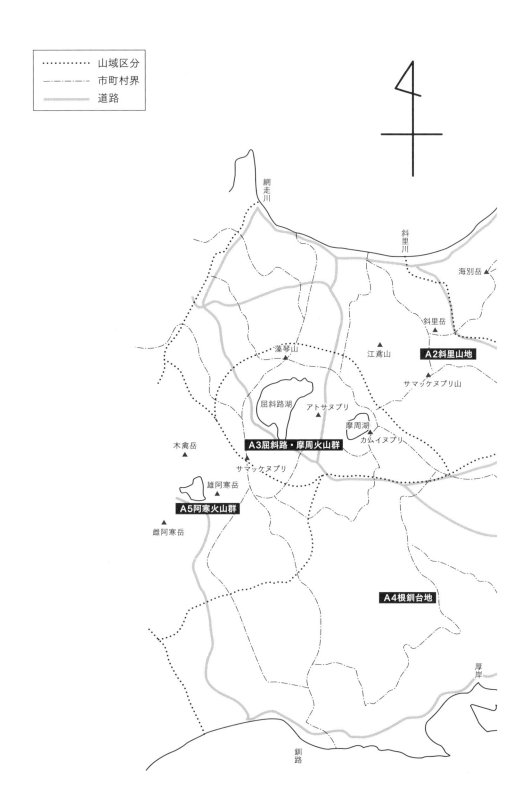

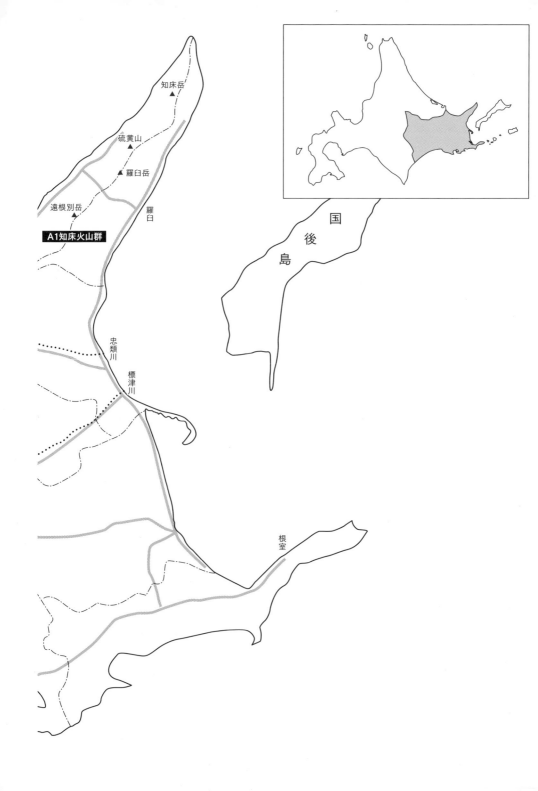

第Ⅰ編　各山域の範囲と特徴

A-1　知床火山群

　北海道の北東端に位置する知床半島は、先端の知床岬まで長さ65km、基部の幅約25km、北東方向へオホーツク海にくさび状につき出し、東岸は根室海峡を隔てて北方領土の国後島と対峙する。その背稜部には千島火山帯に属する知床岳(1254.3m)、トッカリムイ岳(560.8m)、硫黄山(1262.3m)、羅臼岳(1660.0m)、知西別岳(1317m)、遠音別岳(1330.4m)、海別岳(1419.3)m、などの山が一直線に連なる。

　知床半島を構成する千島火山帯は、基盤が約860万年前に始まった海底火山の噴出物で、それが約50万年前の火山活動によって隆起し、知床火山群を形成している。輝石を多く含む安山岩質の溶岩や集塊岩によって構成されているため険しい独特な山の形を示す箇所が多い。

　知床火山群は、四つの火山彙に分けられる。そのうち北部は火山の麓が直接海蝕を受けて断崖をなしているところが多く、特に西海岸のパッシュパキ、ポロペッのあたりは高さ100～200mの絶壁が約10kmにわたって連なる。半島の突端部は海蝕面が隆起した平坦な段丘で、その上に火山がのっている。南部に至るにしたがい丘陵性地形となる。

　海からの強風が直接吹き付け、気候が冷涼なことから、山麓の原生林にはエゾマツ、トドマツ、広葉樹のミズナラ、ダケカンバの原生林が茂る森林限界が500～800mと低く、それより上部はハイマツ帯となりシレトコスミレなどの群落もみられる。山々の間には火山性の堰き止め湖沼が点在し、チシマフウロ、チシマトリカブト、ガンコウランなど430余種の高山植が、美しい景観を作り出している。

　昭和39年(1964)に、知西別岳より先端部が知床国立公園となった。なかでも遠音別岳周辺は遠音別岳原生自然保全地域に指定し、一般の人の入山は規制されている。この地域にはヒグマ、オオワシ、シマフクロウなどの大型鳥獣が生息し、大小6つの沼は水鳥たちの憩いの場である。

　一般的な登山道のある山は少なく、半島基部の海別岳および半島中央の羅臼岳と硫黄山にあるのみである。このほかの山に登るには、沢の遡行やヤブこぎを覚悟しなければならない。山小屋がないので原始的な登山が魅力であろう。参照資料『北海道大百科事典』『北海道の地名』

A-2　斜里山地

　オホーツク海に注ぐ斜里川は下流で二股に分かれる。その南東支流の幾品川を南方上流へ、この川の上流は国道244号線(斜里国道)が平行して走る。根北峠へ出て国道を

東へ下り始めると忠類川が平行して流れている。この川の河口に到ると知床半島東側の付け根にあたる。

斜里山地の東方は、北に忠類川、南に標津川の各河口を持つ根室海峡である。斜里山地の主な山は、南東部に集中しており、主峰は独立峰の斜里岳（1547m）である。

南の境界の東端は、根室海峡に注ぐ標津川を南西に遡り中標津町中流の計根別で支流のケネカ川の源頭に当たる清里峠まで、ここより斜里川を北に下り斜里町緑の集落から西方へ、屈斜路湖外輪山の北側斜面を美幌町古梅の集落まで、ここを西端とした。

西の境界は、古梅より美幌川を北へ下り、網走湖の東岸を経て網走川の河口まで、西側は北見盆地と接している。

A-3　屈斜路・摩周火山群

日本最大のカルデラ（26×20km）を持つ屈斜路火山群は、中央部のアトサヌプリ火山群、南部の周辺に広がる火砕流台地、北縁の藻琴山（1000m）、さらにカルデラの東壁を造る摩周火山などで構成され、カルデラの西部に屈斜路湖、東部に摩周湖を配する。屈斜路火山群の最高峰は藻琴山である。屈斜路火山は、約34万年前から約3万年前にかけて、噴火や火砕流の活動が行われた。

北の境界は、美幌町市街より美幌川を南方へ遡り、古梅の集落より東方へ屈斜路湖の北縁を、女満別川、浦士別川、パナクシュベツ川、ペナクシュベツ川などの上流を経て清里町緑の集落まで。

東の境界は、ここよりケネカ川を南東方へ下り清里峠を経て道々13号線沿いの中標津町の計根別の集落まで。

南の境界は、ここより道々13号線を西方へ虹別を経て摩周に出て、鐺別川を遡り津別川の源頭（ここは美幌町、阿寒町、弟子屈町の境界点）まで。

西の境界は、津別川の源頭より津別川を南西方に下り、津別町の市街で網走川に出てこれを北に下り美幌町市街まで。

A-4　根釧台地

根釧台地は釧路支庁から根室支庁にかけて広がり、斜里山地の南東を流れる標津川を境に、南方に広がる火山麓面や扇状地群からなり、300mを超える山はない。釧路平野の北西へ広がる100m〜200m級の台地は、鶴居丘陵と呼ばれる。

根釧台地北辺の境界は、根室海峡に注ぐ標津川を南西方に遡り、中流の計根別で国道13号線に出て、この国道を西方へ走りJR摩周駅まで。根釧台地の東隣りは根室海峡（野付水道）、南辺は太平洋に面する。

西の境界は、JR摩周駅から道々53号線（釧路鶴居弟子屈線）を南方へ、中オツベツで国道274号線に出て、この国道を南西方へ中久著呂、上幌呂、共和、東栄、布伏内を経て、シュンクシタカラ川を遡り庶路ダムに出る。ここより庶路川を南へ下り、庶路川の川口に至る。

A-5　阿寒火山群

　阿寒火山群は、阿寒摩周国立公園の南西部に位置する。同公園は釧路・根室・十勝・オホーツク管内の1市10町村にまたがる。昭和9年（1934）国立公園に指定され、阿寒国立公園の名称は、平成29年（2017）8月8日に「阿寒摩周国立公園」に改称された。景観保全のため摩周湖北側の森林900㌶を対象区域に加え、公園の総面積は約9万1千㌶となった。

　阿寒火山群北の境界は、津別川の川口にあたる津別町達美より、南東方へ津別川を源頭の美幌町、阿寒町、弟子屈町の境界点まで遡り、鐺別川を東方へ下り釧路川への合流点（JR摩周駅）まで、東の境界は、ここより南方へ釧路川を20数km下り標茶町市街まで。

　南の境界はここより国道274号線を西方へ、中久著呂、上幌呂、東栄、シュンクシタカラ川を遡り庶路ダムを経て、道々143号線（白糠国道）が走る右股、ここより143号線を走り上稲牛、稲牛を経て国道241号線（足寄国道）を南西へ約10kmの足寄市街まで。

　西の境界は、ここより北東方へ利別川を陸別町市街、さらに国道241号線と並行して流れるケミチャップ川を北東方へ木桶を経て津別町達美の集落に至る。北隣りは北見盆地である。

　今から400万年前近くに、木禽岳（994.8m）、イユダニヌプリ山（902m）などの中型成層火山が形成され、阿寒火砕流・カルデラの形成と無縁のものであったと考えられている。阿寒火山は20〜15万年前に少なくとも3回大規模なデイサイト火砕流を噴出し、その中心に径14〜23kmの北東から南西方向にのびる楕円形のカルデラを形成した。阿寒火砕流はカルデラから103km以上の距離を流走し、広い範囲に火砕流台地や丘陵を形成している。『北海道の地名』（平凡社）

A-6　白糠丘陵

　白糠丘陵の北辺の境界は、足寄市街より足寄川を北東方へ10数kmのところで稲牛川へ入り東方へ上稲牛を経、峠を越えて道々143号線に出る、ここから道々を約8km南へ走り、左股の手前で東方へ林道を約7km下り庶路ダムに至る。東の境界は此処より庶

路川の川口まで。白糠丘陵の南は太平洋である。

　西の境界は十勝西部丘陵と接する。十勝川の河口より池田の市街を経て北方へ利別川を遡り足寄の市街まで。

　白糠丘陵は、標高200～400mの丘陵。その背後には500～700mの山地が連続しているが、この山地は十勝支庁と釧路支庁の境界となっているために国境山地とも呼ばれる。白糠丘陵は全体的に褶曲し、ところどころに断層を伴った複雑な地質構造を示す。

　丘陵全体が釧路炭田の西部地域と重なっている。安政3年（1856）に幕府によって、北海道における最初の石炭採掘が行われた。明治30年（1897）以降民間資本による本格的な採掘が行われ、雄別・尺別・上茶路などの炭鉱が操業していたが、昭和45年（1970）までにすべて閉山した。

　丘陵全体は穏やかな起伏をもつが、高まりの軸は二本、一つは丘陵北西側縁辺の200m前後の高まりで最高点（335mの無名山）がある。もう一つは十勝川との境界より太平洋岸に沿う高まりでカンカン山（214.5m）を中心として南西方へしだいに低くなる。

　標高400～700m級の主稜線は、浦幌川左岸に沿って南北に延び、最高地点はウコキタヌプリ（747m）。丘陵の東半は急峻な斜面と細かな山壁からなり、西側は起伏が小さく、特徴的な地形を造っている。

A-7　十勝西部丘陵

　十勝平野が広がる十勝川下流の扇状地の、南東縁に北から南へ長流枝内丘陵、幕別台地、豊頃丘陵が並ぶ。北に然別火山群、西方は日高山脈である。

　北辺の境界は、足寄の市街より道々274号線を西方へ足寄湖、富士見台、上士幌、士幌、瓜幕、ここより道々593号線（屈足鹿追線）へ入り岩松（西向かい正面にパンケ山）まで。

　東辺の境界は、十勝川の河口より池田町の市街を経て北方へ利別川を遡り足寄の市街まで。十勝南西部丘陵の南は太平洋である。

　西辺の境界は、芽室町市街の美生川川口より南方へ遡り、上美生で道々55号線を南東方へ中戸蔦、常盤、元更別、拓進、尾田、大樹町市街を経て歴舟川の河口へ出る。十勝南西部丘陵の南は太平洋、西辺の隣りは日高山脈である。

A-8　然別火山群

　然別火山群は、北辺を東大雪火山群、東辺を阿寒火山群、南辺を十勝西部丘陵、西辺を十勝火山群に囲まれている。

　北辺の境界は、ニペソツ川と雨の沢を遡り丸山（1692m）を越え、ここから東方の六

の沢川と幌加音更川を下り、糠平湖の北辺の一の沢を遡り、ヌカナン川を下り川口の（西喜登牛まで。東辺の境界は、ここから美里別川を下りこの川の川口にあたる芽登まで。

南辺の境界は芽登から道々274号線を西方へ士幌町を経て瓜幕、ここからさらに西方へ道々593号線（屈足鹿追線）に入り上士幌内を経て十勝川が流れる岩松まで。

西の境界は、ここから十勝川を遡り岩松湖、東大雪湖を経てニペソツ川の川口まで。

然別火山は、石狩山地と十勝平野の境界に数万年前に生じた安山岩溶岩ドーム群で、ヤンベツ川を堰きとめ、然別湖を形成した。溶岩ドームは天望山、白雲山、東西ヌプカウシヌプリなど新旧の大小10個からなる。『日本の地形2北海道』

A-9 東大雪火山群（裏大雪）

大雪火山群は、大雪山系の南東部を占め、大雪山国立公園の南東奥に位置するところから、以前は裏大雪とも呼ばれていた。東大雪の山岳は表大雪や十勝連峰のなだらかな山々とは対照的で、登山道は急峻、山小屋はなくその距離も長いため、重装備の縦走となるので登山者の数は少ない。

東大雪火山群の北東端を「表大雪」と接する大雪湖にとり、国道39号線の北見国道を北辺として温根湯温泉をとした。この国道の北方は「北見盆地」と「北見山地南部」である。

東辺は、温根湯温泉から南へ下り温根湯峠を越えて置戸町中里に出て、置戸町市街から国道242号線（ちほく高原鉄道ふるさと銀河線）の陸別を経由し足寄まで、ここの足寄太を東大雪の南西端とした。

足寄から西へ向かい、上士幌市街、士幌町市街、然別湖南の幕瓜を経て十勝川の岩松を南西端とした。ここを結ぶ線を東大雪の南端とし「十勝南部丘陵」と接する。

岩松から十勝川を北上し、東大雪湖（十勝ダム）を経てトムラウシ川を遡り、沼ノ原を越え、石狩川源流を下って大雪湖に至る。

石狩山脈の稜線上の北東から南西へ三国山（1541.4m）、ユニ石狩岳（1756m）、音更山（1932.1m）、石狩の肩（1770m）、石狩岳（1967m）、小石狩岳（1924m）、川上岳（1894m）、ニペノ耳（1895m）が並び、石狩山脈の北にポン音更山（1802m）この石狩山脈の稜線が南に延び、東大雪山群の最高峰ニペソツ山（2013m）に至る。

A-10 北見盆地

北見盆地は、網走支庁管内のほぼ中央部、北見市を中心にして常呂川の中流に位置する。最高峰は仁頃山（829.2m）である。北見盆地の北は北見山地南部（第四巻集録）である。

北見盆地の北界は、北見市岩佐より国道 333 号線（遠軽国道）を南東へ仁頃町、端野町を経て美幌町まで。

　東は、美幌市街より網走川を南へ津別町を経て道々津別陸別線（道々211 号線）を南西へ陸別町市街まで。さらに陸別国道を北西へ置戸町の拓殖まで。南の界はここより勝山を経てオンネアンズ川を西へ幌加山の北麓を経て枇杷牛沢を下り北見国道に出る。

　北東は、無加川沿いに塩別温泉、温根湯温泉を経て留辺蕊市街へ、ここより佐呂間別川を北へ下り北見市岩佐まで。

A-11　北大雪火山群

　北大雪火山群は、北に北見山地中部、南西に表大雪火山群、東は北見山地南部、これらに囲まれた位置にあり、ニセイカウシュッペ山（1883m）、平山（1771m）、武利岳（1876.3m）、武華山（1759.0m）などが鎮座している。

　北大雪の北の境界は、ＪＲ石北本線に沿い上川より北見峠を越え丸瀬布まで。東の境界は、ここより武利川を南へ遡りケショマップ川を下り無利川との合流点まで。

　南の境界は、ここより国道 39 号線（北見国道）を石北峠を越えて大雪湖まで。

　西の境界は、ここより国道 39 号線を石狩川に沿っての上川町市街までとした。

　北大雪の山岳地域は、表大雪と比べ交通の便が悪く山小屋もないことから登山者が少ない。平山に至る登山道は豊富な高山植物群がつづき、頂上は、対岸の表大雪を眺める展望台として人気がある。

A-12　表大雪火山群

　表大雪は、溶岩ドームを持つ古期成層火山体（北鎮岳 2244m、小泉岳 2158m、黒岳 1984.4m、凌雲岳 2125mなど）と新規成層火山（旭岳 2290.9m、御鉢平、熊ヶ岳 2210mなどから構成される。御鉢平カルデラができた 3 万年前以降に、旭岳、熊ヶ岳、後旭岳（2216m）の火口丘の形成と御蔵沢溶岩流の流出が起こった。旭岳は比高 600m、底径 9ｋmの小型成層火山である。

　表大雪の北の境界は、石狩川と忠別川合流点より石狩川を遡り上川市街と層雲峡を経て大雪湖まで。

　東の境界はここより石狩川を南へ遡り沼の原を経てヌプントムラウシ川を下りユウトムラウシ川の二股まで。

　南の境界は、ここより北西方へユウトムラウシ川を遡り、硫黄沼を経て中尾沢を下り、さらに辺別川を下り、忠別ダムを経て、道々213 号線（天人峡美瑛線）を西方へJR北美瑛駅まで。

西の境界は、ここより国道237号線を北北西方へ忠別川の川口まで。

Ⅱ－Ⅰ　阿寒摩周国立公園

　昭和7年8月、8年5月と7月、9年6月に、宮殿下の御成りもあって、雄阿寒岳及び雌阿寒岳には登山路が設けられ、また雄阿寒岳周囲の五湖を連絡する林内歩道も整備された。
　昭和9年(1934)、北海道で最初に阿寒国立公園に指定された。公園の範囲は阿寒湖周辺、屈斜路湖周辺、摩周湖周辺であった。平成29(2017)年8月8日に、摩周湖北側の「神の子池」周辺まで932㌶が拡張され、総面積は9万1413㌶、名称も「阿寒摩周国立公園」に改称された。
　この国立公園の中心は周囲25㎞の阿寒湖、アイヌの悲恋物語に出てくるマリモが棲んでいる。阿寒地方の原生林一帯は人の手がさほど加えられず、雌阿寒岳西麓にオンネトー、ポントー、雄阿寒岳の北にペンケトー・パンケトーなどの堰止め湖が点在し、温泉が沸いている。山岳はさほど高くないが周囲の風景と調和している。

Ⅱ－2　雌阿寒岳周囲の主な火山活動

　道内に18ある活火山のうち、雌阿寒岳は「活動が特に高い活火山」（十勝岳、有珠山、樽前山、駒ヶ岳）4座の一つ、「活動が高い活火山」は（知床硫黄山、羅臼岳、摩周岳、雌阿寒岳、恵山、渡島大島）の6座である。
　雌阿寒はポンマチネシリ、中マチネシリなど大小の火口と寄生火山からできている複成火山である。南隣りの阿寒富士ができた2000年～800年前の噴火を最後に、長い間鳴りを潜めていたが、1952年ごろから鳴動、噴煙などを記録するようになり、1955年11月19日に大規模な水蒸気爆発を起こした。
　それ以降下記の小噴火を繰り返し、その後は地震、地殻変動も低調で静穏な状態にある。
1955年11月　爆発　ポンマチネシリ
1956年3、5～7、10月　小爆発・爆発　ポンマチネシリ
1957年2、5、8、9月　爆発・小爆発　ポンマチネシリ、中マチネシリ
1958年2月　爆発　ポンマチネシリ
1959年5、7月　小爆発　中マチネシリ

1960 年 9 月　　小爆発　　ポンマチネシリ
1962 年 4 月　　小爆発　　中マチネシリ
1964 年 6 月　　小爆発　　中マチネシリ
1965 年 5 月　　小爆発　　中マチネシリ
1966 年 6 月　　小爆発　　中マチネシリ
1981 年 10 月　　熱泥噴出　　ポンマチネシリ
1988 年 1、2 月　　小噴火　　ポンマチネシリ
1996 年 11 月　　小噴火　　ポンマチネシリ
1998 年 11 月　　小噴火　　ポンマチネシリ、中マチネシリ
2006 年 3 月　　小噴火　　雌阿寒岳山頂の赤沼火口北西斜面

Ⅱ－3　大雪山の読みかた

古文献を調べると、「だいせつ」と「たいせつ」の両方が用いられている。
◇「山嶽中其高竣なるものを挙ぐれば大雪山（だいせつざん）、元名はヌタカウシュペなり（『日本地名地誌』108p）‥」ところが、同書の次の頁（109p）では、「忠別川は源を大雪山（たいせつざん）に‥」ここのルビは清音で、著者の松原岩五郎は濁音と清音の双方で呼んでいる。これが大雪山を呼称した最初の記録である。松原岩五郎著『日本地名地誌』9（明治 32 年 9 月 23 日、博文館発行）
◇大雪山（だいせつざん）上川中学校（明治 39 年作詞）、旭川高等学校、旭川東高等学校の校歌
◇大雪山（だいせつざん）『北海道大百科事典』北海道新聞社
◇大雪山国立公園（だいせつざん）『北海道大百科事典』北海道新聞社
◇大雪湖（だいせつこ）『日本地名大辞典』角川書店
◇大雪山（たいせつざん、ダイセツザンとも）『広辞苑』第六版、岩波書店
◇大雪山（たいせつざん）「国土地理院 2.5 万図」
◇大雪山（たいせつざん）『北海道の地名』平凡社
◇大雪山（たいせつざん）『日本地名大辞典』角川書店
◇大雪国道（たいせつこくどう）『日本地名大辞典』角川書店

Ⅱ－4　大雪山のあらまし

　大雪山は、北海道の中央部のやや東方に位置し、大小 20 をこえる火山体の集合で、複

雑な地形・構造・発達史を持つ。広い意味では大雪山国立公園区域の北西部をいい、狭義には大雪山を代表する山の「旭岳」（2290.9m）を大雪山と呼ぶことがあった。また、大雪山の区域を分けた呼び名も用いられる。石北峠を境にして北東に連なる山地を北大雪、旭岳を主峰とする西側山群を表大雪、大雪山の中央部から東部の山地を東大雪、表大雪の南東に連なる山群を十勝連峰と呼んでいる。

　大雪山は、昭和9年（1934）12月8日に、大雪山（だいせつざん）国立公園の指定を受けた。総面積は神奈川県とほぼ同じ約23万㌶、国内最大である。北海道内における2000mを超える山の上位20数座がここに集中しているところから、北海道の屋根と呼ばれている。

　大雪山は登山道がよく整備されており、黒岳、旭岳、白雲岳（2230.1m）、忠別岳（1962.8m）に登山小屋や避難小屋がある。登山口のある、層雲峡温泉、天人峡温泉、愛山渓温泉、旭岳温泉（旧・勇駒別温泉）、高原温泉などが、表大雪の山群を取り巻いており、変化に富んだ登山を楽しむことができる。なだらかな山稜は裾野まで豊かな高山植物に彩られる。山頂部には6月末まで降雪をみることがあり、9月中旬には初冠雪をみることがある。参考：阿地政美『北海道大百科事典』

Ⅱ－5　大雪山の生成と火山活動

　大雪山の火山活動が始まったのは90万年前、層雲峡の断崖絶壁は約3万年前の爆発によって流れ出した溶結凝灰岩が冷えてできた。

　御鉢平を中央火口とした場合、北海岳（2149m）、松田岳（2136m）、荒井岳（2183m）、間宮岳（2185m）、中岳（2113m）は、かつて楕円形であった大火口の周壁の一部にあたる。それらの地形をとりまくように並ぶ峰々のなかから、黒岳、烏帽子岳（2072m）、白雲岳、後旭岳（2216m）、熊ヶ岳、北鎮岳、凌雲岳、桂月岳（1938m）などを結んでみると、中央大火口よりもさらに一回り大きな楕円形ができる。これらはかつて、カルデラの周壁の存在をものがたるものであり、環状に連なるこれらの山々は陥没によって生じた断壁にそって噴出したものと考えることができる。

　つまり大雪山はかつての激しい火山活動の後に、大規模なカルデラを形成し、その後、カルデラの中央部に火口丘として新しい火山を誕生させたが、その中心部がさらに規模の小さな陥没をひきおこして、中央火口というべき御鉢平が形成されるに至ったという、一連の過程を考えてみてはどうだろう。

　特徴ある熔結凝灰岩が、大雪山の周辺に広く分布しており、凝灰岩が普通カルデラの形成と密接に関連するものであるから、永山岳（2046m）、比布岳（2197m）、小泉岳（2158

m)、赤岳（2078.5m）などは、山体の浸食状態の度合いから、上に述べた火山群よりも一段と古い時期の生成と考えられる。これに反して最高峰の旭岳は、大雪火山のなかで最も若い火山のようである。円錐状の山体を形成した後、頂上から西側に大きな爆発による火口をつくっている。：矢野牧夫「日本の山」

　旭岳山頂西側の「地獄谷」と呼ばれる斜面には大爆裂火口があり、大小多数の噴気孔群は今も活発な噴気活動が続けている。爆裂火口の末端に広がる旭平には「姿見の池」「夫婦池」など、多数の旧爆裂火口群が水をたたえ、標高1600mから1700mとあって、夏でも万年雪が散在する。高山植物が咲き競う「お花畑」と噴気活動との奇妙なコントラストが、登山客を楽しませている。：小池省二「朝日新聞1997年9月「北の火の山」

Ⅱ－6　大雪山沼沢水の汚染とトイレ事情

A　沢水の汚染問題

　平成10年（1998）7月中旬に、旭川市内の登山愛好家岡花博文ら3人が、トムラウシ山近くの南沼野営指定地近くの雪渓の融水、同山登山ルートにあるヒサゴ沼野営指定地のヒサゴ沼、同山登山道沿いのカムイサンケナイ川、9月初旬に、五色岳登山ルートの五色の水場、同沼ノ原野営指定地の大沼の5カ所から水のサンプルを採取し、これを旭川・北見の両保健所で検査したところ、5カ所すべてから大腸菌が検出された。野営指定地周辺は登山者のトイレ場にもなっており、人為的なものと考えられる。国立公園内の有効なし尿処理問題があらためて浮き彫りになった。「北海道新聞」1998.10.16

　登山者の山に対する基本的な心構えは、日本山岳会1955年発行の「山日記」に記載の松方三郎元会長による「登山の注意」があげられる。最近は入山者の増加と著名な山への集中により、沢水が飲めなくなったとか。山のトイレ問題はもはや放置できなくなっており、中でも登山者のマナー低下を無視できない。

　日本山岳会（自然保護委員会、科学委員会）は、この問題に対する行動指針の一つとして、登山者の立場から見たトイレマナーノートを作成（2002.7.1）した。

B　大雪山国立公園山岳地域のトイレ事情
1）　常設トイレのある山小屋

　黒岳石室、忠別岳避難小屋、ヒサゴ沼避難小屋、白雲岳避難小屋、カミホロ避難小屋の5箇所は、常設トイレがあり利用できる。しかし、旭岳石室はトイレがないので、携帯トイレを持参したい。

2) トイレのない山小屋と野営指定地

　ヒサゴ沼から美瑛富士、沼ノ原、石狩岳の各山域の宿泊できる避難小屋や野営指定地にトイレがないので、携帯トイレを持参したい。

　なお、ヌプントムラウシ避難小屋はトイレがあるが、台風等の被害により当面利用できない。

3) 携帯トイレ回収ボックスのあるところ
　①旭岳温泉ビジターセンター
　②愛山渓温泉登山口
　③トムラウシ山短縮登山口
　④層雲峡ビジターセンター
　⑤大雪高原温泉
　⑥トムラウシ温泉
　⑦杉沢出合（前天狗とニペソツへの登山口、当面利用不可）
　⑧幌加温泉

4) 携帯トイレブースのあるところ

　愛山渓温泉、層雲峡温泉、旭岳温泉、大雪高原温泉、トムラウシ温泉、トムラウシ短縮路登山口、杉沢出合、幌加温泉、白金温泉、望岳台、十勝岳温泉。

第Ⅱ編　山の履歴

A-1 知床火山群

サマッキヌプリ① samakki-nupuri 〔標高〕・947m〔山地〕A-1 知床火山群〔20万図〕知床岬 45〔2.5万図〕知床岬 b
〔山頂所在市町村〕斜里町・羅臼町
〔位置特徴〕知床岬の南方に、標高 400〜500m のやや平坦な山並みがポロモイ岳 992m から北へ 947m まで約 4km 続いている。
〔地名掲載資料〕
◇サマッキヌプリ「道庁 20万図」（実測切図）（知床・明治 28年）　現在の知床岳のあたりに記されている。
◇サマッキヌプリ「仮製 5万図」（明治 30年）現在のポロモイ岳の辺りに記されている。
◇（サマッキヌプリ）アフシルイ岬は俵岩の北五町許、サマツケヌプリ嶽の峰頭を其後に仰ぎ岬端大岩洞あり。『日本名勝地誌』第九編
◇阿紛類（アフンルイ）、留差の北三里に在る小岬なり、サマツケヌプリの山類は近く其の東一里に聳ゆ。雄冬岳の南半里に、サマキ岳（ヌプリ）あり、共に北見根室両国の境界に当る。『大日本地名辞書』
〔山名の語源〕サマッケヌプリ「横になっている山」
〔類似の山名〕シヤマツケノホリ②（斜里町）羅臼湖の南東方

ウイーヌプリ ui-nupuri →ヲフイ岳　△651.9m〔山地〕A1 知床火山群〔20万図〕知床岬 45〔2.5万図〕知床岬 a〔山頂所在市町村〕斜里町・羅臼町
〔経度〕145°19′35″〔経度〕44°18′5″
〔位置特徴〕知床岬の南方 5km にあり、国土地理院図に名称が載っている山としては、北海道最東端に位置する。山容はなだらかで、1986 年の山火事で焼けたハイマツが白骨のように山頂部を覆っている。「知床半島の山と沢」
〔地名掲載資料〕
◇ウイノホリと云。是即遠方より見てシレトコノホリと云ものなり。（中略）本名ヲフイ岳のよし『松浦戊午日誌』中-46p
◇ホロムイノホリ、是峰はウイノホリと並びて聳たり。『松浦戊午日誌』中

-47～48p
◇ウイノポリ『松浦戊午日誌』(遠景山並図) 中-46p
◇ウイノホリ「松浦山川図」
◇ウーイヌプリ 606「道廰 20 万図」(実測切図)(知床)
◇ウイーヌプリ「国土地理院図」(現行)
◇ウフイノホリ (ヲフイ岳)『松浦廻浦日記』(文) 中-48p
◇ウフイノホリ『松浦知床日誌』(山川図1)
〔山名の語源〕ウフィ・ヌプリ(燃えている・山)

ヲフイ岳 ofui-dake →ウイーヌプリ △651.9m〔山地〕A1 知床火山群〔20万図〕知床岬 45〔2.5万図〕知床岬 a〔山頂所在市町村〕斜里町・羅臼町
〔地名掲載資料〕
◇ウイノホリと云。是即遠方より見てシレトコノホリと云ものなり。(中略) 本名ヲフイ岳のよし『松浦戊午日誌』中-46p
◇雄冬(ウフイ)嶽『日本名勝地誌』第九編
◇阿紛類(アフンルイ)、留差の北三里に在る小岬なり、サマツケヌプリの山類は近く其の東一里に聳ゆ。雄冬岳の南半里に、サマキ岳(ヌプリ)あり、共に北見根室両国の境界に当る。『大日本地名辞書』

シレトコ山 shiretoko-yama →ウイーヌプリ △651.9m〔山地〕A-1 知床火山群〔20万図〕知床岬 45〔2.5万図〕知床岬 a〔山頂所在市町村〕斜里町・羅臼町
〔地名掲載資料〕
◇シレトコ山「蝦夷全図」「蝦夷闥境輿地全圖」
◇シレトコ岳『松浦戊午日誌』(文) 中-31p
◇シレトコノホリは本名ヲフイ岳。判官様軍勢をよせる知らせのために火をつけて焼玉ひしというなり。『松浦知床日誌』
〔山名の語源〕
○シレトコ、夷語シリエトコの略語なり。則、嶋の果てと訳す。上原『蝦夷地名考幷里程記』
○シレトク shir-etok〔地面の・出っぱった先端→岬〕:山田『北海道の地名』
○sir シリ〔地〕。etok エトク〔‥の先、‥の前〕

〔類似の山名〕知床岳 1254.3m

ホウル山 houru-yama　→ウイーヌプリ　△651.9m〔山地〕A−1 知床火山群〔20万図〕知床岬 45〔2.5万図〕知床岬 a〔位置〕松浦図に描かれた位置が知床岬に最も近い山であるところから、ウイーヌプリが該当すると思われる。
〔地名掲載資料〕ホウル山『松浦蝦夷日誌』二編（シレトコサキの図）73p

ホロナイノホリ horonai-nohori　・763m〔山地〕A−1 知床火山群〔20万図〕知床岬 45〔2.5万図〕知床岬 b〔山頂所在市町村〕斜里町・羅臼町〔位置〕、ウイーヌプリとポロモイ岳の中間
〔地名掲載資料〕
◇ホロムイノホリ、是峰はウイノホリと並びて聳たり、また其根の岸壁屏風を立廻したる半ば程に無名の滝（ポロモイ川、上欄注記：秋葉）『松浦戊午日誌』（文）中-47p
（「其根の岸壁屏風を立廻したる」この表現は、ポロモイ川の上流に位置し、地形図表示にある 641〜763mの壁を示していると解釈できる。）
（ウイノホリはウイーヌプリ△651.9mで、ホロナイノホリはポロモイ川とアウンモイ川の源頭にあたる 763mの無名山）
◇ホロムイノホリ 763m山『松浦戊午日誌』（上欄注記：秋葉）中-47p
◇ホロナイノホリ「松浦山川図」
◇ホロナイノホリ「松浦知床日誌」（山川図 1）
◇ホロムイ岳「松浦知床日誌」（文）
◇ホロナイ山「輯製 20万図」（知床岬）
〔山名の語源〕○poro-nay-nupuri（大きな・川・山）

ポロモイ岳 poromoi-dake　△992.4m〔山地〕A−1 知床火山群〔20万図〕知床岬 45〔2.5万図〕知床岬 b〔経度〕145°19′25″〔緯度〕44°15′48″
〔山頂所在市町村〕斜里町・羅臼町
〔位置〕知床岬の南方 9km、山全体が笹とハイマツで覆われ、頂上だけが岩場である。（このポロモイ岳と上記ホロナイノホリは同一の山でない。）
〔河川図〕西斜面は 4094-10 オケツチウシ川の源流、北西斜面は 4095-10 アウンルイ川の源流

〔山名掲載資料〕ポロモイ岳「国土地理院図」(現行)
〔地名の語源〕アイヌ語、poro-moy ポロ・モイ〔大きな・入り江〕

カシユノポリ kashiyu-nopori ？m〔山地〕A-1 知床火山群〔20万図〕知床岬45〔2.5万図〕知床岬b〔位置〕ウイーヌプリとポロモイ岳の中間
〔地名掲載資料〕カシユノポリ『松浦戊午日誌』(遠景山並図)中-46p
この図はカシユノポリをウイノポリの南方稜線上に描き、手前の海岸にキヤルマイノツを記している。現行の国土地理院図はここにヒヤラモイとメガネ岩を記している。
〔山名の語源〕アイヌ語、kas カシ(漁小屋)。参考：山の狩猟をするための狩小屋はクチヤ kuca。

リウエンシリ riuenshiri ・594m〔山地〕A-1 知床火山群〔20万図〕知床岬45〔2.5万図〕知床岬b〔山頂所在市町村〕羅臼町〔位置〕知床岬の南方モイレウシ川右岸沿い崩浜の北側、落差200mを超えるほぼ垂直な壁が連なっており、落石が絶えない。『続・羅臼町の地名について』
〔地名掲載資料〕
◇リウエシリ、両岸数丈高き処に小山有。リウは高き、ウエンシリは悪き山と云義也。此処迄は昔ウエンヘツの土人等岸まで来リ、また岩岬は上を廻る等して往来したる由なるが、此処より先は道絶たりとかや『松浦戊午日誌』中-27
◇リイウエンシリ「松浦知床日誌」(文)
◇Wen shiri ウェンシリ〔悪地 山下危険行クベカラズ屋上ヲ行ク處〕『永田地名解』426p
〔山名の語源〕ri-wen-sir リ・ウェン・シリ〔高い・悪い・山〕

知床岳 shiretoko-dake→チヤラセホロノホリ→チヤホロノホリ△1254.3m〔山地〕A-1 知床火山群〔20万図〕知床岬46〔2.5万図〕知床岬c〔山頂所在市町村〕斜里町〔経度〕145°16′41″〔緯度〕44°13′59″
〔位置特徴〕北海道の最東端、知床岬の南南西方13kmに位置する火山。頂上付近はなだらかな台地状で、南側はなだらかな高原。北東付近の窪地に小さな堰止湖群がみられる。
〔河川図〕北西斜面は4091-10 知床川と4092-10 ポトピラベツ川の源流

〔地名掲載資料〕
◇安政5年(1858)の記録にシレトコ岳、文久3年(1863)にはヲフイ岳(知床岳)と書かれている。「羅臼町の地名について」
◇知床山(高4142尺)『水路志』(明治初期)
◇知床嶽1254.2m『斜里村勢要覧』昭和10(1935)年
◇知床岬、Ⅰ補 知床岳1254m、『水路誌』(昭和63年)
〔山名の由来・語源〕
〇夷語シリエトコの略語なり。則、嶋の果てと譯す。扨、シリとは地又は嶋の事、エトコとは果て亦は端しと申事にて、此崎東西蝦夷地の端なる故地名になすといふ。『上原蝦夷地名考幷里程記』
〇Shiretoko シレトコ(岬)(直訳すると「大地の鼻」)「アイヌ語地名の命名法」『アイヌ語地名資料集成』158p
〇Shiretok-o-kotan (土地が突き出しているところ)「アイヌ地名考」『アイヌ語地名資料集成』230p
〇アイヌ語、shir-etok (地・の先)
〔積雪期コース〕夏道はないが、知床半島の西海岸をたどりルシャ川の川口まで車で行き、そこから北東方1kmのテッパンベツ川の川口より、この川を詰め二股から左のコタキ川を遡るコースがある。また、知床半島東側の相泊まで車で行き、ウナキベツ川を詰め東尾根に取り付くルートもあるが、残雪期の方が登り易い。いずれも経験者向きである。

チヤラセホロノホリ chiyarasehoro-nohori→知床岳 △1254.3m〔山地〕A-1 知床火山群〔20万図〕知床岬46〔2.5万図〕知床岬c〔山頂所在市町村〕斜里町〔河川図〕北西斜面は4091-10 知床川と4092-10 ポトピラベツ川の源流
〔地名掲載資料〕
◇…蛾々たる高山白雲の上に突出す。是をチヤラセホロノホリと云。岩岬しばしを廻りて過るや、ホロワタラ、『松浦戊午日誌』中-52p
◇是迄はチヤラセホロノホリの脈、是よりチヤチヤノホリの児孫。源イワヲノホリに成る也。『松浦戊午日誌』中-55p
◇チヤラセホロノホリ「松浦山川図」
◇チャラセホロ岳「松浦知床日誌」
◇チヤラセホロ山「輯製20万図」(知床岬)

〔山名の由来・語源〕
○チャラセナイ charse-nai〔崖をちゃらちゃらと滑り落ちる・川〕：山田『北海道の地名』222p
○チャラセ・ポロ・ヌプリ charse-poro-nupuri〔滑り落ちる・大きい・山〕滝が落ちる山
○志礼登古日誌のイワヲベツなどの記述を読むと、知床半島からルシヤ川までの山々の代表名が、チヤラセホロノホリ、ルシヤからイワヲベツまでの山々の代表名がチヤチヤノホリであったと解釈できよう。

トッカリムイ岳 tokkarimui-dake △560.8m〔山地〕A-1 知床火山群〔20万図〕知床岬47〔2.5万図〕知床岬 c〔経度〕145°16′58″〔緯度〕44°9′48″〔山頂所在市町村〕羅臼町
〔位置特徴〕羅臼町昆布浜の西方1.4km、頂上はハイマツで覆われている。
〔河川図〕西斜面は4086-10 ルシャ川の源流
〔地名の語源〕
○アイヌ語のトッカリ・ムイ〔アザラシのいる・湾〕『羅臼町史』『続・羅臼町の地名について』
○tokkari〔あざらし〕moy〔入江〕

フプウシノポリ hupuushi-nopori 208 m〔山地〕A-1 知床火山群〔20万図〕知床岬47〔2.5万図〕岬 c〔山頂所在市町村〕羅臼町〔位置〕知床半島の東側、ルサ川さけます孵化場の北東方、熊岩の西方
〔地名掲載資料〕フプウシノポリ『武四郎蝦夷地紀行』川筋取調図484p
〔山名の由来・語源〕
○「熊岩」西方の段丘一帯にトドマツが群生している。『続・羅臼町のアイヌ語地名について』
○hup-usi-nupuri フプ・ウシ・ヌプリ（椴松・群生する・山）

ルシャ山 rusha-yama→ロウシヤ山 △848.4m〔山地〕A-1 知床火山群〔20万図〕知床岬55〔2.5万図〕硫黄山 a〔経度〕145°12分40″〔緯度〕44°8′33″〔山頂所在市町村〕斜里町・羅臼町〔位置特徴〕硫黄山の東方4kmにあり、円丘状の山容。〔河川図〕北西斜面は4086-20-1L ポンルシャ川の源流

〔地名掲載資料〕
◇ロウシヤ山「蝦夷闍境輿地全図」
◇留斜山「輯製20万図」(知床岬)
◇ルシャ山「国土地理院図」(現行)
〔山名の由来・語源〕
○夷語ルーシヤニの略語なり。則、道を下ると申事。扨、ルーとは路と申事、シヤニは下ると申事にて、此所山道を下るゆへ、此名ありといふ。『上原蝦夷地名考幷里程記』
○夷名ルシヤニで「懸道下るとの」意味であり、またルは路、シャはシャクにて無なり、「是より先いよいよ断崖絶壁にて、一歩も進み難き故に名づく」『松浦知床日誌』
○松浦武四郎の山川図は、西側の川をシヤリクシルシヤ、東側の川をシヤリルとマタルを、この双方の海岸に「ルシヤ」と記している。この川筋は、アイヌが山越えの道として利用され、ここを遡ると知床半島の最低鞍部、標高280mの「ルサ乗っ越し」と呼ぶ峠にでます。『続・羅臼町の地名について』
○ru-e-san-i ルエサニ〔道が・そこで・浜の方に出る・処〕mata-ru マタ・ルー〔冬・の道〕
〔類似の山名〕ルウシヤノホリ416.6m：島牧村・寿都町（月越山脈）

スシヤ山(嶽) sushiya-yama →ルシャ山 △848.4m〔山地〕A-1 知床火山群〔20万図〕知床岬55〔2.5万図〕硫黄山 a 〔山頂所在市町村〕斜里町・羅臼町
〔地名掲載資料〕
◇スシヤ山：近藤守重「西蝦夷地分間」
◇スシヤ嶽「蝦夷地図」(警備図)

硫黄山 ① iou-yama →イワヲノホリ△1562.3〔山地〕A-1 知床火山群〔20万図〕知床岬55〔2.5万図〕硫黄山 c〔経度〕145°9′55″〔緯度〕44°7′51″〔山頂所在市町村〕斜里町
〔位置特徴〕
□知床半島の先端部から南西方へ約26km、羅臼岳の北東方7kmに位置する成層火山。その活動は24万年前からはじまり、19世紀後半に3回、20世紀に入ってからは昭和11年(1936)に1回発生しただけで、平穏を保っている。

しかし近い将来に噴火を起こす可能性が非常に高いと考えられている。『日本の地形2 北海道』
□海上からの眺めは異様な姿である。頂部には樹木がなく頂きは4つあり西頂が最も高い。地肌は黄色みを帯びている。『水路誌』（昭和63年）
□登山道のある山としては、最も知床岬寄りにある。
〔地名掲載資料〕
◇硫黄山「大日本國郡精図」（北見國）
◇硫黄山「道廰20万図」（実測切図）
◇イカ（ワ）ヲノポリ山「輯製20万図」（知床岬）
◇硫黄山『日本名勝地誌』第九編
◇知床硫黄山「拓殖要覧」『日本の地形2 北海道』
◇硫黄（イワウ）山『大日本地名辞書』
◇高峻ナラスト雖トモ海岸ニ在リテ其名ヲ知ラルヽハ知床半島ニ在ル硫黄山「状況報文」
◇安政6年の記録にユワヲニホリ、昭和27年の記録に硫黄山の名がみられる。「羅臼町の地名」
◇硫黄山「北海道分國新地圖」
◇硫黄山「国土地理院図」（現行）
◇硫黄岳「松浦知床日誌」（文）
◇湯輪尾岳「大日本國郡精図」（北見國）
◇地元の人は「知床硫黄山」と呼ぶ。
◇江戸時代における硫黄採掘の記録があり、鉱山を「イタシベウニ硫黄山」と呼んだ。：村上啓司『北海道の山と谷』
〔山名の由来・語源〕
○アイヌ名は　イワウ・ヌプリ iwaw-nupuri〔硫黄・山〕
○大正末にこの山を陸地測量部が測量し、三角点名を「硫黄山」とした。地形図が出されてからはこの三角点名が山名に転訛して呼ばれるようになった。元来は鉱山の意味に用いられていた硫黄山が山名になってしまったのである。知床日誌に「ヨヲベツ、滝、硫黄川の義」の文があり、硫黄山の原名はイワウヌプリであったことがわかる。イワウヌプリは三角点のある一峰を指すものでなく、この辺一帯の山名であった。：村上啓司『北の山旅』27
〔夏季コース〕
◎硫黄川コース　宇登呂市街から道道93号の知床公園線を行き、カムイワ

ッカの湯ノ滝より林道を約 600m 入ったところに登山口がある。樹林帯を進み、荒涼とした新噴火口を越え、ハイマツ帯を登って、硫黄川の涸れ沢を詰めると稜線の上部に出る。最後は岩場を急登し頂上へ。登り約 4 時間。
◎カムイワッカの湯ノ滝より硫黄山登山口の約 600m の区間は、2005 年度から落石の危険のため通行禁止になっていたが、2011 年の夏季間（6 月下〜8 月下）、2012 年は 6 月 23 日〜9 月 23 日自己責任で行動できる登山者に限り、事前申請を行えば利用できるようになった。

イワヲノホリ iwawo-nohori →硫黄山① △1562.3m 〔山地〕A-1 知床火山群〔20 万図〕知床岬 55〔2.5 万図〕硫黄山 c〔山頂所在市町村〕斜里町
〔地名掲載資料〕
◇イワヲベツ嶽：近藤守重「西蝦夷地分間」
◇ユワヲノホリ「松浦山川図」
◇チヤラセノホリの脈よりチヤチヤノホリの児孫。源イワヲノホリに成る也『松浦戊午日誌』中-55p
◇ヲン子ノホリ、ユワヲノホリ等の間に当るとかや。『松浦戊午日誌』中-65p
◇ヲン子ベツノポリとイワヲノポリの間ペレケノポリと云有「松浦川筋取調図」
◇イワヲノポリ『松浦戊午日誌』（遠景山並図）中-43p
◇イワヲノホリ『松浦知床日誌』
◇イワヲ岳「北海道拾壱箇國郡名」
◇イワウ・ヌプリ iwaw-nupuri〔硫黄・山〕硫黄山の原名。『斜里町史』

硫黄山 ② iou-zan→タプコプノッ、タツコフサキ ・659m〔山地〕A-1 知床火山群〔20 万図〕知床岬 55〔2.5 万図〕硫黄山 c〔山頂所在市町村〕斜里町〔位置〕現在の硫黄山（1562.5m）の北西方 2.3km、硫黄川の中流、崖の上にある 659m の山。
〔地名掲載資料〕
◇硫黄山 635「道廳 20 万図」（実測切図）（知床）
◇硫黄山「輯製 20 万図」（知床岬）
◇硫黄山 635.4「仮製 5 万図」（ラウシ岳）
〔同名の山〕硫黄山① 1562.3m（斜里町）

タプコプノッ　tapukopu-nottu　→タツコフサキ　・659m〔山地〕A-1 知床火山群〔20万図〕知床岬55〔2.5万図〕硫黄山 c〔山頂所在市町村〕斜里町
〔位置〕現在の硫黄山（1562.3m）の北西方2.3km、硫黄川の中流、崖の上にある659mの山。
〔地名掲載資料〕タプコプノッ（papkop-not）〔小山・岬〕『斜里町史』

タツコフサキ　tatsukohusaki→タプコプノッ　・659m〔山地〕A-1 知床火山群〔20万図〕知床岬55〔2.5万図〕硫黄山 c〔山頂所在市町村〕斜里町〔位置〕硫黄山（1562.3m）の麓
〔地名掲載資料〕ヨウコウシヘツ（硫黄川）また並びて其上にタツコフサキ此処一ツの岬に成り小山一ツ有也。是より硫黄山え上るによろし。其名タツコフとは小山の事を云ふ。此下少しの湾に成其処にタツコフソウ　大滝一ツ岬の西高崖に懸るなり。『松浦廻浦日記』中57p

東岳①　higashi-dake　1520m〔山地〕A-1 知床火山群〔20万図〕知床岬55〔2.5万図〕硫黄山 c〔経度〕145°11′1″〔緯度〕44°7′34″〔位置〕東岳は硫黄山の第二火口壁の外輪山。〔山頂所在市町村〕斜里町・羅臼町
〔同名の山〕東岳2067m、表大雪
〔山名の由来〕硫黄山の東に位置するところから呼ばれたと思われる。「羅臼町教育委員会」
〔夏季コース〕知円別から硫黄山への縦走路をはずれ、知床岬への縦走路へ入り、ナタ目程度のヤブ漕ぎ（約30分）となる。

三ッ峰　mittumine　・1509m〔山地〕A-1 知床火山群〔20万図〕知床岬55〔2.5万図〕硫黄山 d & 羅臼 c〔経度〕145°8′13″〔緯度〕44°4′55″
〔山頂所在市町村〕斜里町・羅臼町
〔位置特徴〕羅臼岳の北東方1.2kmに位置し、山頂は三つの岩峰で形成されている。
〔河川図〕北西斜面は4076-60-1L ピリカベツ川の源流、南東斜面は5019-10 サシルイ川の源流
〔山名の由来〕
◇山頂が三つの岩峰で形成されているところからこの名が呼ばれたものと

思われる。「羅臼町教育委員会」
◇ 羅臼側から望見すると二つの峰に見えることから「双峰」と呼ばれていたが、後にピークが三つの岩峰から成っていることがわかり「三ッ峰」とした。：佐藤初雄（釧路）
〔夏季コース〕羅臼岳と硫黄山の縦走途中に登られる。

南岳 ① minami-dake ・1459m〔山地〕A-1 知床火山群〔20 万図〕知床岬 55〔2.5 万図〕硫黄山 d〔経度〕145°9′52″〔緯度〕44°6′34″〔山頂所在市町村〕斜里町・羅臼町〔位置〕硫黄山の第 1 火口に位置する外輪山の一角。夏季は羅臼岳と硫黄山の縦走途中に登られる。
〔河川図〕南東斜面は 5018-10 オツカバケ川の源流
〔同名の山〕南岳 2019.9m（表大雪）、南岳 1339m（阿寒火山群）
〔山名の由来〕硫黄山の南方に位置するところから呼ばれたと思われる。「羅臼町教育委員会」

オッカバケ岳 okkabake-dake 1462m〔山地〕A-1 知床火山群〔20 万図〕知床岬 55〔2.5 万図〕硫黄山 d〔経度〕145°9′2″〔緯度〕44°6′12″〔山頂所在市町村〕斜里町・羅臼町
〔位置〕
□オツカバケ川の源。羅臼岳の北東方 3.8km、硫黄山への縦走路の途中にあり、なだらかな双耳峰の山容をしている。
□知床硫黄山より羅臼岳に至る 5km の稜線上に、オッカバケ岳、サシルイ岳（1564m）、三ッ峰（1509m）の三つの溶岩丘が並ぶ。
〔河川図〕南東斜面は 5018-10 オツカバケ川の源流
〔地名掲載資料〕
◇オッカバケ岳：国土地理院基本図（昭和 51 年）「山」が「岳」に変わっている。
〔山名の由来・語源〕
○アイヌ語、オチカバケ ochikap-ewake「南風を防ぐ岩」、オチカは松前の方言にて下り澗と云ふの湾にして南風（くだりかぜ）を防ぐために沖の方即ちハケに岩ありて之を囲ふ。此内にて漁すると云ふ。：永田『北海道蝦夷語地名解』
○オッカバケ川の ochikapake「そこに鳥が住んでいる」の意で、河口の天狗

岩に鳥がよく止まっていることに因る。『知床半島の山と沢』
○オツカバケ　海岸町の一部、通称「天狗岩」ともいう。『羅臼町史』
○夷名ヲチカバケで「両岸蛾々たる高崖のところの川口に螺の如き黒岩有る故に名づく」『松浦知床日誌』

　知円別岳 chienbetsu-dake ・1544m〔山地〕A-1 知床火山群〔20万図〕知床岬55〔2.5万図〕硫黄山 d〔経度〕145°10′22″〔緯度〕44°7′20″〔山頂所在市町村〕斜里町・羅臼町〔位置特徴〕硫黄山の外輪山の一つで山頂は火山礫と火山灰に覆われ、第一火口壁と第二火口壁の境に位置する。夏季は羅臼岳と硫黄山の縦走途中で登られる。〔河川図〕知円別川の源頭
　〔地名掲載資料〕◇知円別岳　ちえんべつ：北大ＷＶ部ＯＢ会『北海道・東北の山』
　〔川名の語源〕
○チエツフンベツ、魚の多いところ『松浦知床日誌』
○アイヌ語、chep-un-pet チェプ・ウン・ペッ（魚・そこにいる・川）「羅臼町の地名について」

　サシルイ岳 sashirui-dake ・1564m〔山地〕A-1 知床火山群〔20万図〕知床岬55〔2.5万図〕硫黄山 d〔経度〕145°8′52″〔緯度〕44°5′34″〔山頂所在市町村〕斜里町・羅臼町
　〔位置特徴〕羅臼岳の北東方2.8km、双耳峰の山容をしている。羅臼岳より北東方へ7km弱の硫黄山への縦走コース上にあり、山腹にチングルマ、エゾコザクラ、キバナシャクナゲなどの群落がある。
　〔河川図〕イワウベツ支流、盤ノ川の源頭。
　〔地名掲載資料〕サシルイ岳：国土地理院基本図（昭和51年）は、「山」が「岳」に変わっている。
　〔地名の語源〕
○アイヌ語、「シャシ・ルイ」shashi-rui（昆布・甚だしい）の意であろう。：山田『北海道の地名』228p。アイヌ語 sas〔こんぶ〕は、名寄、宗谷、樺太の方言に記録されている。（服部アイヌ語方言辞典）
参考〔羅臼昆布[1]〕

---

[1] 森の栄養分が海の幸をはぐくむ関係は、北海道大学水産学部の松永勝彦教

○サシルイ〔砥石あるところ〕の意である。『羅臼町史』。アイヌ語の ruy は〔砥石〕であるが、サシの解釈は理解できない。
○サシルエ（寛政9年）、シャシルイ（文化6年）などの記録があり、サシルイの名称は、大正13年（1924）の記録からみられる。『羅臼町の地名』
○ruy は、〔砥石〕と〔激しい〕の二つの意味がある。

メナシ山 ① menashi-yama →サリ山〔標高〕×××〔山地〕A-1 知床火山群〔20万図〕知床岬 56〔山頂所在市町村〕羅臼町〔位置〕羅臼岳及びその周辺の山々
〔地名掲載資料〕
◇サリ山、一名メナシノホリ「蝦夷闔境輿地全圖」
◇メナシの山々『松浦廻浦日記』（文）下-411p
◇メナシ山『松浦戊午日誌』（遠景山並図）上-350p
◇クナシリ島海面にうかび、其より西に当りメナシ山一抹の雲の如く見ゆる也。『松浦戊午日誌』上-591p
◇メナシ岳『松浦東蝦夷日誌』八編（文）335p
◇メナシ岳『松浦納沙布日誌』（文）
〔山名の由来・語源〕

授がほぼ解明した。森の栄養分のうち海洋生物に必須なのは土の中の鉄分。だが、土の中の粒子状の鉄では生物は体内に摂取できない。そこで重要な役割を果たすのが腐葉土である。水を吸った腐葉土は大気中の酸素を遮断し、その状態で枯れ葉が分解するとフルボ酸が発生する。これが鉄と結合してはじめて植物プランクトンや海藻が摂取できるようになる。その結果、タンパク質を生み出す仕組みが動き出して光合成も活発になり、海藻類が生長し稚貝や稚魚のえさとなって植物連鎖ができあがる。オホーツク海に毎年漂着する流氷は、シベリヤの大森林地帯を流れるアムール川の恵みを氷に閉じ込めて運んでくる。オホーツク海が好い漁場になっているゆえんだ。『山を歩けば』共同通信社編より抜粋

知床半島沿岸で採れるコンブは、濃厚な風味から「だし昆布」として用いられる。昆布は昔から縁起のよいものとされ「六十手数の折り昆布」ともいわれ、多くの手間をかけてできる海からの贈り物でもある。

○北海道が「蝦夷」と呼ばれていた松前氏時代に「東隅（メナシ）」と呼ばれていたことが、「新羅之記録」（1646年）の文中に見られる。『羅臼町史』。アイヌ語 menas「メナシ」は「東方」のこと。羅臼岳とその周辺の山々を和人がメナシ山と呼んだと思われる。

サリ山 sari-yama →メナシノホリ〔標高〕×××〔山地〕A-1 知床火山群〔20万図〕知床岬56〔山頂所在市町村〕羅臼町
〔地名掲載資料〕
◇サリ山、一名メナシノホリ「蝦夷闔境輿地全圖」

里見台 satomidai 約340m〔山地〕A-1 知床火山群〔20万図〕知床岬56〔2.5万図〕羅臼b〔経度〕145°9′13″〔緯度〕44°2′20″〔山頂所在市町村〕羅臼町〔位置〕羅臼岳登山道、一息峠の北方の高台

英嶺山 eirei-zan △521.3m〔山地〕A-1 知床火山群〔20万図〕知床岬56〔2.5万図〕羅臼b〔経度〕145°11′19″〔緯度〕44°2′7″〔山頂所在市町村〕羅臼町〔位置特徴〕羅臼中学校裏の町有林より頂上をめざす全長2kmのノルディックウオーキングコースを地元の登山愛好者らが手作業で開き、2004年8月に完成した。山岳の同コースは北海道内で初めて。「北海道新聞」2004.7.23
〔標高地〕国土地理院図は標高値のみ、山名は記載されていない。
〔夏季コース〕
◎羅臼コース　英嶺山の南側、羅臼町道の終点、羅臼中学校（登山口）より四ッ倉沼と熊見台を経て、登り1時間30分。
〔山名の由来〕かつて戦没者慰霊碑の奥に山が聳えていたから英嶺山にしたという。『北海道夏山ガイド⑥』

羅臼岳 rausu-dake →チャチャ岳　△1660.0m〔山地〕A-1 知床火山群〔20万図〕知床岬56〔2.5万図〕羅臼c〔経度〕145°7′36″〔緯度〕44°4′24″〔山頂所在市町村〕斜里町・羅臼町
〔位置特徴〕
□ルシヤ岳とトツカリムイ岳の中間尾根上に位置する。三角点（1660.0m）の北側が1661m山頂。羅臼岳の山体は円錐状に近いのだが、頂部には溶岩ド

ームが（巨岩のブロックを積み重ねたように）のっている。中腹から上は這松の勢力が弱いためか山の岩肌がむきだしになり、そのうえ山体の南側には、頂上付近から中腹に向けて深い谷状の裂け目が荒々しく延びている。
□羅臼岳は、山腹の標高800m付近まで角礫凝灰岩、凝灰質砂岩、頁岩などの新第三紀層が分布し、その上部に第四紀の熔岩である普通輝石紫蘇輝石安山岩が円錐状にのっている。頂部の円頂丘を形づくる紫蘇輝石安山岩と普通輝石安山岩は、最後にそれらの岩体を貫いて噴出したものであり、粘性の強い熔岩だったと思われる。：矢野牧夫『日本の山』
□平成8年（1996）に活火山と認定された。
〔河川図〕西斜面は4076-30-2R 白イ川の源流、東斜面は5019-10 サシルイ川の源流
〔地名掲載資料〕
◇松浦資料に記されたチャチャノホリ、祖父岳、ラウシ岳、羅牛岳、ラウシはいずれも同じ山である。
◇ラウシ岳「東蝦夷地場所大概書」
◇ラウス山「協和私役」（安政3年）
◇ラウシ山『松浦蝦夷日誌一篇』
◇ラウシ岳「松浦知床日誌」（知床半島の地図1）
◇ラウシ岳1573「道廳20万図」（実測切図）（知床岬）
◇ラウシ岳1573.0「仮製5万図」（ラウシ岳）
◇羅牛岳「松浦知床日誌」（文）
◇羅牛岳、ラウシ岳『大日本地名辞書』
◇良牛岳『水路志』
◇良牛岳「輯製20万図」（知床岬）
◇良牛岳「北海道分國新地圖」
◇良牛（ラウシ）岳：加藤氏地理
◇良牛山（らうしやま）『日本名勝地誌』第九編
◇羅臼岳『水路志』「国土地理院図」（現行）
〔山名の定着〕明治17年の『北海道史』に羅臼岳がみられ、同24年の陸地測量部20万分の1図に「良牛岳」とあったが、大正14年の陸地測量部「仮製5万図」で羅臼岳と訂正されこの名が定着した。
〔山名の由来・語源〕
○夷語ラウシとは腸の生すと譯す。拠、ラーとは腸の事。ウシとハ生すと申

事にて、此川の源水沼なれは、鱒鮭多産して魚の腸、川一面になるゆへ此名ある由。『上原蝦夷地名考幷里程記』
○ラウシ、昔し鹿熊など取り必ずここにて屠りし故に其臓腑骨等有しとの義「松浦知床日誌」
○Ra-ushi ラウシ〔低處〕『永田地名解』424p
○ラ・ウ・シで「低い処・にある・もの（川）」の意か。元来は永田地名解の低所川だったのではなかろうか。だが狩漁が多い土地だったので後に「臓腑」で解されるようになって、それが上原氏や松浦氏に伝えられたのではなかろうか。アイヌ時代はチャチャ・ヌプリ〔親爺・岳〕と呼ばれたという。：山田『北海道の地名』
○この地方では葛の蔓などを「ラ」といい、それの多いところの意であるという。ここの山地には葛が自生している。『更科アイヌ語地名解』
○また「ラ・ウシ」ra-us-i（魚の肝・ある・所）で、漁のかえりにここで肝を捨てたからともいう。：俵浩三
○アイヌは羅臼岳から硫黄山にかけての一帯を chacha-nupuri チャチャ・ヌプリ（古老・山）と呼んだ。：村上啓司『北の山脈』28 号
○羅臼岳は俗に「知床富士」とも呼ばれる。「羅臼登山案内」
〔標高値〕羅臼岳は国土地理院三角点測量で 1650.22ｍであったが、平成 7 年の水準点測量で 1660.8ｍと 60㌢高くなった。現行の地形図は 1660.0ｍと表示されている。
〔類似の山〕羅臼山 888.4ｍ・国後島（旧泊村）
〔夏季コース〕
※　昭和 27, 28 年頃の知床は、交通の便が極めて悪いところであった。羅臼側は鉄道の終点根室標津から 50km、夏はバスが通るからいいが、厳冬期を迎えるとそれも途絶えてしまう。あとは運搬船に頼るしかなく、その船も嵐になればすぐ途絶える。
※　羅臼岳への夏登山路は、羅臼温泉からと岩雄別温泉からとがある。距離は岩尾別の方が近く、登山路が早くひらけたのも岩尾別口からで、1951（昭和 26）年に木下弥三吉の尽力で拓かれた。その頃の岩尾別温泉までは車道もなく、温泉は小屋がけで宿泊もできない状態であった。バスに揺られ、林道を行き、辿りついた無人の温泉郷に「はるけくもこの日本最東北の地にきつるものかな」の感をいっそう深くして羅臼への道を踏みしめたものである。
　昭和 27 年に「ウトロ～羅臼岳コース」が開削された。一方、羅臼側より

の登山路は、昭和29年（1954）に羅臼町誠諦寺の西井誠誘住職ら有志によって完成し、知床半島中央部が斜里側と結ばれた。

　昭和29年当時は、国鉄で中標津から根室標津へ、そこからバスに2時間40分ゆられて羅臼に入った。

　次の記事は、昭和29年9月、羅臼岳登山の時、羅臼のバス待合室にあった「羅臼登山案内」（羅臼村役場観光係発行のガリバン刷り6頁）である。

※　羅臼岳は海抜1661mにして、本道では夕張岳に次ぐ第14位の標高をもつ北海道最高の麗峰である。俗に「知床富士」とも呼ばれ、夏尚雪を戴きその雄大さは霊感を覚える山である。「所要時間」は普通健康体の人が4貫目位の荷物を背負った場合に、休憩時間を含まないとして、羅臼市街→50分、登山口→20分、一息峠→15分、里見台→10分、捨子松→20分、這松原→10分、第一の壁→20分、第二の壁→20分、ズラン峠→3分、清水沢→27分、硫黄場（泊場）→30分、屏風岩登口→20分、屏風岩中段→15分、お花畑（雪渓）→10分、這松入口→20分、北見との合致点→30分、頂上。登り合計時間5時間20分、下山時間4時間0分と細かく示している。「注意」として、山には山小屋その他避難小屋はありません。市街には別記の旅館があります。登山口付近に村営温泉があるが共同浴場であり宿泊の設備が有りません。付近にキャンプして温泉を利用されるのも良いでしょう。別記の旅館案内には、七つの旅館の名称と各館平均一泊二食500円から750円、また同じ頁に掲載されている交通案内には、根室標津から羅臼間のバス時間表に一日三往復、夏季260円、冬季280円、冬季間には海上航路もあって250円であった。

　昭和55年（1980）秘境ブームで一躍脚光をあびた知床の地は、太平洋側の羅臼とオホーツク海岸の宇登呂とを結ぶ国道344号線（通称、知床横断道路）の開通によって多くの登山者が訪れるようになった。：涌坂『北の峰々とともに』

［夏季コース］佐藤初雄『北海道の百名山』

◎羅臼温泉口　間歇泉または国設野営場から入山する。アプローチは8kmと長いが原生林、岩場、川の流れと、山岳景観を楽しみながら辿る変化に富んだコース。登り約6時間。

◎岩尾別温泉口　木下小屋から入山する。アプローチ7.2km、原生林の中を急峻な登りが続く。大沢を越えるとハイマツ原の羅臼平で、ここの分岐から山頂部に向かい、ハイマツが切れる石清水の下で羅臼温泉からのコースと合流する。登り約4時間30分。

第Ⅱ編　山の履歴

チャチャ岳　chacha-dake　→羅臼岳　△1660.0m〔山地〕A-1 知床火山群〔20万図〕知床岬56〔2.5万図〕羅臼c〔山頂所在市町村〕斜里町・羅臼町〔地名掲載資料〕
◇チャヽヽ岳「観国録」
◇チヤチヤノポリ『松浦戊午日誌』（遠景山並図）中-43p
◇チヤチヤノホリ『松浦戊午日誌』（文）中-183p
◇チヤチヤノホリ「松浦山川図」
◇チャチャノポリ『武四郎蝦夷地紀行』西蝦夷日誌巻八（遠景山並図 37）285p。同（遠景山並図 87）
◇祖父岳、羅牛岳、チャチャ、チャチャ岳、ラウシ『松浦知床日誌』（文）
◇祖父岳『松浦納沙布日誌』（文）
◇茶々岳「大日本國郡精図」（北見國）
◇チャチャ岳『武四郎蝦夷地紀行』西蝦夷日誌巻八（文）300p
◇チヤチヤ岳「輯製20万図」（知床岬）
◇チヤヽヽノホリ『松浦廻浦日記』（文）中-22p
◇是迄はチヤラセホロノホリの脈、是よりチヤチヤノホリの児孫。源イワヲノホリに成る也。『松浦戊午日誌』中-55p
◇チヤヽヽノポリ『松浦廻浦日記』（遠景山絵図）中-32p
◇チヤチヤノポリ『松浦廻浦日記』（遠景山絵図）中-62p
◇チャチャノポリ『武四郎蝦夷地紀行』（遠景山並図）西蝦夷日誌・巻八 331p
◇チヤヽヽノホリ『松浦戊午日誌』（文）中-183p
◇チャチャノポリ「北海道拾壱箇國郡名」
〔山名の由来・語源〕チャチャ・ヌプリ chacha-nupuri〔親爺・岳〕尊敬されていた山で、その敬意をこめた名であったようである。：山田『北海道の地名』249p

フクシヤウシタツコプ hukushiyaushi-tatsukopu　約200m〔山地〕A-1 知床火山群〔20万図〕知床岬63〔2.5万図〕知床五湖 a&b〔山頂所在市町村〕斜里町〔位置〕知床五湖南西方の小山200mと北東方の小山234.7mは、いずれもタプコプ[2]に見えるが。

---

[2] タプコプについて、第Ⅶ編2、補稿456頁に記載。

〔地名掲載資料〕
◇フクシヤウシタツコフ、此処にて小山一ツ有『松浦戊午日誌』中-59p
〔山名の語源〕
○フクシヤは茖葱（ぎょうじゃにんにく）の事なり。『松浦戊午日誌』中-59p
○pukusa-us-tapkop プクシャ・ウシ・タプコプ（ギョウジャニンニク・の生えている・瘤山）「永田地名解」
○プクシャ・タプコプ（pukusa-tapkop）プクシャ・タプコプ（ギョオジャニンニクの生えている・小山）『斜里町史』

知床峠 shiretoko-touge 738m 〔山地〕A-1 知床火山群〔20万図〕知床岬64〔2.5万図〕知床峠 a〔山頂所在市町村〕斜里町
〔山名の由来〕
　もともと「羅臼乗っ越し」と呼ばれ、アイヌの人々もここを往来していた峠。私の一番愛着のある呼び名であったが、昭和42年の全日本登山大会の主管に当たって、この名に異論があり、協議の結果利害を公平にとして知床峠となった。：佐藤初雄（釧路）
　昭和18年に当時の陸軍が北海道防衛のため、羅臼から宇登呂へ山越えの道を造った。この道は人がやっと一人歩ける程度のもので、同20年5月に開通している。知床横断道路（国道334号、羅臼～宇登呂）は、18年の歳月を要して工事が行われ、昭和55年9月25日に開通している。この道路の建設に対して、知床の自然が荒らされ、秘境が失われるという反対の意見も数多くあった。開通に伴い道東観光の流れが変わったばかりでなく、高山植物の盗掘問題がいつも話題として登場する峠でもある。この道路は現在、10月の末から翌年5月にかけての冬期間閉鎖となる。『北海道の峠物語』

天頂山 tenchou-zan ・1046m〔山地〕A-1 知床火山群〔20万図〕知床岬64〔2.5万図〕知床峠 a,b〔経度〕145°5′23″〔緯度〕44°2′31″〔山頂所在市町村〕斜里町・羅臼町〔位置特徴〕羅臼岳の南西方4.5kmに位置し、頂上付近には幾つもの旧火口が直線状に並んでいる。数千年以内の噴出（日本の地形2 北海道）と考えられている。
〔河川図〕北西斜面は 4075-10 ホロベツ川の源流
〔山名の由来〕
　戦時中に天頂山麓周辺の鉱床から渇鉄鉱を搬出したことがあり、地理調査

所の人たちが調査の際に、この頂に佇った日が天長節（昭和天皇誕生日）の4月29日だったので「天長山」と呼んだが後に天頂山と変えた。：佐藤初雄（釧路）

ウトロ山 utoro-yama ・599m〔山地〕A-1 知床火山群〔20万図〕知床岬64〔2.5万図〕知床峠 c〔経度〕145°00′47″〔緯度〕44°02′43″〔山頂所在市町村〕斜里町〔位置〕宇登呂市街の南南東方3km
〔地名掲載資料〕ウトロ山『地名レッドデータブック』

サリキウシ岳 sarikiushi-dake 約1100m〔山地〕A-1 知床火山群〔20万図〕知床岬64〔2.5万図〕知床峠 d〔山頂所在市町村〕羅臼町
〔地名掲載資料〕
◇はるか彼方にクテリ（ク）ンベツ岳、チセ子岳、海別岳、遠音別岳、サリキウシ岳、イキミ岳、シヤマツケ岳、祖父岳、羅牛岳、等の山々『松浦知床日誌』
◇サリキウシ『松浦知床日誌』（遠景山並図15）
　図15の遠景山並み図は、左（南西）から右ヘヲン子ノホリ（遠音別岳1331m）、サリキウシ、イキシノホリ、チンシヘツ源（知西別岳1317m）、シヤマツケイワを並べて描いている。サリキウシとイキシノホリは遠音別岳と知西別岳中間に位置し、この二つの山よりやや低く描かれている。この位置から判断すると、サリキウシは標高1100mの無名山、その東隣りはイキシノホリ（通称ペレケ山）該当する。

タフカルウシ山 tahukaruushi-yama →ペレケ山 ・1267m〔山地〕A-1 知床火山群〔20万図〕知床岬64〔2.5万図〕知床峠 d〔山頂所在市町村〕斜里町〔位置特徴〕宇登呂の南東方ペレケ川源頭。知床半島の東側から眺めたの呼び名。西側からはペケレ山と呼ばれる。
〔地名掲載資料〕
◇タフカルウシノホリ「蝦夷闔境奥地全図」
◇東向タツカルウシ山、西向ベレケ。：近藤守重「西蝦夷地分間」
〔山名の語源〕
○アイヌ語、tasukur〔霜〕、あるいは tap-kar（擬音？）・する＝tapkar〔舞踏〕に関わる名だろうか。

ペレケ山 pereke-yama →タフカルウシ山、→イキシノホリ ・1267m〔山地〕A-1 知床火山群〔20万図〕知床岬 64〔2.5万図〕知床峠 d〔山頂所在市町村〕斜里町
〔位置特徴〕知西別岳の南南西方 1.1km、ペレケ川の源頭。山容は饅頭を半分に割ったようにウトロ側が切れ落ちた崖になっている。〔河川図〕5027-10 知西別川
〔地名掲載資料〕
◇ヘケレ山、一名、タフカルウシノホリ「蝦夷闇境輿地全図」
◇ヘンケ山：蝦夷地図（警備図）
◇ヘレケ山「接壌全図」
◇ベレケ嶽：近藤守重「西蝦夷地分間」
◇ペケレノポリ『松浦戊午日誌』（遠景山絵図）中-43p
◇ヲン子ベツノポリとイワヲノポリの間ペレケノポリと云有『武四郎蝦夷地紀行』（筋取調図）481p
◇ペケレ山、ペケレ岳『松浦知床日誌』（文）
◇ペレケ山 1267「ATTCK 知床連峰」
〔山名の由来・語源〕
○夷語ベレケとは、則、割れるといふ事。此海岸に割れたる岩のあるゆえ字になすといふ。『上原蝦夷地名考幷里程記』
○ヘケレ（小岬）。明しとの義『松浦知床日誌』
○地名では、ペレケ〔割れている〕とペケレ〔明るい〕とが似ているので、人により解し方がちがっていることが諸地で見られる。山田『北海道の地名』
○ペレケ川。ペレケ・イ perke-i〔破れている、裂けている・所〕岩が裂けている所『斜里町史』（地名解）
○ ペケレ川の川口にあるオプネイワの岩峰が割れているのを指しているという。「知床半島の山と沢」

イキシノホリ ikishi-nohori →ペレケ山→タフカルウシノホリ ・1267m〔山地〕A-1 知床火山群〔20万図〕知床岬 64〔2.5万図〕知床峠 d
〔山頂所在市町村〕斜里町・羅臼町〔位置〕知西別岳の南南西方 1.1km、ペレケ川源。
〔地名掲載資料〕
◇イキシ(ママ)ノホリ『松浦知床日誌』（遠景山並図 15）

図15の遠景山並み図は、左（南西）から右へヲン子ノホリ（遠音別岳1330.4m）、サリキウシ、イキシノホリ、チンシヘツ源（知西別岳1317m）、シヤマツケイワを並べて描いている。サリキウシとイキシノホリは遠音別岳と知西別岳中間に位置し、この二つの山よりやや低く描かれている。この位置から判断すると、サリキウシは標高1100mの無名山、その東隣りはイキシノホリ（通称ペレケ山）該当する。

◇イシキ(ママ)ノホリ『竹四郎廻浦日記』（遠景山並図280）下-69p

知西別岳 chinishibetsu-dake ・1317m〔山地〕A-1 知床火山群〔20万図〕知床岬64〔2.5万図〕知床峠d〔経度〕145°3′19″〔緯度〕44°1′12″〔山頂所在市町村〕斜里町・羅臼町〔位置〕羅臼岳の南西方8km。〔河川図〕北西斜面は4073-40-1R 大滝川の源流
〔掲載資料〕
◇チンシベツ（文化6年・1809）、チフニウシベツ（弘化2年・1845）、チニシベツ（安政5年・1858）、ニウシュベ（明治24年・1892）などの記録があり、「知西別」は大正13年（1924）の記録からみられる。『羅臼町の地名』
◇知西別岳：北大ＷＶ部ＯＢ会『北海道・東北の山』
〔川名の語源〕
○「chip-ni-ush-pet」チプ・ニ・ウシ・ペツ「舟・の木・ある・川」
○Ni ush be ニ ウシュ ベ〔大ナル樺アル處〕『永田地名解』424p
○チニシヘツの語源は、はっきりとはしないが、「チクニ・ウシ・ペッ」ならば、〔薪が・群生する・川〕となる。『続・羅臼町の地名について』

シヤマツケ岳(ノホリ) ② shiyamatsuke-dake〔標高〕1100～1200m〔山地〕A-1 知床火山群〔20万図〕知床64〔2.5万図〕知床峠b〔山頂所在市町村〕斜里町・羅臼町〔位置特徴〕武四郎の記録から、羅臼岳の南西方の高い山で知西別川の源頭に位置するシヤマツケ岳山は、知西別岳であろう。知西別岳（1317m）から南方へ延びる1200～1100mの山並みを人間が横たわる姿にみたてたと思われる。
〔地名掲載資料〕
◇地形東に突出し北に面して、亥（北北西）の方ノツケと対して一湾をなし、是を越えて戌（西北西）にシヤマツケノホリ、亥の初針にシレトコ、子（北）の三分にクナシリセヽキ岬を望む。『松浦廻浦日記』下-25巻

◇シヤマツケノポリ（知西別川源に記している）『武四郎蝦夷地紀行』川筋取調図 485p
◇シヤマツケ岳（ヘケレノホリの北隣り）「松浦知床日誌」（山川図 1）、『松浦知床日誌』（文）
◇サマツケ岳（山を二つ並べており、南方の山は知西別岳、北方の山はサマツケ岳）『松浦納沙布日誌』（ライベツより山々を遠望）（山並絵図）
◇シヤマツケノホリ（ラウシ＝羅臼岳の南西方に描かれている）『松浦廻浦日記』（遠景山並図 280）－下 68p
◇シヤマツケイワ（ラウシの南西方に描かれている）『松浦知床日誌』（山絵図 15）
◇サマッキヌプリ『斜里町史』斜里全図（昭和 30 年）
◇サマッキヌプリ：渡部由輝著『北帰行』
〔類似の山名〕第Ⅶ編 1「同名・類似の山名一覧表」参照
〔山名の語源〕サマッケ・イワ samatke-iwa〔横になっている・山〕

Rakun ? m〔山地〕A-1 知床火山群〔20 万図〕不明〔2.5 万図〕不明〔山頂所在市町村〕不明〔位置〕不明〔地名掲載資料〕Rakun「シーボルド図」

遠音別岳 onnebetsu-dake→ヲン子ノホリ△1330.4m〔山地〕A-1 知床火山群〔20 万図〕標津 53〔2.5 万図〕遠音別 c〔経度〕145°1′2″〔緯度〕43°59′28″〔山頂所在市町村〕斜里町・羅臼町
〔位置特徴〕羅臼岳の南西方 13.5km に位置し、知床半島の中で最も原始性をおびている成層火山。斜里側からはなだらかな南西尾根だが、山頂に小カルデラとその中に生じた溶岩ドームは、羅臼側から見ると急峻な山容である。山体はエゾマツやアカエゾマツの針葉樹林、その上にハイマツ帯が広がる。原生自然環境保全地域に指定されていて、一般の人の入山は規制されている。かつて川口の西側にコタンがあり遺跡も発見されている。現在はサケ・マスの捕獲場が設けられている。
〔河川図〕南西斜面は 4067-50-2R 沼の川と 4067-60-2R 奥の川の源流
〔地名掲載資料〕
◇遠音別岳『水路誌』
◇遠音別嶽『斜里村勢要覧』昭和 10 年（1935）
〔川名の語源〕

○オンネ・ペッ onne-pet（大きい・川）と解したい。ただしオンネは元来「老いたる」の意。：山田『北海道の地名』

　ヲン子ノホリ onne-nohori→遠音別岳　△1330.4m〔山地〕A-1 知床火山群〔20万図〕標津 53〔2.5万図〕遠音別 c〔山頂所在市町村〕斜里町・羅臼町
〔地名掲載資料〕
◇ヲン子ノホリ『松浦戊午日誌』（文）上-633p、（文）上-654p
◇ヲン子ノホリ、ユワヲノホリ等の間に当るとかや。『松浦戊午日誌』中-65p
◇ヲン子岳『松浦戊午日誌』（文）上-657p
◇ヲン子ヘツ岳『松浦戊午日誌』（文）上-660p、（遠景山並図）中-43p
◇ヲン子ベツノホリ『武四郎蝦夷地紀行』（川筋取調図）
◇オン子ノホリ『松浦知床日誌』（山川図 1）
◇ヲン子岳、ヲンネノホリ『松浦知床日誌』（文）
◇ヲン子ノホリ『松浦知床日誌』（遠景山絵図 15）

　猫山 neko-yama →エキシヤラン岳　△553.1m〔山地〕A-1 知床火山群〔20万図〕標津 58〔2.5万図〕根室峯浜 a〔経度〕145°4′18″〔緯度〕43°54′50″〔山頂所在市町村〕羅臼町〔位置〕羅臼幌萌町の海岸より西方へ 3km、茶志別川の源頭
〔山名の由来〕茶志別橋から眺めると二つの耳がある猫の顔のように見えるので名づけられたのか。「知床半島の山と沢」

　エキシヤラン岳 ekishiyaran-dake　→猫山　△553.1m〔山地〕A-1 知床火山群〔20万図〕標津 58〔2.5万図〕根室峯浜 a〔位置〕茶志別川の源頭
〔地名掲載資料〕
◇エキシヤランノホリ『松浦戊午日誌』（文）中-15p
◇エキシヤラン岳（エキシヤラン岳はチャチャノポリ（羅臼岳）より西方へ低い山を三ッ隔てたところに描かれている）。『松浦戊午日誌』（植別より知床方面眺望の山絵図）上-665p
◇キシヤラコル山（キシヤラコル山はエキシヤラコル山で、シユムカルコタン＝春苅古丹川川口の背後に描かれている）；近藤守重「西蝦夷地分間」
この辺りで一番高い山は猫山が該当する

ラサウの牙　約840m〔山地〕A-1 知床火山群〔20万図〕斜里 1〔2.5万図〕真鯉 b〔山頂所在市町村〕斜里町〔位置・掲載資料〕ラサウヌプリの北に続く尾根の端にあるラサウの牙（840m）と呼ばれる尖った岩塔：伊藤正博「ヌプリ第 37 号」

奥遠音岳 okuonnebetsu-dake →ラサウヌプリ　△1019.4m〔山地〕A-1 知床火山群〔20万図〕斜里 1〔2.5万図〕真鯉 b〔経度〕144°58′37″〔緯度〕43°55′29″
〔位置〕海別岳と遠音別岳の中間、海別岳の北東方 9.6km、オンネベツ川源、ラサウ沼の東方 1.5km
〔山頂所在市町村〕斜里町・羅臼町
〔掲載資料〕
◇奥遠音別「国土地理院点の記」三等三角点名
◇奥遠音別「標津営林署管内図」（昭和 48 年）
◇奥遠音別「北海道森林管理局帯広分局」（旧・営林署）の林班図

ラサウヌプリ rasau-nupuri →奥遠音岳　1019.4m〔山地〕A-1 知床火山群〔20万図〕斜里 1〔2.5万図〕真鯉 b〔経度〕144°58′37″〔緯度〕43°55′29″〔山頂所在市町村〕斜里町・羅臼町
〔山名掲載資料〕
◇ラサウヌプリ（以前からいろいろな本や資料に山名が記されている。「知床半島の山と沢」
◇ラサウヌプリの写真『網走山岳会四十周年記念会報』巻頭写真
◇「ラサウヌプリ」とか「奥遠音（オクオンネ）」と二つの名称で呼ばれていた。（中略）さらに『北大山岳部々報』の記録に「サマッキヌプリは別名ラサウヌプリと呼ばれている」と書かれていて、この山は三つの名称があるようでますます疑問は深まっていった。：伊藤正博「知床半島のラサウヌプリの山名について」「ヌプリ第 37 号」
◇国土地理院地形図（平成 19 年 4 月）（山名は記載されていない）
〔山名掲載資料〕
◇私の調べた範囲で最初に「ラサウヌプリ」の山名が記載されたのは、東京帝国大学理学士で農商務省の門倉三能が 1914 年（大正 3）9 月から 11 月にかけて、知床半島の地質・鉱物調査を終え、1916 年（大正 5）の地学雑誌に

「知床半島の地形及び地質」として、18㌻にわたって発表。その中の「地形」の項である。(中略)本山脈は半島内に於て高距六百米乃至千七百米ありて、ウナペツヌプリ（千四百六十八米）、ラサウヌプリ（九百八十九米）、オンネペッ山（千二百米）、ツニシペツ山（千二百米）、ラウシ岳（千七百三十三米）、硫黄山（千六百七十九米）、サマッキヌプリ（千二百五十五米）、ウイヌプリ（六百六米）等を著しとす。(中略)サマッキヌプリは現在の知床岳の位置に、ラサウヌプリは現在の位置にそれぞれ記されている。門倉三能が調査の際に知床のアイヌに案内を頼んだだろうから、アイヌからラサウヌプリの名を聞いたと思われる。それとも別の文献から情報を得たのだろうか。(中略)

　この門倉三能の報告書が後の渡辺武男、下斗米（石川）俊夫、鈴木醇の報告文にも踏襲され、(中略) 1954年（昭和29）の「網走道立公園知床半島学術調査報告」にも門倉三能の報告文が記載され、この学術調査報告によってさらにラサウヌプリの名が世の中に広まっていったと思われる。(中略)
ラサウヌプリは、地形図に載っていないが、登山者の間で呼ばれていた。
：伊藤正博「知床半島のラサウヌプリの山名について」（ヌプリ第37号、平成19年4月発行）

〔山名の語源〕
　ラサウはアイヌ語らしいが発音が不正確なのだろか意味不明。Rasaune-niskur ラサウネ・ニシクルなら〔雷・雲〕、これは、中川裕・著『アイヌ語千歳方言辞典』に出てくるが、他の地方で使われた例がない。他に、ras らシ〔割木、木片〕：知里真志保著『地名アイヌ語小辞典』、ras ラシ：田村すず子『アイヌ語沙流方言辞典』、ras〔木片〕：服部四郎編『アイヌ語方言辞典』（八雲方言）、ras/rasu　ラシ／ラス〔切れ端、割り板〕『萱野茂のアイヌ語辞典』、ras〔木片〕『サハリンアイヌ語辞典』などに見られるが、道東地方や道北地方で使われた例はみられない。

　したがって、奥遠音別の山がどのような由来でラサウヌプリと呼ぶようになったのかわからない。

斜里町ウナベツスキー場（斜里町峰浜）雄大なオホーツ海に広がる流氷に向かって滑降を楽しめる。

海別岳 unabetsu-dake △1419.3m〔山地〕A-1 知床火山群〔20万図〕斜里2〔2.5万図〕海別岳 cd〔経度〕144°52′50″〔緯度〕43°52′28″〔山

頂所在市町村〕斜里町・羅臼町・標津町
〔位置特徴〕知床半島の付け根、斜里町峰浜市街の南東方 8.7km に位置する成層火山。全体として丸みを帯び、なだらかな稜線がひろがるり、山頂付近まで針葉樹で覆われている。〔山頂所在市町村〕斜里町・羅臼町・標津町
〔河川図〕北東斜面は 4060-10 糠真布川の源流、海別川支流 4058-40-2R 12 線川の源流。南西斜面は奥蘂別川の支流 4058-50-1R 熊追川の源流（植別川の源流）
〔地名掲載資料〕
◇ウナベツ嶽：近藤重蔵「西蝦夷地分間」寛政 8 年（1796）
◇海別岳『松浦知床日誌』（文）
◇西洋人はこのウナベツ岳をアントヲニと称しているという。：秋葉『知床紀行集』
◇斜里山の左にウナベツ山あり「協和使役」安政 3 年（1856）
◇海別岳『水路誌』
◇ウナベツ山「北見国地誌提要」
◇羽奈別嶽「北海道志」巻六
◇ウナベツ岳「状況報文」
◇ウナヘツ嶽：近藤守重「西蝦夷地分間」
◇ウナヘツ山「蝦夷地図」（警備図）
◇ウナヘツ山「蝦夷地図式」乾（蝦夷図）
◇ウナベツ山、ウナヘツ山『松浦蝦夷誌日』一編巻拾（文）462p、463p
◇ウナベツ山『松浦蝦夷日誌』二編巻十
◇我私ニ名ケテ（ヒイキアントヲニー）按ニ、ウナヘツ山トイヘルヲ望む『松浦蝦夷日誌』二編・巻拾
◇ウナヘツ山「蝦夷闥境輿地全圖」この図のウナヘツ山は、現在の海別岳より西に寄り過ぎて描かれているが、多くの古図にみられる有名な山名であり、他に類似の山がないので、現在の海別岳を現したと考えられる。
◇ウナヘツ『竹四郎廻浦日記』23 巻（遠景山並図 260、262）
◇ウナヘツ『松浦知床日誌』（地図 1）
◇ウナヘツ『武四郎蝦夷地紀行』西蝦夷日誌巻八（遠景山並図）285p
◇ウナヘツ『松浦西蝦夷日誌』巻八（遠景山並図 37）
◇ウナヘツ『松浦蝦夷日誌』二編（従シヤリ湾ウナベツ眺望・遠景山並図）211p
◇ウナヘツ岳『松浦戊午日誌』23 巻能登呂誌、（文）中-98、（文）中-131p

◇ウナヘツ岳『武四郎蝦夷地紀行』西蝦夷日誌巻八（文）308p, 320p, 329p
◇ウナベツ岳『松浦西蝦夷日誌』巻八（遠景山並図 86）330p
◇ウナヘツ岳「北海道拾壱箇國郡名」
◇ウナベツ岳。ウナベツ山『日本名勝地誌』第九編
◇ウナベツノポリ『武四郎蝦夷地紀行』（川々取調帳）576p
◇ウナヘツノホリ「松浦山川図」
◇ウナペッヌプリ 1389「道廰 20 万図」（実測切図）（屈斜路）
◇ウナペッヌプリ：1389.0「仮製 5 万図」（朱圓）
◇ウナベツヌプリ「斜里村勢要覧」
◇海辺（ウナベツ）岳、ウナペツヌプリ（山）、ウナベツ岳『大日本地名辞書』
◇羽名別山「陸地測量部 20 万分 1 地勢図」（明治 24 年）
◇羽奈別岳「大日本國郡精図」（北見國）
◇羽奈別（ウナベツ）岳『水路志』
◇羽奈別山、ウナペツ山『日本名勝地誌』第九編
◇羽奈別山「輯製 20 万図」（斜里）
◇宇奈別岳「北海道風土記」

〔川名の由来・語源〕
○「ウナペッヌプリ」（unapet-nupuri）〔灰・川〕昔噴火した時、全川が火山灰で埋ったという。海別岳。オンネ・ヌプリ（親・山）とも云う。『斜里町史』
○アイヌ語、una-pet ウナ・ペッ「灰・川」、古へに噴火したとき川の全てが灰で埋められた。
○una-pet〔灰・川〕：山田『北海道の地名』は「ウナベツ…灰川」とされていますが、これではこの山が噴火して火山灰が降って川に流れていた時代…数千年前と、アイヌが住んでいた時期…数百年前とでは、あまりにも時間のずれがあり、説明がつきません。そこで、このウナベツが、「ウッツ・ベツ」のなまったものとすると「脇川」となります。地勢的にも整合性があります。「ウッツ…あばら・肋」は、ギリヤーク語の「ウト…胴」から来ているのです。：なかしべつ・すがわら（「アイヌ語地名考」掲示板 2008.5.13・14)

〔夏季コース〕
◎長大な二つの尾根は、それぞれ峰浜、朱円と呼ばれる。峰浜神社を右折し

峰浜スキー場の裏に出る道路が、海別岳の尾根末端にあたる。神社より4〜5㌔地点が峰浜の尾根。さらに1.5㌔ほど先が朱円の尾根末端。入りやすい尾根は峰浜ルートで、車を置きやすいところ。ここから登り2時間で森林限界。さらに2時間ほどで頂上。この旧硫黄鉱山道路は、今もかすかに残り、夏季ルートとして使われている。：岸憲宏『北海道の百名山』

△尾根ルートの登山道は、ハイキング目的で日帰りできることを目標に、斜里山岳会が2年がかりで開拓したものである。それは国有林の伐採事業で、海別川沿いに縦横につけられた馬搬道を利用しながら、コース標識で頂上まで誘導したかたちとなった。：森信也『山の素描』昭和46年4月号。ただしこのルートは現在登れない。

◎頂上直登ルートの五の沢付近の道は、ササやブッシュに覆われかなり荒れていたが、最近は登山者も増え踏み跡がルートになっている。：岸憲宏『北海道の百名山』

〔登山記録〕海別岳の北側山腹に流れる植別川上流の旧硫黄鉱山道路を、標高800mのあたりまで車で入れた。ここより平な樹林の中を約2時間歩くと、岩石の上に海別岳と書かれたプレートが置かれている分岐に出た。ここは尾根ルートと沢ルートの分岐である。糠真布川を遡る沢ルートを約300mすすんだところで沢を離れ、稜線に取り付く。標高870mのあたりまで登ると、視界が開け南西方向に頂上が見えてくる。ここから急斜面となり苦しい登りとなったが、白い実のシラタマノキ、赤い実のコケモモ、青紫の実のクロマメノキなどに誘われて小休憩を重ねる。やがて、ハイマツが多くなると頂上が近い。頂上は意外に広く平坦な裸地だった。中央三角点の標石が埋められている。頂上から360度のパノラマが広がり、南に斜里岳、北東に知床半島の山並が連なっている。ゆっくりの登りで6時間かかった。元気な人なら登り4時間半、下りは休みなしで3時間位だろう。（平成6年9月）

　Una　→海別岳　△1419.3m〔山地〕A-1 知床火山群〔20万図〕斜里2〔2.5万図〕海別岳 cd
〔地名掲載資料〕◇ Una「シーボルト図」

🈁標津町営金山スキー場　標津郡標津町字古多糠、知床半島の付け根、忠類川（南）と討伐沢（東）の中間。ゲレンデは白樺と針葉樹に囲まれ、国後島と野付半島を望む。

ヲクシヘヤウ wokushiheyau ？m〔山地〕A-1 知床火山群〔20万図〕斜里2〔2.5万図〕海別岳 cd〔山頂所在市町村〕斜里町
〔位置〕知床半島の付け根の奥蘂別川名にちなむ、このあたりで高い山とすると、海別岳だろうか。
〔地名掲載資料〕ヲクシヘヤウ『竹四郎廻浦日記』25巻（遠景山並図286）

小海別岳 kounabetsu-dake →ポンヌプリ △890.3m 頂上は902m〔山地〕A-1 知床火山群〔20万図〕斜里10〔2.5万図〕朱円 b〔経度〕144°50′8″〔緯度〕43°52′16″〔山頂所在市町村〕斜里町〔河川図〕4058-10 奥蘂別川の源流
〔山名の由来・語源〕
　海別岳の原名がオンネヌプリ（親・山）、その西の小海別岳がポンヌプリ（小・山）、アイヌ時代にこの辺りのコタンの人々は大小の山をセットで呼んでいた。オンネヌプリがいつも雄大に裾野をひいて半島部にふくらみを与えているのに対し、ポンヌプリはいかにも少年のたたづまいである。
　小海別岳は美しい山である。海別本峰の雄大な山姿にかくれてこの890峰を知る人は少ない。主峰の芒洋とした姿に比較すると岩峰におおわれた小海別は小気味のいいほどのアクセントになっていた。しかし今では、小海別岳の北面は砂利採集のために、一帯の植生が大きく剥ぎ取られ山姿が一変している。：早川禎治『北の山と本』知床横断-山、草木、自然保護、1992年10月

ポンヌプリ pon-nupuri →小海別岳・902m〔山地〕A-1 知床火山群〔20万図〕斜里10〔2.5万図〕朱円 b〔山頂所在市町村〕斜里町
〔地名掲載資料〕
◇ポンヌプリ 931「道廳20万図」（実測切図）（屈斜路）
◇ポンヌプリ 931.4「仮製5万図」（朱圓）
◇ポンヌプリ、小海別岳。(pon-nupuri)〔子・山〕『斜里町史』

A−1 知床火山群

知床峠と灯台
素材辞典JF-150

知床岳 2001.8 寺口一孝【26】

知床硫黄山への指導標
gekiyabu, sakura【29】

硫黄山前面峰から硫黄山
谷口淳一【29】

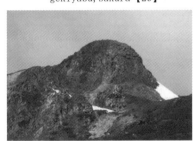
知円別岳から見た硫黄山
gekiyabu, sakura【29】

知床五湖より硫黄山 1989.10
伊藤せいち【29】

東岳（知床）gekiyabu, sakura【32】

知円別岳 1999.8 寺口一孝【34】

第Ⅱ編　山の履歴

硫黄山頂上から知円別岳（中央奥）
伊藤初雄【34】

サシルイより三ツ峰（左）と羅臼岳
（右奥）　1999.8　寺口一孝【32】

サシルイ岳中腹から三ツ峰（手前）
羅臼岳（後方）を望む　佐藤初雄【32】

「銀冷水　羅臼岳頂上まで約2.5km」
の標柱。　　山遊気

三ツ峰と羅臼岳（中央奥）
1999.8　寺口一孝【32】

知床峠より羅臼岳
素材辞典　JF-156【36】

羅臼湿原第三湖より羅臼岳【36】

羅臼岳山頂より北東方【36】

A－1 知床火山群

知床半島西方海上より知床岳(左)羅臼岳(右)の山並み 素材辞典 JF-154【11, 26, 36】

天頂山 2011.5
北のかもしかの山歩き【41】

一湖（知床五湖）より知床半島西部
素材辞典JF-152

二湖（知床五湖） 素材辞典 JF-153

オッカバケ山より羅臼岳（左）と知西
別岳（奥）を望む 佐藤初雄【36, 44】

第Ⅱ編　山の履歴

二湖よりオッカバケ、サシルイ、
三ッ峰、硫黄山
2008.5　伊藤せいち【33】

羅臼湖から知西別岳を望む
佐藤初雄【44】

シレトコオトギリと三ツ峰の遠望
鈴木統

五の沢コースより海別岳
'04-8-14【48】

遠音別岳　2013.4
北のかもしかの山歩き【47】

四号線より海別岳1992.5
伊藤せいち【48】

猫山　2011.4
北のかもしかの山歩き【46】

ラサウヌプリ　2012.5
北のかもしかの山歩き【47】

A-2 斜里山地

【アバシリ越新道】
　現・白糠町の庶路を起点に庶路川を遡行、阿寒湖の南岸から西岸に回り、現在の釧北峠付近のルウチシ（ルチシ）で山を越え網走川の上流へ出て、同川沿いに北行、美幌・女満別・網走を経て斜里に至る道。釧路から阿寒湖を経て津別町に至る、延長46里（180.6km）、現在の国道240号線と重なり合っている道路、アバシリ山道ともいう。文化4年（1807）に新しく整備された。松浦武四郎がこの峠を越えた安政5年（1858）には、往時の面影はすっかり無くなっていたという。

【山道・林道情報】根室管内標津営林署は平成10年12月に、管内の国有林内にある登山道や林道などの積雪情報などを提供するホームページを開設した。豊かな自然や業務内容など14項目にカラー写真を添えて掲載し、その情報は逐次更新されている。例えば羅臼岳や標津岳に通じる登山道や林道などの積雪状況、踏破するための装備の案内などが紹介されている。営林署のホームページは全国でもめずらしく、冬山登山やカントリースキーの愛好者の関心を呼んでいる。

　椴山　① todo-yama　？m〔山地〕A-2 斜里山地〔20万図〕標津60〔2.5万図〕伊奈仁 x〔山頂所在市町村〕標津町〔位置〕忠類川の川口から西方へ5kmの右岸あたりの小山
〔地名掲載資料〕
◇椴山「道廰20万図」（実測切図）（野付）
◇椴山「仮製5万図」（薫別）
〔山名の由来〕
道道椴山計根別線の起点のあたりにトド松が密生していたのでこの名が生まれた。『標津町史』

　薫別岳 kunbetsu-dake　△698.8m〔山地〕A-2 斜里山地〔20万図〕斜里3〔2.5万図〕西古多糠 a〔経度〕144°56′52″〔緯度〕43°49′12″
〔位置特徴〕薫別川の上流、頂上は台地のように広く平ら〔山頂所在市町村〕標津町

クン子ヘツ山 kunnehetsu-yama →薫別岳　△698.8m〔山地〕A-2 斜里山地〔20万図〕斜里 3〔2.5万図〕西古多糠 a〔山頂所在市町村〕標津町
〔地名掲載資料〕クン子ヘツ山：近藤守重「西蝦夷地分間」
〔川名の由来・語源〕
○kunne pet　クン子・ペッ〔黒川　此川ノ魚皆黒シ故ニ名ヅク〕『永田地名解』422p
○魚が黒いからでなく、川底が黒いので保護をするため魚の色が黒くなるのである。『更科アイヌ語地名解』
○原名はクンネ・ペツで川底の黒い川の意。『標津町史』

　ペクン子ウシヌプリ pekunneushi-nupuri　△836.1m〔山地〕A-2 斜里山地〔20万図〕斜里 4〔2.5万図〕武佐岳 c〔山頂所在市町村〕標津町
〔位置〕
□川北温泉の北西方
□武佐岳の北方4.1km、ソーキップカオマナイ川の上流に位置している標高値836mの山を指している：鎌田正信『道東地方のアイヌ語地名』。
〔地名掲載資料〕
◇ペクン子ウシヌプリ 946「道廳 20万図」(実測切図)(屈斜路湖)
◇ペクン子ウシヌプリ「仮製 5万図」(瑠邊斯)
◇(標津郡と)目梨郡との境にペクン子ウシ嶽あり、『日本名勝地誌』第九編
〔山名の語源〕ペ・クンネ・ウシ・ヌプリ pe-kunne-us-nupuri (水・黒い・ある・山) 黒く濁ったところ(川)にある山
〔解説〕この山へ至るソーキップカオマナイ川は、かつてルベス鉱山が採石をしていた所。閃亜鉛鉱、他方鉛、重昌などが主で、金、銀、銅なども微量に含んでいた。これらは混合鉱石であるが、付近の川床は黒い色をしていた。ペクン子ウシヌプリの名は明治の20万分の1図にみえるので、アイヌは古くからこの川を知っていたのだろう。：すがわら・「アイヌ語地名考」掲示板より引用

　尖峰 togarimine →チウルイ岳　・953m〔山地〕A-2 斜里山地〔20万図〕斜里 4〔2.5万図〕武佐岳 d〔経度〕144°53′10″〔緯度〕43°41′58″

〔山頂所在市町村〕標津町

チウルイ岳 chiurui-dake →尖峰、忠類山 ・953m〔山地〕A-2 斜里山地〔20万図〕斜里4〔2.5万図〕武佐岳d〔山頂所在市町村〕標津町
〔位置〕「奴宇之辺都誌」と「東部志辺都誌」の記述から推測すると、津別川の南支流モアン川の源で摩周湖の東北東の山のあたりであるが、忠類川源との距離が遠く離れていて、その位置を特定できない。山の名からは忠類川源流の山と考えられ、遠くより見える高い山であろう。
〔地名掲載資料〕
◇（西別岳の頂上より）寅の初針にチウルイノホリ、中針にクナシリ岳、卯の正申にカンチウシ岳…『松浦戊午日誌』上-391p
◇モアン、相応の川也。此源チウルイの岳より落ちるとかや。またしばしを過ぎて左りトイチセナイ、小川なり。此辺右チウルイノホリ、左りカンチウシノホリにて、此処の上に一ツの温泉有と。『松浦戊午日誌』上-633p
◇（厚岸より）少し左の方を眺めば、ラウシ〔羅牛〕岳、チウルイ〔忠類〕岳、ニシベツ〔西別〕岳、舎利〔斜里〕、阿閑〔阿寒〕岳を見『松浦東蝦夷日誌』八編
◇ラウシ岳、チウルイ岳、ニシヘツ岳、舎利阿閑が見え『松浦納沙布日誌』
〔川名の由来・語源〕
○夷語チウルキとは、則、水勢の強きといふ事。扨、チウとは水勢、亦は汐路と申事。ルキとは強ひと申事にて、此川瀬早き故、此名ある由。『上原蝦夷地名考幷里程記』
○チウルイ、番屋四棟、また北岸に番屋一、蔵五棟人家七軒も有、メナシ第四の川小字多く、源は舎利のヲンネ岳より来る。魚類多し。其訳潮急の義なり。『松浦知床日誌』
○チュ・ルイ（流れ・の激しい）『更科アイヌ語地名解』
○アイヌ語の「チウ・ルイ・ト・プッ」（流れの強い沼川）の上部をとったものである。『北海道駅名の起源』（昭和48年版）
○ciw-ruy チウ・ルイ（流れ・激しい）

忠類山 chiurui-yama →尖峰 ・953m〔山地〕A-2 斜里山地〔20万図〕斜里4〔2.5万図〕武佐岳d〔山頂所在市町村〕標津町
〔位置〕「西蝦夷地分間」の山絵図は、頂上付近に5つの突起を描いている

第Ⅱ編　山の履歴

ので、忠類川中流域南の尖峰が該当しそうである。
〔地名掲載資料〕
◇チウルイ山（チウルイ番小屋の西）：近藤守重「西蝦夷地分間」
◇忠類山「輯製20万図」（斜里）

　武佐岳 musa-dake →テクンフカウノホリ△1005.2m〔山地〕A-2 斜里山地〔20万図〕斜里4〔2.5万図〕武佐岳 d〔経度〕144°53′10″〔緯度〕43°40′30″〔山頂所在市町村〕標津町・中標津町〔位置〕川北温泉の南西方 3.7km。
〔地名掲載資料〕
◇武佐岳『水路誌』
◇武佐岳「国土地理院図」（現行）
〔川名の由来・語源〕
○アイヌ語「ムサ」をとったものであるが、意味は不明。『北海道駅名の起源』
○松浦図にはモサフト（註。モサの川口）と書かれてある。織物や糸の繊維をとった蕁麻（いらくさ）のことを、普通 mose あるいは moshi というが、バチラー辞書には mosa, muse の音も採録されている。蕁麻の生えている沢だったかも知れない。（中略）ムサの語源を「いらくさ」とみるならば、繊維をとるためによいいらくさがたくさんあってとりにきた所かもしれない。『中標津町史』
○繊維を採った「いらくさ」のことを「mose」「moshi」「mosa」「muse」の音も収録されている。「ムサ川」はいらくさの生えている沢だったかもしれない。：山田『北海道の地名』
○「m」と「n」はよく化るので「ヌサ」（神祭の幣場）の解釈も考えられる。
［夏季コース］
◎武佐コース　中標津市街から中標津空港横を通り開陽台へ向かう 24 線を直進し、クテクンベツ川を渡った地点を左折しクテクンベツ林道を 2 ㌔ほど進むと「武佐岳」の丸い標識があり、ここを右折して登ると展望台兼駐車場の登山口に出る。2.6 ㌔地点に「武佐岳憩清荘」がある。登り 2 時間 30 分。
　昭和 31（1956）年に武佐地区の有志がクテクンベツ林道の北東から、夏道を開設した。標識は二合目、三合目の 2 箇所のみ、四合目が山頂となる。根室と知床の半島に囲まれた根室海峡から、徐々に高度を上げると、山並みの中に双耳峰の武佐岳はひっそりと聳えている。さらに 2 年後、山小屋「武佐

岳憩清荘」を建設して以来、登山者の姿が絶えない。：田代和男『北海道の百名山』
　平成28年10月、登山道の標識は二合目不明の他は全部有り。寺口一孝

　　テクンベヤウノホリ tekunbeyau-nohori →武佐岳　△1005.2m〔山地〕A-2 斜里山地〔20万図〕斜里 4〔2.5万図〕武佐岳 d〔山頂所在市町村〕標津町・中標津町
〔地名掲載資料〕
◇テクンベヤウノホリ『松浦戊午日誌』18巻志辺都誌（文）上-633p
◇テクンハヤウ『松浦東蝦夷日誌』八編（遠景山並図）
◇テクンヘヤウ『松浦知床日誌』（山川図 1）
◇テクヘヤウ『松浦東蝦夷日誌』（文）八編 348p
◇テクンベヤウ岳、又クテリンといふが、ペクネンウシにあたるごとし。『大日本地名辞書』

　　テクヘヤウシ tekuheyaushi →武佐岳　△1005.2m〔山地〕A-2 斜里山地〔20万図〕斜里 4〔2.5万図〕武佐岳 d〔山頂所在市町村〕標津町・中標津町〔地名掲載資料〕テクヘヤウシ『松浦納沙布日誌』（山絵図）

　　テクンフカウノホリ tekunhukau-nohori →武佐岳　△1005.2m〔山地〕A-2 斜里山地〔20万図〕斜里 4〔2.5万図〕武佐岳 d〔山頂所在市町村〕標津町・中標津町〔位置〕標津川、忠類川、武佐川の源
〔地名掲載資料〕
◇テクンベカウノポリ『武四郎蝦夷地紀行』（川々取調帳）574p
◇テクンベヤウノホリ『松浦戊午日誌』（文）上-622p
◇テクンフカウノホリ「松浦山川図」
◇テクンヘヤウ『松浦知床日誌』（知床半島の地図）

　　チセ子岳　chisene-dake →チセ子ノホリ ? m〔山地〕A-2 斜里山地〔20万図〕斜里 10〔2.5万図〕朱円 b〔山頂所在市町村〕斜里町
〔位置〕海別川の源、小海別の山か
〔地名掲載資料〕チセ子岳（海別川の源、ウナヘツ岳の西隣りに記されている）『松浦知床日誌』（山川図 1）

チセ子ノホリ chisene-nohori →チセ子岳 ?m〔山地〕A-2 斜里山地〔20万図〕斜里 10〔2.5万図〕朱円 b〔山頂所在市町村〕斜里町
〔地名掲載資料〕
◇チセ子ノポリ（テクンベヤウノホリの南に書いている）『武四郎蝦夷地紀行』（川々取調帳）574p
◇チセ子ノホリと云に至る也。此山のうしろはシャリ領分に当る。『松浦戊午日誌』上-625p
◇シイイチヤン是水源也。其源チセ子ノホリの方に向ふ也。其よりシヤリの山の合に入る。『松浦戊午日誌』上-649p
◇チセ子ノホリ（ウナヘツノホリの南、テクンフカウノホリの東方に記されている）「松浦山川図」
◇チセ子ノホリ（テクンヘヤウの南隣りに記されている）『松浦知床日誌』（地図）
◇ウナヘツ岳、モサ川（武佐川）の水源にはチセ子岳と云山『松浦知床日誌』

錐山 kiri-yama △720.9m〔山地〕A-2 斜里山地〔20万図〕斜里 11〔2.5万図〕瑠辺斯岳 b〔経度〕144°51′52″〔緯度〕43°47′3″〔山頂所在市町村〕斜里町・標津町〔河川〕猿間川支流 4056-50-3R ポンイクシナペツ川の源流

瑠辺斯岳 rubesu-dake △659.0m〔山地〕A-2 斜里山地〔20万図〕斜里 11〔2.5万図〕瑠辺斯岳 ab〔経度〕144°48′51″〔緯度〕43°46′21″
〔山頂所在市町村〕斜里町・標津町
〔河川図〕北斜面は 4056-30-1R 猿間川支流の源流

丸山 ① maru-yama △341.4m〔山地〕A-2 斜里山地〔20万図〕斜里 11〔2.5万図〕瑠辺斯岳 c〔経度〕144°46′3″〔緯度〕43°49′11″〔山頂所在市町村〕斜里町〔位置〕斜里岳の北東斜面、幾品川の南支流秋の川上流

根北峠 konpoku-touge →ルチシ ・487m〔山地〕A-2 斜里山地〔20万図〕斜里 11〔2.5万図〕瑠辺斯岳 d〔山頂所在市町村〕斜里町・標津町〔位置〕知床半島の付け根、北見国斜里町と根室国標津町の両国の一字ずつをと

って名づけられた。峠の近くに斜里岳やサマッケヌプリ、津別岳などの山々が連なり、峠のあたりは、エゾ松、トド松に混じってダケカンバが生い茂り、相当な山岳地帯のような印象を受ける。

峠を通る道路は、昭和28年に二級国道244号網走根室線となった。斜里町と標津町を結ぶこの道は、古くからアイヌの交通路として利用されていた。文化年間（1804〜1817）に、斜里、根室、釧路の各場所のアイヌがその持ち場の工事を担当して完成させた。「旧斜里山道」「斜里越え」と呼ばれていた。明治18年（1885）に新しい斜里山道が完成し、旧斜里山道は廃止となった。

ルウチシ ruuchishi →根北峠 ・487m〔山地〕A-2 斜里山地〔20万図〕斜里11〔2.5万図〕瑠辺斯岳d〔山頂所在市町村〕斜里町・標津町〔位置〕根北峠のあたり

〔地名掲載資料〕ルウチシ 此処シヤリ越の峠也。右はチヤチヤノホリ左りはエキシヤランノホリのよし也。（中略）今も子モロよりシヤリえ御用状を継立有。冬分は雪にて往来留りし故不レ来りし由（後略）『松浦戊午日誌』中-15p

ルチシ ruchishi→根北峠 仮509.5m〔山地〕A-2 斜里山地〔20万図〕斜里11〔2.5万図〕瑠辺斯岳d〔山頂所在市町村〕斜里町・標津町〔位置〕根北峠のあたり
〔地名掲載資料〕
◇ルチシ510「道廰20万図」（実測切図）（屈斜路）
◇ルツシ509.5「仮製5万図」（瑠邊斯）

チクシヘツ chikushihetsu ？m〔山地〕A-2 斜里山地〔20万図〕斜里12〔2.5万図〕俣落岳x〔山頂所在市町村〕不明〔位置〕ウナヘツの南西、廻浦日記の図はシヘツ（標津）番屋から西北西の方向にチクシヘツヘツを描いていることから、現在の俣落岳の辺りかと思われる
〔地名掲載資料〕チクシヘツ『竹四郎廻浦日記』25巻（遠景山並図）280
〔川名の語源〕 chi-kus-pet チ・クシ・ペッ〔我ら・通る・川〕

俣落岳 mataochi-dake →クテクンヘツ岳 △1003.3〔山地〕A-2 斜里山地〔20万図〕斜里12〔2.5万図〕俣落岳ab〔経度〕144°48′46″〔緯度〕

第Ⅱ編　山の履歴

43°41′28″〔位置〕武佐岳の西方 6.1km、虫類川の南方上流。〔山頂所在市町村〕標津町・中標津町
〔川名の由来・語源〕
○Mataochi マタ オチ〔冬居川、此川「メム」三個所アリテ鮭多シ冬日モ亦滞留スルコトアリ故ニ名ク或〕『永田地名解』417p
○マタ・オチ（冬・ごちゃごちゃいる・もの＝川、処）：山田『北海道の地名』

クテクンヘツ岳 kutekunhetsu-dake →俣落岳 △1003.3〔山地〕A-2 斜里山地〔20万図〕斜里 12〔2.5万図〕俣落岳 ab〔山頂所在市町村〕標津町・中標津町〔位置〕クテクンベツ川源の考えると俣落岳のあたりか？
〔地名掲載資料〕
◇テクンベウシノホリ『松浦戊午日誌』（文）上-633p
◇この（標津川）支流カンチウシ川は、テクンベツ（クテクンベツ）岳の後側から来る川『松浦知床日誌』
◇はるか彼方にクテリ（ク）ンベツ岳、チセ子岳、海別岳、遠音別岳、サリキウシ岳、イキミ岳、シヤマツケ岳、祖父岳、羅牛岳、等の山々『松浦知床日誌』
〔川名の由来・語源〕
○kutek-un-pet クテク ウン ペッ〔柵川、柵ヲ設ケテ鹿熊ヲ捕ル處〕『永田地名解』419p
○斜里川左支流にクーテクンナイという川があって、『松浦志辺津日誌』は「むかし此処えアマッホを多く懸しよし也よって号く、クーテクンは即アマホの仕懸有る事を云り」『永田地名解』で「クテク・ウン・ベツ」棚川、棚ヲ設ケテ鹿熊ヲ取ル処」「クテク」ハ棚ナリ『知里アイヌ語地名解』では「仕掛け弓の垣のある沢」とある。いずれにしろ、仕掛け弓（アマッホ）を仕掛けた沢と解することができる。『中標津町史』

メナシ山 ② menashiyama 〔標高〕×××〔山地〕A-2 斜里山地〔20万図〕斜里 12〔2.5万図〕俣落岳〔山地〕〔山頂所在市町村〕標津町・中標津町〔位置〕俣落岳、武佐岳などの山々。
〔地名掲載資料〕
◇其（俣落川）川口辺はさして高山も無れども、河の上の方に至りては皆メ

ナシ山へつゞくなり。『松浦戊午日誌』上-628p

ソーキップヌプリ so-kippu-nupuri ・1026m〔山地〕A-2 斜里山地〔20万図〕斜里12〔2.5万図〕俣落岳b〔経度〕144°50′33″〔緯度〕43°41′44″〔山頂所在市町村〕標津町・中標津町
〔位置〕俣落岳の東北東方2.5km、ソウキップカオマナイ川の源
〔地名掲載資料〕ソーキップヌプリ、地元では知られた山である:八谷和彦『ガイドブックにない山々』
〔川名の由来・語源〕ソーキップカオマナイは川口から1.1㌔上流で二股になっており、標津町史は「二つの名が合わさったもので、ソウキップは、ソ・キタイペッで「滝の頭の上にある川」、カオマナイは、カ・オマ・ナイで「罠のある沢」の意と書いたが、ソー・キプ・カ・オマ・ナイ(so-kip-ka-oma-nay)で「滝の・頭・の上・に入る・川」と、1つの地名として解したい。:鎌田正信『道東地方のアイヌ語地名』

開陽台 kaiyou-dai △269.2m〔山地〕A-2 斜里山地〔20万図〕斜里13〔2.5万図〕第二俣落b〔経度〕144°52′28″〔緯度〕43°36′40″〔山頂所在市町村〕中標津町〔位置〕開陽育成牧場の南南東方、開陽台展望台がある。
〔地名掲載資料〕◇開陽台「国土地理院地形図」◇武佐台:国土地理院三角点名

パナワンエキム山 panawanekimu-yama 仮63.1m〔山地〕A-2 斜里山地〔20万図〕斜里18〔2.5万図〕斜里x〔山頂所在市町村〕斜里町〔位置〕斜里町来運
〔地名掲載資料〕
◇パナワンエキム山「道廳20万図」(実測切図)(屈斜路)
◇パナワンエキム山63.1「仮製5万図」(斜里)

ペナワンエキム山 penawanekimu-yama 仮82.2m〔山地〕A-2 斜里山地〔20万図〕斜里19〔2.5万図〕斜里X〔山頂所在市町村〕斜里町〔位置〕斜里町来運
〔地名掲載資料〕

◇ペナワンエキム山「道廰20万図」（実測切図）（屈斜路）
◇ペナワンエキム山 82.2「仮製5万図」（斜里）

ラルマン岳 raruman-dake →ラルマニウシ岳　△156.4m〔山地〕A-2 斜里山地〔20万図〕斜里19〔2.5万図〕斜里岳 c〔山頂所在市町村〕清里町・斜里町〔位置〕清里町来運、斜里岳の北西方
〔地名掲載資料〕ラルマン岳『松浦廻浦日記』24巻（川筋図275）

ラルマニウシ岳 rarumaniushi-dake →ラルマニノホリ△156.4〔山地〕A-2 斜里山地〔20万図〕斜里19〔2.5万図〕斜里岳 c〔経度〕144°39′29″〔緯度〕43°49′10″〔山頂所在市町村〕清里町・斜里町〔位置〕清里町来運、斜里岳の北西方8km
〔地名掲載資料〕
◇ラルマニウシナイ『武四郎蝦夷地紀行』川々取調帳577p
◇ラルマニウシ岳『武四郎蝦夷地紀行』西蝦夷日誌巻八（文）332p
〔山名の語源〕
○ラルマニウシ岳と云山有。名義土蘇木（いちい、ヲンコ）多山と云儀のよし也。『武四郎蝦夷地紀行』西蝦夷日誌・巻八 333p
○松浦竹四郎の地図にはラルマニ・ヌプリ（たぶん「ラルマニ・ウシ・ヌプリ」〔アララギ・群生する・山〕とある。『斜里町史』
○ラルマニ・ウシ rarmani-us-i（オンコの木・群生する・所）

ラルマニノホリ rarumani-nohori →ラルマニウシ岳　△156.4m〔山地〕A-2 斜里山地〔20万図〕斜里19〔2.5万図〕斜里岳 c〔山頂所在市町村〕清里町・斜里町〔位置〕清里町来運、斜里岳の北西方、斜里川支流のラルマニウシナイ源
〔地名掲載資料〕
○ラルマニノホリ『竹四郎廻浦日記』24巻（文）
○ラルマニノホリ（斜里川支流ラルマニウシナイ源に記されている）「松浦山川図」
○ラルマニノホリ、来運の156.2m：秋葉『知床紀行集』解説文
〔川名の語源〕ラルマニ・ウシ・ナイ〔アララギ・群生する・沢〕：伊藤せいち「蝦夷地アイヌ地名集積網走Ⅲ」

斜里岳 shari-dake ・1547m（山頂）△1535.8m（三角点）〔山地〕A-2 斜里山地〔20万図〕斜里 19〔2.5万図〕斜里岳 b〔経度〕144°43′18″〔緯度〕43°45′47″

〔位置特徴〕知床半島の付け根、知床火山群と阿寒火山群のほぼ中間に位置する独立峰、千島火山帯に属するコニーデ型の成層火山である。北側の斜里町から見るとなだらかな裾野が美しい山容だが、西側の清里町からは、急峻な中央部が崩壊と浸食によって威圧感を与える。山腹は麓からエゾマツ、トドマツ、シナノキ、イタヤなどの針葉樹と広葉樹の混交林、ダケカンバ林と林相を変え、山頂はハイマツに覆われ、その中に高山植物のお花畑が点在している。シマリス、エゾリス、エゾライチョウ、エゾシカが生息する。昭和55年11月に標高700mから上部が道立自然公園に指定された。山頂直下に昭和10年建立の斜里岳神社がある。

〔山頂所在市町村〕清里町・斜里町

〔河川図〕いずれも斜里川支流で、北東斜面は 4056-150-3L 富士の川の源流、北斜面は、4056-180-3L ペケレイ川の源流

北西斜面は 4056-191-3L 北の浦沢川の源流

南西斜面は 4056-630-2L ハルエノ川の源流

〔地名掲載資料〕

◇シヤリ嶽：近藤守重「西蝦夷地分間」「蝦夷地図（警備図）」『松浦廻浦日記』（遠景山並図 262p）下-54p

◇シヤリ岳『竹四郎廻浦日記』（山川図 275）下 64p

◇シヤリ岳『竹四郎廻浦日記』（山絵図 277）下-66p

◇シヤリ岳『竹四郎廻浦日記』（文）下-406

◇シヤリ岳『松浦戊午日誌』（文）上-633p、上 662p

◇トイトコウシ岳並にシヤリ岳を見る也。『松浦戊午日誌』上-344p

◇シヤリ岳『松浦戊午日誌』（山絵図）上-350p

◇シヤリ岳『松浦戊午日誌』（川筋図）上-367p

◇シヤリ岳『松浦戊午日誌』（文）上-369p

◇シヤリ岳『松浦戊午日誌』（文）上-662p

◇シヤリ岳『松浦戊午日誌』（文）中-98p、（文）中-131p

◇シヤリ岳（海岸線と遠景山並図）『松浦戊午日誌』中-135p

◇シヤリ岳『松浦戊午日誌』（文）中-131p

第Ⅱ編　山の履歴

◇シヤリ岳『松浦東蝦夷日誌』八編（文）
◇シヤリ岳『武四郎蝦夷地紀行』西蝦夷日誌巻八（遠景山並図 37）285p
◇シヤリ岳『武四郎蝦夷地紀行』西蝦夷日誌巻八（文）308p
◇シヤリ岳『松浦西蝦夷日誌』（遠景山並図 63）309p
◇シヤリ岳「松浦山川図」
◇砂利岳『武四郎蝦夷地紀行』西蝦夷日誌・巻八（文）320p
◇シヤリ山を見る高し「協和使役」安政 3 年（1856）
◇シヤリ岳 SHARI mT「三角術測量北海道之圖」
◇シヤリ岳「北海道拾壱箇國郡名」
◇シヤリ山「北海道實測圖」
◇シヤリ山「北見国地誌要覧」
◇斜里岳「大日本國郡精図（北見國）
◇斜里岳 1449「道廰 20 万図」（実測切図）（屈斜路）
◇斜里岳「輯製 20 万図」（斜里）
◇斜里岳 1449.0「仮製 5 万図」（斜里岳）
◇斜里岳「加藤氏地理」
◇斜里岳『水路誌』（昭和 63 年）
◇斜里嶽『日本名勝地誌』第九編
◇斜里嶽「北海道志」巻六（事業報告）
◇斜里岳、斜里嶽『日本名勝地誌』
◇斜里岳「国土地理院図」（現行）
◇舎利岳『松浦戊午日誌』上-302p
◇舎利岳『松浦知床日誌』（文）
◇舎利岳『松浦知床日誌』（山絵図 19）
◇舎利岳『武四郎蝦夷地紀行』西蝦夷日誌巻八（文）273p, 329p, 337p
◇舎利岳、斜里岳『大日本地名辞書』
◇シヤリ『松浦戊午日誌』（遠景山並図）中-104p
◇シヤリ『武四郎蝦夷地紀行』西蝦夷日誌巻八（文）300p、336p
［斜里岳・他の名称と掲載資料］
◇ユツコトマナイ東岸小川源サル岳より来る。『武四郎蝦夷地紀行』西蝦夷日誌・巻八
◇源シヤリ、ヲン子ノポリの南也『武四郎蝦夷地紀行』（松浦川筋図）486p
◇Onne nupuri オン子 ヌプリ〔大山、斜里川ノ水源ナリ故ニ斜里岳トモ称ス〕

『永田地名解』546p
◇B・Sjaru「シーボルド図」
◇サルノタケ「東西蝦夷地図」
〔地名の由来・語源〕
○夷語シヤリ。シヤルとは濕沢の事。此地平原の濕沢なる故、此名あるよし。『上原蝦夷地名考幷里程記』
○Sarun-pet サルンペッ〔茅川〕『永田地名解』535p
○「シャリ」(葦の生えている湿地)からでたもの『北海道駅名の起源』
○アイヌ語の sar「シャル」(葦の生えた湿原)ここの平原が湿沢であったのでこの名がある。『斜里町史』
○sar-un-pet サラ・ウン・ペッ〔葦原・にある・川〕アイヌ語 sar は〔葦原、ヨシ原〕の意。
〔解説〕斜里岳・海別岳・遠音別岳の三山とも、旧称はオンネ・ヌプリ(歳老いた山)で、恵みを与えてくれる重要な山として部落の人々に深く崇敬された。「シャル」と「サル」は同音である。:山田『北海道の地名』
〔皆既日食の観測〕

昭和11年6月に60年振りの皆既日食を観測するため、上斜里町にイギリスのストラットン博士、日本の仁科芳雄博士、フランスの天文学者、報道陣ら170名がやってきた。斜里岳8合目に当たる滝神ノ池(現・竜神池)上部に、観測小屋を建設する為に数百人の村人達が、建設資材や観測機材の人力荷揚げの為駆出された。19日の当日、肝心の皆既日食は、太陽が雲に隠れて失敗に終わったという。この小屋は、昭和42年に営林署の指示で解体されるまで残っていた。渡辺健三『日本百名山 斜里岳〜山小屋物語』この観測で、斜里岳名が世界的に有名になった。

〔夏季コース〕

(昭和6年頃)この山には近年登山路が設けられ(中略) 斜里岳に登るには、釧網線上斜里驛から南方約6粁、江鳶に至る。ここから頂上まで登山路を約12粁登る。『北海道の山岳(登山案内)』

(昭和11年)上斜里驛から約七粁の江鳶部落から登山道がある。最初衝當りの緩い樹林の尾根を登り、標高五〇〇米附近から右の澤に下る。これから澤に沿ふて登れば二股となりこれを登り詰める。江鳶から十二粁、六時間を要するから驛から日帰りは足の達者な者に限る。他は小屋に泊まって翌日頂上を極め下山するするとよい。小屋には番人も居ないし寝具もない。

〔夏季コース〕（現在）
◎清里コース　ＪＲ知床斜里駅から登山口までバスの便あり。停留所から1時間で清岳荘。ここから40分で下二股、さらに新道の尾根コースは熊見峠を経て上二股まで1時間40分。旧道の沢コースは滝が続く沢沿いを登り上二股まで1時間。上二股から頂上へは1時間。：増子麗子『北海道の百名山』
◎斜里コース（玉石の沢コース）中斜里から道道1000号線富士～川上線を豊里へ曲がる地点に登山口への標識があり、斜里岳の北山麓に登山口がある。ここから玉石が敷き詰められた沢をたどり尾根コースに取り付く。登り3時間。
△忠類川の支流パンケニワナイ川の左岸から、中斜里岳を経て頂上に至る道があった。清里コースも車道ができる前は江南から一の沢川の伏流に沿う登山道だった。『北の岳友とともに』（網走山岳会）

サルノタケ　sarunotake　→斜里岳　・1547m〔山地〕A-2 斜里山地〔20万図〕斜里 19〔2.5万図〕斜里岳 b〔位置〕斜里岳
〔地名掲載資料〕◇サルノタケ「蝦夷松前輿地図」

【北のアルプ美術館】
斜里町朝日町、山岳関係の絵画や関連図書などを豊富に展示する山崎猛さんの私設美術館。

ウエンヘツホリ uenhetsu-hori　？m〔山地〕A-2 斜里山地〔20万図〕斜里 X〔2.5万図〕不明〔山頂所在市町村〕斜里町〔位置〕斜里川の源だろうが、不明。
〔地名掲載資料〕
◇此処川（斜里川）まゝ少し上にフウホルシ、右の方小川。又少村、上りてタン子平等。其源シヤリ岳、ウエンヘツ（ノ）ホリにいたるよし。『松浦戊午日誌』上-662p
◇ヲニシマイ此処滝に成り有。其辺シヤリのウエンヘツノホリのうしろより来り、氷雪のとき二日にてシヤリのヲン子ヘツえ越るよし聞り。『松浦戊午日誌』上-666～667p
〔川名の語源〕夷語ウエンベツとは、則、悪處川といふ事。扨、ウエンとは悪處と申事。ベツは川にて、昔時、此川におゐて、折節夷人溺死するゆへ字

になしてより、其義なしといふ事。『上原蝦夷地名考幷里程記』

南斜里岳 minamishari-dake △1442.2m〔山地〕A-2 斜里山地〔20万図〕斜里岳20〔2.5万図〕<u>サマッケヌプリ山</u> a〔経度〕144°43′51″〔緯度〕43°44′59″
〔位置〕斜里岳の南南東方1.7km。
〔山頂所在市町村〕標津町
〔地名掲載資料〕小斜里岳（南斜里岳）「標津営林署管内図」（昭和48年）
〔山名の由来〕斜里岳の南方に位置しているところから呼ばれたと思われる。
〔夏季コース〕斜里岳登山道九合目の馬ノ背から南南東方に踏み跡が続いている。

サマッケヌプリ山 ③ samakke-nupuri-yama △1062.3m〔山地〕A-2 斜里山地〔20万図〕斜里20〔2.5万図〕サマッケヌプリ山 c〔経度〕144°44′7″〔緯度〕43°40′52″〔山頂所在市町村〕清里町・中標津町・標津町〔位置〕斜里岳の南方9.2km、荒川の水源の山。〔河川図〕斜里川支流4056-640-1L四の沢川の源流
〔地名掲載資料〕
◇サマッケヌプリ1067「道廳20万図」（実測切図）（屈斜路）
◇サマッカリヌプリ1066.5「仮製5万図」（斜里岳）
◇サマツケヌプリ。斜里郡と（標津郡）の境にサマツケ嶽、標津山あり高さ何れも三千尺。『日本名勝地誌』第九編
◇忠類（チユウルイ）川、源を北見国斜里郡堺なる、サマツケヌプリ（山）に発し『大日本地名辞書』
◇サマッケヌプリ「北海道分國新地圖」
◇砂馬毛岳：国土地理院三角点
〔山名の由来・語源〕
○サマッキは「横たわっている。横になり続けることをする」、ヌプリは「山」である。『中標津町史』
○サマッケヌプリ、アイヌ語で〔横になっている山〕の意。『標津町史』
○サマッケ・ヌプリ山1062.3m、アイヌ語で〔横になっている山〕の意。『NHK北海道地名誌』
○羅臼側から眺めた姿が、「横になっている」の語意を現しているように見

える。

平岳 hira-dake △763.9m〔山地〕A-2 斜里山地〔20万図〕斜里20〔2.5万図〕サマッケヌプリ山 c〔経度〕144°40′12″〔緯度〕43°44′2″〔山頂所在市町村〕清里町

クテヲシヘツノホリ kuteoshihetsu-nohori ？m 〔山地〕A-2 斜里山地〔20万図〕斜里21〔2.5万図〕養老牛温泉 a〔山頂所在市町村〕清里町・中標津町〔位置〕廻浦日記図はシヘツ（標津）番屋から西北西方の標津川源にクテヲシヘツノホリを描いているので、現在の標津岳のあたりと思われる。〔地名掲載資料〕クテヲシヘツノホリ『松浦廻浦日記』（遠景山並図）280

標津岳 shibetsu-dake ・1061m〔山地〕A-2 斜里山地〔20万図〕斜里21〔2.5万図〕養老牛温泉 a〔経度〕144°42′33″〔緯度〕43°39′57″〔山頂所在市町村〕清里町・中標津町〔位置〕知床半島の付け根、斜里岳の南方11km、南麓に養老牛温泉、頂上付近にハイマツの群落がある。〔河川図〕西斜面は斜里川支流 4056-530-2R 四の沢川と 4056-520-2R 三の沢川源流
〔地名掲載資料〕
◇シベツ『松浦知床日誌』
◇シベツ岳 SHIBETSU mT「三角術測量北海道之圖」
◇標津岳 981「道廳20万図」（実測切図）（屈斜路）
◇標津岳 981.2「仮製5万図」（摩周湖）
◇標津岳（高距980突米）『大日本地名辞書』
◇標津岳「北海道分國新地圖」
◇標津山「輯製20万図」（斜里）
◇標津岳。標津山（しべつさん）『日本名勝地誌』第九編
◇標別岳「大日本國郡精図」（根室國）
〔川名の由来・語源〕
○夷語シベツは、大川といふ事。扨、シとは至而又は甚だタと申訓。ベツは川と申事にて、此川近邊の大川なる故、此名ある由。扨又、クスリより當所へ山越の事は前に記しある故、爰に略す。『上原蝦夷地名弁里程記』シベツ si-pet〔大・川〕
○アイヌ語「シベヲツ」〔鮭・多くいる〕『松浦知床日誌』シペ・オッ sipe-ot

〔鮭・多くいる〕
○アイヌ語「シ・ペツ」(親なる・川)から出たもの『北海道駅名の起源』
○シ・ペツは大川または本流の意で、昔の生活圏のうちで一番大切な川をそう呼んだもので、本当の川ともいえる。『標津町史』
〔夏季コース〕
◎モシベツ川コース　中標津町計根別のバスターミナルから養老牛温泉まで町営バスが利用できる。ここからモシベツ川沿いの林道を 6km ほどで登山口がある。始めは平坦な造林地の中を行くとすぐに分岐に出合うので右折する。登り約 2 時間 50 分。

西竹山 nishitake-yama　△697.9m〔山地〕A-2 斜里山地〔20万図〕斜里 21〔2.5万図〕養老牛温泉 a〔経度〕144°44′51″〔緯度〕43°37′39″
〔山頂所在市町村〕清里町・中標津町〔位置〕養老牛温泉の北北東方 5.5km

養老牛岳 yourouushi-dake　△846.4m〔山地〕A-2 斜里山地〔20万図〕斜里 21〔2.5万図〕養老牛温泉 c〔経度〕144°39′42″〔緯度〕43°38′2″
〔山頂所在市町村〕清里町・中標津町〔河川図〕いずれも斜里岳支流で、西斜面は 4056-510-3L 千代の沢川と 4056-540-2L 五の沢川の源流
〔地名の由来・語源〕
○1832(天保 3)年に書かれた『東蝦夷地大河之図』(今井信名)には「ハウシベツ温泉アル由」と記され、その頃から温泉があることは知られていた。現在の表温泉を流れる川は標津川の上流で、裏温泉を流れる川はパウシベツ川という。明治 39 年に北海道庁が調べた「鉱物調査第二報文」では「シベツ鉱泉」もしくは「ポプケ温泉」と呼んでいる。それが明治 30 年の地図から表温泉に「ヨローウシ」の地名が記された。

　養老牛の地名の意味は、更科源蔵の「アイヌ語、エ・ウォルの訛で〔頭を水に突っ込んでいる〕意で、ここの標津川の中に立岩があったのに名づけられたもの。養老牛はこのような地形ではないことから(中略)疑問がある。『松浦久摺日誌』(安政 5 年)の摩周湖の図にヨロウシという地名があり、(中略)ヨローウシの語源は、イオ(ヨ)マンテ(熊祭り)の変化したものと考えることができる。『中標津町史』

シタバヌプリ山 shitaba-nupuriyama　△602.7m〔山地〕A-2 斜里山地

〔20万図〕斜里21〔2.5万図〕<u>養老牛温泉b</u>〔経度〕144°41′37″〔緯度〕43°36′35″〔山頂所在市町村〕中標津町・標津町〔位置〕摩周湖の東方10km、パウシベツ川の源頭。
〔地名掲載資料〕
◇シタハ「輯製20万図」(斜里)
◇大正5年、養老牛温泉の開発につとめた西村武重は、シタバノボリ山に「見返り富士」「三顧山」を命名している。『中標津町史』
◇シタバノボリ山、シタバヌプリ山（二つの山名が収録されている）：CD－R「日本地名索引」
◇シタバノボリ山『NHK北海道地名誌』

ヲフイタツコフ ohui-tatsukohu ？m〔山地〕A-2 斜里山地〔20万図〕斜里27〔2.5万図〕札弦d〔山頂所在市町村〕小清水町・斜里町〔位置〕斜里川支流札弦川川口（サツルフト）、JR札弦駅の南南西方、札弦峠の南方の小山
〔地名掲載資料〕
◇ヲフイタツコプ『武四郎蝦夷地紀行』(川々取調帳) 574p
◇本名ヲフイ岳のよし『竹四郎廻浦日記』中 46p
◇ヲフイタツコフ小山里塚有、一名義焼た小山と云事也。『武四郎蝦夷地紀行』西蝦夷日誌』巻八 332p
◇ヲフイタツコフ「松浦山川図」
〔山名の由来・語源〕
○ウウイタプコプ (uuy-tapkop)〔焼けた・丸山〕「ウフイタプコプ」或は「ウユイタプコプ」とも云う。『斜里町史』
○ウフイタプコプ〔焼けた・丸山〕：伊藤せいち「蝦夷地アイヌ地名集積網走Ⅲ」

札弦峠 sattsuru-touge 約110m〔山地〕A-2 斜里山地〔20万図〕斜里27〔2.5万図〕札弦d〔山頂所在市町村〕小清水町

江鳶山 etonbi-yama →サウンポンヌプリ △712.9m〔山地〕A-2 斜里山地〔20万図〕斜里28〔2.5万図〕<u>緑a</u>〔経度〕144°36′5″〔緯度〕43°44′28″〔山頂所在市町村〕清里町〔河川図〕北斜面は斜里川支流4056-270-3L カ

ラノ沢川の源流、南斜面は 4056-550-1R タテクンナイ川の源流
〔山名掲載資料〕
◇江鳶山「国土地理院図」
◇糸部山（いとべやま）：国土地理院一等三角点名
〔川名の語源〕エ・ト・ウン・ペッ〔頭が・山・へ入り込んでいる・川〕『清里町史』。アイヌ語 e-tu-un-pet〔頭・出尾根・にある・川〕

サウンポンヌプリ saunpon-nupuri →江鳶山、ラルマニウシ岳 △712.9m〔山地〕A-2 斜里山地〔20万図〕斜里28〔2.5万図〕緑 a〔山頂所在市町村〕清里町
〔地名掲載資料〕サウンポンヌプリ：知里『斜里町史』
〔山名の由来・語源〕
○サウンポンヌプリ、江鳶山。sa-un-pon-nupuri「サ・ウン・ポン・ヌプリ」〔浜側・にある・小さい・山〕。松浦竹四郎の地図には「ラルマニ・ヌプリ」とある。『斜里町史』
○サ・ウン・ポン・ヌプリ〔浜側・にある・小さい・山〕：伊藤せいち「蝦夷地アイヌ地名集積網走Ⅲ」

ラルマニウシ岳 rarumaniushi-dake →江鳶山 △712.9m〔山地〕A-2 斜里山地〔20万図〕斜里28〔2.5万図〕緑 a〔山頂所在市町村〕清里町
〔地名掲載資料〕
◇ラルマニノホリ「松浦山川図」
〔山名の語源〕
○ラルマニ・ヌプリ（ラルマニ・ウシ・ヌプリ）＝〔アララギ群生する・山〕『斜里町史』。日本語アララギはイチイの別称。アイヌ語は rarmani ラルマニ。

清里町営緑スキー場 斜里郡清里町緑町、摩周湖の北方。ＪＲ釧路本線緑駅の前。ゲレンデの頂上から摩周湖と斜里岳を一望できる。

オタヌプリ otanupuri ？m〔山地〕A-2 斜里山地〔20万図〕斜里33〔2.5万図〕浜小清水 c〔山頂所在市町村〕小清水町
〔位置〕原生花園附近にある砂山、オタヌプリにあるチャシ（城砦）をオタ

チヤシコツと呼んだ。『小清水町百年史』
〔山名の由来・語源〕
〇オタ・ヌプリ ota-nupuri〔砂・山〕昔ここにチャシ（砦）があった。『網走市史上巻』

　野上峠　nogamitouge　・326m〔山地〕A-2 斜里山地〔20万図〕斜里 36〔2.5万図〕<u>野上峠b</u>〔山頂所在市町村〕弟子屈町・清里町
　阿寒国立公園（2017.8.8阿寒摩周国立公園に改称された）と網走国定公園を結ぶ国道391号にあり、屈斜路湖カルデラ外輪山の鞍部に位置している。この道路は、釧路集治監の囚人らによって開墾され、通称「監獄道路」と呼ばれ、明治23年11月に開通している。ここで使役された囚人たちには、翌24年に開削される「北見道路」の工事が待ち構えていた。そして多数の犠牲者を出している。
　峠から左手に摩周の山々、正面にアトサヌプリ、右手に屈斜路湖が広がる。昭和46年に野上峠の改良工事が行われ、現在の峠は新道の上にある。かつての峠（351m）と峠道は残されたままになっている。『北海道の峠物語』

　天都山　tentozan　△194m〔山地〕A-2 斜里山地〔20万図〕清里 49〔2.5万図〕<u>呼人a</u>〔位置〕網走監獄の北東斜面（高さ約180m）全体が天都山と呼ばれている

　大観山　daikan-zan　・190m〔山地〕A-2 斜里山地〔20万図〕清里 49〔2.5万図〕<u>呼人a</u>〔経度〕144°14′15″〔緯度〕43°58′5″〔山頂所在市町村〕網走市

　⛷**不動山・朝日ヶ丘・天都山スキー場**　不動山は網走驛の南西約半粁、朝日ヶ丘は網走川の對岸で網走驛の約一粁、共に一般的なスロープで簡単なシャンツエがある。天都山は網走驛の南西約六粁で、緩急各種のスロープに富んでいる。（昭和11年）『スキー北海道』

　⛷**網走レークビュースキー場**（網走市字呼人）呼人半島の東方、網走監獄の南方

🎿**美幌町リリー山スキー場**　網走郡美幌町字美禽　美幌驛から約二粁、各種のスロープに恵まれ、簡単なシャンツエもあって一般向きの練習場である。（昭和11年）『スキー北海道』

第Ⅱ編　山の履歴

錐山　2013.5　北のかもしかの山歩き
【62】

瑠辺斯岳　2012.5　北のかもしかの山歩き
【62】

北開陽より北西方の俣落岳
佐藤初雄【63】

斜里岳旧道の滝　1987.8
渡辺【67】

斜里神社　2013.10　寺口一孝【67】

斜里岳（中央）2013.10　寺口一孝【67】

馬の背より斜里岳　1987.9　渡辺【67】

斜里岳よりサマッケヌプリ（中央奥）・南
斜里岳（右手前）2013.10　寺口一孝【71】

A－2　斜里山地

西竹山　2011.3
北のかもしかの山歩き【73】

シタバヌプリ　2010.4
北のかもしかの山歩き【73】

標津岳　2000.10　寺口一孝【72】

八合目より武佐岳　2016.10　寺口一孝【60】

武佐岳　2000.10　寺口一孝【60】

天都山　北のかもしかの山歩き【76】

第Ⅱ編　山の履歴

A-3　屈斜路摩周火山群

　温泉富士　onsen-fuji→ワツカウイノポリ　△659.8m　〔山地〕A-3 屈斜路摩周火山群〔20万図〕斜里21〔2.5万図〕養老牛温泉 b〔経度〕144°38′56″〔緯度〕43°35′50″〔山頂所在市町村〕中標津町

　ワツカウイノポリ　watsukaui-nopori→温泉富士△659.8m〔山地〕A-3 屈斜路摩周火山群〔20万図〕斜里21〔2.5万図〕養老牛温泉 b〔山頂所在市町村〕中標津町〔位置〕清里峠の北東方3km、ケネカ川の源頭。
〔地名掲載資料〕
◇ワツカウイ、ルベシベ『武四郎蝦夷地紀行』川々取調帳 577p。(源頭にルベシベ(現在の清里峠の東)が記されている。)
◇ルウチシ、ワツカヲイ『松浦戊午日誌』(川筋図) 上-367 (ルウチシの北東にワツカヲイが記されている)
◇ワツカウイノポリ(辰)『松浦戊午日誌』(山並図) 上-370p (カンチウシ山の左に描かれているので、ワツカウイノポリは今の温泉富士だろうか)
◇ワツカウイ岳『武四郎蝦夷地紀行』松浦西蝦夷日誌巻八 (遠景山並図91) 335p (西斜面はゴツゴツとした急峻、東斜面をなだらかに描いている。)
◇ワツカウイ (摩周湖の東部に記されている)「松浦山川図」
〔山名の由来・語源〕
○「ワツカウイ、名義は水冷也と云う儀」「マシウ湖の水の洩る処かと思はる」「追々坂に成、ルヘシヘ峠一里塚 (清里峠)」『武四郎蝦夷地紀行』西蝦夷日誌巻八
○アイヌ語、ワッカ・プイ wakka-puy〔湧水・の穴〕ヌプリ nupuri〔山〕

　モアン山　moan-yama　△356.2m　〔山地〕A-3 屈斜路摩周火山群〔20万図〕斜里22〔2.5万図〕養老牛 a〔経度〕144°41′54″〔緯度〕43°33′55″〔山頂所在市町村〕中標津町〔位置〕標津川支流モアン川の下流
〔地名掲載資料〕
〔山名の語源〕アイヌ語、モは「静かである」あるいは「しずかになる」と「小さな」の意を表す。アンは「ある。いる」また完動詞について「われ(ら)」の意がある。『中標津町史』
【モアン山斜面に「牛」の大文字】養老牛地区は道内有数の酪農地帯、平成

18年に、生活を支えてくれる牛への感謝を形にしようと、地元の酪農家らが、モアン山の旧斜面の笹を刈って、縦約100m、横約60mの「牛」の文字を刻んだ。毎年、文字が消えないよう伸びた笹を刈っている。

カンジウシ山 kanjiushi-yama △276.9m〔山地〕A-3 屈斜路摩周火山群〔20万図〕斜里22〔2.5万図〕養老牛 ca〔経度〕144°41′10″〔緯度〕43°32′57″〔山頂所在市町村〕中標津町〔位置〕標津川支流カンジウシ川の上流、中標津町西養老牛の西北西方2km。
〔地名掲載資料〕
◇カンチウシ岳『松浦戌午日誌』上-370p(山並図)、(山並図)(文)391p
◇カンチウシ岳『武四郎蝦夷地紀行』西蝦夷日誌巻八(遠景山並図91)335p
◇カンチウシ岳『武四郎蝦夷地紀行』西蝦夷日誌巻八(文)337p
◇カンチウシノポリ『武四郎蝦夷地紀行』(川々取調帳)574p
◇カンチウシノホリ『松浦戌午日誌』上-633p(文)。「松浦山川図」
◇Kanchi ush nupuri カンチ ウシュヌプリ〔樔山〕カンチウシユ川ノ水源ナルヲ以テ名ク。『永田地名解』420p
◇観示守山(カンシシュ山)
〔山名の由来・語源〕
○地名カンは当る事也。チは刺すと云事、ウシはささると云事、合て当り刺ると云なるべし、往時此処にて軽物取の土人共弓を試し処なりとかや。『松浦廻浦日記』
○Kanchi ushi カンチ ウッ〔樔ヲ置キタル處〕昔シ常呂郡常呂村ニ猛悪ノ「アイヌ」某アリシガ樔ヲ以テ人ヲ打殺シ物ヲ奪ヒ取ルコト和人ト「アイヌ」ヲ擇バズ村人怒テ之レヲ遂フ山中ニ逃レテ此處ニ來リ樔ヲ投シ去テ海ニ浮ビ「シコタン」島ニ逃ニ入ル…。『永田地名解』419〜420p
○『松浦廻浦日記』、『永田地名解』いずれの解釈が妥当であるかいまのところ不明である。カンチウシは、「雨が降って最初にドット下る出水がかしこにいつもある所」の意と解される。『中標津町史』

カンチウシトクタピ山 kantiushitokutapi-yama →カンジウシ山 △276.9m〔山地〕A-3 屈斜路摩周火山群〔20万図〕斜里22〔2.5万図〕養老牛 ca〔山頂所在市町村〕中標津町
〔地名掲載資料〕

◇カンチウシトクタピ山 285「道廳 20 万図」(実測切図)(屈斜路・明治 28 年) 西別岳の東方約 800m
◇カンチウシトクタピ山 285.3「仮製 5 万図」(摩周湖・明治 30 年)にみえ、大正 3 年側図の「仮製 5 万図」(摩周湖)は同じ位置に「カンジウシ山 277.4」と記している。
◇上記の「道廳 20 万図」と「仮製 5 万図」から推測すると、カンチウシクタピ山とカンジウシ山は同じ山と思われる。

　清里峠 kiyosato-touge　約 430m　A-3 屈斜路摩周火山群〔20 万図〕斜里 29〔2.5 万図〕<u>摩周湖北部 b</u>〔山頂所在市町村〕清里町〔山頂所在市町村〕清里町・中標津町

　ルウチシノホリ ruuchishi-nohori　・446m〔山地〕A-3 屈斜路摩周火山群〔20 万図〕斜里 29〔2.5 万図〕摩周湖北部 b〔経度〕144°35′45″〔緯度〕43°36′60″〔山頂所在市町村〕清里町・中標津町
〔位置〕摩周湖の北東、摩周湖の北東清里峠の 3km、その北方 600m にある 446m のピーク。
〔地名掲載資料〕
◇ルウチシノホリ『松浦戊午五番手控』
◇ルチシ、此処峠(今の清里峠の 300m 位東手:上覧注記)なり。(中略)是よりうしろ(北東)は皆ワツカウイ(標津川北西支流ケネカ川北西の沢)へ落、『松浦戊午日誌』上-369p
◇・446「国土地理院地形図」山名は記載されていない。
〔山名の語源〕アイヌ語、rucisi-nupuri ルチシ・ヌプリ〔峠・山〕。

【シャリ新道】
　釧路から釧路川を舟で遡行し塘路湖畔へ出、さらにケウニに至る。ここから陸路で標茶を経て山中を虹別(現西別)、札鶴川水源近くのルウチシ(ルチシ)で清里峠を越え、湧生(現清里)を経て、札鶴川・斜里川沿いに舟と陸路を斜里へ至る道。シャリ山道ともいう。享和 2 年(1802)に開削された。

　リスケ山 risuke-yama　・787m〔山地〕A-3 屈斜路摩周火山群〔20 万図〕斜里 30〔2.5 万図〕摩周湖南部 a〔経度〕144°35′34″〔緯度〕43°33′24″

〔山頂所在市町村〕標茶町
〔位置特徴〕摩周湖の東南東方、西別岳の北東方に位置し、山頂は岩が点在している。
〔地名掲載資料〕リスケ山『夏山ガイド⑥』
〔山名の由来〕摩周湖周辺の自然保護活動を半世紀余り続けている加藤利助氏の名前から付けられたという。：地元の情報

西別岳 nishibetsu-dake △799.5m 〔山地〕A-3 屈斜路摩周火山群〔20万図〕斜里 30〔2.5万図〕<u>摩周湖南部 a</u>〔経度〕144°35′9″〔緯度〕43°33′4″〔山頂所在市町村〕標茶町〔位置特徴〕摩周湖の東南東方。摩周火山の活動により、約1万年前頃にできたとされる。『北海道の地名』(平凡社)
〔河川図〕西別川の源頭
〔地名掲載資料〕
◇西別ノボリ：磯谷則吉「蝦夷道中記」(享和元年)
◇ニシヘツ山「薮内場所絵図」
◇ニシヘツ山『松浦戊午日誌』(文)上-481p、(文)482p
◇ニシベツ岳『松浦戊午日誌』(文)上-280p
◇ニシヘツ岳、ニシベツ岳『松浦戊午日誌』(文)上-369p
◇ニシベツ岳『松浦戊午日誌』(川筋図)上-367p、(文)上-372p、(文)上-382p、(川筋図)上-389p
◇しばし上りてニシベツノボリ頂上に到る。此辺蛾々たる岩にして一ツ峯をなし、『松浦戊午日誌』(文)上-390p。この記述にある頂上は、リスケ山であろう。
◇ニシベツ岳(山並図)『松浦戊午日誌』上-390p
◇ニシヘツの山のかたより『松浦戊午日誌』上-631p
◇其源ニシベツ岳、マシウ岳とシヤリのルウチシとの間の沢より落る『松浦戊午日誌』上-632p
◇ニシベツ岳「松浦山川図」
◇ニシベツ山『松浦戊午日誌』(文)中-314p
◇ニシベツノ山「観国録」(安政4年)
◇ニシヘツ山「松浦東西蝦夷場所境調書」(文)
◇ニシヘツ岳『武四郎蝦夷地紀行』西蝦夷日誌巻八(遠景山並図 91)335p
◇ニシヘツ岳『武四郎蝦夷地紀行』(松浦川筋図)491p

◇ニシヘツ岳『松浦知床日誌』(山絵図 19)
◇ニシヘツ岳『松浦知床日誌』文
◇ニシヘツ『松浦納沙布日誌』(山絵図)
◇ニシヘツ岳『松浦納沙布日誌』文
◇ニシヘツ岳「北海道拾壱箇國郡名」
◇西別岳『松浦久摺日誌』
◇西別岳「大日本國郡精図」(釧路國)
◇西別岳 867「道廰 20 万図」(実測切図)(屈斜路)
◇西別岳 867.4「仮製 5 万図」(摩周湖)
◇西別岳、ニシベツ岳、西別山『日本名勝地誌』第九編
◇神岳の東に摩周山あり西別岳ともいひ、根室国西別川の源にあたる。西別岳。爾志別（ニシベツ）岳、麻周湖畔の神威山と相並ぶ、『大日本地名辞書』
◇西別岳「北海道史跡名勝天然記念物便概」
◇西別岳「北海道分國新地圖」
◇西別岳「国土地理院図」(現行)

〔川名の語源〕
○夷語ヌーウシベツの略語なり。則、潤澤成る川と譯す。拠、ヌーとは潤ふと申事。ウシは生す亦は成と申意。ベツは川の事にて、此川鱒鮭其外雑魚潤沢なる故、地名になすといふ。『上原蝦夷地名考幷里程記』
○アイヌ語「ヌ・ウシ・ペッ」(豊漁の川)から出たものであって、西別川は古来鮭の豊漁地として著名である。『北海道駅名の起源』
○nu-us-pet ヌー・ウシ・ペッ〔豊漁である・川〕。ni-us-pet ニ・ウシ・ペッ〔木・多い・川〕

〔夏季コース〕
◎西別コース 国道 243 号線から道道養老牛虹別線を標識に従い 63 線道路と西別林道をたどる。西別岳の東側、駐車場がある西別小屋前が登山口。787 m ピーク(通称・リスケ山)直下を巻いて頂上へ。登り 1 時間 30 分。：伊藤順子『北海道の百名山』

ヌウシヘツノホリ nuushihetsu-nohori △799.5m〔山地〕A-3 屈斜路摩周火山群〔20 万図〕斜里 30〔2.5 万図〕摩周湖南部 a 〔山頂所在市町村〕標茶町
〔地名掲載資料〕

◇ヌウシの山北方に弧聳せり「協和使役」(安政3年)
◇ヌウシノボリの西えアカン岳見え始めたり。『松浦戊午日誌』上-304p
◇ヌウシヘツノホリ「松浦山川図」
◇ヌウシベツ山「輯製20万図」(斜里)
◇西別岳はアイヌの人々から「ボキナシリ」(死者の行く所)として恐れられていた。「東夷周覧」(享和元年)。アイヌ語 poki-〔…の下、底、陰門〕。na〔…の方〕。sir〔地・所〕。

カムイヌプリ kamui-nupuri →摩周岳、→神岳 ・857m〔山地〕A-3 屈斜路摩周火山群〔20万図〕斜里30〔2.5万図〕摩周湖南部 c〔経度〕144°33′34″〔緯度〕43°34′20″〔山頂所在市町村〕弟子屈町
〔位置特徴〕
□摩周湖の東方1.5km
□カムイヌプリは摩周湖と一体になり、日本有数の優れた「山と湖」の風景を形成している。名山の条件に「山の品格」があるといわれるが、カムイヌプリは名前からして神の山であり、険しい山容も品格があって申し分ない。名山の条件には「山の歴史」も大切だという。：俵浩三「道新スポーツ」『北海道百名山』
　摩周火山の活動により 7000 年ほど前に摩周カルデラが形成され、カルデラ形成の反動として 3500 年ほど前に摩周岳ができた。500 年ほど前の噴火活動により直径 1.1km、深さ 450mの火口が形成された。『北海道の地名』(平凡社)
〔地名掲載資料〕
◇カモイノホリ、神岳『松浦久摺日誌』(文)
◇カモイノホリ『武四郎蝦夷地紀行』川筋取調図
◇カモイノホリ「松浦山川図」
◇カムイノホリ『松浦戊午日誌』(文)上-368p
◇カムイヌプリ 893「道廳20万図」(実測切図)(屈斜路)
◇カムイヌプリ 892.7「仮製5万図」(摩周湖)
◇カムイヌプリ「道史跡名勝天然記念物便概」
◇カムイヌプリ(摩周岳)「国土地理院図」(現行)
◇カモイ岳『松浦東蝦夷日誌』七編(文)
◇カモイ岳『松浦戊午日誌』(山川図)上-367p、(文)上-372p、(文)374p、

第Ⅱ編　山の履歴

（山絵図）上-374p
◇カモイ山「大日本國郡精図」（釧路國）
◇カムイ岳『松浦戊午日誌』上 379p（山絵図）
◇神威嶽（かもゐだけ）。其東岸に峙ち山勢急峻にして登るべからず、釧路日記に「上れば山いよいよ山峻しく成り六七町より樺原に出づる處即ち摩周岳の北の肩なり、『日本名勝地誌』第九編 228p
◇（摩周湖の）東岸に神威岳峙ち。神岳の東に摩周山あり、西別岳ともいひ：『大日本地名辞書』
◇カムイヌプリ、他にオメウケヌプリ、イシケイヌプリともいう。『弟子屈町史』

〔地名の由来・語源〕
○kamui-nupuri〔神・の山〕。
マシウというのはアイヌ語ではなく日本語だという説がある。摩周湖を、昔は「キンタアンカムイト」〔奥山にある神の湖〕、今は「カムイと」〔神の湖〕と呼んでいる。「阿寒国立公園とアイヌの伝説」（昭和15年）
○アイヌは摩周湖を「カムイ・ト」〔魔神の湖〕、摩周岳を「カムイ・ヌプリ」〔魔神の山〕と呼んでマシウとは言わなかった。マシウと呼ぶようになったのは安政あたりからの記録で、日本人が付けた名のようである。『更科アイヌ語地名解』
○カムイヌプリ、カムイ・ヌプリ〔神・山〕藻琴山の投げた槍がカムイヌプリささったので、神さまが腹をたてここを抜けて千島へ行きチャチャヌプリになったという伝説がある。『弟子屈町史』

〔夏季コース〕
◎第一展望台コース　女満別空港と阿寒湖を結ぶ阿寒バスで、弟子屈から「摩周湖第一展望台」下車。683.5mの三角点を過ぎると、カムイヌプリの南側に出て、西別岳との分岐に達する。そこからカムイヌプリの爆裂口の縁の登りとなる。山頂近くは足場が悪いため、右側に回り込むルートがついていて、高度感のある岩場の上が頂上。登り2時間40分：俵浩三『北海道の百名山』

神岳 kamidake →摩周岳　・855m〔山地〕A-3 屈斜路摩周火山群〔20万図〕斜里30〔2.5万図〕<u>摩周湖南部 c</u>〔山頂所在市町村〕弟子屈町〔位置〕摩周湖の東方1.5km

〔地名掲載資料〕
◇神岳『松浦久摺日誌』(文)
◇神岳『日本名勝地誌』(文) 230p
〔山名の語源〕kamuy-nupuri（魔神・の山）

摩周岳 masyuu-dake ・857m〔山地〕A-3 屈斜路摩周火山群〔20 万図〕斜里 30〔2.5 万図〕<u>摩周湖南部</u> c〔経度〕144°33′34″〔緯度〕43°34′20″
〔山頂所在市町村〕弟子屈町
〔地名掲載資料〕
◇摩周岳「大日本國郡精図」（釧路國）
◇摩周山「輯製 20 万図」（斜里）
◇現行の「国土地理院図」記されている裏摩周展望台の 585m ピークは、カムイヌプリ（摩周岳）と思われる。
◇摩周岳『日本名勝地誌』第九編
◇国土地理院の地図では、正名はカムイヌプリ、別名を摩周岳としている。
〔地名の由来・語源〕
○マシユウトウと云。マは游ぐと云儀、シユウとは鍋の事、此沼川口なくして丸ること故に、鍋の如き沼にて、その傍に有る山夕日に沼えうつるは、人が此沼を游ぐが如きに見ゆるより、鍋を游ぐと云を合して号しと云。『松浦戊午日誌』上-378p
○Mash un to マシュ・ウン・トー〔鴎ノ沼〕『永田地名解』386p
○地元釧路には、マシウというのはアイヌ語ではなく日本語だという説がある。摩周湖を昔は「キンタアンカムイト」（奥山にある神湖）、今は「カムイト」（神湖）と呼んでいる。「阿寒国立公園とアイヌの伝説」（昭和 15 年）
○アイヌは摩周湖を「カムイ・ト」（魔人の湖）、摩周岳を「カムイ・ヌプリ」（魔人の山）と呼んでマシウとは言わなかった。マシウと呼ぶようになったのは安政あたりからの記録で、日本人のつけた名のようである。『更科アイヌ語地名解』
○往時の和人は裏側から見たカムイヌプリをマシウ岳といっていたことから付けられたと思われる。江戸時代における根室方面と斜里方面とを結ぶ主要な道は、斜里山道という標津川とその支流ケネカ川をつめて峠を越え、斜里川の支流札鶴川を下る道であった。この斜里山道は和人道としてはこの辺り唯一の道で前期幕府直轄の頃に付けられたものである。和人はこの道から

眺めたピラミダルな山をマシウ山と呼んだのである。：村上啓司「阿寒国立公園の地名」

マシウノボリ（岳）mashiu-nobori ・857m〔山地〕A-3 屈斜路摩周火山群〔20万図〕斜里30〔2.5万図〕摩周湖南部 a〔山頂所在市町村〕弟子屈町〔地名掲載資料〕
◇マシウノポリ『松浦戊午日誌』（文）上-280p
◇マシウノホリ「松浦山川図」
◇マウシ岳（マシウ岳）『松浦戊午日誌』（文）上-369p
◇マシウ岳『松浦戊午日誌』（文）上-382p、（文）389p、（文）391p、（文）430p（文）481p、（文）482p
◇其源ニシベツ岳マシウ岳とシヤリのルウチシとの間の沢より落る。『松浦戊午日誌』上-632p
◇マシウ岳『武四郎蝦夷地紀行』西蝦夷日誌巻八（文）325p
◇マシウ岳『武四郎蝦夷地紀行』西蝦夷日誌・巻八（遠景山並図 90）334p
◇マシウ岳『松浦東蝦夷日誌』八編（文）
◇マシウ岳『松浦知床日誌』（文）
◇マシウ岳「北海道拾壱箇國郡名」
◇マシウ山『松浦戊午日誌』（文）上-355p、（文）上-393p
◇マシウ山『松浦戊午日誌』（文）中-314p
◇マシウ山『松浦納沙布日誌』（文）
◇マシウ山：大内餘菴「東蝦夷夜話」
◇マシウ『松浦納沙布日誌』（遠景山絵図）
◇マシウ『松浦知床日誌』（遠景山絵図）
◇松浦文献にはマシウ岳、マシウノボリなどと記されている。しかしアイヌがマシウと呼んだ記録が見あたらない。和人が付けた名であろう。摩周湖からみた和人の呼び名が摩周岳、遠く斜里側からみたアイヌの呼び名がカムイヌプリ、同じ山である。

ヘサワ山 hesawa-yama ？m〔山地〕A-3 屈斜路摩周火山群〔20万図〕斜里30〔2.5万図〕摩周湖南部 a〔山頂所在市町村〕弟子屈町〔位置〕摩周湖の南方、第一展望台の西のあたり
〔地名掲載資料〕ヘサワ山「輯製20万図」（斜里）

仁田山 nitayama △420.5m〔山地〕A-3 屈斜路摩周火山群〔20 万図〕斜里 30〔2.5 万図〕摩周湖南部 d〔経度〕144°32′50″〔緯度〕43°30′5″〔山頂所在市町村〕弟子屈町〔位置〕仁多川（釧路川東岸）の源頭
〔地名掲載資料〕仁田山、仁多山『日本地名索引』
〔川名の語源〕アイヌ語 nitat〔湿地〕

カンナラシ岳 kannarashi-dake ？m〔山地〕A-3 屈斜路摩周火山群〔20 万図〕斜里 30〔2.5 万図〕摩周湖南部 d〔山頂所在市町村〕弟子屈町
〔地名掲載資料〕
◇カンナラシ岳「大日本國郡精図」（釧路國・明治 11 年）西別岳のはるか南方に置いている。この図から推測すると、西別川の源流、仁多山のあたりと思われる。

ヤンベツ岳 yanbetsu-dake ・371.4m〔山地〕A-3 屈斜路摩周火山群〔20 万図〕斜里 36〔2.5 万図〕野上峠 b〔山頂所在市町村〕弟子屈町
〔位置〕二等三角点「志乃万止別」シノマンヤンベツ川上流で〔ヤンベツ岳 371m〕と思う。：寺口一孝
〔地名掲載資料〕
◇ヤンベツ『松浦蝦夷日誌』
◇ニタルトルシベといへる高山有。此峯つゞきシヤリ領のヤンベツ岳なり。東え落るはワツカヲイのサツルエ＜桶生の札弦川＞の源となる。『松浦戊午日誌』上-449p
◇チナーエフ、ヤンヘツ岳につゞく高山。山東はシヤリ領に成り、北はヤンヘツえ落、南クスリ湖に落る。『松浦戊午日誌』上-450p
◇ヘナクシヘツ（ペナクシュペッ川）源にはヤンヘツ岳と云有。（中略）ウラヤシヘツ岳（藻琴山）東北の尾根に当る。『武四郎蝦夷地紀行』西蝦夷日誌・巻八
◇ヘナクシヘツ（ペナクシュペッ川）左小川源にはヤンヘツ岳と云有。則ワツカウイの西に当る也　『武四郎蝦夷地紀行』西蝦夷日誌・巻八 328p
〔川名の語源〕
○Yan pet ヤㇺ ペッ yam-pet〔冷川　川ノ近傍ニ「メㇺ」アリテ冷泉湧出スルヲ以テ名ク〕『永田地名解』534p
○ya-wa-an-pet ヤワアンペッ〔内陸の方・に・ある川〕：知里『弟子屈町史』

○アイヌ語の「ヤム・ペッ」(冷たい川) すなわち止別川からとったものである。『北海道駅名の起源』(昭和48年版)

　ペナワアンタプコプ penawaan-tapukopu　△312.4m〔山地〕A-3 屈斜路摩周火山群〔20万図〕斜里36〔2.5万図〕野上峠d〔山頂所在市町村〕弟子屈町〔位置〕屈斜路湖北東湖畔、312mの瘤山か
〔地名掲載資料〕
◇ペナワアンタプコプ「道廳20万図」(実測切図)(屈斜路)
◇ペナワアンタプコプ「仮製5万図」(藻琴山)

　ペナワタツコフ penawatatsukohu　→ペナワアンタプコプ　△312.4m〔山地〕A-3　屈斜路摩周火山群〔20万図〕斜里36〔2.5万図〕野上峠d〔山頂所在市町村〕弟子屈町〔位置〕屈斜路湖北東湖畔、312mの瘤山か
〔地名掲載資料〕
◇ペナワタツコプ『武四郎蝦夷地紀行』(川々取調帳) 600p
◇ヘナワタツコブ、是上の小山と云儀也。此辺沼の北岸のよし。シヤリのヤンベツ岳につゞくよし也。並びてハナワタツコフ『松浦戊午日誌』上-449p
〔山名の語源〕pena-wa-tapkop (川上・の方・の瘤山)

　ペナクシタツコプ penakushi-tatsukopu　→ペナワアンタプコプ、ペナワタツコフ　△312.4m〔山地〕A-3 屈斜路摩周火山群〔20万図〕斜里36〔2.5万図〕野上峠d〔山頂所在市町村〕弟子屈町〔位置〕屈斜路湖北東湖畔、312mの瘤山か
〔地名掲載資料〕◇ペナクシタツコプ『松浦戊午日誌』(遠景山並図) 上-455p
〔山名の語源〕pena- kus-tapkop (川上・の方・瘤山)

　オペラタッコブ opera-tattukobu　→ペナワンタッコブ　△312.4m〔山地〕A-3 屈斜路摩周火山群〔20万図〕斜里36〔2.5万図〕野上峠d〔山頂所在市町村〕弟子屈町〔位置〕藻琴山の南東方
〔山名の掲載資料〕〔山名の語源〕オペラタッコブ、ペナワンタッコブともいう。オペライ・タッコブ(上手にある・円山)『弟子屈町史』

　碁石山 goisi-yama　→ペナワアンタプコプ　△312.4m〔山地〕A-3 屈斜

路摩周火山群〔20万図〕斜里36〔2.5万図〕野上峠d〔山頂所在市町村〕弟子屈町〔位置〕藻琴山の南東方
〔地名掲載資料〕◇碁石山「国土国土地理院四等三角点」

パナワアンタプコプ panawaan-tapukopu →パナクシタツコプ ・369m〔山地〕A-3 屈斜路摩周火山群〔20万図〕斜里36〔2.5万図〕野上峠d〔山頂所在市町村〕弟子屈町〔位置〕屈斜路湖北東湖畔、南の（298m、平成30年4月の2万5000分の1図に記載されている）と北方に（369m、この標高地は昭和57年2月発行の2万5000分の1図に記載されていたが、現在の地形図は記載されていない）この二つの瘤山がある。
〔地名掲載資料〕◇パナワアンタプコプ「道廳20万図」（実測切図）（屈斜路）

パナクシタツコプ panakushi-tatsukopu→パナワタツコフ・369m〔山地〕A-3 屈斜路摩周火山群〔20万図〕斜里36〔2.5万図〕野上峠d〔山頂所在市町村〕弟子屈町〔位置〕屈斜路湖北東湖畔、369mの瘤山か
〔地名掲載資料〕
◇パナクシタツコプ『松浦戊午日誌』（遠景山並図）上-455p
〔山名の語源〕pana-kus-tapkop〔川下・通る・瘤山〕

パナワタツコフ panawa-tatsukohu →パナクシタツコプ ・369m〔山地〕A-3 屈斜路摩周火山群〔20万図〕斜里36〔2.5万図〕野上峠d〔山頂所在市町村〕弟子屈町〔位置〕屈斜路湖北東湖畔、369mの瘤山か
〔地名掲載資料〕
◇パナワタツコフ『武四郎蝦夷地紀行』（川々取調帳）600p
◇ハナワタツコフ『松浦戊午日誌』（文）上-449p
〔山名の語源〕アイヌ語、pana-wa-tapkop〔川下・の方・の瘤山〕

オパシヤンタッコプ opashiyan-takkopu →パナワンタッコプ ・369m〔山地〕A-3 屈斜路摩周火山群〔20万図〕斜里36〔2.5万図〕野上峠d〔山頂所在市町村〕弟子屈町〔位置〕屈斜路湖北東湖畔、藻琴山の南東方。
〔山名の掲載資料〕オバシヤンタッコプ、パナワンタッコプともいう。『弟子屈町史』

〔山名の語源〕アイヌ語、o-pas-yan-papukopu オ・パシ・ヤン・タプコプ〔下端の方から・来る・陸に上がる・瘤山〕屈斜路湖から岸に上がる瘤山

♨**川湯温泉スキー場**　弟子屈町、川湯温泉の南西、昭和46年頃まで使用されていた。〔2.5万図〕川湯 c

ニタトルシュケ山 nitatorushuke-yama　△381.4m〔山地〕A-3 屈斜路摩周火山群〔20万図〕斜里37〔2.5万図〕川湯 a〔経度〕144°28′13″〔緯度〕43°39′17″〔山頂所在市町村〕弟子屈町〔位置〕川湯温泉市街の北東方、野上峠の南方。
〔地名掲載資料〕
◇ニタトルシベといへる高山有。此峯つゞきシヤリ領のヤンヘツ岳なり。東え落るはワツカヲイのサツルヱの源となる。『松浦戊午日誌』上-449p
◇ニタトルシュペ 409「道廳20万図」（実測切図）（屈斜路）。
◇ニタトルシュペ 406.9「仮製5万図」（屈斜路湖）
◇ニタトルシルベ「北海道史跡名勝天然記念物便概」
◇ニタトルシユケ山「国土地理院図」（現行）
〔山名の語源〕ニタトルシペ nitat-oro-uspe（湿地・の所・にいる・もの（山））：鎌田正信『道東地方のアイヌ語地名』

硫黄山 ③ iou-zan →アトサヌプリ　・508m〔山地〕A-3 屈斜路摩周火山群〔20万図〕斜里37〔2.5万図〕川湯 b〔山頂所在市町村〕弟子屈町〔位置〕屈斜路湖の東方、弟子屈町川湯温泉の南方。
〔地名掲載資料〕
◇硫黄山「輯製20万図」（斜里）
◇硫黄山『日本名勝地誌』第九編
◇Iwau nupuri イワウ ヌプリ『永田地名解』538p
◇イワウヌプリ「北海道地図」
〔夏季コース〕
平成12年4月以降、落石の危険があるため、入山が禁止されている。

アトサヌプリ atosa-nupuri →硫黄山③　・508m〔山地〕A-5 屈斜路摩周火山群〔20万図〕斜里37〔2.5万図〕川湯 b〔山頂所在市町村〕弟子屈町

A-3 屈斜路摩周火山群

〔位置・特徴〕
□屈斜路湖の東方、弟子屈町川湯温泉の南方。北斜面は溶岩と硫黄の裸山、南斜面はハイマツ帯で対照的な山容。明治9年（1876）から硫黄の採掘が行われ、運搬用の馬鉄軌道が標茶まで続いていた。
□屈斜路カルデラの中央部に噴出したアトサヌプリ火山群を構成する溶岩円頂丘の一つ。現在も多数の硫気口から噴煙が上がっている。頂上付近には熊落しとよばれる爆裂火口がある。『北海道の地名』（平凡社）

〔地名掲載資料〕
◇アトサシリ『松浦戊午日誌』（文）上-449p
◇アトサ・ヌプリ 460「道廳20万図」（実測切図）（屈斜路）
◇アトサ・ヌプリ 378.2「仮製5万図」（屈斜路湖）
◇Atusa nupuri アトサ・ヌプリ〔裸山 一名、硫黄山〕『永田地名解』382p
◇跡佐登、アトサヌプリ、アトサヌプリ山（この三つの山名が載っている。『日本地名索引』
◇アトサヌプリ「北海道史跡名勝天然記念物便概」
◇跡佐登「開拓使日誌」（明治10年）
◇跡佐硫黄山「拓殖要覧」
◇跡佐登岳「加藤氏地理」
◇アトサノホリ、アトサヌプリ、跡狭山（アトサヌプリ）、跡佐岳『大日本地名辞書』
◇アトサヌプリ（硫黄山）『弟子屈町史』

〔山名の由来・語源〕
○atusa-nupuri アトサ・ヌプリ〔裸・の山〕：山田『北海道の地名』
○アトサヌプリ山、硫黄火山で一名硫黄山。アイヌ語で裸山の意。この山の硫黄は焚付用として古くからコタンの人びとに使われていたが、明治10年ころ釧路の漁場持佐野孫右衛門が採掘に着手、のちに当時の安田財閥が本格的に採掘をはじめ、明治21年、鉱石運搬のために標茶との間に本道2番目の鉄道を敷くなど、明治期の釧路地方発展の原動力となった。『ＮＨＫ北海道地名誌』
○アトサ・ヌプリ〔裸・山〕『弟子屈町史』

　アトサシリ atosashiri →アトサヌプリ ・508m〔山地〕A-3 屈斜路摩周火山群〔20万図〕斜里37〔2.5万図〕川湯b〔山頂所在市町村〕弟子屈町

〔位置〕屈斜路湖の東方、弟子屈町川湯温泉の南方。
〔地名掲載資料〕
◇アトサシリ（硫黄山）『松浦戊午日誌』（文）上-449p

Atosja atosya →硫黄山③ ・508m〔山地〕A-3 屈斜路摩周火山群〔20万図〕斜里37〔2.5万図〕川湯b〔山頂所在市町村〕弟子屈町
〔地名掲載資料〕Atosja「シーボルト図」

ポンポン山 ponpon-yama 約380m〔山地〕A-3 屈斜路摩周火山群〔20万図〕斜里37〔2.5万図〕川湯c〔経度〕144°24′58″〔緯度〕43°37′44″
〔位置特徴〕□川湯温泉より3.4km屈斜路湖寄り、仁伏温泉の登山口から2km、サワンチサップの北西麓1.2kmに及ぶ付近一帯の山々。
□マダラスズ・ウヴレサセコオロギ（コオロギ科）の群生地で、年中鳴いている。寺口一孝〔山頂所在市町村〕弟子屈町
〔地名掲載資料〕
◇ポンポン山「国土地理院図」（現行）
◇ポンポン山『大雪山と阿寒』
◇ポンポン山360m、『ＮＨＫ北海道地名誌』
〔山名の由来・語源〕
○歩くとポンポンと奇妙な音がするのでこの名がある。『大雪山と阿寒』（昭和10年）
○アイヌ語のポンポン、上を歩くとポンポンと響くので。『ＮＨＫ北海道地名誌』
○アイヌ語のポンポンヌ〔小さな各所から吹き出している温泉〕が語源になっているといわれ、また、山の上に立って地面を踏むと、内部が空洞になっているかのようにポンポンと音がするともいわれている。「北海道山紀行」
〔夏季コース〕川湯温泉から屈斜路湖へ3.4kmにある仁伏温泉付近の登山口から約2kmの探勝路を約1時間で、ポンポン山南西の斜面に出る。頂上への登山道はない。第一ポンポン山の看板地点220m、第二ポンポン山地点で322m、一番高いところで約380m。

帽子山 boushi-yama →サワンチサップ ・520m〔山地〕A-3 屈斜路摩周火山群〔20万図〕斜里37〔2.5万図〕川湯c〔山頂所在市町村〕弟子屈町

〔地名掲載資料〕サワンチサップ（帽子山）

サワンチサップ sawan-chisappu →帽子山・520m〔山地〕A-3 屈斜路摩周火山群〔20万図〕斜里 37〔2.5万図〕川湯 c〔経度〕144°25′18″〔緯度〕43°37′34″〔山頂所在市町村〕弟子屈町
〔地名掲載資料〕
◇サワンチサプ 416「道廳 20 万図」（実測切図）（屈斜路）川湯の南西方にある独立峰で目立つ山、標高を 416 と記しているが誤記と思われる。
◇サワンチサプ 416「仮製 5 万図」（屈斜路湖）
◇サワンチサプ山『日本地名索引』
〔山名の語源〕
○サワンチップ山　：沼佐隆次『大雪山と阿寒』（屈斜路湖の略図）248p
○sa-wa-au-chi-sanke-p〔前・に・居て・浜に出て来る・もの〕：知里『弟子屈町史』

マクワンチサップ makuwan-chisappu →かぶと山　△574.1m〔山地〕A-3 屈斜路摩周火山群〔20万図〕斜里 37〔2.5万図〕川湯 d〔経度〕144°25′52″〔緯度〕43°36′45″〔山頂所在市町村〕弟子屈町〔位置〕川湯温泉の東方
〔地名掲載資料〕
◇マクワンチサプ 511「道廳 20 万図」（実測切図）（屈斜路）
◇マクワンチサプ 492.7「仮製 5 万図」（屈斜路湖）
◇アトサ登の並びて、近くのマクワンチサブ岳あり、標高五一〇米突、是れ等の数峰、汎称して硫黄山といふ、『大日本地名辞書』
◇マクワンチサップ山：沼佐隆次『大雪山と阿寒』（屈斜路湖の略図）248p
◇マクワンチサップ山『日本地名索引』
◇マクワンチサップ「国土地理院図」（現行）
◇地方名「かぶと山」寺口一孝
〔山名の由来・語源〕マク・ワ・アン・チ・サンケ・プ mak-wa-an-chi-sanke-p〔後ろ・に・居て・浜に出てくる・もの（山）〕。サワンチサプの後ろから湖岸に出てくる山である。この山の北隣りにあるサワンチサップと対をなしている。道庁 20 万図に初めて記された山である。：鎌田正信『道東地方のアイヌ語地名』

第Ⅱ編　山の履歴

　かぶと山　kazuto-yama　マクワンチサップ　△574.1m〔山地〕A-3 屈斜路摩周火山群〔20万図〕斜里37〔2.5万図〕川湯d〔山頂所在市町村〕弟子屈町〔位置〕川湯温泉の東方
〔地名掲載資料〕◇地方名「かぶと山」寺口一孝

　美留和山　biruwa-yama　→ペンケヌプリ　△401.1m〔山地〕A-3 屈斜路摩周火山群〔20万図〕斜里38〔2.5万図〕美留和ab〔経度〕144°26′59″〔緯度〕43°32′24″〔山頂所在市町村〕弟子屈町
〔地名掲載資料〕美留和山「国土地理院図」(現行)
〔山名の由来・語源〕
○美留和駅の近くにある美留和山という小山を、アイヌ語で「ペルケ・ヌプリ」(さけた山)とも、「ペルケ・イワ」(さけた岩山)とも呼び、そのふもとを流れる川を「ペルケ・イワ・ナイ」と呼んでいたのを、ペレイワナイから、ペルアとなり、「美留和」という漢字に定着したものである。『北海道駅名の起源』(昭和48年版)

　ペンケヌプリ　penke-nupuri　→美留和山　△401.1m〔山地〕A-3 屈斜路摩周火山群〔20万図〕斜里38〔2.5万図〕美留和ab〔山頂所在市町村〕弟子屈町〔位置〕屈斜路湖の南南東方、美留和市街の南方に位置し、山頂に岩場があって立木が見えない。：鎌田正信『道東地方のアイヌ語地名』
〔地名掲載資料〕
◇ペンケヌプリ395「道廰20万図」(実測切図)(屈斜路)
◇ペンケヌプリ396.3「仮製5万図」(屈斜路湖)
◇ベヤ(ン)ケヌプリ「北海道史跡名勝天然記念物便概」(地図)
〔山名の由来・語源〕
○ペレケヌプリ、ペレケ・ヌプリ〔敗れた・山〕『弟子屈町史』
○ペルケ・ヌプリ perke-nupuri〔破れている・山〕南側からの頂上の岩場が、欠けているように見えるので名付けられたのであろうか。：鎌田正信『道東地方のアイヌ語地名』

　石山①　ishiyama　→ポンヌプリ△252.5m〔山地〕A-3 屈斜路摩周火山群〔20万図〕斜里38〔2.5万図〕美留和a〔経度〕144°27′18″〔緯度〕43°

34′8″〔山頂所在市町村〕弟子屈町
〔地名掲載資料〕石山「国土地理院地形図」

ポンヌプリ pon-nupuri →石山① △252.5m〔山地〕A-3 屈斜路摩周火山群〔20万図〕斜里38〔2.5万図〕美留和 a〔山頂所在市町村〕弟子屈町
〔位置〕美留和市街の北方 2.2km、JR釧網本線沿いの小山。
〔地名掲載資料〕
◇ポンヌプリ 240「道廳20万図」(実測切図)(屈斜路)
◇ポンヌプリ 240.3「仮製5万図」(屈斜路湖)

オプタシケヌプリ oputateshike-nupuri →クツチヤロヌプリ △503.9m
〔山地〕A-3 屈斜路摩周火山群〔20万図〕斜里38〔2.5万図〕美留和 c〔経度〕144°23′7″〔緯度〕43°33′53″〔山頂所在市町村〕弟子屈町
〔位置〕屈斜路湖の南東方3kmの無名山 503.9m
〔地名掲載資料〕
◇湖(屈斜路湖)口の東一里に、オプタテシケヌプリ(山)、高距五〇六米突。(中略)元禄の三才図会に薬(クスリ)岳といふは、則クツチヤロヌツプリにして、今のオプタテシケにあたるごとし。『大日本地名辞書』311p
◇ヲフタテ山「輯製20万図」(斜里)
◇オプタテシケヌプリ 506「道廳20万図」(実測切図・屈斜路湖)
◇オプタテシケヌプリ 505.5「仮製5万図」(屈斜路湖)
◇オプタテシケ、マクアンヌプリともいう。『弟子屈町史』
〔山名の由来・語源〕
○オプ・タ・テシケ op-ta-teske〔槍・そこで・それる〕。コタンの裏山で、昔藻琴山と槍投げをして争ったとき槍がそれたという伝説あり。マクアンヌプリ〔奥にある山〕ともいう。『弟子屈町史』

クツチヤロヌプリ kutsuchiyaro-nupuri →オプタテシケヌプリ △503.9m〔山地〕A-3 屈斜路摩周火山群〔20万図〕斜里38〔2.5万図〕美留和 c〔経度〕144°23′7″〔緯度〕43°33′53″〔山頂所在市町村〕弟子屈町
〔位置〕屈斜路湖の南東方3kmの無名山 503.9m
〔地名掲載資料〕
◇クツチヤロノホリ『松浦戊午日誌』(文)中-95p

◇元禄の三才図会に薬（クスリ）岳といふは、則クツチヤロヌツプリにして、今のオプタテシケにあたるごとし。『大日本地名辞書』
〔山名の由来・語源〕クッチャロシベ、クッチャロ・ウシ・ベ〔流れ出る口・ある・もの〕丸山のこと、オペライヌプリ〔川上にある山〕ともいう。『弟子屈町史』

釧路岳② kushiro-dake →藻琴山→クスリ岳　△999.9m　〔山地〕A-3 屈斜路摩周火山群〔20万図〕斜里44〔2.5万図〕藻琴山b〔山頂所在市町村〕美幌町・弟子屈町・小清水町〔位置〕藻琴山
〔地名掲載資料〕
◇釧路岳は（釧路国の）北に聳え、雌阿寒、雄阿寒の二山は、北西に双立し、謂ゆる千島火山系に属す。釧路川は（釧路）国の中央を貫流して海に入る。『大日本地名辞書』
　この記述は、釧路川の下流または中流を基点に、北方に釧路岳、北西方に雌阿寒、雄阿寒を示している。釧路岳は雌阿寒、雄阿寒よりも北に位置すると推測できる。また、釧路岳の釧路の名称は釧路川に関わると考えると、釧路岳は釧路川の源頭にある屈斜路湖の北方に聳える藻琴山が該当すると推測できる。
〔山名の由来・語源〕
○クスは越なり。リは高也。會所のうしろ山を越て濱に至る道あり。故に此名を發するか。一にクウシルーと云。クは自、ウシは生、ルは路也。自造路と譯す。又、クシュリとも訛語す。『秦東蝦夷地名考』
○夷語クシュルなり。クシルーの略語にて、越る道と譯す。拠、クシとは越へ、ルーとは道と申事にて、此所より奥地ニシベツ上ミ川〓シベツ海岸、猶又西地シヤリ等へ踰越する故、地名になすといふ。『上原蝦夷地名考幷里程記』
○アイヌ語「クッチャロ」（咽喉口、則沼口）から転訛したもので、屈斜路湖の釧路川への落口を意味し、釧路川がここから発するからである。『北海道駅名の起源』

クスリ岳(山)① kusuri-dake ?m〔山地〕A-3 屈斜路摩周火山群〔20万図〕斜里30〔2.5万図〕摩周湖南部X〔山頂所在市町村〕標茶町
〔位置〕今の西別岳のあたりであろうか、特定できない。
〔地名掲載資料〕

◇クスリ岳 KUSURI MT「三角術測量北海道之圖」(明治8年12月、開拓使地理課) この図のクスリ岳は、メアカン岳とほぼ同緯度でそのはるか東方(今の西別岳のあたり)に記されているが、実際に測量された山ではないようなので、その位置は特定できない。
◇クスリ山「北海道實測圖」(明治8年、開拓使) ヲアカン山のはるか東方に置いている。

クツシシソ山 kutsushishiso-yama ？m〔山地〕A-3 屈斜路摩周火山群〔20万図〕斜里30〔2.5万図〕摩周湖南部 X〔山頂所在市町村〕標茶町
〔地名掲載資料〕
◇クツシヽソ山「大日本國郡精図」釧路國 (明治11年、開拓使) カモイ岳の東隣りに並べている。クツシヽソはクツシリであろう。

美羅尾山 birao-zan △553.7m 〔山地〕A-3 屈斜路摩周火山群〔20万図〕斜里39〔2.5万図〕弟子屈 c〔経度〕144°24′29″〔緯度〕43°29′53″〔山頂所在市町村〕弟子屈町〔位置〕弟子屈市街の西北西方4km
〔夏コース〕弟子屈町奥春別より北方へ続いている。

⛷**ビラオスキー場** 弟子屈町札友内、美羅尾山の東斜面、JR摩周駅の北西方4km、全11コース、ナイター照明も完備されている。

ピラヲロノポリ piraoro-nopori →美羅尾山 △553.7m〔山地〕A-3 屈斜路摩周火山群〔20万図〕斜里39〔2.5万図〕弟子屈 c〔山頂所在市町村〕弟子屈町〔位置〕弟子屈市街の西北西方4km 釧路川すじ
〔地名掲載資料〕
◇ピラヲロノポリ『松浦戊午日誌』(川筋図) 上-427p
◇ヒラヲロノホリ『松浦戊午日誌』(文) 上-436p
〔山名の語源〕pira-or-nupuri (崖・の処・山)

⛷**緑ヶ丘スキー場**(旧) 弟子屈驛から二粁、當別温泉附近にある一般向のスキー場(昭和11年)『スキー北海道』弟子屈町桜丘、JR摩周駅の南西方、桜ヶ丘森林公園、冬季は歩くスキーで利用されている。

黄葉山 ouba-yama ・466m 〔山地〕 A-3 屈斜路摩周火山群〔20万図〕斜里39〔2.5万図〕弟子屈 c 〔経度〕144°24′11″ 〔緯度〕43°29′22″ 〔山頂所在市町村〕弟子屈町 〔位置〕美羅尾山の南方1km。

月見山 tsukimi-yama ・529m 〔山地〕 A-3 屈斜路摩周火山群〔20万図〕斜里39〔2.5万図〕弟子屈 c 〔経度〕144°23′20″ 〔緯度〕43°29′55″ 〔山頂所在市町村〕弟子屈町

見上岩 miage-iwa 約800m 〔山地〕 A-3 屈斜路摩周火山群〔20万図〕斜里44〔2.5万図〕藻琴山 b 〔山頂所在市町村〕大空町(旧・東藻琴村)
〔位置〕藻琴山の北斜面、ゴボウ沢川の上流
〔地名掲載資料〕見上岩：国土地理院図（標高値の記載なし）

屏風岩 byoubu-iwa 約920m A-3 屈斜路摩周火山群〔20万図〕斜里44〔2.5万図〕藻琴山 b〔経度〕144°20′25″ 〔緯度〕43°42′1″
〔山頂所在市町村〕弟子屈町・小清水町
〔位置〕藻琴山の南東方500m
〔山名の掲載資料〕
◇屏風岩「国土地理院図」（標高値の記載なし）
◇屏風岩「日本地名地誌」

藻琴山 mokoto-yama →ウラエウシ岳、トエトクシベノホリ、クスリ岳②、ヤワンベツ山　△999.9m 〔山地〕 A-3 屈斜路摩周火山群〔20万図〕斜里44〔2.5万図〕藻琴山 b〔経度〕144°20′6″ 〔緯度〕43°42′6″ 〔山頂所在市町村〕美幌町・弟子屈町・小清水町
〔位置特徴〕屈斜路湖カルデラ外輪山の一部で、湖の北方4km、南側は急峻なカルデラ壁、北側は緩やかな傾斜なので、北方から遠望すると富士山に似て顕著である。
〔河川図〕北斜面は藻琴川支流 4051-240-1R 東洋川と 4053-10 浦士別川の源流
〔標高値〕1901年の測量は999.61m、1967年の測量は998.98m、地元では1000mにビール瓶1本分足りないと残念がられていたが、1993（平成5年）7月の測量でようやく1000.02mに変わり、念願の1000m級峰の仲間入りを

した。現在の国土地理院図は△999.9、同地勢図は1000と記す。
〔地名掲載資料〕
◇釧路岳、一名モコト山「改正北海道全図」(明治20年)
◇藻琴山 1021「道廳 20 万図」(実測切図)(屈斜路)
◇藻琴山 1020.5「仮製 5 万図」(藻琴山)
◇藻琴山『日本名勝地誌』第九編
◇藻琴(モコト)山。藻琴岳。『大日本地名辞書』
◇藻琴山「北海道分國新地圖」
◇藻琴山「国土地理院図」(現行)
◇藻琴山『水路誌』(昭和63年)
〔地名の由来・語源〕
○Mokoto モコ トー〔小沼〕『永田地名解』523p
○アイヌ語「モコト」則ち「ポ・コッ・ト」(子・持つ・沼)から出たもの。『北海道駅名の起源』
○mokor-to モコロト(眠っている・沼)この沼は山に囲まれていて波が静かであるから。知里真志保『町史』
○釧路アイヌは to-etok-ush-pe「ト・エトク・ウシ・ペ」(湖の奥にいるもの):山田『北海道の地名』
○藻琴山のアイヌ名はヌプリエペレップ(避けた山)と称し(山の裏手には熊落と云う火口絶壁が口を開いている)『大雪山と阿寒』
〔夏季コース〕
◎展望台コース(小清水コース)　東藻琴村と川湯温泉を結ぶ道々102号を、藻琴峠付近から標高750mの展望台方面へ入って、上り詰めたところの駐車場が登山口。比較的なだらかな登山道に沿って進み、949mの小ピークを越えて人の顔の屏風岩を過ぎたところから鞍部を少し下り上りしたところで東藻琴山からの広い道と合流し、一等三角点の石柱がある頂上へ出る。登り1時間のハイキングコース。
◎東藻琴コース　東藻琴市街から川湯温泉方面への道道102号線を15km余り走り、六合目の登山口を右折し林道を入った八合目に「銀嶺荘」(二代目)の小さな建物がある。ここに名水「銀嶺水」が湧き出している。六合目から山頂まで30分。

ウラエウシ岳 uraeushi-dake →藻琴山 △999.9m 〔山地〕 A-3　屈斜路

摩周火山群〔20万図〕斜里44〔2.5万図〕藻琴山b〔山頂所在市町村〕美幌町・弟子屈町・小清水町〔位置〕屈斜路湖の北方
〔地名掲載資料〕
◇Urashi「シーボルト図」
◇ウラエウシノポリ『松浦戊午日誌』（文）上-280p、
◇エウシノポリ『松浦戊午日誌』（文）上-336p
◇ウラエウシノホリ『松浦戊午日誌』（文）中-97p
◇ウラエウシ『松浦戊午日誌』（遠景山並図）中-103p
◇ウラエウシヘツノホリ『松浦戊午日誌』（文）中-131p
◇ウラエウシノポリ（モコト山）（海岸線と遠景山並図）『松浦戊午日誌』中-134p
◇トウエトクシヘ又ウラエウシノホリ「松浦山川図」
◇ウラヤシヘツ岳（モコト山）『武四郎蝦夷地紀行』西蝦夷日誌・八（山絵図62）308p
◇ウラヤシヘツ岳『武四郎蝦夷地紀行』西蝦夷日誌・八（文）328p
◇ウラシベツノポリ（藻琴山）『武四郎蝦夷地紀行』川筋取調図479p
◇ウラエウシ（モコト山）『武四郎蝦夷地紀行』西蝦夷日誌・八（遠景山並図75）319p
◇ウラエウシノホリ『松浦久摺日誌』（川筋図）
◇ウラエウシ岳『武四郎蝦夷地紀行』西蝦夷日誌八（文）308p, 320p, 325p, 325p
◇ウラエウシ岳『松浦久摺日誌』（文）
◇ウラエウシ岳『松浦知床日誌』（山絵図）
◇ウラエウシ岳（藻琴山）クスリ岳とも云『武四郎蝦夷地紀行』西蝦夷日誌・八（遠景山並図90）334p
◇有来牛岳「大日本國郡精図」北見國（明治11年）
◇有来牛岳『北海道志』（明治19年）
〔川名の由来・語源〕
○ウラユシベツ（uray-us-pet）ウライ・ウシ・ペッ〔簗・多くある・川〕。こゝに昔コタン（アイヌの部落）があり、川口に簗を立てて魚をとったからこう呼んだ。『斜里町史』
○ウライ・ウシ・ナイ uray-us-nay〔梁・が付いている・川〕網走側に流れる浦士別川の水源の山であることからこの名が付けられた。

ウライウシュペッヌプリ uraiusyupet-nupuri→藻琴山 △999.9m〔山地〕A-3 屈斜路摩周火山群〔20万図〕斜里44〔2.5万図〕藻琴山b〔山頂所在市町村〕美幌町・弟子屈町・小清水町〔位置〕アオンコマイ沼のウライウシュペッおよびヤムペッの水源ナリ。メマンペッも此の山より源を発す。ウライウシュペッは現在の浦士別川のことで、この川の源頭の山。

〔地名掲載資料〕Urai ush pet nupuri ウライ ウシュペッ ヌプリ〔簗川山〕『永田地名解』546p

〔山名の由来・語源〕

○夷語ウライアシベツ（の略語）なり。則、梁のある川と譯す。扨、ウライとは梁の事。アシはある亦は建つと云ふ事、ベツは川の事にて、雑魚を取るため川内所々に梁を懸けて魚を得る故、此名ある由。『上原蝦夷地名考幷里程記』

○ウライ・ウシ・ナイ uray-us-nay〔簗・が付いている・川〕アイヌの人たちがこの川に簗をかけて魚を捕ったので呼ばれた。

○藻琴山の網走側からの名がウライウシュペッヌプリ

ウラエウシノポリ uraeushi-nopori→藻琴山 △999.9m〔山地〕A-3 屈斜路摩周火山群〔20万図〕斜里44〔2.5万図〕藻琴山b〔山頂所在市町村〕美幌町・弟子屈町・小清水町

〔地名掲載資料〕

◇ウラエウシヘツノホリ『松浦戊午日誌』能登呂誌（文）中-131p

◇ウラエウシノポリ（モコト山）『松浦戊午日誌』能登呂誌（遠景山並図）中-134p

◇ウラエウシノポリ『松浦戊午日誌』（文）上-280p、（山絵図）上-336p

◇ウラエウシノホリ『松浦久摺日誌』（川筋図）

◇ウラエウシ岳『武四郎蝦夷地紀行』西蝦夷日誌巻・八（文）325p

◇ウラエウシ岳『武四郎蝦夷地紀行』西蝦夷日誌巻・八（遠景山並図90）334p

◇ウラエウシ岳『松浦久摺日誌』（文）

◇ウラエウシ岳『松浦久摺日誌』（遠景山絵図8）

◇ウライウシ岳『松浦知床日誌』（山絵図19）

◇有来牛岳『北海道史』（明治17年）

ウラヤシヘツ岳 urayashihetsu-dake →藻琴山 △999.9m〔山地〕A-3

屈斜路摩周火山群〔20万図〕斜里44〔2.5万図〕藻琴山b〔山頂所在市町村〕美幌町・弟子屈町・小清水町
〔地名掲載資料〕
◇ウラヤシヘツ岳（モコト山）『武四郎蝦夷地紀行』西蝦夷日誌巻・八（遠景山並図62）308p
◇ウラヤシヘツ岳『武四郎蝦夷地紀行』西蝦夷日誌巻八（文）328p
◇ウライヤノホリ「松浦山川図」

　Urashi　→藻琴山　△999.9m〔山地〕A-3屈斜路火山群〔20万図〕斜里44〔2.5万図〕藻琴山b〔山頂所在市町村〕美幌町・弟子屈町・小清水町
　〔地名掲載資料〕Urashi：シーボルト図

　トエトクシベノホリ　toetokushibe-nohori　→藻琴山　△999.9m〔山地〕A-3屈斜路摩周火山群〔20万図〕斜里44〔2.5万図〕藻琴山b〔山頂所在市町村〕美幌町・弟子屈町・小清水町
〔地名掲載資料〕
◇トイトコウシ並にシヤリ岳を見る也。『松浦戊午日誌』上-339p
◇トエトクシベツ岳『松浦戊午日誌』（山絵図）上-337p
◇トイトクシベツノボリ『松浦戊午日誌』（文）上-344p
◇トウエトクシヘ又ウラエウシノホリ「松浦山川図」
◇藻琴山「国土地理院図」（現行）
〔山名の語源〕釧路アイヌは to-etok-ush-pe ト・エトク・ウシ・ペ（湖の奥にいるもの）と呼んだ。：山田『北海道の地名』
○ト・エトク・ウシ・ペ（湖・奥・居る・者＝山）屈斜路湖の釧路川の流れ口から見て、藻琴山は湖の最も奥に当たる山であることから呼ばれたと思われる。

　トイトコウシ岳　toitokoushi-dake　→藻琴山〔山地〕△999.9m　A-3屈斜路摩周火山群〔20万図〕斜里44〔2.5万図〕藻琴山b
　〔地名掲載資料〕トイトコウシ岳並にシヤリ岳を見る也『松浦戊午日誌』上-339p

　トイトクシベツノボリ　toitokoshibetsu-nobori　→藻琴山　△999.9m〔山

地〕A-3 屈斜路摩周火山群 △999.9m〔20万図〕斜里44〔2.5万図〕藻琴山b〔山頂所在市町村〕美幌町・弟子屈町・小清水町〔位置〕藻琴山と思われる
〔地名掲載資料〕トクシヽヲツベと云。此川鯱多きよりして号。其水源トイトクシベツノボリと云より来る。此山クスリ沼とビホロの間の山也。またしばし過 フウレメム（古梅）『松浦戊午日誌』上-344p

クスリ岳② kusuri-dake→藻琴山 △999.9m〔山地〕A-3 屈斜路摩周火山群〔20万図〕斜里44〔2.5万図〕藻琴山b〔山頂所在市町村〕美幌町・弟子屈町・小清水町〔位置〕屈斜路湖北方の藻琴山
〔地名掲載資料〕
◇クスリ嶽「三国通覧図説」「蝦夷国全図」1785年・林子平
◇薬カ岳『和漢三才図会』
◇薬嶽「大日本国海陸細見図」
◇クスリ嶽『三国通覧図説』
◇クスリ嶽「蝦夷国全図」
◇チブヌン子ナイ 小川有。此処上りて上に上るや、クスリ岳見え始る。『松浦戊午日誌』上-339p
◇クスリ岳『武四郎蝦夷地紀行』西蝦夷日誌・八編（文）300p
◇クスリ岳『松浦久摺日誌』（川筋図1）屈斜路湖の北方に記している
◇「クスリ岳」は屈斜路湖の南側からの呼び名

釧路岳② kushiro-dake →藻琴山 △999.9m〔山地〕A-3 屈斜路摩周火山群〔20万図〕斜里44〔2.5万図〕藻琴山b〔山頂所在市町村〕美幌町・弟子屈町・小清水町
〔地名掲載資料〕釧路岳、一名モコト山「改正北海道全図」（明治20年）

ヤワンベツ山 yawanbetsu-yama→藻琴山 △999.9m〔山地〕A-3 屈斜路摩周火山群〔20万図〕斜里44〔2.5万図〕藻琴山b〔山頂所在市町村〕美幌町・弟子屈町・小清水町
〔地名掲載資料〕
◇この沼（屈斜路湖）の周りにも夷人等住するよし聞けり。此処よりウナベツ山、ヤワンベツ山よく見ゆる也『松浦蝦夷日誌』二編巻十

〔川名の語源〕
○Yan pet ヤム・ペッ〔冷川　川ノ近傍ニ「メム」アリテ冷泉湧出スルヲ以テ名ク〕『永田地名解』534p
○ヤ・ワ・アン・ペッ〔内地の方・に・ある・川〕「知里町史」
〔地名掲載資料〕クラエウシ山「大日本國郡精図」（釧路國）
○アイヌ語、ya-wa-an-pet〔河岸・に・ある・川〕

トサムシベ岳 tosamushibe-dake→トサモシベ　△370.3m〔山地〕A-3 屈斜路摩周火山群〔20万図〕斜里45〔2.5万図〕屈斜路湖b〔山頂所在市町村〕弟子屈町〔位置〕屈斜路湖に尾根が張り出している孤立山
〔地名掲載資料〕
◇トサムシベ岳『松浦戊午日誌』（遠景山並図）上-454p
◇トサムシベ、小山一ツ有。其麓一面の平地の中に突出するが故に号るとかや『松浦戊午日誌』上-446p
◇トサムシヘ「松浦山川図」

トサモシベ　tosamoshibe →トサムシベ岳　△370.3m〔山地〕A-3 屈斜路摩周火山群〔20万図〕斜里45〔2.5万図〕屈斜路湖b〔経度〕144°21′45″〔緯度〕43°35′26″〔山頂所在市町村〕弟子屈町
〔地名掲載資料〕
◇トサモシベ367「道廳20万図」（実測切図）（屈斜路）
◇トサモシベ367.3「仮製5万図」（屈斜路湖）
◇トサモシベ山『日本地名索引』
◇トサモシベ「北海道史跡名勝天然記念物便概」
◇トサモシベ『弟子屈町史』
◇トサモシベ「国土地理院図」（現行）
〔山名の語源〕
○トウ・サム・ウシュ・ペ〔湖・傍・にある・もの〕湖の傍らにたっているもの（池の湯の裏山）『弟子屈町史』
○to-sam-us-pe ト・サム・ウシ・ペ　〔湖・の傍ら・にいる・もの〕

レプタンヌプリ reputan-nupuri →トウモシリ△355.1m〔山地〕A-3 屈斜路摩周火山群〔20万図〕斜里45〔2.5万図〕屈斜路湖c〔経度〕144°18′

45″〔緯度〕43°37′48″〔山頂所在市町村〕弟子屈町〔位置〕屈斜路湖の中島（無名山 355m）
〔地名掲載資料〕
◇レアタンヌプリ 330「道廳 20 万図」（実測切図）（屈斜路）
◇レアタンヌプリ 380「仮製 5 万図」（屈斜路湖）
◇島中の山をレタアンヌプリといふ三峰を為し高さ千尺餘、島中樹木陰森、岸皆壁立す、小なるをオヤコモシリといふ『日本名勝地誌』第九編
◇レプタンヌプリ『弟子屈町史』
◇島の峰高距 330 米突、レアタン岳（ヌプリ）と称せらる。『大日本地名辞書』
〔山名の語源〕
○レプ・タ・アン・ヌプリ〔沖・に・ある・山〕：鎌田正信『道東地方のアイヌ語地名』
○レプ・タ・アン・ヌプリ〔沖・に・ある・山〕、沖の山（中島）『弟子屈町史』
○アイヌ語、rep-ta-an-nupuri〔沖・に・ある・山〕

トウモシリ tou-moshiri →レプタンヌプリ △355.1m〔山地〕A-3 屈斜路摩周火山群〔20 万図〕斜里 45〔2.5 万図〕屈斜路湖 c〔山頂所在市町村〕弟子屈町
〔地名掲載資料〕
◇トウモシリ（中島）『松浦戊午日誌』（山並図）上-446p、（遠景山並図）454p
◇トウモシリ『松浦戊午日誌』（文）上-455p
◇トウモシリ「松浦山川図」

美幌峠 bihoro-touge ・493m〔山地〕A-3 屈斜路摩周火山群〔20 万図〕斜里 45〔2.5 万図〕屈斜路湖 c〔山頂所在市町村〕美幌町・弟子屈町
道路が開かれたのは大正 9 年（1920）、しかし当時は馬車を走らせるには困難な道路であった。昭和 28 年にこの峠の道路が二級国道 243 号となり、産業道路、観光道路としてその重要性が高まった。同年 9 月、映画「君の名は」のロケが美幌峠などで行われ、峠の名が全国に知られるようになった。また、美幌アイヌの酋長の息子とクッチャロアイヌの娘の逢瀬を重ねた場として

第Ⅱ編　山の履歴

語り継がれている。

　峠の標高は493mであるが、多くの観光案内書や『大日本百科事典』(小学館)『北海道自然100選』『北海道歴史散歩』『雑学北海道自然の旅』『小学社会科地図』(帝国書院)などは525mを採用している。三角点との勘違いでなかろうか。もちろん『北海道の道路ポケットハンドブック』と本書は493m。『北海道の峠物語』

　丸山 ② maruyama →クッチャロウシュペ→クチヤウシベノポリ ・229m〔山地〕A-3 屈斜路摩周火山群〔20万図〕斜里46〔2.5万図〕和琴a〔経度〕144°20′57″〔緯度〕43°33′15″〔山頂所在市町村〕弟子屈町〔地名掲載資料〕◇丸山（まるやま）266m、屈斜路湖畔の釧路川流出口にある小山。『ＮＨＫ北海道地名誌』

　クッチャロウシュペ kuchaaro-ushupe →丸山② ・229m〔山地〕A-3 屈斜路摩周火山群〔20万図〕斜里37〔2.5万図〕川湯c〔山頂所在市町村〕弟子屈町〔位置〕屈斜路湖の南南東湖口・釧路川の出口にある小山
〔地名掲載資料〕
◇クチヤウシベノポリ『武四郎蝦夷地紀行』(川々取調帳) 568p
◇クッチャロウシユペ257「道廳20万図」(実測切図)(屈斜路)
◇クッチャロウシュペ257「仮製5万図」(屈斜路湖)
〔地名の由来・語源〕湖水が川になって流れ出す口のことを、アイヌ語でクッチャロ kutchar〔のど口〕という。湖口のすぐ南側に丸山という美しい小独立丘がある。アイヌ時代はクッチャロウシペ、早くいえばクッチャルシペ（kutchar-ush-pe クッチャロに・いる・者）と呼ばれた。山田『北海道の地名』

　イクルシベ山 ikurushibe-yama ・727m　A-3 屈斜路摩周火山群〔20万図〕斜里46〔2.5万図〕和琴ab〔経度〕144°18′39″〔緯度〕43°31′10″〔山頂所在市町村〕弟子屈町〔位置〕屈斜路湖の南方4km

　奥春別山 okushunbetsu-yama ・476m〔山地〕A-3 屈斜路摩周火山群〔20万図〕斜里46〔2.5万図〕和琴b〔経度〕144°21′23″〔緯度〕43°30′41″〔山頂所在市町村〕弟子屈町〔位置〕屈斜路湖の南方5km

ソシリ soshiri 仮 458.7m〔山地〕A-3 屈斜路摩周火山群〔20 万図〕斜里 46〔2.5 万図〕和琴 b〔山頂所在市町村〕弟子屈町〔位置〕屈斜路湖の南東方
〔地名掲載資料〕
◇ソシリ「道廳 20 万図」(実測切図)(屈斜路)
◇ソシリ 458.7「仮製 5 万図」(屈斜路湖)
〔山名の語源〕
○アイヌ語、so-siri〔滝・の上〕あるいは so-sir〔滝・山〕だろうか。

オパシアンヌプリ opashian-nupuri △231.3m〔山地〕A-3 屈斜路摩周火山群〔20 万図〕斜里 46〔2.5 万図〕和琴 b〔山頂所在市町村〕弟子屈町〔位置〕屈斜路湖畔の釧路川の出口から南方 1.7km 右岸の崖山。
〔地名掲載資料〕
◇オパシアンヌプリ「道廳 20 万図」(実測切図)(屈斜路)
◇オパシアンヌプリ 229.9「仮製 5 万図」(屈斜路湖)
〔山名の由来・語源〕
○オパシアンヌプリ、オ・パ・ウシ・アン・ヌプリ o-pa-us-an-nupuri〔尻を・川下に・つけて・いる・山〕。道路のつかない以前では山の尾根は釧路川に落ち込んでいたのである。: 鎌田正信『道東地方のアイヌ語地名』
○ オバシヤンヌプリ、オバシヤン・ヌプリ〔川下にある・山〕ヌプリオンドの山『弟子屈町史』

和琴山 wakoto-yama △216.1m〔山地〕A-3 屈斜路摩周火山群〔20 万図〕斜里 46〔2.5 万図〕和琴 b〔山頂所在市町村〕弟子屈町〔位置〕屈斜路湖南部、和琴半島の小山。

ポンイワタヌシ poniwatanushi 仮 250.2m〔山地〕A-3 屈斜路摩周火山群〔20 万図〕斜里 46〔2.5 万図〕和琴 c〔山頂所在市町村〕弟子屈町〔位置〕屈斜路湖南湖畔、岩田主の北方 2km。
〔地名掲載資料〕
◇ポンイワタヌシ 250「道廳 20 万図」(実測切図)(屈斜路)
◇ポンイワタヌシ 250.2「仮製 5 万図」(屈斜路湖)

第Ⅱ編　山の履歴

　三角山　① sankaku-yama　→チセ子ヌプリ　△453.6m〔山地〕A-3 屈斜路摩周火山群〔20万図〕斜里46〔2.5万図〕<u>和琴</u>c〔経度〕144°17′28″〔緯度〕43°33′28″〔山頂所在市町村〕弟子屈町

　チセ子ヌプリ　chisene-nupuri　→三角山①　△453.6m　〔山地〕A-3 屈斜路摩周火山群〔20万図〕斜里46〔2.5万図〕和琴c〔山頂所在市町村〕弟子屈町〔位置〕屈斜路湖畔和琴半島の南西方1km
〔地名掲載資料〕
◇チセ子ノホリ『松浦午七番手控』
◇チセ子ノポリ『松浦戊午日誌』（文）上-298p、（山並図）上-443p
◇チセ子ヌプリ 456「道廰20万図」（実測切図）（屈斜路）
◇チセヌプリ 466.4「仮製5万図」（屈斜路湖）
◇Chisene nupuri チセ子 ヌプリ『永田地名解』383p
◇チセ子ヌプリ「北海道史跡名勝天然記念物便概」
〔山名の語源〕
○アイヌ語、chise-ne-nupuri チセ・ネ・ヌプリ〔家・のような・山〕

　岩田主山　iwatanushi-yama　→イワタヌシ・607m　〔山地〕A-3 屈斜路摩周火山群〔20万図〕斜里46〔2.5万図〕<u>和琴</u>c〔経度〕144°18′29″〔緯度〕43°32′27″〔山頂所在市町村〕弟子屈町〔位置〕屈斜路湖畔の南方2km

　イワタヌシ　iwatanushi　→岩田主山　・607m　〔山地〕A-3 屈斜路摩周火山群〔20万図〕斜里46〔2.5万図〕和琴c〔経度〕144°18′29″〔緯度〕43°32′27″〔山頂所在市町村〕弟子屈町
〔地名掲載資料〕
◇イワタヌシ 416「道廰20万図」（実測切図）（屈斜路）
◇イワタヌシ 415.6「仮製5万図」（屈斜路湖）

　裏辺計礼山　urapekere-zan　・606m〔山地〕A-3 屈斜路摩周火山群〔20万図〕斜里47〔2.5万図〕<u>辺計礼山</u>a〔経度〕144°20′10″〔緯度〕43°29′36″〔山頂所在市町村〕弟子屈町〔位置〕辺計礼山の北西方1km
〔地名掲載資料〕

◇裏辺計礼山「国土国土地理院図」
◇裏辺計礼山（ウラペケレザン）『日本山名辞典』

　辺計礼山 pekere-zan　△732.3m〔山地〕A-3 屈斜路摩周火山群〔20万図〕斜里47〔2.5万図〕辺計礼山a〔経度〕144°20′38″〔緯度〕43°29′20″〔山頂所在市町村〕弟子屈町〔位置・特徴〕美羅尾山の西方5km、山の上部は木が生えていないので展望が良い。
　〔地名掲載資料〕辺計礼山（ぺけれざん）732.3m。美羅尾山の西『NHK北海道地名誌』
　〔山名の語源〕アイヌ語「ペケル・イワ」は、明るい（木のない）岩山の意。『NHK北海道地名誌』
　〔夏季コース〕奥春別コース　弟子屈市街と阿寒湖畔方面に行く国道の奥春別付近に登山口の標識があり、そこから山麓を1.5㌔ほど巡ると登山口。造林作業道を登り尾根に出て稜線上が頂上。登り1時間40分『北海道夏山ガイド⑥』

　雪見山 yukimi-yama　・313m〔山地〕A-3 屈斜路摩周火山群〔20万図〕斜里47〔2.5万図〕辺計礼山a〔経度〕144°21′48″〔緯度〕43°28′38″〔山頂所在市町村〕弟子屈町〔位置〕辺計礼山の南東方2km

　春見台 harumi-dai　・316m〔山地〕A-3 屈斜路摩周火山群〔20万図〕斜里47〔2.5万図〕辺計礼山a〔経度〕144°19′56″〔緯度〕43°28′29″〔山頂所在市町村〕弟子屈町〔位置〕辺計礼山の南南西方2km

　肌寒山 hadasamu-yama　・698m〔山地〕A-3 屈斜路摩周火山群〔20万図〕斜里47〔2.5万図〕辺計礼山c〔山頂所在市町村〕弟子屈町〔位置特徴〕辺計礼山の西方7km、頂上は樹木が少なくササに覆われている。頂上の標高706m：yoshida
　〔地名掲載資料〕肌寒山：KAC kitami dlpine-club

　奥二股 okuhutamata　△628.6m〔山地〕A-3 屈斜路摩周火山群〔20万図〕斜里47〔2.5万図〕辺計礼山c〔経度〕144°16′28″〔緯度〕43°28′7″〔山頂所在市町村〕弟子屈町〔位置〕辺計礼山の西南西方6km

ウェンシリ① uenshiri △145.6m〔山地〕A-3 屈斜路摩周火山群〔20万図〕斜里51〔2.5万図〕北見福住 d〔山頂所在市町村〕美幌町〔位置〕美幌町福住、美幌川支流の登栄川川口左岸のあたり
〔地名掲載資料〕
◇ウェンシリ「道廳20万図」(実測切図)(屈斜路)
◇ウェンシリ「仮製5万図」(美幌)
◇ウェンシリ「美幌村分村図」(大正8)
〔山名の由来・語源〕
○weysir〈wen-sir〉〔悪い・山〕けわしい水際の山。:伊藤せいち『アイヌ語地名Ⅰ網走川』
○ウエン wen は〔悪い、(程度が)ひどい、激しい、粗末な、貧乏な、甲斐がない、間違っている〕などの意がある。地名の場合は、地形が険しく危険なところを指すことが多い。シリ sir〔あたり、地面、大地、山、天気〕など視覚的にとらえられたものを漠然と指す。

ウェンシリ② whenshiri 219.7m〔山地〕A-3 屈斜路摩周火山群〔20万図〕斜里52〔2.5万図〕古梅 b〔山頂所在市町村〕美幌町
〔位置〕美幌町古梅、美幌川上流の支流、鶯沢の川口の北東(左岸)、古梅ダムの西北西方2.5km。南、西、北の三方は急峻な崖である。
〔地名掲載資料〕
◇ウェンシリ「道廳20万図」(実測切図)(屈斜路)
◇ウエンシリ「仮製5万図」(美幌・明治30)
◇ウェンシリ「美幌村分村図」(大正8)
〔山名の語源〕アイヌ語 wen-sir〔悪い・山〕
〔同名の山〕ウェンシリ① △145.6m(美幌町)

トナイウシ山 tonaiushi-yama →戸内牛山 △449.6m〔山地〕A-3 屈斜路摩周火山群〔20万図〕斜里52〔2.5万図〕古梅 d〔経度〕144°7′37″〔緯度〕43°40′2″〔山頂所在市町村〕津別町・美幌町〔位置〕津別町東岡の南南東4.7kmに位置する無名山、美幌川・登栄川・豊幌川の源。
〔地名掲載資料〕
◇トナイウシ山 459「道廳20万図」(実測切図)(屈斜路)

◇トナイウシ山 458.5「仮製 5 万図」(美幌・明治 30)
◇トナイウシ「美幌村分村図」(大正 8 年)
◇戸内牛山『日本地名索引』
◇「国土地理院図」(現行) △449.6 (山名は記されていない)
〔山名の由来・語源〕「tunay-ush-i〔(鯨がそこに)引っかかった・所〕小沼とコタンコアンオンネナイとの間にある山で、昔、大津波があった際「鯨がここに引っかかった」いう伝説がある。:知里網走(昭和 33 年)

戸込牛山 togomeushi-yama △449.6m〔山地〕A-3 屈斜路摩周火山群〔20 万図〕斜里 52〔2.5 万図〕古梅 d〔山頂所在市町村〕津別町
〔地名掲載資料〕戸込牛山『地名レッドデータブック』

シヤマツカリ shiyamatsukari →サマッカリヌプリ④ △974.34m〔山地〕A-3 屈斜路摩周火山群〔山地〕A-3 屈斜路摩周火山群〔20 万図〕斜里 53〔2.5 万図〕サマッカリヌプリ b〔山頂所在市町村〕津別町・弟子屈町〔位置〕屈斜路湖畔の西方
〔地名掲載資料〕
◇シヤマツカリ「松浦山川図」
◇シヤマツカリ『松浦戊午日誌』(文)上-451p

サマッカリヌプリ④ samakkari-nupuri →シヤマツカリ △974.3m〔山地〕A-3 屈斜路摩周火山群〔20 万図〕斜里 53〔2.5 万図〕サマッカリヌプリ b〔経度〕144°13′20″〔緯度〕43°35′8″〔山頂所在市町村〕津別町・弟子屈町〔位置〕屈斜路湖畔、和琴半島の西方、津別峠の北方 2.5km、南北に細長い尾根をなす。
〔河川図〕西斜面は、網走川の支流 4046-1040-2R 1 の沢川と 4046-1050-2R 3 の沢川の源流
〔地名掲載資料〕
◇サマッカリヌプリ 820「道廳 20 万図」(実測切図)(屈斜路)
◇サマッカリヌプリ「美幌村分村図」(大正 8 年 (1919))
◇サマツカリ、サマツケヌプリ『日本名勝地誌』第九編
◇サマッカリヌプリ 819.6「仮製 5 万図」(キキンルーチシヌプリ・明治 30)
◇美幌川は釧路川上堺なるサマツカリ岳に発し『大日本地名辞書』

◇サマカリヌプリ「北海道史跡名勝天然記念物便概」
◇達媚の東山は屈斜路の火山連峰にして、様毛（サマケ）（標高千余米突）『大日本地名辞書』
◇サマッカリヌプリ岳『日本地名索引』
◇サマッカリヌプリ「美幌村分村図」（大正 8 年）
◇サマッカリヌプリ 974.4「津別町史」（昭和 29 年）
◇サマッカリヌプリ「国土地理院図」（現行）
〔山名の由来・語源〕
○シヤマツケノホリは、其山ながく横になりて在ると云儀のよし。『松浦戊午日誌』上-453p
○サマッカリヌプリ岳 974.3m、弟子屈町との境の、屈斜路湖の壁を形つくっている山で、浜手の奥をまわっている山の意。『ＮＨＫ北海道地名誌』
○サマタ・カリ・ヌプリ〔傍を・廻る・山〕：鎌田正信『道東地方のアイヌ語地名』
○急坂で通れず回り道したところ『弟子屈町史』

昌運山 syouun-yama △357.0m〔山地〕A-3 屈斜摩周路火山群〔20 万図〕斜里 53〔2.5 万図〕サマッカリヌプリ c〔山頂所在市町村〕美幌町〔位置〕美幌町古梅、美幌川の源
〔地名掲載資料〕昌運山「林班図」（網走 3-3(1964)）
〔山名の語源〕syoo-un は、so-unn〔滝・がある…〕にちなむもので、美幌川水源の si-piporo の異称である。

津別峠 tsubetsutouge ・745m〔山地〕A-3 屈斜路摩周火山群〔20 万図〕斜里 54〔2.5 万図〕コトニヌプリ a〔位置〕屈斜路湖の南西方の稜線。

オサッペヌプリ osappe-nupuri ・860m〔山地〕A-3 屈斜路摩周火山群〔20 万図〕斜里 54〔2.5 万図〕コトニヌプリ a〔経度〕144°14′18″〔緯度〕43°32′47″〔山頂所在市町村〕津別町・弟子屈町〔位置〕屈斜路湖の南西方、津別峠の南東方、コトニヌプリとサマッケヌプリの中間にある山。
〔河川図〕網走川支流 4046-1080-2R 7 の沢川の源流
〔地名掲載資料〕
◇オサッペヌプリ 1013「道廳 20 万図」（実測切図）（屈斜路）

◇オサッペヌプリ 1013.1「仮製5万図」(キキンルーチシヌプリ)
◇オサペヌプリ「北海道史跡名勝天然記念物便概」
◇オサッペヌプリ「美幌村分村図」(大正8年)
〔山名の由来・語源〕
○osatpe-nupuri＜o-sat-pe-nupuri＞〔川尻・乾いている・所の・山〕津別峠の南東にある山で、おそらくこの山のあたりから津別・屈斜路両方面への山越えのルートがあったものであろう。山越えにあたっては、この筋に水がないことを示唆した地名であろう。：伊藤せいち『アイヌ語地名Ⅰ網走川』
○オサッペヌプリ 823.0 オサツペ川の山、オサツペ(川尻が乾いている処)『津別町史』
○o-sar-pet オサラペッ(川尻・ヨシ原・川)「知里町史」

琴似嶽 kotoni-dake →コトニノホリ ・952m〔山地〕A-3 屈斜路摩周火山群〔20万図〕斜里54〔2.5万図〕コトニヌプリa〔山頂所在市町村〕津別町・弟子屈町
〔地名掲載資料〕琴似嶽、琴似、琴似山『日本名勝地誌』第九編

コトニヌプリ kotoni-nupuri →クトウンヌプリ ・952m〔山地〕A-3 屈斜路摩周火山群〔20万図〕斜里54〔2.5万図〕コトニヌプリa〔経度〕144°14′36″〔緯度〕43°33′29″
〔山頂所在市町村〕津別町・弟子屈町
〔位置〕屈斜路の西、弟子屈町と津別町の境界、道道津別峠の南方。
〔河川図〕西斜面は網走川支流 4046-1085-3R 上里川の源流
〔地名掲載資料〕
◇コトニノホリ「松浦山川図」
◇コトニノホリ『松浦久摺日誌』(川筋図)
◇コトニヌプリ 937「道廳20万図」(実測切図)(屈斜路)
◇コトニヌプリ 937.1「仮製5万図」(キキンルーチシヌプリ・明治30)
◇コトニヌプリ岳『日本地名索引』
◇コトニヌプリ「北海道史跡名勝天然記念物便概」
◇コトニヌプリ「美幌村分村図」(大正8年)
◇コトニヌプリ「国土地理院図」(現行)
〔山名の語源〕

○コトニ・ヌプリ kotoni-nupuri〔くぼ地の・山〕あるいは kotor-ne-nupuri〔斜面・になっている・山〕伊藤せいち『アイヌ語地名 I 網走川』

コトンノホリ koton-nohori →コトニノホリ ・952m〔山地〕A-3 屈斜路摩周火山群〔20万図〕斜里54〔2.5万図〕コトニヌプリ a〔山頂所在市町村〕津別町・弟子屈町
〔地名掲載資料〕
◇コトンノボリ『松浦戊午日誌』(文)上-298p
◇コトンノボリ『松浦戊午日誌』(遠景山並図)上-443p
◇コトンノボリ『松浦戊午日誌』(文)上-453p
◇コクニノボリ「松浦山川図」
◇コトニヌプリ「道廳20万図」(実測切図)(屈斜路)

クトウンヌプリ kutoun-nupuri →コトニヌプリ ・952m〔山地〕A-3 屈斜路摩周火山群〔20万図〕斜里54〔2.5万図〕コトニヌプリ a
〔山名の由来・語源〕
○「クッ・ウン・ヌプリ」の訛で岩棚ある山の意と思う。標高およそ950m『NHK北海道地名誌』
○クッ・ウン・ヌプリ kut-un-nupuri〔岩層・ある・山〕の意で、〔帯・している・山〕とも解する。この付近の山は津別越しの道道からも、帯状に岩層の現れているのが見える。伊藤せいち『アイヌ語地名 I 網走川』
○クトウンヌプリ、クツ・ウン・ヌプリ〔帯状の岩層・ある・山〕俗にコトニヌプリという。『弟子屈町史』

サマッケヌプリ⑤ samakke-nupuri →シヤマツケノホリ △897.8m〔山地〕A-3 屈斜路摩周火山群〔20万図〕斜里54〔2.5万図〕コトニヌプリ b〔経度〕144°14′11″〔緯度〕43°31′40″
〔山頂所在市町村〕津別町・弟子屈町
〔位置〕屈斜路湖の南西方5km
□屈斜路湖尻のコタン集落付近から見ると、枕をして寝ているように見える山である。鎌田正信『道東地方のアイヌ語地名』
〔河川図〕西斜面は網走川支流 4046- 950-1R 津別川の源流
〔地名掲載資料〕

◇サマッケヌプリ 1085「道廳20万図」(実測切図)(屈斜路)
◇サマッケヌプリ 1085.1「仮製5万図」(キキンルーチシヌプリ・明治30)
◇サマツケ『日本名勝地誌』第九編
◇サマッケヌプリ「北海道史跡名勝天然記念物便概」
◇サマッケ山「北海道分國新地圖」
◇サマッケヌプリ「美幌村分村図」(大正8年)
◇サマッケヌプリ「国土地理院図」(現行)
〔山名の由来・語源〕
○サマッケヌプリ岳 897.9m、弟子屈町との境にある、横になっている山の意。『ＮＨＫ北海道地名誌』
○サマッケヌプリ、川を上がると横になっている山、本名はサマツキヌプリ『津別町史』
○サマッケヌプリ、サマッケ・ヌプリ〔横になっている・山〕『弟子屈町史』
○サマッキヌプリ(samakki-nupuri)サマッキ・ヌプリ〔横になっている・山〕『美幌町史』
○サマッケ・ヌプリ〔横臥している・山〕：鎌田正信『道東地方のアイヌ語地名』
〔類似の山名〕屈斜路湖の西と南西に名称が似ている山並みが二つあり、屈斜路湖の西方にあるのがサマッカリヌプリ、その南方、屈斜路湖の南西方にあるのがサマッケヌプリである。

シヤマツケノホリ shiyamatsuke-nohori →サマッケヌプリ⑤ △897.8m
〔山地〕A-3 屈斜路摩周火山群〔20万図〕斜里54〔2.5万図〕コトニヌプリa〔山頂所在市町村〕津別町・弟子屈町〔位置〕屈斜路湖の南西方。
〔地名掲載資料〕
◇シヤマツケノポリ『松浦戊午日誌』(文) 上-298p
◇シヤマツケノポリ『松浦戊午日誌』(遠景山並図) 上-443p
◇シヤマツケノホリ「松浦山川図」
〔山名の由来〕
○其南シヤマツケノホリは其山ながく横になりて在ると云儀のよし。『松浦戊午日誌』(文) 上-453p

シユウリタイ shiyuuritai ? m 〔山地〕A-3 屈斜路摩周火山群〔20万

第Ⅱ編　山の履歴

図〕斜里 54〔2.5 万図〕コトニヌプリ x〔山頂所在市町村〕標津町〔位置〕カンジウシ山の南方か、不明
〔地名掲載資料〕
◇シユウリタイ〔カンジウシ山の南、西別川の中流のあたり〕「松浦山川図」
◇シユウリタイ〔西別岳の南、西別川源のあたり〕『松浦東蝦夷日誌』八編（山川図）340p

　ペナワウエンシリ penawa-wenshiri ・325m〔山地〕A-3 屈斜路摩周火山群〔20 万図〕斜里 61〔2.5 万図〕上里 a〔山頂所在市町村〕津別町〔位置〕津別町豊永の津別川すじのあたりか。
〔地名掲載資料〕
◇ペナワウエンシリ「道廳 20 万図」（実測切図）（屈斜路）
◇ペナワウエンシリ「仮製 5 万図」（キキンルーチシヌプリ・明治 30）
◇ペナワウエンシリ「美幌村分村図」（大正 8 年）
◇ペナワウエンシリ「美幌町アイヌ語地名地図」（昭和 28 年）
〔山名の語源〕
アイヌ語、pena-wa-wen-sir〔川上・の・悪い・山〕、津別川の合流点をはさむ一連の山。

　パナワウエンシリ panawa-wenshiri　325〜376m〔山地〕A-3 屈斜路摩周火山群〔20 万図〕斜里 61〔2.5 万図〕上里 a〔山頂所在市町村〕津別町〔位置〕津別町美都の津別川すじのあたりか。
〔地名掲載資料〕
◇パナワウエンシリ「道廳 20 万図」（実測切図）（屈斜路）
◇パナワウエンシリ「仮製 5 万図」（美幌）
◇パナワウエンシリ「美幌村分村図」（大正 8 年）
◇パナワウェンシリ「美幌村津別村境界変更図」（大正 10 年）
◇ウエンシリ：津別町史（昭和 29）
〔山名の語源〕アイヌ語、pana-wa-wen-sir〔川下・の・悪い・山〕

　ヌプリオンド山　nupuriondo-yama　？m〔山地〕A-3 屈斜路摩周火山群〔20 万図〕斜里 x〔2.5 万図〕不明〔経度〕144°20′〔緯度〕43°33′〔山頂所在市町村〕弟子屈町〔位置〕弟子屈町屈斜路（釧路川筋）

〔地名掲載資料〕
◇オバシヤンヌプリ、オバシヤン・ヌプリ〔川下にある・山〕ヌプリオンドの山『弟子屈町史』
◇「日本地名索引」に、ヌプリオンド山（5万図）とヌプリオン山（20万図）が載っているが、現行の「国土地理院図」には見当たらない。
〔山名の語源〕ヌプリ・オホンド〔山・尻〕『弟子屈町史』

第Ⅱ編　山の履歴

リスケ山頂上　2013.10　寺口一孝【82】

西別岳　1999.10　寺口一孝【83】

西別岳　藤田理【83】

摩周岳　2001.10　寺口一孝【87】

摩周湖と摩周岳
素材辞典JF177
【87】

屈斜路（手前）と摩周湖（奥）
素材辞典199-JF177

仁多山の天測点【89】

仁多山　2010.5
北のかもしかの山歩き【89】

A－3　屈斜路摩周火山群

アトサヌプリ　寺口一孝【92】

アトサヌプリ　2015.4
（標高370mの台地より）寺口一孝【92】

アトサヌプリの山頂
2016.10　寺口一孝【92】

ポンポン山　20003.9　伊藤せいち
【94】

美留和山　北のかもしかの山歩き
【96】

藻琴山より屈斜路湖を望む　川湯エコ
ミュージアムセンター【100】

藻琴川の流れを抱く藻琴湖

ウラエウシ岳（藻琴山）の語源
ウライ（簗）【101】

第Ⅱ編　山の履歴

月見山（左奥）黄葉山（中央）美羅尾山（右）2006.11 北見山岳会【99～100】

黄葉山からアンテナの建つ美羅尾山
2006.11 北見山岳会【100】

黄葉山　2006.11 北見山岳会【100】

美羅尾山　はまちゃん日記【99】

美幌峠　素材辞典　JF-174【107】

美幌峠より斜里岳と屈斜路湖
素材辞典JF176【107】

A－3　屈斜路摩周火山群

イクルベシベ山　2010.12
北のかもしかの山歩き【108】

屈斜路湖プリンスホテルより
チセ子ヌプリ　伊藤せいち【110】

辺計礼山 2011.10 寺口一孝【111】

辺計礼山　2010.10
北のかもしかの山歩き【111】

津別峠の展望台
2006.11 北見山岳会【114】

トナイウシ山　2013.5
北のかもしかの山歩き【112】

第Ⅱ編　山の履歴

A-4　根釧台地

　シヤリカ山　shiyarika-yam　？m　A-4 根釧台地〔20万図〕釧路 x〔2.5万図〕不明〔山頂所在市町村〕厚岸町〔位置〕不明〔地名掲載資料〕シヤリカ山高からずして樹茂る「赤山紀行」

　巾着山　kinchaku-yama　・16m〔山地〕A-4 根釧台地〔20万図〕根室 41〔2.5万図〕風連 c〔経度〕145°18′7″〔緯度〕43°17′44″〔山頂所在市町村〕根室市〔位置〕風蓮湖畔の丘
〔地名掲載地形図〕国土地理院図は山名のみ記載している。
〔山名の語源〕アイヌ語、サマッケフル〔横になっている丘〕の意。『根室市史』

　三角台　sankaku-dai　△74.7m〔山地〕A-4 根釧台地〔20万図〕根室 42〔2.5万図〕厚床 d〔経度〕145°15′58″〔緯度〕43°11′20″〔山頂所在市町村〕浜中町〔位置〕JR厚床駅の南方4.2km

　高山①　takayama　・84m〔山地〕A-4 根釧台地〔20万図〕根室 59〔2.5万図〕茶内 c〔経度〕145°16′58″〔緯度〕43°11′38″〔山頂所在市町村〕浜中町

　シヤシウシ山　shiyashiushi-yama　？m〔山地〕A-4 根釧台地〔20万図〕根室 59〔2.5万図〕茶内 c〔山頂所在市町村〕浜中町〔位置〕茶内原野を流れるオラウンベツ川沿いの丘のあたり
〔地名掲載資料〕フルセケント山の項（次頁）参照
◇シヤシウシ山『松浦蝦夷日誌』一編巻拾（文）451p

　ウホリ山　uhori-yama　？m〔山地〕A-4 根釧台地〔20万図〕根室 59〔2.5万図〕茶内 c〔2.5万図〕〔山頂所在市町村〕浜中町〔位置〕茶内原野を流れるオラウンベツ川沿いの丘のあたり
〔地名掲載資料〕
◇フルセケント山の項（次頁）参照
◇ウホリ山『松浦蝦夷日誌』一編巻拾（文）451p

フルセケント山 hurusekento-yama ？m〔山地〕A-4 根釧台地〔20万図〕根室59〔2.5万図〕茶内 c〔山頂所在市町村〕浜中町
〔位置〕JR茶内駅の東北東方、標高76mのあたりか？
〔地名掲載資料〕オラウンンベツ、小川有、橋有。昼小休所。（中略）左シヤシウシ山、又ウホリ山と云山見ゆる。継きて右の方ニ遙にモシロリ、フルセケント山等見ゆる。何れも平山、雑樹陰森たり。『松浦蝦夷日誌』一編巻拾 451p

チヤシコツ chayashikotsu ？m〔山地〕A-4 根釧台地〔20万図〕標津24〔2.5万図〕根室北部 b〔山頂所在市町村〕根室市〔位置〕根室半島東部、ヒキウス岬のあたりか。
〔地名掲載資料〕
◇チヤシユ(コ)ツ「松浦山川図」
◇チヤシコツ『松浦戊午日誌』（半島遠望図）上-584p
◇チヤシコツ、一ツの城跡有。高三丈計海岸の小川の上に築立有。其近辺穴居跡有。其小川をこへて五六丁も過て、少し坂を上り野道を行。此岬をヲヤコツと云、岬の形像島に成り、其上城櫓の台の如くにして突出す。ヲヤコツとは別の地面屋敷と云儀なり。むかしチヤシコツに住する土人の別邸なるよし。『松浦戊午日誌』上-585～586p
〔山名の語源〕アイヌ語、casi-kot チャシ・コッ（砦・跡）

ヲヤコツ oyakotsu ？m 〔山地〕A-4 根釧台地〔20万図〕標津24〔2.5万図〕根室北部 b〔山頂所在市町村〕根室市〔位置〕根室半島東部、歯舞漁港南西方の岬のあたりか。
〔地名掲載資料〕〔山名の語源〕
◇ヲヤコツと云、岬の形像島に成り、其上城櫓の台の如くにして突出す。ヲヤコツとは別の地面屋敷と云儀なり。むかしチヤシコツに住する土人の別邸なるよし。『松浦戊午日誌』上-585～586p
◇ヲヤコツ『松浦戊午日誌』（半島遠望図）上-585p
〔山名の語源〕アイヌ語、oya-kut オヤ・クッ〔他の・ひどい岩崖〕

タプコプ① tapukopu →タツコフ① ？m A-4 根釧台地〔20万図〕標

津 56〔2.5万図〕豊原 x〔山頂所在市町村〕別海町〔位置〕西別川中流と清丸別川上流の中間、別海町市街の北西方のあたり。
〔山名の掲載資料〕
◇タプコプ「道廳20万図」（実測切図）（根室）
◇タプコプ『永田地名解』413p
◇タプコプ「仮製5万図」（タプコプ）

タツコフ ① tatsukohu →タプコプ① ？m A-4 根釧台地〔20万図〕標津 56〔2.5万図〕豊原 x〔山頂所在市町村〕別海町〔位置〕西別川中流と清丸別川上流の中間、別海町市街の北西方のあたり
〔山名の掲載資料〕
◇タツコフ、小山有。山キモハルヘツ〔清丸別川〕本川〔西別川〕の間に有るとかや。タツコフは小山の事を云なり。下りテキモハルベツ　川巾五間計。『松浦戊午日誌』上-414p
◇タツコフ山「輯製20万図」（根室）西別川の中流

丸山 ③ maru-yama △103.3m〔山地〕A-4 根釧台地〔20万図〕標津 58〔2.5万図〕根室峰浜 b〔経度〕145°4′17″〔緯度〕43°50′43″〔山頂所在市町村〕標津町〔位置〕植別川南側の川口

コムニウシ komuniushi △58.0m A-4 根釧台地〔20万図〕標津 64〔2.5万図〕豊原 a〔山頂所在市町村〕別海町〔位置〕別海町常盤町の北西1.8km、西別川下流左岸沿い。
〔山名の掲載資料〕
◇コムニウシ『松浦戊午日誌』（川筋図）上-243p、
◇コムニウシ、此辺平山。茅原にて荻多しと。また並びてしばし過て、タツカルウシコタン（別海）『松浦戊午日誌』（文）上-414p
◇（大楽毛）上の方は二十餘丁にコムニウシと言う山有。此陰はアカン川筋也。『松浦東蝦夷日誌』七編（文）
◇コムニウシ「松浦山川図」
◇コムニウシ「道廳20万図」（実測切図）
◇Kom ni ushi コムニウシ『永田地名解』413p
◇西別登（ニシベツノボル 58.0「国土地理院三等三角点名」

〔山名の語源〕コムニ・ウシ komni-us-i〔柏の木・群生する・所〕〔柏の若木を採る所〕

磐羅山 barasan →丸山④ △76.9m A-4 根釧台地〔20万図〕釧路12〔2.5万図〕厚岸b〔経度〕144°50′25″〔緯度〕43°1′43″〔山頂所在市町村〕厚岸町〔位置特徴〕厚岸町バラサン岬、国泰寺の跡、山の上部は平ら。
〔地名掲載資料〕
◇ハフ（ラ）サンタケ「蝦夷松前輿地図」
◇盤螺山「万延元年庚甲五月碑記」
◇波羅山『松浦廻浦日記』下-436p
◇バラサンは、むかし此山の上に魚を干四本柱の棚の如くなりしが故に号るとかや『松浦戊午日誌』上-546p
◇ハラサン『松浦東蝦夷日誌』（遠景山並図）326p
◇バラサン『松浦納沙布日誌』
◇厚岸市街の西南なる岬角にして（中略）バラサン俗に丸山ともいふ、国泰寺あり。岬上に幕政の時砲台が置かれ埠頭を警備したり『大日本地名辞書』
◇盤螺山、厚岸灣口の東岸に在り『日本名勝地誌』第九編
◇磐羅△76.9「国土地理院点の記」
〔山名の由来・語源〕
○バラサン（Para san）〔棚のような平らな山〕の意であるが、野獣をとる平おとしという罠のことをいい、この岬の岩層がそのおとしに似ているので名付けたもの、これがあるので魔物が恐ろしくて厚岸の部落には近寄らないともいう。『あっけし町史』
○磐羅山はアイヌ語の、パラ para〔(広い) 魚棚〕の意。山の頂上が平らなためである。

丸山 ④ maruyama →磐羅山 △76.9m A-4 根釧台地〔20万図〕釧路12〔2.5万図〕厚岸b〔山頂所在市町村〕厚岸町

モイワ moiwa ?m A-4 根釧台地〔20万図〕釧路x〔2.5万図〕不明〔山頂所在市町村〕厚岸町〔位置〕不明
〔地名掲載資料〕山尽て又原有、モイワと云、原より又芝山有て、山の尽たる所に夷村有、シヲペと云、「赤山紀行」

第Ⅱ編　山の履歴

　御供山 osonae-yama　△75.5m　A-4　根釧台地〔20万図〕釧路12〔2.5万図〕厚岸b〔経度〕144°51′23″〔緯度〕43°2′18″〔山頂所在市町村〕厚岸町〔位置〕厚岸大橋の南方の丘
〔地名掲載資料〕
◇御供山『日本地名地誌』
◇厚岸市街ヨリ御供山「チャシ」ヲ望ム「北海道史跡名勝天然記念物便概」
◇御供山78.5m、御供地区の丘で頂が二段になっている。旧名オヤコツ。御供、奔渡町と若竹町の間にある丘の上。御供型の砦跡による。『NHK北海道地名誌』

　ベカンヘウシ山 bekanheushi-yama　？m〔山地〕A-4　根釧台地〔20万図〕釧路17〔2.5万図〕上チャンベツx〔山頂所在市町村〕浜中町〔位置〕別寒辺牛川の上流
〔地名掲載資料〕
◇ベカンベウシ、両山平山にして樹木多し『松浦蝦夷日誌』一編巻十
◇ヘカンヘウシ山『竹四郎廻浦日記』25巻（川筋図285）
〔川名の由来・語源〕
〇ベカンベウシ〔沼菱・多い・所〕この川に沼菱の多くあれば地名になす由。『上原蝦夷地名考幷里程記』

　三角山 ② sankaku-yama　△77.5m　A-4　根釧台地〔20万図〕釧路18〔2.5万図〕<u>中チャンベツa</u>〔経度〕144°42′27″〔緯度〕43°12′45″〔山頂所在市町村〕標茶町〔位置〕標茶町共和、JR標茶駅の南東方12km。

　サンネウシ山 sanneushi-yama　？m　A-4　根釧台地〔20万図〕釧路19〔2.5万図〕片無去a〔山頂所在市町村〕厚岸町〔位置〕厚岸湾の北方、厚岸町大別、標高86mのあたり。
〔地名掲載資料〕
◇サン子ウシノホリ「松浦山川図」
◇サンネウシ山「輯製20万図」（厚岸）
〔山名の語源〕アイヌ語、san-ne-us-nupuri〔棚・のように・ある・山〕

尾幌山 ohoro-yama　約82m　A-4　根釧台地〔20万図〕釧路20〔2.5万図〕尾幌 d〔山頂所在市町村〕厚岸町〔位置〕ＪＲ尾幌駅の北西方4km
〔地名掲載資料〕
国土地理院図は、線路を挟んで北に「二等三角点、尾幌山95.5」を置き、南に「尾幌山」（山名のみ）を記載している。
◇尾幌山95.5「国土地理院二等三角点」
◇尾幌山「国土地理院図」山名のみ記載、標高値はコンタ読で約82m。
〔川名の語源〕o-poro-pet〔川尻の・大なる・川〕『永田地名解』394p

ニヲケヲマ山 niokeoma-yama　? m　A-4　根釧台地〔20万図〕釧路21〔2.5万図〕仙鳳趾 b〔山頂所在市町村〕厚岸町〔位置〕厚岸湾の西方、仙鳳趾〔地名掲載資料〕ニヲケヲマ山『松浦東蝦夷日誌』八編（文）318p

円山 ① maruyama→老者舞山　△204.8m　A-4　根釧台地〔20万図〕釧路21〔2.5万図〕仙鳳趾 b〔経度〕144°43′0″〔緯度〕42度56′38″〔山頂所在市町村〕釧路町〔位置特徴〕厚岸湾の南方、尻羽岬の西方6kmに位置し、この周辺の沿岸で最も標高が高い。
〔地名掲載資料〕
◇円山『水路誌』。
◇円山、和名。海抜205mで釧路町では一番高い山である。別名を高山（たかやま）ともいう。沖合で一番先に見えるのはこの山だけで漁船はこの山を目標にしている。『釧路村史』
◇老者舞山　△204.8「国土地理院一等三角点」

駒形丘スキー場（こまがおか）（現在の通称）標茶驛から北西方2.3km、軍馬山の東方に、緩急種々のスロープがあり一般向きである。駒形丘スキー場の名称は『スキー北海道』（昭和11年）に掲載されていた。

ホンノホリ　hon-nohori　? m　A-4　根釧台地 ?m〔20万図〕釧路26〔2.5万図〕五十石 a〔山頂所在市町村〕標茶町〔位置〕ＪＲ五十石駅の北東方2.5km △102.5mのあたり
〔地名掲載資料〕
◇ポンノポリ『武四郎蝦夷地紀行』（川々取調帳）596p

第Ⅱ編　山の履歴

◇ホンノホリ「松浦山川図」
◇ホンノホリ山「輯製20万図」(厚岸)

アリキナイ山　arikinai-yama　・77m　A-4　根釧台地〔20万図〕釧路27〔2.5万図〕塘路湖 b〔山頂所在市町村〕標茶町〔位置〕塘路湖の南東方、アレキナイ川の源流。
〔山名の掲載資料〕
◇アルキナイ「松浦山川図」
◇アレキナイ川「仮製5万図」(尾幌・大正11年)
◇アリキナイ山「塘路区域内ノ字」(地図)(明治40年9月調書)
◇アレキナイ川「国土地理院図」(現行)
〔川名の由来・語源〕語義は全く忘れられている。アルキ〔来る〕、アルケ〔片一方、向こう側の〕、ハルキ〔左〕等の言葉は考えられるが、何ともいえない。：山田『北海道の地名』

ツコフ山　tsukohu-yama　A-4　根釧台地　？m〔20万図〕釧路27〔2.5万図〕塘路湖 c〔山頂所在市町村〕標茶町〔位置〕ＪＲ塘路駅の南方2kmのあたり〔地名掲載資料〕ツコフ山「輯製20万図」(厚岸)

タツコフ　②　tatsukohu　？m　A-4　根釧台地〔20万図〕釧路35〔2.5万図〕細岡 b〔山頂所在市町村〕釧路町
〔位置〕
□釧路町細岡、達古武湖の北西のあたりか。
□達古武沼で有名なタツコブであるが、その位置は今もって不明瞭なままであり、理由はこれ迄、ありもしないタプコプの山を探し求めて遠く見渡してきたからである。湾曲形に突き出た陸地となると、話は違ってくる。秋葉実解読『戊午・東西蝦夷山川地理取調日誌』上巻に久須利のタツコフの頭注として細岡と記されている(507頁)。資料を正確に読めば、細岡付近に比定せざるを得ないだろう。まさに、遠くではなく足元を見るべきであった。
　この場所は、釧路川と湖沼とその間を結ぶ小川とで、湾曲形をなす土地で、中央部は四十m余り高くなっている「小山」・周囲は低地、という地形である(図8)。釧路川を下ってきた湿原から見れば正面に現れる突出した陸地であり、現在も細岡にカヌーの離発着場(カヌー・ポート)があって、交通の要

所となっている。釧路川の上り下り・沼への出入り、これらの中継地が現在の細岡であり、これが湾曲に突き出たクシロのタプコプなのである。水上交通の要所となっていたことが実感できる。明石一紀『アイヌ語地名研究』21号「アイヌ語 tap と地名タプコプについての考察」

〔地名掲載資料〕

◇ヲロルイウシ　此処両岸ともに平野。（中略）また少し下り左りの方に周り一里計りの小沼〔達古武沼〕一ツ有。其また下に少しの川有。さて上に　タツコフ、小山なり（中略）リイタツコフ　此小川上なるタツコフより少し高きによつて号るなり。『松浦戊午日誌』上-507p

◇タツコプ『松浦戊午日誌』上-503p（川筋図）（セチリフトの東方）

◇タツコフ、リイタツコフ「松浦山川図」

◇一、他ツ㞍補、但タツコフ小川有り此処奥ニ大沼有鮒鰻雨鱒イト魚ユグイ沢山有ナリ、タツコフを云ハ丸森山を云言。「豊島三右衛門 [3]」（釧路大川枝川地名凡下調書の解説文、明治17年記録）

◇Tapkop タプコプ〔小丘〕『永田地名解』371p

◇タツコプ「越善文書一」（クスロ＝クシロから標茶までの道路図、明治22～29年までの時期に作成）＜この図にあるタツコプは、字塘路村の南手前、道路沿いの地名で、山名ではない＞

◇字タッコプ。釧路・川上ノ郡境タッコプ「越善文書六、釧路標茶間道路ノ地名」（明治44年9月調書）＜この図のタツコプは、字地名であり山名ではない＞

◇タッコプ「道庁20万分図」

◇タプコプ 96.5「仮製5万図」（鳥取）

◇タツコブ（達古武）『釧路町史』

〔地名の語源〕

○タツコブ（達古武）、現在細岡となっているが、アイヌ語のタプコプ〔屋根の先にたんこぶのように高まっているところ〕、別名リタコプ〔高い小丘〕ともいわれるている＜？＞が、離れてぽつんと瘤のように盛り上がっている小山と解する。『釧路町史』

---

[3] 豊島三右衛門は文政5年から久寿里場所請負人佐野孫衛門のところで通詞として活躍していた。

リイタツコフ rii-tatsukohu　？m　A-4　根釧台地〔20万図〕釧路36〔2.5万図〕遠矢a〔山頂所在市町村〕釧路町〔位置〕釧路川すじ、達古武湖南北西の小山か？

〔地名掲載資料〕

◇タツコプ（北側）、リイタツコプ（南側）『武四郎蝦夷地紀行』（川々取調帳）川筋図596p

◇少し下り左りの方に周り一里計りの小沼＜達古武沼＞一ツ有。其また下に少しの川＜中ノ沢＞有。さて上にタツコフ　小山なり。槲柏・楓・赤楊繁茂す。又少し下り凡七八丁にて又小川＜中ノ沢の南西方約800m＞有。其上に左り岸　リイタツコフ＜標高80m＞　此小川上なるタツコフより少し高きによつて号るなり。またしばしにて左り　トリトエウシ　小川有。丸小屋有。此処までトウロより五里。『松浦戊午日誌』上-507p

◇松浦武四郎の戊午日誌は、タツコフを小山なりと書いているが、「タッコブ考-釧路川中流域」は「釧路川中流域においては少なくとも独立丘陵をタッコブとして認識してはいないように思われる。達古武沼南岸に所在するタッコプチャシ跡の三角形状に見える丘陵端、マタコタンチャシ跡[4]の例のよう丘陵先端部の壕によって切られた形状、あるいはこのチャシ跡の至近距離に位置する頂部が盛り上がった形状をタッコプと認識していたようにも捉えられたそうである」と解説している。

◇タツコフ、リイタプコプ「松浦山川図」

◇リタプコプ「道廳20万図」（実測切図）（釧路）

◇リタプコプ「仮製5万図」（鳥取）

◇Ri tapkop　リ　タㇷ゚コㇷ゚〔小丘〕『永田地名解』371p

〔山名の語源〕ri-tapkop　リー・タプコプ〔高い・瘤山〕

岩保木山 iwahogi-yama　△119.3m　A-4　根釧台地〔20万図〕釧路36〔2.5万図〕遠矢a〔経度〕144°26′46″〔緯度〕43°4′34″〔山頂所在市町村〕釧路町〔位置〕JR釧路湿原駅の南方250m

---

[4] ひらがな文字で書かれている解説文の中で、アイヌ語はカナ文字を用いており、マタコタンチャシ跡の「マタ」は、アイヌのmata「冬」の意と思われるが、詳細不明。

〔地名掲載資料〕
◇イワホキ（岩保木）『松浦戊午日誌』（文）上-391p
◇イワボギ山『日本地名索引』
◇岩保木山「国土地理院図」（現行）
〔山名の由来・語源〕
○イワホク　左り小川。其上に小山有。其下谷地也。其地名峯の下を水が通るが故に号るとかや。ホキは近くを行、ユワは山の平也、山の近くを水が行と云儀也。此処一ツの山有る故に・・・、『松浦戊午日誌』上-508p
○iwa- poki イワ・ポキ〔岩・の下部〕

セタニウシ setaniushi　？ m　A-4 根釧台地〔20 万図〕釧路 37〔2.5 万図〕釧路 a〔山頂所在市町村〕釧路町〔位置〕釧路市街の北東方、別保川口の小山
〔地名掲載資料〕
◇セタニウシ、右は平地、左小山有。『松浦戊午日誌』上-514p
◇セタニウシ『武四郎蝦夷地紀行』（川々取調帳）596p
〔山名の由来〕
○川の端鹿梨多きよりして号。『松浦戊午日誌』上-514p
○セタニ setani- us〔エゾノコリンゴ・生えている〕

茂尻矢御供山 moshiriya-osonae-yama　約 19m　A-4 根釧台地〔20 万図〕釧路 37〔2.5 万図〕釧路 c〔経度〕144°24′00″〔緯度〕42°58′52″〔山頂所在市町村〕釧路市〔位置特徴〕釧路川河口から 1.7m の左岸の台地。
〔山名の由来〕
○茂尻矢御供山、釧路市茂尻矢 314 番地ノ丘岬、御供餅に似たるを以て此名あり、北麓は濠を構ふること深く、頂上は平坦にして僅かに 30 町歩に過ぎず盤施して攀づべし、高さ大凡 40 尺なり。「北海道史跡名勝天然記念物便概」
○ 昭和 10 年（1935）国史跡指定時に土地の名からモシリヤ砦跡と命名された。形が重ね餅に似ていることからお供え山とも呼ばれている。『北海道の地名』（平凡社）
○標高 19m、市民から「お供え山」と呼ばれ、眺める角度によっては三段に重なっているようにも見える。正式名称はモシリヤチャシ跡、アイヌ民俗が作った戦闘用の砦や祭祀の場「チャシ」の跡だ。チャシは宝暦年間（1751〜

1763 年）に実在したアイヌ民族トミカラアイノが築造したと、幕末の探検家・松浦武四郎が記録しており、国の史跡に指定されている。

モシリヤとはアイヌ語で「川中の島の対岸」を意味する当時の地名。「北海道新聞」2016.3.2

大坂山 oosaka-yama ・142m〔山地〕A-4 根釧台地〔20万図〕斜里24〔2.5万図〕泉沢c〔経度〕144°38′20″〔緯度〕43°24′0″〔山頂所在市町村〕標茶町〔位置〕JR標茶駅の北方11km、標茶町上多和。

サヌシ sanushi 仮282.1m〔山地〕A-4 根釧台地〔20万図〕斜里31〔2.5万図〕南弟子屈b〔山頂所在市町村〕標茶町〔位置〕標茶町虹別の西方4kmのあたり
〔地名掲載資料〕
◇サヌシ282「道廳20万図」（実測切図）（釧路）
◇サヌシ282.1「仮製5万図」（西別）
〔山名の語源〕
　アイヌ語、sa〔手前、浜の方〕、nu〔たくさん（豊漁）〕、us〔するところ〕。
　san〔棚、台〕も考えられるが。

ス子ニウシヌプリ suneniushi-nupuri 　仮240.7m〔山地〕A-4 根釧台地〔20万図〕斜里31〔2.5万図〕南弟子屈b〔山頂所在市町村〕標茶町〔位置〕標茶町虹別の西方4kmのあたり
〔地名掲載資料〕
◇ス子ニウシ241「道廳20万図」（実測切図）（釧路）
◇ス子ニウシ240.7「仮製5万図」（西別）

阿寒ロイヤルバレイスキー場　釧路市（旧・阿寒町）東舌辛15線

A－4　根釧台地

お供山チャシ跡群（厚岸）2008.6
北海道の観光スポット【128】

岩保木山　頂上　2003.8
林道への案内掲示板【132】

巾着山（山頂の特定はできない）
2011.7　gekiyabu, sakura【124】

茂尻矢御供山（釧路）　2011.7
gekiyabu, sakura【133】

第Ⅱ編　山の履歴

A-5 阿寒火山群

アンルタケ anru-take　？m〔山地〕A-5 阿寒火山群〔20万図〕斜里 x〔2.5万図〕不明〔地名掲載資料〕アンルタケ「蝦夷松前輿地図」。
〔山名の語源〕アイヌ語、anrur＝ar-rur アンルル〔反対側の・海水〕向こう側の・方

志計礼辺山 shikerebe-yama →タンタカノホリ ・581m〔山地〕A-5 阿寒火山群〔20万図〕斜里 47〔2.5万図〕辺計礼山 a〔山頂所在市町村〕弟子屈町〔山頂所在市町村〕弟子屈町〔山頂所在市町村〕弟子屈町〔経度〕144°20′30″〔緯度〕43°27′1″
〔地名掲載資料〕◇志計礼辺山「国土地理院図」（現行）

タンタカノホリ tantaka-nohori →志計礼辺山 ・581m〔山地〕A-5 阿寒火山群〔20万図〕斜里 47〔2.5万図〕辺計礼山 a〔山頂所在市町村〕弟子屈町〔位置〕阿寒湖の東方、温根湯から約5km西方にある山。
〔地名掲載資料〕
◇タンタカノホリ（志計礼辺山 534m）：高倉・秋葉『松浦戊午日誌』（文）上-391p
〔山名の語源〕タンタカ〔鰈〕『更科アイヌ語地名解』

重内山 omonai-yama ・483m〔山地〕A-5 阿寒火山群〔20万図〕斜里 47〔2.5万図〕辺計礼山 b〔経度〕144°22′5″〔緯度〕43°25′57″〔山頂所在市町村〕弟子屈町〔位置〕オモナイ川の源頭〔川名の語源〕アイヌ語、o-mu-nay オ・ム・ナイ〔川尻・塞がる・川〕

日永山 hinaga-yama 574m〔山地〕A-5 阿寒火山群〔20万図〕斜里 47〔2.5万図〕辺計礼山 d〔経度〕144°18′50″〔緯度〕43°26′14″〔山頂所在市町村〕弟子屈町・標茶町

風光山 huuko-yama △537.5m〔山地〕A-5 阿寒火山群〔20万図〕斜里 47〔2.5万図〕辺計礼山 b〔経度〕144°19′29″〔緯度〕43°25′33″〔山頂所在市町村〕弟子屈町・標茶町

ポンサマッケヌプリ ponsamakke-nupuri △931.2m〔山地〕A-5 阿寒火山群〔20万図〕斜里54〔2.5万図〕コトニヌプリd〔経度〕144°11′4″〔緯度〕43°30′28″〔山頂所在市町村〕津別町・釧路市(旧・阿寒町)〔位置〕津別川水源左岸、阿寒パンケトー北壁の山。
〔地名掲載資料〕ポンサマッケヌプリ『NHK北海道地名誌』
〔山名の語源〕
○ポン・サマッケヌプリ 931.2m『更科アイヌ語地名解』
○弟子屈町と津別町の堺のサマッケ・ヌプリ（897.8m）に対して、小さい方の山の意、ただし、高さはこちらの方が大きい。：伊藤せいち『アイヌ語地名Ⅰ網走川』

笹山 sasa-yama ?m〔山地〕A-5 阿寒火山群〔20万図〕斜里55〔2.5万図〕雄阿寒岳x〔山頂所在市町村〕釧路市(旧・阿寒町)〔位置〕雄阿寒岳の東方のあたり
〔地名掲載資料〕サヽ山、笹山（雄岳の右奥に小さく描かれている）『松浦戊午日誌』（山絵図）上-278p

永山峠（双湖台）nagayama-touge ・700m A-5 阿寒火山群〔20万図〕斜里55〔2.5万図〕雄阿寒岳b〔峠所在市町村〕阿寒町〔位置〕ペンケトーの南方1km
〔地名掲載資料〕永山峠『北海道の峠物語』。国土地理院図は「双岳台」と表示している。
「阿寒横断道路」（通称）と呼ばれる阿寒湖と弟子屈を結ぶこの道路は、昭和5年（1930）に開通したものである。当時は帯広弟子屈線と呼ばれていたが、昭和28年の新道路法施工により、2級国道241号の弟子屈帯広線となった。横断道路の中で最も高い位置にある標高700mの双岳台付近を、地域住民や観光関係者は、この道路の開削に当たり、情熱を傾けてその一生を傾注したという永山在兼の遺徳を讃えて「永山峠」と呼んでいる。しかしいずれの地図にもこの峠の名前が記入されていない。『北海道の峠物語』

雄阿寒岳 meakan-dake →ピン子シリ② △1370.5m〔山地〕A-5 阿寒火山群〔20万図〕斜里55〔2.5万図〕雄阿寒岳d〔経度〕144°10′7″〔緯度〕

43°27′7″〔山頂所在市町村〕釧路市(旧・阿寒町)
〔位置特徴〕
□阿寒湖の東畔に位置し、湖を挟んで雄阿寒岳と相対する。約1万年前から火山活動が始まり、阿寒カルデラの底に中央火口丘として火山体が形成された。溶岩流の堰きとめによって阿寒湖が、東と北の山麓にパンケトー、ペンケトーの二つの沼が形成された。コニーデ型の死火山で山頂には三つの爆裂火口と小溶岩円頂岳をもつ。『北海道の地名』(平凡社)
□大正13年8月11日、登山者の不注意により山頂が焼失し、その跡はエゾイソツツジ、コケモモ、ハイマツ、ガンコウランなどが自然に繁殖している。『大雪山と阿寒』
〔地名掲載資料〕
◇アカヌノ嶽：林子平『三国通覧図説』(蝦夷国全図) (1785年)
◇アカンノホリ：本多利明「蝦夷古地図」(1790年)
◇アカンノホリ：最上徳内「付図蝦夷・加瀬多・骨奈誌利・月多六福・猟虎島写図」(1790年)
◇アカン山「蝦夷全図」(蝦夷地澗絵図)
◇アカン山：加藤肩吾「松前地図」(1793年)
◇アカンノボリ「蝦夷諸島接壌全図」(1856年、安政3)
◇アカン嶽：小島左近「蝦夷島全図」(1863年)
◇男アカン岳、夷言ピン子シリと云『松浦戊午日誌』8巻・安加武留宇智之誌壱、上-277p
◇男アカン岳『松浦戊午日誌』(文) 上-334p
◇男アカンの間を…『松浦戊午日誌』中-313p
◇男アカン岳『武四郎蝦夷地紀行』西蝦夷日誌・巻八 (文) 320p
◇男アカン山「藪内於菟太郎場所絵図」
◇オアカン山「北海道拾壱箇國郡名」
◇ヲアカン山「北海道實測圖」
◇男アカン『東行漫筆』
◇男アカン『松浦戊午日誌』(文) 中-183p
◇アカン「蝦夷地方并唐太嶋之図」
◇オワカヌフリ「蝦夷地図式乾」(蝦夷図)
◇ヲアカン「正徳蝦夷図」(三航蝦夷全図)
◇ヲアカン『武四郎蝦夷地紀行』西蝦夷日誌・巻八 (文)

◇ヲアカン、アカンノホリ、メアカン『松浦蝦夷日誌』一編（従クスリ場所アカン両岳眺望図）52p
◇アカン山越仕候て・・・（アカンの山々の意）『松浦戊午日誌』中-313p
◇ヲアカン『松浦戊午日誌』（海岸線と遠景山並図）中-134p
◇ヲアカン『竹四郎廻浦日記』26巻（遠景山並図）下-292
◇ヲアカン『松浦戊午日誌』（文）上-481p、482p
◇ヲアカン『松浦戊午日誌』（遠景山並図）中-103p
◇ヲアカン『松浦戊午日誌』（海岸線と遠景山並図）上-134p
◇ヲアカン『武四郎蝦夷地紀行』西蝦夷日誌（文）300p、308p
◇雄アカン岳『松浦戊午日誌』上-508p、中-131p
◇雄岳『松浦戊午日誌』（山絵図）上-276p、（山絵図）278p、（文）391p
◇雄岳『松浦久摺日誌』図1
◇ヲアカン岳 OAKAN mT「三角術測量北海道之圖」
◇男阿寒岳「大日本國郡精図」（釧路國）
◇雄阿寒岳「輯製20万図」（斜里）
◇雄阿寒岳 1509「道廳20万図」（実測切図）（釧路）
◇雄阿寒『日本名勝地誌』第九編
◇阿寒岳（雄岳）、雄阿寒、雄阿寒岳『大日本地名辞書』
◇雄阿寒岳「北海道分國新地圖」
◇雄阿寒岳「北海道史跡名勝天然記念物便概」
◇雄阿寒岳「国土地理院図」（現行）
〔地名の由来・語源〕
○アカム akamu（車輪）アカンは車の輪の如き事『松浦東蝦夷日誌』
○アカン・ペッ（作られた・川）阿寒岳の噴火で作られた山や湖だから：バチュラー「アイヌ地名考」
○Rakan pet ラカン プド〔ウグヒ魚産卵スル川ノロ〕『永田地名解』363p
○昔、大地震があり付近の山河が大きく変化したが、今の雄阿寒岳は動かなかったので、不動の男山とも呼ばれ、その「アカン」（動かない）がこの辺りの地名になった。：山本多助
○ラカンプトとアカンプトは別の地名であるから、ラカンプトがアカンプトに転訛したとする永田説は誤りである。釧路のアイヌによると「アカン」とは「動かない」という意味で「アカン・ウン・ピンネ・シリ」が雄阿寒岳となった。『続佐藤直太郎論文集』

○ラカン・ブッ（ウグイの産卵場の川口）『更科アイヌ語地名解』
○アカン川はアイヌ語「ラカン・ペッ」（ウグイの産卵場のある川）の転訛であるといわれている。『北海道駅名の起源』
○阿寒の地名の起源については、その名を山に求める説と川に求める説の二説があるが、雄阿寒岳と雌阿寒岳の山の名については、アカンの地名を山に求める山本多助の説はかなり信用してよいと思われる。山本多助著の『アイヌの伝説』や佐藤直太郎の説を統合すると、「アカン」とは「不動の」という意味であろう。『阿寒町百年史』

［夏季コース］（昭和11年）
◎阿寒湖畔温泉から約四粁東方に雄阿寒ホテルがある。こゝ迄は自動車が通る。こゝから左の登山道に入るのであるが、逕は尚も東北に山麓を廻り南東に走る尾根に取り付いて登るもので佐程困難ではない。約十粁、三時間半。降りは二時間半位である。『北海道の山山』
△オクルシュベコース（旧道）昭和20年代まで使用されていたようで、今は廃道になった。『北の岳友とともに』（釧路山遊会）

［夏季コース］（現在）
◎阿寒湖畔コース（新道）釧路と阿寒湖畔を結ぶ阿寒バスで「滝口」下車。雄阿寒岳の南西方、太郎湖と次郎湖の間を通って尾根筋を登る。登り約3時間20分。

〔夏山登山記録〕
　昭和61年（1986）7月、阿寒バス「滝口」下車、歩きだしてすぐ左手に阿寒湖が見え、川に沿って進むとまもなく太郎湖、左に折れるとトドマツの林の向こうに次郎湖、ここから針葉樹がうっそうと繁る視界のきかない原生林が続く。ジグザグを幾度もきって視界が開けたところが四合目。苔むした岩を幾つも越え、変化のある急な尾根を登ると五合目、ハイマツが現れ屋根形の稜線も見える。潅木にはさまれた斜面を登りきるとハイマツとミヤマハンノキが多くなる。台地に出るとすぐ先が七合目、火山礫で歩き難いが、濃い紫のコケモモが待っていた。実を味わってみるとほのかに甘ずっぱい。旧陸軍の気象観測所だった古い石積みの門柱に八合目の標識が立てかけられている。昭和40年頃まで避難小屋として利用されていたようだ。小屋跡の廃材が無惨に朽ち散乱して、紫のイワギキョウがそれらを覆っている。山頂部には幾つものピークと二つの火口があり、一度下がりまた登って雄阿寒岳頂上に着く。腰掛けに適当な岩がたくさん転がる広い山頂である。頂上は高山

植物がたくさん咲いていた。火山灰に覆われた雌阿寒岳山頂の風景と対照的だ。眼下にペンケトー、パンケトーの湖がくっきりと見え、遠くに大雪山、斜里岳がかすんで見える。

ピン子シリ ② pinneshiri →雄阿寒岳 △1370.5m〔山地〕A-5 阿寒火山群〔20万図〕斜里55〔2.5万図〕雄阿寒岳d〔山頂所在市町村〕釧路市(旧・阿寒町)
〔地名掲載資料〕
◇ピン子シリノボリ「東蝦夷地屏風」
◇ピン子シリ『武四郎蝦夷地紀行』(川筋取調図)520p
◇ピン子シリ『松浦戌午日誌』(文)上-280p、
◇ヒン子シリ『松浦戌午日誌』9巻安加武留宇智之誌弐(阿寒湖絵図)上-296p
◇ピン子シリ、是前に云雄阿閑岳なり。『松浦戌午日誌』上-298p
◇ピン子シリ(雄阿寒岳)『松浦戌午日誌』(山絵図)上-333p
◇ヒン子シリ『松浦戌午日誌』(文)中-95p、中-96p
◇ヒン子シリ『竹四郎廻浦日記』下-453p
◇ピン子シリ『武四郎蝦夷地紀行』西蝦夷日誌巻八(遠景山並図75)319p
◇ヒン子シリ「松浦山川図」
〔山名の語源〕
○ピン子シリ其を男アカンと云。ピンは雄也。『松浦戌午日誌』8巻・安加武留宇智之誌壱、上-277p
○ピンネシリ(男の山=雄阿寒岳)、マチネシリ(女の山=雌阿寒岳)と呼ばれていた。

セチリ山 setiri-yama ?m〔山地〕A-5 阿寒火山群〔20万図〕斜里56〔2.5万図〕ピリカネップX〔山頂所在市町村〕釧路市(旧・阿寒町)・鶴居村〔位置〕雄阿寒岳の南東を走る700m級の稜線のあたりであろう。
〔地名掲載資料〕
◇是よりアカンの川まゝ添て行。ワヽウシ、此処むかしの一里塚有し処と云。川幅弐十五六間に成り、浅瀬急流なる故に、わたりよきを以って、セチリ山へ行もの等惣て此処をこゆるが故に此名有るよし成『松浦戌午日誌』上-274p
◇アキベツ(飽別)よりシタカロ(舌辛)の山々見え、左りはホロヽ、セチ

リの山々手にとる如く、其上に男アカン。『松浦戊午日誌』上-277p

これらは阿寒湖畔のあたりからの記述であろう。このセチリの山々は、モセツリ川、シセツリ川の源頭に当たる、雄阿寒岳の南方にある山々と推測できる。
〔山名の語源〕
○Set chiri ushi　セツ　チリ　ウシ〔巣鳥多キ處〕『永田地名解』370p
○セッ・チリ〔(巣・鳥) 蒼鷹多き処〕：山田『北海道の地名』

シュマタツコフ syuma-tatsukohu　・516m〔山地〕A-5 阿寒火山群〔20万図〕斜里 56〔2.5万図〕ピリカネップ d〔山頂所在市町村〕釧路市（旧・阿寒町）〔位置〕阿寒湖の南方 7km、阿寒川の西支流ワツカクン子ナイ（白水川）川口の南方、阿寒川に突き出た瘤山、
〔標高値〕国土地理院 2.5 万図（昭和 58 年 12 月発行）に 417 と記す、現行の国土地理院図は山名・標高地とも表示なし。
〔地名掲載資料〕
◇テシベツ（徹別川の川口）ウインベツ、ソウシ、アキベツ（飽別川の川口）アカンの川端に大なる岩石簇々と重りて、一ツの小山をなしたり。よつて号。シュマは岩、タツコフは小山の事也。しばし過シンナシの古家有たり。椴木よき木有なり。又しばらくして　ワツカクン子ナイ（白水川）『松浦戊午日誌』上-275p
◇シュマタツコフ（右岸）、ワツカクン子（右岸）、ヒリカヌフ（右岸）「松浦山川図」
◇タツプコツプ「輯製 20 万図」
◇Tapkop タプコプ〔小山〕『永田地名解』373p

ホロロ hororo　? m〔山地〕A-5 阿寒火山群〔20万図〕斜里 56〔2.5万図〕ピリカネップ d〔山頂所在市町村〕鶴居村〔位置〕雄阿寒岳の南方、幌呂川の源。
〔地名掲載資料〕
◇アキベツよりシタカロの山々見え、左りはホロヽ、セチリの山々手にとる如く、其上に男アカン。『松浦戊午日誌』8 巻・安加武留宇智之誌壱　上-277p
◇幌呂川とオンネナイ川は雪裡川の西支流で、元来は並流していたが川筋が変わり、オンネナイが幌呂川の西支流となった。：山田『北海道の地名』

〔山名の語源〕
○ホロ・ル〔川・道〕：八重九郎翁の説。ホロ hor は「水」の古語

タツコプ ③　tatsukopu　? m〔山地〕A-5 阿寒火山群〔20万図〕斜里 60〔2.5万図〕津別 c〔山頂所在市町村〕津別町〔位置〕網走川西支流タツコブ川のあたりか、位置不明。
〔地名掲載資料〕
◇ラウ子ナイ、小川にて両岸茅原計也（中略）また三四丁過てタツコプ『松浦戊午日誌』上-319p
◇ヨウコシナイ、小川也。此処に仏飯の如き一ツの山有るより此タツコブの名起るとかや。『松浦戊午日誌』上-331p
◇タプコプ「道廳20万図」（実測切図）（相野内）
◇達眉「仮製5万図」
〔山名の由来・語源〕
○タプコプ、小山または瘤山＝一つだけポツンと山のあるところ。達媚村、達美の語源。『津別町百年史』
○タプコプ（tapukop）一つだけぽつんと立っている山、たんこぶ山、弧円山。『網走市史上巻』

阿幌岳 ahoro-dake →アッポロヌプリ ・978m〔山地〕A-5 阿寒火山群〔20万図〕斜里 b〔2.5万図〕木禽岳 b〔経度〕144°4′28″〔緯度〕43°30′52″〔山頂所在市町村〕津別町〔位置〕津別町相生、阿寒湖の北西方。
〔地名掲載資料〕
◇阿幌岳「輯製20万図」
◇阿幌岳「仮製5万図」（大正13年）
◇阿幌岳『ＮＨＫ北海道地名誌』
〔河川図〕南西斜面は4046-1530-2L 2の沢川の源流

アッポロヌプリ apporo-nupuri →阿幌岳 ・978m〔山地〕A-5 阿寒火山群〔20万図〕斜里 b〔2.5万図〕木禽岳 b〔山頂所在市町村〕津別町〔位置〕津別町相生、阿寒湖の北西方。
〔地名掲載資料〕相生アッポロヌプリ『津別町史』
〔山名の語源〕atporo-nupuri〔かたわれの・大きい・山〕木禽岳に対して

かたわれの（一方の）大山と言われたものか。：伊藤せいち『アイヌ語地名Ⅰ網走川』

木禽岳 kikin-dake →キキンルーチシヌプリ △994.8m〔山地〕A-5 阿寒火山群〔20万図〕斜里62〔2.5万図〕木禽岳b〔山頂所在市町村〕津別町・（釧路市（旧・阿寒町）〔経度〕144°4′52″〔緯度〕43°31′40″
〔位置特徴〕
□頂上付近は長さ1kmに及ぶ平坦な台地。かつては樹木が皆無で坊主山とよばれていたが、現在は山頂付近にトドマツ、エゾマツの針葉樹林帯、ミヤマオダマキ、ガンコウラン、タカネイバラ、ゴゼンタチバナなどの高山植物が多い。『北海道の地名』（平凡社）
〔河川図〕北斜面は 4046-1120-1R オンネキキン川の源頭、北西斜面は 4046-1160-3R 栄の沢川の源流。西斜面は網走川支流 4046-1530-2L 2の沢川の源流、南東斜面は 4046-1020-3L ルクシツベツ川の源頭。
〔夏季コース〕◎津別町相生から頂上まで約7km

キキンルーチシヌプリ kikinruuchishi-nupuri →木禽岳 △994.8m〔山地〕A-5 阿寒火山群〔20万図〕斜里62〔2.5万図〕木禽岳b〔経度〕144°4′52″〔緯度〕43°31′40″〔山頂所在市町村〕津別町
〔地名掲載資料〕
◇キキンルーチシヌプリ 1120「道廰20万図」（実測切図）（屈斜路）
◇キキンルーチシヌプリ 1120.3「仮製5万図」（キキンルーチシヌプリ・明治30）
◇キヽンルーチし、キヽンルーチン岳『日本名勝地誌』九編
◇貴禽（キキン）岳、キキンルーチシと呼ばる『大日本地名辞書』
◇キヽンルーチ山「北海道分國新地圖」
◇キキンルーチシヌプリ「北海道史跡名勝天然記念物便概」
◇キキンルーチシヌプリ「美幌村分村図」（大正8年）
◇キキンルーチシヌプリ（木禽岳）・994.8『津別町史』（昭和29）
〔川名の由来・語源〕
○Kikin キキン〔樹ノ名、方言「ナナカマド」〕『永田地名解』527p
○おんねききん川の名が山の名に転化したもの。
○キキン〔樹多き所〕、キキンは樹の名。方言「ナナカマド」という黒き実

あり、アイヌ採りて食う。エゾウワミズザクラの果実、この沢にエゾウワミズザクラの樹が多く、アイヌはこれを食ったのである。『女満別町史』
○キキン（kikin）エゾウワミズザクラの果実。この沢にエゾウワミズザクラの樹が多く、アイヌはそれを取って食ったのである。『網走市史上巻』

歌高内山 utatakanai-yama　△818.8m〔山地〕A-5 阿寒火山群〔20万図〕斜里63〔2.5万図〕阿寒湖a〔山頂所在市町村〕津別町・釧路市(旧・阿寒町)
〔位置〕阿寒湖の北西方2.2km、釧北峠の北東方、網走川の源。
〔地名掲載資料〕歌高内山（うたたかないやま）818.8m『NHK北海道地名誌』

白湯山 hakutou-zan　・916m〔山地〕A-5 阿寒火山群〔20万図〕斜里63〔2.5万図〕阿寒湖b〔経度〕144°4′29″〔緯度〕43°24′31″
〔山頂所在市町村〕釧路市(旧・阿寒町)〔位置〕阿寒湖の南西方3.2km、湖畔スキー場の南西方。
〔地名掲載資料〕白湯山『北海道夏山ガイド⑥』
〔夏季コース〕
◎阿寒湖畔スキー場コース　阿寒湖畔野営場からスキー場ゲレンデ左手の整備された遊歩道を辿り、白湯山展望台を経て山頂へ。遊歩道の両脇にボッケ（小さな地獄谷の池）が何カ所ヵ所もある、登り1時間10分、下り50分

国設阿寒湖畔スキー場：釧路市(旧・阿寒町)阿寒湖温泉　阿寒湖畔の南西方

釧北峠 senpoku-touge　約810m　A-5 阿寒火山群〔20万図〕斜里63〔2.5万図〕阿寒湖c〔山頂所在市町村〕津別町・釧路市(旧・阿寒町)
　昭和40年代初めまでは、峠は標高621mにあった。作家渡辺淳一は『阿寒に果つ』の小説で、妖精のような少女の死を、阿寒湖を背景にして釧北峠でその幕を閉じている。

フップシ岳 huppushi-dake　→ヲニウシ、→ヲヌフノポリ　△1225.4m〔山地〕A-5 阿寒火山群〔20万図〕斜里63〔2.5万図〕阿寒湖d〔経度〕144°1′40″〔緯度〕43°25′34″〔山頂所在市町村〕釧路市(旧・阿寒町)・足

第Ⅱ編　山の履歴

寄町
〔位置特徴〕
□阿寒カルデラの形成後、南岸にあるフレベツ岳とほぼ同時代の洪積世に形成されたコニーデ型の火山で、安山岩質の溶岩や火山放出物から構成されている。東麓には三つの小さな火山がある。これらの火山が噴出した後に南に雌阿寒岳、西に雄阿寒岳が噴出した。：奥平忠志『北海道大百科事典』
□阿寒湖畔の西方5.5km
〔河川図〕南西方は、十勝川の支流利別川の枝沢 6009-3710-4R 白水小川の源流
〔地名掲載資料〕
◇フプウシヌプリ 1357「道廰20万図」（実測切図）（釧路）
◇フプウシヌプリ 1357.3「仮製5万図」（雄阿寒岳）
◇フプクシヌプリ「北海道史跡名勝天然記念物便概」（地図）
◇フッウシヌプリ 1357「道廰20万図」（実測切図）
◇フップシ岳「国土地理院図」（現行）
〔山名の由来・語源〕
○アイヌ語の hup-ush-nupuri フプウシ・ヌプリは「椴松・群生する・山」の意であったろう：山田『北海道の地名』
○フプ・ウッ・ヌプリ（トドマツ・群生する・山）の意。『足寄百年史・上巻』
○フブシナイ（布伏内）「フプ・ウシュ・ナイ」が原名で、「フプ・ウシ・ナイ」〔トド松・そこに群生する（又は‥がそこにいつもある）・川〕の意。要するに「トド松の群生している沢（川）」ということになる。なお、フプシュナイの「シュ」を「シュッ」と発音すると「根元」「山すそ裾」と解され、「トド松の山すその沢」の意味にとれる。『阿寒町百年史』
〔類似の山名〕風不死山 1103（千歳市）
〔夏季登山記録〕
○地図上の林道は、フップシ岳と剣ケ峰から出ている尾根とのコルの下標高800m位までついているが、実際はコルからさらに北東の方へ伸ばされていた。林道はすぐ沢から離れ直線的に南西へ、次に780mから西の方向へ、コルからは北東へとつけられていた。コルから100mの所から林道をはずれ、頂上の南東側の端にある標高1080mの肩をめがけてエゾ松の林を一気に直登した。肩には岩があり左手から回り込み地図通りに頂上まで稜線を行く。

1160mのピークのあたりが一番歩きづらいが、総じてブッシュが小さく、夏でも比較的楽に登頂できるように思う。
　頂上は三角点のポールと白くペンキを塗った測量用のベニヤ板があった。ササが生えていて眺望のきく所であった。意外に楽に登頂できたので、何かひょうしぬけの感が強かった。しかし、地図と磁石だけに頼った登山は、道路と指導標の完備した登山よりは遥かに充実感があった。：一原正明『北の山脈』25号(フップシ岳)
○フップシ岳の北側を通る国道240号線や北西側を通過する241号線から見上げると、頂上がすぐ近くに見え、簡単に登れそうに感じるが、登山道はない。

　ヌウシノホリ nuushi-nohori →フップシ岳　△1225.4m〔山地〕A-5 阿寒火山群〔20万図〕斜里63〔2.5万図〕阿寒湖d〔山頂所在市町村〕釧路市(旧・阿寒町)・足寄町〔位置〕阿寒湖の西南西方，
〔地名掲載資料〕
◇ヌウウシノポリ『武四郎蝦夷地紀行』（川々取調帳）572p
◇ヌウシノホリ『松浦戊午五手控』
◇ヌウシノポリと云高山の頂一ツ見ゆ。此温泉の水源なるよし。此処楜原しばしを過て峯ゝ行に、今見初たるヌウシノボリの西えアカン岳見え始めたり。『松浦戊午日誌』上-304p
〔山名の由来・語源〕ヌー・ウシ nu-ush〔温泉・のある〕今では大温泉街となり、またアイヌの伝承地となった。：山田『北海道の地名』

　ヲヌフノポリ onuhu-nopori ヲヌフノポリ →フップシ岳　△1225.4m〔山地〕A-5 阿寒火山群〔20万図〕〕斜里63〔2.5万図〕阿寒湖d〔山頂所在市町村〕釧路市(旧・阿寒町)・足寄町〔位置〕雌阿寒岳の北方 4km
〔地名掲載資料〕
◇ヲヌフノポリ（フツプシ岳）『武四郎蝦夷地紀行』（川筋取調図）520p
◇フップシ岳「国土地理院図」（現行）
〔山名の語源〕アイヌ語、o-nup オ・ヌプ〔川尻・原野〕。

　フレベツ岳 hurebetsu-dake →チヌツノホリ　△1097.6m〔山地〕A-5 阿寒火山群〔20万図〕斜里64〔2.5万図〕雌阿寒岳a〔経度〕144°4′36″〔緯

度〕43°23′25″〔山頂所在市町村〕釧路市(旧・阿寒町)〔位置〕阿寒湖の南方、雌阿寒岳の東方5km
〔地名掲載資料〕
◇トウブイは沼の破れし口と云事なりと。川有。(中略)此河原ヤムワッカヒラ(当縁川)の後フーウレヘツといえる山より来るなり。『竹四郎廻浦日記』26巻 下-473p
◇(雄阿寒岳) フレペツヌプリ『大日本地名辞書』
◇フレペッヌプリ 1315「道廳20万図」(実測切図)(釧路)
◇フレペツヌプリ 1315.1「仮製5万図」
◇フレベツ岳「国土地理院図」(現行)
〔川名の由来・語源〕
○アイヌ語 hure-pet フレ・ペッ〔赤い・川(沢)〕で「赤い川」の意である。現地はピリカネップに合流する白水川の支流で、まりも国道から西方5kmの所(フレベツ岳の麓)に褐鉄鉱の鉱床があり、その酸化鉄が川の水を赤くしているとことから名がついたものと思われる。『阿寒町百年史』
○アイヌ語 hure-pet「フレ・ペッ」(赤い・川):山田『アイヌ語地名の研究2』

チヌツノホリ tinutsu-nohori →フレベツ岳 △1097.6m〔山地〕A-5 阿寒火山群〔20万図〕斜里64〔2.5万図〕雌阿寒岳a 斜里64〔2.5万図〕雌阿寒岳a〔山頂所在市町村〕釧路市(旧・阿寒町)
〔位置〕阿寒湖の南方、雌阿寒岳の東方5km
〔地名掲載資料〕シヲサルンベと云て、其源はチヌツノホリ(フレベツ)と云より来る由。『松浦戊午日誌』(文)上-284p

ショウヤウシベツ岳 shouyaushibetsu-dake ?m〔山地〕A-5 阿寒火山群〔20万図〕斜里64〔2.5万図〕雌阿寒岳a〔山頂所在市町村〕釧路市(旧・阿寒町)〔位置〕西別山頂より243度の方向で、志計礼辺山と阿寒富士の中間に位置する山とすると、フレベツ岳か。
〔地名掲載資料〕(西別山頂より)申の初針タンタカノホリ(240度・志計礼辺山543m)、申の一分にショウヤウシヘツ岳、243度?、申の三分にホンノホリ 249度・阿寒富士1476m)『松浦戊午日誌』上-391p

阿寒富士 akan-huji →ホンノホリ、アカンノホリ △1476.3m〔山地〕A-5 阿寒火山群〔20万図〕斜里64〔2.5万図〕雌阿寒岳c〔山頂所在市町村〕釧路市(旧・阿寒町)・足寄町・白糠町

〔位置特徴〕雌阿寒岳の南方1.5kmに寄り添うように並ぶコニーデ型の立派な姿である。1000〜2500年前に玄武岩質の溶岩・溶結火砕岩・降下スコリアなどを噴出して誕生した。その時に流出した溶岩の一部が螺湾川の谷を堰きとめた結果、西麓足寄町内にオンネトーが形成された。

〔河川図〕南西方は、十勝川支流利別川の枝沢6009-3380-4R錦川の源流。

〔地名掲載資料〕

◇阿寒富士1578「道廳20万図」(実測切図)(足寄)

◇阿寒富士1578.3「仮製5万図」(雌阿寒岳)

◇阿寒富士(アカンフジ)標高1580米突『大日本地名辞書』

◇阿寒富士「北海道分國新地圖」

◇阿寒富士「北海道史跡名勝天然記念物便概」

◇阿寒富士「国土地理院図」(現行)

〔山名の由来〕円錐状の独立した立派な姿は阿寒三山のうち最も美しいところから阿寒富士と呼ばれる。

〔夏季コース〕宇田川清『北海道の百名山』

◎オンネトーコース　オンネトー(南側)湖畔のキャンプ場入口から雌阿寒岳を目指し、八合目の鞍部から阿寒富士に登る。鞍部まで登り1時間30分、そこから山頂まで30分。

◎雌阿寒岳山頂経由　雌阿寒岳山頂までは雌阿寒温泉から2時間。雌阿寒岳の山頂から火口壁沿いに下って、鞍部まで約40分。そこから山頂まで30分。

ホンノホリ hon-nohori →阿寒富士　△1476.3m〔山地〕A-5 阿寒火山群〔20万図〕斜里64〔2.5万図〕雌阿寒岳c〔山頂所在市町村〕釧路市(旧・阿寒町)・足寄町・白糠町

〔地名掲載資料〕

◇ホンノホリ『松浦戊午日誌』(文)上-391p、(文)上-508p

◇(ホンノホリ)249度・阿寒富士『松浦戊午日誌』上391p(高倉・秋葉・解説)

◇(岩保木山より)戊四分半ホンノホリ『松浦戊午日誌』15巻・東部久須利誌下、上-508p

アカンノホリ→阿寒富士　△1476.3m〔山地〕A-5 阿寒火山群〔20万図〕斜里64〔2.5万図〕雌阿寒岳c〔山頂所在市町村〕釧路市(旧・阿寒町)・足寄町・白糠町〔地名掲載資料〕◇アカンノホリ（メアカンの南方に記されている）ヲアカン、アカンノホリ、メアカン『松浦蝦夷日誌』（従クスリ場所アカン両岳眺望図）一編-52p

雌阿寒岳 meakan-dake →マチ子シリ②　・1499m〔山地〕A-5 阿寒火山群〔20万図〕斜里64〔2.5万図〕雌阿寒岳c〔経度〕144°0′47″〔緯度〕43°23′2″〔山頂所在市町村〕釧路市(旧・阿寒町)・足寄町
〔位置特徴〕阿寒カルデラの南西縁で、異なる火道から噴出した八つの火山帯からなる。そのなかでおもなものは中マチネシリ、ポンマチネシリ、阿寒富士の三つで、前二者には現在も活発に噴気をあげる火口がある。雌阿寒岳の火山活動は第四紀の更新世末期から始まったが、約12000年前に大規模な火砕噴火を起こし、中マチネシリ山頂に大きな火口が形成された。その後3000～7000年前の活動によりポンマチネシリが形成され、1000～2500年前に阿寒富士が誕生した。『北海道の地名』（平凡社）

雌阿寒岳の内側に噴気孔と青沼、赤沼がある。頂上は火山土で覆われ植物が見られないが、阿寒摩周国立公園の北西側全体を見渡せる。阿寒湖畔、雌阿寒温泉、オンネトーなどの温泉に囲まれ、原生林の樹海やコマクサ、メアカンキンバイ（バラ科黄色の花）、メアカンフスマ（ナデシコ科白色の花）などの高山植物の群落も有名である。
［雌阿寒岳の掲載資料］
○アカヌノ嶽：林子平『三国通覧図説』「蝦夷国全図」1785年
◇アカンノホリ：本多利明「蝦夷古地図」1790年
◇アカンノホリ：最上徳内「付図蝦夷・加瀬多・骨奈誌利・月多六福・猟虎島写図」1790年
◇シリベツノボリ、口地ニ有之、アサンノボリ、奥地ニ有之、チャチャノボリ、クナシリ島ニ有之、（文化四丁卯年＝1807の書簡）『異国船渡来雑記』ここにみえる「アサンノボリ」は、当時における有名な山であることから推測すると、アカンノボリ（雌阿寒岳）であろう。
◇アカン嶽『松浦蝦夷日誌』一編巻九（文）408p
◇アカンノボリ『松浦蝦夷日誌』一編巻九（文）409p

◇アカンノボリ『松浦蝦夷日誌』二編巻七（文）262p、巻九（文）410p
◇アカン岳『松浦蝦夷日誌』二編巻七（文）273p
◇アカン岳『松浦戊午日誌』（文）上-304p
◇アカ（岳）『松浦蝦夷日誌』一編巻九（文）421p
◇アカンノボリ「東蝦夷地屏風」
◇アカンノボリ『松浦蝦夷日誌』二編巻十（文）
◇アカンノホリ、アカンノボリ『松浦蝦夷日誌』一編九巻（文）417p、418p
◇アカンノホリ『蝦夷日誌』一編附（文）519p
◇アカン山「蝦夷全図」（蝦夷地澗絵図）
◇アカン山：加藤肩吾「松前地図」1793年
◇Akaun 「シーボルト図」
◇女アカン「東行漫筆」
◇女アカン『松浦戊午日誌』（文）中-183p、313p
◇女アカン『武四郎蝦夷地紀行』西蝦夷日誌（文）300p、308p
◇女アカン岳、マチ子シリ『松浦戊午日誌』（文）上-277p
◇女アカン岳『松浦戊午日誌』（文）中-131p
◇女アカン岳『松浦戊午日誌』（文）下-330p、（文）下-331p
◇女アカン岳『武四郎蝦夷地紀行』西蝦夷日誌巻八（文）320p
◇女アカン山「藪内於莵太郎絵図」
◇メアカン『松浦蝦夷日誌』（従クスリ場所アカン両岳眺望80）一編-52p
◇メアカン『松浦戊午日誌』（文）上-271p
◇メアカン『松浦戊午日誌』（文）上-253p
◇メアカン『松浦戊午日誌』（文）上-481p、上-482p
◇メアカン『松浦戊午日誌』（遠景山並図）中103p
◇メアカン『松浦戊午日誌』（海岸線と遠景山並図）中-134p
◇メアカン『竹四郎廻浦日記』（海岸線と遠景山並図292）下-80p
◇メアカン『武四郎蝦夷地紀行』（松浦川筋図）520p
◇メアカン「東西蝦夷場所境調書壱巻」（山川絵図）
◇メアカン「蝦夷訓蒙図彙壱巻」（蝦夷地大概之図）
◇メアカンノホリ「正徳蝦夷図」（三航蝦夷全図）
◇メアカンヌプリ「蝦夷地図式乾（蝦夷図）
◇メアカン山『松浦戊午日誌』23巻能登呂誌（遠景山並図）中-134p
◇メアカン山「北海道實測圖」

◇メアカン山「北海道拾壱箇國郡名」
◇メアカン岳『松浦戊午日誌』（山絵図）上-269p
◇メアカン岳 MEAKAN 「三角術測量北海道之圖」
◇雌アカン岳『松浦戊午日誌』（文）上-508p
◇雌アカン岳、マチ子ネシリ「松浦山川図」
◇アカン岳。阿閑の岳『松浦廻浦日記』下-453p
◇阿閑岳『松浦十勝日誌』（文）
◇雌岳『松浦戊午日誌』上-391p
◇雌岳『松浦久摺日誌』（山川図1）
◇雌岳、メアカン『松浦久摺日誌』（文）
◇女阿寒岳「大日本國郡精図」（釧路國）
◇雌阿寒硫黄山「拓殖要覧」
◇雌阿寒岳「輯製20万図」
◇雌阿寒岳1617「道廳20万図」（実測切図）（足寄）
◇雄阿寒、雌阿寒岳「加藤氏地理」
◇雌阿寒嶽（めあかんだけ）『日本名勝地誌』第九編
◇雌阿寒、雌阿寒岳『大日本地名辞書』
◇雌阿寒岳「北海道分國新地圖」
◇雌阿寒岳「北海道史跡名勝天然記念物便概」
◇雌阿寒岳『北海道（登山案内）』
◇雌阿寒岳「国土地理院図」（現行）

〔地名の由来・語源〕

○ラカンペッ rakan-pet（ウグイの産卵・川）の転訛であるといわれている。『北海道駅名の起源』（国郡名の由来）（昭和48年版）

○アカンは（動かない）の意、また「ウグイ魚ノ産卵場」『永田地名解』441pとの解釈があるが、釧路川の阿寒太とラカン太を間違えたのでないか。：佐藤直太郎

○阿寒川はアイヌ語の「ラカン・ペッ」（ウグイの産卵場のある川）

〔夏季コース〕（大正12年）

△旧道　釧路驛から分岐する北海道炭礦鐡道會社線の舌辛驛下車、驛から北約五里の徹別に在る水力電気會社の第二發電所迄は、同會社の荷物運搬の為に敷設せられた軌道のトロリーに便乗させて貰ふのが便である。此の馬車軌道の運轉は不定期であるが、凡そ午前七時頃に舌辛を出發し、五里の道を約

二時間半で達する。徹別から約三里にしてルベシベ驛遞に至り、更に一里半にして山麓ピリカネツプに達する。又、舌辛からピリカネツプ迄驛遞の馬で直行することも出来る。驛馬で直行すれば約九里半の道程を凡そ四時間で達し、徒行すれば十時間はかゝるであらう。

　ピリカネツプを早朝に出發し、登山道に入り、硫黄で白濁した小川に沿うて上がるのであるが、幅凡そ六尺の完全な道路で、途中三里の間は樹林の中を通り、緩やかな坂路、嘗ては硫黄搬出の爲馬車も通じた所丈に、歩行極めて容易である。それから上は梢や峻險なる急坂約半理にして頂上に達する。ピリカネツプから約四時間半は要するであらう。此の登路は七合目附近針葉樹地帶の終る頃迄は粘土道、八合目附近灌木帶は碎砂道、それ以上は極めて硬い火山岩の巖石道になつてゐて、八合目以上には道として定まつた通路はない。濃霧の際に道に迷ふのは此の地帶である。然し大正十二年七月迄には標柱を樹てられる筈である。

　山頂からは阿寒湖の方へ下り、舊硫黄精錬所付近から密生した熊笹の間を通つたり、鬱蒼たる樹林の間を縫つたりして四合目附近に達し、そこから酸化鐵の爲に赤褐色を呈する流れに沿うて下れば、山嶺から約三里半の道程を凡そ三時間にして、阿寒湖畔の部落に達する。湖畔の溫泉に一泊休養する方が便である。

〔夏季コース〕（昭和11年）

　阿寒湖畔溫泉迄は各々乘合自動車の便がある。溫泉街から一粁北に登山口の指導標があり、逕は極めて緩やかで且廣く登山道としては立派である。八粁位迄は樹林帶で、それ以上は植物と岩石で、高山らしい尾根も味へる。頂上迄十二粁、四時間半の行程で、少年少女にも登行容易である。

　他に足寄口（五十五粁）、ピリカネップ口（十二粁）もある。『北海道の山山』『北海道(登山案内)』

〔夏季コース〕（現在）

◎野中溫泉コース　雌阿寒溫泉が登り口。登り始めはアカエゾマツの針葉樹林帶、やや傾斜を增すにつれて、ハイマツがみえてくるとイソツツジの群落に出會う、四合目で枯れ沢を越えると火山れきと岩の急な登りになる、樹林帶を抜けて赤黃色の火山灰に覆われた急斜面をひたすら歩を進める、左下に目をやると空の青さをまん丸に写した青沼火口が見える、昭和30年の噴火の時にできたという。なだらかな稜線を登り詰めたところが頂上だった。火山土で覆われ植物は全くない。北東の眼下に阿寒湖がかすんで見える。登り

2時間10分。
◎オンネトーコース　オンネトー（南側）湖畔の国設野営場が登り口。登り始めは急勾配だが、すぐ平坦な針葉樹林帯の道となる。コースは雌阿寒岳と阿寒富士のコルから派生する涸れ沢に沿い、登り2時間40分
◎阿寒湖畔コース　阿寒湖畔東側のキャンプ場からフレベツ白水林道を5kmほど入った地点が登山口。手入れの行き届いた細い針葉樹林帯から始まり、エゾシカが非常に多い。登り2時間40分

　マチ子シリ　② machineshiri →雌阿寒岳・1499m〔山地〕A-5 阿寒火山群〔20万図〕斜里64〔2.5万図〕雌阿寒岳c〔山頂所在市町村〕釧路市(旧・阿寒町)・足寄町
〔地名掲載資料〕
◇マチ子シリ「間宮図」
◇Matsunesiri「シーボルド図」
◇マチ子シリ「松浦山川図」
◇マチ子シリ『武四郎蝦夷地紀行』西蝦夷日誌・巻八（遠景山並図74）
◇マチ子シリ『松浦戊午日誌』8巻・安加武留宇智之誌壱（文）上-280p
◇マチ子シリ『松浦戊午日誌』（文）中-96p

　メノコノホリ menoko-nohori →雌阿寒岳・1499m〔山地〕A-5 阿寒火山群〔20万図〕斜里64〔2.5万図〕雌阿寒岳c〔山頂所在市町村〕釧路市(旧・阿寒町)・足寄町
〔地名掲載資料〕メノコノホリ「蝦夷松前輿地図」
〔山名の語源〕メノコ menoko、（広義に）〔女性〕、（狭義に）〔アイヌ民族の成人女子〕kurmat〔和人の女性〕。okkayo〔男性〕

　剣ケ峰 kengamine →オタウンペヌプリ・1328m〔山地〕A-5 阿寒火山群〔20万図〕斜里64〔2.5万図〕雌阿寒岳c〔経度〕144°1′52″〔緯度〕43°23′22″〔山頂所在市町村〕釧路市(旧・阿寒町)・足寄町〔位置特徴〕雌阿寒岳の東北東方1.5kmに位置し、西側にお鉢平、北西方に中雌山、南西方に小雌山がある。
〔地名掲載資料〕オタウンペ岳（ヌプリ）雌阿寒岳の東側に峙つ火山にして、高距一三七六米突、南麓に硫黄を産す、東一里にフレペツヌプリ峙つ（中略）

二岳の北麓に阿寒湖あり。フプウシ岳はオタウンペヌプリの北一里に、『大日本地名辞書』
〔同名の山〕剣ケ峯 1140m（森町・砂原町・七飯町・鹿部町）
〔夏季コース〕◎阿寒湖畔から登山道がある。

オタウンペヌプリ otaunpe-nupuri →剣ケ峰・1328m〔山地〕A-5 阿寒火山群〔20万図〕斜里 64〔2.5万図〕雌阿寒岳 c〔山頂所在市町村〕釧路市（旧・阿寒町）・足寄町
〔地名掲載資料〕
◇オタウンペヌプリ 1367「道廳 20 万図」（実測切図）（釧路）
◇オタウンペヌプリ 1366.7「仮製 5 万図」（雄阿寒岳）

中マチネシリ nakamachineshiri →中雌山 ・1272m〔山地〕A-5 阿寒火山群〔20万図〕斜里 64〔2.5万図〕雌阿寒岳 c〔山頂所在市町村〕釧路市（旧・阿寒町）・足寄町〔位置〕雌阿寒岳の北北東方 1.8km
〔地名掲載資料〕中マチネシリ『北海道の地名』（平凡社）

中雌山 nakame-yama →中マチネシリ ・1272m〔山地〕A-5 阿寒火山群〔20万図〕斜里 64〔2.5万図〕雌阿寒岳 c〔山頂所在市町村〕釧路市（旧・阿寒町）・足寄町〔位置特徴〕雌阿寒岳の北北東方 1.8km に位置する成層火山。山頂に直径 1.1km の第一火口が、火口原には第二火口と溶岩丘があり、その北西部に第三火口が開いている。
〔地名掲載資料〕中雌山『コンサイス山名辞典』

南岳 ② minamidake ・1339m〔山地〕A-5 阿寒火山群〔20万図〕斜里 64〔2.5万図〕雌阿寒岳 d〔山頂所在市町村〕白糠町・釧路市（旧・阿寒町）〔位置〕阿寒富士の東南東方 1.2km
〔山名の由来〕阿寒富士の南南東方に位置するところから呼ばれたと思われる。

大昭沢山 daisyousawa-zan △419.8m〔山地〕A-5 阿寒火山群〔20万図〕北見 5〔2.5万図〕本岐 b〔経度〕143°57′2″〔緯度〕43°35′21″〔山頂所在市町村〕津別町〔位置〕津別町布川の西方 2km〔河川図〕北東斜面は

4046-1260-1L ケミチャップ川の中流。東斜面は網走川支流 4046-1430-1L ドードロマップ川

ユウタニ岳 yuutani-dake→イユダニヌプリ山　902m〔山地〕A-5 阿寒火山群〔20万図〕北見7〔2.5万図〕イユダニヌプリ山 a〔山頂所在市町村〕陸別町・足寄町・津別町〔所在地山地〕
〔地名掲載資料〕
◇ユウタニノホリ『武四郎蝦夷地紀行』（川々取調帳）572p
◇ユウタニノホリ「松浦山川図」
◇西はトカチの岳にアショロ、リクンベツ、並びてトコロの水源近くはユウタニ岳波涛の逆巻来るごとく。『松浦戊午日誌』上-281p
◇ユウタニノボリといへる連なる山一ツ見ゆ。此山はアバシリなるチヌケプ並にユウタニナイ等の水源。『松浦戊午日誌』上-304p
◇源はユウタニノホリより来る『松浦戊午日誌』上-306p
◇ユウタニノボリ。ユタニ岳。『松浦戊午日誌』（文）上-306p
◇また湖（網走湖）の向ふにユウタニノホリ、トコロのホロナイノホリ等を見る。『松浦戊午日誌』中-95p
◇ユウタニノホリ「松浦山川図」
◇ユウタニノホリ『松浦戊午日誌』（文）下-336p
◇ユウタニ「東西蝦夷場所境調書壱巻」（山絵図）
◇ユウタニ「松浦・東西蝦夷場所境調書壱」（川筋図）205p
◇ユウタニ岳『松浦戊午日誌』（文）中-102p、（山並遠景図）中-183p
◇ユウタニ岳『武四郎蝦夷地紀行』西蝦夷日誌・巻八（文）300p
◇トコロのユウタニ岳『武四郎蝦夷地紀行』西蝦夷日誌・巻八（文）320p
◇ユウタニ岳『松浦久摺日誌』（文）
◇ユウタニ岳『東蝦夷日誌七編』（文）
◇ユウタニ『武四郎蝦夷地紀行』西蝦夷日誌・巻八（遠景山並図74）318p
◇ユウタニ『松浦十勝日誌』（文）
◇ユウタネ山「輯製20万図」（浬別）
◇イユタニヌプリ「道廰20万図」（実測切図）
◇イユダニヌプリ山 902mの西北西方2kmのところにある、700mほどの山（現在無名山）を指している：井上
〔山名の由来・語源〕イユダニヌプリ山の項参照

イユダニヌプリ山 iyudaninupuri-yama →ユウタニ岳 ・902m〔山地〕A－5 阿寒火山群〔20万図〕北見7〔2.5万図〕イユダニヌプリ山a〔経度〕143°57′12″〔緯度〕43°29′1″

〔山頂所在市町村〕陸別町・足寄町・津別町〔位置〕イユ谷の沢川上流の尾根に沿って、西方の788m、中央のイユダニヌプリ山902m、東方の伊由谷岳898.3mの三つのピークが並んでいる。　網走川上流イウ谷の沢川上流、〔河川図〕南西斜面は、十勝川の支流6009-3660-3R フウタツアショロ川の源流

〔地名掲載資料〕

◇イユタニヌプリ 1001「道廰20万図」（実測切図）（足寄）
◇イユタニヌプリ 1006.6「仮製5万図」（雌阿寒岳）明治28
◇イユタニ山『大日本地名辞書』
◇イユダニヌプリ山「国土地理院図」（現行）

〔山名の由来・語源〕

○Iyutani nupuri イユタニ ヌプリ〔杵ノ如キ山ナリ〕『永田地名解』528p
○イユタニヌプリ　杵山、杵の如き山なり『津別町史』昭和29年
○イユタニヌプリ、山形が杵に似ているため。『美幌町史』
○イユタニヌプリ、イユタニ・ヌプリ〔杵・山〕山形が杵に似ているから名付けたという。『網走市史上巻』
○イユタニヌプリ、杵のような山『津別町百年史』
○イユタニヌプリ、イユタニ・ヌプリ（杵・山）の意。『足寄百年史上巻』
○iyuani-nociw イユタニ・ノチュー〔杵・星〕三つ星：オリオン座中央部の連星『萱野茂のアイヌ語辞典』
○実際にイユダニヌプリと周辺には、山頂（ピーク）が三つ程度あるので、イユタニノチューと関連あると思う。菅野康祐
○iyutni-nupuri〔きね・山〕アイヌの杵はタテ杵で、中間は持つところで細まっているもの、これを横に置くと両端の太まったところが山に例えられたのだろうか。：伊藤せいち『蝦夷地アイヌ地名集積網走Ⅲ』
○iyutani-nupuri〔杵・山〕アイヌ語の杵はタテ杵で、これを横に寝かせた形をたとえたものであろうか。：伊藤せいち『アイヌ語地名Ⅰ網走川』
○イユタニ（杵）、ヌプリ（山）。山形が杵に似ているから名づけたという。知里『網走市史上』昭和33年

夕谷登 yuutani-nobori ・902m〔山地〕A-5 阿寒火山群〔20万図〕北見7〔2.5万図〕イユダニヌプリ山a
〔山頂所在市町村〕陸別町・足寄町・津別町
〔地名掲載資料〕◇夕谷登:「大日本國郡精図」 十勝國

伊由谷岳 iyudani-dake △898.4 留〔山地〕A-5 阿寒火山群〔20万図〕北見7〔2.5万図〕イユダニヌプリ山a〔経度〕143°57′40″〔緯度〕43°28′50″〔山頂所在市町村〕津別町・足寄町
〔位置特徴〕イユダニヌプリの南東方700m、電波塔が建っている。
〔河川図〕東方は、十勝川支流利別川の枝沢 6009-3660-3R フウタツアショロ川の源流。
〔地名掲載資料〕
◇国土地理院図は、北部に「イユダニヌプリ山」を南部に「伊由谷岳」を表示している。

オン子トクアシベヌプリ onnetokuashibe-nupuri ?m〔山地〕A-5 阿寒火山群〔20万図〕北見8〔2.5万図〕オンネトーa〔山頂所在市町村〕足寄町〔位置〕オンネトー湖の南湖畔
〔地名掲載資料〕オン子トクアシベヌプリ「仮製5万図」(雌阿寒岳)
〔山名の語源〕
 オンネトクマシペヌプリ、オンネトー・クマ・ネ・ウッ・ペ・ヌプリ〔オンネトーの・横棒・のようで・ある・川上の・山〕『足寄百年史上巻』

ショロヽ山 shiyororo-yama ・878m〔山地〕A-5 阿寒火山群〔20万図〕北見8〔2.5万図〕オンネトーb〔山頂所在市町村〕足寄町・白糠町
〔位置〕庶路川の水源、阿寒富士の南西方、岩保木山から西北西方に見える高い山は、国土地理院図に記載の878m(無名山)であろう。
〔地名掲載資料〕
◇此処一ツ山有る故に、其頂(岩保木山 120m)え上り針位を見るに、亥の六分半雄アカン岳、戌5分半雌アカン岳、戌4分半ホンノホリ(阿寒富士)、戌正中(西北西)ショロヽ山、ショクワウンベノホリ、申4分半ヲンヘツのユケランノホリ、其より未午の方(太平洋側)一面に海見ゆ『松浦戊午日誌』

上-508p
〔川名の語源〕
○夷語ショロヽとは順風と譯す。此川格別屈曲もなく、川風清涼風なる故、地名になすといふ。『上原蝦夷地名考幷里程記』
○ショオロ（滝の・処）『北海道駅名の起源』

リクンヘツ岳 rikunhetsu-dake →利薫別山　△599.8m〔山地〕A-5 阿寒火山群〔20万図〕北見14〔2.5万図〕上陸別 a〔山頂所在市町村〕陸別・津別町〔位置〕□陸別町鹿山の北方4.3kmか
□この山の位置については見解が分かれる。今回我々が登った600m（現・599.8m）のピーク（二等三角点「淕別越」）とする意見、イユダニヌプリ山北側の730mが陸別川の水源だからこれが正解という意見である。「リクンベツ岳」は古くから網走方面との往来の目標物になっていたようで、目印的な役割を考えれば、網走側からも見えなければならず、陸別町郷土史研究会の実地調査によれば、そんな条件に合致する山は600m「淕別越」を措いて他にないそうだ。「淕別越」の標石名についても設置時の経緯の中で、目標物としての役割からそう命名されたとされている。：tiroro.haru「リクンベツ岳（陸別岳）」
〔地名掲載資料〕
◇西はトカチの岳にアショロ、リクンベツ、並びてトコロの水源近くはユタニ岳波涛の逆巻来るごとく、『松浦戊午日誌』8巻・安加武留宇智之誌・壱 上-281p
◇トウフトのホロイワ、左りリクンヘツノホリ『松浦戊午日誌』中-96p
◇アショロリクンベツノホリ『松浦戊午日誌』（文）中-183
◇アショロリクンヘツ岳『武四郎蝦夷地紀行』西蝦夷日誌・巻八（文）
◇アショロ、リクンヘツの山々『武四郎蝦夷地紀行』西蝦夷日誌・巻八（文）
◇リクンヘツ岳「松浦・東西蝦夷場所境調書」（川筋図）
◇リクンヘツ岳「松浦山川図」
◇リクンベツ岳『松浦石狩日誌』（文）
◇リクン別岳『松浦久摺日誌』（文）
◇この川（利別川）は十勝川第一の支流で、上流は二ツの支流となり、右（東）の源流は雌アカン、ユウタニと云二ツの高山。一方左（北西）の川が本流で、この源はリクンベツ岳、クマネシリ岳等から来ている。（イユダニヌプリ山

902mの西方に描かれている)『松浦十勝日誌』
◇リクンヘツ岳『松浦十勝日誌』(目次山絵図)
◇リクンベツ岳 (網走湖から南を望み、イユダニヌプリ山 902m西に描かれている)『武四郎蝦夷地紀行』西蝦夷日誌・巻八 (遠景山並図74) 318p
◇水源小川多く、上にクマネシリと云ひ (雪路三日)、リクン別岳に続く高山の間に入。『松浦東蝦夷日誌』七-289p
◇利薫別岳「大日本國郡精図」日高國
◇リクンベツ岳 (陸別岳) tiroro.haru
〔川名の由来・語源〕
○Ri-kun-pet リクン・ペッ〔高危川〕『永田地名解』
○リクンペッ (本流利別川より一段高い川):関寛斎「斗満考」
○アイヌ語「リクン・ペッ」(高く上がっていく川) からとったもので、利別川がこの附近でけわしくなり、川が水源に向かって急に高く上がってゆくように見えるからである。『北海道駅名の起源』(昭和48年)
○リク・ウン・ペッ rik-un-pet〔高いところ・にある・川〕であろう:山田『北海道の地名』

漆別山 rikubetsu-yama →リクンヘツ岳 △599.8m〔山地〕A-5 阿寒火山群〔20万図〕北見14〔2.5万図〕上陸別a〔山頂所在市町村〕陸別町・津別町〔位置〕陸別町鹿山の北方4.3kmか
〔地名掲載資料〕
◇漆別山「輯製20万図」(漆別)
◇陸別岳「北海道分國新地圖」
◇漆別越:国土地理院二等三角点
〔同名の山名〕漆別山△391.6(陸別町)A-10 北見盆地

クシンハウシ kushinhaushi〔山地〕A-5 阿寒火山群〔20万図〕北見15〔2.5万図〕陸別東部 x〔山頂所在市町村〕足寄町〔位置〕阿寒湖の南西方のあたり〔地名掲載資料〕クシンハウシ「松浦山川図」

ショクワウンベノホリ hsiyokuwaunbe-nohori ? m〔山地〕A-5 阿寒火山群〔20万図〕帯広1〔2.5万図〕庶路川上流c〔山頂所在市町村〕足寄町・白糠町〔位置〕阿寒湖の南方、シュンクシタカラ川の源流、岩保木山から見

える高い山なので、国土地理院地形図に記載の 774m の山だろうか。
〔地名掲載資料〕
◇イワホク（岩保木山）其頂え上り針位を見るに、亥の六分半雄アカン岳、戌五分半雌アカン岳、戌四分半ホンノホリ（阿寒富士）、戌正中ショロヽ山、ショクワウンベノホリ、申四分半ヲンヘツのユケランノホリ（ウコタキヌプリ）『松浦戊午日誌』上-508p

第Ⅱ編　山の履歴

オンネトー湖から雄阿寒岳（左）と
阿寒富士（右）　1985年　渡辺【137】

オンネトー湖から雄阿寒岳（左）と
阿寒富士（右）　1991年　渡辺【137】

雄阿寒岳　寺口一孝【137】

雄阿寒岳山頂　gekiyabu,sakura【137】

展望台より阿寒湖と雄阿寒岳【137】

A－5　阿寒火山群

阿寒のフップシ岳【145】

フレベツ岳山頂
2011.5　北のかもしかの山歩き【147】

阿寒富士　1999.10　寺口一孝【149】

雌阿寒岳　1999.10　寺口一孝【150】

阿寒富士　2018.10　北見山岳会【149】

A-6 豊頃白糠丘陵

　ノフカノホリ nohuka-nohori　?m〔山地〕A-6 豊頃白糠丘陵〔20万図〕釧路52〔2.5万図〕山花 a〔山頂所在市町村〕釧路市〔位置〕釧路空港の北東方〔地名掲載資料〕◇ノフカノホリ『松浦戊午日誌』上254p（シヤリ越新道一里杭箇所覚図）〔山名の語源〕ヌプカ nupka〔丘〕

　オン子タプコプ onne-tapukopu　?m〔山地〕A-6 豊頃白糠丘陵〔20万図〕釧路53〔2.5万図〕庶路 c〔山頂所在市町村〕白糠町〔位置〕白糠町暁、庶路川下流すじ
〔地名掲載資料〕
◇オン子タプコプ「道廳20万図」（実測切図）（釧路）
◇オン子タプコプ「仮製5万図」（舌辛）
〔山名の語源〕オンネ・タプコプ〔大きな・こぶ山〕『白糠町史』

　徹別岳 teshibetsu-dake　→テシュペッヌプリ△877.4m〔山地〕A-6 豊頃白糠丘陵〔20万図〕釧路57〔2.5万図〕上徹別 c〔経度〕144°1′52″〔緯度〕43°19′19″〔山頂所在市町村〕釧路市（旧・阿寒町）〔位置〕阿寒川の支流徹別川の水源にある山
〔地名掲載資料〕
◇徹別山「輯製20万図」（大津）
◇テシュペッヌプリ「道廳20万図」（実測切図）（釧路）
◇テシュペッヌプリ「仮製5万図（飽別）
◇徹別岳（てしべつだけ）877.4m『ＮＨＫ北海道地名誌』
〔川名の由来・語源〕
○Tesh-pet　テシ・ペッ〔簗川〕『永田地名解』372p
○「テシ」は川に柴木などで垣をつくり、遡上してくるサケやマスを捕獲する仕掛け。
○「テシ」とはサケ・マスの遡上を捕らえる道具の意で、「ベツ」は「川」の意で、「テシベツ」とは「梁の川」となる。『阿寒町百年史』

　テシュペッヌプリ tesyupet-nupuri　→徹別岳 △877.4m〔山地〕A-6 豊頃白糠丘陵〔20万図〕釧路57〔2.5万図〕上徹別 c〔経度〕144°1′52″〔緯

度〕43°19′19″〔山頂所在市町村〕釧路市(旧・阿寒町)
〔地名掲載資料〕
◇テシュペッヌプリ「道廳20万図」(実測切図)(釧路)
◇テシュペッヌプリ「仮製5万図」(飽別)

椴高山 tantaka-yama ・395m〔山地〕A-6 豊頃白糠丘陵〔20万図〕釧路60〔2.5万図〕中庶路 c〔経度〕144°0′42″〔緯度〕43°4′52″〔山頂所在市町村〕白糠町〔位置〕タンタカ沢の源流
〔地名掲載資料〕
◇タンタカ山「仮製5万図」(舌幸)
◇椴高山『日本地名地誌』

クッタプコプンペ kuttapukopunpe →**クッタプコプ**・137m〔山地〕A-6 豊頃白糠丘陵〔20万図〕帯広2〔2.5万図〕右股 b〔山頂所在市町村〕白糠町〔位置〕庶路川中流、庶路ダム南西方3km でU字状に流れている川の両側600mが岩棚のようになっているところ。不動滝の対岸が137mで一番高い。
〔地名掲載資料〕クッタプコプンペ『白糠町史』
〔山名の由来・語源〕クッ・タプ・コプ・ウン・ペ〔岩棚・こぶ山・ある・もの〕だんだんになった岩のあるこぶ山のことをいう。『白糠町史』

クッタプコプ kuttapukopu →**クッタプコプンペ** ・137m〔山地〕A-6 豊頃白糠丘陵〔20万図〕帯広2〔2.5万図〕右股 b〔山頂所在市町村〕白糠町〔位置〕クッタプコプンペを参照。
〔地名掲載資料〕
◇クッタプコプ「道廳20万図」(実測切図)(足寄)
◇クッタプコプ「仮製5万図」(ユケランヌプリ・明治29年)この図の右上にクッタプコプを置いているが、南方に500mほどずれており、現在の2.5万図、右股の右下、不動滝対岸のところが正しい。

ショクプウシノポリ shiyokupuushi-nopori ?m〔山地〕A-6 豊頃白糠丘陵〔20万図〕帯広2〔2.5万図〕右股 x〔山頂所在市町村〕白糠町・釧路市(旧・阿寒町)〔位置〕白糠町東部、庶路川沿い、不詳。
〔地名掲載資料〕ショクプウシノポリ『武四郎蝦夷地紀行』(松浦川筋図)

536p

　滝ノ上山 takinoue-yama →ソーカウシペ山→滝ノ上山　△567.5m〔山地〕A-6 豊頃白糠丘陵〔20万図〕帯広3〔2.5万図〕上茶路a〔山頂所在市町村〕白糠町〔位置〕庶路川上流右岸、不動の滝の南方。

　ソーカウシペ山 soukaushipe-yama →滝ノ上山　△567.5m〔山地〕A-6 豊頃白糠丘陵〔20万図〕帯広3〔2.5万図〕上茶路a〔山頂所在市町村〕白糠町〔位置〕庶路川上流右岸、不動の滝の南方。
〔地名掲載資料〕
◇ソーカウシペ山 573「道廳20万図」(実測切図)(足寄)
◇ソーカウシペ 577.6「仮製5万図」(ユケランヌプリ)
◇庶路(ショロロ)川の中游右岸にソーカウシベ山あり『大日本地名辞書』松浦文献には見えない山名である。
〔川名の語源〕ソーカウシペツ so-ka-us-pe〔滝・上・にある・もの(山)〕：鎌田正信『道東地方のアイヌ語地名』

　シンノッウシヌプリ shinnotsuushi-nupuri　△462.8m〔山地〕A-6 豊頃白糠丘陵〔20万図〕帯広3〔2.5万図〕上茶路d〔山頂所在市町村〕白糠町〔位置〕茶路川中流東方枝川の縫別川沿い、白糠町上茶路の北東方。
〔地名掲載資料〕
◇シンノウシヌプリ 667「道廳20万図」(実測切図)(足寄)茶路川中流のピラウンナイとウトナイ川の東方にシンノウシヌプリを記し、標高値は667と読めるが、この辺りの最も高い山は△463.6mであり 467 を 667 と誤記したものか。
◇シンノツウシヌプリ 666.8「仮製5万図」(ユケランヌプリ)
◇神ノ牛山「国土地理院二等三角点」

　ヲンベツ岳 onbetsu-dake ? m〔山地〕A-6 豊頃白糠丘陵〔20万図〕(帯広) 不明〔2.5万図〕不明〔山頂所在市町村〕釧路市(旧・音別町)・白糠町〔位置〕音別川或いは茶路川の源のあたりか、不詳。
〔地名掲載資料〕
◇ワツテ(和天別川)とは五本の指を開きし形と云。此川五・六町上にてモ

トケフ、ヲサウシ、ユウル、ルベシナイ、サケヲロ、此川にまたトフヨカウシナイと并び有る故に号く。源ヲンベツ岳東面より来る。『松浦東蝦夷日誌』七編
◇この川（浦幌川）の源、アショロの南、クスリ領のヲンベツ岳から来る『松浦十勝日誌』

コヲイサン kooisan　？m〔山地〕A-6 豊頃白糠丘陵〔20万図〕（帯広）不明〔2.5万図〕不明〔位置〕不明
〔地名掲載資料〕コヲイサン「蝦夷松前一圓之図」
〔山名の語源〕アイヌ語、コイ・サン koy-san〔波・棚〕？

チノミシリ chinomishiri　切177m〔山地〕A-6 豊頃白糠丘陵〔20万図〕帯広5〔2.5万図〕河原c〔山頂所在市町村〕釧路市（旧・音別町）〔位置〕音別町二俣川向の東方、音別川左岸、南北に長い楕円形の小山。
〔地名掲載資料〕
◇チノミシリ 177「道廳20万図」（実測切図）（十勝）
◇チノミシリ「仮製5万図」（尺別）

ウエンシリ ③　uenshiri　？m〔山地〕A-6 豊頃白糠丘陵〔20万図〕帯広5〔2.5万図〕河原c〔山頂所在市町村〕釧路市（旧・音別町）〔位置〕音別町二俣の北西方のあたり。
〔地名掲載資料〕
◇ウエンシリ「道廳20万図」（実測切図）（十勝）
◇ウエンシリ「仮製5万図」（尺別）
〔川名の由来〕ムリ川の北岸一帯が切り立った崖になっている。

タプコプ ④　papukopu　→ポン山　・66m〔山地〕A-6 豊頃白糠丘陵〔20万図〕帯広6〔2.5万図〕音別a〔山頂所在市町村〕釧路市（旧・音別町）〔位置〕馬主来沼の南西方
〔地名掲載資料〕
◇タッコウ「東游奇勝」
◇ヤムワツカヲイ（小川）、タツコフ（小山）麓を経てハシクロ〔嘴黒沼〕『松浦東蝦夷日誌』八巻297p

第Ⅱ編　山の履歴

◇タプコプ「釧路国蝦夷時代史」弧山
◇タプコプ、ポツンと離れた小山「育ち来し郷土」
◇タプコプ「道廰20万図」（実測切図）（十勝）
◇タプコプ「仮製5万図」（尺別）

　ホンタツコプ hon-tatsukopu　・66m〔山地〕A-6 豊頃白糠丘陵〔20万図〕帯広6〔2.5万図〕音別 a〔山頂所在市町村〕釧路市（旧・音別町）〔位置〕音別町馬主来沼
　〔地名掲載資料〕
◇ポンタツコプ『武四郎蝦夷地紀行』（松浦川筋図）500p
◇タプコプヲシマコマナイ『武四郎蝦夷地紀行』（松浦川筋図）500p
◇ヤムワッカヲイ（小川）、タツコフ（小山）麓を過て、ハシクロ（沼有。周一里半、小休所、（中略）沼口（ハシクロ・馬主来沼）西にカンチカルシ（小川）、ホンタツコフ（小山）、シュフンヌベツ（小川）、此源ムリの方え到る。『松浦東蝦夷日誌』七編 296p

　ポン山 ponyama →タプコプ④　・66m〔山地〕A-6 豊頃白糠丘陵〔20万図〕帯広6〔2.5万図〕音別 a〔山頂所在市町村〕釧路市（旧・音別町）〔位置〕パシクル沼手前の小山『音別町史』
　〔地名掲載資料〕ポン山『音別町史』

　シラヌカ岳 shiranuka-dake　？m〔山地〕A-6 豊頃白糠丘陵〔20万図〕帯広9〔2.5万図〕上螺湾 a〔山頂所在市町村〕白糠町
　〔位置〕東蝦夷日誌の遠望山絵図は、釧路会所からは北西方の雌岳（雌阿寒岳）と西北西のシヤクヘツ岳の中間のあたりにシラヌカ岳を小さく画いている。その位置と山の名から、庶路川上流、滝の上山のあたりと推定した。
　〔地名掲載資料〕
◇シラヌカ岳『松浦東蝦夷日誌』七編（遠景山並図）
◇シラルカウ（カ）「道廰20万図」（実測切図）
　〔地名の由来・語源〕
○夷語シラリカなり。シラリイカの略語にて、則、シラリとは潮の事、イカとは越すと申事にて、満汐川へ入る故此名あり。『上原蝦夷地名考并里程記』
○Sirar-ukaw（ka）〔潮越ノ義〕『永田地名解』42p

○シラリカ shirar-ika〔潮が・岩礁に・溢れる〕知里『白糠町史』(昭和29年)
○アイヌ語「シラル・カ」(平磯の岸)〔干潮になると現れる磯の岸〕から出たものである。『北海道駅名の起源』(昭和48年)
○シララオイカ→シラライカ→シラリカ→シラヌカ。シララ・オイカ〔岩礁・またぐ〕「白糠地名研究会」(昭和60年)
○shirar-ika-p シラライカプ〔岩を・越える・処〕：山田『北海道の地名』

ルウチシノポリ ruuchishi-nopori ・627m〔山地〕A-6 豊頃白糠丘陵〔20万図〕帯広10〔2.5万図〕ウコキタヌプリa〔経度〕143°48′55″〔緯度〕43°14′39″〔山頂所在市町村〕足寄町・白糠町〔位置〕足寄町上稲牛と白糠町右股を結ぶ道路の峠
〔地名掲載資料〕ルウチシノポリ『武四郎蝦夷地紀行』(川筋取調図)499p,500p〔山名の語源〕rucis ルチシ〔峠〕『萱野アイヌ語辞典』

イナウシノホリ inaushi-nohori 仮539.5m〔山地〕A-6 豊頃白糠丘陵〔20万図〕帯広10〔2.5万図〕ウコタキヌプリa〔経度〕143°48′16″〔緯度〕43°14′42″〔山頂所在市町村〕足寄町・白糠町〔位置特徴〕ウコタキヌプリの北方、稲牛川の源。足寄町上稲牛と白糠町右股をむすぶ峠の山。
〔地名掲載資料〕
◇イナウシノホリ「松浦山川図」
◇イナウシ岳「輯製20万図」(大津)
◇イナウシュ山 540「道廳20万図」(実測切図)(足寄)
◇イナウシ 539.5「仮製5万図」(ウコタキヌプリ)
◇(ウコタキヌプリの)北隣にイナウウコシ山(高距540米突)あり、白糠より足寄に通ずる路は、茶路川に沿ひて遡り此山を越えて足寄郡なるイナウウシ川の渓谷に入る。イナウウシユ山。『大日本地名辞書』
〔山名の由来・語源〕
○イナウ・ウシ inau-ush-i〔木幣・ある・処〕この川筋にイナウを立てて神祭をする処があってついた名であろう。この水源から山越えすると茶路川の水源で、白糠との主交通路になっていた。シラリカコタン、ウヌンコイチャロをぬけて上稲牛に通じる地点にあり、そこにイナウシ山が聳え立つ。イナウ・ウシペ inaw-us-pe〔木幣・ある・ところ〕は、山へ狩に行くときウ

第Ⅱ編　山の履歴

コタキヌプリに安全と収穫を祈って木幣を捧げたところから、この地名がのこった。：山田『北海道の地名』

ウコタキヌプリ ukotaki-nupuri　・747m〔山地〕A-6 豊頃白糠丘陵〔20万図〕帯広 10〔2.5万図〕ウコタキヌプリ d〔経度〕143°47′52″〔緯度〕43°12′7″〔山頂所在市町村〕足寄町・白糠町〔位置〕稲牛川本流の水源の山。〔河川図〕西方斜面は、十勝川支流利別川の枝沢、6009-3090-4R 六の沢川の源流。南東斜面は、5168-990-2L ロンメイ川と 5168-1020-2L アツキ川の源流

〔地名掲載資料〕

◇ウコタキヌプリ 844「道廳 20 万図」（実測切図）（足寄）

◇ウコタキ山、ウコタキ岳『大日本地名辞書』

◇ウコタキ山「北海道分國新地圖」

◇ウコタキヌプリ山『日本地名索引』

◇ウコタキヌプリ「国土地理院図」（現行）

◇雨後滝山「国土地理院一等三角点」

〔山名の由来・語源〕

○ウコッ・キ・ヌプリ〔互いにくっついて・する・山〕の意『足寄百年史上巻』

○ウコッ・キ・ヌプリ〔互いにくっついて・する・山〕二つの山が互いに抱きあっている山のことをいう。『白糠町史』

○ukot-a-ki-nupuri ウコッ・ア・キ・ヌプリ〔互いにくっついて・われら・する・山〕は、二つの山が互いにだきあって一つになってみえる山のことをいう。

〔夏季コース〕

△本別川コース　本別町側から本別川沿いに道道658号を入り、鹿よけゲートから林道を0.8㌔で、雨後滝山入り口のゲートを経てさらに0.7㌔入った終点が登山口。足寄町側からは、国道241号を稲牛方面の町道に入り、約10㌔進んだ上稲牛の分岐を右へ、上稲牛線に入り峠を越え約6㌔で雨後滝山林道入り口に着く。ここから本別川沿いにさかのぼり、作業道跡の道を進み尾根に取り付き一等三角点がある頂上に着く。ここまで登り1時間20分。最高点はさらに北へ、標高差80mのコルを笹藪漕ぎで約20分。『北海道夏山ガイド⑥』

本別沢連絡林道の足寄川、本別町側、及び雨後滝山林道は、決壊により通行止め、復旧の見通しは立っていない。

釧勝峠 senshou-touge 約530m〔山地〕A-6 豊頃白糠丘陵〔20万図〕帯広11〔2.5万図〕ピラウンナイ川 c〔山頂所在市町村〕浦幌町・白糠町

ユケランヌプリ yukeran-nupuri △721.3m〔山地〕A-6 豊頃白糠丘陵〔20万図〕帯広11〔2.5万図〕ピラウンナイ川 d〔経度〕143°46′31″〔緯度〕43°5′7″〔山頂所在市町村〕釧路市(旧・音別町)
〔位置〕釧勝峠の南方6km、音別川の上流西方。
〔地名掲載地形図〕現在の地形図、地勢図には標高値のみ表示され、山名は記載なし。
〔地名掲載資料〕
◇戊正中ショロㇴ山、ショクワウンベノホリ、申四分半ヲンヘツのユケランノホリ『松浦戊午日誌』上-508p
◇ユランノポリ『武四郎蝦夷地紀行』(松浦川筋内)535p.536p
◇ユケラン岳と云て、アカンの尾になると『松浦東蝦夷日誌』七編296p
◇ユケランヌプリ 717「道廳20万図」(実測切図)(足寄)
◇ユケランヌプリ 716.5「仮製5万図」(ユケランヌプリ)
◇音別(オンベツ)川、源を十勝国十郡境に近き、ユケランヌプリ(岳)に発し。ユケラン岳(ヌプリ)は、海を去る七、八里、十勝郡浦幌川の源にあたる。『大日本地名辞書』
◇ユケラン山「北海道分國新地圖図」
◇雪乱山「国土地理院二等三角点」
〔山名の由来・語源〕
○エケラムヌプリ、ユク・ラン・ヌプリ yuk-ran-nupuri〔鹿・降りる・山〕は、鹿がその山を降りるという意味で、伝説によるとウコタキヌプリのことをエケラムヌプリといったということになっている。鹿の産地として有名。『白糠町史』
○「神々が鹿のいっぱい詰まった袋を地上に向かって投げ下ろす」(というアイヌの伝説)。ユクランヌプリ〔鹿の天降る山〕：上西晴治『十勝平野』(小説)

シヤクヘツ岳 shiyakuhetsu-dake　？ｍ〔山地〕Ａ-６ 豊頃白糠丘陵〔20万図〕帯広 14〔2.5 万図〕直別ｃ〔山頂所在市町村〕釧路市（旧・音別町）〔位置〕尺別川上流の国土地理院図にある△372.8 だろうか？
〔地名掲載資料〕
◇シヤクヘツ岳『松浦東蝦夷日誌』七編 305 ｐ（遠景山並図、釧路會所から乾（北西）方向）。
〔川名の由来・語源〕
○シヤクベツ〔夏の川〕『上原蝦夷地名考幷里程記』
○Sat pet サッ ペッ〔涸川〕○尺別村○水少クシテ鮭上ラズ『永田地名解』354p

　リイユワヌプリ riiyuwa-nupuri　△263.0ｍ〔山地〕Ａ-６ 豊頃白糠丘陵〔20万図〕帯広 17〔2.5 万図〕螺湾ｃｄ〔山頂所在市町村〕足寄町〔位置〕足寄町奥足寄集落の西南西方 1.3km、足寄川支流シュマルプネナイ川下流の小山。
〔地名掲載資料〕
◇リイユワヌプリ「道廳 20 万図」（実測切図）（足寄）
◇リイユワヌプリ 263.2「仮製 5 万図」（足寄）
◇足寄乙「国土地理院四等三角点」
〔地名掲載資料・語源〕ル・ワ・ヌプリ〔踏み分け道を・歩く・山〕の意と思われる。『足寄百年史上巻』

　ウエンシリ山 ④ uenshiri-yama　？ｍ〔山地〕Ａ-６ 豊頃白糠丘陵〔20 万図〕帯広 18〔2.5 万図〕奥仙美里ｃ〔山頂所在市町村〕足寄町〔位置〕利別川支流稲牛川の源
〔地名掲載資料〕
◇ウエンシリ（螺湾の南方のあたり）「松浦山川図」
◇ウエンシリ（利別川支流稲牛川すじ）『松浦戊午日誌』（川筋図）下-327p
◇（稲牛川）川口を入りてしばしにて、ウエンシリ是左（右）りの小川有、其上に丸き山一ツ有、それを号るよし。其名儀は悪き山と云り。（利別川支流稲牛川すじ）『松浦戊午日誌』下-329p
◇ウエンシリ山（足寄町上螺湾のあたり）「輯製 20 万図」（大津）

　義経山 gikeizan　・294ｍ〔山地〕Ａ-６ 豊頃白糠丘陵〔20 万図〕帯広 19

〔2.5万図〕榮穂 d〔経度〕143°38′15″〔緯度〕43°7′13″〔山頂所在市町村〕本別町〔位置〕本別町弁慶洞の南方1.2km
〔山名の由来〕義経山（ぎけいざん）290m、本別町市街の東の岩山。アイヌ語「サマイクルサンテ」〔文化神サマイクルの棚の意〕と呼び、サマイクル神がここで鯨を料理したと伝えられ、後に和人がサマイクル神を義経としたもの。えぞ山桜、深山つつじが密生している。「よしつねやま」ともいう。『更科アイヌ語地名解』『NHK北海道地名誌』

川流布山 kawaruppu-yama △634.3m〔山地〕A-6 豊頃白糠丘陵〔20万図〕帯広20〔2.5万図〕川流布 a〔経度〕143°43′41″〔緯度〕43°4′43″〔山頂所在市町村〕浦幌町〔河川図〕浦幌十勝川の支流 6008-1160-3L ポン川流布沢川と 6008-1170-4R 三号沢川の上流中間。

トコモロ山 tokomoro-yama ？m〔山地〕A-6 豊頃白糠丘陵〔20万図〕帯広21〔2.5万図〕活平 b〔山頂所在市町村〕浦幌町〔位置〕留真温泉の北東方のあたり〔地名掲載資料〕トコモロ山「輯製20万図」（大津）

アプナイ山 apunai-yama →厚内山 △214.8m〔山地〕A-6 豊頃白糠丘陵〔20万図〕帯広23〔2.5万図〕常室 b〔山頂所在市町村〕浦幌町〔位置〕浦幌川東支流常室川下流左岸、厚内川の源頭の小山か。
〔地名掲載資料〕
◇アプナイ山 221「道廳20万図」（実測切図）（十勝）。トコムォロ川（常室川）の下流と厚内川上流の間に記している。
◇アプナイ山 221.4「仮製5万図」（アプナイ山）
◇丘陵中梢々高きもの蛇内（あぶない）山、オコベツ山あり僅かに六百尺、河流をオラポロ川（浦幌川）とし、『日本名勝地誌』第九編
〔川名の由来・語源〕
○アプは鉤なり：秦『蝦夷地名考』
○Apu nai アプ ナイ〔鉤川〕『永田地名解』328p
○「アプ・ナイ」〔つり針・川〕から出たものといわれているが疑問である。「アックナイ」〔子獣を捕る川〕のことで、わなをかける川の方が正しいともいわれている。『北海道駅名の起源』（昭和48）
○アップ・ナイ、原称「アッシ・ナイ」なり。この川の付近アッシ（厚司）

の材料となるべきオヒョウ多かりしより名づく。：山田『北海道の地名』
○厚内川を地図で見てみると、河口から3㌔ほど入ったところの線路の側で大きく曲がり、見事に釣針の形になっている。これを現地で見ても川の曲線は疑いようもなく釣針形である。厚内川は秦先生が「蝦夷地名考」に書いたと同じく、川の曲がり方が釣針に似た釣針川なのであった。：早田国光『十勝アイヌ語地名手帖』

　厚内山 atsunai-yama →アプナイ山 △214.8m〔山地〕A-6 豊頃白糠丘陵〔20万図〕帯広23〔2.5万図〕浦幌b〔山頂所在市町村〕浦幌町〔位置〕アプナイ山の項参照〔地名掲載資料〕厚内山「輯製20万図」（大津）

　円山 ② maruyama →タフコフ⑤　△204.9m〔山地〕A-6 豊頃白糠丘陵〔20万図〕帯広22〔2.5万図〕常室c〔山頂所在市町村〕浦幌町〔位置〕浦幌町円山地区の北方で、浦幌川が東側へ大きく湾曲しているところの小山。
〔地名掲載資料〕
◇円山『ＮＨＫ北海道地名誌』
◇205.2(山名の記載なし)「国土地理院図」
◇丸山「国土地理院四等三角点名」

　タフコフ　⑤　tahukohu →円山②　△204.9m〔山地〕A-6 豊頃白糠丘陵〔20万図〕帯広22〔2.5万図〕常室c〔山頂所在市町村〕浦幌町〔位置〕浦幌町円山地区の北方で、浦幌川が東側へ大きく湾曲しているところの小山。
〔地名掲載資料〕
◇タフコフ「十勝州之内静岡藩支配地四郡地圖」
◇205.2（山名の記載なし）「国土地理院図」

　ミヨシビラ山 miyoshibira-yama　？m〔山地〕A-6 豊頃白糠丘陵〔20万図〕帯広22〔2.5万図〕常室d〔山頂所在市町村〕浦幌町〔位置〕浦幌町市街の北西方、時和のあたり〔地名掲載資料〕ミヨシビラ山「輯製20万図」（大津）

　オウコッペ山 oukoppe-yama　△151.5m〔山地〕A-6 豊頃白糠丘陵〔20万図〕帯広23〔2.5万図〕浦幌a〔経度〕143°43′33″〔緯度〕42°48′54″

〔山頂所在市町村〕浦幌町〔位置〕ＪＲ上厚内駅の西方2.8km、オコッペ沢源。
〔地名掲載資料〕
◇ヲコッペ山「輯製20万図」（大津）
◇オウコッペ山178「道廳20万図」（実測切図）（十勝）
◇オウコッペ 177.7「仮製5万図」（大津）
◇オコベツ山『日本名勝地誌』第九編
◇オウコツペ山『大日本地名辞書』
◇送電線「国土地理院四等三角点名」
〔川名の由来・語源〕
〇 o-u-kot-pe〔川尻が・互いに・くっつく・もの（川）〕の意。今オコッペ沢川と呼ばれる川と、東側のポン・オコッペ川（小・オコッペ川）が、海岸の処でくっついたり離れたりしていたのでこの名が出たのであろう。山田『北海道の地名』

霧止峠 kiridome-touge　約96m〔山地〕A-6 豊頃白糠丘陵〔20万図〕帯広23〔2.5万図〕浦幌b〔山頂所在市町村〕浦幌町

静内山 shizunai-yama　△124.2m〔山地〕A-6 豊頃白糠丘陵〔20万図〕帯広3〔2.5万図〕浦幌x〔山頂所在市町村〕浦幌町〔位置〕浦幌町静内の東方、十勝静内川の上流、標高175.7mの山か
〔地名掲載資料〕
◇静内山「国土地理院二等三角点名」
◇静内山（十勝太付近の略図）静内山はポロネシリ山からさらに少し山奥にあった。『十勝平野』（小説）
〔川名の由来・語源〕シュツナイ、スッ・ナイ〔麓・沢〕旧町史では「シュウトウナイ、麓川・老婆が死んで葬った沢」となっている。『白糠町史』

ポロネシリ山 poroneshiri-yama　？m〔山地〕A-6 豊頃白糠丘陵〔20万図〕帯広23〔2.5万図〕浦幌x〔山頂所在市町村〕浦幌町〔位置〕霧止峠の北となり、標高160.4mの山か。
〔地名掲載資料〕ポロネシリ山（十勝太付近の略図）『十勝平野』（小説）

カムイロキ山 kamuiroki-yama △370.5m〔山地〕A-6 豊頃白糠丘陵〔20万図〕帯広25〔2.5万図〕愛冠b〔経度〕143°34′21″〔緯度〕43°16′41″〔山頂所在市町村〕足寄町〔位置特徴〕足寄川と陸別川の分岐、足寄市街の北方にある独立峰。北海道に天測点が8ヶ所設置されており、カムイロキ山の山頂にも建っている。国土地理院の三角点名は「冠色樹山」。
〔地名掲載資料〕
◇カムイロキ『武四郎蝦夷地紀行』（川々取調帳）590p
◇カモイヘロキ『松浦午十四手控』
◇カムイロキ岳〔足寄川口〕『松浦戊午日誌』（川筋図）下-327p
◇カモイロキ、左りの高山、其麓欠崩岩有。土人等往来の時は此処え木弊を立て、拝して下る也。『松浦戊午日誌』下-328p
◇カモイイロキ岳『松浦戊午日誌』（川筋図）下-331p
◇カモイイロキの山『松浦戊午日誌』（文）下-332p
◇カモイロキノポリ『武四郎蝦夷地紀行』（川々取調帳）594p
◇カムイイロキ『松浦戊午日誌』6巻・登加智留宇知之誌肆（文）上-187p
◇カムイロキノホリ「松浦山川図」
◇カムイロキ山 404「道廳20万図」（実測切図）（足寄）
◇カムイロキ 404.2 「仮製5万図」（足寄）
◇カムイロキ山「国土地理院図」（現行）
◇冠色樹山「国土地理院一等三角点名」
〔山名の語源〕
○Kamui roki カムイ ロキ〔神座、熊ノ穴ヲ堀リ越年スル處〕『永田地名解』361p
○カムイ・ロク・イ kamui-rok-i〔神の＝熊・座る・所〕：山田『北海道の地名』
○カムイイロキ、足寄市街北方の山。カムイ・エロク・イ〔神の・住んでいる・所〕の意。『足寄町百年史上巻』
○聖地のカムイイロキは、現在、屈足ダムになっており白鳥の休息地。：高橋基（旭川）

大塚山 ootsuka-yama →オチリシ △157.7m〔山地〕A-6 豊頃白糠丘陵〔20万図〕帯広26〔2.5万図〕足寄ca〔山頂所在市町村〕足寄町〔位置〕足寄市街から阿寒に向かう両国橋の上手に見える崖山（神社の裏山）。

〔地名掲載資料〕
◇大塚山（オチリシ）『足寄百年史上巻』
◇稲荷神社「国土地理院四等三角点名」

　オチリシ ochirishi →大塚山　△157.7m〔山地〕A-6 豊頃白糠丘陵〔20万図〕帯広26〔2.5万図〕足寄ca〔山頂所在市町村〕足寄町〔地名掲載資料〕大塚山（オチリシ）
〔山名の語源〕オ・シル・ウシ・イ〔そこに・水際の断崖・ある・所〕の意。『足寄百年史上巻』

　リイシリ山 riishiri-yama　？m〔山地〕A-6 豊頃白糠丘陵〔20万図〕？〔2.5万図〕？m〔位置〕浦幌川上流西方のあたり
〔地名掲載資料〕リイシリ山「十勝州之内静岡藩支配地四郡地圖」

　シヤラツケ山 sharatsuke-yama　？m〔山地〕A-6 豊頃白糠丘陵〔20万図〕不明〔2.5万図〕不明〔位置〕浦幌川上流西側のあたり
〔地名掲載資料〕シヤラツケ山「十勝州之内静岡藩支配地四郡地圖」

　神居山 mamui-yama　△169.3m　〔山地〕A-6 豊頃白糠丘陵〔20万図〕帯広27〔2.5万図〕本別b〔位置〕本別町市街の南東500mの丘〔地名掲載資料〕神居山展望台（山頂の看板）

　十弗山 toohutsu-yama　△275.9m〔山地〕A-6 豊頃白糠丘陵〔20万図〕帯広28〔2.5万図〕宝生a〔山頂所在市町村〕本別町・池田町・浦幌町
〔位置〕利別川支流、十弗川上流
〔地名掲載資料〕
◇十弗山「輯製20万図」（大津）
◇幌加十弗山「国土地理院四等三角点名」
〔地名の語源〕
○アイヌ語、to-put〔沼・口〕
○アイヌ語「ト・プッ」〔沼・口〕に十弗の字を当てたものである。『北海道駅名の起源』
○トウ・プト〔沼の尻の辺に在る處〕：安田巌城『十勝地名解』

○トープッ〔沼の・口〕：山田『北海道の地名』
○明治時代まで十弗は、「トープチ」「トープト」「トプチ」とさまざまに呼称されて来たが、「トー・プト」（沼の・口）が正しい。十弗川が旧十勝川に合流するする所に沼があって、その沼じりがトープトであった。『池田町史上巻』
○トー・プト〔沼・川口〕、「沼の川口」すなわち「沼の口」『豊頃町史』

　下頃山 shimokoro-yama ？m〔山地〕A-6 豊頃白糠丘陵〔20万図〕不明〔2.5万図〕不明〔山頂所在市町村〕池田町・浦幌町〔位置〕浦幌町瀬多来のあたり〔地名掲載資料〕下頃山「輯製20万図」（大津）

　板谷山 itaya-yama ？m〔山地〕A-6 豊頃白糠丘陵〔20万図〕帯広x〔2.5万図〕不明〔山頂所在市町村〕浦幌町〔位置〕不明〔地名掲載資料〕板谷山『十勝平野』（小説）

　黄肌山 kihada-yama ？m〔山地〕A-6 豊頃白糠丘陵〔20万図〕帯広x〔2.5万図〕不明〔山頂所在市町村〕浦幌町〔位置〕昆布刈石の西方
〔地名掲載資料〕黄肌（シコロ）山、黄肌が密生し山鳥の多い処だ。『十勝平野』（小説）

　白樺山 shirakaba-yama ？m〔山地〕A-6 豊頃白糠丘陵〔20万図〕帯広x〔2.5万図〕不明〔20万図〕帯広x〔2.5万図〕不明〔山頂所在市町村〕浦幌町
〔位置〕不明〔地名掲載資料〕白樺山『十勝平野』（小説）

　タプコピラ tapuko-pira ・258m〔山地〕A-6 豊頃白糠丘陵〔20万図〕北見24〔2.5万図〕大誉地abcd〔山頂所在市町村〕足寄町〔所在山地〕豊頃白糠丘陵〔位置〕利別川の南支流、ペンケトメルベシュペ川の川口、旧「ふるさと銀河線」南東方の崖山。
〔地名掲載資料・語源〕
タツコピラ、タプコプ・ピラ〔弧山の・崖〕の意と思われ、実際に一つだけ離れた小山がある。『足寄百年史上巻』

A-6 豊頃白糠丘陵

ウコタキヌプリ登山口　寺口一孝
【170】

ウコタキヌプリ　寺口一孝【170】

ウコタキヌプリ山頂　寺口一孝【170】

ウコタキヌプリの北峰（左手、頂上）南峰（中央、三角点）2010.11 tafur【170】

義経山　2015.6
北のかもしかの山歩き【172】

川流布山　tiroro harugs【173】

第Ⅱ編　山の履歴

鍛高山から滝ノ上山
tiroro harugs【166】

滝ノ上山　2016.12
北のかもしかの山歩き【166】

神居山展望台　img〔1〕【177】

A-7 十勝中部丘陵

カンカン山 kankan-yama △214.2m〔山地〕A-7 十勝中部丘陵〔20万図〕帯広32〔2.5万図〕旅来 a〔経度〕143°31′50″〔緯度〕43°44′14″〔山頂所在市町村〕豊頃町〔位置〕豊頃町旅来の西方5km
〔地名掲載資料〕
◇カンカン山「国土地理院図」(現行)
◇安骨山「国土地理院四等三角点名」
〔川名の由来・語源〕
○カンカンとは「腸」の意味で普通は「腸のように幾重にも屈曲して流れている川」という意味になる。『豊頃町史』
○ウツナイ原野の東端、十勝川の右岸に突き出たカンカンビラ(崖)及び十勝川西北から流れるカンカン(川)の西にある山であるところからカンカン山の名がつけられた。
○アイヌ語、kankan-pira カンカン・ピラ〔腸の垂れ下がった・岩〕

トンケシ山 tonkeshi-yama △95.3m A-7 十勝中部丘陵〔20万図〕帯広32〔2.5万図〕旅来 b〔経度〕143°35′47″〔緯度〕42°41′4″〔山頂所在市町村〕豊頃町〔位置〕豊頃町長節の東方1.2km
〔地名掲載資料〕
◇トンケシ山『十勝平野』(小説)
◇長臼山(オサウスヤマ)「国土地理院二等三角点名」

長節山 choubushi-yama △86.2m〔山地〕A-7 十勝中部丘陵〔20万図〕帯広32〔2.5万図〕旅来 b〔山頂所在市町村〕豊頃町〔位置〕豊頃町久保の西方あたり〔地名掲載資料〕長節山「輯製20万図」(大津)
〔地名掲載資料〕
◇チョブシ〔長節沼、沼有、周二里〕時化(シケ)の時、沼口破れ舟にて渡す(小休み所、蝦夷家有)名義は自ら破ゝ儀なり。チは自ら、ヲブシは破ゝと云。(中略)エトイムシ(中川)三ッに成る。源はチョブシ岳に到る。『松浦東蝦夷日誌』上-276p
〔地名の由来・語源〕
○チヲブシ。自ら破れると訳す。此沼折節破れる故字になすといふ。『上原

蝦夷地名考幷里程記』
○〔破れる沼〕の意。沼尻が砂で塞がれるか、沼の水位が高くなると、自然にブシッと沼尻が破れて流れ出す沼なのでそう呼ばれた。：山田『北海道の地名』
○Chep-ushi チェプ ウシ〔魚處ニ沼アリ沼中ニ「ボラ魚」多シ今人「チョーブシ」ト云フハ非ナリ〕『永田地名解』398p
　この解について根室市史は「チェプウシなら魚の沢山いることであるが、この沼に魚をとるらしい船が一艘もなく、また水鳥も集まっていない」と記している。鎌田正信『道東地方のアイヌ語地名』

　幌安山 horoan-yama △447.7m〔山地〕A-7 十勝中部丘陵〔20万図〕帯広 34〔2.5万図〕活込 a〔経度〕143°27′3″〔緯度〕43°14′50″〔山頂所在市町村〕足寄町・本別町〔位置〕活込貯水池の西方 1.5km
〔河川図〕十勝川の北支流利別川の枝川、6009-1890-3R 開北川の東方川口、6009-1830-3R ヨウナイ川の源流。

　居辺山 oribe-san △427.1m〔山地〕A-7 十勝中部丘陵〔20万図〕帯広 34〔2.5万図〕活込 c〔経度〕143°24′17″〔緯度〕43°13′0″
〔山頂所在市町村〕上士幌町・本別町〔位置〕上士幌町居辺の当方 3.3km
〔河川図〕十勝川支流利別川支流の枝沢、6009-1531-3R 九の沢川の源流、6009-1290-3L 鷹栄川の上流。
〔山名の由来・語源〕
○Orube オルベ〔丘ノ處〕『永田地名解』333p
○（永田説は）丘の処と解されるがよく判らない『続士幌のあゆみ』
○オリベツ、〔川尻が・高くある・川〕：川村重雄『池田地名考』
○今日でも居辺は河岸段丘が発達した所で、アイヌの居住した所も「丘」に在ったところから、そうした地形上の地名であることは違いがない。『池田町史上巻』

　トシベツ山 toshibetsu-yama ？m〔山地〕A-7 十勝中部丘陵〔20万図〕帯広 37〔2.5万図〕十勝池田 x〔山頂所在市町村〕池田町
〔位置〕利別川の川口（今の池田町）の北東方あたり
〔地名掲載資料〕

◇トシベツノホリ『松浦戊午日誌』(文) 上-266p
◇トシベツ山（トシヘツフトの北東に記している）「十勝國絵図」
〔山名の由来・語源〕
○トシベツを訳して縄川という。そのわけは、昔からこの川筋のアショロ、リクンベツはクスリ（釧路）領であったので、（十勝アイヌとの間に）ときどき境界についての論争が起こり、十勝アイヌがこの川口に縄を張って、クスリアイヌを通さなかったので名付けた。(意訳)『松浦東蝦夷日誌』七巻
○「トシベツ訳して"縄川"と言は、昔日より此川筋アショロ、リクンベツはクスリ領なるが故に時時境目論起り、さて此川口に縄を張りてクスリ土人を、十勝土人が通さざりしに号ると。」「利別、遠く釧路の国境より来れる利別川より此名あり。原称は"ズーシベツ"に縄川と訳すべし。一説に此川上蝮蛇多き所、アイヌは直ちにトッコカムイ（蝮蛇）の名を呼べば災害が起るとの習慣より之を避けて縄川と称せりとず。又古昔釧路足寄方面のアイヌ等と十勝アイヌ等、鮭鱒漁獲の競争より其流域の場所を争い、多年粉擾の末両者間協定の末縄を川口に張りて、これが区画をなしたりとの説、真に近きが如し。」：安田厳城『愛郷資料』
○トシュ・ベツ（蛇川。直訳網川）としているが、網を張ったからか、あるいは蛇行する川、それとも蛇の多い川という意味なのか判然としない。山田秀三『川の名』

オツルシ山 ① otsurushi-yama →落石山 △233.4m〔山地〕A-7 十勝中部丘陵〔20万図〕帯広37〔2.5万図〕十勝池田d〔山頂所在市町村〕池田町〔位置〕「道廰20万図」に記された位置と標高地から推定すると、利別川と十勝川が合流する、フンベ山の北西方2.8kmにある標高約230mの無名山が該当しそうだ。
〔地名掲載資料〕
◇ヲワルシ山「輯製20万分図」（大津）
◇オツルシ山 234「道廰20万図」（実測切図）（十勝）
◇オツルシ山 133.8「仮製5万図」（止若）標高値について、「道廰20万図」は234とあり、これを受け継いで『大日本地名辞書』は「オツルシ山といふ丘陵あり234米」と書いた。この辺りの丘陵で一番高く目立つ山で、現行の地形図に表記しているのは△233.4mなので、オツルシ山はこの山であろう。
◇凋寒（シボウサム）村の北方にオツルシ山といふ丘陵あり、高距234米突、

第Ⅱ編　山の履歴

『大日本地名辞書』
◇陶久(スエヒサ)「国土地理院四等三角点名」
〔山名の由来・語源〕
○オ・シル・ウシ・ヌプリ〔尻が・水際の断崖・ついている・山〕エサウシ山（フンベ山）北西、東三十一号附近の十勝川に突き出た山を指して言ったものであろう。『池田町史上巻』
○o-sir-us-i　オ・シリ・ウシ・イ（そこに・水際の険しい山・ある・ところ）のような形であったと思われる。利別川と十勝川が合流するあたりに丘陵が張り出してきており、その先が険しい山になっているので付けられたと考えられる。：秋山秀敏『アイヌ語地名研究18』「アイヌ民族とフンペ地名」
〔同名の山〕オツルシ山（芽室町）

落石山　ochirushi-yama　→オツルシ山　△233.4m〔山地〕A-7 十勝中部丘陵〔20万図〕帯広37〔2.5万図〕十勝池田 d
〔地名掲載資料〕
◇オシルシ山『池田町史上巻』
◇落石山「国土地理院一等三角点」

フンベ山　hunnbe-san　エサウシ山　△170.0m〔山地〕A-7 十勝中部丘陵〔20万図〕帯広37〔2.5万図〕十勝池田 d〔経度〕143°25′11″〔緯度〕42°56′27″〔山頂所在市町村〕池田町
〔位置〕ＪＲ利別駅の北西方1.2km。北から南へ張り出している山、それをクジラに見立てたのであろうか。
池田町様舞地区から西の丘陵を望むと、クジラが伏せているような格好に見える。秋山秀敏『アイヌ語地名
〔夏季コース〕南東斜面に遊歩道がついている。

エサウシ山　esaushi-yama　→フンベ山　△170.0m〔山地〕A-7 十勝中部丘陵〔20万図〕帯広37〔2.5万図〕十勝池田 d〔山頂所在市町村〕池田町
〔位置〕利別川と十勝川が合流するあたりの丘陵、池田町豊田の南西のあたり
〔地名掲載資料〕
◇エサシ山「輯製20万図」（大津）

◇エサウシ山『池田町史上巻』
〔山名の由来・語源〕
○今日「フンベ山」として親しまれているが、古くは「エサウシ」と名付けられていたものである。大正2年再版の地図にも「エサウシ山」とあるから、フンベ山の呼称は全く新しいものと思われる。渡島の江差や北見の枝幸と同義であって、「エ・サ・ウシ」と発音し、「頭を・前に・つけている者」と解し、陸岬が海につき出ている所にこの地名が多い。フンベ山も十勝川と利別川の合流するトシベツプトに大きく突き出ており、河川のはんらんの時には一面一大湖水か海にもまがう様相となり、そうした時にこの山が陸の岬に見えたものであろう。『池田町史上巻』

幕別町明野ヶ丘スキー場　中川郡幕別町字明野、子供向けのなだらかなコース。昭和11年発行の『スキー北海道』に「諏訪山スキー場、止若驛（今の幕別駅）から一粁、緩急長短各種の斜面があって一般向きである」の記録がある。

茂岩山 moiwa-yama　〔標高〕×××〔山地〕A-7 十勝中部丘陵〔20万図〕帯広39〔2.5万図〕農野牛b〔山頂所在市町村〕豊頃町〔位置〕豊頃町茂岩市街の西方、標高80mほどの平坦な高台全体の呼称らしい。
〔地名掲載資料〕茂岩山（もいわやま）茂岩市街の西にある小山『NHK北海道地名誌』
〔山名の語源〕
○モイワ（小山、或は小森林）：安田巌城『十勝地名解』
○モイワ（茂岩）、モ・イワ（子・山又は丘）で、「小山、小さな丘」を意味する。『豊頃町史』
○アイヌ語「モ・イワ」は小岩山の意『NHK北海道地名誌』
○モ・イワ（小さい・山）：山田『北海道の地名』

チキシヤニタイボ chikishiyanitaipo ?m〔山地〕A-7 十勝中部丘陵〔20万図〕帯広39〔2.5万図〕農野牛x〔山頂所在市町村〕豊頃町〔位置〕不明
〔地名掲載資料〕
◇トヒオカ山に向って右方はチウヌヘッチャラ（右原）ノヤウシ（右川）チキシヤニタイホ（右山）ウシシベツ（右川）＜3月17日＞『松浦十勝日誌』

〔山名の語源〕
◇チキシヤニタイボ、此処赤泰皮（アカタモ）の木のみ也。タイホは岡の事也『松浦戊午日誌』東部報十勝誌肆、下-352p

忠類白銀台スキー場　中川郡幕別町字忠類白銀台、道の駅忠類の北東方、路線バス（白銀台入り口下車）で行ける身近なスキー場。
　忠類驛から約半粁、一般向のスキー場で、シャンツエ、休憩所、ヒュッテの設備がある。『スキーへ』（昭和10年）

トヒオカ山 tohioka-yama ？m 〔山地〕A-7 十勝中部丘陵〔20万図〕帯広39〔2.5万図〕農野牛 x〔山頂所在市町村〕豊頃町〔位置〕豊頃町ノヤウシ（農野牛）、十勝川支流ノヤウシ川沿い。
〔地名掲載資料〕
◇トヒヨカ云、見はらしよき処也。其名義は此処むかしより死人を多く埋し処、段々かさなり居るより号しとかや。此処右のかたはのた也。其左りは崩平より水落滴りて、其上は谷地成り。其傍に人家二軒有。『松浦戊午日誌』東部報十勝誌・肆、下-351p
◇トヒヨカ、トプヨカオロ、豊頃、top-eyorka-or〔伸びて・後戻りする・所〕『松浦戊午日誌』下-351p（秋葉・上覧解説）
◇トヒオカ山に向って右方チウヌヘッチャラ、ノヤウシ、チキシャニタイホ、ウシベツ、ワサル、セヨイ『松浦十勝日誌』

佐倉山 sakura-yama △295.5m〔山地〕A-7 十勝中部丘陵〔20万図〕帯広43〔2.5万図〕士幌 a〔経度〕143°20′39″〔緯度〕43°8′16″〔山頂所在市町村〕士幌町〔位置〕士幌町下居辺市街の西方2.5km

十勝ガ丘 tokachiga-oka △180.2m〔山地〕A-7 十勝中部丘陵〔20万図〕帯広45〔2.5万図〕十勝川温泉 b〔経度〕143°19′46″〔緯度〕42°56′25″〔山頂所在市町村〕池田町〔位置〕十勝川温泉の東北東方2.5km、山の南斜面下に十勝川が流れている。
〔河川図〕十勝川支流千代田川の川口の西方700m
〔地名掲載資料〕
◇十勝ヶ岳「国土地理院2.5万図」

◇三東山（ﾐﾄｳﾔﾏ）「国土地理院三等三角点名」
◇十勝ガ岳「河川図」（帯広土木現業所）

オツルシ山 ② otsurushi-yama →国見山 △116.7m〔山地〕A-7 十勝中部丘陵〔20万図〕帯広53〔2.5万図〕帯広北部d〔山頂所在市町村〕芽室町・音更町〔位置〕十勝川に北から合流する然別川の合流点国見橋の北西方400m
〔地名掲載資料〕
◇オワルシ山「輯製20万図」（大津）
◇オツルシ山「道廳20万図」（実測切図）（十勝）明治27年
◇オツルシ山「仮製5万図」（帯廣）明治29年
[同名の山]オツルシ山①（池田町）
〔川名の由来・語源〕オ・トウイ・ウシ・イ o-tuy-us-i〔川尻の・切れる・いつもそうある・もの（川）〕この山が川面に対して切り立っているため呼ばれたものか。秋山秀敏『アイヌ語地名研究15』

国見山 kunimi-yama →オツルシ山② △116.7m〔山地〕A-7 十勝中部丘陵〔20万図〕帯広53〔2.5万図〕帯広北部d〔山頂所在市町村〕芽室町・音更町〔位置〕十勝川に北から然別川への合流点国見橋の北西方400m
〔山名の由来〕芽室と音更の境界にあり、のちに晩成社の渡辺勝がこの山に登り、十勝国が一目で見渡せる山として「国見山」と名付け、アイヌ語地名（オツルシ山）が消えることとなった。アイヌ期にチャシが造られていた。；秋山秀敏『アイヌ語地名研究15』

イナウシベツノポリ inaushibetunopori ?m〔山地〕A-7 十勝中部丘陵〔20万図〕帯広46〔2.5万図〕幕別x〔山頂所在市町村〕幕別町〔位置〕稲志別川の上流〔地名掲載資料〕イナウシベツノポリ『武四郎蝦夷地紀行』（川々取調帳）586p

ヲルンタツコ山 oruntatsuko-yama ?m 〔山地〕A-7 十勝中部丘陵〔20万図〕帯広63〔2.5万図〕上帯広x〔山頂所在市町村〕芽室町〔位置〕芽室町上伏古のあたり
〔地名掲載資料〕ヲルンタツコ山「輯製20万図」（大津）

金山 kinzan ？m A-7 十勝中部丘陵〔20万図〕不明〔2.5万図〕不明〔位置〕大樹町？〔地名掲載資料〕金山「松前蝦夷図」

チラヽタケ tirara-take ？m A-7 十勝中部丘陵〔20万図〕不明〔2.5万図〕不明〔地名掲載資料〕チラヽタケ「蝦夷松前輿地図」

當縁山 toubuchi-yama △335.0m〔山地〕A-7 十勝中部丘陵〔20万図〕広尾41〔2.5万図〕上更別a〔山頂所在市町村〕忠類村・大樹町〔位置〕當縁川上流左岸。
〔地名掲載資料〕
◇當縁山「輯製20万図」（茂寄）
◇當縁山：国土地理院一等三角点名、国土地理院地形図は△335.0（山名は記載されていない）
〔地名の由来・語源〕
○夷語トヲブイは、沼の穴と譯す。拠、トヲとは沼の事。ブイは穴と云ふ事にて此沼の内に夷人クリモントといふて、大なる穴のあるゆへ地名になすといふ。『上原蝦夷地名考幷里程記』
○トウブイ。沼口と云儀。またフイ此の沼に多き故とも云り。『松浦東蝦夷日誌』
○To pui トープイ〔沼穴、旧説ニ云大雨一過沼口破裂シテ其跡凹ミテ穴ノ如シ故ニ名ク一説「トープイ」ハ草ノ名此草多シ故ニ此名アリト〕『永田地名解』326p
○ホロカヤントウから西南方約2ｷﾛの処に當縁川があり、その川筋に當縁の地名あり。松浦図はその川口に大きな海岸の沼をかいているが、明治29年5月の5万分図では、もう湿原化していた。この沼がこの名のもとのようである。トー・プチ〔沼の・そのロ〕：山田『北海道の地名』p326
○トーブイ＝もともとは當縁川の河口周辺の川筋の地名だったが、當縁の字があてられ忠類の全域を占めていた當縁村の語源となった。アイヌ語の意味についてはいろいろな説がある。：土屋茂『南十勝アイヌ語地名考』

湧洞山 yuudou-yama→當縁山 △335.0m〔山地〕A-7 十勝中部丘陵〔20万図〕広尾41〔2.5万図〕上更別a〔山頂所在市町村〕忠類村・大樹町〔位

置〕湧洞川の上流左岸。
〔地名掲載資料〕湧洞山（湧洞川の源頭）「輯製20万図」（茂寄）
〔山名の語源〕アイヌ語、yu-to ユー・ト〔湯・沼〕

シケレヘウシ岳 shikereheushi-dake →忠類山 △300.1m〔山地〕A-7 十勝中部丘陵〔20万図〕広尾41〔2.5万図〕上音更b〔山頂所在市町村〕幕別町（旧・忠類村）〔位置〕元忠類の東方1.2km
〔地名掲載資料〕
◇シケレヘウシノホリ「松浦山川図」
◇シケレヘウシナイ、ウライヤ岳（右山）傍にシケレヘウシナイ（右川）『松浦東蝦夷日誌』上-273p
◇シケレヘウシ岳『松浦東蝦夷日誌』上-271p（川筋図）
◇忠類山「国土地理院二等三角点名」
〔川名の語源〕
○シケレペ・ウン・ペツ〔キハダの木・のある・川〕：村上啓司
〔夏季コース〕◎西方の元忠類から登山道がある

忠類山 tyuurui-yama →シケレヘウシ岳 △300.1m〔山地〕A-7 十勝中部丘陵〔20万図〕広尾41〔2.5万図〕上音更b〔山頂所在市町村〕幕別町（旧・忠類村）〔位置〕元忠類の東方1.2km
〔地名掲載資料〕忠類山：国土地理院二等三角点

ヘタンヌプリ hetan-nupuri ?m〔山地〕A-7 十勝中部丘陵〔20万図〕広尾42〔2.5万図〕忠類x〔山頂所在市町村〕大樹町〔位置〕アイボシマ川の中流右岸のあたりに描かれている。
〔地名掲載資料〕ヘタンヌプリ「十勝原野植民地撰定概圖」

ウライヤ岳 uraiya-dake ?m〔山地〕A-7 十勝中部丘陵〔20万図〕広尾42〔2.5万図〕忠類x〔山頂所在市町村〕幕別町（旧・忠類村）・大樹町
〔位置〕當縁川源のあたり
〔地名掲載資料〕
◇ウライヤノホリ「松浦山川図」
◇ウライヤ岳『松浦東蝦夷日誌』（川筋図）上-271p

◇ウライヤ岳『松浦東蝦夷日誌』(文) 上-273p. 274p

丸山 ⑤ maruyama →チホウマイワ山 △271.4m〔山地〕A-7 十勝中部丘陵〔20万図〕広尾42〔2.5万図〕忠類a〔経度〕143°19′4″〔緯度〕42°34′48″〔山頂所在市町村〕幕別町(旧・忠類村)〔位置〕忠類村市街の北北東方2.2km
〔地名掲載資料〕
◇丸山(まるやま)270m、忠類村市街の北方の小山。一般にはチョマナイ山と呼んで居り観光道路が頂上まで通じている。『NHK北海道地名誌』
◇271.4「国土地理院図」(山名記載なし)

チホウマイワ(山) chihoumaiwa-yama →丸山⑤ △271.4m〔山地〕A-7 十勝中部丘陵〔20万図〕広尾42〔2.5万図〕忠類a〔経度〕143°19′4″〔緯度〕42°34′48″〔山頂所在市町村〕幕別町(旧・忠類村)〔位置〕忠類村市街の北北東方2.2km
〔地名掲載資料〕
◇チヨマイワ(高山)と云岩山有て、『松浦東蝦夷日誌』上-274p
◇チホーマイワ「仮製5万図」
◇遠縁(トウベリ)川、上流二支あり、コイカクシュトープイといふサクウシュトープイといふ、共に 北東高丘の西麓に発し、チホウマイワ山(高二九六米突)の両側を流れて南下し合流の後、屈曲廻流して海に注ぐ、長凡七里。チホウマイワ山は卑小なれど、歴舟植民地(大喜村)に接し、東に延びて下遠縁原野と為る。暦舟植民地(大喜(タイキ)村)の南方に屹立し一目標たり。『大日本地名辞書』
〔山名の由来・語源〕「チョマ・イワ〔恐ろしい・山〕忠類村の国道正面に現れる。「まむしがいる」と言う話や「昔この山に登った人で帰ってきた人は誰もいないので恐ろしい山だ」と言う話も聞いていますが：土屋茂『南十勝のアイヌ語地名考』

モイワ山 ① moiwa-yama △185.1m〔山地〕A-7 十勝中部丘陵〔20万図〕広尾42〔2.5万図〕忠類b〔経度〕143°17′31″〔緯度〕42°31′4″
〔山頂所在市町村〕大樹町〔位置〕大樹町市街地の北方
〔地名掲載資料〕

◇モイワ「道廳20万図」(実測切図)(襟裳)
◇モイワ「仮製5万図」(オイカマナイ沼)
〔山名の由来・語源〕
○Moiwa モイワ〔小山〕『永田地名解』353p
○大樹のモイワは円錐形の目立って美しい印象的な独立丘である。『大樹町史』

　ホロケナシ horokenashi　？m〔山地〕A-7 十勝中部丘陵〔20万図〕広尾50〔2.5万図〕尾田 x〔山頂所在市町村〕大樹町〔位置〕十勝育成牧場の南西のあたり
〔地名掲載資料〕ホロケナシ(右山)『松浦東蝦夷日誌』七編、279p
〔山名の語源〕ポロ・ケナシ poro-kenas〔大きな・川端の木原〕：土屋『南十勝のアイヌ語地名考』

　清水ケ丘スキー場(旧・スキー場)清水驛の北西約二粁、緩急各種のスロープを有し頗る廣汎で、シャンツエには五〇米、三〇米、一五米臺の三種があり、萬人向のスキー場である。(昭和11年)『スキー北海道』
佐幌川の左岸、小丘の雑木林のあたり。〔2.5万図〕十勝清水 d

　インガルシュペ　ingarushupe　仮382.4m〔山地〕A-7 十勝中部丘陵〔20万図〕夕張岳8〔2.5万図〕拓成 a〔山頂所在市町村〕帯広市
〔位置〕松浦図はインカルシを戸蔦別川中流の右岸に置いているが、道廳20万図はインガルシュペを戸蔦別川中流の左岸に置いている。インカルシュペの語意を考慮すると、この付近の戸蔦別川の左岸が急峻な崖が連続しているので、左岸が該当するようである。インカルシュペの位置は、川を眺望し易い拓成橋の左岸(下流に向かって)のあたりと思われる。
〔地名掲載資料〕
◇インカルシ「松浦戊午手控」拾四-102p
◇インカルシ(戸蔦別川中流の右岸)「松浦川筋取調図」「松浦山川図」
◇インカルシ(戸蔦別川中流の右岸)『松浦戊午日誌』下-247p(川筋図)
◇インカルウシ、左りの方(上流に向かって)小山也。本名エンカルシと云り。此山又石狩のサツホロ等に同名有。上るや両岸高山さがしく、其間え上り行やヒリカヘクレ右のかた滝川也。『松浦戊午日誌』下-253p

◇インカルシ（左山）『松浦東蝦夷日誌』上-283p
◇インガルウシノボリ「東蝦夷地屏風」
◇アンカルシ「十勝州河西郡圖」
◇インガルシュペ（戸蔦別川中流の左岸）「道廳20万図」（実測切図）（沙流）
◇インガルシュペ 382.4「仮製5万図」（札内岳）
◇インカルシハヲマナイ「輯製20万図」（夕張嶽）

〔山名の由来・語源〕

○Ingaru ush be インカルシユペ〔眺望處　アイヌ此処ヘ上リ前途ノ針路ヲ定ム〕『永田地名解』314p

○インカル・ウシ・ペ inkar-us-pe 〔物見をし・つけている・もの（山）。〕この山に登って敵を見張ったり、物見をしたり、行く先の見当をつけたりする所なのであった。：鎌田正信『道東地方のアイヌ語地名』

A-7 十勝中部丘陵

フンベ山 2012.10
北のかもしかの山歩き【184】

国見山 2014.4
北のかもしかの山歩き【187】

フンベ山, 山頂の標識【184】

A-8　然別火山群

漆別山「A-10 北見盆地」の項に掲載

カネラン峠 kaneran-touge　542m〔山地〕A-8 然別火山群〔20万図〕北見 15〔2.5万図〕陸別東部 b〔山頂所在市町村〕陸別町・足寄町

丸山 ⑥ maruyama ・660m〔山地〕A-8 然別火山群〔20万図〕北見 48〔2.5万図〕芽室温泉 b〔経度〕143°21′19″〔緯度〕43°21′57″〔山頂所在市町村〕足寄町〔位置〕芽登温泉の南南東方 3km。〔河川図〕北東斜面は美里別川の上流、南西斜面は芽登川の上流
〔標高〕山頂 660m。国土地理院三角点△648.7m

仁鳴浦 ninarupo　△974.8m〔山地〕A-8 然別火山群〔20万図〕北見 48〔2.5万図〕芽登温泉 b〔山頂所在市町村〕上士幌町・足寄町〔位置〕芽登温泉の西方 6.5km、糠平発電所の北方 1.8km
〔地名掲載資料〕
◇仁鳴浦 974.7『上士幌町史』
◇仁鳴浦（ニナルポ）「国土地理院点の記」

育勇内 ikuyuunai　△1219.7m〔山地〕A-8 然別火山群〔20万図〕北見 56〔2.5万図〕糠平 a〔山頂所在市町村〕上士幌町・足寄町
〔位置〕糠平湖の北方 3.3km、南クマネシリ岳の南方 8.3km
〔地名掲載資料〕
◇育勇内 1219.6『上士幌町史』
◇勇内：国土地理院三等三角点名

天宝山 tenpouzan　→椴山②　△918.9m〔山地〕A-8 然別火山群〔20万図〕北見 56〔2.5万図〕糠平 b〔経度〕143°12′53″〔緯度〕43°21′22″〔山頂所在市町村〕上士幌町〔位置特徴〕糠平湖の南方 1.3km、糠平の展望台とも言える山
〔地名掲載資料〕天宝山、地元の人以外にはほとんど知られていない山である。地形図にも山名の表示はない。頂上まで針葉樹を主体とした林に覆われ、

一見見晴らしは良くないように思われるが、眼下の糠平湖を始め東大雪のほとんどの山を見渡すことができ「展望山」と呼びたくなるほどである。コースの途中に祠があり、そこまでは毎年信仰登山が行われている。『北海道夏山ガイド③』
〔夏季コース〕
◎糠平コース　帯広発の拓殖バスで終点「糠平」下車。糠平市街より鉄道史料館前の道をすすみ不二川トンネルを抜けるとすぐに右に折れる林道がある。この林道を500㍍入ったところが登山口。鉄製の古い橋を渡り、単調な針葉樹林の中を約1時間で頂上に出る。この山は真言宗の霊場となっていて中腹と頂上に祠がある。『北海道夏山ガイド③』

椴山　② todoyama　→天宝山　△918.9m〔山地〕A-8 然別火山群〔20万図〕北見56〔2.5万図〕糠平 b〔山頂所在市町村〕上士幌町〔位置〕糠平湖の南方1.3km。
〔地名掲載資料〕椴山：国土地理院二等三角点名

糠平温泉郷スキー場　加東郡上士幌町字糠平、糠平湖の南西斜面、〔2.5万図〕糠平 b

温泉山　onsen-yama　△1281.0m〔山地〕A-8 然別火山群〔20万図〕北見56〔2.5万図〕糠平 d〔経度〕143°9′12″〔緯度〕43°20′50″〔山頂所在市町村〕上士幌町
〔位置〕糠平温泉の西南西方3.9km
〔河川図〕北東斜面は、十勝川の支流音更川の枝沢 6009-7630-3R「一の沢川」の源流、北西斜面は、6009-7660-3R「四十九の沢川」の源流。
〔標高〕△1281.0「国土地理院2.5万図」（山名記載なし）
〔類似の山名〕温泉岳1578（新得町・上士幌町）

屏風山　② byoubu-yama　・1291m〔山地〕A-8 然別火山群〔20万図〕北見56〔2.5万図〕糠平 d〔経度〕143°7′59″〔緯度〕43°22′36″〔山頂所在市町村〕上士幌町
〔位置〕ウペペサンケ山の東南東方3.9km、糠平湖の西方。
〔河川図〕十勝川支流音更川の枝沢、6009-7670-3L「三の沢川」の源流、東

斜面は6009-7740-2R「五の沢川」の源流、北斜面は6009-7840-2R メトセップ川の上流
〔山名掲載資料〕屛風山「鹿追出張所管内河川図」
〔山名の由来〕東西に500m隔てて1291mと1286mのピークが並んで、東の糠平湖側から山を見上げると、屛風を立てたように見える。
〔糠平湖〕昭和31年に十勝川水系の音更川をダムで堰き止めた人工湖、高さ76m、長さ290m。

幌鹿峠 horoshika-touge ・1081m 〔山地〕A-8 然別火山群〔20万図〕北見56〔2.5万図〕糠平d〔山頂所在市町村〕上士幌町。十勝管内糠平湖と然別湖を結ぶパールスカイラインの最高点。鹿追町ではこの峠の名を両町の二字をとって「幌鹿峠」と呼んでいるが、上士幌町では「糠平峠」と呼んでいる。この峠からの眺めを「パールスカイライン」と呼ばれる。眼下に真珠色に輝く糠平湖、神秘の然別湖、また東大雪や阿寒の山々を遠くに眺められる。糠平湖と然別湖を結ぶ道路は昭和42年（1967）に完成している。『北海道の峠物語』

ケナショフコタツコフ kenaniyohuko-tatsukohu ？m 〔山地〕A-8 然別火山群〔20万図〕北見54〔2.5万図〕糠平x〔山頂所在市町村〕上士幌町〔位置〕糠平湖のあたり
〔地名掲載資料〕ケナショフコタツコフ「十勝州之内静岡藩支配地四郡地圖」

糠平富士 nukabira-huji ・1834.9m〔山地〕A-8 然別火山群〔20万図〕北見64〔2.5万図〕ウペペサンケ山a〔経度〕143°6′0″〔緯度〕43°23′1″〔山頂所在市町村〕鹿追町・上士幌町〔位置〕ウペペサンケ山への登山道の途中1km。
〔地名掲載資料〕
◇1834.6「国土地理院2.5図」（山名の記載なし）
◇糠平富士『北海道夏山ガイド③』
〔類似の山名〕ヌカビラ岳（日高山脈北部）、糠平山（日高山脈北部）
〔山名の語源〕
○アイヌ語「ノカ・ピラ」（人の姿の崖）からでたといわれている。『北海道駅名の起源』

○ノカ・ピラ（形のある崖）：更級源蔵『アイヌ語地名解』
○ノカ・ピラ（形像の（ある）・崖）：山田『北海道の地名』

ウペペサンケ山 upepesanke-yama ・1848m〔山地〕A-8 然別火山群〔20万図〕北見64〔2.5万図〕ウペペサンケ山a〔経度〕143°5′14″〔緯度〕43°23′13″〔山頂所在市町村〕鹿追町・上士幌町
〔位置特徴〕東大雪山系の南部、糠平湖の西方7kmに位置し、頂稜は起伏の多い東西に4kmもある屋根形の特異な形で、東西どちらからみても姿が似ている。遠くから眺める姿は女性的な優雅さを感じさせる。男性的な山容のニペソツ山と向かい合っており、東麓には人造湖の糠平湖が、南麓には然別湖がある。山は東西に1.5kmと長く、最高点は西寄りにあり1848mである。東隣りにある頂は通称「糠平富士」と呼ばれ、コンクリートに囲まれた三角点の表示は「ウペペサンケ山 1834.5」、山頂の片隅に立つ木製の標識は「糠平富士 1846.6」である。国土地理院地図の表示は1834.9である。昭和31年に糠平ダムが造られてから登山者が増えた。
〔河川図〕北西斜面は、十勝川の支流 6009-7940-3R 四の沢川と 6009-7960-4R 大滝の沢川の源流。南西斜面は 6009- 9040-2R シイシカリペツ川の源流。
〔標高値〕1848（山頂）、1834.6（国土地理院三角点）
〔地名掲載資料〕
◇ウヘヽサンケノホリ「松浦山川図」（この図に記された「ウヘヽサンケノホリ」と「トカチ岳」の位置は、北方に寄り過ぎで正確でない）
◇ウペヽサンケノポリ『松浦戊午日誌』49巻報十勝志弐（川筋図）下-274p
◇ウヘヽサンケノホリ『松浦戊午日誌』（文）下-280p
◇ウペヽサンケノポリ『武四郎蝦夷地紀行』（松浦川筋図）515p
◇ヲペンサンケウシノポリ『武四郎蝦夷地紀行』（松浦川筋図）536p
◇ウペペサンケ岳『松浦東蝦夷日誌』七編（文）
◇ウベベサンケ岳『松浦十勝日誌』（文）
◇ウヘヽサンケノボリ山「輯製20万図」（淕別）
◇ウペペサンケヌプリ 1736, 1746「道廳20万図」（実測切図）（足寄）
◇ウペペサンケヌプリ 1738.3, 1720.8, 1746.4「仮製5万図」（ニペソツ山）
◇ウペサンケヌプリ、ウペペサンケ山『日本名勝地誌』第九編
◇ウベヽサンゲノホリ、ウペペサンケ岳（ヌプリ）『大日本地名辞書』
◇ウヘサンケ山「大日本國郡精図」（十勝國）

◇鳥辺珊山：国土地理院一等三角点名
〔川名の由来・語源〕
○ウペペ・サンケ・ヌプリ upepe-sanke-nupuri〔雪解け水を・押し出す・山〕この山の雪が解ける時に川が大きく増水するのでこの名ができたのであろう。：山田『北海道の地名』
○upepe-sanke　ウペペ・サンケ（雪解け水・前に出す）
〔解説〕ウペペサンケ山の南西側を流れる糠平川には、アイヌが住んでいた記録がないことから、ウペペサンケの由来となったのは鹿追町側のシイシカリベツ川と思われる。昭和初期頃におけるこの川の上流一帯は、えぞまつやとどまつなどの密林であった。川の水量も今よりはるかに多かったようである。今では樹木の数が減少し、雪解け時の川の水量はさほど多いように見えない。：菅野祐良氏（菅野温泉）談
〔登山道の整備〕糠平からウペペサンケ山に登る登山道が整備されたのは、昭和25年（1950）前後だった。だがこの山の名が知られるようになったのは昭和55年、糠平の集落を湖底に沈めて、電源開発用の人造湖・糠平湖が出現してからだ。：長谷川雄助『北海道百名山』「道新スポーツ」昭和35年頃は、糠平温泉から糠平川に沿っ登るコースのみであった。
〔夏季コース〕
△糠平コース　糠平温泉市街より西方へ糠平小学校を過ぎて直ぐの左手に、林道の入口がある。ここより1.7km入って、簡易水道施設があるところまで車道が補修され（平成30年春）登山口がある。10分で最終水場、1400mピークまで樹林の中を急登が続く。登山道は全般に荒廃している。ここより1550mまでダケカンバ林、1600mより1700mまではなだらかだが、登山道にハイマツがかぶさり歩きづらい。三角点（1834.9m）のある通称「糠平富士」よりやせた西側へ尾根伝いに1848mの頂上へ。登り約4時間半。
　2016年度の台風等により、糠平川林道、糠平迂回林道（迂回コース）は、林道決壊のため通行止め、復旧の見通しは立っていない。
△菅野温泉コース　菅野温泉からユウヤンベツ川沿いの林道を車で砂防ダムの登山口へ、ここから尾根へ登り糠平コースと合流し糠平富士を経て頂上へ。登り3時間10分。2016年度の台風などにより、支燃別支線林道（菅野温泉西コース）と然別林道、ユーヤンベツ林道（菅野温泉西コース）が崩壊し通行止め、復旧の見通しは立っていない。

A-8 然別火山群

士狩山 shikari-yama ?m〔山地〕A-8 然別火山群〔20万図〕北見64〔2.5万図〕ウペペサンケ山 x〔山頂所在市町村〕鹿追町・上士幌町〔位置〕然別川上流のイシカリベツ川の源、ウペペサンケ山のあたり
〔地名掲載資料〕士狩山「十勝州之内静岡藩支配地四郡地圖」

石山 ② ishiyama →イン(シ)ノホリ △1439.6m〔山地〕A-8 然別火山群〔20万図〕北見64〔2.5万図〕ウペペサンケ山 b〔経度〕143°6′42″〔緯度〕43°20′14″〔山頂所在市町村〕鹿追町 〔位置〕糠平市街の西南西方7.3km。
〔河川図〕西斜面は、十勝川支流然別川の枝沢 6009-9150-3L 十の沢川の北方源流。

イシノホリ ishinohori →石山 ② △1439.6m〔山地〕A-8 然別火山群〔20万図〕北見64〔2.5万図〕ウペペサンケ山 b〔山頂所在市町村〕鹿追町
〔位置〕十勝國絵図のインノホリはシカリベツとホルカナ井の上に描かれ、この位置にある標高の高い山は石山と思われる。
〔地名掲載資料〕インノホリ(インノホリはイシノホリの誤記か?)「十勝國絵図」

丸山 ⑦ maruyama ・1692m〔山地〕A-8 然別火山群〔20万図〕北見64〔2.5万図〕ウペペサンケ山 c〔経度〕143°1′45″〔緯度〕43°25′1″
〔山頂所在市町村〕新得町・上士幌町
〔位置特徴〕ニペソツ山とウペペサンケ山のほぼ中央、ニペソツ山の南方5kmに位置する。丸い頂上のうち、三角点1692.2mは頂上でなく、西南西方寄りのミミズクの耳のように突き出た小さなピークが最高点で、標高は約1700mである。九合目付近の噴火口から白い噴煙があがっている。昭和66年(1991)に恵庭岳とともに活火山(レベルC)に指定されている。
〔河川図〕東斜面は、十勝川の支流音更川の枝沢 6009-8030-4R 八十二の沢川の源流、西斜面は、6009-11080-3L アメノ沢川の源流、南斜面は、6009-11050-2L シラユキ川の源流。
〔登山道〕北のニペソツ山と南西のウペペサンケ山の縦走の途中に登られる。直接丸山に登ろうとすれば、幌加川支流の六ノ沢からだが登山道はない。

第Ⅱ編　山の履歴

〔丸山噴泉塔〕
　丸山と東丸山の間を流れる幌加音更川五ノ沢に、沢から南東方1.3kmの中腹、徒歩5分ほど丸山側に入ったところに大きな噴泉塔がある。1980年8月に地元の猟師・渕瀬一雄さんらが発見した。1981年当時は、炭酸カルシウムの沈澱物で乳白色、長径68m、短径29mの楕円形で高さ1.55m。
　旧爆裂火口底「白色沼」の縁に堆積した炭酸石灰の冷泉（24度）が、塔の先端（噴出口）から湧出しその一部が堆積し塔になったもの。学術的にも貴重な自然の産物で、天然記念物に指定されている。今も塔の先端から鉱泉が湧出し、年に数㍉ほど高くなり成長を続けている。
　このようなドーム状の石灰からなる噴泉塔は、道内では長万部町二股ラジュウム温泉にもある。

　東丸山 higashi-maruyama　・1666m〔山地〕A-8 然別火山群〔20万図〕北見64〔2.5万図〕ウペペサンケ山c〔経度〕143°2′58″〔緯度〕43°23′46″〔山頂所在市町村〕新得町・上士幌町
〔位置〕ニペソツ山とウペペサンケ山の中間、丸山火山の南南東方2.4km。
〔旧登山道〕△地形図では、南東にあるウペペサンケ山から登山道が続いているが、今は廃道になっている。（2001年現在）『ガイドブックにない北海道の山々』

　上然別山 kamishikaribetsu-yama △1370.6m〔山地〕A-8 然別火山群〔20万図〕北見64〔2.5万図〕ウペペサンケ山cd〔経度〕143°1′20″〔緯度〕43°22′32″〔山頂所在市町村〕新得町・鹿追町〔位置〕ウペペサンケ山の西南西方5.4km〔河川図〕南斜面は、十勝川支流然別川の枝沢6009-9110-3Rイシカリベツ川の源流
〔地名掲載資料〕
◇1370.4「国土地理院図」（山名は記載されていない）
◇上然別山「河川図」
〔川名の由来〕然別川の上流、イシカリベツ川源流の山なので。

　下然別山 shimoshikaribetsu-yama △1093.3m〔山地〕A-8 然別火山群〔20万図〕北見64〔2.5万図〕ウペペサンケ山d〔経度〕143°3′8″〔緯度〕43°20′45″〔山頂所在市町村〕鹿追町〔位置〕ウペペサンケ山の南西方5.4km

〔河川図〕十勝川支流然別川の枝沢 6009-9130-3R 菅野沢川の中流東方
〔地名掲載資料〕
◇1093.1「国土地理院図」（山名は記載されていない）
◇下然別山「河川図」
〔夏季コース〕糠平富士への菅野温泉コース途中に位置するが、下然別山への登山道はない。

額牛山 nukaushi-yama ？m〔山地〕A-8 然別火山群〔20万図〕帯広 40〔2.5万図〕勢多山 x〔山頂所在市町村〕上士幌町〔位置〕音更川中流域の西支流ナイタイ川源の山
〔地名掲載資料〕額牛山「十勝州之内静岡藩支配地四郡地圖」

オタオロシタプコプ otaoroshi-tapukopu ？m 〔山地〕A-8 然別火山群〔20万図〕帯広 41〔2.5万図〕萩ヶ岡 x〔山頂所在市町村〕上士幌町〔位置〕上士幌町清水谷、士幌川の西支流サックシュオルベツ川源、宮島山のあたり。
〔地名掲載資料〕
◇オタオロシタプコプ「道廳20万図」（実測切図）（足寄）
◇オタオロシタプコプ「仮製5万図」

宮島山 miyajima-yama △414.1m〔山地〕A-8 然別火山群〔20万図〕帯広 41〔2.5万図〕萩ヶ岡 a〔経度〕143°19′58″〔緯度〕43°17′45″〔山頂所在市町村〕上士幌町〔位置〕上士幌町市街地の北方7km、糠平湖を結ぶ道路沿い。〔河川図〕十勝川支流利別川支流の枝沢 6009-1300-3R サンケオルベツ川の北西上流。音更川の枝沢 6009-6110-2R サックシュオルベツ川の上流。

安村山 yasumura-yama △522.5m〔山地〕A-8 然別火山群〔20万図〕帯広 41〔2.5万図〕萩ヶ岡 c〔経度〕143°18′13″〔緯度〕43°19′50″
〔山頂所在市町村〕上士幌町〔位置〕上士幌町清水谷の北方、上士幌と糠平湖を結ぶ道路沿い。
〔河川図〕十勝川の支流音更川の枝沢、6009-7490-2L 安村川の下流南東方。
〔山名の由来〕安村という開拓者の所有地にある山であったので。『ＮＨＫ

第Ⅱ編　山の履歴

北海道地名誌』

女夫山 meoto-yama　△859.3m〔山地〕A-8 然別火山群〔20万図〕帯広41〔2.5万図〕萩ケ岡 c〔経度〕143°15′46″〔緯度〕43°19′0″〔山頂所在市町村〕上士幌町〔位置特徴〕上士幌町清水谷の西方4kmに位置し、頂上が二つ並んでいる。
〔河川図〕十勝川の支流音更川の枝沢、6009-7440-2R セタ川の源流。6009-7480-2R アラシノ沢川の源流。6009-7520-3R 二十九の沢川の源流。
〔山名の由来〕女夫山とこの山の北東方500mに位置する820mのピークと組み合わせて呼ばれた。

藻岩山 moiwa-yama　△635.7m〔山地〕A-8 然別火山群〔20万図〕帯広41〔2.5万図〕萩ケ岡 a〔山頂所在市町村〕足寄町〔位置〕足寄町旭ガ丘の芽登川沿い、川を遮るように突き出した岩。〔河川図〕十勝川の北支流利別川の枝沢、6009-2010-3R 中芽登川の上流
〔地名掲載資料〕
◇藻岩山（もいわやま）『日本名勝地誌』第九編
◇藻岩山「国土地理院図」（現行）
〔同名の山〕藻岩山 531.0（札幌市中央区）

モイワ山 ② moiwa-yama →藻岩山　△635.7m〔山地〕A-8 然別火山群〔20万図〕帯広41〔2.5万図〕萩ケ岡 a〔山頂所在市町村〕足寄町〔位置〕足寄町旭ガ丘の芽登川沿い
〔地名掲載資料〕
◇モイワ山「道廰20万図」（実測切図）（足寄）
◇モイワ山 600「仮製5万図」（モイワ山）
◇モイワ山『大日本地名辞書』
〔山名の語源〕藻岩山（モイワ）モ・イワ（小さい・岩山）『足寄百年史上巻』

勢多山 seta-yama　△996.6m〔山地〕A-8 然別火山群〔20万図〕帯広49〔2.5万図〕勢多山 a〔経度〕143°14′20″〔緯度〕43°18′58″〔山頂所在市町村〕上士幌町

〔位置〕上士幌町清水谷の西方5km、糠平湖の南方6km。
〔河川図〕西斜面は、十勝川の支流音更川の枝沢 6009-7370-4L「三の一の沢川」の源流。南東斜面は 6009-7350-3L「一の沢川」と 6009- 7440-2R セタ川の源流。
〔山名の語源〕アイヌ語、seta セタ〔犬〕

死留田 shiruta △488.6m〔山地〕A-8 然別火山群〔20万図〕帯広 49〔2.5万図〕勢多山 b〔山頂所在市町村〕上士幌町〔位置〕然別湖の東方9km
〔地名掲載資料〕
◇死留田 488.6『上士幌町史』
◇△488.6「国土地理院図」（山名は記載されていない）
◇死留国シルクニ「国土地理院点の記」

ナイタイ山 naitai-yama→然別山 ① ・1332m〔山地〕A-8 然別火山群〔20万図〕帯広 49〔2.5万図〕勢多山 c〔経度〕143°24′17″〔緯度〕43°13′0″〔山頂所在市町村〕上士幌町〔位置〕然別湖の北東方2.3km、音更川西支流のナイタイ川源。
〔河川図〕南東斜面は、十勝川の支流音更川の枝沢、6009-7410-3R 十六の沢川の源流。南西斜面は、然別川の枝沢 6009-9170-2L 十三の沢川の源流。
〔川名の由来・語源〕
○Nai ta yube ナイ タ ユベ〔川鮫多シ〕『永田地名解』344p
○「川にいる鮫」「沢の蝶鮫」などの意で、石狩川の絶壁の下で捕った蝶鮫を、舟でこの沢に運び入れて陸へ揚げたので、この名がついたといわれる。『上川郡地名解』
○あるいは「nay-etaye-pet」（沢の・頭がずっと奥へ行っている・川）の転訛か。知里・山田「アイヌ語地名の研究4」

然別山 ① shikaribetsu-yama →ナイタイ山 1332.0m〔山地〕A-8 然別火山群〔20万図〕帯広 49〔2.5万図〕勢多山 c〔山頂所在市町村〕上士幌町〔位置〕然別湖の北東方。今、然別山と呼ぶ然別湖の北北西方の山（1264m）は、別の山である。
〔地名掲載資料〕然別山「輯製20万図」（大津）

第Ⅱ編　山の履歴

　天望山 tenbou-yama　→オプチシュサッペ、→唇山　△1173.9m〔山地〕A-8　然別火山群〔20万図〕帯広49〔2.5万図〕勢多山d〔経度〕143°7′44″〔緯度〕43°15′42″〔山頂所在市町村〕上士幌町〔位置〕然別湖の南東方600mに位置し、温泉がある湖畔から対岸を見て、左側が展望山、右側が白雲山。
〔河川図〕南斜面は、十勝川の支流 6009- 9160-2L 十二の沢川の中流。
〔地名掲載資料〕天望山（沼山）『上士幌町史』
〔夏季コース〕
△（昭和初期頃）（展望山へは）音更湾に面した林内歩道を山に向かって登ると好い。『大雪山と阿寒』
◎（現在）白雲山の項を参照

　唇山 kutibiru-yama　→天望山　△1173.9m〔山地〕A-8　然別火山群〔20万図〕帯広49〔2.5万図〕勢多山d〔山頂所在市町村〕上士幌町
〔位置特徴〕然別湖南湖畔に裾野を落としている。湖畔から見ると二つのピークがあり、湖面に映える形と重ねて唇に見たて、「唇山」の愛称でも呼ばれる。

　オプチシュサッペ opuchisyusappe　△1173.9m〔山地〕A-8 然別火山群〔20万図〕帯広49〔2.5万図〕〔山頂所在市町村〕上士幌町〔位置〕オプチシュサッペは現在の天望山『大雪山と阿寒』

　竹山 take-yama　△998.3m〔山地〕A-8 然別火山群〔20万図〕帯広49〔2.5万図〕勢多山d〔山頂所在市町村〕上士幌町
〔位置〕然別湖の東北東方4km
〔地名掲載資料〕
◇竹山998.2『上士幌町史』
◇998.8「国土地理院2.5万図」（山名記載なし）

　熊の沢 kumanosawa　△380.8m〔山地〕A-8 然別火山群〔20万図〕帯広50〔2.5万図〕中音更a〔山頂所在市町村〕上士幌町
〔位置〕天望山の南東方8km、上音更の西方2km。

〔地名掲載資料〕熊の沢 380.1『上士幌町史』

ヤムベックチ山 yamubekkuchi-yama ・1430m〔山地〕A-8 然別火山群〔20万図〕帯広 57〔2.5 万図〕然別湖 x〔山頂所在市町村〕鹿追町〔位置〕北ペトウトル山の北西方 300mのピーク 1430mだろうか
〔地名掲載資料〕ヌプリパウシュッベ山の項参照

ツツル山 tsutsuru-yama ？m〔山地〕A-8 然別火山群〔20万図〕帯広 57〔2.5 万図〕然別湖 x〔山頂所在市町村〕鹿追町〔位置〕然別湖北西方のあたり
〔地名掲載資料〕ツツル山「輯製 20 万図」(大津)

北ペトウトル山 kitapetoutoru-yama △1400.9m〔山地〕A-8 然別火山群〔20万図〕帯広 57〔2.5 万図〕<u>然別湖 a</u>〔経度〕143°5′45″〔緯度〕43°18′46″〔山頂所在市町村〕鹿追町〔位置〕然別湖北湖畔にある野営場の北西方 2.9km。
〔河川図〕南西斜面は、十勝川支流然別川の枝沢 6009- 9050-3L とヌプリパクショベツ川 6009-9183-2R 十五の沢川の源流。北東斜面は、6009-9186-2R 山田川の上流。
〔地名掲載資料〕
◇ペドウドルヌプリ 1295・1350・1268「道廳 20 万図」(実測切図) (足寄)
〔山名の由来・語源〕ペトウトル山の項参照

遠望山 enbou-yama ・1421m〔山地〕A-8 然別火山群〔20万図〕帯広 57〔2.5 万図〕然別湖 a〔経度〕143°7′6″〔緯度〕43°19′47″〔山頂所在市町村〕鹿追町〔位置〕然別湖北湖畔にある野営場の北方 3.9km
〔河川図〕十勝川の支流然別川の枝沢 6009-9150-3L 十の沢川の源流。
〔夏季コース〕／昭和 50 年頃は然別湖から遠望山に登山路があったが今はない。

ペトウトル山 petoutoru-yama→ヌプリパウシュッベ山 ・1414m〔山地〕A-8 然別火山群〔20万図〕帯広 57〔2.5 万図〕然別湖 a&b〔山頂所在市町村〕鹿追町

〔位置特徴〕
□北ペトウトル山から南ペトウトル山に並ぶ連山の総称
□大正10年版の国土地理院5万分の1地形図（然別沼）は、現在の南ペトウトル山の位置にペトウトル山と記されていたが、平成30年1月の地形図にこの山名は載っていない。

〔地名掲載資料〕
◇ペドウドルヌプリ 1295、1350、1268「道廳20万図」（実測切図）（足寄）
◇ペドウドルヌプリ：1421.1、1349.8、1329.4、1268.4「仮製5万図」（然別沼）
◇ペトウトル山、十勝地方鹿追町の北部にある山。標高1,425m。石狩山地南部の然別火山群西部に位置し（中略）然別湖の西岸にあたる。もとは北の北ペトウトル山（1,400.7m）と南隣りの南ペトウトル山（1,348m）を含めた山々の総称。国土地理院発行の現行の地形図には、この山名はないが、これらの山々で最も標高がある山をペトウトル山とする。『鹿追町史』『角川日本地名大辞典1』北海道上巻

〔山名の由来・語源〕アイヌ語の「pet-utur-un-pe ペッ・ウトウル・ウン・ペ」〔川・の間・に・ある・もの（山）〕菅野温泉がある西側のシイシカリベツ川と、山田温泉のある東側のヤンベツ川の間にある「南ペトウトル山」などの山々を指している。

〔同名類似の山〕
ペトウトル・ヌプリ 標高不明：新ひだか町（三石町）
ペトウトル山 1414m：鹿追町
南ペトウトル山 1345m：鹿追町
北ペトウトル山 1400.7m：鹿追町
ヘトルウスヘノホリ 478m：三笠市（幾春別地区）

ヌプリパウシュッペ山 nupuri-paushuppe-yama →ペトウトル山 ・1414m〔山地〕A-8 然別火山群〔20万図〕帯広57〔2.5万図〕然別湖b〔山頂所在市町村〕鹿追町

〔位置〕南ペトウトル山の北方1.1km、ヌプリパウシュッペ川の源頭。
〔山名掲載資料〕
◇ヌプリパウシユペ（一四〇〇米七）然別湖の西『大雪山と阿寒』182p
◇東ヌプカウシ山（1253m）、西ヌプカウシ山（1256m）、ヤムベックチ山（1430

m）などは溶岩円頂丘火山であるが、南ペトウトル山とヌプリパウシュベ山は成層火山となっている。：藤島範孝『北海道大百科事典』752p
〔川名の由来・語源〕
　パウシベツ川は養老牛裏温泉にある川で、シタバヌプリ山を水源にして、二筋の川が合流している。『知里・アイヌ語地名小辞典』の、「パ」は〔頭・崎。かみ・かみて・かみのはずれ。かわしも。パウシベツは〔頭の（かみての）標津川〕の解釈でよいのであるまいか。『中標津町史』

　白雲山　① hakuun-zan　・1186m〔山地〕A-8 然別火山群〔20万図〕帯広57〔2.5万図〕然別湖 b〔経度〕143°7′9″〔緯度〕43°15′23″〔山頂所在市町村〕上士幌町〔位置特徴〕然別湖畔温泉から南対岸を眺めると、左に展望山、右に白雲山が並んでいる。〔河川図〕南斜面は、十勝川の支流 6009-9160-2L 十二の沢川の中流。
〔地名掲載資料〕
◇白雲山 1186『数値地図』
◇白雲山 1187.0『北海道夏山ガイド③』
〔夏季コース〕
◎白雲山・天望山縦走コース　新得と帯広から然別湖畔まで北海道拓殖バスの便がある。白雲橋の登山口から少し登り、右折すると白雲山、登り1時間30分。左折すると天望山へ、登り1時間10分。白雲山から水平距離にして1km で天望山に続き、さらに東雲湖を回って湖畔へ戻る道がある。高山植物をみながら苔に包まれた道を行く、ナキウサギに会えることもある。

　岩石山　ganseki-yama　約1088m〔山地〕A-8 然別火山群〔20万図〕帯広57〔2.5万図〕然別湖 b〔経度〕143°7′21″〔緯度〕43°15′10″〔山頂所在市町村〕上士幌町〔位置〕白雲山への尾根の500m手前、登山道の九合目。〔地名掲載資料〕岩石山『北海道夏山ガイド③』
〔山名の由来〕上部が大きな岩石で覆われているので。
〔夏季コース〕
◎士幌・岩石山コース　このコースの道々士幌・糠平湖線の道路工事が然別湖の南手前標高 800m地点（士幌高原ヌプカの里の北）で中止されている。ここの登山口から白雲山へ登り、九合目の大きな岩石で覆われたピークが岩石山の頂上である。然別湖の周囲はナキウサギの生息地として有名で、高山

植物も豊かなところ。

南ペトウトル山 minami-petoutoru-yama →シタマヌプリ・1345m〔山地〕A-8 然別火山群〔20万図〕帯広57〔2.5万図〕然別湖b〔経度〕143°5′33″〔緯度〕43°16′51″〔山頂所在市町村〕鹿追町〔位置〕然別湖の西方1.9km〔河川図〕南斜面は、十勝川支流然別川の枝沢6009-9155-2R 湖畔川の源流〔地名掲載資料〕
◇ペドウドルヌプリ 1421、1350, 1268（この尾根の総称）「道廳20万図」（実測切図）（足寄）
◇ペドウドル岳（ヌプリ）『大日本地名辞書』
◇ペトウトル山（現在の南ペトウトル山）「仮製5万図」（大正10年）
〔山名の由来・語源〕ペトウトル山の項参照
〔夏季コース〕
◎然別湖畔コース　然別湖畔に建つ「ロイヤルホテル福原」の山手に登山口がある。雑木林の小径から主稜線に取り付き標高1000m地点まではやや平坦、急な坂道を登り二つ目のコルが頂上。登り1時間50分

シタマヌプリ shitama-nupuri →南ペトウトル山 ・1345m〔山地〕A-8 然別火山群〔20万図〕帯広57〔2.5万図〕然別湖b〔山頂所在市町村〕鹿追町〔位置〕然別湖の西方1.9km
〔山名の由来〕
　別称のシタマヌプリは、天上から狼が群れをなして降りたという話しに基づく。ペトウトルの山々が一列に、幾つも並んでいる様をオオカミの群れに見立てたものかも知れない。『北海道夏山ガイド③』

西ヌプカウシヌプリ nishinupukaushi-nupuri ・1251m〔山地〕A-8 然別火山群〔20万図〕帯広57〔2.5万図〕然別湖b〔経度〕143°5′11″〔緯度〕43°15′11″〔山頂所在市町村〕鹿追町
〔位置特徴〕西ヌプカウシヌプリは然別湖畔温泉の南西方2.7kmに位置する。白樺峠を挟んで東西に並ぶ東西のヌプカウシヌプリは、別名夫婦山または坊主山と呼ばれる。両山とも火口がなく円頂丘をなし、溶岩塊から形成されたものと考えられている。
〔河川図〕十勝川の支流6009- 8420-1L 然別川の上流。

〔地名掲載資料〕
◇西ヌプカウシヌプリ 1168 「道廳20万図」(実測切図)(足寄)
◇西ヌプカウシヌプリ 1162.5 「仮製5万図」(然別沼)
◇西ヌプカウシ山 『日本地名地誌』
◇東西のヌプカウシ岳(ヌプリ)『大日本地名地名辞書』
◇西ヌプカウシヌプリ 「北海道分國新地圖」
◇西ヌプカウシ山 1256m 『NHK北海道地名誌』

〔山名の由来・語源〕
○ヌプカ アイヌ語、nupka〔丘・の上〕野原
○この山は十勝平野を縦横に駆けまわって狩をした人々に、方向を知らせる重要な山として崇拝されていたところなので、「原野にいつもいる山」で「原野の山」と呼んだものと思われる。更科源蔵『アイヌ語地名解』
○ヌプカは原野の意味ですが、もともとは「ヌプ・カ」の2語の結びついた語で、ヌプだけでも原野の意味ですが、単なる原野の意にとらず、「ヌプ・カ」(原野の・上手)ととるのです。したがって、「ヌプ・カ・ウシ・ヌプリ」は(原野の・上手に・いつもいる・山)という意味だったと考えています。十勝平野は果てしないほど広く、十勝川の河口から山へ向かって歩きはじめてから、この山を見るまで2日はかかったことでしょう。ああ、あそこが野の尽きるところだという気持ちが、ヌプカにはあるような気がするのです。：村上啓司「林」(車窓からの山)

〔夏季コース〕
△(昭和初期頃)扇ケ原の高原から遠く山麓を開いていて、東・西ヌプカウシ山、この扇ケ原から進むのが便利で、山頂は廣漠たる十勝平野が一望千里、遠く地平線と合し山麓は裾野を限り無く延ばして、幾筋もの丘陵起伏して果てし無き緑野が続き、牧歌的風景を展開している。冬はこの大斜面が絶好のスロープとなってスキーヤーを喜ばせる。『大雪山と阿寒』

〔現在の登山コース〕
◎西ヌプカウシ山の南西側、「扇ヶ原展望台」のトイレ横から笹原を分けて入る。カラマツが少し植林されている単調な道が頂上へ向かって真っすぐに伸びていて、登りつめると広い草原に出る。この台地の奥にエゾマツ、トドマツの大木に覆われた林に入る。林の途中からけもの径に変わりやがてとぎれていた。残雪期に、かんじきを用いると歩きよい。登り1時間10分。

然別山 ② shikaribetsu-yama △1264.1m〔山地〕A-8 然別火山群〔20万図〕帯広57〔2.5万図〕然別湖c〔経度〕143°0′48″〔緯度〕43°19′11″〔山頂所在市町村〕新得町・鹿追町〔位置〕然別湖の西北西方9km、菅野温泉の西方3.2km。

然別湖は、上士幌町と鹿追町に跨り、周囲12km、海抜810mのところにある。オショロコマ（陸封のイワナ）が生息し、昭和43年に北海道天然記念物に指定された。
〔河川図〕南東斜面は、十勝川支流、然別川の枝沢 6009-9070-3R ニペソツシントシベツ川の源流、北西斜面は、ニペソツ川の枝沢 6009-11030-3L ミズナシ沢川の源流。
〔地名掲載資料〕
◇シカリペツ岳『松浦戊午日誌』（山並図）上-165p、（山並図）226p
◇然別山「国土地理院図」（現行）
〔川名の由来・語源〕
○シカリペッ（奥無シ川）、シリ・カリ・ベッ（山より作れる川）、シ・カラ・トウ、シ・カラ・ベツ「シとは大に又独り、カラは作れる、ベツは沼川の義」：安田巌城『十勝アイヌ語地名解』
○Shikari pet シカリペッ〔奥無シ川〕『永田地名解』344p
○シカリベツ（然別）奥無川ともいい、またシリ・カリ・ベツで、（山あるいは島・作る・川）山から作った川という意。『芽室町八十年史』
○シ・カリ・ペッ shi-kari-pet〔自分を・回す・川→回っている川〕、川が大きく半円形を描いて流れているからであろう。：山田『北海道の地名』
○然別川の中流は、西から東に流れていて、そこに北からくる川が6本ぐらい並行してはいっているが、然別川をさらに遡ると、ぐるっと回ってその支流の水源の上になっている。：山田『北海道大百科事典』

崩山 kuzure-yama △1257.4m〔山地〕A-8 然別火山群〔20万図〕帯広57〔2.5万図〕然別湖d〔経度〕143°3′33″〔緯度〕43°16′32″〔山頂所在市町村〕鹿追町〔位置〕然別湖の西方、然別第一発電所の北東方1.9km
〔地名掲載資料〕崩山（くずれやま）1257.3m、トウマベツ川とシイシカリベツ川の間の山。しかしこの名はあまり使われない。『NHK北海道地名誌』

ノツカウシノホリ notsukaushi-nohori 〔標高〕△1252.2m〔山地〕A-8

然別火山群〔20万図〕帯広57&58〔2.5万図〕然別湖b & 扇ヶ原a〔山頂所在市町村〕鹿追町
〔位置〕然別湖の南西方のあたり、西ヌプカウシヌプリと東ヌプカウシヌプリの総称か。
〔地名掲載資料〕
◇ノツカウシノホリ「十勝國絵図」
◇マツカウシ山（ノツカウシ山）「輯製20万図」（大津）
◇奴深牛：国土地理院一等三角点名

東ヌプカウシヌプリ higashinupukaushi-nupuri △1252.2m〔山地〕A-8 然別火山群〔20万図〕帯広58〔2.5万図〕扇ヶ原a〔経度〕143°6′22″〔緯度〕43°14′36″〔山頂所在市町村〕士幌町
〔位置特徴〕
□然別湖畔温泉の南方3kmに位置する。
□広大な十勝平野の北辺を遮る石狩山地。その山襞が尽きていよいよ平原へと収斂（しゅうれん）してゆく最後の砦のように、東西のヌプカウシヌプリは立っている。平野とのコントラストがこの山の第一の個性である。遥か十勝川が海につきる地点まで見渡せる壮大な光景は、他では得難いものだ。この山を個性的なものにしているもうひとつの要素は、火山地形に由来する特異な生態系であり、学術的にも注目されている。安山岩の溶岩が冷えて固まるときにできた瞬間のおかげで永久凍土が形成され、中腹から山麓にかけては夏でも岩塊のすき間から冷たい空気が吹き出す「風穴」となる。：田中恒寿『北海道の百名山』
□北の白雲山（1186）との間を士幌高原道路の開削が計画されていたが、自然保護のため平成11年3月に中止された。
〔河川図〕南斜面は、十勝川の支流 6009-8625-3L パンケチン小川 6009-8720-3L ニシヌプカウシ川の源流。
〔地名掲載資料〕
◇東ヌプカウシヌプリ1142「道廰20万図」（実測切図）（足寄）
◇東ヌプカウシヌプリ 1142.0「仮製5万図」（然別山）
◇東ヌプカウシヌプリ、東ヌプカウシ山、『日本地名地誌』
◇東ヌプカウシヌプリ「北海道分國新地圖」
◇奴深牛「国土地理院二等三角点」

◇東ヌプカウシ山 1256m、元の呼び名をヌプカウシヌプリ(原野にそびえる山)といい、山火で焼けてから坊主山ともいう。西ヌプカウシ山とあわせて夫婦山ともいう。『ＮＨＫ北海道地名誌』
〔山名の由来・語源〕
○ヌプ・カ・ウシ nup-ka-ush〔野の・上に・いる〕:山田『北海道の地名』
○十勝平原で狩をしていたアイヌは方向を知る目印の山として崇拝された山で、この名が出たと思われる。『更科アイヌ語地名解』
〔夏季コース〕
◎然別湖へ通ずる道道鹿追糠平線の白樺峠(900m)から草原を横切り樹林帯を登りきると頂上に出る。登り1時間。

タプコプ ⑥ tapukopu ・550m〔山地〕A-8 然別火山群〔20万図〕帯広58〔2.5万図〕扇ヶ原a〔山頂所在市町村〕士幌町〔位置〕パンケナイ川の上流、東ヌプカウシヌプリの南方麓に、ほぼ同じ標高値で双子のタプコプが南北に並んでいる。
〔山名・語源掲載資料〕
◇タプコプ「道廳20万図」(実測切図)(足寄)
◇タプコプ「仮製5万図」(然別沼)
◇Tapkop タプコプ〔小丘〕『永田地名解』343p
◇タフコフ『続士幌のあゆみ』
◇タプコプ＝小さい丘『続士幌のあゆみ』

タプコプ ⑦ tapukopu 約540m〔山地〕A-8 然別火山群〔20万図〕帯広58〔2.5万図〕扇ヶ原a〔山頂所在市町村〕士幌町〔位置〕パンケナイ川の上流、東ヌプカウシヌプリの南方麓に、ほぼ同じ標高値で双子のタプコプが南北に並んでいる。
〔地名掲載資料〕◇タプコプ「道廳20万図」(実測切図)(足寄)

白樺峠 shirakaba-touge 約890m〔山地〕A-8 然別火山群〔20万図〕帯広58〔2.5万図〕扇ヶ原a〔山頂所在市町村〕士幌町

ピシカチナイ山 pishikachinai-yama ・1308.3m〔山地〕A-8 然別火山群〔20万図〕夕張岳1〔2.5万図〕ニペソツa〔経度〕142°59′27″〔緯度〕

43°17′43″〔山頂所在市町村〕新得町・鹿追町

〔位置特徴〕東大雪湖の北東方 6km に位置する。頂上は聳立つ岩塔で高山植物に覆われている。三角点が 1307.9m なのに対し、本峰はみた目でそれより 10m は高いが、測定した数値を知らないので、地形図の等高線をもとに約 1310m とした。『ガイドブックにない北海道の山々』
現在の国土地理院図の標高は「△1308.3」と記している。

〔河川図〕南斜面は、十勝川の支流然別川の枝沢、6009-9020-2R オソウシュ川と 6009-9030-3L ピシカチナイ沢川の源流。十勝川本流の支流、西斜面は 6009-10950-1L ピシカチナイ川の源流。

〔地名掲載資料〕
◇ビシカチナイ山『松浦戊午日誌』6 巻・登加智留宇知之誌肆（上欄注記）上-190
◇ヒシカチンナイ山「輯製 20 万図」（夕張嶽）
◇ピシカチンナイ山 1397「道廳 20 万図」（実測切図）（夕張）
◇ピシカチンナイ山 1396.7「仮製 5 万図」（佐幌岳）
◇ピシカチナイ山「国土地理院図」（現行）

〔川名の由来・語源〕
○アイヌ語のピ・ウシ・カッチ・ナイ（石の多い水源川）か、菱勝内山とも書く。『NHK北海道地名誌』
○ピウチ・カッチ・ウン・ナイ「piwchi-kattchi-un-nay」〔燧石・発火棒・ある・川〕あるいは、ピ・ウシ・カッチ・ウン・ナイ〔小石・多い・発火棒・多い・川〕とも読める。鎌田正信『道東地方のアイヌ語地名』
○〔燧石〕Katchi〔火を造る木〕ジョン・バチラー『アイヌ・英語・和辞典』
○piwchi-kattchi-un-nay ピウチ・カッチ・ウン・ナイ〔燧石・発火棒・ある・川〕

シカリベツ岳 shikaribetsu-dake →ピシカチンナイ山 ・1308.3m〔山地〕A-8 然別火山群〔20 万図〕夕張岳 1〔2.5 万図〕ニペソツ a〔山頂所在市町村〕新得町・鹿追町
〔地名掲載資料〕
◇ピシカチンナイ 右の方相応の川也。源はシカリベツ岳の西より来るとかや。（中略）並びて少し行 ニペショチ『松浦戊午日誌』上-190p
◇ピシカチンナイ山＝シカリベツ岳『松浦戊午日誌』（上覧注記・秋葉実）

第Ⅱ編　山の履歴

上-190p

ウエンシリ ⑤ uenshiri →有縁山　切415m〔山地〕A-8 然別火山群〔20万図〕夕張岳3〔2.5万図〕鹿追x〔山頂所在市町村〕新得町・鹿追町
〔位置〕新得町市街の北東方、パンケ山の南東方、十勝川沿い上幌内のあたり。
〔地名掲載資料〕
◇ウエンシリ（十勝岳の尾也）（中略）此シカリベツと成るよし。『松浦東蝦夷日誌』七編283p
◇ウエンシリ、左りの方相応の川也。其しばし上にては二ツに分れて、ホンホロナイ といへる等有るよし。『松浦戊午日誌』下-278p
◇ウエンシリ『武四郎蝦夷地紀行』川筋取調図515p（十勝川支流然別川の支流トウマベツ対岸のあたりに置いている）
◇ウエンシリ「松浦山川図」
◇ウエンシリ 415「道廰20万図」（実測切図）（夕張）
◇ウエンシリ「仮製5万図」（クッタラウシ）

有縁山 uenyama →ウエンシリ⑤　切415m〔山地〕A-8 然別火山群〔20万図〕夕張岳3〔2.5万図〕鹿追x〔山頂所在市町村〕新得町・鹿追町〔位置〕新得町市街の北東方、然別川支流幌内川源、上幌内のあたり。
〔地名掲載資料〕有縁山「十勝州之内静岡藩支配地四郡地圖」

A－8　然別火山群

天宝山　2002.7　寺口一孝　【194】

天宝山山頂　2002.7　寺口一孝【194】

糠平富士　gekiyabu, sakura【196】

糠平富士の山頂　ウペペサンケ山
gekiyabu, sakura【196】

糠平富士、
山頂の標識はウペペサンケ山
gekiyabu, sakura【196】

女夫山　2015.3
北のかもしかの山歩き【202】

第Ⅱ編　山の履歴

ウペペサンケ山と糠平富士　gekiyabu, sakura【196~197】

菅野温泉分岐より糠平富士を望む　gekiyabu, sakura【196】

ウペペサンケ山頂
gekiyabu, sakura【197】

ウペペサンケ山頂の標識
gekiyabu, sakura【197】

ウペペサンケ山西峰
2014.10　北のかもしかの山歩き【197】

ウペペサンケ山東峰（糠平富士）
2014.10　北のかもしかの山歩き【197】

A-8 然別火山群

勢多山　2015.3
北のかもしかの山歩き【202】

然別湖畔より天望山（唇山）
素材辞典JF180【204】

然別湖展望台より白雲山
1996.10　寺口一孝【207】

南ペトウトル山登山口
2001.6　宮沢醇【208】

東ヌプカウシヌプリより西ヌプカ
ウシヌプリ1996.10　寺口一孝【208】

東ヌプカウシヌプリ山頂　2015.12
北のかもしかの山歩き【211】

白樺峠より東ヌプカウシヌプリ
gekiyabu, sakura【211】

西ヌプカウシヌプリより東ヌプカ
ウシヌプリ1996.10　寺口一孝【211】

第Ⅱ編　山の履歴

A-9　東大雪火山群（裏大雪）

青龍山　△249.9m　〔山地〕A-9 東大雪火山群〔20万図〕北見 23〔2.5万図〕陸別 b〔山頂所在市町村〕置戸町・陸別町〔位置〕陸別道の駅の南西方 660m、利別川右岸。山頂に関神社跡がある。
〔地名掲載資料〕青龍山：北のかもしかの山歩き

訓子別山　kunnebetsu-yama　△856.0m〔山地〕A-9 東大雪火山群〔20万図〕北見 29〔2.5万図〕北見勝山 d〔経度〕143°34′41″〔緯度〕43°35′36″〔山頂所在市町村〕置戸町・陸別町〔位置〕旧ちほく高原鉄道の南西方、置戸町勝山市街の南南東方 5.3km
〔地名掲載資料〕
◇訓子別山（くんねべつやま）856.3『ＮＨＫ北海道地名誌』
◇訓子別：国土地理院二等点名

新常呂山　niitokoro-yama　△791.3m〔山地〕A-9 東大雪火山群〔20万図〕北見 30〔2.5万図〕勲弥別川上流 c〔経度〕143°30′25″〔緯度〕43°32′42″〔山頂所在市町村〕置戸町・陸別町
〔位置〕置戸町側は常呂川上流南支流の仁居常呂川へ南西側から入り、林班界の沢川の源、東方の陸別町側は利別川の北西支流の新斗満川上流にあるトコロ沢の源、東三国山の北東方にあたる。
〔地名掲載資料〕
◇新常呂山（にいところやま）791.3m、置戸町と陸別町との境をする山。仁居常呂川の水源にあたるので。『ＮＨＫ北海道地名誌』
◇△791.3m、「国土地理院 2.5 万図」（山名の記載はない）

トシベツノホリ　toshibetsu-nohori　？m〔山地〕A-9 東大雪火山群（美里別川源山地）〔20万図〕北見 30〔2.5万図〕勲弥別川上流 x〔山頂所在市町村〕置戸町・陸別町〔位置〕東三国山の、ちほく高原へ延びる稜線の山と思われる。
〔地名掲載資料〕
◇トシベツ岳（トコロ川とトシベツの水源として描かれている）「東西蝦夷場所境調書」・壱巻（山川絵図）（トシベツは十勝川北の支流, 陸別から池北

峠に向かっている）。
◇少し上がりてペテウコビ，此処二股に成り，是より右をポンシタカロ，左をシイシタカロと云。源高山有。是をトシベツノホリと云。其うしろアカンえつづきてトシベツのすじと聞く『松浦戊午日誌』8巻・安加武留宇智之誌壱 上 - 266p
〔川名の由来・語源〕
○Tush pet ドシュ ペッ〔蛇川、直譯綱(つな)川〕『永田地名解』360p
○アイヌ語「ドシ・ペッ」（網〔蛇の忌詞〕・川）から出たといわれる。『北海道駅名の起源』
○アイヌ語の「トシ・ペッ」（なわの川）から出たとされていたが、「ト・ウシ・ペッ」（沼の多い川）の方が正しいといわれている。ここの川が非常に曲がっていて、洪水のたびに川が切れて小沼が川沿いに多くあったという。『北海道駅名の起源』（昭和48年）

丸山 ⑧ maruyama ・574m〔山地〕A-9 東大雪火山群（美里別川源山地）〔20万図〕北見31〔2.5万図〕西斗満b〔経度〕143°35′6″〔緯度〕43°26′47″〔山頂所在市町村〕足寄町・陸別町〔位置〕陸別町西斗満の北北東方3.2km

作太郎山 sakutarou-yama ・385m〔山地〕A-9 東大雪火山群（美里別川源山地）〔20万図〕北見32〔2.5万図〕上利別b〔経度〕143°34′22″〔緯度〕43°21′18″〔山頂所在市町村〕足寄町〔位置〕塩幌川東岸、足寄町上塩幌の南東方2.3km。
〔地名掲載資料〕
◇タツコブベツフトよりタツコブベツ川筋を三四丁も行くこと左の方に、ヨウコシナイ川があり、これは小川であった。ここに仏飯の如き一つの山が有る。これにより、このタツコブの名起こると言われる。『松浦戊午日誌』
◇明治29年製版「陸別」地形図の、利別川と西塩幌川との合流点近く左岸（北側）に「タプコプケソマナイ」の川の名が書かれています。近くにタッコフがあるはずです。平成13年発行2.5万分の1地形図では、タプコプケソマナイの地名は消え、その西手のタッコプと思われる山に、「作太郎山」と名が付けられています。むかしはこの山がタッコプと呼ばれていた山であったと思われます。：三好勲『横平・アイヌ語地名の魅力（1）』

雲突岩 untotsuiwa　約550m〔山地〕A-9 東大雪火山群〔20万図〕北見37〔2.5万図〕<u>常元 a</u>〔山頂所在市町村〕置戸町〔位置〕鹿の子沢の源頭

中山　nakayama　△904.7m〔山地〕A-9 東大雪火山群（常呂川源山地）〔20万図〕北見37〔2.5万図〕<u>常元 b</u>〔経度〕143°27′34″〔緯度〕43°35′52″〔山頂所在市町村〕置戸町〔位置〕置戸町鹿ノ子ダムの東方5km。
〔河川図〕常呂川支流 4037-1920-1R 中山川の源流。常呂川支流仁頃常呂川の枝沢 4037-1855-2L「春日三の沢川」の源流。

幌加山　horoka-yama　△887.2m〔山地〕A-9 東大雪火山群（常呂川源山地）〔20万図〕北見37〔2.5万図〕<u>常元 c</u>〔経度〕143°25′28″〔緯度〕43°39′42″〔山頂所在市町村〕北見市（旧・留辺蘂町）・置戸町〔位置〕置戸町鹿ノ子ダムの北北東方7km〔河川図〕北東は常呂川支流 4037-1740-1L オンネアンズ川の源流。南東は常呂川支流オンネアンズ川の枝沢 4037-1750-2R ポンオンネアンズ川の源流。
〔類似の山名〕ホロカ山△1165.8m（上士幌町）

ヲロケウタナシ山 orokeutanashi-yama　? m〔山地〕A-9 東大雪火山群（常呂川源山地）〔20万図〕北見37〔2.5万図〕常元 x〔山頂所在市町村〕置戸町〔位置〕置戸のシノマントコロ川すじ、鹿ノ子ダムのあたりか？
〔地名掲載資料〕
◇シイトコロ、此処水源にして、其上にヲロケウタナシといへる高山有り。『松浦戊午日誌』中-197p
◇源はヲロケウタナシ高山と云山有。其後ろは石狩トカチの二方に落ちると。『武四郎蝦夷地紀行』西蝦夷日誌・巻八 305p
◇ヲロケウタナシ『武四郎蝦夷地紀行』川筋取調図 476p（常呂川上流右岸）
◇ウコオピ「道廳20万図」（実測切図）
◇（秋葉實氏は『松浦戊午日誌』（地名照合表）中-205p で、ヲロケウタナシとウコオピを同一地名としている）
〔山名の語源〕ホロケプタナシ〔大きい・額・の高山〕：秋葉實『松浦戊午日誌』中-197p

アシヨロリクンベツノホリ ashoiyoro-rikunbetsu-nohori　? m〔山地〕

A-9 東大雪火山群〔20万図〕北見38〔2.5万図〕東三国山 x〔山頂所在市町村〕置戸町〔位置〕西部登能呂誌は、アショロリクンベツノホリをトカチ山とユウタニ岳の中間（南方）に記されているので，遠くから見える高い山であろう。東三国山1230mか？
〔地名掲載資料〕
◇クマ子シリと云高山有と、その東はクスリ領リクンヘツ岳につづき，北はトコロの水源にあたり、西はシカリヘツ等につづく『松浦戊午日誌』下-287p
◇西はトカチの岳にアショロ、リクンベツ、並びてトコロの水源近くはユタニ岳波涛の逆巻来るごとく『松浦戊午日誌』8巻・安加武留宇智之誌壱 上-281p
◇（仁頃の近く忠志のあたりの丘に上って東方向を望み）針位を振り見るに、アショロリクンベツノホリ『松浦戊午日誌』西部能登呂誌坤（文）中-183
◇アショロリクンヘツ岳『武四郎蝦夷地紀行』西蝦夷日誌・巻八（文）300p
〔川名の由来・語源〕
○足寄は、アイヌ語「エショロ・ペッ」（沿うて下る・川）から出たもので、利別川に足寄川の合流する地点で、足寄太といったところである。『北海道駅名の起源』（昭和48年）
○リク・ウン・ペッ rik-un-pet〔高い所・にある・川〕：山田『北海道の地名』

宇光別山 ukoubetsu-yama △1021.4m〔山地〕A-9 東大雪火山群（常呂川源山地）〔20万図〕北見38〔2.5万図〕東三国山 ca〔経度〕143°26′10″〔山頂所在市町村〕置戸町
〔位置〕鹿ノ子ダムと東三国山の中間、常呂川上流南支流のウコオビ川の西方。〔河川図〕北斜面は常呂川の支流 4037-1840-3L イワナノ沢川の上流
〔地名掲載資料〕
◇宇光別山（うこうべつやま）1021.4m、仁居常呂川の水源、ウコオビ川にある山なのでこの名で呼んでいる。『NHK北海道地名誌』
◇1021.4「国土地理院図」（山名の記載はない）

東三国山 higashimikuni-yama △1230.0m〔山地〕A-9 東大雪火山群（常呂川源山地）〔20万図〕北見38〔2.5万図〕<u>東三国山 b</u>〔経度〕143°28′4″〔緯度〕43°30′21″〔山頂所在市町村〕置戸町・足寄町・陸別町

〔位置特徴〕クマネシリ山塊の東方 18km に位置する。南方に位置する喜登牛山とともに円錐状の火山で、第三紀末から第四紀にかけて浸食・平坦化され、後に上昇したものとみられる。山一帯は国有林となっている。：藤島範孝『北海道大百科辞典』
〔河川図〕西斜面の沢川は、十勝川支流利別川の枝沢、6009-2500-4R「三の沢川」の源流。北東斜面の沢川は、利別川の枝沢 6009-4570-4R「四の沢川」の源流。南東斜面の沢川は、6009-4450-2R 斗満川の源流。
〔地名掲載資料〕
◇幌加美里「国土地理院二等三角点」
◇幌加美里「陸別営林署管内図」（昭和 45 年）
〔山名の由来〕三国山の東方 20 ㌔に位置するので呼ばれる。『ＮＨＫ北海道地名誌』

本美利別山 ponpiribetsu-yama △1123.3m〔山地〕A-9 東大雪火山群（常呂川源山地）〔20 万図〕北見 38〔2.5 万図〕東三国山 c〔経度〕143°22′35″〔緯度〕43°32′43″〔山頂所在市町村〕足寄町
〔位置〕美里別川の東支流ポンピリカベツ上流、東三国山の西北西方 9km。
〔地名掲載資料〕
◇本美利別山（ぽんぴりべつやま）1123.4m『ＮＨＫ北海道地名誌』
◇△1123.3「国土地理院図」（山名の記載はない）
◇本美利別（ポンピリベツ）国土地理院二等三角点名」
〔川名の由来・語源〕
○ポンピリカベツは、美里別川の東支流なので、アイヌ語の pon〔小さい、年若い、幼い〕の音を、日本語の漢字読み「本」に置き換えて呼んだと思われる。

岩松峠 iwamatsu-touge ・1044m〔山地〕A-9 東大雪火山群〔20 万図〕北見 38〔2.5 万図〕東三国山 d〔峠所在市町村〕足寄町・置戸町〔位置〕足寄町西喜登牛と置戸町勝山を結ぶ峠

北稜岳 hokuryou-dake ・1256m〔山地〕A-9 東大雪火山群（美里別川源山地）〔20 万図〕北見 39〔2.5 万図〕喜登牛山 a〔経度〕143°27′34″〔緯度〕43°28′40″〔山頂所在市町村〕足寄町〔位置〕陸別市街の西方 30km、喜登

牛山の北方 3.6km に位置し、斗満川西方支流の水源。
〔山名の由来〕昭和 45 年（1970）に斗満川の作業道を利用して登山道が拓かれた。このルート拓いた「陸別北稜山岳会」の名に因んで北稜岳の名称が付けられた。
〔夏季コース〕
◎斗満川コース　国道 242 号線から中トマム、北トマムを経て本流沢へ入り、いくつかの木橋を渡った標高 700m のキャンプ地が登山口。ここは、昔、飯場があったところ。登山道は森林を練って尾根に取り付きやがて頂上へ出る。登り約 2 時間 10 分。

喜登牛山 kitoushi-yama →キトウシ山　△1312.2m〔山地〕A-9 東大雪火山群(美里別川源山地)〔20 万図〕北見 39〔2.5 万図〕喜登牛山 b〔経度〕143°27′37″〔緯度〕43°26′43″〔山頂所在市町村〕足寄町・陸別町
〔位置特徴〕クマネシリ山塊の東北東方 20km に位置し、キトウシ川源流の山。キトウシ山と隣接する東三国山は、いずれも成層火山とされており、稜線付近には溶岩の流れた跡を示す緩やかな傾斜面が残されている。：奥平忠志『北海道大百科事典』
〔河川図〕6009-2150-5L「二の沢川」の源流、6009-2170-4R「右の沢川」の源流、6009-2450-5L「チセンベツ小沢川」の源流
〔地名掲載資料〕
◇キトコシ山「北海道分國新地圖」
◇鬼登牛山「国土地理院一等三角点」
〔山名の語源〕
○アイヌ語、kito-ush キト・ウシ〔ぎょうじゃ葱 [5]・群生する〕：山田『北海道の地名』

---

[5]〔ぎょうじゃにんにく〕は日本語「行者蒜」で、ギョウジャニンニクの茎葉をいう。行者や祈祷者が食べた葱だといわれている。アイヌ名は「プクサ(pukusa)」北海道では俗に「アイヌネギ」「キトピル」「キトビロ」などと呼ばれ、山菜として食用に供される。発酵すると激しい臭いを放つので、アイヌは、病魔も近づけまいと家の戸口や窓に吊し、また薬用植物として利用していた。

第Ⅱ編　山の履歴

　　キトウシ山　kitoushi-yama　→喜登牛山　△1312.2m〔山地〕A-9 東大雪火山群（美里別川源山地）〔20万図〕北見39〔2.5万図〕喜登牛山 b〔山頂所在市町村〕足寄町・陸別町
〔地名掲載資料〕
◇キトウシ山 1448「道廰20万図」（実測切図）（足寄）
◇キトウシ山「輯製20万図」（浬別）
◇キトウシ山 1448.0「仮製5万図」（キトウシ山）
◇キトウシ山『日本名勝地誌』第九編
◇キトウシ川は北東より来りて、ピリ川に会する小川にして、水源は釧路国足寄郡境に近き、同名の山に在り。山は高距 1448 米突を有し、郡内の高峰なり。キトウシ山。『大日本地名辞書』

　　小坂山　kosaka-yama　△827.7m〔山地〕A-9 東大雪火山群（美里別川源山地）〔20万図〕北見40〔2.5万図〕喜登牛山 a〔経度〕143°29′30″〔緯度〕43°23′53″〔山頂所在市町村〕足寄町〔位置〕喜登牛山の南東方 5.8km〔河川図〕十勝川の北支流利別川支流の枝沢、6009-3970-4L 四の沢川と 6009-3982-6R 四の沢二小川の源流。

　　曲り沢峠　magarisawa-touge　約720m〔山地〕A-9 東大雪火山群〔20万図〕北見45〔2.5万図〕曲り沢峠 a〔峠所在市町村〕北見市（旧・留辺蕊町）・置戸町

　　上武華山　kamimuka-yama　△825.6m〔山地〕A-9 東大雪火山群〔20万図〕北見45〔2.5万図〕曲り沢峠 c〔経度〕143°16′39″〔緯度〕43°38′38″〔山頂所在市町村〕北見市（旧・留辺蕊町）・置戸町〔位置〕無加川上流、国道39号線富士見小橋の南方 1.8km
〔地名掲載資料〕
◇上無華山（かみむかやま）825m、無加川の上流にあるので。『ＮＨＫ北海道地名誌』
◇△825.6「国土地理院地形図」（山名の記載はない）
◇上武華：国土地理院三等三角点名

　　クマネシリ岳　kumaneshiri-dake　△1585.9m〔山地〕A-9 東大雪火山群

（クマネシリ山塊）〔20万図〕北見46〔2.5万図〕**クマネシリ岳 d**〔経度〕143°15′31″〔緯度〕43°31′20″〔山頂所在市町村〕足寄町〔位置特徴〕クマネシリ山塊の中の東方に位置し、美里別川の源流の山である。山頂部の東部から溶岩流の平坦な面状屋根が南東方に8kmも長く延びている。

〔河川図〕南斜面は、十勝川の支流利別川の枝沢、6009-2390-4L パンケ西クマネシリ川の源流、東斜面は、6009-2630-3R 下エオマビリベツ川と6009-2400-4L ペンケ西クマネシリ川の源流。

〔地名掲載資料〕
◇クマ子シリノポリ『松浦戊午日誌』（川筋図）下-285p
◇クマ子シリノポリ『武四郎蝦夷地紀行』（松浦川筋図）514p
◇クマ子シリと云高山有と、その東はクスリ領リクンヘツ岳につづき、北はトコロの水源にあたり、西はシカリヘツ等につづく。『松浦戊午日誌』下-287p
◇クマ子シリ「松浦山川図」
◇クマ子シリ岳『松浦十勝日誌』（文）
◇クマ子シリ岳『松浦久摺日誌』（文）
◇クマネシリ岳『松浦石狩日誌』（文）
◇クマネシリ『松浦東蝦夷日誌』（文）七-288p
◇熊根シリ「松浦東西蝦夷場所境調書」
◇クマ子シリ1552「道廳20万図」（実測切図）（無加）
◇クマネスリ1552「北海道分國新地圖」
◇クマネシリ岳「国土地理院図」（現行）

〔山名の由来・語源〕
〇クマネシリ kuma-ne-sir〔物乾棚・のような・山〕：山田『北海道の地名』
〇美里別川の最上部でクマネシリに上がる沢を、アイヌはクマネシリエオマピリペ呼んだ。「エ・オマ」（〜に・入る）で、クマネシリに入る美里別川という意味で、クマネシリの山名は、美里別川を生活圏にしていたアイヌが命名したものと考えられる。
〇クマネシリ岳、クマ・ネ・シル〔横棒・のような・山〕の意。『足寄町百年史上巻』

〔夏山コース〕
⊿美里別川コース　大正6年（1917）から昭和28年（1953）頃まで、美里別川の豊富な水量を利用し大量の木材が流送されていた。：鎌田正信『道東地方のアイヌ語地名』

◎美里別川コース　足寄町芽登と置戸町常元を結ぶ道道の途中から美利別川沿いの林道に入る。土場から作業道を進み、頂稜岩場を巻いて頂上へ。登り約 2 時間 20 分。：早川禎治『北海道の百名山』

　2012 年頃まで、道道を美里別川の本流の林道に入り、10km 先の三叉路に、「クマネシリ岳登山道入口」の標柱があって、ここより左の作業道を土場まで車が入れた。ここよりクマネシリ岳に登られたが、現在は土場の手前で通行止めになり車は利用できない。

　熊根山 kumane-yama　→クマネシリ岳　△1585.9m〔山地〕A-9 東大雪火山群（クマネシリ山塊）〔20 万図〕北見 46〔2.5 万図〕クマネシリ岳 d〔山頂所在市町村〕足寄町
〔地名掲載資料〕
◇熊根岳「輯製 20 万図」（淕別）
◇熊根山「十勝州之内静岡藩支配地四郡地圖」
◇熊根岳，熊根山『日本名勝地誌』第九編

　椎常呂山 shiitokoro-yama　△1231.5m〔山地〕A-9 東大雪火山群（常呂川源山地）〔20 万図〕北見 53〔2.5 万図〕石北峠 b〔経度〕143°13′36″〔緯度〕43°36′5″〔山頂所在市町村〕置戸町〔位置〕三国山の東北東方 6.2km に位置し、常呂川本流西端源流の山。
〔山名の由来・語源〕
○常呂川本流の源流部（シートコロ川）に位置する山。かつては常呂川が東側に延びていて佐呂間湖とつながっていたので、常呂川をアイヌは「tokor-pet」トコロ・ペッ（沼・を持つ・川）と呼んでいた。常呂川の上流部はいくつもの支流に分かれていて、このシートコロ川をその本流と考え、親の川の意味で「si」をつけ、シートコロ川となった。「留辺蘂町郷土研究会」

　石北峠 sekihoku-touge　・1050m〔山地〕A-9 東大雪火山群、A-10 北大雪〔20 万図〕北見 53〔2.5 万図〕石北峠 c〔峠所在市町村〕上川町・北見市（旧・留辺蘂町）〔位置〕上川町の東端、常呂郡留辺蘂町との間、国道 39 号線が旭川と北見を結ぶ標高 1050m の峠。峠名は旧石狩国と北見国の国境に位置することによる。昭和 32 年（1957）大雪国道が開削され、同 35 年大雪

国道が昇格して国道 39 号となる。峠の西側が大雪山国立公園に指定されている。1980〜90 年代は、峠に 8 軒並んでいた売店は、旭川紋別自動車道の整備に伴い迂回ルートの利用者が増えたため、2013 年は石北峠の売店が 1 軒だけあったが、2017 年は閉店された建物だけが残っていた。『北海道の地名』（平凡社）ほか

江屯武華岳 etonmuka-dake △1219.0m 〔山地〕A-9 東大雪火山群〔20万図〕北見 53〔2.5 万図〕石北峠 c〔山頂所在市町村〕上川町・北見市（旧・留辺蘂町）〔位置〕無加川の北西支流イトンムカ川上流、石北峠のあたりか。
〔地名掲載資料・語源〕
◇江屯武華山：国土地理院三等三角点名
○江屯武華岳（エトムカ岳）etu-mekka エトメツカ　etu は〔鼻〕、mekkaは〔物の背線、背筋〕で、鼻梁（ハナスジ）のように見える山。また、etu-mukarなら「マサカリの刃先」という意になる。『上川町史』昭和 41 年 9 月

上勝北山 kamikachikita-yama △1390.4m〔山地〕A-9 東大雪火山群（常呂川源山地）〔20 万図〕北見 53〔2.5 万図〕石北峠 d〔経度〕143°10′49″〔緯度〕43°35′19″〔山頂所在市町村〕上士幌町・置戸町〔位置〕勝北峠の西北西法 3km、三国山の東方 2.5km。
〔地名掲載資料〕上勝北山（かみかつきたやま）『ＮＨＫ北海道地名誌』
〔山名の由来〕勝北峠の上に位置するところから「上」を付けて呼ばれた。「勝北」は十勝と北見の境にあたる峠なので名付けられた。

三国山 mikuni-yama △1541.4m〔山地〕A-9 東大雪火山群（石狩ニペソツ山地）〔20 万図〕北見 53〔2.5 万図〕石北峠 d〔経度〕143°9′1″〔緯度〕43°35′35″〔山頂所在市町村〕上川町・北見市（旧・留辺蘂町）・上士幌町〔位置特徴〕三国峠がある三国トンネルの北出入口の東北東方 1.5km に位置する。三国山の頂上は 3 国境界の分岐点から東方に 300m 外れている。
〔河川図〕南斜面の沢川は、十勝川の北支流音更川の枝沢 6009-8220-3R 六の沢川の源流。西斜面の沢川は、石狩川支流ルベシナイ川の枝沢 1002-15590-2R「由仁石狩一の沢川」の源流。北東斜面は、常呂川支流 4037-790-1L 無加川の源流。
〔地名掲載資料〕

第Ⅱ編　山の履歴

◇三国岳「大雪営林署管内図」（昭和50年）
◇三国嶺「国土地理院二等三角点」
〔山名の由来〕
○上川郡、河東郡、常呂郡の3国境に位置するところから呼ばれた。
○山頂の境界点について、平成17年10月に留辺蘂町・上士幌町・上川町の3町は、北海道を囲む3つの海域に注ぐ水系の原点との位置づけから「北海道大分水点」と命名している。
〔夏季コース〕（昭和初期）
△北見留辺蘂から無加川を上流に進み、武華温根湯温泉を出発点とし、イトンムカ川合流点より上流約4kmの付近で露営、二日目は本流を遡り標高1400m付近の尾根に露営、三日目に三国山頂上に登り、ユーニイシカリ川支流の中流に露営、四日目に石狩川本流に出て、ホロカイシカリ川合流点に露営、五日目に層雲峡温泉に至る。『北海道の山岳（登山案内）』

　ノカノアシ山 nokanoashi-yama　？m〔山地〕A-9 東大雪火山群（常呂川源山地）〔20万図〕北見53〔2.5万図〕石北峠d〔山頂所在市町村〕上士幌町・置戸町〔位置〕三国山の南東方のあたり
〔地名掲載資料〕ノカノアシ山「樺戸・雨龍・上川三郡略図」

　勝北峠　kachikita-touge　・972m〔山地〕A-9 東大雪火山群（常呂川源山地）〔20万図〕北見54〔2.5万図〕十勝三股a〔峠在市町村〕上士幌町・置戸町〔位置〕上士幌町十勝三股と置戸町常元を結ぶ峠

　下勝北山 shimokachikita-yama[6]　△1352.4m〔山地〕A-9 東大雪火山群（常呂川源山地）〔20万図〕北見54〔2.5万図〕十勝三股a〔経度〕143°13′47″〔緯度〕43°33′35″〔山頂所在市町村〕上士幌町・置戸町〔位置〕勝北峠の南南東方2.5km
〔地名掲載資料〕下勝北山（しもかつきたやま）『ＮＨＫ北海道地名誌』
〔山名の由来〕勝北峠の下に位置するところから「下」を付けて呼ばれた。

---

[6]　「下勝北山」「上勝北山」の呼び名について、国土地理院の三角点名のルビに「シモカチキタ」「カミカチキタ」とある。

A-9　東大雪火山群（裏大雪）

　　上小屋 kamikoya　△941.0m〔山地〕A-9 東大雪火山群〔20万図〕北見54〔2.5万図〕十勝三股 a〔山頂所在市町村〕上士幌町〔位置〕三国山の南東方〔地名掲載資料〕上小屋 951.0『上士幌町史』

　　ピリベツ岳 piribetsu-dake　・1602m〔山地〕A-9 東大雪火山群（クマネシリ山塊）〔20万図〕北見54〔2.5万図〕十勝三股 b〔経度〕143°13′45″〔緯度〕43°31′31″〔山頂所在市町村〕上士幌町・足寄町
〔位置〕クマネシリ山塊のなかの北部に位置し、利別川北西上流支流の美里別川水源の山。
〔河川図〕西斜面は十勝川の支流、音更川の枝沢 6009-8200-3L と五の沢川 6009-8170-3L 三の沢川の源流。東斜面は十勝川の支流利別川の枝沢 6009-2650-3R エオマビリベツ川の上流。
〔地名掲載資料〕ピリベツ岳「国土地理院図」（現行）
◇ヒリヘツ岳「松浦・東西蝦夷場所境調書」（川筋図）、「松浦・東西蝦夷場所境調書壱巻」（山川絵図）
〔川名の由来・語源〕
○Piri pe　ピリペ〔美水「ピリカアンベ」ノ略語ナリトアイヌハ云フ然レトモ石狩アイヌノ詞ヲ以テ解スレバ濁流ノ水ト云フ義ニシテ鮭鱒ノ集ル好漁場ナリ〕『永田地名解』334p
○pir-pet　ピリ・ペツ〔渦流・川〕：山田『川の名』
○アイヌ語の「ピリベツ」〔渦巻川〕『ＮＨＫ北海道地名誌』
○美里別川（ピリペツ）本別市街の北西で利別川に流入。ピリカアンベの略語である。ピリペ〔美水〕説と、ビルペツ〔渦流の水・川〕説がある。『足寄百年史上巻』
〔夏季コース〕
◎更川右股の三ノ沢から入り、西クマネシリ岳の頂上の手前から北方へハイマツ帯を130m下り、そこの鞍部から120m上がるとピリベツ岳の山頂。
　平成元年当時の分岐から上は、ササと雑木の茂る獣道で大変な苦労、頂上一帯は腰の高さまでササが覆い茂る状態だった。
　現在は、少々漕ぐとこともあるが山頂まで踏み跡が残っている。

　　比利山 piriyama　→ピリベツ岳　・1602m〔山地〕A-9 東大雪火山群（クマネシリ山塊）〔20万図〕北見54〔2.5万図〕十勝三股 b〔山頂所在市町村〕

上士幌町・足寄町
〔地名掲載資料〕比利山「十勝州之内静岡藩支配地四郡地圖」

西クマネシリ岳 nishi-kumaneshiri-yama ・1635m〔山地〕A-9 東大雪火山群（クマネシリ山塊）〔20万図〕北見54〔2.5万図〕十勝三股b〔経度〕143°14′13″〔緯度〕43°30′60″〔山頂所在市町村〕上士幌町・足寄町〔位置・特徴〕三国山の南東方11km、クマネシリ連山の西方に位置する横に長く平らな山。

〔河川図〕東斜面は、十勝川の支流利別川の枝沢、6009-2400-4L ペンケ西クマネシリ川の源流。西斜面は、音更川の枝沢 6009-8170-3L 三の沢川の源流。北斜面は、6009-2650-3R エオマピリベツ川の源流。

〔地名掲載資料〕
◇クマ子シリノポリ『武四郎蝦夷地紀行』川筋取調図
◇クマ子シリと云高山『松浦戊午日誌』
◇クマ子シリ「松浦山川図」
◇隈根山（クマネシリ）海抜1552米突、郡内屈指の峻峰たり『大日本地名辞書』

〔夏季コース〕
◎音更川右股三ノ沢コース　西クマネシリ岳の西川、十勝三股からの登山道は昭和42年に帯広のエーデルワイス山岳会によって整備された：滝本幸夫『北の山』

△国道273号よりシンノスケ3の沢林道を5km入ったところが登山口。広い作業道を上二股まで、さらに狭い作業道を1200m地点へ、ここより登山道は急登となる。針葉樹からダケカンバ、ハイマツに変わり、頂上直下はちょっとした岩場になっている。登り約2時間。このコースは2016年の集中豪雨のためシンノスケ三の沢林道が通行止め、復旧の見通しは立っていない。

オッパイ山 oppai-yama ・1635m ・1602m〔山地〕A-9 東大雪火山群（クマネシリ山塊）〔20万図〕北見55〔2.5万図〕幌加d〔山頂所在市町村〕上士幌町・足寄町

〔位置特徴〕十勝三股から眺めると、隣接しているピリベツ岳（左）と西クマネシリ岳（右）の二つ山の形が乳房に似ていることから、オッパイ山の愛称で呼ばれている。

〔山名の語源〕カムイ・テケカラ・トプル・ヌプリ〔神様の・手造りの・一対の・乳房・山〕：山本多助「オッパイ山」

三国峠 mikuni-touge 1139m〔山地〕A-9 東大雪火山群、A-10 北大雪〔20万図〕北見54〔2.5万図〕<u>十勝三股 c</u>〔峠所在市町村〕上士幌町
〔位置特徴〕三国山の南西方、北海道の国道にある峠の中で一番高い。（二番目は幌鹿峠1081m）峠の名は、石狩の国、北見の国、十勝の国の三つの国にまたがる所に三国山があり、この山腹を抜いた三国峠トンネル、すなわち三国山にちなんで付けられた。昭和47年11月開通。この峠付近は冬の訪れが早く、11月から翌年5月まで交通止めとなる。峠には峠を示す表示板を除いて、土産物店もなければ歌碑や像など何もない。『北海道の峠物語』

南クマネシリ岳 minami-kumaneshiri-dake △1560.1m〔山地〕A-9 東大雪火山群（クマネシリ山塊）〔20万図〕北見55〔2.5万図〕<u>幌加 a</u>〔経度〕143°14′55″〔緯度〕43°29′24″〔山頂所在市町村〕上士幌町・足寄町
〔位置特徴〕クマネシリ山塊の南端に位置する。頂上のある東側から南東方向にかけて平坦な尾根が8kmわたって続いている。
〔河川図〕東斜面は、十勝川の支流利別川の枝沢、6009-2380-4R クマネシリ川の上流。西斜面は、幌加十勝川の支流音更川の枝沢、6009-8120-2L 十三の沢川と 6009-8130-2L「十四の沢川」の源流。
〔地名掲載資料〕
◇クマ子シリ「松浦山川図」
◇熊根岳「輯製20万図」（溓別）
◇クマ子シリ 1552「道廳20万図」（実測切図）（無加）
◇クマ子シリ 1551.5「仮製5万図」（石狩岳）
◇熊根（くまねしり）岳。熊根山（くまねやま）『日本名勝地誌』第九編
〔山名の由来・語源〕アイヌ語の「クマ・ネ・シリ」〔乾かし棒・のような・山〕。クマは、魚などを吊り下げて乾かす竿状の棒のこと。クマネシリ連山の稜線が平坦なので呼ばれた。連山の南端に位置する山であるところから、南が冠せられた。

ホロカ山 horoka-yama △1165.9m〔山地〕A-9 東大雪火山群（石狩ニペソツ山地）〔20万図〕北見55〔2.5万図〕<u>幌加 d</u>〔経度〕143°8′6″〔緯度〕

43°26′45″〔山頂所在市町村〕上士幌町〔位置特徴〕糠平湖の北東方、クマネシリ山塊の南西部に位置する。この山の東方にはかつて国鉄士幌線の幌加駅があった。〔河川図〕十勝川の支流音更川の枝沢、6009-7860-3L「一の沢川」の源流、6009-8080-3R「敦の沢川」の上流南方。
〔川名の由来・語源〕
○アイヌ語「ホルカ・ナイ」〔後もどりする・川〕から出たものである。『北海道駅名の起源』
○アイヌ語の「ホロカ」〔後戻りする〕は、川の支流につけられた名であった。その川を遡ると本流の川下の方にゆくような感じのする川を呼んだらしい。だが、実際のホロカナイを地図の上でみると、本流と直角ぐらいの角度で右なり左なりの遡る川であった。: 山田『ひがし大雪だより』No.15. 16
○ホロカナイ（幌加音更川）は、本流の音更川と合流し、上流北側の渡鹿橋のあたりでも、大きく左右に蛇行している。また、ここから上流の左岸へ2㌔の九の沢でも同じように蛇行しているところがあるが、川名の由来となったところはどこなのかわからない。: 渡辺
〔類似の山名〕幌加山　△887.1m（北見市(旧・留辺蘂町)・置戸町）

北石狩岳 kitaishikari-dake　△1286.4m〔山地〕A-9 東大雪火山群(石狩ニペソツ山地)〔20万図〕北見61〔2.5万図〕大雪湖d〔経度〕143°0′43″〔緯度〕43°35′42″〔山頂所在市町村〕上川町
〔位置特徴〕石狩岳の北北東方5.5km、音更沢と三角点沢の水源にあり、丸くなだらかな形。「国土地理院図」は1286.4、山名は記載されていない。
〔地名掲載資料〕
◇北石狩台「国土地理院三等三角点名」
◇北石狩岳『Attack!!大雪山』
〔山名の由来・語源〕石狩岳の北方に位置するので「北」を冠せたと思われる。

十石峠 Jyukkoku-touge　・1576m〔山地〕A-9 東大雪火山群(石狩ニペソツ山地)〔20万図〕北見62〔2.5万図〕石狩岳a〔峠所在市町村〕上川町・上士幌町

ユニ石狩岳 yuni-ishikari-dake　・1756m〔山地〕A-9 東大雪火山群(石

狩ニペソツ山地）〔20万図〕北見62〔2.5万図〕石狩岳a〔経度〕143°4′27″〔緯度〕43°33′44″〔山頂所在市町村〕上川町・上士幌町

〔位置〕石狩岳の北東方に位置、頂上から東大雪の展望がすぐれている。山体は角閃石石英閃緑岩から形成され、古生層で硬砂岩、粘板岩などの構造山地であることに特色がある。この山の周辺には、氷期と関連を持つ湖岸段丘[7]が分布している。日本海に注ぐ石狩川と太平洋へ注ぐ十勝川（ここでは音更川）の分水嶺をなす。：藤島範孝『北海道大百科事典』

〔河川図〕南斜面の沢川は、十勝川の北支流音更川の枝沢、6009-8300-2L「百十四の沢川」の源流。北斜面の沢川は、石狩川二次支流ルベシナイ川の枝沢1002-15540-2R ルベシナイ川の源流。

〔地名掲載資料〕

◇ユーニイシカリ「道廳20万図」（実測切図）

◇ユーニイシカリ「陸測5万図」

〔川名の由来・語源〕

○ユニは、「イ・ウン・イ」〔それ・入って行く・もの〕の連声で、通路とする石狩川という意味。：村上啓司『北の山脈』37号（北海道の山名11）

○ユニイシカリ yuni ishikari、yuni は yu-un-i の訳言で〔温泉の出る所〕という意、「温泉湧く所の石狩川」。また、ヤンベの沢、即ち「水の冷たい沢」というのも一方に水のあたたかい沢があり、それに対比して呼ばれたもので‥（後略）『上川町史』昭和41年9月

○旧岩間温泉の北に聳える山などで「温泉説」、また、旧岩間温泉の西側より北側へユニ石狩岳の西側を越えてユニイシカリ川を今の大雪湖に下る山道があるので「通路説」、どちらの説にも可能性がある。

〔夏季コース〕

◎十勝三股コース　国道273号線を層雲峡から十勝三股へ向かい、十勝三股の先1kmより音更沢沿いの道を7km行くと登山口。ここより作業道（車の乗り入れは困難）を標高1070m（登山道に入って10分ほど）のところが最終水場。樹林の中をジグザグに1450mまで登ると視界が開ける、ハイマツをくぐり抜けると十石峠、少し下って急登に変わり一気に頂上へ出る。登り約4

---

[7] 砂や粘土が湖の周囲から流れ込んで湖岸近くに堆積した結果形成された階段状の地形が、湖水面の低下によって湖面上に現れたもの。『ブリタリカ国際大百科事典』

時間 30 分

△ポンユニイシカリ沢コース　国道273号線をユニイシカリ川と三国沢との合流点へ、ここのゲートからポンユニイシカリ林道の終点を経て少し歩いたところが登山口。十石峠を経て頂上へ。登り約2時間50分

　平成23年9月以降、由仁石狩林道が林道入口まで決壊し通行止め、復旧の見通しは立っていない。

ポン音更山 pon-otohuke-yama ・1802m〔山地〕A-9 東大雪火山群〔20万図〕北見62〔2.5万図〕石狩岳 c〔経度〕143°1′40″〔緯度〕43°34′3″〔山頂所在市町村〕上川町〔位置〕音更山の北西方1.3km
〔地名掲載資料〕
◇ポン音更山『Attack!!大雪山』
◇国土地理院の5万分地形図、20万分地勢図ともに標高値と山名は記載されていない。
〔山名の由来〕南東の音更山より標高が低いので、アイヌ語の「ポン」〔小さい〕を冠せたと思われる。
〔夏季コース〕△昭和50年頃は、音更沢を遡りポン音更山を経て音更山の北東に至る登山道があったが現在は使われていない。

石狩岳 ishikari-dake →鹿狩山　・1967m〔山地〕A-9 東大雪火山群(石狩ニペソツ山地)〔20万図〕北見62〔2.5万図〕石狩岳 c〔経度〕143°1′37″〔緯度〕43°32′47″〔山頂所在市町村〕上川町・上士幌町
〔位置特徴〕上川と上士幌の境をなす石狩連峰の主峰で、ピラミダルな山容と深く切れ落ちた谷のある男性的な山である。山頂は北の1966mと南の1967mの二つのピークがある。高所からでなくてはその山容を眺められない。大雪山国立公園の特別保護地域で、原始的景観が保存されている。
〔河川図〕南斜面の沢川は、十勝川の北支流 6009-8350-10 音更川の源流。北西斜面の沢川は、石狩川支流 1002-15650-1R 音更沢川の源流。
〔地名掲載資料〕
◇サヲロ、ハナクシサヲロ、ヘナクシサヲロと石狩領ソラチと向背をなし、其よりトカチ本筋迄石狩岳の間にソラチ入来り、其より峯つゞき熊根シリ、石狩岳の間つゞき、トカチ川すじは上りトカチ岳に至る。：松田市太郎「石狩川水源見分書」（場所境調書）安政4年（1857）。ここに見える「石狩岳」

は、クマネシリと峯つづきにある、現在の石狩岳、ユニ石狩岳の山々であろう。

◇石カリ岳〔石狩の山々の意〕『竹四郎廻浦日記』上-472p
◇石狩岳を見るに、卯（東）の方に当りて波濤の如く連り『松浦丁巳日誌』上-278p
◇石狩岳『松浦丁巳日誌』（文）上-282p
◇石狩岳『松浦戊午日誌』（山並図）上-227p
◇イシカリ（石狩）岳〔石狩の山々の意〕あり、其より来る川なる故なり。『松浦西蝦夷日誌』200p
◇石カリ岳「北海道拾壱箇國郡名」（明治3年）
◇石狩岳、石狩岳ハ國ノ東部ニ屹立、全道第一ノ高峯ニシテ北見及ビ十勝ニ誇ル全道山脈コレヨリ起ル「大日本國郡精図」（石狩國）（明治11年）
◇石狩岳「改正北海道全図」（明治20年）
◇石狩岳「樺戸・雨龍・上川三郡略圖」
◇石狩岳「加藤氏地理」
◇石狩岳 2035「道廳 20 万図」（実測切図）（無加）
◇石狩嶽「輯製 20 万図」（溌別）
◇石狩岳『日本名勝地誌』第九編
◇石狩岳。松浦図に石狩岳と標示するは、忠別岳と連接し今ヌタカムシュペの最高峰に外ならじ。石狩岳（高距 2035 米突『大日本地名辞書』
◇イシカリ岳　イシカリ水源に在り。（土人称して「ペテツトウシカムイシリ」と云うは「イシカリ岳と同物なり」と、福士氏語られたり）：神保小虎「石狩川水源巡回雑話」
◇石狩岳「北海道分國新地圖」
◇明治 15 年（1882）札幌県の役人福士成豊が当山域の測量を行い、当山を石狩岳、大雪山を「東オプタテシケ」としたという。：河野常吉「大雪山及石狩川上流探検開発史」
◇石狩岳の名が現在の山（1967m）に用いられるようになったのは、福士成豊の「上川図」からで、それ以前に石狩岳というと現在の大雪山（狭義の）を意味し、現在の石狩岳については「シノマン石狩岳」あるいは「シノマン山」の名称を使っている。これはアイヌが石狩川本流の源流部を「シノマンイシカリ」〔本当に奥へ入って行く〕と称したことに由っている。：村上啓司『北の山脈』37 号（北海道の山名 11）

〔石狩川の語源〕
○夷語イシカリとは、則、塞る亦は詰るといふ意にて、此川筋屈曲して塞り見ゆる故、此名ありといふ。「上原蝦夷地名考并里程記」『アイヌ語地名資料集成』81p
○原名「イシカラペッ」(Ishikar'a pet) 回流川ノ意　石狩川ロノ邊川脈最モ屈曲回流シテ川上塞ルガ如シ故ニ名ク初ヨリ全川ニ名ケタルニアラズ…（中略）此ハ「パニウングル」（中川ノ人）ノ説ナリ、「ペニウングル」（上川人）云フ「イシュ、カラペッ」(I sh-kara-pet) ナリ、「イシュ」ハ美ク「カラ」ハ作ル、美ク作リタル川ノ意（後略）『永田地名解』20p
○アイヌ語「イシカリ・ペッ」（非常に屈曲した川）の意といわれる。『北海道駅名の起源』
○「イシカリベツ」〔曲河、回り行く、または河を塞ぐ〕：バチラー『アイヌ語辞典』
○石狩川の源流にある山なので石狩岳と呼ばれるが、松浦武四郎は、今の表大雪の山々のことを石狩岳と書いている。
○石狩川は長い川[8]であるから呼び表す場所によって、アイヌの地名もいろいろな表現があった。

〔夏季コース〕
△昭和の初めころは、石狩川本流を遡りその源流の途中から音更山と石狩岳の中間コルに出て、石狩岳の本峰へ登頂したもので、5日あるいは10日も難行しなければならなかった。
△（昭和11年頃）未だ登山路なく、附近一帯の樹海は眞に千古斧鉞の入らざるもので、其の深山味に於ては本道随一である。訪れる者は一年に一、二のパーティにすぎない。『北海道の山山』
△昭和24年(1949)7月に、ユニ石狩岳歩道起点より音更山を経て国境稜線を辿り石狩岳の本峰に至る旧道は、大石実らによってつけられた。
◎シュナイダーコース（21の沢沿いコース）
　国道273号の三股橋より西方に向かう林道を8.5km入った二十一の沢出合

---

[8] 石狩川の長さは、明治42年当時368km、その後、川すじの切り替え工事が行われ、半世紀後には268kmに短くなっている。切り替え工事以前の石狩川は、大蛇のように曲がりくねっていたことがうかがえる。

い、平成6年に登山道は改良され、迷う心配はなくなった。比較的平坦な道を約1時間で尾根に取り付き、ここが最終水場。ここより樹林の中を標高差900mほど急登すると稜線に出る。さらにハイマツ帯を1時間ほどの登りで頂上である。登山口から縦走装備で登り約5時間30分。

十勝三股より石狩岳への道がついたのは昭和25年ごろで、二十一の沢までは森林鉄道が走っていた。ここの登山口にはかつて御殿と呼ばれた飯場があたところ。この21の沢沿いのコースは、昭和36年、足寄山友会によってつくられ、オーストリアの登山家シュナイダーの名前をつけ「シュナイダーコース」と名づけられた。

昭和29年の15号台風による風倒木搬出のため、本格的な森林軌道が、十勝三股より音更川本流沿いにつけられたことにより、ここから登るルートが最も手近に石狩岳本峰を陥れることのできる行程となった。

御殿跡と呼ばれるコースには、かつて「ニペ見の座」「かくれんぼ岩」「らくだの背」「はだか平」など、ユニークな標識がところどころに付けられていた。当時の登山コースは、ユニ石狩から音更山、石狩岳、川上岳を経て沼の原、五色原へと向かって道の開設が進められた。その主力となったのは十勝農学校山岳部（現在の帯広農業高校）であった。：山崎治『ただいま八合目』：滝本幸夫『北の山・記録と案内』ほか

◎十石峠コース；音更川あるいは由仁石狩川側からユニ石狩岳直下の十国峠に登り、ここから左へ稜線伝いに行き小さなコブをいくつか越え、音更山の南東側、ブヨ沼のキャンプ指定地へ下る。ここから急登しいくつかのピークを越えて音更山に登り、北西に登る尾根を行き、シュナイダーコースとの分岐を越えて頂上へ。縦走装備で登り約8時間30分。このコースは昭和24年7月に大石実らによってつけられた。：滝本幸夫『北の山』この音更川本流の林道は、しばらく通行止めだったが、2017年8月より開通している。

△沼ノ原コース； 沼ノ原登山口から根曲り笹の廊下を抜け、急な尾根を登り、ニペの耳の分岐から左折し川上岳の左腹を巻き、小石狩岳を経由して頂上へ。登り約9時間30分。

このコースは、大雪湖南方より沼ノ原方向の石狩岳へ、登山口に繋がる層雲峡本流林道があるが、入口付近で通行止め、復旧の見通しは立っていない。

鹿狩山 shikakari-yama →石狩岳・1967m〔山地〕A-9 東大雪火山群（石狩ニペソツ山地）〔20万図〕北見62〔2.5万図〕石狩岳c〔山頂所在市町村〕

第Ⅱ編　山の履歴

上川町・上士幌町〔地名掲載資料〕鹿狩山「十勝州之内静岡藩支配地四郡地図」

　石狩の肩 ishikarinokata　・1770m〔山地〕A-9 東大雪火山群(石狩ニペソツ山地)〔20万図〕北見62〔2.5万図〕石狩岳 c〔山頂所在市町村〕上川町・上士幌町〔位置特徴〕音更山と石狩岳を結ぶ縦走路の途中、石狩岳の東方900m。
〔地名掲載資料〕
◇石狩の肩 1760『Attack!!大雪山』
◇「国土地理院図」は山名・標高値とも記載していない。
〔山名の由来〕登山者は石狩岳の山頂から少し東方に下がって急に落ち込むところ、すなわち人間の肩に例えて呼んだ。「上川町郷土資料室」

　音更山 otohuke-yama　△1932.1m〔山地〕A-9 東大雪火山群(石狩ニペソツ山地)〔20万図〕北見62〔2.5万図〕石狩岳 c〔経度〕143°2′21″〔緯度〕43°33′33″〔山頂所在市町村〕上川町・上士幌町
〔位置特徴〕上川郡の北見山地と河東郡の日高山脈を分ける接合部にあたる尾根部分で、三国山と石狩岳の中間に位置する。急峻な斜面に独立した山なので、山頂からの眺望がよい。
〔河川図〕南斜面の沢川は、十勝川の北支流音更川の枝沢、6009-8350-2L「二十一の沢川」の源流。
〔地名掲載資料〕
◇トカチ川上ノヲトツプケ山。ヲトツプケ岳頂已ニ雪ヲ戴タリ。「観国録(安政3年9月7日条)
◇オトフケ山ニ向テ下ル（中略）オトフケ上流ホルキルウニ到着・・・。松本十郎「石狩・十勝両河紀行」明治9年6月
◇ヲトフケ岳「松浦・東西蝦夷場所境調書」（川筋図）
◇音更山「十勝州之内静岡藩支配地四郡地図」
◇音更山「改正北海道全図」（明治20年）
◇音更山「樺戸・雨龍・上川三郡略圖」
◇音更山「北海道分國新地圖」
◇音更山「国土地理院図」（現行）
〔川名の由来・語源〕

○「ヲトケフト」ヲトハ頭髪　ケフハ人骨　髪ノ毛と骨計リアリシ沢　流死カワカル（流死が判る）：白野夏雲「蝦夷地名録弐」
○Otopuke　「オトプケ」は毛髪生スルノ義ナレトモ未詳『永田地名解』343p
○アイヌ語「ヲトフ」即チ髪ノ毛ノ義ナリ即チ音更川ノ乱流恰モ髪ノ毛ノ風ニ吹キ乱レル如キヲ形容　シタルモノナルベシ」『北海道市町村行政区画便覧』（昭和 23 年）
○アイヌ語「オトプケ」（頭髪のところ）から出たもので、広い川原に柳が髪の毛のように密生しているからだというが疑わしい。『北海道駅名の起源』（昭和 29 年）
○オ・トプツケ、オトプケ「屈曲せる川、川端、毛髪生ずる義、川水の流るる形状が恰も頭髪の風に吹乱さるるが如し」安田巌城『十勝地名解』
○音更山 otop-ke 、otop は〔頭の髪〕、ke は名詞の語根について、所、部分の意を表す助詞で、大雪山系を人間の頭にたとえ、この山を十勝方面から眺めて名づけたものである。「頭の髪のはえぎわにそびえる山」の意。『上川町史』昭和 41 年 9 月
○オトプケ（音更）川＝髪の毛が風に吹き乱される様子ということで、支流の多いさまを現わす。『士幌のあゆみ』
〔夏季コース〕（現在）
◎十石峠コース　十勝三股より音更川本流れ沿いの林道に入り、約 7km で登山口。ここより十石峠（1576m）を出て、西方への稜線を経て頂上へ。登り約 4 時間。ユニ石狩岳と石狩岳の中間に位置する。音更川本流の林道はしばらく通行止めだったが、2017 年 8 月より通行できるようになった。
△平成 2011 年（平成 23）9 月以降、由仁石狩林道が林道入口まで決壊により通行止め、復旧の見通しは立っていない。

ヲトケプ岳　otokepu-dake　→音更山　△1932.0m〔山地〕A-9 東大雪火山群（石狩ニペソツ山地）〔20 万図〕北見 62〔2.5 万図〕石狩岳 c〔山頂所在市町村〕上川町・上士幌町
〔地名掲載資料〕ヲトケプ岳『武四郎蝦夷地紀行』川筋取調図 536p

ヲトケヘ岳　otokehe-dake　→音更山　△1932.0m〔山地〕A-9 東大雪火山群（石狩ニペソツ山地）〔20 万図〕北見 62〔2.5 万図〕石狩岳 c〔山頂所在市町村〕上川町・上士幌町〔地名掲載資料〕ヲトケヘ岳「東西蝦夷場所境調

第Ⅱ編　山の履歴

書壱巻」（山川図）

　小石狩岳　ponishikari-dake　・1924m〔山地〕A-9 東大雪火山群（石狩ニペソツ山地）〔20万図〕北見62〔2.5万図〕石狩岳 d〔経度〕143°1′26″〔緯度〕43°32′24″〔山頂所在市町村〕上川町・上士幌町
〔位置〕石狩岳の南西方800mの稜線上、石狩岳と沼ノ原の縦走路の途中。
〔地名掲載資料〕
◇小石狩岳 1924『Attack!!大雪山』
◇国土地理院図は山名・標高値とも記載していない。
〔山名の由来〕標高の高い石狩岳を「大、親」にみたて、標高が低いこちらに「小」を付けたもの。

　川上岳 kawakami-dake　・1894m〔山地〕A-9 東大雪火山群（石狩ニペソツ山地）〔20万図〕北見62〔2.5万図〕石狩岳 d〔経度〕143°1′38″〔緯度〕43°31′54″〔山頂所在市町村〕上川町・上士幌町〔位置〕石狩岳の南方1.6kmの稜線上、石狩岳と沼ノ原の縦走路の途中。
〔地名掲載資料〕
◇川上岳 1894『Attack!!大雪山』
◇1894「国土地理院図」（山名は記載なし）

　ニペの耳 nipenomimi（Ｊ・Ｐ）・1895m〔山地〕A-9 東大雪火山群（石狩ニペソツ山地）〔20万図〕北見62〔2.5万図〕石狩岳 d〔経度〕143°1′5″〔緯度〕43°31′35″〔山頂所在市町村〕上川町・新得町・上士幌町
〔位置特徴〕石狩岳、沼ノ原山、ニペソツ山の登山道が交う三叉路、縦走中の登山者はここを目印にしている。ニペの耳からニペソツ山が槍のように見える360度の展望も人気。
〔地名掲載資料〕
◇Ｊ・Ｐ（ニペの耳）1895『Attack!!大雪山』
◇「国土地理院図」は山名・標高値とも記載していない。
〔山名の由来〕
○石狩連山からニペソツに連なる山稜の分岐点にあたるところから「ニペの耳」と呼ばれたものと思う。「上川町郷土資料室」
○ニペの耳はいわゆる双耳峰になっている。双耳峰とは一つの山の頂上部に、

二つの頂を持つ山を言う。猫の頭のように二つの耳が並んで見えることからくる。ニペの耳は南に位置するニペソツ山とも尾根続きであり、こう呼ばれているようである。：河田充「北海道新聞」（朝の食卓）2006.8.18
〇クチャンベツから忠別岳への途中、沼の原からニペの耳までが、あたかも猫の耳の様に左右美しく聳えて見えた。寺口一孝
〇尾根がぶつかり合う地形をさしてJ・P（junctino-peak）と呼ばれる。：野辿「大雪山への誘い」

　温泉岳　onnsen-dake　△1578.6m〔山地〕A-9 東大雪火山群(石狩ニペソツ山地)〔20万図〕北見62〔2.5万図〕石狩岳d〔経度〕143°1′24″〔緯度〕43°30′25″〔山頂所在市町村〕新得町・上士幌町
〔位置〕石狩岳とニペソツ山を結ぶ尾根上、ニペソツ山の北方5km。
〔地名掲載資料〕
◇温泉岳『ガイドブックにない北海道の山々』
◇国土地理院図は、標高値のみ記し山名は記載していない。
〔山名の由来〕旧岩間温泉の南西方にあるので呼ばれた。
〔類似の山〕温泉山1281m（上士幌町）糠平湖の南西方・然別火山群

　二屏山脈　nipe-sanmyaku　・1427.3m〔山地〕A-9 東大雪火山群〔20万図〕北見63〔2.5万図〕ニペソツ山a〔山頂所在市町村〕上士幌町〔位置〕ニペソツ山の東北東方10km
〔地名掲載資料〕二塀山脈　1427.0『上士幌町史』

　軍艦山　gunkan-yama　・1181m〔山地〕A-9 東大雪火山群(石狩ニペソツ山地)〔20万図〕北見63〔2.5万図〕ニペソツ山a〔経度〕143°6′49″〔緯度〕43°28′47″〔山頂所在市町村〕上士幌町
〔位置特徴〕幌加温泉の北西方1.9kmに位置する。現在の山容は軍艦に見えないが意識して眺めるとそのような形の面影がある。
〔地名掲載資料〕
◇軍艦山、形が軍艦に似ているので『NHK北海道地名誌』
◇国土地理院図は、標高値のみ記され山名は記載していない。

　小天狗　kotengu　・1681m〔山地〕A-9 東大雪火山群(石狩ニペソツ山地)

〔20万図〕北見 63〔2.5万図〕ニペソツ山 c&a〔山頂所在市町村〕上士幌町〔経度〕143°3′47″〔緯度〕43°28′54″〔位置〕ニペソツ山の北東方 3.9km、十六ノ沢コースの途中にあるが頂上への道はない。
〔地名掲載資料〕小天狗『北海道夏山ガイド③』（山絵図）

　前天狗　maetengu　・1888m〔山地〕A-9 東大雪火山群(石狩ニペソツ山地)〔20万図〕北見 63〔2.5万図〕ニペソツ山 c〔山頂所在市町村〕新得町・上士幌町〔経度〕143°3′2″〔緯度〕43°28′1″〔位置〕ニペソツ山の北北東方 1.9km、縦走路の途中。
〔地名掲載資料〕前天狗『北海道夏山ガイド③』（山絵図）

　天狗岳　tengu-dake　・1868m〔山地〕A-9 東大雪火山群(石狩ニペソツ山地)〔20万図〕北見 62〔2.5万図〕ニペソツ山 c〔山頂所在市町村〕新得町・上士幌町〔経度〕143°2′43″〔緯度〕43°27′55″〔位置〕ニペソツ山の北東方 1.5km、縦走路の途中、頂上への道はない。
〔地名掲載資料〕天狗岳『北海道夏山ガイド③』（山絵図）

　ニペソツ山　nipesotsu-yama　・2013m〔山地〕A-9 東大雪火山群(石狩ニペソツ山地)〔20万図〕北見 63〔2.5万図〕ニペソツ山 d〔経度〕143°2′10″〔緯度〕43°27′12″〔山頂所在市町村〕新得町・上士幌町
〔位置特徴〕石狩山脈の南部に位置し、独立峰的存在の東大雪の最高峰である。南北に峻険なやせ尾根、東面は岸壁となってホロカ音更川に落ち込み、男性的威容をもつ。
　山頂の三角点は崩壊により撤収された。：寺口一孝
〔河川図〕東斜面は、十勝川支流音更川の枝沢 6009-8040-3L 八十四の沢川の源流。南斜面は、ニペソツ川の枝沢 6009-11070-2L シイニペソツ川の源流。北斜面は、トムラウシ川の枝沢 6009-11550-3L ヌプン 9 の沢川の源流。
〔地名掲載資料〕
◇ニペソツ山「改正北海道全図」（明治 20 年）
◇ニペソツ山 1843「道廰 20 万図」（実測切図）（足寄）
◇ニペソツ山 1842.9「仮製 5 万図」（ニペソツ山）
◇ニペソツ岳『日本名勝地誌』第九編
◇ニペソツ山「国土地理院図」（現行）

◇二屏卒山「国土地理院二等三角点」
◇ニペショチ『松浦戊午日誌』登加智留宇智之日誌肆（文）上-190p
〔川名の由来・語源〕
○ニペソッ ni-pes-ot〔木が・下る・いつもする〕と聞こえる。あるいはニペシ・ソソ・オッ・ナイ nipes-soso-ot-nai〔しなの木の皮を・剥ぐ・いつもする・川〕のような形から来たのかもしれない。：山田『北海道の地名』
○ニペシ・オッ〔木・多い〕。ニペシは強い繊維を持つシナの木の内皮をいい、アイヌはニペソツ川の川口付近に生えるシナの木を多量に採取し利用していた。

〔夏季コース〕（旧）
△幌加温泉コース
　昭和5年秋に十勝三股のホロカ川側から頂上まで登山路が完成し、ニペソツ山の登山はこのコースが主であった。
　国道273号線から幌加温泉への車道を入り営林署の研修所跡地が登山口。三条沼、幌加温泉分岐を経て前天狗の手前で十六ノ沢コースと合流し天狗平を経て頂上へ。登り約6時間30分。この十六ノ沢林道は、2016年度の大規模災害により通行止め、復旧の見通しは立っていない。
△音更川十六ノ沢コース　国道273号線から音更川沿いの林道を7.5km入り十六ノ沢林道の杉沢出合が登山口、ここが最終水場となる。ここより樹林帯の中を、1848mの小屋根、大岩のある小天狗まで急登が続く、10分ほど下って天狗のコルよりガレ場をすすみホロカ温泉コースの分岐で再び急登となる。10分ほど行ったところの前天狗より急な下りを二ヶ所過ぎ、れき地を急登して頂上にでる。頂上は狭く東側は切れ落ちていて危険である。登り約5時間。このコースは2016年の集中豪雨のため、十六ノ沢林道は通行止、復旧の見通しは立っていない。

植坂山 uesakayama　△475.9m〔山地〕A-9 東大雪火山群（美里別川源山地）〔20万図〕帯広33〔2.5万図〕<u>芽室a</u>〔経度〕143°28′34″〔緯度〕43°18′46″〔山頂所在市町村〕足寄町〔位置〕足寄町植坂

第Ⅱ編　山の履歴

青龍山　山頂にある関神社跡　2015.6
北のかもしかの山歩き【218】

作太郎山　2013.1
北のかもしかの山歩き【219】

作太郎山　2013.1
北のかもしかの山歩き【219】

北稜岳　2001.10【222】

小坂山山頂　2016.2
北のかもしかの山歩き【224】

ピリベツ岳と西クマネシリ山
2003.9　寺口一孝【229~230】

ピリベツ岳　2002.8　寺口一孝【229】

三国峠より松見大橋
jarannet【231】

A-9 東大雪火山群（裏大雪）

三国峠の紅葉
素材辞典JF135【231】

石狩岳
gekiyabu, sakura【234】

音更山より石狩岳を望む
2009.7 寺口一孝【234】

シュナイダーコース石狩岳登山口
gekiyabu, sakura【234】

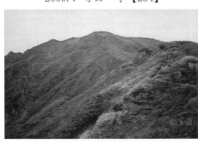

石狩岳
2003.9 寺口一孝【234】

石狩岳山頂
gekiyabu, sakura【234】

ユニ石狩岳登山口
gekiyabu, sakura【232】

ユニ石狩岳
寺口一孝【232】

第Ⅱ編　山の履歴

音更山
2001.7　寺口一孝【238】

音更山
2003.9　寺口一孝【238】

音更山山頂
gekiyabu, sakura【238】

石狩岳（左手前）音更山（正面）
2001.7　寺口一孝【234】

大沼よりニペノ耳を遠望
2004.7　寺口一孝【240】

川上岳山頂
gekiyabu, sakura【240】

ニペソツ山、天狗のコル
2004.7　寺口一孝【242】

A－9　東大雪火山群（裏大雪）

ニペソツ山
2001.8　高澤光雄【242】

ニペソツ山
2001.8　高澤光雄【242】

ニペソツ山・石狩岳の登山口【242】

ニペソツ山手前の前天狗
寺口一孝【242】

中山風穴　北のかもしかの山歩き

A-10 北見盆地

ライクンヌプリ raikun-nupuri ◇111.6m〔山地〕A-10 北見盆地〔20万図〕斜里58〔2.5万図〕緋牛内 d〔山頂所在市町村〕美幌町〔経度〕144°2′9″〔緯度〕43°51′2″
〔位置〕美幌町豊岡の西方2.5km、鳥の沢川の水源。ＪＲ石北線トンネルより南方1km強のところ。
〔地名掲載資料〕ライクンヌプリ『美幌町史』「美幌町アイヌ語地名地図」
〔山名の由来・語源〕
○ライクルヌプリ（死人の山の意）…往時は、北見アイヌが山を越えて侵入してきた時、美幌アイヌがこの砦にたてこもって勇戦奮闘し、死人の山を築いて敵を撃退したことにちなんで名付けられたと伝えられ、或いは又ここはアイカルシ（兵器＝鉄＝製作所）といって厳重な秘密のもとにおかれ、外来者は一切入ることを禁ぜられ、一度この地に入った者は再び帰ってきた者がなく、一般人からは魔の場所として近づく者はいなかったといわれ、最近までは附近一帯は黒曜石の小破片が一面に散乱していた。（美幌町郷土史研究会のまとめ）：伊藤せいち『アイヌ語地名Ⅰ網走川』
○ライクンヌプリ（raikun-npuri）ライクル・ヌプリ〔死者・山〕そこに昔はチャシがあったらしく、戦いの跡もあるという。『網走市史上巻』
○raykun-nupuri＜raykur-nupuri〔死人（の）山〕。鳥の沢川の水源にある山。戦いの伝説をしのばせる地名である。：伊藤せいち『アイヌ語地名Ⅰ網走川』

雨乞山 amagoi-yama △233.6m〔山地〕A-10 北見盆地〔20万図〕斜里60〔2.5万図〕津別 c〔経度〕144°0′42″〔緯度〕43°43′35″〔山頂所在市町村〕津別町
〔位置〕津別町達美の北西方、網走川上流左岸の小山
〔山名の掲載資料〕雨乞山 233.6m、市街の北、川向いの小山：ＮＨＫ北海道地名誌
〔山名の由来・語源〕
○アウオサニ awosani＝ハウオサニ hawosani、〈haw-o-san-i〉〔声が・そこまで・出てきた・所〕。伊藤せいち『アイヌ語地名Ⅰ網走川』
○叫んだ声で遠くに急を知らせる行為（otuypa）〔叫ぶ・呼ぶ〕のあったこ

とにちなむ地名、通称「雨乞山」：知里『網走市史』1958

　端野峠 tanno-touge　約260m　A-10 北見盆地〔20万図〕北見2〔2.5万図〕端野c〔山頂所在市町村〕北見市・端野町

　ヌツケシ岳 nutukesi-dake　△323.4m〔山地〕A-10 北見盆地〔20万図〕北見2〔2.5万図〕端野d〔山頂所在市町村〕端野町〔位置〕端野町二区、ノーザンアークリゾートスキー場の西方
〔地名掲載資料〕
◇ヌツケシ岳「松浦山川図」
◇ノツケウシ山「改正北海道図」（明治20年）
◇△323.4　国土地理院三角点
〔山名の語源〕アイヌ語、ヌプ・ケシ nup-kes〔野・端〕

　活汲峠 kakkumi-touge　・231m　A-10 北見盆地〔20万図〕北見3〔2.5万図〕北見d〔山頂所在市町村〕北見市・美幌町〔位置〕北見と美幌を繋ぐ峠。
〔地名掲載資料〕しばし過てフブシナイ（中略）是よりまた右の方、ルベシベ。峠え上るや槲柏原。『松浦戊午日誌』上-338p

　⛷**ノーザンアークリゾートスキー場**　A-10 北見盆地〔20万図〕北見2〔2.5万図〕端野d〔位置〕北見市端野町2区、端野峠の南方　北見市市街より車で約10数分　標高約300mの東斜面、山頂より北方にのどかな田園風景が広がる。

　北見ヶ丘 kitamigaoka　・185m　A-10 北見盆地〔2.5万図〕北見d〔山頂所在市町村〕北見市〔位置〕中ノ島公園の南東、常呂川沿い。

　⛷**北見若松市民スキー場**　A-10 北見盆地〔2.5万図〕北見d〔位置〕北見市若松、北見市街の南東方、北見市自然休養村センターの南東。

　開成峠 kaisei-touge　約250m　A-10 北見盆地〔20万図〕北見4〔2.5万図〕開成d〔山頂所在市町村〕北見市・端野町

ポンタプコプ pon-tatukopu　？m〔山地〕A-10 北見盆地〔20万図〕北見4〔2.5万図〕開成 x〔山頂所在市町村〕津別町〔位置〕津別町新最上、ポンタツコプ川のあたり
〔地名掲載資料〕
◇リルイカヲマナイ（本名）リイルイカヲマナイなるべし。（中略）またしばしにて左にポンタツコプ、此処また小さき山壱ツ有、依て号るよし。またしばしにてイチャンヲマナイ、（中略）またしばし上りシヤマツケタツコブ（中略）此上にウエンルウチシと云山有。『松浦戊午日誌』上-332p
◇ポンタプコプ『武四郎蝦夷地紀行』（川々取調帳）564p（これは川筋図説明の地名としてサロマ川上流に書かれているが、ポンタプコプは元図にみえない。）
◇ポンタプコプ『武四郎蝦夷地紀行』（川々取調帳）570p
◇ホンタツコプ「松浦山川図」
◇ポンタプコプ「仮製5万図」（相野内）
〔山名の語源〕アイヌ語、ポン・タプコプ pon-tapkop〔小さい・瘤山〕

ウエンルウチシ uenruutisi　・333m〔山地〕A-10 北見盆地〔20万図〕北見4〔2.5万図〕開成 d〔山頂所在市町村〕北見市・津別町
〔位置〕開盛峠の南東方500m
〔地名掲載資料〕ウエンルウチシと云山有。是トコロとアハシリの境目なるよし。『松浦戊午日誌』上-332p

サマッケタプコプ samakke-tapukopu→シヤマツケタツコプ　537.4m〔山地〕A-10 北見盆地〔20万図〕北見4〔2.5万図〕開成 d〔山頂所在市町村〕津別町〔位置〕津別町市街の西方10km、タプコブ川の上流右岸のあたりか
〔地名掲載資料〕
◇サマツケタプコプ『武四郎蝦夷地紀行』（川々取調帳）570p
◇サマッケタプコプ「道廳20万図」（実測切図）（無加）
◇サマッケタプコプ「仮製5万図」（相野内）明治30
〔山名の語源〕samatke-tapkop〔横に突き出ている・タプコブ川〕：伊藤せいち「オホーツク文化資料紀要4」

シヤマツケタツコプ siyamatuke-tatukopu → サマッケタプコプ　537.4m〔山地〕A-10 北見盆地〔20 万図〕北見 4〔2.5 万図〕開成 d〔山頂所在市町村〕津別町〔位置〕津別町市街の西方 10km、モガミ川の東方稜線上
〔地名掲載資料〕
◇シヤマツケタツコプ（中略）此上にウエンルウチシと云山有『松浦戊午日誌』上-332p
◇シヤマツケタツコフ「松浦山川図」

様毛山 samake-yama　537.4m〔山地〕A-10 北見盆地〔20 万図〕北見 4〔2.5 万図〕開成 d〔山頂所在市町村〕津別町〔河川図〕4046-820
〔地名掲載資料〕様毛山：林班図 S59。サマッケ・タプコプにちなむ語の和名かと思うが、本来のアイヌ地名もあったのかもしれない。：伊藤せいち『アイヌ語地名Ⅰ網走川』

チヤシコツ tiyasikotu　？m〔山地〕A-10 北見盆地〔20 万図〕北見 5〔2.5 万図〕本岐 a〔山頂所在市町村〕津別町〔位置〕津別町本岐のあたり
〔地名掲載資料〕チヤシコツ「松浦山川図」

チヌケプヌプリ tinukepu-nupuri→丸山⑨　△587.1m〔山地〕A-10 北見盆地〔20 万図〕北見 5〔2.5 万図〕本岐 c〔山頂所在市町村〕津別町〔位置〕チミケップ湖の東北東方、鹿鳴の沢川源頭の山。
〔地名掲載資料〕チヌケプヌプリ：知里『網走市史』上。昭和 33 年（網走郡内アイヌ語地名解）
〔山名の由来・語源〕
○チミケプは山水の崖を破りて流下する処『永田地名解』
○chimi-ke-p　チミ・ケ・プ〔分ける・削る・もの（川）〕：山田『北海道の地名』212p

丸山 ⑨ maruyama → チヌケプヌプリ　△587.1m〔山地〕A-10 北見盆地〔20 万図〕北見 5〔2.5 万図〕本岐 c〔山頂所在市町村〕津別町〔位置〕チミケップ湖の北東方、鹿鳴の沢川水源の山。
〔地名掲載資料〕
◇チヌケプヌプリ（chinukep-nupuri）チヌケプの原義未詳『網走市史上巻』

第Ⅱ編　山の履歴

◇チヌケプ・ヌプリ、林班図（昭和 59）では「丸山」：伊藤せいち「オホーツク文化資料館紀要 4」

　ケミチャプヌプリ kemicyappu-nupuri　→丸山⑨　△587.1m〔山地〕A-10 北見盆地　〔20 万図〕北見 5〔2.5 万図〕本岐 c〔山頂所在市町村〕津別町〔位置〕チミケップ湖の東北東方、鹿鳴の沢川源頭の山。
〔地名掲載資料〕
◇ケ子チヤフ，昔し合戦の有りし時，老人壱人何処よりか逃来たりしを追来たりしが，爰まで来たりしや，空より血が多くこぼれ居たりと。依て号。ケミは血の事，チヤフはこぼれると云儀なり『松浦戊午日誌』
◇ケミチヤマ「松浦山川図」
◇ケミチヤマ「仮製 5 万図」明治 25 年
◇ケミチヤブ「道廰 20 万図」（実測切図）
◇memi chakp　ケミチヤツクプ　舐ル物無キ処　昔シ夷童此処ニ来リ食物ナク餓死セシ処ナリト云フ『永田地名解』
◇ケミチャプ・ヌプリ kemichap-nupuri〔ケミチャプ・山〕サマッキケミチャプの水源。：知里『網走市史上』昭和 33 年（網走市史地名解）

　知美化布 timikeppu　△568.6m〔山地〕A-10 北見盆地〔20 万図〕北見 5〔2.5 万図〕本岐 d〔経度〕143°54′13″〔緯度〕43°36′48″〔山頂所在市町村〕津別町〔位置〕チミケップ湖の南東方 2km、網走川上流左岸のチミケップ川とケミチャップ川の中間。
〔山名の語源〕　chimkep　チミケプ　山水ノ崖ヲ破リテ流下スル処『永田地名解』

　藻岩山 moiwa-yama　→モイワ　△300.7m〔山地〕A-10 北見盆地〔20 万図〕北見 11〔2.5 万図〕相内 d〔経度〕143°47′51″〔緯度〕43°47′16″〔山頂所在市町村〕北見市〔位置〕ＪＲ東相内駅の南西方〔河川図〕北西斜面は、常呂川の支流 4037- 790-1L 無加川の下流〔地名掲載資料〕藻岩山：国土地理院地形図（現行）
〔山名の由来・語源〕「モイワ」の項（下記）参照

　モイワ moiwa　→藻岩山　△300.7m〔山地〕A-10 北見盆地〔20 万図〕北

見 11〔2.5万図〕相内 d〔経度〕143°47′51″〔緯度〕43°47′16″〔山頂所在市町村〕北見市〔位置〕JR東相内駅の南西方、無加川とその南を並流する訓子府川との間に横たわっている、東西南北にかなりの巾をもつ尾根。
〔地名掲載資料〕
◇モイワ 267「道廳20万図」(実測切図)(無加)
◇モイワ 268.9「仮製5万図」(相野内)
〔山名の語源〕アイヌ語、モ・イワ mo-iwa〔おだやかな・山〕
〔同名の山〕ノトロ湖北海岸のモイワは、国土地理院地図(現行)の 75.9m(無名山)、無加川筋にある陸測5万図のモイワ山 78.1m(藻岩山)と異なる。

モユワノホリ moyuwa-nohori →藻岩山 △300.7m〔山地〕A-10 北見盆地〔20万図〕北見 11〔2.5万図〕相内 d〔山頂所在市町村〕北見市〔位置〕JR東相内駅の南西方、無加川沿い。
〔地名掲載資料〕
◇モユワノホリ『松浦戊午日誌』中-134p (文)
◇モユワノホリ『武四郎蝦夷地紀行』西蝦夷日誌巻八 (文) 312p
◇モユワノホリ「松浦山川図」

訓津峠 kunsin-touge ・468m〔山地〕A-10 北見盆地〔20万図〕北見 13〔2.5万図〕訓津峠 a〔山頂所在市町村〕訓子府町・津別町〔位置〕チミケップ湖の西方 3.8km

逹別山 rikubetsu-yama △391.6m〔山地〕A-8 然別火山群〔20万図〕北見 15〔2.5万図〕陸別東部 c〔山頂所在市町村〕陸別町〔位置〕陸別市街地の北方 1km
〔地名掲載資料〕逹別山：国土地理院図一等三角点、山名は記載されていない。

仁頃山 nikoro-yama →チユウシノホリ△829.2m〔山地〕A-10 北見盆地〔20万図〕北見 18〔2.5万図〕花園 ab〔山頂所在市町村〕北見市（旧・端野町）・佐呂間町〔経度〕143°43′20″〔緯度〕43°52′33″〔位置特徴〕JR相内駅の北 10㌔に位置し、開発局などの通信用アンテナ 3 基が建って

いる。
〔山名掲載資料〕仁頃山：国土地理院図（現行）
〔夏季コース〕6つの登山口から7つのコースがある。
○富里東コース　国道39号線の相内か東相内にある「富里湖森林公園」の案内板からおよそ11kmの森林公園の奥が登山口。登り始めは林道を行くがすぐに登山道を登る。五合目で無線中継所に至る車道を少し歩くと中央コースと合流し、尾根道を登り頂上へ。約3時間30分。
○富里中央コースと西コース　「富里湖森林公園」奥の登山口から仁頃川を渡り、中央コースはそのまま尾根に取り付いて車道との出会いで東コースと合流し、沼上の分岐で西コースと合流して山頂へ。西コースは仁頃川の左岸沿いに歩き、林道と沢を跨いでから尾根に取り付き沼上の分岐で東と中央のコースと合流する。どちらも登り約2時間20分。『北海道夏山ガイド⑥』

さして高い山ではないものの、植生は標高に連れてきちんと変化し十分本格的な登山の雰囲気を味わえる。2時間余りで登ることができる手軽さから、大勢の人に愛されている山である。：田村雄司・北海道新聞2004/5/28
○北見の市街から西北西へ20kmほどの山あいに、農業灌漑用人工湖・富里湖がある。仁頃山の登路は、湖を過ぎて更に1km上流にある。登路としては、工事用の車の通るような道と、近年整備された遊歩道の2本で、乗用車は工事用の出合い付近の林道わきに駐められる。右手へ登れば、道路は頂上付近に建つ北海道警察と北海道庁の無線中継所まで続いている。遊歩道の方は、先の林道を少し上流へ進み、左岸から合流する支流に沿った林道へ入ると、ほどなく見える新しい端が入口である。往復2時間。『ヌプリ』第30号（平成12年6月）

ニコロノホリ nikoro-nohori →仁頃山　△829.2m〔山地〕A-10 北見盆地〔20万図〕北見18〔2.5万図〕花園ab〔山頂所在市町村〕北見市（旧・端野町）・佐呂間町〔位置〕仁頃山
〔山名掲載資料〕
◇ニコロノホリ『松浦午八手控』
○ニ・コル〔木を持つ〕『更科アイヌ語地名解』
○永田地名解は「ニコロ〔樹木ある沢〕」と記す。に・コロ（ni-kor〔樹・を持つ〕）の意だったろうか。あるいは　ニクル（nikur　林）であったかもしれない。山田『北海道の地名』

チユウシノホリ tiyuusi-nohori　→仁頃山　△829.2m〔山地〕A-10 北見盆地〔20万図〕北見18〔2.5万図〕花園ab〔山頂所在市町村〕北見市（旧・端野町）・佐呂間町〔位置〕忠志の集落の西側の山のどこかをさしたものと思われる。：伊藤公平
〔山名掲載資料〕
◇チユウシノホリ「松浦山川図」
◇秋葉氏は、松浦午八手控のニコロノホリ と松浦山川図のチユウシノホリを同一の山としている。
〔地名由来・語源〕
○チスイエ chisuye〔アマニュウ〕鍋で煮て皮を剥いで食べ，また干して置いて冬期に備えた。『知里アイヌ語辞典・植物編』
○アイヌ語は s と sh が同音なので, chishuye-ush-i〔あまにゅう草・群生する・処〕という地名だったろう。：山田秀三『北海道の地名』

野付牛山 notukeusi-yama　→仁頃山　△829.2m〔山地〕A-10 北見盆地〔20万図〕北見18〔2.5万図〕花園ab〔山頂所在市町村〕北見市（旧・端野町）・佐呂間町
〔位置〕仁頃川の水源、留辺蕊の北東方13km
〔山名掲載資料〕
◇野付牛山「輯製20万図」（堅別）
◇野付牛山「仮製五万図」
〔山名の由来・語源〕
○ヌプ・ウン・ゲシ〔野の端〕『永田地名解』
○アイヌ語「ヌプンケシ」則ち「ヌプ・ホン・ケシ」（野・腹・下）則ち「野の端」から「ヌプケウシ」となまり、それをノッケウシとなまり、地名も駅名も「野付牛」の字があてはめられていたが、昭和17年10月1日、国名をとって北見市とした。『北海道駅名の起源』

紅葉山 momiji-yama　・374m〔山地〕A-10 北見盆地〔20万図〕北見19〔2.5万図〕留辺蕊東部 d〔経度〕143°38′3″〔緯度〕43°47′15″〔山頂所在市町村〕北見市（旧・留辺蕊町）〔位置〕留辺蕊町市街の北東の山。北斜面にスキー場がある。〔地名掲載資料〕紅葉山・374：国土地理院地形図

第Ⅱ編　山の履歴

　円山③ maruyama　379m〔山地〕A-10 北見盆地〔20万図〕北見 20〔2.5万図〕訓子府 c〔経度〕143°37′32″〔緯度〕43°43′15″〔山頂所在市町村〕置戸町〔位置〕置戸町境野の北西方 3km、山頂は 379m、ここに電波搭が建っている。
〔河川図〕常呂川支流訓子府川の枝沢 4037-1290-2R 六線の沢川の東方。
〔地名掲載資料〕円山△376.9「国土地理院図」

　上秋田山 kamiakita-yama　△631.7m〔山地〕A-10 北見盆地〔20万図〕北見 28〔2.5万図〕置戸 c〔経度〕143°31′58″〔緯度〕43°44′7″〔山頂所在市町村〕留辺蘂町・置戸町〔位置〕温根湯の南東方 2.5km
〔地名掲載資料〕
◇上秋田山（かみあきたやま）631.7m『ＮＨＫ北海道地名誌』
◇631.7（山名の記載なし）：国土地理院地形図
〔山名の由来〕置戸町秋田の上流（西）に位置するところから呼ばれた。

　北見市留辺蘂町八方台スキー場　北見市留辺蘂町、旭公園の南方〔2.5万図〕留辺蕊東部 d

　オケトウンウエンシリ　△456.7m〔山地〕A-10 北見盆地〔20万図〕北見 28〔2.5万図〕置戸 b〔山頂所在市町村〕置戸町〔位置〕置戸市街西部、拓殖橋の北側にある小山。
〔地名掲載資料〕
◇オケドウンウェンシリ「道廰 20万図」（実測切図）
◇オケトウンウエンシリ「仮製 5万図」
〔山名の由来・語源〕
○O ketun ahiri　オ ケドン シリ　鹿皮ヲ干ス山　鹿川ヲ張リテ乾ス木片ヲ「ケドン」ト云フ『永田地名解』
○オケトウンウエンシリ　歩きにくい山『置戸町史』（昭和 32年）
○オケトゥン・[ウェイ]シリ o-ket-us-[〈wen〉] sir 置戸 (o-ket-un-) の・[悪い・]山：伊藤せいち『アイヌ語地名Ⅲ　北見』

　置戸山 oketo-yama　△550.1m〔山地〕A-10 北見盆地〔20万図〕北見 28

〔2.5万図〕置戸d〔経度〕143°33′33″〔緯度〕43°41′42″〔山頂所在市町村〕置戸町
〔地名掲載資料〕〔山名の語源〕
アイヌ語「オケドンナイ」則ち「オ・ケッ・ウン・ナイ」(川口に・獣皮を乾かす張り枠・ある・川)の上部をとったものである。『北海道駅名の起源』

置戸町南ヶ丘スキー場　常呂郡置戸町字置戸、置戸市街の南方。〔2.5万図〕置戸b

温根湯峠 onneyu-touge　約500m〔山地〕A-10 北見盆地〔20万図〕北見28〔2.5万図〕置戸d〔峠所在市町村〕北見市(旧・留辺蘂町)・置戸町〔位置〕おんねゆ温泉と置戸を結ぶ道々247号線のほぼ中間、置戸市街の西北西7km。

所山 tokoro-yama　・582m〔山地〕A-10 北見盆地〔20万図〕北見28〔2.5万図〕置戸d〔経度〕143°30′19″〔緯度〕43°40′30″〔山頂所在市町村〕置戸町

枇杷牛山 hibausi-yama　△957.7m〔山地〕A-10 北見盆地〔20万図〕北見36〔2.5万図〕大和ca〔経度〕143°26′25″〔緯度〕43°41′30″〔山頂所在市町村〕北見市(旧・留辺蘂町)・置戸町〔位置〕丸山と幌加山の中間、無加川南支流の枇杷牛沢の中流から東方2.4km。
〔山名の掲載資料〕
◇枇杷牛山(びばうしやま)957.6m、置戸町と留辺蘂町との境をする山、留辺蘂側は枇杷牛川を発している。『NHK北海道地名誌』
◇△957.7「国土地理院地形図」(山名は記載されていない)

丸山 ⑩ maruyama→ケナシパウシ△768.9m〔山地〕A-10 北見盆地〔20万図〕北見36〔2.5万図〕大和ab〔経度〕143°26′12″〔緯度〕43°42′47″〔山頂所在市町村〕北見市(旧・留辺蘂町)〔位置特徴〕塩別温泉の南南東方2.7km、丸山の北の国道と無加川を境にして、その北方は北見山地南部に連なる。
〔河川図〕東斜面は、4037-1290-2R 六線の沢川の下流

〔地名掲載地形図〕国土地理院5万分の1地形図(平成5年)には標高値のみ、20万地勢図(平成3年)には「丸山」の山名と標高値「769」が記載されている。

ケナシパウシ kenasipausi △768.9m→丸山⑪ 〔山地〕A-10 北見盆地〔20万図〕北見36〔2.5万図〕大和ab〔2.5万図〕〔山頂所在市町村〕北見市(旧・留辺蕊町)〔位置〕無加川の右岸、丸山沢川を遡って1.5kmの西側にあるひときわ目立つ急峻な山。:伊藤せいち
〔山名の掲載資料〕
◇ケナシパウシ「道廰20万図」(実測切図)
◇ケナシパウシ「仮製5万図」
◇Kenash pa ushi ケナシュ パ ウシ 林端ノ(山)山ニ名ク『永田地名解』
〔山名の由来〕kenas-pa-us-i〔川沿いの林・上方・にある・もの(山)〕

A－10　北見盆地

ライクンヌプリ
1998.10　伊藤せいち【248】

仁頃山　寺口一孝【253】

仁頃山の山頂
北のかもしかの山歩き【253】

オケトウエンシリ
1992.1 伊藤せいち【256】

西2線より仁頃山　2006.4 伊藤せいち【253】

A-11 北大雪火山群

奔然別 ponshikaribetsu　△1005.4m〔山地〕A-11 北大雪火山群〔20万図〕旭川3〔2.5万図〕万景壁a〔経度〕142°58′20″〔緯度〕43°49′48″〔山頂所在市町村〕上川町〔位置〕ＪＲ石北線中越駅の南東方6.5km
〔地名掲載資料〕奔然別（ポンチカリベツ）「国土地理院点の記」
〔山名の由来・語源〕大正5年（1916）4月に田辺他見雄によって選定され、奔然別と命名された。ポンシカリベツに　漢字をあてはめ日本語読みしたのではないだろうか。「上川町郷土資料室」

芦ノ台 ashinodai　・1306m〔山地〕A-11 北大雪火山群〔20万図〕旭川3〔2.5万図〕万景壁a〔経度〕142°59′13″〔緯度〕43°48′31″〔山頂所在市町村〕上川町
〔位置特徴〕ニセイカウシュッペ山の北方2.5km位置する高層湿原。
〔河川図〕南斜面の沢川は、石狩川支流留辺志部川の枝沢 1002-15090-4R 芽刈別第四支川の中流北方。北斜面の沢川は、石狩川支流留辺志部川の枝沢 1002-15050-2R 芽刈別川の上流南方。

ニセイカウシュッペ山 niseikausyuppe-yama　1883m（頂上）△1879.1m（三角点）〔山地〕A-11 北大雪火山群〔20万図〕旭川3〔2.5万図〕万景壁b〔山頂所在市町村〕愛別町・上川町
〔位置特徴〕
□層雲峡温泉の北方6kmに位置する独立峰で、山頂一帯は高山植物が豊富である。南方に表大雪の山並み、北方に天塩岳、東方に上支湧別岳などを展望できる。山頂の標高値は1883m、三角点1879.1mは山頂の西方にある。
□山容は急峻で風化が激しく、放射状に屋根を出した妖艶の美しさを感じさせる。頂上付近の南部の尾根に大槍・小槍の岩塔を持ち、頂上は広く平坦な台地で、表大雪の展望台とも言える山である。これら岩峰や突出した頂上などは、かつては火口に通じていた溶岩の火道と考えられる。：橋本誠二「あの頃の山登り」
〔河川図〕北方と西斜面の沢川は、石狩川支流留辺志部川の枝沢、1002-15080-3L 芽刈別第三支川と 1002-15090-4R 芽刈別第四支川の源流。南西斜面の沢川は、石狩川北東支流 1002-15340-1R ニセイノシキオマップ川の

源流。
〔地名掲載資料〕
◇ニセエイカウシペー山：高橋不二雄「札幌県巡回日誌」
◇ニセエイカウシペイ山「改正北海道全図」(明治20年)
「例言」に「開拓使測量画ニ基キ其他間宮林蔵、松浦武四郎及旧函館県並ニ其他ノ諸図数十種ヲ参取シテ編成セリシ而シテ其経歴セシ所ハ実地ニ就テ補正ス」とあり、「自序」に「明治17年御用掛福士成豊とともにヲフタテシケ山に登り、松浦、ライマンが十勝岳と誤認していた山をニセイカウシュペ山、石狩川水源の山を石狩岳と修正している。この改正北海道全図に、現在の旭岳をチュツヘツ山、オプタテシケ山を西オプタテシケ山と記載している。
◇ニセユイカウシペ山「樺戸・雨龍・上川三郡略圖」
◇ニセイカウスペ岳「輯製20万図」(滓別)
◇ニセイカウシペ 1488、1786（標高値が二つ記されている）「道廳20万図」（実測切図）（上川）
◇ニセイカウシベ 1786.3、1767.8「仮製5万図」（ニセイカウシベ）
◇ニセイカウシユベ山『大日本地名辞書』
◇ニセイカウシベ「北海道分國新地圖」
◇ニセイカウシュッペ山「国土地理院」（現行）
◇松浦図に十勝岳といふは、忠別岳の東北に対峙するニセイカウシベ（北大雪）を指す『大日本地名辞書』
◇トカチ岳「松浦山川図」の「トカチ岳」は、層雲峡の東方のニセイカウシュッペ山のあたりに描かれいる。
◇「松浦山川図」の「トカチ岳」は、ニセイカウシュッペ山のことで、名称に誤りがある。『上川町史』昭和41年9月
◇ニセイカウスベ、一名、十勝岳：福士成豊『上川原野見取図』（明治18年）
〔山名の語源〕
○ニセイカウシュペ山 nisei ka ushpe〔断崖・の上に・くっついているもの〕「断崖の上手にそびえる山」という意。この断崖は、山の状態が断崖であるという意ではなく、国道39号線の柱状節理の上手にそびえる山という意。『上川町史』昭和41年9月
○ニセイ・カ・ウシ・ペ nisey-ka-us-pe〔崖・の上・にいる・もの（山）〕アイヌは、この山を女神、大雪山を男山とみたてて崇めていた。
○明治26年刊の北海道地理に「ぬたぷかうしべ岳ハ石狩川上流ノ大枝あん

たらま川ノ水源ニ屹立シ直立七千五百尺本道第一ノ高山ナリにせいかうしべ岳ハ北見ノ国境ニアル高山ニシテ石狩本流ヲ隔テテぬぷたかうしべ岳と対峙セリ」と、まことに適切な説明がある。ニセイは、知里辞典に「深山にあって川岸にかぶさるように出ている崖。断崖。絶壁」とあるように、ここでは石狩川上流の層雲峡を上手に大函、小函とあるあたりをいって、そこをオプニセイ（函谷）とも呼び、現在では想像もつかない大難所であった。昔は、川それ自体が路であったから、山中で断崖絶壁が続くと進退きわまって、ついには生命をも落としかねない。この大難所を支配する魔神がニセイカウシペだったので、足元を通る人間達を威嚇する恐ろしい山であった。この山に対して、大雪山をいうヌタプカウシペは、人間に獲物を授けてくださる良い神の山であった。：村上啓司『北の山脈』37 号（北海道の山名 11）

〔夏季コース〕（昭和 11 年）
△〔層雲峡口〕上川驛から乗合自動車で約 40 分、層雲別小學校の傍から登山道がある。平均勾配の立派な道で、始めは層雲別川に沿い約三粁の二股から中の尾根を登って臺地に出、それから標高尾根を傳って頂上に達する。登山口から約十二粁、五時間、帰りは三時間。現在は廃道になっている。

〔中越口〕中越驛から約六粁の村内部落に至り、そこから村内歩道が臺地で、前期コースと合する。約十四粁、五時間半、降りは三時間半である。このコースは現在廃道になっている。『北海道の山山』札幌鉄動局・昭和 11 年

〔夏季コース〕（旧）
△清川コース　国道 39 号線を層雲峡手前の清川（バス停がある）より双雲川沿いの林道に入りここから 2.5km のところに登山口がある。古川林道からパノラマ台〜朝陽山〜大槍を経て南稜（1840m）に登る。12km のロングコース、標高差 1249ｍもあり、登り約 6 時間の健脚者向きであった。しかし、大槍、小槍周辺の崩落が著しく、またパノラマ台下部も一部崩落していて廃道となっている。

〔夏季コース〕（現在）
◎中越コース　国道 273 号の中越〜茅刈別林道分岐〜砂金沢林道〜古川林道最終駐車場が登山口。層雲峡コース分岐跡を経て頂上へ。登り約 3 時間。この車道は平成 11 年(1999)に上川中部森林管理署によって整備され一般に解放された。昭和 9 年頃の案内書によると、層雲峡の荒井沢に既に登山道があり、双雲別からも新しく登山道が付けられ、国有林の造材小屋を登山者用のニセイカウシュッペ小舎として一般に開放していた。：佐藤文彦『北海道の

百名山』他

　トカチ岳 tokachi-dake →ニセイカウシュッペ山　△1879.1m〔山地〕A-11 北大雪火山群〔20万図〕旭川3〔2.5万図〕万景壁b〔山頂所在市町村〕愛別町・上川町
　〔地名掲載資料〕トカチ岳「松浦山川図」（このトカチ岳は現在の十勝岳ではなく北大雪のニセイカウシュッペ山である）261頁参照

　双雲内 souunnai　△904.6m〔山地〕A-11 北大雪火山群〔20万図〕旭川3〔2.5万図〕万景壁c〔経度〕142°55′15″〔緯度〕43°48′28″〔山頂所在市町村〕上川町〔河川図〕北斜面、石狩川支流留辺志別川の枝沢1002-15060-3L 芽刈別第一支線と 1002-15070-3L 芽刈別第二支線の源流

　朝陽山 chouyou-zan　△1369.7m〔山地〕A-11 北大雪火山群〔20万図〕旭川4〔2.5万図〕層雲峡a〔経度〕142°58′3″〔緯度〕43°44′11″〔山頂所在市町村〕上川町〔位置〕層雲峡温泉の北東方2km
〔山名の由来〕
○昭和6年（1931）閑院宮戴仁親王が層雲峡から眺め、「朝陽山」と命名する。：野辻『大雪山のあゆみ』
○朝陽は朝日の意。：野辻「大雪山への誘い」
〔夏季コース〕層雲峡温泉から登られる。登りおよそ2時間20分

　残月峰 zangetsuhou　・1091m〔山地〕A-11 北大雪火山群〔20万図〕旭川4〔2.5万図〕層雲峡a〔山頂所在市町村〕上川町〔位置〕層雲峡温泉の北方2.7km

　旭峠 asahitouge　約830m〔山地〕A-11 北大雪火山群〔20万図〕北見35〔2.5万図〕花岡c〔山頂所在市町村〕遠軽町(旧・遠軽町(旧・丸瀬布町))・北見市(旧・留辺蕊町)

　北見富士① kitami-huji→ユクリヤタナシ、常呂山　△1291.1m〔山地〕A-11 北大雪火山群〔20万図〕北見44〔2.5万図〕富士見d〔経度〕143°17′60″〔緯度〕43°41′28″〔山頂所在市町村〕北見市(旧・留辺蕊町)

〔位置特徴〕留辺蘂町富士見市街の北方に位置し、遠くから丸みを帯びた三角の姿が望まれる。頂上はかなり広い台状になっていて、阿寒や大雪の連峰を一望できる。
〔河川図〕北斜面の沢川は常呂川支流無加川の枝沢、4037-1100-3R 下ヌプリケショマップ川の源流、東斜面の沢川は、常呂川支流無加川の枝沢 4037-1140-2L 小山川の源流。北東斜面、常呂川支流 4037-1110-3R 中ヌプリケショマップ川の源流
〔地名掲載資料〕
◇北見富士「国土地理院図」（現行）
◇三角山「国土地理院二等三角点」
〔北見の由来〕北見の名称について、オホーツク海岸を昔から北海岸と呼んでいた。そして快晴の日は北蝦夷地樺太が見えるのでこの名（北見）を選んだ。『北海道駅名の起源』
〔同名の山〕北見富士②1307ｍ：紋別市・遠軽町（旧・遠軽町（旧・丸瀬布町））・滝上町（北見山地中部）
〔夏季コース〕（昭和40年頃）
△富士見から登山道があったが廃道になった。『北海道の山岳』
〔夏季コース〕（現在）　西川建夫『北海道の百名山』
◎無加川支流のケショマップ川林道を入り、さらに中ヌプリケショマップ川沿いの林道終点から頂上に向かって直登。登り約3時間強
◎富士見からパオマナイ川林道に入り、終点から山頂に直登する。登り約3時間強

　チセノホリ chise-nohori　→北見富士①　△1291.1m〔山地〕A-11 北大雪火山群〔20万図〕北見44〔2.5万図〕富士見 d〔山頂所在市町村〕北見市（旧・留辺蘂町）
　〔地名掲載資料〕
◇チセノホリ「松浦山川図」
◇チセノポリ『松浦戊午日誌』（遠景山並図）中-302p

　常呂山 tokoroyama　→北見富士①　△1291.1m〔山地〕A-11 北大雪火山群〔20万図〕北見44〔2.5万図〕富士見 d〔山頂所在市町村〕北見市（旧・留辺蘂町）

〔地名掲載資料〕◇常呂山「輯製 20 万図」(渫別)
〔山名の由来〕
○常呂川支流無加川の北側に聳える山であるところから呼ばれた。
○トコロ〔湖・を持つ・(川)〕
〔同名の山〕常呂山　△480.8m　北見市(旧・常呂町)（北見山地南部・第四巻に収録）

雪城山 yukishiro-yama　→北見富士①　△1291.1m〔山地〕A-11 北大雪火山群〔20 万図〕北見 44〔2.5 万図〕富士見 d〔山頂所在市町村〕北見市(旧・留辺蘂町)〔位置〕北見富士の別称
〔地名掲載資料〕雪城山、雪城山脈「十勝州之内静岡藩支配地四郡地圖」

ユクリヤタナシ yukuriyatanashi　→北見富士①　△1291.1m〔山地〕A-11 北大雪火山群〔20 万図〕北見 44〔2.5 万図〕富士見 d〔山頂所在市町村〕北見市(旧・留辺蘂町)〔位置特徴〕温根湯の西方、留辺蘂町富士見の北北西方 3km に位置し、頂上は広い台状で遠くから美しい三角の姿が望まれる。
〔地名掲載資料〕
◇ユコ〔ク〕リヤタナシ『松浦戊午日誌』(文) 中-194p
◇ユコ〔ク〕リヤタナシ『武四郎蝦夷地紀行』西蝦夷日誌・巻八 (文) 304p
◇ユコリヤタナシ『武四郎蝦夷地紀行』川筋取調図
◇ユクリヤタナシ「松浦山川図」
◇ユクリヤタナシ 1332「道廰 20 万図」(実測切図)(無加)
◇ユクリヤタナシ 1332.2「仮製 5 万図」(ユクリヤタナシ)
◇ユクリヤタナシ「北海道分國新地圖」
◇ユクリヤタナシは北見富士『松浦戊午日誌』(上覧注記・秋葉実) 中-194p
〔山名の語源〕
○yuk riya tanahi ユク　リヤ　タナシ〔鹿ノ越年スル高山〕『永田地名解』518p
○このあたりは鹿の多いところで冬の狩り場であった。：山田『北海道の地名』
○yuk-riya-tanas-i〔鹿・冬を越す・高くなっている・もの (高山)〕：渡辺

高山 ②　takayama　△895.8m〔山地〕A-11 北大雪火山群〔20 万図〕北

見50〔2.5万図〕白滝b〔経度〕143°12′54″〔緯度〕43°52′2″〔山頂所在市町村〕遠軽町(旧・白滝村)・遠軽町(旧・遠軽町)(旧・丸瀬布町))
〔河川図〕西斜面の沢川は、湧別川支流支湧別川の枝沢4034-2340-2R「島の沢川」の源流東斜面の沢川は、湧別川支流武利川の枝沢4034-1640-3L「2の沢川」の上流。

無類岩山 murui-iwayama △1613.4m〔山地〕A-11 北大雪火山群〔20万図〕北見51〔2.5万図〕上支湧別b〔経度〕143°12′21″〔緯度〕43°45′13″
〔山頂所在市町村〕遠軽町(旧・遠軽町)(旧・丸瀬布町)〔位置〕武利岳の北東方、上支湧別市街の南東方9.8km。
〔地名掲載資料〕
◇無類山：国土地理院一等三角点（大正5年8月選定）
◇無類岩山（ムルイガンザン）「日本山名総覧」
◇無類岩山（ムルイイワヤマ）「国土国土地理院点の記」
◇無類岩山 1613.3m「丸瀬布営林署管内図」（昭和54年）
〔山名の由来・語源〕
○イラグサの群生を客体としたアイヌ地名「ムリイ」の当て字。：秋葉實
○漢字で「無類岩山」の記録しかなく、アイヌ語起源の名とは決めがたい：伊藤せいち『アイヌ語地名Ⅱ紋別』
○イラクサは、北海道および東北・中部の山岳地方などで利用されてきた。アイヌは、丈高く延びたイラクサを秋の霜枯れを待って刈り採った。この皮をはぎとりさらして糸にする。強靭で艶のある糸は、仕事着や脱穀袋などに作られ、また、糸にクマの油を塗り水分を弾くようにして「クカ」と呼ぶ弓の弦にも用いられた。
〔夏季コース〕
武利川十四の沢よりホロカ林道に入り、終点から沢沿いに踏み跡と藪漕ぎで頂上へ。登り約3時間。

支湧別岳 shiyuubetsu-dake →白雲山②、ユウベツ山　△1687.8m〔山地〕A-11 北大雪火山群〔20万図〕北見51〔2.5万図〕上支湧別b〔山頂所在市町村〕遠軽町(旧・白滝村)・遠軽町(旧・遠軽町)・(旧・丸瀬布町)
〔位置〕上支湧別市街の南東方6.8km、湧別川上流の南東支流パンケシュウ

ベツ川の源。
〔河川図〕北東は、湧別川支流武利川の枝沢 4034-1860-3R「7 の沢川」の源流。北西斜面の沢川は、湧別川支流支湧別川の枝沢 4034-2420-3L 白雲沢川の源流。
〔地名掲載資料〕
◇支湧別岳「北海道詳図」(昭和9年)
◇支湧別岳「国土地理院図」(現行)
〔川名の由来・語源〕
○アイヌ語の「シーユー・ベッ」〔ほんとうの・湧別・川〕あるいは、(大きい・湧別川〕:山田『アイヌ語地名の研究』
○湧別川、ユペ・オッ〔蝶鮫の多くいる川〕の意であるが、この川に蝶鮫がいたという話はないので、イペ・オッ・イ〔魚の豊富な川〕から転訛したと考えられる。『湧別町百年史』
〔解説〕アイヌ語では川の名に「シ」がつくと本流を表すのだが、漢字の「支」を当てたものだから、いかにも湧別川の支流をいうような変な感じとなってしまった。:村上啓司『北の山脈』38号(北海道の山名)
〔夏コース〕
△支湧別岳の北側、パンケ支湧別林道の終点に登山口があって、ここより支湧別岳に登られた。2016年の集中豪雨のため、パンケ支湧別林道は数ヶ所決壊し通行止め、復旧の見通しは立っていない。

ユウベツ山 yuubetsu-yama →支湧別岳　△1687.8m〔山地〕A-11 北大雪火山群〔20万図〕北見51〔2.5万図〕上支湧別b〔山頂所在市町村〕遠軽町(旧・白滝村)・遠軽町(旧・遠軽町)・(旧・丸瀬布町)
〔位置〕丸瀬布町湧別川の南支流源
〔地名掲載資料〕
◇ユウベツ山「三国通覧図説」(蝦夷国全図)
◇ユウベツ山:近藤守重「西蝦夷地分間」
◇ユウヘツ山「蝦夷地図」(警備図)
◇ユウベツ山「蝦夷闥境輿地全圖」(嘉永6年)
◇ユウヘツ山「蝦夷樺太絵図」(嘉永年間)
◇ユウヘツ岳「北海道拾壱箇國郡名」
◇右のかたはユーベツノボリ,左リムカーノボリ『松浦戊午日誌』中-222p

第Ⅱ編　山の履歴

〔山名の由来・語源〕
○夷語ユウとは湯と申事。ベツは川の事にて、温泉の川と譯す。『上原蝦夷地名考幷里程記』
○Yupe　ユペ〔鮫〕（チョウザメ）『永田地名解』495p
○アイヌ語の「ユペッ」から出たものである。語源は「ユペ・オッ」〔蝶鮫・多い〕から出たといわれているが、「イペオチ」則ち「イペ・オッ・イ」〔魚・豊富である・所〕であったと思われる。『北海道駅名の起源』

白雲山　②　hakuun-zan　→支湧別岳　△1687.8m〔山地〕A-11 北大雪火山群〔20万図〕北見51〔2.5万図〕上支湧別b〔山頂所在市町村〕遠軽町（旧・白滝村）・遠軽町（旧・丸瀬布町）
〔地名掲載資料〕
◇白雲山（ハクウンザン）「国土地理院点の記」
◇営林署は「白雲山」と呼んでいる『NHK北海道地名誌』
〔解説〕支湧別岳は「白雲山」（三角点名称）ともいわれ、パンケシユウベツ川の水源の枝川は、白雲沢川と言う。また、武利川筋の12の沢川も水源は支湧別岳であり、この川の川口北部に白雲山遺跡がある。：伊藤せいち『アイヌ語地名Ⅱ紋別』
〔同名の山〕白雲山　1186m　上士幌町（然別火山群）

坊主岩　bouzu-iwa　約750m〔山地〕A-11 北大雪火山群〔20万図〕北見51〔2.5万図〕上支湧別c〔山頂所在市町村〕遠軽町（旧・白滝村）〔位置〕三笠山の西南西1.5km、上支湧別川の南東支流パンケシユウベツ川の中流〔夏季コース〕パンケシユウベツ川の右岸より北へ林道がある。
〔地名掲載地形図〕国土地理院2.5万図に「坊主岩」の表示がある。

三笠山　mikasa-yama　→三角山③　△1291.2m〔山地〕A-11 北大雪火山群〔20万図〕北見51〔2.5万図〕上支湧別ca〔経度〕143°11′11″〔緯度〕43°49′17″〔山頂所在市町村〕遠軽町（旧・白滝村）〔位置特徴〕遠軽町白滝の南方7km、白滝からは三角形をした全景が見える。

三角山　③　sankaku-yama　→三笠山　△1291.2m〔山地〕A-11 北大雪火山群〔20万図〕北見51〔2.5万図〕上支湧別ca〔山頂所在市町村〕遠軽町（旧・

白滝村)
〔位置特徴〕支湧別川の南東から入る支流は、上流にパンケシユウベツ川、その下流にパンケシユウベツがある。このパンケシユウベツの源にある△1291.2mのピーク（5万図にある「三笠山」）が、三角山と呼ばれていたと思われる。
〔地名掲載資料〕三角山 1219m、ペンケ支湧別の奥の山『NHK北海道地名誌』

霧里山 kirisato-yama →三角山③ △1291.2m〔山地〕A-11 北大雪火山群〔20万図〕北見 51〔2.5万図〕上支湧別 ca
〔地名掲載資料〕霧里山 1249「北海中央高地地方地形詳圖」

ニセイチャロマップ岳 niseicharomappu-dake ・1760m〔山地〕A-11 北大雪火山群〔20万図〕北見 51〔2.5万図〕上支湧別 d〔経度〕143°9′52″〔緯度〕43°45′33″〔山頂所在市町村〕上川町・遠軽町(旧・白滝村)・遠軽町(旧・丸瀬布町)〔位置〕上支湧別市街の南南東方 8km、武利岳の北北西方 3.3km に位置し、ニセイチャロマップ川源の山。
〔地名掲載資料〕
◇1760「国土地理院図」（山名の記載なし）
〔山名の語源〕
〇ニセチロマツフと云は、両岸峨々たる岩の前と云儀。其前の沢と云事のよし。『松浦丁巳日誌』再篙石狩日誌・六（文）上-347p
〇ニセイチャロマップ nisei charomap, char-oma-p は〔口・在る・もの〕で、全体の地形を人間の顔で説明し、〔絶壁の口へ流れでる川〕という意。『上川町史』昭和 41 年 9 月
〇nisei-char-oma-p〔峡谷の・口・にある・もの（川）〕またニセイパロマペッとも書かれた。アイヌ時代に「nisei」ニセイ（峡谷）と呼ばれた処は、今の層雲峡である。：山田『アイヌ語地名の研究』

武利岳 muri-dake →ピン子シリ① △1876.3m〔山地〕A-11 北大雪火山群〔20万図〕北見 52〔2.5万図〕武利岳 c〔経度〕143°10′49″〔緯度〕43°43′50″〔山頂所在市町村〕上川町・遠軽町(旧・丸瀬布町)
〔位置〕

□西麓はニセイチャロマップ川、東麓は武利川によって著しく開析され鋭い山稜をなし、南北に長くやせた岩稜を持つ壮年山地の古い火山。：奥平忠志『北海道大百科事典』

□大雪山の東に石狩川を隔てて屋根型にどっしりと立つ姿は、石狩岳にも匹敵する風格を備えている。屋根型の岩稜をまとって立つ孤独の山。頂上はやせた稜線が北見側の東西に急峻な斜面となって深い樹海へ切れ落ちている。：一原有徳『北海道大百科事典』

□ギザギザの岩稜や岩峰を連ねる威風堂々とした武利岳に比べると、武華山はなだらかなおとなしい山だ。：坂口一弘「北海道新聞」

□西山麓部では昭和29年（1954）の台風15号で受けた森林被害の風倒木跡がいまだにみられる。一帯は針葉林と広葉樹の森林に覆われている。当山を境に西側（上川町）が大雪山国立公園に包含される。「北海道の地名」（平凡社）

〔河川図〕東斜面の沢川は、湧別川支流武利川の枝沢4034-1920-3L「中の沢川」の源流。北東斜面の沢川は、湧別川支流武利川の枝沢4034-1900-2L下の沢川の源流。西斜面の沢川は、石狩川の北東支流1002-15440-1R ニセイチャロマップ川の源流。

〔地名掲載資料〕
◇武利岳「仮製5万図」（大正10年）
◇武利山『日本地名索引』
◇武利岳（むりいだけ）『新丸瀬布町史・上』（平成6年）
◇武利岳「国土地理院図」（現行）

〔山名の由来・語源〕
○muri-i ムリイ〔ムリ草アル處〕『永田地名解』504p。ムリ草は敷物などに織られる草の「よし」。
○永田地名解は「ムリイ muri-i〔ムリ草ある処〕」と書いた。名詞の後に「i」〔処〕と語尾がつかない。たぶんムリの語尾にアクセントがあってムリーと聞こえたのであろう。：山田『北海道の地名』
○武利岳（ムリイ岳）muri-i 〔高き所、塞がりて通れない山〕『上川町史』昭和41年9月

〔夏季コース〕（昭和初期）
　北海道の中心部にあって人里からも望まれない実力のある者のみより登頂をゆるさない孤島の山であった。昭和の初めころはもちろん夏道はなく、

麓に至るもニセイチャロマップ川か武利川か無加川を40〜50kmも渡渉しつつ遡らなければならなかった。当時の登頂記録では2週間近くを要していた。：一原有徳

　イトムンカ川は釣人や猟人の通う石狩川源流域への交通路であった。武利岳と無華山は名が似ており4kmを隔てた隣同士であることから、ペアで扱われることが多いが、両山を結ぶ縦走路は廃道同然である。

〔夏季コース〕

△丸瀬布コース　丸瀬布町から武利川源流に沿って行くか、石北峠から留辺蘂寄りの厚和から行ける。武利川と濁川の二股分岐を行くと下の沢川に沿った林道があり、なおも進み左手の斜面を登り標高910m地点が登山口で駐車スペースもある。最初は林道歩きだがすぐ細い登山道となる。標高1060mまで登り、頂上から東方に延びる長い尾根をたどる。樹林帯はしだいにハイマツとなり、狭い岩稜が続き高山の様相となる。国境稜線に出て、左に行くと頂上。登り約3時間。：一原有徳『北海道の百名山』このコースは2016年の集中豪雨のため道道と林道の崩落のため通行止、復旧の見通しは立っていない。

◎層雲峡大函からニセイチャロマップ川沿いの林道からの登山道は、最近はほとんど登られていない。

　ピン子シリ① pinne-shiri →武利岳　△1876.3m〔山地〕A-11 北大雪火山群〔20万図〕北見52〔2.5万図〕武利岳c〔山頂所在市町村〕上川町・遠軽町(旧・丸瀬布町)〔位置〕石狩川水系上流ニセイチャロマップ川と湧別川水系武利川の分水嶺の山

〔地名掲載資料〕

◇此川(石カリ)の東に当たりてヒン子シリ、マチ子シリと云二ツの山有り。ヒンは男、マチは女と云事のよし。『松浦丁巳日誌』再篙石狩日誌五、上-316p

◇ピンネシリは武利岳、マチネシリは武華岳『松浦丁巳日誌』(秋葉実・上覧注記) 上-316p

◇ピン子シリ岳『日本名勝地誌』

〔山名の語源〕アイヌ語、ピンネシリ pinne-sir〔男の・山〕

　北見岳 kitami-dake →武利岳△1876.3m〔山地〕A-11 北大雪火山群〔20万図〕北見52〔2.5万図〕武利岳d

〔地名掲載資料〕北見岳 2000「北海中央高地地方地形詳圖」この周辺における一番高い山として、北見岳 2000 を無加山 1819 の北方に置いている。今の武利岳が該当する。

武華山 muka-yama →マチ子シリ①　△1759.0m〔山地〕A-11 北大雪火山群〔20万図〕北見 52〔2.5万図〕武利岳 d〔経度〕143°9′52″〔緯度〕43°42′11″〔山頂所在市町村〕上川町・遠軽町(旧・丸瀬布町)・北見市(旧・留辺蕊町)

〔位置特徴〕石北峠の北方にあり、常呂川支流の武華川の源流、武利岳山岳群の主峰の一つ、石狩と北見を結ぶ石北峠から北に延びる国境稜線上に位置し、東西に長い屋根を持つ。頂上からの表大雪と東大雪の展望がすばらしい。大小の岩で囲まれた頂上に、三等三角点「大山(オヤマ)」の標石がある。北の武利岳に向かう東側は崖となっていて、武利岳とは鞍部を隔て峰続きである。

〔河川図〕常呂川支流無加川の枝沢 4037-1190-2L ニセイケショマップ川の源流。北西斜面の沢川は、石狩川支流ニセイチャロマップ川の枝沢 1002-15470-2L ニセイチャロマップ第三川の源流。北東斜面の沢川は、湧別川支流武利川の枝沢、4034-1910-2L 上の沢川の源流。南斜面の沢川は、常呂川支流無加川の枝沢 4037-1190-2L イトムカ川の上流。

〔地名掲載資料〕
◇ムツカ山「輯製 20 万図」(渫別)
◇無加山 1819「北海中央高地地方地形詳圖」
◇武華山(むかやま)(上川町と遠軽町(旧・丸瀬布町)側の呼び名)
◇武華山 1759.0「国土地理院図」
◇武華岳(むかだけ)(留辺蕊町側の呼び名)『NHK北海道地名誌』
◇「武華岳風景林」「武華岳林道」
◇大山「国土地理院三等三角点」

〔川名の語源〕
○武華山(ムカ山) muka 〔塞がる、通れない、つまる〕の意で、〔通路ふさがりたる山〕『上川町史』昭和 41 年 9 月
○武加川上流にあるのでこの名がついた。『NHK北海道地名誌』
○無加川の「ムッカ・ペッ」〔ふさがり詰まる川〕の訛りか : 山田『北海道の地名』

〔夏季コース〕
◎ライオン岩コース　東尾根コースとの分岐を左へすすみ、ライオン岩を越えて尾根道を頂上へ。登り約2時間40分。
△東尾根コース　石北峠の北見側のツヅラ折りを下ってイトンムカ川沿いの林道に入り、行き止まりのところが登山口。ここから20分ほど登ったところのライオン岩コースとの分岐を右にすすみ、1574mのピークを経て頂上に至る。登り約2時間30分。このコースは2016年の集中豪雨のため武華岳林道が通行止め、復旧の見通しは立っていない。
△以前使用されていたニセイチャロマップ川からの登山道は、整備されず廃道の状態である。

　　マチ子シリ① machineshiri　→武華山　△1759.0m〔山地〕A-11 北大雪火山群〔20万図〕北見 52〔2.5万図〕武利岳 d〔山頂所在市町村〕上川町・遠軽町(旧・丸瀬布町)・北見市(旧・留辺蘂町)
〔地名掲載資料〕
◇マチ子シリ『松浦丁巳日誌』7巻・再篙石狩日誌・五（文）上-316p。ピン子シリ①の項参照
◇マチ子シリ『武四郎蝦夷地紀行』西蝦夷日誌・巻八（遠景山並図 74）318p
〔山名の語源〕ピンネシリ〔男の山・武利岳〕に対して、マツネシリ matne-sir 女の・山、〔女の山〕として武華山が記録に残された。：伊藤せいち『蝦夷地アイヌ地名集積網走Ⅱ北見』

　　雌山 meyama　→武華山　△1759.0m〔山地〕A-11 北大雪火山群〔20万図〕北見 52〔2.5万図〕武利岳 d〔山頂所在市町村〕上川町・遠軽町(旧・丸瀬布町)・北見市(旧・留辺蘂町)
〔地名掲載資料〕雌山「十勝州之内静岡藩支配地四郡地圖」

　　ムカーノボリ mukaa-nobori　→武華山、マチ子シリ　△1759.0m〔山地〕A-11 北大雪火山群〔20万図〕北見 52〔2.5万図〕武利岳 d〔山頂所在市町村〕上川町・遠軽町(旧・丸瀬布町)・北見市(旧・留辺蘂町)
〔地名掲載資料〕
◇右のかたはユーベツノボリ，左ムカーノボリ『松浦戊午日誌』中-222p
◇ムツカ山「改正北海道図」（明治 20年）

◇ムツカ山「訂正北海道図」(明治25年)
〔山名の由来・語源〕
○muka ムカ 〔氷川ヲ越ス〕「ム」ハ塞ル「カ」ハ「イカ」ニシテ越スノ意「此川温泉アルガタメニ水氷ルコト遅シ水氷リテ流レ塞ル時始テ氷上ヲ越スヲ得ベシ故ニ名クト云フ」『永田地名解』513p
○北方の武利岳1876mをピンネ山，南方の武華山をマチネ山と呼んでいた。

ライオン岩 raioniwa 約1691m 〔山地〕 A-11 北大雪火山群〔20万図〕北見52〔2.5万図〕武利岳b〔山頂所在市町村〕上川町・北見市(旧・留辺蘂町)〔位置〕武華山の南東方1.1kmの尾根上

北見峠 kitamitouge 約840m〔山地〕A-11 北大雪火山群〔20万図〕北見58〔2.5万図〕北見峠d〔山頂所在市町村〕上川町・遠軽町(旧・白滝村)

和刈別 wakaribetsu △1033.0m〔山地〕A-11 北大雪火山群〔20万図〕北見58〔2.5万図〕北見峠d〔経度〕143°0′46″〔緯度〕43°51′23″〔山頂所在市町村〕上川町・遠軽町(旧・白滝村)〔位置特徴〕北見峠の南方2.5km、トイマルクシュベツ支川と丘平ノ沢川の源、山頂は平坦で広い。
〔河川図〕東斜面の沢川は、4034-2800-1R「丘平の沢川」の源流。南西斜面の沢川は、石狩川支流留辺志部川の枝沢 1002-15120-3R トイマルクシュベツ支川の源流。北西斜面の沢川は、同枝沢 1002-15194-4L ニセイマイロップ川支川の源流。
〔地名掲載資料〕
◇和刈別 △1033.0「国土地理院図」
◇和苅別「国土地理院点の記」
〔山名の由来・語源〕
○大正5年(1916)5月に選定された三角点は、現在のトイマルクシュベツ支川の源にのところに和苅別を書いたが、ワカリベツと呼んだ川の名がこの近くにみえない。この川から南側へ沢を3本隔てて茅刈別(ちかりべつ)川が流れている。NHK北海道地名誌は、この源流にあたる山を知刈別岳としているが、この二つの川の位置が離れているので和苅別と同一の山とは言えない。どうやら、国土地理院の三角点の点名を「知」と書くところ「和」に誤記し、その場所も北側へ3〜4km移してしまったようである。あるいは、

トイマルクシュベツ支川と茅刈別（ちかりべつ）川の名が反対に付けられたことも考えられる。さらに調べたい地名である。
○現在の中越付近をアイヌ語で「チカルベツ」〔我らの作る処〕あるいは〔我らのとるところ〕と呼んでいた。「上川町教育委員会」

チカリベツ岳 tikaribetsu-dake →和刈別　△1033.0m〔山地〕A-11 北大雪火山群〔20万図〕北見58〔2.5万図〕北見峠d〔山頂所在市町村〕上川町、遠軽町(旧・白滝村)〔位置〕北見峠の南方2.5km、トイマルクシュベツ支川と丘平ノ沢川の源。
〔地名掲載資料〕知刈別岳（ちかりべつだけ）1033.4m、上川町の東側、白滝村との境界をなす山の一つ『ＮＨＫ北海道地名誌』
〔川名の語源〕chikari pet〔我らの・まわり行く（又は通う）・川〕「我等の通う川の所の山」『上川町史』昭和41年9月

天狗岳 tengu-dake　・1553m〔山地〕A-11 北大雪火山群　〔20万図〕北見59〔2.5万図〕平山a〔経度〕143°3′51″〔緯度〕43°48′53″〔山頂所在市町村〕遠軽町(旧・白滝村)〔位置〕支湧別山塊の北西方、上支湧別市街の西方6kmに位置し、北東斜面は北大雪スキー場。
〔河川図〕東斜面の沢川は、湧別川支流支湧別川の枝沢4034-2510-2L「盤の沢川」の源流。北東は湧別川支流 2630-1R 天狗沢川の源流。北斜面の沢川は湧別川支流 4034-2660-1R 富樫沢川の源流。北西は湧別川の支流 4034-2810-1R、南斜面の沢川は湧別川支流支湧別川の枝沢4034-2570-3L「2の沢川」の源流。
〔地名掲載地形図〕天狗岳「国土地理院図」（標高値は記載されていない）
〔夏季コース〕
◎北大雪スキー場コース　ＪＲ奥白滝駅から北大雪スキー場がある登山口まで4km、リフト沿いの尾根を登り北海道電力の白滝反射板の建つ小天狗へ、ここから前天狗を経て天狗岳の頂上へ。登り約3時間。
〔冬山コース〕（昭和48年頃）
◎国鉄石北本線の奥白滝駅のホーム側斜面がすぐゲレンデになっている。駅員に声をかけて直接ホームからゲレンデに出してもらうとよい。ゲレンデから振り返ると、駅舎の屋根越しにチトカニウシ山の真っ白い頂が、向かい側の天狗と競いあうようにそそりたっている。ホームの位置から直角にゲレ

デを登ると松林に入る。ここを抜けるとすぐ下りになっていて、右側にコースが続いている。小さな沢筋に沿って1.5ｋｍほどで視界が開け林道にでる。これを 100ｍほど登ると林間スロープの入り口である。「国設天狗岳スキー場」の石碑があり、ここからは森林が切り開かれていている。標高 800ｍから長い緩斜面が続き、900ｍを過ぎた辺りでコースは 90 度近く右側に折れる。針葉樹林の中にヒュッテ「小天狗荘」（無人）が見えてくる。駅からおおよそ 5.5ｋｍ地点である。ここから左側に急な登りを詰めたところが小天狗岳である。ハイマツの枯れ木が並ぶ平地をしばらく進むと、このコース一番の急勾配にぶつかる。通称「電光坂」である。この辺り新雪の際は雪崩に十分気をつけた方がよい。また左側に雪庇が発達しているのにも注意がいる。ここを登りきった 1468ｍのピークを前天狗と呼んでいる。ここから天狗岳のピークまでは、吹きさらしのため冬でもところどころにササが出ている。頂上は完全に岩が露出していて、いつも風が強い。この地方には珍しい山祠がある。ここからの眺望は、西の奥天狗と呼ばれている有明山越しに大雪連峰を、南西にニセイカクシュッペ山、平山、南東側に武利岳、武華山を見ることができる。：後藤憲昭『北の山脈』16 号

緑山 midoriyama △865.3ｍ〔山地〕A-11 北大雪火山群〔20 万図〕北見 59〔2.5 万図〕平山 a〔経度〕143°7′25″〔緯度〕43°47′35″〔山頂所在市町村〕遠軽町（旧・白滝村）〔位置〕北大雪スキー場の南東方 5km

前天狗 maetengu ・1468ｍ〔山地〕A-11 北大雪火山群〔20 万図〕北見 59〔2.5 万図〕平山 a〔山頂所在市町村〕遠軽町（旧・白滝村）〔位置〕北大雪スキー場の南方、天狗岳 1553 への登山道の途中に位置する。
〔地名掲載資料〕前天狗「北海道夏山ガイド③」

小天狗 kotengu ・1313ｍ〔山地〕A-11 北大雪火山群〔20 万図〕北見 59〔2.5 万図〕平山 a〔山頂所在市町村〕遠軽町（旧・白滝村）〔位置特徴〕北大雪スキー場第三リフト終点の南上、天狗岳 1553 の北東方登山道の途中に位置し、北海道電力の白滝反射板が建っている。
〔地名掲載資料〕小天狗『北海道夏山ガイド③』

北大雪スキー場　遠軽町（旧・白滝村）　小天狗 1313ｍの北斜面　北見 59

平山 a

雲霧山 kumokiri-yama △1500.4m〔山地〕A-11 北大雪火山群〔20万図〕北見 59〔2.5万図〕平山 b〔経度〕143°6′51″〔緯度〕43°45′31″〔山頂所在市町村〕遠軽町(旧・白滝村)〔位置〕上支湧別市街の南方 7.5km、ペンケ支湧別川の奥。
〔地名掲載資料〕
◇雲霧山（クモキリヤマ）「国土地理院点の記」
〔夏季コース〕
◎上支湧別の白滝高原キャンプ場からペンケシユウベツ林道を 9.2km 入ったところが登山口、作業用林道跡を沢に沿ってすすみ、二股（950m）出会いを左に入り、落差 10m ほどの滝（1180m）を経て稜線（1300m）に出て、低い笹とハイマツを漕いで狭い頂上に至る。登り約 2 時間 50 分

有明山 ariake-yama △1634.8m〔山地〕A-11 北大雪火山群〔20万図〕北見 59〔2.5万図〕平山 c〔経度〕143°3′1″〔緯度〕43°48′37″〔山頂所在市町村〕上川町・遠軽町(旧・白滝村)〔位置特徴〕北見峠の南方に位置する。北側の斜面は 3km の広い尾根で、スキーツアーに人気がある。
〔地名掲載地形図〕1634.「国土地理院図」(山名の記載なし)
〔山名の由来〕
○大正 5 年（1916）4 月、柴崎芳太郎によって選定された三角点名「有明山」：上川町郷土資料室

平山 hirayama ・1771m〔山地〕A-11 北大雪火山群〔20万図〕北見 59〔2.5万図〕平山 d〔経度〕143°0′39″〔緯度〕43°45′27″〔山頂所在市町村〕上川町・遠軽町(旧・白滝村)
〔位置特徴〕層雲峡温泉小函の北方 5km に位置し、頂上は平坦で標識がなければどこなのかわかりにくい。東西は広いお花畑の緩斜面、西部は急峻な斜面である。頂上から表大雪の比布、永山、愛別、北鎮、凌雲、黒岳などの展望が優れ、その手前にニセイカウシュッペ山が迫っている。高山植物が豊富なことで有名。
〔河川図〕南斜面の沢川は、石狩川支流 1002-15420-1R 小函沢川の源流。西斜面の沢川は、石狩川支流 1002-15380-1R 荒井川の源流

〔山名の由来〕頂上が平坦なので。
〔夏季コース〕
◎白滝コース　白滝から支湧別川沿いの林道は整備され（落石注意）、登山口には広い駐車場がある。川沿いのコースを進む。行雲ノ滝、冷涼ノ滝があり、水量が少なくなると大きな第一雪渓が現れる。ハイマツ帯に入るが、再び第二雪渓がある。高度を上げると視界が広がり、稜線尾根上のひらやま分岐に出る。さらに20分ほど進み頂上。登り約2時間20分。

　昭和29年（1954）の洞爺丸台風で壊滅した風倒木処理のため支湧別川沿いに付けられた林道が、今日では登山道として利用されている。：中畑和夫『北海道の百名山』

比麻良山 himara-yama　△1796.1m〔山地〕A-11 北大雪火山群　〔20万図〕北見59〔2.5万図〕平山 d〔経度〕143°0′59″〔緯度〕43°46′33″
〔山頂所在市町村〕上川町・遠軽町(旧・白滝村)
〔位置特徴〕支湧別川本流の奥、層雲峡温泉小函の北方7.5kmに位置し、平山より北方に延びるなだらかな尾根上にある。白滝コースから気軽に登れ、対岸からの大雪山の展望台として、その手前にニセイカウシュッペ山の大槍・小槍を眺め、また、尾根全体の高山植物を楽しみながら歩くことのできる魅力のある山である。
〔河川図〕北西斜面の沢川は、石狩川北支流留辺志部川の枝沢、1002-15050-2R 芽刈別川の源流。
〔地名掲載資料〕
ヒマラヤを漢字化したお遊びだろう。『北海道夏山ガイド③』
〔解説〕この比麻良山より南へ600mの尾根上にある標高1811mのピークを、北海道夏山ガイド③の山絵地図は「比麻奈山」と書いている。洒落や気取りから仲間内で呼んだ名だろうが、このようにして生まれた名が通用するようになることに問題があるので、本稿における見出しの山名に用いないこととした。「国土地理院図」は、この山名を掲載していない。
〔登山記録〕白滝から上支湧別を経て8kmほど奥の林道入口（上二股沢川出合）で下車、スキーをつけてほぼ夏道沿いに1400mの手前の小屋まで進む。小屋といっても名前だけのもので、夏の間は高山植物泥棒の監視小屋にでも使われていると思われる。われわれはこの小屋になんとなく未練はあったが、あまりの荒れようと時間もあるということで、左岸の急傾斜を10mほど登っ

て大きな雪洞を掘る。
〔夏季コース〕◎白滝コース　平山から尾根上になだらかな道が比麻良山へ続いている。登り40分

文蔵岳 bunzoo-dake　約1755m〔山地〕A-11 北大雪火山群〔20万図〕北見59〔2.5万図〕平山 d〔山頂所在市町村〕上川町・遠軽町(旧・白滝村)〔位置〕比麻良山の北方1km、有明山へ続く刈分道の途中。
〔地名掲載資料〕文蔵岳（通称）『北海道中央分水嶺踏査記録』
〔山名の由来〕当時の営林署職員、田中文三氏が頻繁に監視活動を行った事に由来し、現在は「文三岳」がとおり名。：寺口一孝

屏風岳　byoubu-dake　△1792.7m〔山地〕A-11 北大雪火山群〔20万図〕北見60〔2.5万図〕大函 a〔経度〕143°3′47″〔緯度〕43°43′28″〔山頂所在市町村〕上川町
〔位置特徴〕層雲峡温泉大函の北東方4.5㌔、遠軽町(旧・白滝村)市街の南方に位置する。北海道各地にある屏風と名のつく山のうち、北大雪の屏風岳が最も大きい。山全体が寄せ棟型の家のような巨大な屋根形をし、層雲峡黒岳ロープウエイからも良く見える。（頂上部は険しい。）：八谷和彦『北海道の山50』
〔河川図〕石狩川支流ニセイチャロマップ川の枝沢 1002-15450-2R ニセイチャロマップ第一川の上流西方。石狩川支流 1002-15430-1R シン大函沢川の上流東方。
〔地名掲載資料〕屏風岳 1800「北海中央高地地方地形詳圖」
〔同名・類似の山〕
屏風岩 920m：弟子屈町・小清水町（屈斜路摩周火山群）
屏風岩 1485m：富良野市（夕張山地）
屏風山 396.9m：当麻町（上川盆地）
屏風山 1261m：富良野市・夕張市（夕張山地）

岩山 iwayama　△1121.3m〔山地〕A-11 北大雪火山群〔20万図〕北見60〔2.5万図〕大函 b〔経度〕143°6′36″〔緯度〕43°40′35″〔山頂所在市町村〕上川町〔位置〕層雲峡温泉大函の南南東方8km
〔河川図〕石狩川支流ペンケチャロマップ川の枝沢 1002-15490-2R ニュウチ

ャロマップ川の中流南東方。
〔山名の由来〕
　大正5年（1916）5月に柴崎芳太郎によって選定された三角点で、地形から名づけられたようである。「上川町郷土資料室」

　丸山　⑨ maruyama　△1617.8m〔山地〕A-11 北大雪火山群〔20万図〕北見60〔2.5万図〕大函 c〔経度〕143°1′41″〔緯度〕43°44′34″〔山頂所在市町村〕上川町・遠軽町(旧・白滝村)〔位置〕層雲峡温泉の東北東方6km〔同名の山〕「同名・類似の山名一覧表」を参照

　樹海峰　jyukaihou　△1231.8m〔山地〕A-11 北大雪火山群〔20万図〕北見60〔2.5万図〕大函 d〔経度〕143°3′33″〔緯度〕43°40′41″〔山頂所在市町村〕上川町〔位置〕層雲峡温泉大函の南東方4km
〔河川図〕石狩川支流ペンケチャロマップ川の枝沢、1002-15485-2R 石狩ダムサイト沢川の源流。
〔山名の由来〕
○層雲峡上流の奥山盆地は見事な樹海であったところ、その中央にそびえる二等三角点（国土地理院点名「保呂加」）を林野関係者が樹海峰と呼んだことによって通称となったようである。「上川町郷土資料室」
○昭和26年（1951）3月4日に、当時の旭川営林局長の岩野三門が、無名だったこの山に「樹海の嶺」と命名した。：吉田友吉・談『ガイドブックにない北海道の山々』

　石北峠　sekihoku-touge（A-9 東大雪火山群)の項参照

A-11 北大雪火山群

ニセイカウシュッペ山登山口
gekiyabu, sakura 【260】

ニセイカウシュッペ山
2003.7 寺口一孝【260】

樹林の隙間からニセイカウシュッペ山　　gekiyabu, sakura 【260】

黒岳から朝陽山(左)とニセイカウシュッペ山
2003.9 寺口一孝【260, 263】

ニセイカウシュッペ山1879m三角点
gekiyabu, sakura 【260】

小槍　gekyabu, sakura　【260】

1742m峰と大槍　【260】
gekiyabu. sakura

第Ⅱ編　山の履歴

1860m峰の巻道から見た大槍【260】
gekiyabu-sakura

国道沿い長野豆腐店前より北見富士
2004.5 伊藤せいち【265】

北見富士山頂 '08-9-13【265】

支湧別岳　2012.7
北のかもしかの山歩き【266】

武利岳　2002.9　寺口一孝【264】

武華山　2002.5【272】

武華山　2002,9(改)【272】

A－11　北大雪火山群

国道39号線の少し東側より武華山（左）武利岳（中央）
2009.1　伊藤せいち【272, 264】

武華山から見たライオン岩
2002.9　寺口一孝【274】

展望台のようなライオン岩
2009.7　北のかもしかの山歩き【274】

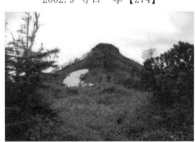

ライオン岩　2009.7
北のかもしかの山歩き【274】

天狗岳　2013.7
北のかもしかの山歩き【275】

白滝の天狗岳山頂　2013.7
北のかもしかの山歩き【275】

第Ⅱ編　山の履歴

有明山　2002.2　【277】

雲霧山　日帰り登山　2009.9　【277】

平山　2003.7　寺口一孝【277】

平山の山頂　gekiyabu, sakura【277】

比麻良山分岐　gekiyabu, sakura【278】

比麻良山山頂　gekiyabu, sakura【278】

文蔵岳　2003.7　寺口一孝【279】

A-12　表大雪火山群

「**表大雪の山々　その1**」＝石狩岳（旧称）〔標高〕×××〔山頂所在市町村〕東川町＆上川町〔位置〕旭岳など表大雪北部の山々

　下記の松浦武四郎の著書などに書かれた「石狩岳」は、忠別川の下流から見られる旭岳・愛別岳の山々のことで表大雪の山々の意であろう。東大雪にある現在の石狩岳ではない。ちなみに「大雪山」という山は存在しない。

〔山名掲載資料〕

◇この水源は皆石狩岳の方にて深山なるが故に、『松浦戊午日誌』上-134p

◇（チカブニ）此絶頂え上り諸方を眺望するに、卯・辰・巳に当りて石狩岳よりチユクヘツ岳・ベベツ岳等波濤の如く連り、戌・亥・子に懸りてウリウの山々見え、丑・寅・卯の方にアイベツノホリ、サンケソマナイ等相見え、午・未にトカチの山々見え、其チクヘツフトより石狩岳（表大雪のあたり）の麓まで凡十四五里のよしたる山もなく‥『松浦丁巳日誌』上-253p

◇石狩岳を見るに『松浦丁巳日誌』六巻・登加智留宇知之誌肆（文）上-278p

◇ウシヽベツ（牛朱別）（8行略）右の方チカフナイ、其源に至りてサンケソマナイのうしろの方に廻り、石カリ岳（表大雪のあたり）の根に至るよしなり。『松浦丁巳日誌』上-289p

◇向は石狩岳、左りは本川すじ、右の方チクベツ岳等波涛の如く相見えたり。『松浦丁巳日誌』上-311p

◇サンケソマナイ（中略）此処よりまた一ツの川を隔てゝ石カリ岳（表大雪のあたり）を見るなり。『松浦丁巳日誌』上-312p

◇アンタラマ（中略）此川石カリ岳（表大雪のあたり）より落来るよしなり。『松浦丁巳日誌』上-313p、上-314p

◇ニセイケショマフ　此処右（左）の方、石狩岳（表大雪のあたり）の下崖のよし。『松浦丁巳日誌』上-315p

◇石カリ岳『松浦丁巳日誌』5巻・再篙石狩日誌三（山絵図43）

◇水源にイシカリ岳〔石狩岳〕あり『松浦西蝦夷日誌』五編

◇源は石狩岳のうしろより来る也。『松浦戊午日誌』中-246p

◇石狩山：松田市太郎「イシカリ川水源見分書」（安政4年1857）

◇無名高山並ニ（中略）是ヨリ外ニ水本ト覚敷沢相見得不申候間（中略）此所ヘイシカリ水元記シ」松田市太郎「イシカリ川水源見分書」（安政4年1857）

◇石狩岳「松浦山川図」

◇石狩岳『松浦石狩日誌』(川筋図4)、(文)
◇石狩岳『松浦十勝日誌』(文)
◇石狩場所上川境、トコロ、石狩岳源に境居候。トカチ石狩岳裏よりソラチまで惣而境居候。「松浦・東西蝦夷場所境調書」
◇石狩岳「蝦夷訓蒙図彙」(蝦夷地大概之図14)
◇石狩岳：松本十郎「石狩十勝両河紀行」(明治9年)
◇石狩岳「道廳20万図」(実測切図)
◇石狩嶽『日本名勝地誌』

「表大雪の山々　その2」＝忠別岳②（旧称）
　つぎの忠別岳（ヌタカムシユベ山）とチユクベツ岳も表大雪北部の山々である。〔山頂所在市町村〕東川町＆上川町
〔地名掲載資料〕
◇忠別岳（ヌタカムシユベ山）旭川市街の東、直径約十一里にあたり、(一名ヌタカムシユベ)二千米以上の高峰群起するもの数個、就中、最高峰は高距二三四五米、實に本道の最高峰にして、位置も略本道の中央たり。(中略)山中に硫黄を採るべし、又、温泉所々に湧す。松浦図にチユクベツ岳といひ、一圖にはオプタテシケと誤る。『大日本地名辞書』157～158P
◇（チカブニ）此絶頂え上り諸方を眺望するに、卯・辰・巳に当りて石狩岳よりチユクヘツ岳・ベツ岳等波濤の如く連り、戌・亥・子に懸けてウリウの山々見え、丑・寅・卯の方にアイベツノホリ、サンケソマナイ等相見え、午・未にトカチの山々見え、其チクヘツフトより石狩岳の麓まで凡十四五里のよしたる山もなく‥『松浦丁巳日誌』上-253p
◇向は石狩岳、左りは本川すじ、右の方チクベツ岳等波涛の如く相見えたり。『松浦丁巳日誌』上-311p
◇石狩岳、チクベツ岳、ヒヽ岳(ビエイ岳)、ベヽツ岳洪涛の逆巻如くに見ゆ。『松浦戊午日誌』上-129p
◇チクベツ岳、ビヾ岳、ベヽツ岳、石狩岳の神え手向け、山越中無事の程を祈る。『松浦戊午日誌』上-140p
◇チクベツ岳、石狩岳の下までも見通しけるが、『松浦戊午日誌』上-148p
◇辰巳（東南）の方にチクベツ岳ビエベツ岳ベヽツ岳等よく見え、硫黄の燃る烟実に目ざましく天にさし上りたり。『松浦戊午日誌』上-154p
◇山え上るにチクベツ岳卯（東）一杯に当りてよく見ゆ。『松浦戊午日誌』

上-155p
◇石狩ノタツカウシノポリ、チュクペツノポリ『松浦戊午日誌』上-(山絵図)156p（表大雪の南方奥に描かれている）
◇チュクヘツ岳〔忠別川上流のあたりに記している〕「松浦山川図」
◇チクベツ岳（ポロアンタラマ＝ポンアンタロマ川の水源に記されている）『武四郎蝦夷地紀行』川々取調帳 623p
◇チクベツ岳、ベベツ、ビエイ岳『松浦十勝日誌』（文）
◇チクヘツ岳：松浦「大雪十勝山系眺望の図」
（ここに出てくる石狩岳は、表大雪の旭岳であろう）
〔川名の語源〕
○チュプ・ペッ　（東川）此川ノ水源ハ東ニアリテ日月ノ出ズル處故ニ名ク『永田地名解』62p
○チウ・ペッ chiu-pet〔波・川〕：知里真志保
〔松浦文献に書かれたチクヘツ岳の位置〕
　川々取調帳はポンアンタロマ川の水源に、山川図は忠別川上流に、戊午日誌5巻の記述と山絵図及び十勝日誌の記述は表大雪の南方奥に、大雪十勝山系眺望の図はトムラウシ山のあたり、いずれもその位置は漠然としている。
　なお、チュクベツの語源からチュクペツ（忠別川）源との推測も考えられるが、位置を特定する根拠としては薄い。

「表大雪の山々　その3」＝ヌタプカウシペ（大雪山）
◇石狩ノツタカウシベノホリ『松浦丁巳日誌』（再篙石狩日誌（安政4年、1857）
◇石狩ノツカウシヘ岳『松浦十勝日誌』（山絵図）
◇ヌタツプカウシベ：福原哲之輔「植民地復命書」（明治20年）
◇ヌタプカウシペ岳：加藤氏地理
◇Nutapkaushipe　：神保小虎「北海道地質略図」（明治23年）
◇ヌタプカウシペ：神保小虎「イシカリ川水源巡回雑話」（明治24年）・
◇Nutakkam ush be　ヌタクカムウシュベ　煩山　アンダロマ川ノ水源ナリ、岩山ニテ草木ナシ髙橋圖ニ「東オプタテシケ」トアルハ非ナリ『永田地名解』70p
◇ヌタクカムウシユベ「道廳20万図」（実測切図）（上川・明治29年）
◇ヌタクカムウシュペ「仮製5万図」（明治31年）

第Ⅱ編　山の履歴

◇ヌタクカムウシベ（大雪山）が地理書にはじめて載る。吉田東伍『大日本地名辞書』（明治42年）
◇ヌタツプカウシベ：福原哲之輔「植民地復命書」（明治20年）
◇大雪山（元名ヌタカウシユベなり、旭嶽市街の東南十里に聳へ海を抜くこと八千餘尺、實に本道第一の高山にして峯頭七ッに岐れ中間一大陥谷を成し『日本名勝地誌』第九編108p。明治32年（1899）
「大雪山（元名ヌタカウシユベ）」という名称がはじめて現れ、上川平野からの眺望による「大きな雪山」ということで、誰が命名したともいえない自然発生的にできた名であろう。この記述にある「旭嶽市街」は誤植で「旭川市街」が正しい。
◇大雪山（ヌタクカムウシュペ）は中央高地の総称名で、その群峰中の一高峰である。：小泉秀雄『大雪山登山誌』「大雪山、名称の起源・登山および研究の歴史」（大正7年）この発表が行われてから、大雪山の名が固定するようになったと云われる。
◇大正10年、大町桂月が雑誌『中央公論』に書いた登山紀行文「層雲峡より大雪山へ」に「富士山に登って山の高さを語れ、大雪山に登って山岳の大きさを語れ」と書き、大雪山が有名になる。
◇「旭岳」（別名大雪山・ヌタクカムウシュペ岳）『北海道（登山案内）』（大正12年）56p
　この案内書は、登山の基地となる当該駅員の調査をもとに札幌鉄道局運輸課が編集したもの、北海道におけるはじめての登山案内書である。これは、大雪の最高峰「旭岳」を「大雪山」のこととしていた資料である。
◇昭和2年（1927）に北海タイムス（北海道新聞の前身）紙上で、大雪山と旭岳の呼称について河野常吉と小泉秀雄の論争が交わされた。この結果、「大雪山を総称的に用い、旭岳の名も広く用いられていて捨てるのに忍びないから、最高峰の一峰名に用いたものである」『旭川市史』
◇大雪山の山彙は。又ヌタクカムシュペ山とも呼び、本道の最高峰、旭岳を盟主とする標高2000米内外の一群である。『北海道の山岳（登山案内）』122p（昭和6年）
◇昭和9年（1934）の国立公園指定を契機に、大雪山国立公園を形成している広大な山並みの総称として「大雪山」の呼称で一般に使われるようになった。

◇大雪山（ヌタプカウシペ）「国土地理院2.5万図」（平成元年1988）

〔ヌタプカウシペ（大雪山）の語源〕
○ヌタプ・カ・ウシ・ペ nutap ka us pe 〔ヌタプ・の上に・いつもいる・もの〕。大雪山の高山地帯で、アンタロマ川をはじめとして石狩川の支流の最上流部や忠別川の最上流部が、この高原帯即ちヌタプカウシペを八方から取り込んで水源としている。この様が恰も広大な nutap の如き形状を髣髴させてかく名づけられたのではないだろうか。：由良勇『旭川近郊のアイヌ語地名30』
○ヌタックカムウシュペを、ヌタック〔河の湾曲せる所の内部〕、カム〔上に〕、ウシュペ〔ある所〕とも解される。：高倉新一郎「北辺・開拓・アイヌ」（北海道山名考）
○知里博士は、自分がアイヌの古老から聞いた名は「ヌタプカウシペ」といっておられた。それで旭川市史の解の中で（川の湾曲部内の地・の上に・いつもいる・もの）の義。（中略）石狩川上流に行った時に、同行してくれた近文の尾沢カンシャトク翁は「一段高くなった山の上に広い湿原（nutap）があって、更にその上に聳えている山だから、ヌタプ・カウシ・ペというのだと私たちは思っていました。」との答えだった。：山田『北海道の地名』
○このヌタプは、また、カムイミンタラともいわれ、カムイは神そのもののほかにクマのことでもあり、クマが寄り来たって遊ぶところの意味である。さらにまた、アイヌの古老連は裾合平から沼の平にかけた一帯を、カムイ・チリコツ（熊が遊んだ跡）と呼び、年に一度神々が遊ぶところ、と伝えている。：村上啓司「大雪山の山名」
○ヌタプカウシペ（Nutap-ka-ush-pe）〔川の湾曲部内の地・の上に・いつもいる・者〕「川が湾曲して流れている所の内部の土地に何時もいるの意」（ush）はいつもいる。アイヌは山を崇拝して、よく敬語を使うので「いらっしゃる」ともいえる。この山はアイヌの崇拝の対象になっていて、「ヌタプカムイシリ」（Nutap-kamui-shir）〔川の湾流部内・の神・山〕とも称する。この両者が混同して「ヌタプカムシペ」となり、和人はそれをさらに甚だしく訛って「ヌタップカムシュッペ」或いは「ヌタクカムウシュペ」などとして「頬の山」などと俗称するに至った。Nota kam ush pe〔頬・肉の・ようについている・もの〕即ち「頬肉のようにつきでている山」の意。『愛別町史』昭和44年

第Ⅱ編　山の履歴

○ヌタクカムウシュペ山　nota kam ush pe 即ち「頬肉のようにつきでている山」の意。アイヌは山を正（生）ある者と見、上川全般を「上を向いて寝ている人」で形容する場合、その山ははるか上流の頬のあたりに位置する大きい山という意。また、nutap ka ushpe ならば「川の彎曲部の上にそびえている山」。『上川町史』昭和41年9月

　函ノ上　hakonoue　△1132.1m〔山地〕A-12 表大雪火山群〔20万図〕北見60〔2.5万図〕大函d〔経度〕143°0′5″〔緯度〕43°43′47″〔山頂所在市町村〕上川町〔位置〕層雲峡温泉の大函の南西方1.5km
〔地名掲載資料〕
◇函ノ上：Attack!!大雪山
◇国土地理院の地形図と地勢図は山の標高値のみ記入、山名はない。
〔山名の由来〕層雲峡温泉の大函・小函の崖上に位置する山であることから呼ばれた。：野辿「大雪山への誘い」

　七賢峰　shichikenhou　約750m〔山地〕A-12 表大雪火山群〔20万図〕旭川3〔2.5万図〕万景峰d〔山頂所在市町村〕上川町〔位置〕石狩川上流右岸、層雲峡対岸の崖の上。

　天城岩　amagiiwa　約900m〔山地〕A-12 表大雪火山群〔20万図〕旭川4〔2.5万図〕層雲峡a〔山頂所在市町村〕上川町〔位置〕層雲峡温泉の東方3.5km、石狩川上流左岸。

　遊仙台　yuusendai　約950m〔山地〕A-12 表大雪火山群〔20万図〕旭川4〔2.5万図〕層雲峡b〔山頂所在市町村〕上川町〔位置〕層雲峡温泉の南東方3km、滝沢の上流。

　銀泉台　ginsenndai　・1517m〔山地〕A-12 表大雪火山群〔20万図〕旭川4〔2.5万図〕層雲峡b〔山頂所在市町村〕上川町〔位置〕赤岳の東方、道道1162号線大雪山観光道路の終点、銀泉台コースを経由する赤岳や小泉岳などの起点。銀泉台に続く道道1162号線は、混雑の緩和と排気ガスなどからの自然環境保護の為、紅葉期はマイカー規制され、大雪湖畔の大雪レイクサイト臨時駐車場に車を置き、シャトルバスにを利用する。

天幕山 tenmaku-yama　△1195.7m〔山地〕A-12 表大雪火山群〔20万図〕旭川4〔2.5万図〕層雲峡c〔経度〕142°52′56″〔緯度〕43°44′8″〔山頂所在市町村〕上川町〔位置〕愛山渓温泉の東方5.4km、層雲峡温泉との中間。〔河川図〕石狩川支流1002-15310-1L テンマク沢川の中流東方
〔同名の山〕上川町（北見山地中部）
〔山名の由来〕明治30年（1897）頃、地元に住居をかまえた清水三次郎が、自ら天幕三次郎と称していたことから、この地は天幕といわれた。大正5年（1916）4月に三角点が選定されたが、地元の地名の天幕をとって点名として定められた。「上川町郷土資料室」

烏帽子岳 eboshi-dake　・2072m〔山地〕A-12 表大雪火山群〔20万図〕旭川4〔2.5万図〕層雲峡d〔経度〕142°55′32″43°40′41″〔山頂所在市町村〕上川町〔位置〕御鉢平の東側壁、黒岳と赤岳の中間。
〔河川図〕石狩川の支流、雄滝の沢川の枝沢1002-15400-2L「烏帽子の沢川」の中流西方。
〔山名の由来〕山容が烏帽子に似ているところから名づけられたと思われる。
〔同名類似の山〕烏帽子岳1109m（札幌市南区・石狩西部山地）。烏帽子山703m（七飯町・駒ケ岳火山群）。烏帽子岳562m（乙部町・渡島中部山地）

赤岳 akadake　△2078.5m〔山地〕A-12 表大雪火山群〔20万図〕旭川4〔2.5万図〕層雲峡d〔経度〕142°55′50″〔緯度〕43°40′19″〔山頂所在市町村〕上川町
〔位置特徴〕表大雪の東部に位置し、山肌が赤褐色で台地状の尾根は目立つ。その一角にある頂上は、数多くの巨岩を不規則に積み上げたように見える。赤岳の三角点は山名の標識が立っている地点から220mほど北北東寄りにある。この山復が層雲峡の銀河の滝と流星の滝の水源となっている。
〔河川図〕石狩川の支流、雄滝の沢川の枝沢1002-15400-2L「烏帽子の沢川」の中流東方。
〔地名掲載資料〕幌加石狩岳「国土地理院二等三角点」
〔山名の由来〕山肌が赤褐色なので呼ばれる。
〔夏季コース〕
◎銀泉台コース　銀泉台（標高約1517m）から西方へ延びる赤岳歩道を、第

一花園、第二花園、こまくさ平、第三花園の高山植物を鑑賞しながら赤岳頂上をめざす。登り約2時間10分
◎高原温泉コース　高原温泉から緑岳（松浦岳）と小泉岳を経て赤岳の頂上へ。登り約4時間10分。
◎黒岳コース　層雲峡温泉からロープウエイとリフトを乗り継ぎ、黒岳、北海岳、白雲岳分岐、小泉岳、赤岳を縦走して銀泉台へ下るコースとして利用される。
〔赤岳観光道路〕（別称・赤岳登山道路）
風倒木を処理すために使用されていた林道が、昭和34年に石狩川上流の大雪国道沿い（現在の大雪ダム湖畔橋）からホロイシカリーの沢とシンパクノ沢を挟む分水嶺を西方に向かって銀泉台のさらに上まで延長され、銀泉台までバスも運行された。この車道は赤岳から旭岳温泉へ抜ける観光自動車道として計画されていたが、自然保護団体などの反対で中止された。

凌雲岳 ryouun-dake　・2125m〔山地〕A-12 表大雪火山群〔20万図〕旭川4〔2.5万図〕層雲峡d〔経度〕142°54′3″〔緯度〕43°41′45″〔山頂所在市町村〕上川町
〔位置特徴〕黒岳の西方2km、北鎮岳との中間に位置し、丸みを帯びコニーデ型、全体に火山礫が覆っている。高山植物を保護するため登山道はつけられていない。
　大雪火山群に属し、第2期の古大雪火山形成期にできた。鐘状地形をなしている。噴出の時期からみると赤岳や烏帽子岳、永山岳の次の時代のものとみられ、北鎮岳や白雲岳とともに新しい噴出とみられている。これらの山々の内側にはカルデラを生み、河川の谷頭侵食によって溶岩流が分離して、独立ドームを形成したものと思われる。：藤島範孝『北海道人百科事典』
〔河川図〕石狩川の支流 1002-15350-1L 白水川の上流。
〔山名の由来〕
○他の山々が霧や雲に覆われていても、この山は姿を見せてくれることが多いので「雲を凌ぐ山」の意で命名された。：野迎「大雪山への誘い」
〔夏季コース〕縦走コースから北方にはずれており夏道はない。

北海岳 hokkai-dake　・2149m〔山地〕A-12 表大雪火山群〔20万図〕旭川4〔2.5万図〕層雲峡d〔経度〕142°53′59″〔緯度〕43°40′26″

〔山頂所在市町村〕上川町・東川町
〔位置特徴〕表大雪の中央部に位置する旧噴火口は御鉢平（おはちだいら）と呼ばれ、有毒温泉を含んでいて立ち入り禁止になっている。この周囲を北海岳、松田岳、荒井岳、間宮岳、中岳と呼ばれる2100m級の山々が囲み、縦走路となっている。
〔河川図〕石狩川支流忠別川の枝沢 1002-13770-2R ユウセツ沢川の源流。
〔地名掲載資料〕
◇北海岳は命名者小泉秀雄が昭和12年発行の『山岳』（2・3号）に発表した「北海道中央高地の地学について」の論文の中に使用されている。旧名：間宮岳

御鉢平 ohachidaira （形成と有毒ガスについて）
　旭岳の北東方に位置する長径2.2km、短径1.9kmのカルデラは、約3万年前、大雪火山群の中でも中心部にあった成層火山「御鉢火山」が2度にわたって巨大噴火をし、多量の溶岩を噴出したあとに火口が大きな凹地なって形成された。太古の昔は標高2000mの高地に満々と水をたたえた湖であった。底の標高は約1900m、2000mを超える峰々がぐるりと囲みカルデラ壁を形成する。現在は、その東壁が破れ赤石川となって層雲峡の石狩川へとそそぐ。3万年を経てもなお、御鉢平の底には噴気孔や温泉が散在し濃厚な硫化水素が噴出する。この有毒ガスで、昭和33年（1958）7月に東京工業大学生2人が、同36年6月には東京都立大学生2人が、それぞれカルデラ内で中毒死した。シカやクマが死んでいることもある。97年7月青森県八甲田山で起きた自衛隊員の3人が死亡した事故と同じである。：小池省二「朝日新聞・北の火の山」より要約

北鎮岳 hokuchin-dake ・2244m〔山地〕A-12 表大雪火山群〔20万図〕旭川4〔2.5万図〕層雲峡d〔経度〕142°53′2″〔緯度〕43°41′25″
〔山頂所在市町村〕上川町・東川町
〔位置特徴〕お鉢平北部の一角になだらかな山容で鎮座する。旭岳より標高は低いけれど北海道第2の高峰。頂上は円丘状でそのそばに山頂から眺望できる山々の名が刻まれた案内石盤とベンチが備えてあって、大雪山で最高の展望を心ゆくまで堪能できる。黒岳側から眺めると、北鎮岳の東面に白鳥の親（左）にヒナ（右）が餌をねだっているように大きく見える雪渓が夏遅く

まで残る。

〔明治時代の北鎮岳は北海道の最高峰？〕

　大正7年（1918）8月に出された『北海道中央高地の地學的研究』（日本山岳會報『山岳』第12年第2・3号）に、「北鎮岳は大雪火山の大噴火口の北壁の高点にして、海抜2345米（7739尺）、北海道第1の高点を占め、‥。」さらに「旭岳は本火山の盟主にして其の高さ2285米（7541尺）を算し、恐らく大雪火山彙中第2の高点なるべし」と記述し、北海道の最高峰は北鎮岳としていた。明治29年（1896）に発行された『北海道実測地理図』（縮尺20万分の1）の北鎮岳の位置に2345、旭岳の位置に2285と標高を記している。2年後の明治31年（1898）に製版した、陸軍省陸地測量部の5万分の1地形図にも北鎮岳の位置に2345.2、旭岳の位置に2285.4と記されていて、北鎮岳が北海道の最高峰とされていた。しかし、大正10年（1921）に測量され、大正13年に発行の陸地測量部5万分の1地形図から、北鎮岳は2245、旭岳は2290と訂正され、旭岳が北海道の最高峰と記されるようになった。

〔河川図〕東斜面の沢川は、石狩川支流1002-15350-1L 白水川の源流。南西斜面の沢川は、石狩川の支流忠別川の二次支流1002-13640-2R ピウケナイ川の源流。

〔山名の由来〕

○旭川の師団、北の鎮台（軍隊・部隊）にちなんで『ＮＨＫ北海道地名誌』
○旭川の第七師団が北海道の守備に当たる鎮台であり、その願いを込めて命名したとされている。：朝日守『北海道の百名山』

〔夏季コース〕

◎層雲峡コース　層雲峡温泉からロープウエイとリフトを乗り継ぎ、黒岳を経て北鎮岳へ。登り約3時間50分

◎愛山渓コース　愛山渓温泉からイズミノ沢沿いに登り、永山岳、比布岳、鋸岳を経て北鎮岳へ。登り約6時間。

昭和7年（1932）に愛山渓より北鎮岳に至る登山路が開かれた。『大雪山のあゆみ』

◎裾合平コース旭岳温泉のロープウエイ姿見駅終点から、裾合分岐、中岳温泉、中岳分岐、中岳を経て北鎮岳へ。登り約4時間40分

◎旭岳コース　旭岳温泉のロープウエイ姿見駅終点から旭岳に登り、御鉢平左回りの間宮岳、中岳分岐、中岳を経て北鎮岳へ。登り約4時間30分。

五色岳① goshiki-dake・2038m〔山地〕A-12 表大雪火山群〔20万図〕旭川4〔2.5万図〕層雲峡d〔経度〕142°55′49″〔緯度〕43°40′19″〔山頂所在市町村〕上川町〔位置〕赤岳の西南西方1km
〔地名掲載資料〕五色岳「国土地理院図」
〔山名の由来〕高山植物の花園があるので五色岳や五色平と呼ばれる。
〔同名の山〕五色岳②1868m（美瑛町・上川町・新得町）忠別岳と化雲岳の分岐。ここにある五色ケ原の花園の方が有名である。

上川岳 kamikawa-dake ・1884m〔山地〕A-12 表大雪火山群〔20万図〕旭川4〔2.5万図〕層雲峡d〔経度〕142°54′1″〔緯度〕43°42′35″〔山頂所在市町村〕上川町
〔位置特徴〕凌雲岳の北方1.2kmに位置し、険しい岩稜を見せている新しい山である。〔河川図〕石狩川の支流 1002-15330-1L リクマンベツ川源流
〔地名の由来〕○アイヌ語「ペニウンクル・コタン」（川上人の・村）の意である。むかし神居古潭を界として、その上流に住む者を「ペニ・ウン・クル」（上流・の・人）ととなえ、下流に住む人を「パナ・ウン・クル」（下流・の・人）といって区別したのによるのである。『北海道駅名の起源』

桂月岳 keigetsu-dake ・1938m〔山地〕A-12 表大雪火山群〔20万図〕旭川4〔2.5万図〕層雲峡d〔経度〕142°54′52″〔緯度〕43°41′44″〔山頂所在市町村〕上川町〔位置特徴〕黒岳の西方700mに位置し、黒岳石室から気軽に登れる。旧名「黒岳」
〔河川図〕石狩川の支流 1002-15350-1L 白水川の上流、1002-15360-1L 黒岳沢川の源流。
〔山名の由来〕
○大正10年（1921）8月、文学者大町桂月が、大雪山の地理に詳しい旭川在住の成田嘉助の案内で、下愛別を経由して層雲峡よりまだ登山路のなかった黒岳、北鎮岳、旭岳を経て松山温泉に下る。この山行によって無名だったこの山に「桂月岳」の名称がうまれた。大正12年に大町桂月の紀行文が『太陽』（博文館発行）増刊号と『中央公論』に登載された。「富士に登って山岳の高さを語れ、大雪山に登って山岳の大きさを語れ」の名言を書いた。『大雪山のあゆみ』『北の山』
〔夏季コース〕黒岳石室コース 黒岳石室の左横から15分で頂上へ。

黒岳 kurodake △1984.4m〔山地〕A-12 表大雪火山群〔20万図〕旭川4〔2.5万図〕層雲峡d〔経度〕142°55′27″〔緯度〕43°41′42″〔山頂所在市町村〕上川町〔位置特徴〕層雲峡温泉の南西方4kmに位置し、層雲峡から眺める黒岳の斜面は、エゾマツ、トドマツが茂り黒く見える。
〔河川図〕石狩川の支流、1002-15360-1L 黒岳沢川の源流。1002-15370-1L 赤石川の下流。
〔地名掲載資料〕旧名「半月山」
〔山名の由来〕
○この単純な名称は、小泉英雄著『山岳』(第12年第2・3号、大正7年)の「…山體鋭く尖り黒色を呈し…」から来ている。：保田信紀『北海道の山々』
○山腹に、えぞまつ、とどまつなどの針葉樹が茂り、温泉街より眺めると黒く見えるところから名づけられたという。大正の頃は温泉岳とよばれていた。：野迪「大雪山への誘い」
〔夏季コース〕(大正15年)
◎上川口　上川驛で下車し此處に一泊するか、一番列車で旭川驛を發ち、上川で食糧を充分に用意し其の日のうちに双雲渓驛遞行つて泊るか、何れかにする。上川驛から双雲渓迄は約五里、上川の舊市街地を經てルベシベ川を渡り、上ルベシベを東南に進み、石狩川の右岸に沿ふて双雲別部落を通過し、國澤温泉の裏、地獄谷から釣橋―駄馬も通行する―を渡り双雲渓驛遞に至るのである。双雲別部落迄の三里半は拓殖道路、それから二里の間は北海道山岳會が開いたもので、歩行は至つて容易である。上川驛から双雲渓驛遞迄は約六七時間で行ける。登山者は天候を見定めて早朝に驛遞を出發して黒岳を見掛けて登山するので、一里二十一丁の北海道山岳會で開いた登山道路がある。普通三時間半位で登れる。「北海道（登山案内）」（大正15年）
〔黒岳～旭岳の縦走路〕大正12年（1923）、北海道山岳会が北海道庁と帝室林野局にはたらきかけ、黒岳登山口より北鎮岳、旭岳経由の登山道ができた。黒岳石室の建設とともに大雪山登山史上画期的な事業となる。「大雪山のあゆみ」
〔大正13年の黒岳登山〕
◎上川線の終点上川駅に降りて石狩川に沿って層雲別温泉までスキーで一日行程。今、道路を作っているがここは馬橇の便を得ることはなおしばらく無理である。この駅遞は冬でも人がいていつでも宿泊できる。温泉の所へ出

てくる尾根を夏道通りに登れば、六時間内外で黒岳の頂上に達する。新設の登山小屋はこの冬から用いられるのであるが、それは頂上から四、五百m西方に下った所に建てられた。黒岳はただ、より高い峰々へのステップトーンとして登られる山である。：加納一郎『北海道山岳風土記6』（北海道に於ける積雪期の登山）

◎ 私が大雪の威容に感激したのは、大正十三年である。当時は、忠別川の松山温泉（現・天人峡温泉）から旭岳に登り帰るのが順路だったが、石北線が通り層雲峡の開発で新しい黒岳の道路が完成し、大町桂月の文章や大雪山調査会のかたがたの発表などで一躍天下に名を馳せ、表道として登山路の交代する時であった。私達の日程は、一日目層雲渓泊、二日目縦走して松山温泉泊、三日目美瑛に出て汽車で帰るという最短・強行日程であった。当時、石北線は上川までで、ここで登山の第一歩の踏み出しというわけである。途中の双雲別部落で身支度を整え、ここの青年に案内人になってもらった。：村上善『北の山脈』4号（遙かなる山ある記(2)）

〔夏季コース〕（昭和9年頃）
◎上川駅より層雲峡温泉へ自動車で50〜60分、乗合いで片道1円。遊覧自動車で旭川から約2時間、片道1円80銭。黒岳山頂まで6〜7時間。

〔夏季コース〕（昭和27年）
◎層雲峡口　旭川驛より層雲閣まで直通バス（72㌔、2時間半行程）。上川驛より層雲閣までバス（24㌔、50分行程）。（層雲峡温泉の）登山口付近は、天日をもらさぬ原生林で、道は迂回しつゝ、はじめは比較的ゆるやかだが、樹林の丈が低くなるに従って角度をまし、樹林帯を抜けると八十八曲りの急坂となる。有名な黒岳のお花畑はこゝに展開しパノラマの様な層雲峡を眼下に、ニセイカムシュベの連山を目前にしつゝ感激と嘆聲のうちに頂上に着く。頂上より石室までは下り約一㌔、そこより右折すれば北鎮岳をへて旭岳または永山岳に、左折すれば北海岳をへて旭岳または白雲岳に至る。層雲閣より頂上まで徒歩八㌔四時間行程。『大雪山』

〔夏季コース〕（昭和42年）
◎層雲峡温泉街より七合目までロープウエイとリフトができると、表大雪の東側からの縦走路起点として賑わいをみせるようになった。

〔夏季コース〕（現在）
◎層雲峡コース　層雲峡温泉からロープウエイとリフトを乗り継いで七合目近くに達し、ここから登り1時間25分で黒岳頂上に出る。

第Ⅱ編　山の履歴

㊥**大雪山層雲峡黒岳スキー場**　上川郡上川町字層雲峡　自然雪では日本で最も早くシーズンオープンしている。

　荒井岳 araidake　・2183m〔山地〕A-12 表大雪火山群〔20万図〕旭川4〔2.5万図〕層雲峡d〔経度〕142°52′59″〔緯度〕43°40′4″〔山頂所在市町村〕上川町・東川町〔位置特徴〕御鉢平の南方、間宮岳の東方の縦走路に位置するが、荒井岳の山頂は意識して歩いていないとわかりにくい。
〔河川図〕石狩川支流忠別川の二次支流クワウンナイ川の枝沢1002-13790-3R 第二ユウセツ沢川の源流
〔標高値掲載資料〕荒井岳『Attack!!大雪山』
〔山名の由来〕
○層雲峡温泉の開発功労者、大正14年（1925）の大雪山調査会長、荒井建設や層雲閣を経営した荒井初一にちなんだ山名。『大雪山登山法及登山案内』

　間宮岳 mamiya-dake　・2185m〔山地〕A-12 表大雪火山群〔20万図〕旭川4〔2.5万図〕層雲峡d〔経度〕142°52′36″〔緯度〕43°40′11″〔山頂所在市町村〕上川町・東川町〔位置特徴〕御鉢平の南西角、旭岳への分岐を間宮岳と呼んでいる。
〔河川図〕石狩川の支流1002-15370-1L 赤石川の源流
〔地名掲載資料〕旧名「北海岳」
〔山名の由来〕
○間宮林蔵は文化7年（1810）にアイヌの案内で、石狩川上流の（サンケソマナイ）安足間川との分岐のあたりまで来ている。この足跡を印したことにちなんで、山名のなかったこの山に名づけられた。間宮林蔵本人はこの山を眺めていない。

　松田岳 matsuda-dake　・2136m〔山地〕A-12 表大雪火山群〔20万図〕旭川4〔2.5万図〕層雲峡d〔経度〕142°53′41″〔緯度〕43°40′13″〔山頂所在市町村〕上川町・東川町〔位置〕北海岳の南西方500m、御鉢平外輪山の一つ。
〔地名掲載資料〕旧名「近藤岳」
〔山名の由来〕安政4年（1857）に石狩川の水源を調査した松田市太郎（松

前藩石狩会所詰足軽）にちなんで名づけられた。：野迫「大雪山への誘い」
〔夏季コース〕北海岳より縦走路を10分

中岳 nakadake　・2113m〔山地〕A-12 表大雪火山群〔20万図〕旭川4〔2.5万図〕層雲峡d〔経度〕142°52′47″〔緯度〕43°40′59″〔山頂所在市町村〕上川町・東川町〔位置〕お鉢平北西方の外輪山
〔同名の山〕1388m、京極町・札幌市の境（石狩西南部山地）。1493m、芦別市（夕張山地）。「中ノ岳」1519m、静内町・浦河町・大樹町の境（日高山脈中部）
〔同名・類似の山名〕
〔山名の由来〕間宮岳と北鎮岳の中間にあることから、小泉秀雄によって名づけられたようである。「上川町郷土資料室」

鋸岳 nokogiridake　・2142m〔山地〕A-12 表大雪火山群〔20万図〕旭川4〔2.5万図〕層雲峡d〔経度〕142°52′48″〔緯度〕43°41′43″〔山頂所在市町村〕上川町・東川町〔位置特徴〕北鎮岳の北北西方500mに位置し、山頂部の岩が鋸の歯のようにみえる。
〔河川図〕石狩川の支流 1002-15330-1L リクマンベツ川の源流。
〔夏季コース〕北鎮岳から30分
〔同名の山〕「鋸岳」1962m：美瑛町・新得町

シバ山　shibayama　△1483.3m〔山地〕A-12 表大雪火山群〔20万図〕旭川5〔2.5万図〕白雲岳a〔経度〕142°57′10″〔緯度〕43°37′44″〔山頂所在市町村〕上川町〔位置〕大雪高原温泉の北東方1.5km〔河川図〕石狩川支流ヤンベタップ沢川の支流 1002-15640-2L ヤンベタップ沢川の中流
〔山名の由来〕
〇かつて大雪山の監視人として活躍し、ウスバキチョウの孵化写真などの生態研究などに大きく貢献した柴山大治郎を記念して命名された。もとは「柴山」となっていたが、いつ頃かカタカナになっていた。：野迫「大雪山への誘い」

小泉岳 koizumi-dake　・2158m〔山地〕A-12 表大雪火山群〔20万図〕旭川5〔2.5万図〕白雲岳c〔経度〕142°55′30″〔緯度〕43°39′51″〔山

頂所在市町村〕上川町
〔位置特徴〕銀泉台コースの赤岳と白雲岳の間に位置する、縦走路上のなだらかな丘のようなところ。昭和45年に歩いた時には木製の標識が立てられていたが、気づかないで通り過ぎてしまいそう。高山植物の種類と量では大雪山で一番といわれている。
〔河川図〕北西斜面は、石狩川支流雄滝の沢川の枝沢1002-15400-2L烏帽子の沢川の上流。南東斜面の沢川は、石狩川支流ヤンベタップ沢川の支流1002-15640-2Lヤンベタップ一の沢川の源流。南斜面の沢川は、石狩川支流1002-15630-1Lヤンベタップ川の源流。
〔地名掲載資料〕旧名「赤岳」
〔山名の由来〕
〇小泉岳、大雪山調査会が命名『大雪山登山法及登山案内』
〇旧旭川中学の教諭で大雪山の学術調査の先駆者であった小泉秀雄の名にちなんで名付けられた。『ＮＨＫ北海道地名誌』
〔夏登山道〕赤岳と白雲岳の中間、縦走の途中に登られる。
【石器時代の遺跡】小泉岳と白雲岳の中間尾根の南斜面
〇（安政5、6年頃）松前藩勘定奉行伊達智信は、現在の大雪火山彙ノ中腹約千米の地点に於て、やじり、石斧等の石器時代の遺物を発見して居る。：河野常吉「大雪山及石狩川上流探検開発史」
〇（大正13年）大雪山頂、海抜約7千尺（標高2100〜2200m）に近い高所に、お花畑にとりかこまれて石器時代住民の遺跡がある。遺跡発見の功労者は、大雪山調査会理事の鹽谷忠氏（当時北海タイムスの記者）であるが、氏は大正13年（1924）年8月上旬ここで2箇の完全な黒曜石の石鏃を発見した。

　私はその2年後の7月中旬、虫を追うてこの遺跡の上に立つ幸運にめぐまれたのであった。その日はまことにめぐまれた日で、黒岳小屋から比處へ來るまでの間に6種の蝶を捕らえたが、そのうちの3種までが新種であるという、昆虫採集家としての私にとって無上に嬉しい日であった。のちに大雪山の特有種として有名になったウスバキチョウ、ダイセツタカネヒカゲ、アサヒヒョウモンの3種は、実に私がこの日に始めて採集した標本に基づいて新名を與えられたものなのである。

　遺跡は小泉、白雲両岳の中間尾根の南斜面、石狩川上流のヤンベタップ澤の起点の東側に位置している。ヤンベタップ澤の起点のすぐ上方には、岩石

の隙間に清らかな清水が夏中絶ゆることなくたたえられており、又、その上方（北方）数間を距て、山の背の上に二群の大きな岩が露出している。そのうちの東方の一群は、ちょうど岩屋のような形をしており、その中に数人を野営せしめるに足りる廣さの室がある。遺跡を残した人は、恐らくこの岩を根拠として、熊や鹿を狩って食料とし、岩間の清水を汲んで渇きをいやしていたものであろう。そして、その間に猟具としての石槍や石鏃、獲物を處理するための石小刀などを造った跡が今日遺跡として残っているのであろう。

私が遺物を発見したのは、この岩の南方約30間乃至60間の箇處で、遺物分布区域の幅は東西約30間、その両端はヤンベタップ澤の起點にあたっている。遺物は地表に散乱しているのは少なく、可憐な白い花をつけたガンコウランやイワヒゲの根の間や石の下からも出てくる。私はここで石を起し、石器の破片を拾いながら、多くの珍しい歩行虫類を収集することができた。その中には、私が後に大雪山特有の新亞種として発表したダイセツオサムシや、未記録種として発表したキタアラメゴミムシその他の珍種が含まれている。

それにしても、こんな高い所に遺物を残した人々は、何時、何處から来て、何處へ去ったのであろう。：河野廣道『北の旅』アイヌとサンショウウオ・他　北方書院（昭和24年）

○大正13年8月下旬に白雲岳頂でやや不完全な石器が1、2個発見された、翌年8月27日には小泉岳頂で、塩谷忠、小泉秀雄、犬飼哲夫らにより、多数の石鏃（矢尻石）、石匕（あいくち）など十数個が発見された。『山書研究43』

○石器の傾向からすると、千年から数百年前に、アイヌ民族の祖先と思われる人々が残したとみてよさそうだ。標高2000m地帯での石器発見は全国的にも特異のものとして注目をあびた。『大雪山物語』

東岳 ② higashidake　・2067m〔山地〕A-12 表大雪火山群〔20万図〕旭川5〔2.5万図〕白雲岳 c〔経度〕142°56′10″〔緯度〕43°39′51″〔山頂所在市町村〕上川町〔位置特徴〕小泉岳の東方に位置し、縦走路から離れていて登山道はない。〔河川図〕石狩川支流 1002-15500-1L ホロカイシカリ川の源流。〔山名の由来〕表大雪の東端に位置するの呼ばれたのだろう。

松浦岳　matsuura-dake　→緑岳、南岳③　・2020m〔山地〕A-12 表大雪

火山群〔20万図〕旭川5〔2.5万図〕白雲岳c〔山頂所在市町村〕上川町〔位置〕小泉岳の南方に延びるなだらかな稜線の端に位置し、緑岳、南岳とも呼ばれる。
〔地名掲載資料〕
◇緑岳（松浦岳）・2020ｍ「国土地理院図」
◇松浦岳（緑岳・南岳）△2019.5『Attack!!大雪山』
〔山名の由来〕
○安政4年閏5月2日（太陽暦6月23日）に松浦武四郎が石狩川の奥地へ入り、今の層雲峡の上のあたりまで探査したとし、松浦岳の名が付けられたようである。しかし、石狩日誌の記述のもとになっている丁巳日誌の記録では、上川の石垣山のあたりで引き返している。これより上流の様子が書かれているが、武四郎は「アイヌからの聞き書きである」と注記している。天気が良ければ石垣山の山頂から愛別岳、凌雲岳の表大雪を望むことができるが、松浦岳はその陰に隠れて眺めることはできない。

緑岳 midori-dake →松浦岳、南岳③ ・2020ｍ〔山地〕A-12 表大雪火山群〔20万図〕旭川5〔2.5万図〕白雲岳c〔経度〕142°55′27″〔緯度〕43°38′51″〔山頂所在市町村〕上川町〔位置〕小泉岳の南方に延びるなだらかな稜線の端に位置し、松浦岳、緑岳、南岳は同一の山。
〔河川図〕石狩川の支流1002-15630-1L ヤンベタップ川の上流
〔地名掲載資料〕緑岳（みどりだけ）・2020ｍ。別名「松浦岳」旧名「南岳」
〔山名の由来〕大株のコマクサの群落があり、優美あふれる緑の景勝から、旭川営林署ＯＢの市川清が「緑岳」と命名した。：野辺「大雪山への誘い」

南岳 ③ minami-dake→松浦岳、緑岳 ・2020ｍ〔山地〕A-12 表大雪火山群〔20万図〕旭川5〔2.5万図〕白雲岳c〔山頂所在市町村〕上川町
〔位置〕南岳は赤岳の南方2.5kmに位置し緑岳、松浦岳と同一の山。
〔山名の由来〕小泉岳の南に位置することから「南岳」とも呼ばれる。

小白雲岳 pon-hakuun-dake ・1966ｍ〔山地〕A-12 表大雪火山群〔20万図〕旭川5〔2.5万図〕白雲岳c〔経度〕142°54′22″〔緯度〕43°39′2″〔山頂所在市町村〕美瑛町〔位置〕白雲岳の南方900ｍ
〔山名の由来〕

○小白雲岳の名は、昭和12年（1937）に小泉秀雄が「山岳」2・3号に発表した「北海道中央高地の地学について」の論文の中に使用されている。「上川町郷土資料室」
○小白雲岳は白雲岳の隣にあって標高が低いので名づけたのだろう。

　白雲岳 hakuun-dake △2230.1m〔山地〕A-12 表大雪火山群〔20万図〕旭川5〔2.5万図〕白雲岳c〔経度〕142°54′35″〔緯度〕43°39′32″〔山頂所在市町村〕美瑛町・上川町〔位置〕表大雪北部の標高2000m級の山々の中にあって、表大雪南部へ続く縦走路の裏門のようなところにある。登山口から直接登ることのできない奥まった山で神秘性を感じる山である。山頂の南東方にある直径400mの白雲平は、6月の頃は雪解け水を湛える湖に、8月頃は火山灰が浅く平に埋まり高山植物を育てる畑のようだ。
〔地名掲載資料〕大石狩岳「国土地理院三等三角点」
〔山名の由来〕いつも雲に隠れていて、遠くからは山の姿を容易に見られないことから呼ばれたのだろう。
〔夏季コース〕
◎北海岳から縦走路を南方へ1時間ほど歩いた白雲分岐から、登山者はここに荷物を置いて40分ほどの頂上をめざす。白雲分岐から南方へ20分下ったところに白雲岳避難小屋がある。表大雪から忠別岳・トムラウシ岳方面へ、北海岳、赤岳それぞれへの縦走の中継地である。ここに大きな看板が2枚建てられて、何か書かれていたが消えてしまいほとんど読みとれない。登山者が荷物を置いてそこを離れると、体長50㌢ほどの大きなハシブト鳥が、するどいくちばしで登山者のキスリングのチャックを開けようとしている、慣れた口さばきである。1994.9 W
◎銀泉台コース　大雪ダムから砂利道の赤岳観光道路を標高1490mの銀泉台まで車で行ける。ここの登山口から赤岳、小泉岳、白雲分岐を経て頂上へ。登り約4時間30分。
◎三笠新道コース　高原温泉の登山口から、三笠新道分岐→高根ヶ原分岐→白雲岳避難小屋→白雲分岐の縦走路を経て頂上へ。登り約5時間40分。三笠新道は、ヒグマの出没が多く、2017年は閉鎖されていた。
◎高原温泉コース　高原温泉の登山口から、展望台、緑岳、白雲石室分岐、小泉岳分岐、白雲分岐の縦走路を経て頂上へ。登り約5時間。大雪高原温泉沼めぐりコースは、ヒグマの出没が多いことから、入林手続きとレクチャー

受講が必要。(2017年)
◎黒岳コース　層雲峡温泉からロープウエイとリフトを乗り継ぎ、黒岳、北海岳、白雲分岐を経て頂上へ。登り約5時間10分。

シビナイ岳 shibinai-dake　・1566m〔山地〕A-12 表大雪火山群〔20万図〕旭川5〔2.5万図〕白雲岳d〔経度〕142°55′40″〔緯度〕43°36′32″〔山頂所在市町村〕上川町
〔位置特徴〕大雪高原温泉の南方、忠別岳の北東方3kmに位置し、忠別岳の中腹のようなところ。石狩川が大雪湖の上流部で本流と東方の音更沢、西方のシビナイ沢の3本に分ける。シビナイ沢の源流にあたる。
〔地名掲載資料〕
◇シビナイ岳1566『Attack‼大雪山』
◇「国土地理院図」は、山名・標高値ともに記載されていない。
〔川名の由来・語源〕
○「シ・ピ・ナイ」(大・石・川)『旭川市史』
○シビナイ川　shipe nai〔本当の・食物・川〕「鮭のぼる川」。あるいはshipi nai「木賊(とくさ)の生えている川」、shi pinai「甚だ細い川」なども考えられるが、『上川町史』昭和41年9月
○皇族が来られたとき「あの山は何というのか」と尋ねられた高原山荘の支配人福井和広が「シビナイ岳」と答えたという。それまでは無名の山であった。:野迫「大雪山への誘い」
○シビナイ川の源流にあるところから名付けられたようだ。1981年初版の『Attack‼大雪山』に始めて登場した山名である。

平ヶ岳 hiragadake　・1752m〔山地〕A-12 表大雪火山群〔20万図〕旭川5〔2.5万図〕白雲岳d〔経度〕142°54′11″〔緯度〕43°37′16″〔山頂所在市町村〕美瑛町・上川町〔位置特徴〕忠別岳の北方3.5km、高根ガ原の南端に続く縦走路の広い尾根上に位置する。頂上はハイマツの中、意識して探しても目印はピンクテープしかない。:寺口一孝
〔山名の由来〕
○命名者小泉秀雄が『山岳』(昭和12年/2・3号)に発表した「北海道中央高地に地学について」の論文中に使用されている。「上川町郷土資料室」

凡忠別岳 ponchuubetsu-dake ・1821m〔山地〕A-12 表大雪火山群〔20万図〕旭川5〔2.5万図〕白雲岳d〔経度〕142°52′31″〔緯度〕43°36′9″〔山頂所在市町村〕美瑛町・上川町〔位置〕忠別岳の北西方2.5km〔河川図〕石狩川二次支流美瑛川の枝沢、1002-13760-2L化雲沢川の中流東方。
〔山名の由来〕忠別岳と凡忠別岳はどちらも忠別川の源流に位置する山であるが、忠別岳より標高の低い山を、アイヌ語の「pon」ポン(小さい又は子供)の意から、「凡」の字を付けたと思われる。

北チユクベツ山 kitatiyukubetu-yama ?m〔山地〕A-12 表大雪火山群〔20万図〕旭川5〔2.5万図〕白雲岳c〔山頂所在市町村〕美瑛町・上川町〔位置〕忠別岳の北方のあたり、1883mのピークか。
〔地名掲載資料〕
四月四日、数個の険の小瀧を越え北チクベツ山後岩角をへて下澤に泊る。
四月六日、谿谷の険を攀ぢチユクベツ峠の頂(忠別岳)に至る。南北六町程の平地あり北チユクベツ南チユクベツ左右に分る。此處堰松を處々に見る。西に下りて三筋落合の處に泊る。四月七日、更に降りて温泉あり、之より数條の小流を越え忠別川に出てフヨマナイに宿す。(松田市太郎の日記)『大雪山及石狩川上流探検開発史』

忠別岳① chuubetsu-dake →チユクヘツ岳 △1962.8m〔山地〕A-12 表大雪火山群〔20万図〕旭川5〔2.5万図〕白雲岳d〔山頂所在市町村〕美瑛町・上川町〔位置〕平ヶ岳と五色岳の中間、縦走路の途中にあり、忠別岳の南方へ1時間ほど下ったところに忠別岳避難小屋がある。山頂部は南北に細長く約700m平坦になっている。
〔河川図〕東斜面の沢川は、石狩川支流1002-15690-1Lヌタプヤンベツ川の源流。西斜面の沢川は、石狩川二次支流美瑛川の枝沢1002-13760-2L化雲沢川の源流。〔地名掲載資料〕忠別岳「樺戸・雨龍・上川三郡略圖」
〔川名の語源〕
○Chup pet チュプ ペッ〔東川「チュプカペッ」ニ同シ此川ノ水源ハ東ニアリテ日月ノ出ル處故ニ名ク〕『永田地名解』62p
○忠別川は「チュペッ」(波立つ川):知里真志保
○アイヌ語の「チュウ・ペツ・ヌプリ」(朝日の出る川の上流の山)『日本山岳風土記6』(北海道の山々)

○忠別岳 chiu pet 〔流れの早い川〕の意。『上川町史』昭和 41 年 9 月
〔夏季コース〕
（昭和初期頃）忠別川上流の山々へのルート『北海道の山岳（登山案内）』
第 1 日、層雲峡温泉〜黒岳〜白雲岳〜平ケ岳付近露営。（或いは直井温泉〜永山岳〜北鎮岳〜白雲岳〜平ケ岳付近露営）。
第 2 日、露営地〜忠別獄〜化雲岳〜トムラウシ北の沼畔露営。
第 3 日、露営地〜トムラウシ山〜クワウンナイ川にて露営（或いは化雲岩〜化雲岳付近露営）。
第 4 日、露営地〜松山温泉
（現在）高根ヶ原コース 忠別岳は表大雪北部の白雲岳方面とトムラウシ方面との縦走の途中に登られる。

チユクヘツ岳 chukuhetsu-dake → 忠別岳① △1962.8m 〔山地〕A-12 表大雪火山群〔20 万図〕旭川 5〔2.5 万図〕白雲岳 d〔山頂所在市町村〕美瑛町・上川町〔位置〕現在の忠別岳か。
〔地名掲載資料〕◇チユツヘツ山「改正北海道全図」（明治 20 年）

竹別岳 chikubetsu-dake →忠別岳① △1962.8m 〔山地〕A-12 表大雪火山群〔20 万図〕旭川 5〔2.5 万図〕白雲岳 d
〔山頂所在市町村〕美瑛町・上川町〔位置〕現在の忠別岳か。
〔地名掲載資料〕竹別岳「大日本國郡精図」（石狩國）

南チユクベツ山 minamityukubetuyama ? m A-12 表大雪火山群〔20 万図〕旭川 6〔2.5 万図〕五色ヶ原 c〔山頂所在市町村〕美瑛町・新得町〔位置〕五色岳と化雲の中間にある 1952m のピークあるいは今の五色岳だろうか。
〔地名掲載資料〕
（安政 4 年＝1857）四月十九日（陽暦五月十二日）、忠別川を遡るに左右岩石にて難所あり。銅氣ある谿間に泊る。二十日、二股川（今の奥二股分岐）に至りて泊る。廿一日、險を攀ぢ南チユクベツ山に登る、處々に堰松あり。山後に至るに焼山二箇所あり、茲に宿す。焼山より半里も行きて周廻凡一町の小沼あり、又数丁を隔てゝ同じ大きさの小沼あり。両沼の水十勝領に流る。尚ほ行きて東方に長き平山あり、東は無名の高山（今の石狩岳）につゞく（後略）（松田市太郎石狩水源見届日記）『大雪山及石狩川上流探檢開發史』

焼山 yakeyama〔山地〕？m　A-12 表大雪火山群〔20万図〕旭川 6〔2.5万図〕五色ヶ原 c〔山頂所在市町村〕上川町・新得町〔位置特徴〕化雲岳の東北東、五色岳の西方の 1952m のピーク、あるいは化雲岳だろうか。
〔山頂所在市町村〕美瑛町・上川町
〔地名掲載資料〕
　焼山の下に巾六尺位の小川あり、これも東北トカチ領へ流れ相見え、子丑（北北東）の方に向ひチクヘツ山（忠別岳）、東の方に周廻凡そ一丁程の小沼あり…。松田市太郎「石狩水源見届日記」『上川町史』
「焼山」の地点がどこであるか推定は困難である。恐らく火山形態の山地を称したものであろうが、忠別岳爆裂火口とみられる忠別岳・白雲岳間の急崖なのだろうか。トカチ領に流れる沼の水を見出した点から、石狩・十勝両国境嶺であるに違いない。『上川町史』昭和 41 年 9 月

苦茶運別岳 kuchaunbetsu-dake　△1467.0m〔山地〕A-12 表大雪火山群〔20万図〕旭川 6〔2.5万図〕五色ヶ原 a〔経度〕142°57′1″〔緯度〕43°33′39″〔山頂所在市町村〕美瑛町
〔位置特徴〕五色ケ原の東方 3km に位置し、クチャウンベツ川水源の山。登山道から遠く離れている。
〔地名掲載資料〕
◇苦茶運別『Attack!!大雪山』
◇1467.0「国土地理院図」（山名の記載はない）
〔山名の由来・語源〕アイヌ語の「kucha-un-put」クチャ・ウン・ペッ（猟小屋・そこにある・川）猟小屋のこと。苦茶運別は大正 5 年（1916）5 月に選定された三角点、命名者は小島荘平とされている。「上川町郷土資料室」

沼ノ原山 numanohara-yama　湯ノ上山　△1505.7m〔山地〕A-12 表大雪火山群〔20万図〕旭川 6〔2.5万図〕五色ヶ原 b〔経度〕142°57′45″〔緯度〕43°31′0″〔山頂所在市町村〕新得町
〔位置特徴〕化雲岳と石狩岳を結ぶ縦走路の中間、ヌプントムラウシ温泉コースの沼ノ原分岐から 1km 真南方に見える。
〔河川図〕十勝川の北西支流トムラウシ川の枝沢、6009-11500-3R イズミ沢川の源流。

〔地名掲載資料〕湯ノ上山（ユノカミヤマ）「国土地理院二等三角点名」
〔夏季コース〕沼ノ原山は縦走路から離れていて登山者は少ない。頂上への登山道はなく、ハイマツやハンノキの軽いブッシュ帯の踏み後を分けて登る。頂上は藪の中に二等三角点が埋設されている。
〔沼ノ原探索記〕層雲峡温泉から国道を車で走り、高原温泉との分岐の鉄柵の横に車を置いて林道に入る。足元のぬかるみを気にしながら笹の刈り分けを一気に高度をあげてすすむと、右手後方にトムラウシ山がみえてきた。沼ノ原山の北側に広がる溶岩台地の沼ノ原は、エゾマツやハイマツの樹林に囲まれた静かな湿原帯だった。静かなたたずまいから「大雪山の奥座敷」とも呼ばれる。

標高1400mにある湿原の中には小さな沼が幾つも点在して、足元に可憐な花が揺れている。よく整備された木道が五色ケ原の台地に続いていて、そこを軽快にすすむとキャンプ指定地となっている大沼に辿り着いた。本州からの団体ツアーが目立つ。今年の夏、「羆が真夜中にテントを引き裂いて食べ物を盗りに来た」と新聞で報道されていたが、大雪山は往時から「神々（熊）の遊ぶところ」だった。熊にとっては、ここは「先祖伝来の楽園だ」との言い分があろう。変わっていないのは、沼面に青く映るトムラウシ山、振り返ると石狩連峰とニペソツ山そしてウペペサンケ山が続いていた。：Ｗ

湯ノ上山 yunokami-yama →沼ノ原山△1505.7m〔山地〕A-12 表大雪火山群〔20万図〕旭川6〔2.5万図〕五色ヶ原 b〔山頂所在市町村〕新得町
　〔地名掲載資料〕湯ノ上山：国土地理院二等三角点名

五色岳 ② goshiki-dake ・1868m〔山地〕A-12 表大雪火山群〔20万図〕旭川6〔2.5万図〕五色ヶ原 c〔経度〕142°53′41″〔緯度〕43°33′48″〔山頂所在市町村〕美瑛町・上川町・新得町
　〔位置特徴〕北の忠別岳、西の化雲岳、南西の五色ヶ原、この縦走路の分岐点に位置し、頂きはわずかに凸部を形成する平凡なところ。北西面は崖状になって忠別川に落ち込んでいる。五色岳から南東方五色の水場まで、標高1500m～1850mの緩やかな高原台地が続くあたりは五色ヶ原と呼ばれ天上の楽園が広がっている。短い夏の間に咲き競うキンポウゲ（黄色い花）チシマノキンバイソウ（黄色い花）、エゾコザクラ（薄紫色の花）、エゾノハクサンイチゲ（白色の花）などの高山植物の大群落が展開される。また、五色岳

の東側下方に望まれる沼ノ原湿原とともに、このあたりは大雪の奥庭とか奥座敷とも呼ばれて登山者の人気が高い。五色岳は、お花畑の大群落で覆われた平坦な尾根の五色ヶ原の西方、五色分岐があるところ。
〔河川図〕南東斜面の沢川は、十勝川北西支流のトムラウシ川の枝沢、6009-11610-2R 6009-11570-2L 東沢川の源流。北東斜面の沢川は、石狩川支流 1002-15690-1L ヌタプヤンベツ川の源流。西斜面の沢川は、石狩川二次支流美瑛川の枝沢、1002-13760-2L 化雲沢川の源流。
〔同名の山〕五色岳①2038m（上川町）
〔山名の由来〕
〇高原が高山植物で五色に彩られるからであろう。『北海道夏山ガイド②』
〇本州の北アルプスにある「五色ヶ原」の名を借りて呼ばれたと思われる。
〔夏季コース〕
◎北の忠別岳と西の化雲岳を結ぶ従走路の途中。
△大雪湖南方より沼ノ原方向の、石狩岳、五色岳へ、登山口に繋がる層雲峡本流林道があるが、入口付近で通行止め、復旧の見通しは立っていない。

六ッ沼山 mutsunuma-yama　△1314.6m〔山地〕A-12 表大雪火山群〔20万図〕旭川6〔2.5万図〕五色ヶ原 d〔経度〕142°55′4″〔緯度〕43°31′12″〔山頂所在市町村〕新得町
〔位置特徴〕沼ノ原山の西方3.6kmに位置し、この山を西方のトムラウシ川の本流と東方のトムラウシ東沢が大きく囲んでいる。南西方が十勝連峰、南東方がニペソツ火山群に繋がり表大雪の南端のはずれに位置している。登山道はない。この山の西方湿原に、沼が6ヵ所点在している。
〔河川図〕西斜面の沢川は、十勝川北西支流 6009-11330-1L トムラウシ川中流と 6009-11570-2L 東沢川中流の中間

ポントムラ山 pontomura-yama　△1336.0m〔山地〕A-12 表大雪火山群〔20万図〕旭川7〔2.5万図〕トムラウシ川 a〔経度〕142°58′57″〔緯度〕43°27′54″〔山頂所在市町村〕新得町〔位置〕トムラウシ温泉の西方8.6km
〔河川図〕十勝川北西支流トムラウシ川の枝沢、6009-11490-3L「ヌプン2の沢川」と 6009-11540-4L「ヌプン8の沢川」の源流。

ニセイ山 nisei-yama　△1180.6m〔山地〕A-12 表大雪火山群〔20万図〕

第Ⅱ編　山の履歴

旭川7〔2.5万図〕トムラウシ川b〔経度〕142°59′48″〔緯度〕43°25′33″〔山頂所在市町村〕新得町〔位置〕丸山の西北西方4km、ニペソツ川源流の山。〔河川図〕十勝川支流6009-10980-1Lニペソツ川の北方源流
〔山名の語源〕アイヌ語 nisey「ニセイ」〔(川岸の崖(峡谷)〕

　ポントムラウシ山 pontomuraushi-yama　△1247.2m〔山地〕A-12表大雪火山群〔20万図〕旭川7〔2.5万図〕トムラウシ川d〔経度〕142°56′5″〔緯度〕43°26′1″〔山頂所在市町村〕新得町〔位置〕トムラウシ温泉の北西方5.5km、ポントムラウシ川の源。
〔河川図〕十勝川北西支流のトムラウシ川の枝沢、6009-11370-2Lポントムラウシ川の上流南方、クマ沢川6009-11380-3Lの源流、6009-11390-3Lトムラウシ沢川の上流。
〔類似の山名〕ポントムラ山：1336m 新得町（東大雪）

　二股山 futamata-yama〔山地〕A-12表大雪火山群　△1155.7m〔20万図〕旭川11〔2.5万図〕ペンケベツc〔経度〕142°54′42″〔緯度〕43°23′51″〔山頂所在市町村〕新得町〔位置〕新得町トムラウシの北方4.2km、トムラウシ温泉の南東方8km。
〔河川図〕十勝川上流の支流ペンケベツ川の枝川、ペンケベツ沢川6009-11310-2Rと6009-11320-1Lヤマザキ川の源流。

　真勲別 makunbetsu　△752.9m〔山地〕A-12表大雪火山群〔20万図〕旭川11〔2.5万図〕菊水b〔経度〕142°51′41″〔緯度〕43°′47′24″〔山頂所在市町村〕上川町〔河川図〕石狩川支流の枝沢1002-15240-2R白川第二支川の下流と石狩川の支流1002-15260-1L白雲川の中流の中間。
〔川名の語源〕アイヌ語、マクンベツ mak un pet〔後にある（入る）川〕

　別取山 bettori-yama　△636.2m〔山地〕A-12表大雪火山群〔20万図〕旭川11〔2.5万図〕菊水c〔経度〕142°46′31″〔緯度〕43°48′3″〔山頂所在市町村〕上川町
〔河川図〕石狩川支流1002-14990-1Lパンケフエマナイ川の中流と安足間川の枝沢1002-14950-2Rペイトル川の中流の中間。
〔山名の語源〕アイヌ語、pet-utur ペッ・ウトゥル〔川・の間〕

愛別岳 aibetsu-dake　△2112.7m〔山地〕A-12 表大雪火山群〔20万図〕旭川12〔2.5万図〕愛山渓温泉ａｂ〔経度〕142°51′39″〔緯度〕43°42′19″〔山頂所在市町村〕上川町

〔位置特徴〕愛山渓温泉の東南東方に位置する。旭川市の北方に広がる表大雪のパノラマ、左から愛別岳、永山岳、安足間岳、当麻岳、熊ケ岳、そして右端が主峰旭岳と連なる。愛別岳は山体がいくつかの谷によって深く侵食されたので、大雪山群のなかでも珍しく黒々と鋭く切り立った岩峰をみせ、大雪山の槍とも呼ばれる。

　古大雪火山の形成期である洪積世後期に形成された基底溶岩台地の上に、大量の溶岩が噴出して生じた火山がその後侵食され、いくつかの峰に分かれた火山峰の１つである。山体がいくつかの谷によって深く侵食されたので、大雪山火山群の中では珍しく切り立った形をしている。＜奥平忠志『北海道大百科事典』

〔河川図〕石狩川支流1002-15200-1R 白川の源流。石狩川支流の白川の枝沢1002-15240-2R 白川第二支川の源流。

〔地名掲載資料〕三方崩「国土地理院三等三角点」

〔川名の由来・語源〕

○Ai pet アイ ペツ〔矢川, 土人矢ヲ流シタルニヨリ名ク〕『永田地名解』66p

○愛別川、アイベツは（矢・川）と訳される。矢のようにはやい川だとか、むかし十勝アイヌの酋長がこの地方を攻撃して破れ、矢に当たって崖から川に転落し、矢を流した川だという伝説もあるが、もとアイベツは「イラクサ・川」という意もあった。『比布町史』

○アイヌ語「アイ・ベツ」（いら草・川）からでたものであるが、アイは「弓の矢」とも訳されるところから矢の川といい、矢のように流れが早いからだといわれ、またむかし十勝アイヌの酋長がこの地方を攻撃して敗れ、矢にあたって崖から川に転落し、矢を流した川であるという伝説さえある。『北海道駅名の起源』

○上川アイヌと十勝アイヌとの争いで、対岸から敵に向けて射った矢が、とどかず川面に落ちて流れたので、矢の流れた川の意から「アイ・ペッ」（矢の川）と名づけられた。これは後から説明した伝説である。『更科アイヌ語地名解』

○愛別（アイ、ペット）矢川の義　土地の傾斜急にして、水流が速かなるを

以てなり。『磯部地名解』
〔夏季コース〕
◎愛山渓温泉コース　ＪＲ上川駅からバスで愛山渓温泉へ。イズミの沢沿いの登山道を安足間岳に登り比布岳に向かう手前の分岐を左に入り痩尾根を頂上へ。登り約5時間10分
〔アイベツノホリ掲載資料〕
◇（チカブニ）此絶頂え上り諸方を眺望するに、卯・辰・巳に当りて石狩岳よりチユクヘツ岳・ベベツ岳等波濤の如く連り、戌・亥・子に懸りてウリウの山々見え、丑・寅・卯の方にアイベツノホリ、サンケソマナイ等相見え、午・未にトカチの山々見え、其チクヘツフトより石狩岳の麓まで凡十四五里のよしたる山もなく‥『松浦丁巳日誌』上-253p
◇アイベツノポリ『松浦戊午日誌』上-（山絵図）157p
◇アイベツ岳『十勝日誌』十勝山系眺望の図）松浦武四郎は、ビバウシエトコ（美瑛町新栄の丘）でこの図をスケッチしている。上記の丁巳日誌、戊午日誌、十勝日誌に書かれたアイベツノホリ（アイベツ岳）は、表大雪の愛別岳でなく、愛別川上流の北東に聳える天塩岳（1557.7㍍）である。

中条岳 nakajyou-dake　・1978m　〔山地〕 A-12 表大雪火山群〔20万図〕旭川 12〔2.5万図〕愛山渓温泉 b〔経度〕142°50′54″〔緯度〕43°41′60″
〔山頂所在市町村〕上川町〔位置〕愛別岳の南西法1km
〔山名掲載資料〕中条岳『Attack!!大雪山』
〔山名の由来〕
○大正中期頃から大雪山を歩き回った地元の中條讓、終戦後に同様に歩き回った中條良作、この親子の姓を記念して、昭和26（1951）〜7年頃に、昆虫研究者の井上正亮によって命名された。「上川町郷土資料室」

永山岳 nagayama-dake　・2046m　〔山地〕 A-12 表大雪火山群〔20万図〕旭川 12〔2.5万図〕愛山渓温泉 b〔経度〕142°51′3″〔緯度〕43°41′51″
〔山頂所在市町村〕上川町
〔位置特徴〕
□愛山渓温泉から最も近い山で、北鎮岳から西方に延びる稜線の末端に位置する。頂上は尾根の一部に巨岩を数個積み重ねた感じの小突起で、わずかに高くなっている。頂上からの展望は、北側に絶壁の谷間を隔てて愛別岳、南

麓に大小の池塘群を点在させる沼の平、南西方に旭岳、熊ヶ岳などが一望できる。
□安山岩類から成る古い火山で、山体の開析はかなり進んでいる。北東側に愛別岳、比布岳に囲まれた爆裂火口があり、大のぞき谷と呼ばれている。北麓には北西方向に傾斜する溶結凝灰岩から成る台地が広がり、これを深く削って石狩川の本・支流が峡谷を形成している。西麓には愛山渓温泉があり、近くに雲井ケ原、三ノ沼、沼ノ平などの湿原がある。：奥平忠志『北海道大百科事典』
　ここに書かれた雲井ケ原への道は、現在通行禁止になっている。
〔山名掲載資料〕
◇永山岳（2046）『Attack!!大雪山』
◇「国土地理院図」は永山岳の山名を記し、標高値は表示していない。
〔地名の由来〕
○明治24年に上川平野開拓の屯田兵二箇中隊が入地にて開墾し、時の屯田指令長官が永山武四郎将軍であったので、それを記念して永山村と名づけた。『北海道駅名の起源』
○永山　旭川市街の東端部。明治時代屯田兵が置かれたが、当時の屯田兵指令長官永山武四郎の名によって地名としたものであった。：山田『北海道の地名』

当麻岳 touma-dake　・1967m〔山地〕A-12 表大雪火山群〔20万図〕旭川12〔2.5万図〕愛山渓温泉b〔経度〕142°50′48″〔緯度〕43°41′27″
〔山頂所在市町村〕上川町、東川町〔位置〕旭岳の北方3.5km
〔山名掲載資料〕当麻岳『Attack!!大雪山』
〔川名の由来・語源〕
○トーオマナイ〔沼・に行く・川〕急言するとトーマナイで当麻川を指す。『比布町史』
○アイヌ語「ト・オマ・ナイ」〔沼・に行く・川〕
○この沼があったところはすでに湿地になり水田化してしまった。『更科アイヌ語地名解』
○当麻岳 to-oma-p〔沼あるところ〕の意。『上川町史』昭和41年9月

小塚 kozuka　・1877m〔山地〕A-12 表大雪火山群〔20万図〕旭川12〔2.5

万図〕**愛山渓温泉 b**〔経度〕142°51′7″〔緯度〕43°41′10″〔山頂所在市町村〕東川町〔位置特徴〕御鉢平の西方、裾合（すそあい）平の北方に位置し、大塚と小塚が東西にならんでいる。
〔地名掲載資料〕
◇小塚山 1877『Attack！！大雪山』
◇小塚「国土地理院図」（標高表示なし）

　熊ヶ岳 kumagadake　・2210m〔山地〕A-12 表大雪火山群〔20 万図〕旭川 12〔2.5 万図〕愛山渓温b〔経度〕142°51′58″〔緯度〕43°40′7″〔山頂所在市町村〕東川町
〔位置特徴〕旭岳の北東方1kmに位置し、鋸の歯のような岩山、頂上は岩稜の中ほどにある。
〔標高値掲載資料〕熊ヶ岳『Attack！！大雪山』
〔夏季コース〕熊ケ岳の北側より噴火口の南東方の縁に向かって登山道がある。〔類似の山〕熊岳；1025m（羽幌町・幌加内町）第四巻に記載

　大塚 oozuka　約 1950m〔山地〕A-12 表大雪火山群〔20 万図〕旭川 12〔2.5 万図〕愛山渓温泉 b〔経度〕142°51′26″〔緯度〕43°41′8″〔山頂所在市町村〕東川町〔位置特徴〕御鉢平の西、裾合（すそあい）平の北方に位置し、大塚と小塚が東西にならんでいる。
〔地名掲載資料〕
◇大塚「国土地理院図」（標高表示なし）
◇大塚山『Attack！！大雪山』

　国立山 kunitachi-yama　約2194m〔山地〕A-12 表大雪火山群〔20 万図〕旭川 12〔2.5 万図〕愛山渓温泉 b 〔経度〕142°51′28″〔緯度〕43°41′46″〔山頂所在市町村〕東川町・上川町〔位置特徴〕永山岳と安足間岳の中間に位置し、展望のよい平坦な登山道沿いにある。展望台のようなところ。
〔地名掲載資料〕
◇國立山（写真が掲載されている）『大雪山と阿寒』
◇国立『大雪山（ヌタクカムシュッペ）』北海道地図（株）
◇国土地理院の地形図・地勢図には、山名も山の標高値も記載されていない。
　〔山名の由来〕佐上北海道長官が銘々。：沼佐隆次『大雪山と阿寒』

比布岳 pippu-dake →ヒユキナイノホリ・2197m〔山地〕A-12 表大雪火山群〔20万図〕旭川12〔2.5万図〕愛山渓温泉b 〔経度〕142°52′2″〔緯度〕43°41′48″〔山頂所在市町村〕上川町・東川町

〔位置特徴〕安足間岳の東に位置し、愛山渓温泉から北鎮岳への縦走路の途中にある。主稜線は東西に延び東側は植生が豊かだが、西側の稜線は地肌が露出し、北西に爆裂火口を持っている。

〔地名掲載資料〕◇比布岳(ぴっぷだけ)2206m『NHK北海道地名誌』

〔川名の由来・語源〕

○アイヌ語「ピ・オ・プ」(石の多い処)から出たものである。『北海道駅名の起源』

○石の多い山『旭川市史』

○上川アイヌ伝説の中に「ピプウシ」(沼貝)があり、これが略されて「ピプ」となった。比布市街のあたりは、昔は沼地で近年まで湿地であった。『比布町史』、野辿「大雪山への誘い」

○比布(ピプ)沼の義『磯部地名解』

ヒユキナイノホリ hiyukinai-nohori →比布岳・2197m〔山地〕A-12 表大雪火山群〔20万図〕旭川12〔2.5万図〕愛山渓温泉b〔山頂所在市町村〕上川町・東川町〔位置〕今の比布岳

〔地名掲載資料〕◇アヨシボ、ユクンナイ共に左りの方高山の間より滝に成落るよし聞侍る。此源にヒユキナイノホリと云山有。温泉有よし也。少し上ヘタヌ『松浦丁巳日誌』石狩日誌(四) 上-282p

〔山名の由来・語源〕

○この沢の入口は滝になっており、その上の両岸に断崖が迫って「はこ」をなしている。piwke は (襲う)の義。piwke-nay ピウケナイ(水がどっと押し寄せてくる・沢)『I/YAY-PAKASNU:アイヌ語の学習と教育のために』

○Pip ピプ〔石多キ處 箱ノ如キ川ニシテ石多シ〕『永田地名解』 66p

安足間岳 antaroma-dake ・2200m〔山地〕A-12 表大雪火山群〔20万図〕旭川12〔2.5万図〕愛山渓温泉b〔経度〕142°51′38″〔緯度〕43°41′43″

〔山頂所在市町村〕上川町・東川町

〔位置特徴〕安足間岳は北西に流れるポンアンタロマ川の源流と白川の源流

にあり、東隣りの比布岳と大きな双耳峰をつくる。山腹は平坦な尾根上の突起だが、北面は崖状になっている。
〔河川図〕石狩川支流安足間川の枝沢 1002-14970-2R ポンアンタロマ川の上流北東方
〔地名掲載資料〕
◇安足間岳 2194『Attack!!大雪山』
◇国土地理院図は 2194 の標高値のみで山名は記していない。
◇安足間岳 2200『北海道夏山ガイド②』
〔山名の語源〕
○An dar'omap アン ダロマプ〔淵〕『永田地名解』64p
○アイヌ語「アンタロマップ」の音訳。語原は「アンタル・オマ・プ」（淵・ある・もの）である。『北海道駅名の起源』
○アイヌ語「アンタル・オマ・ヌプリ」（淵のところにある山）『旭川市史』
○antar-oma-p「淵・ある・もの（川）」あるいは an-taor-oma-p アン・タオロ・マ・プ「全く・川岸の高い所・にある・もの（川）」：由良勇『石狩川本支流アイヌ語地名解』
○アンタロマ（andaro-oma）アンダラは、hattara 淵という語の近文方言、oma 有る、有り、という動詞で「淵あり」という意、アイヌは淵に urai と呼ぶヤナをかけて魚をとる。『愛別町史』昭和 44 年
○アンタロマ andara oma。andara は hattara 淵という語の近文方言。oma は有る、有り、「淵ありという意。『上川町史』昭和 41 年 9 月
〔夏季コース〕
◎沼ノ平コース　道道 223 号線終点の愛山渓温泉から八島分岐、当麻岳を越えて安足間岳へ、登り約 5 時間 30 分。
◎愛山渓温泉コース　愛山渓温泉から永山岳を越えて安足間岳へ、登り約 3 時間 20 分
〔類似の山名〕　安足間山 979.1m、愛山渓温泉の北北西方 3.5km

〔沼ノ平周辺の沼群〕
　標高約 1400m の沼ノ平周囲に、国土地理院図〔2.5 万図〕（愛山渓温泉 b&d）に次の沼名が載っている。他にも無名の沼が多数点在する。〔所在市町村〕東川町・上川町
　アイヌの古老連は裾合平（すそあいだいら）から沼の平にかけた一帯を、

カムイ・チリコツ〔熊が遊んだ跡〕と呼び、年に一度神々が遊ぶところと伝えている。：村上啓司「大雪山の山名」
　一ノ沼：沼ノ平の北西方 1.2km
　二ノ沼：沼ノ平の西方 1.5km、松仙ヒュッテの東方
　三ノ沼：沼ノ平の西方 1.5km、松仙ヒュッテの東方
　四ノ沼：沼ノ平の北方 800m
　半月ノ沼：沼ノ平の北東部
　五ノ沼：沼ノ平の北西部
　六ノ沼：沼ノ平の南部
　大沼：沼ノ平の南西方 1.1km。
　小沼：沼ノ平の南西方 1.5km

裾合平 susoaidaira　・1690m〔山地〕A-12 表大雪火山群〔20万図〕旭川 12〔2.5万図〕愛山渓温泉 b　〔所在市町村〕東川町・上川町〔位置〕当麻岳の南方 1.7km

安足間山 antaroma-yama　△979.1m〔山地〕A-12 表大雪火山群　〔20万図〕旭川 12〔2.5万図〕愛山渓温泉 c〔経度〕142°48′2″〔緯度〕43°44′42″〔位置〕愛山渓温泉の北北東方 3.5km〔山頂所在市町村〕上川町
〔山名の由来・語源〕「安足間岳」の項を参照
〔類似の山名〕安足間岳 2194m（上川町・東川町）

本安足山 ponantaroma　△1142.5m〔山地〕A-12 表大雪火山群〔20万図〕旭川 12〔2.5万図〕愛山渓温泉 d〔経度〕142°46′7″〔緯度〕43°41′36″〔位置〕安足間川の源流、安足間山の西方 9.9km に位置する。
〔河川図〕石狩川支流忠別川の二次支流 1002-13680-3R ピウケナイ第二沢川の源流。〔山頂所在市町村〕上川町・東川町
〔山名の語源〕
○pon andaromap　ポン アンダロマプ〔小淵〕『永田地名解』70p
○この山は、西方に続く稜線上に設定された三角点名で、安足間川の源流をなすことによって、大正 5 年（1916）4 月、田辺他見雄によって命名された。「本」はアイヌ語の「ポン」（小さい）の意。「上川町郷土資料室」

第Ⅱ編　山の履歴

ポンヌプリ ponnupuri　約360m〔山地〕A-12 表大雪火山群〔20万図〕旭川12〔2.5万図〕愛山渓温泉 x〔位置〕愛山渓温泉附近の山か
〔地名掲載資料〕
◇ナエオサニ(上川町大雪高原旭ヶ丘)を距る凡四里二六町(18.4km)に当り、一小山あり、土人之をポンヌプリと称す、(小山の義なり、海面を抜くこと1200尺)之に登れば、遠く十勝の平原、近くは上川の曠野、千山萬岳起伏の状、悉く眼眸に入り、人をなして神爽心快を覚えしむ、云々。「官報」(明治23年6月)、『大日本地名辞書』155p

ノタツ子ノホリ notatsune-nohori　？m〔山地〕A-12 表大雪火山群〔20万図〕旭川12〔2.5万図〕愛山渓温泉 x〔山頂所在市町村〕東川町・上川町〔位置〕安足間川の源のあたり
〔地名掲載資料〕
◇ノタツ子ノポリ『武四郎蝦夷地紀行』(川々取調帳) 622p

旭岳 asahi-dake　△2290.9m〔山地〕A-12 表大雪火山群〔20万図〕旭川13〔2.5万図〕<u>旭岳a</u>〔経度〕142°51′29″〔緯度〕43°39′40″〔山頂所在市町村〕東川町
〔位置特徴〕表大雪の中央部の西側にあり北海道の最高峰。大雪山系の火山群の中で最も新しい火山活動によって生成された成層活火山。頂上東側は緩やかな丸みを帯びて広く、頂上西側は大きく馬蹄形に落ち込んで爆裂火口の地獄谷は今も噴煙を上げている。
〔河川図〕石狩川支流忠別川の二次支流 1002-13780-3R 第一ユウセツ沢川の源流
〔地名掲載資料〕
◇石狩岳(今の旭岳):松浦武四郎「石狩日誌」安政4(1857)年
◇旭岳『北海道(登山案内)』
◇瓊多窟「国土地理院一等三角点」
◇石狩川筋ニ出テマクンベツヲスギ、是ヨリ二里余ニセカネウシヲ南東に望ム、之ヨリ石狩岳(正しくは旭岳)トニセカネウシ両岳ノ麓ニテ川ノ両岸断巌絶壁多シ。:松本十郎「石狩・十勝両河紀行」
◇松浦氏地図齟齬セリ(中略)松前人某ノ地図ニ基キテ定メ、之ニ文飾ヲ加フルノミ、誤ノ由テ来ル所ナリ(中略)松浦氏ノ紀行ハ全ク土人ヨリ聞書タ

ル事判然トセリ。絵図亦頗ル齟齬セリ。(中略) 石狩・十勝両水源ノ位地大ニ誤レリ。: 松本十郎『石狩・十勝両河紀行』明治9年6月27日
◇アイヌ語、ヌタクカムウシュペは〔表大雪一帯の山々〕の意であるが、表大雪の最高峰「旭岳」を「大雪山」のこととしていたつぎの記述もある。
◇「旭岳」(別名大雪山・ヌタクカムウシュペ岳)『北海道(登山案内)』(大正12年) 56p この案内書は、登山の基地となる当該駅員の調査をもとに札幌鉄道局運輸課が編集したもの、北海道におけるはじめての登山案内書である。
〔山名の由来・語源〕
○文部省は国定教科書尋常小学校地理書及び地理附図の編集にあたり、山名「ヌタクカムシュッペ山」を改名すべく「石狩岳」と「旭岳」の2案を提示して、北海道庁の意見を照会し、道庁で協議の結果「旭岳」を至当とする旨回答した。明治43年の地理書にはじめて「旭岳」の呼称が載る。(河野常吉談による『大雪山のあゆみ』。
○旭岳:小泉秀雄『大雪山(登山法及登山案内)』(昭和元年=1926、大雪山調査会)
○アイヌ語の「チュウ・ペッ」〔流れの早い・川〕を「チュプ・ペッ」〔日の昇る・川〕と誤訳し、「朝日」を「旭」にして、明治43年(1910)に文部省が提示したためこの名がついた。: 野辿「大雪山への誘い」
○昭和9年(1934)に大雪山が国立公園に指定されたころから「旭岳」などがある表大雪が有名になった。
○標高が2290mの表示だった頃は、地元の東川っ子は「ニンニク団子」のゴロ合わせで標高を覚えていた。近年のGPS観測で2291mとなったので「ニンニク一番」と呼んでいる。「旭岳が一番」と、東川町民はその美しい姿を麓から眺めながら、常に誇りに思っている。『大雪山』(東川町)
【姿見の池】池は楕円形で長辺91m、短辺50m、広さ3000平方m。深さ4.5m(1986年7月30日に、春菜秀則と太田肇が測った)「北海タイムス」1986.8.24 「姿見の池」の命名者は磯部精一氏 [9]
〔大正期における積雪期の登山〕

---

[9] 明治38年(1905)上川中学校に赴任、その後、旭川高等女子校校長、東京女子医学専門学校英語教授、著書に『北海道地名解』(富貴堂書房1918)、『和愛和・アイヌ語辞典』(東京実業社1936)がある。

富良野線美瑛駅から辺別川を溯り志比内峠を超えて馬櫃に25㌔ゆられ美瑛忠別に、ここからユコマンペツの沢の伐採小屋までスキーで登り一泊。翌朝ユコマペツの右岸から、886ｍ、1192ｍのゆるやかな針葉樹帯の尾根を登り、行詰ったところは温泉の湧くところ。その反対側の100ｍばかりの急斜面を登ると森林帯を脱して峰を見る。ここまで伐採小屋の位置にもよるが5、6時間かかる。裸地に出ると旭岳は大きな爆裂火口を西に向けて、雪に埋められた中から煙を吐いている。この火口を目あてにやや右回りに行くと姿見の池に達する。姿見池からスタイグアイゼンを用いて1時間半乃2時間で旭岳頂上である。大正12年（1922）1月：加納一郎『日本山岳風土記6』
〔夏季コース〕
◎愛別口（大正12年）石北線愛別驛から石狩川の流れに沿ひ上流ルベシベ市街地迄約五里、ルベシベからマクンベツ部落を過ぎ、一箇所渡船で川を超へ（五錢）鹽谷温泉の宿所迄五里、鹽谷温泉から北鎮岳迄は新に北海道山岳會の手に依って登路が開かれ、頂上には石室も（大正12年夏迄に）新設せられることになってゐる。北鎮岳から美瑛方面に降路を求め、又は狭義に於ける旭岳の頂上を窮めんとされる方は、美瑛口の道路を参照せられたい。北海道（登山案内）（大正12年）（大正13年）

当時は、忠別川の松山温泉（天人峡温泉）から旭岳に登り帰るのが順路だった。石北線が通り層雲峡の開発で黒岳の道路が完成し、大町桂月の文章や大雪調査会のかたがたの発表などで一躍天下に名を馳せる表路として登山路の交替する時であった。当時、石北線は上川駅までで、ここで草鞋の緒をしめ登山の第一歩を踏み出す。1日目層雲峡泊、2日目縦走して松山温泉泊、3日目に美瑛に出て汽車で帰るという最短・強行日程であった。：村上善彦『北の山脈』4号（大正15年）

◎美瑛口（大正15年）（富良野線）美瑛驛に下車し東北に向つて約三里進み、小丘を越え下シビナイ、此所に松村氏の宅がある。こゝに少憩し食糧の用意をして出發すれば、平坦なる道路約二里にして上シビナイの美瑛忠別小學校に達する。（中略）森林の中を通り約二里半にして忠別川畔の松山温泉。道は忠別川の清流に沿ひ（中略）此の邊、日中は安全であるが、夜は熊が忠別川の水を飲みに来る所であるから野宿等はしない方がよい。（中略）松山温泉から愈々登山道路である。道幅は一間清烈なる渓流に沿うて登る巖石道で、松山温泉を距る上流約二十丁の所に（中略）羽衣の瀧を見る。其の上游にも略ぼ一里程宛の距離をおいて二見ヶ瀧、幣ノ瀧を過ぎて、二十丁位の間には

針葉樹林があり、盤ノ澤の奇岩怪石を見て通りお花畑に出て更に姿見ノ池に至る。(中略) 姿見ノ池は此日の宿泊地で、附近にはお花畑がある。北海道山岳會に於て此所に石室を、又登路には標柱を立てゝある。(中略) 松山温泉から姿見ノ池迄は二里半、普通五時間乃八時間で達するが、やはり一日行程である。姿見ノ池からは巌石道を攀ぢて旭岳の頂上を窮め、更に旭岳から大火口を隔てゝ其の北壁に屹立する北鎮岳へは山頂の尾根傳ひに往復約三里、(以下略)「北海道登山案内」(大正15年)

〔夏季コース〕(昭和27年)
△東川駅よりバスで1時間、上志内で下車して坦々たる登山路を進めば12㌔にして勇駒別温泉に、更に5㌔にして旭岳の姿を映す姿見の池に至る。この附近には幾千年の時をへて老松と多種多様な高山植物が繁り五彩の色もあざやかなお花畠が展開している。旭岳のふもとには数個の噴火口あり白煙もうもうと天に沖し、2㌔にして頂上に達する。上志内より徒歩にて19㌔5時間行程。天人峡温泉より徒歩にて18㌔5時間行程。『大雪山』

〔夏季コース〕(現在)
◎旭岳温泉コース　旭岳温泉からロープウエイ[10]で姿見駅の終点で下車。ここから旭岳避難小屋を経て地獄谷の南尾根沿いに頂上へ。登り約2時間20分。

東オプタテシケ山 higashi-oputateshike-yama →旭岳　△2290.9m〔山地〕A-12 表大雪火山群〔20万図〕旭川13〔2.5万図〕旭岳a〔山頂所在市町村〕東川町

〔地名掲載資料〕
◇東オプタテシケ山「札幌県巡回日誌」(明治17年)
◇東ヲフタテシケ山「改正北海道全図」(明治20年、内務省局・高橋不二雄

10　大雪山ロープウエイ
・昭和42年、本州産業㈱が運行開始、標高約1100mの「山麓駅」から1600mの「姿見駅」まで約10分。現在はワカサリゾート㈱が経営。
・昭和56年(旭岳温泉〜姿見駅) 夏季2600円(往復)、スキー割引1080円(片道)
・平成15年(旭岳温泉〜姿見駅・101人乗り) 夏季2900円(往復)、積雪期1800円(往復)

編）
◇ヌタクカムウシュベ　髙橋圖ニ東「オプタテシケ」トアルハ非ナリ『永田地名解』70p

ヌタツカウシヘ岳 nutatsukaushihe-dake　→旭岳、ヌタプカウシベノポリ　△2290.9m〔山地〕A-12 表大雪火山群〔20万図〕旭川13〔2.5万図〕旭岳 a〔山頂所在市町村〕東川町
〔地名掲載資料〕
　下記に書かれた山名はいずれも表大雪の旭岳であるが、ヌタカウシユベを大雪山（表大雪の総称）としている資料もあるので、ヌタカウシュベが大雪山と旭岳の双方の義に解釈されるという混乱もあった。
◇ヌタプカウシベノポリ『武四郎蝦夷地紀行』（川々取調帳）622p
◇石狩ノタツカウシノポリ（ヌタクカムウシュベ）『松浦戊午日誌』（山並図）上-156p
◇石狩ノタツカウシヘ岳『松浦十勝日誌』（大雪十勝山系眺望の図）
◇ヌタクカムウシュベ「道廳20万図」（実測切図）（上川）
◇ヌタクカムウシュベ2259.2「仮製5万図」
◇ヌタプカウシペ岳「加藤氏地理」
◇其最高きものをヌタプカウシユペ岳とし、海面を抜くこと七千五百尺に達せり。『大日本地名辞書』（北海道他）157p

ヲツタテシケ山 otsutateshike-yama　→旭岳　△2290.9m〔山地〕A-12 表大雪火山群〔20万図〕旭川13〔2.5万図〕旭岳 a〔山頂所在市町村〕東川町
〔地名掲載資料〕
◇ヲツタテシケ山：近藤重蔵「蝦夷地図」（文化4年、1807）
◇ヲフタテシケ山：高橋不二雄「札幌県巡回日誌」（山ヲ見ル圖）

石狩岳② ishikari-dake　→旭岳　△2290.9m〔山地〕A-12 表大雪火山群〔20万図〕旭川13〔2.5万図〕旭岳 a〔山頂所在市町村〕東川町
〔地名掲載資料〕
　松浦武四郎著の丁巳日誌・戊午日誌などに書かれた石狩岳（次頁）は、いずれも今の旭岳である。

◇石狩岳（今の旭岳のあたり）『松浦川々取調帳』623p
◇石狩岳、チクベツ岳、ヒヽ岳（ビエイ岳）、ベヽツ岳洪涛の逆巻如くに見ゆ。『松浦戊午日誌』上-129p
◇チクベツ岳、ビヽ岳、ベヽツ岳、石狩岳の神え手向け、山越中無事の程を祈る。『松浦戊午日誌』上-140p
◇東南は茅原さし通して、チクベツ岳、石狩岳の下までも見通しけるが、『松浦戊午日誌』上-148p

大雪山スキー場　上川郡東川町　旭岳温泉一帯はスキーシーズンが最も長く、10月〜翌年5月まで毎年全日本クラスの選手や自衛隊、学生が強化合宿をする。とくにクロスカントリーのトレーニングのメッカで、旭岳温泉のキャンプ場附近を回る 2.3km と、標高をさらに上がった 1220m附近の 3kmコースの二つが利用される。

前旭岳 maeasahi-dake　・1608m〔山地〕A-12 表大雪火山群〔20万図〕旭川 13〔2.5万図〕旭岳 a〔経度〕142°49′46″〔緯度〕43°39′31″〔山頂所在市町村〕東川町〔位置特徴〕旭岳の西方 2.3km、旭岳温泉市街から盤ノ沢を登り旭岳への旧登山道の途中に位置する。ロープウエイの姿見の駅の南東方 200m裏手になり隠れて目立たない存在だ。旭岳の周囲には、東方に後旭、南方に小旭、西方に前旭と呼ばれた山がある。
〔山名の由来〕
旭岳温泉のある西側からみて、旭岳の手前にあるので呼ばれた。
〔夏季コース〕
◎旭岳温泉から天人ヶ原を経て旭岳に登る登山路の途中にある。

小旭岳 pon-asahi-dake　・1654m〔山地〕A-12 表大雪火山群〔20万図〕〔2.5万図〕旭岳 a〔経度〕142°51′52″〔緯度〕43°38′14″〔山頂所在市町村〕東川町〔位置〕旭岳の南方 2.5km
〔地名掲載資料〕
◇1654「国土地理院図」（山名の記載はない）
◇小旭岳 1654『Attack!!大雪山』

後旭岳 ushiroasahi-dake　・2216m〔山地〕A-12 表大雪火山群〔20万

〔図〕旭川 13〔2.5 万図〕旭岳 a〔経度〕142°52′4″〔緯度〕43°39′33″
〔山頂所在市町村〕東川町〔位置特徴〕旭岳の東方1kmに位置する。頂上は丸い台地状で噴火口を持っている。
〔河川図〕石狩川支流忠別川の二次支流、1002-13780-3R 第一ユウセツ沢川上流と 1002-13780-3R 第二ユウセツ沢川上流の中間
〔山名の由来〕旭岳温泉からの登山路から見て、旭岳の後ろ（東方）に位置するところから呼ばれたと思われる。
〔積雪期ルート〕積雪期には旭岳の東側につながる尾根を往復する。

上忠別山 kamichuubetsu-yama △1121.9m〔山地〕A-12 表大雪火山群〔20万図〕旭川 13〔2.5 万図〕旭岳 13〔経度〕142°45′52″〔緯度〕43°36′21″〔山頂所在市町村〕美瑛町〔位置〕天人峡温泉市街の南西方2km
〔河川図〕石狩川の二次支流 1002-13720-2L クワウンナイ川の川口西方。
〔山名の由来〕
忠別川が今の忠別湖に流入する所に「忠別」、その上流に架かる橋に「上忠別橋」の名がある。ここからさらに上流部にあたる山であることから上忠別山と呼んだと思われる。

小化雲岳 ponkaun-dake △1924.4m〔山地〕A-12 表大雪火山群〔20万図〕旭川 14〔2.5 万図〕トムラウシ山 a〔経度〕142°50′25″〔緯度〕43°34′35″〔山頂所在市町村〕美瑛町〔位置特徴〕化雲岳の北西方、天人峡温泉コースの途中に位置し、南方へ 20 分程歩いたところにヒサゴ沼避難小屋がある。〔河川図〕石狩川二次支流美瑛川の枝沢 1002-13730-3R ポンクワウンナイ川源流
〔山名の由来・語源〕
表大雪南部に、ポンアンタロマ川、ポンクワンナイ、ポントムラ凡忠別などのアイヌ語に由来する地名があるので、小化雲岳、小旭岳、小白雲岳の「小」は、いずれもアイヌ語の「pon」〔小さいまたは子供〕の意なので「ポン」と読むと解釈した。

化雲岳 kaun-dake △1954.4m〔山地〕A-12 表大雪火山群〔20 万図〕旭川 14〔2.5 万図〕トムラウシ山 a〔経度〕142°51′54″〔緯度〕43°33′47″〔山頂所在市町村〕美瑛町・新得町

〔位置特徴〕化雲岳は、表大雪の南部トムラウシ山の北方4.5kmに位置する。頂上という感じのしない高原の上に大きな奇岩（化雲岩）がポンと乗せられたようなところである。北面は崖状で500mほど化雲沢の大地獄谷に落ち込み、南斜面は比較的なだらかである。

〔河川図〕南東斜面の沢川は、十勝川北西支流トムラウシ川の枝沢6009-11610-2R ヒサゴ沢川の源流。西斜面の沢川は、石狩川二次支流美瑛川の枝沢、1002-13760-2L 化雲沢川の源流。

〔地名掲載資料〕
◇化雲岳（かうんだけ）『ＮＨＫ北海道地名誌』
◇戦前は現在の化雲岳を化雲岩と呼び、小化雲岳を化雲岳と呼んでいた。村上啓司『北の山脈』37号（北海道の山名11）

〔山名の語源〕
○Kuwa un nai　クワ　ウン　ナイ〔杖川　嶮阻ニシテ杖ニ依ラザレバ行ク能はハズ〕『永田地名解』72p
○Kuwa-un-nai「狩杖・入る・沢」狩人の入る沢の義『旭川市史』

〔夏季コース〕
　化雲岳は、北の忠別岳、南のトムラウシ山、東の五色ヶ原・沼ノ原を結ぶ縦走路の途中、天人峡温泉より南東方を登る天人峡コースとの合流点に位置する。登山道から離れた登りだが、時間に余裕がある時は縦走路に荷物を置いて、約150m先にある化雲岩に触って往復する。

トムラウシ山 tomuraushi-yama　△2141.0m〔山地〕A-12 表大雪火山群〔20万図〕旭川14〔2.5万図〕トムラウシ山b〔経度〕142°51′9″〔緯度〕43°31′29″

〔山頂所在市町村〕美瑛町・新得町

〔位置特徴〕表大雪と十勝連峰の中間、表大雪の最南端に位置する。大雪山の山岳の中で最も勇壮な大きな独立峰である。小さな火山が集まり溶岩が固まって台地を形成し、狭い頂上は巨大な溶岩礫が累積し、そのくぼみの火口を4つの岩峰が馬蹄形に囲んでいる。山体上部は城壁のような風格がある。

　山頂付近はナキウサギ、ヒサゴ沼はエゾサンショウウオの生息地といわれ、周囲に高山植物が咲く大小無数の湖沼が散在し、山旅を楽しむ好条件となっている。

〔河川図〕南東斜面の沢川は、十勝川北西支流トムラウシ川の枝沢

6009-11590-2R パンケトムラウシ川と 6009-11600-2R ペンケトムラウシ川の源流。北西斜面の沢川は、石狩川二次支流美瑛川の枝沢 1002-13720-2L クワウンナイ川の源流。

〔地名掲載資料〕
◇トムラウシ山『日本名勝地誌』第九編（明治32年）
◇トムラウシ山「北海道分國新地圖」（大正9年）
◇トムラウシ山「国土地理院図」（現行）
◇富良牛山「国土地理院一等三角点補」
◇トンラウシノポリ『武四郎蝦夷地紀行』（川々取調帳）592p
◇トンラウシ、チカシトクの上の山のうしろに当たるよし。小川にして川口は滝に成るとかや。『松浦戊午日誌』6巻登加智留宇知之誌肆　上-190p
◇トンラウシ山「北海道全圖」主図50万分の1（明治20年内務省地理局編集）
◇トムラウシ 1966.5「仮製5万図」（トムラウシ）
◇トムラウシ山2047「北海道地形圖」50万分の1（明治27年北海道庁内務省地理課製図）
◇トムラウシ 1967「道廳20万図」（実測切図）（上川・明治29年）
◇トンラウシ山「樺戸・雨龍・上川三郡略圖」
◇富村岳（トムラウシ）（スマヌプリの北東に並ぶ、標高一九六〇米突）トムラウシ岳『大日本地名辞書』（明治42年）

〔類名の山名〕
◇トンラウシ：江差郡の徳志別川右支流

〔山名の由来・語源〕
○アイヌ語の Tom ra ushi 〔花・葉・場所〕「花葉の場所」と云ふ意義を有するものか。：小泉秀雄『山岳、第拾弐年、第二．三号』（大正7年8月5日）
○トンラ・ウシ「一種の水草・が生えている・もの（川）」：山田『北海道の地名』
○トンラ・ウシ「水垢の多い」『ＮＨＫ北海道地名誌』
○アイヌ語のトンラとして、水垢とか湯垢とかまた水草の一種とかの説もあるが、いずれも出所不明であって、ほんとうにそんな意味があったのか、類例を以って証拠とされる何者もないようにみえる。また、トンという語は合成語の要素としてさえ見つからないから、トン・ラと二語に分けて分析することもできない。

〔夏季コース〕（大正期のクワウンナイコース）
△大正9年（1920）夏に、慶応大学の大島亮吉は、クワウンナイ川を遡行してトムラウシ山に登頂したとき、滝ノ瀬13丁の景観に「この明媚な秀麗な景趣は、一種の霊趣を帯びた、まるで南宗画にあるような景図のうちに歓声を挙げつつ進んだ」と記している。クワウンナイ川遡行は、小泉秀雄が世に紹介し、大島虎吉の名紀行文によって広く読まれて以来、多くの登山者の心をとらえている。

〔夏季コース〕（昭和30年代の化雲岳コース）
△トムラウシへ至るコースは通常天人峡温泉にとられていた。余裕をもって化雲平で1泊しロックガーデンと雪渓を心ゆくまで眺めることが、この山旅を楽しむ条件となっていた。エゾサンショウウオの生息で有名なヒサゴ沼から、ヒサゴのコルを左に折れて南にすすむと、2000m台地までトムラウシ名物の溶岩円頂丘の集合からなる巨岩帯となる。ロックガーデンと呼ばれる溶岩と豊富な高山植物、それに夏でも消えない雪渓の景観が苦しい登りの疲れを癒してくれる。北沼の左端から最後の登りで頂上へ出る。頂上付近は4つの岩峰に囲まれた噴火口があって、その底が湖になっている。北海道では一番高所にあたる湖である。ここには、尾根コース、クワウンナイ川、ポンクワウンナイ川の遡行による3本のコースがあった。なかでもクワウンナイ川は、相当古くからアイヌや釣り人によって遡られていた。：滝本幸夫『北の山』

〔夏季コース〕（現在）
◎トムラウシ温泉コース　JR新得駅からバスで終点のトムラウシ温泉に行き「東大雪荘」の横が登山口。マイカーの場合は駐車場分岐まで行くことができるので、ここが短縮コースの登山口となる。ここからカムイ天上尾根に出て、カムイサンケナイ川沿いの斜面を登り、コマドリ沢を詰め南沼のキャンプ指定地から頂上へ。短縮コースから縦走装備で登り約5時間30分。
◎化雲岳コース　天人峡温泉が登山口、化雲岳から緩やかな下りで広い尾根をヒサゴ沼からのコースと合流する分岐を経て、ヒサゴのコルから日本庭園の天沼を直進してトムラウシ山に至る。縦走装備で登り約9時間40分
◎沼ノ原コース　クチャウンベツ登山口から化雲岳を経てトムラウシ山へ。縦走装備で登り約10時間20分

〔立入禁止のクワウンナイコース〕
　忠別川支流のクワウンナイ川は、広い1枚岩の上を水が流れる「滝ノ瀬十

三丁」で有名。しかし川幅が狭く大雨の後は一気に水かさが増す。北海道森林管理署は昭和62年（1987）に立入りを禁止したが、入山者が絶えず禁止後も事故で4人が死亡している。同署は守られない禁止より徹底した指導で対応しようと山岳団体などと検討を重ね、平成16年7月1日から2ヵ月間に限り試験的に、熟練者が同行するなどの条件付きで解禁とした。（北海道新聞、2004, 7, 1）

前トムラウシ山 maetomuraushi-yama ・1649m〔山地〕A-12 表大雪火山群〔20万図〕旭川14〔2.5万図〕トムラウシ山b〔経度〕142°52′14″〔緯度〕43°30′31″
〔山頂所在市町村〕新得町〔位置特徴〕トムラウシ山の南東方2.3km、前トムラウシ平の西方に位置し、トムラウシ温泉コースの登山道から東方へ遠く離れている。
〔山名の由来・語源〕トムラウシ山の手前（南東）に位置するところから名づけられたと思われる。

中尾山 nakao-yama △1473.7m〔山地〕A-12 表大雪火山群〔20万図〕旭川14〔2.5万図〕トムラウシ山c 〔経度〕142°46′39″〔緯度〕43°33′41″〔山頂所在市町村〕美瑛町〔位置〕化雲岳の西方7km、クワウンナイ川の上流。
〔河川図〕石狩川二次支流美瑛川の枝沢、1002-12750-4R 辺別第一支川と1002-12760-4R 辺別第二支川の源流。

奥硫黄山 okuiou-yama ・1675m〔山地〕A-12 表大雪火山群〔20万図〕旭川14〔2.5万図〕トムラウシ山d〔経度〕142°47′38″〔緯度〕43°31′10″〔山頂所在市町村〕美瑛町
〔位置〕トムラウシ山の西南西方4.8km、硫黄沼（扇沼）の東北東方2.7km、美瑛川の源流。
〔地名掲載資料〕
◇奥硫黄山1862米、中硫黄山1857米、硫黄山1370米「北海中央高地地方地形詳圖」大正7年8月5日発行。（これらの硫黄山は現在のどの山を指すのか不明）
◇奥硫黄岳1675、兜山とも言う、三川台の南西2km、扇沼山から三川台の稜

線の途中、夏道なし。：寺口一孝『カムイミンタラの山々』

扇沼山 ouginuma-yama △1615.4m〔山地〕A-12 表大雪火山群〔20万図〕旭川14〔2.5万図〕トムラウシ山d〔経度〕142°45′46″〔緯度〕43°31′11″〔山頂所在市町村〕美瑛町〔位置特徴〕辺別川の源、硫黄沼の北方600m。美瑛川源流部を挟んで十勝連峰と向かい合い、ゆったりとした台地状の山で台地山とも呼ばれている。
〔地名掲載資料〕
◇其岳の頂上はまた一ツの沼（硫黄沼）有等聞伝ふ。『松浦丁巳日誌』上-273p
◇扇沼山「北海道の山紀行」
〔夏季コース〕
△国道237号線の美瑛町下宇莫別（ＪＲ北美瑛駅）から朗根内へ、ここの分岐を南東方の俵真布へ、第一ゲートを過ぎて俵真布林道に入り、第二ゲートから台地林道の先に登山口（標高1130m）がある。ゲートは2ヶ所とも施錠されている。辺別川の源流を詰めると台地状の山頂に出る。

昔はトムラウシ山へ至る登山道として利用されたようだが、その後、長い間閉鎖され、遭難救助用の避難路として密やかに整備されていたようだ。この登山道は2000年から美瑛山岳会の手により刈り払いが行われ2002年に一般に開放された。ここから三川台経由でトムラウシ山（2141m）へ登山道が続いている。

現在、上俵真布林道の決壊により通行止めになっている。復旧の見通しは立っていない。

ウフンノホリ uhun-nohori ？m〔山地〕A-12 表大雪火山群〔20万図〕旭川14〔2.5万図〕トムラウシ山x〔山頂所在市町村〕美瑛町〔位置〕硫黄沼の北方、扇沼山のあたりか。
〔解説〕松浦山川図の「ヘヾツノホリ」と「チユクヘツ岳」の間にウフンノホリがみえる。前者がトムラウシ山とするとウフンノホリは今の化雲岳のあたりになる。しかし『松浦丁巳日誌』は美瑛川支流である「ウブン」の説明の中でこの山を同川の水源と記し、また同じ松浦の『戊午山川地理取調日誌』（安政五年）ではウブンノホリについて「ヘヾツ」の西にあり、その山のうしろは「ソラチ」（空知）川筋に当たると記しており、図中のウフンノホリの位置とは矛盾した説明を書いている。雨粉川の水源であれば図中の位置に

ならないはずである。『新旭川市史』
〇松浦山川図は、ウフンノホリを辺別川源流に記し、ウプシノポリを辺別川西支流の雨粉川源に置いている。この二つ山名は似ているが、位置が30数km離れているので本書では異なる山として掲載した。
〔地名掲載資料〕ウフンノホリ「松浦山川図」

ツリガネ山 tsurigane-yama ・1708m〔山地〕C-2 十勝火山群〔20万図〕旭川14〔2.5万図〕トムラウシ山（位置）表大雪と十勝連峰の中間【第二巻と重複掲載】

A-12 表大雪火山群

烏帽子岳 2000.9 寺口一孝【291】

赤岳山頂 1998.8　高澤光雄【291】

赤岳　2018.10
北のかもしかの山歩き【291】

凌雲岳　1987.8　渡辺【292】

桂月岳頂上より北海岳方面
1994.9　渡辺【292】

北海岳　1987.8　渡辺【292】

北海岳より凌雲岳(中央)と
御鉢平(手前) 1994.9　渡辺【292】

旭岳山頂から御鉢平を望む
1994.9　渡辺　【293】

第Ⅱ編　山の履歴

白雲岳より御鉢平方面
1994.9　渡辺【293】

お花畑に眠る遠藤君之碑
（北海岳と五色岳の中間）渡辺【295】

北海岳より北鎮岳方向
2003.9　寺口一孝【293】

北海岳より
御鉢平
（手前）
と北鎮岳
1994.9
渡辺
【293】

黒岳石室より北鎮岳の白鳥雪渓
1961.7　宮沢醇【293】

桂月岳より愛別岳（左）と上川岳（右）
1994.9　渡辺【311, 295】

桂月岳山頂　1994.9　渡辺【295】

黒岳山頂への上り、後方は雲ノ平と
北鎮岳方面　　1994.9　渡辺【296】

A-12 表大雪火山群

黒岳ロープウェイ 素材辞典【296,357】

層雲峡より黒岳 1994.9 渡辺【296】

美ガ原より黒岳（中央奥）
2003.9 寺口一孝【296】

黒岳九合目、左上は招き岩
1961.7
宮沢醇
【296】

北海岳より旭岳（左）間宮岳（右）
渡辺【298】

黒岳山頂より黒岳石室
1994.9
渡辺
【357】

東岳 2008.5 寺口一孝【300】

第Ⅱ編　山の履歴

白雲岳山頂
1994.9
渡辺
【302】

白雲岳　2003.9　寺口一孝【302】

緑岳　プロガイド60人で木道の材料を
運びあげる　2008.10　寺口一孝【301】

緑岳　2005.8　寺口一孝【301】

大雪山ロープウェイ【318, 321】

旭岳登山口の姿見駅【318】

旭岳方向　2003.9　寺口一孝【318】

姿見の池と旭岳　長田邦雄【318】

A-12 表大雪火山群

残雪の旭岳　2008.5　寺口一孝【318】

白雲岳山頂より後旭岳（左）
旭岳（右）渡辺【323, 318】

凡忠別岳　2008.5　寺口一孝【305】

忠別岳　寺口一孝【305】

桂月岳山頂より愛別岳（左）と
上川岳（右）1994.9　渡辺【311, 295】

愛別岳　2001.7　寺口一孝【311】

愛別岳　2001.9　寺口一孝【311】

凌雲岳　1994.9　渡辺【292】

第Ⅱ編　山の履歴

後旭岳　2008.5　寺口一孝【323】

大雪湖と表大雪の山々　素材辞典

熊ヶ岳　2008.5　寺口一孝【314】

旭岳より熊ヶ岳
2008.5　寺口一孝【314】

東川町中忠別より愛別岳、比布岳、北鎮岳、旭岳を望む　2015.5　渡辺

A－12　表大雪火山群

扇沼山　坂口和弘・北海道山紀行【329】

扇沼山から三川台への途中より
兜岩(右上)2010.8　渡辺

ヒサゴ沼分岐　中川潤

ヒサゴ沼　2007.7　自然派空間【325】

化雲岩の分岐　中川潤【324】

化雲岳　2007.7　自然派空間【324】

小化雲岳　2007.7　自然派空間【324】

337

第Ⅱ編　山の履歴

白雲岳よりトムラウシ山
1998.8 高澤光雄【325】

沼ノ原よりトムラウシ山【325】

トムラウシ山　2007.7
自然派空間【325】

オプタテシケの途中より
トムラウシ山　寺口一孝【325】

白雲山より安足間岳（左）
・比布岳・北鎮岳（右）1994.9
【315】

旭岳山頂より東方の
御鉢平（左）後旭（右）【323】

旭岳山頂より南方遠望, トムラウシ山
（中央上）、十勝連峰（右奥）

第Ⅲ編　山小屋と登山基地

【A-1 知床火山群】

♨岩尾別温泉　[20万図] 知床岬 63 [2.5万図] 知床五湖 b　イワウベツ川の上流　羅臼岳への西登山口、知床五湖の南南東方 1.7km。斜里町大字遠音別村のイワオベツ川沿いに自然湧出する天然温泉。「観光の斜里嶽と知床半島」に「イワウベツ温泉、キャンプ小屋がある」とあり、この小屋は木下小屋である。昭和37年（1962）に温泉に至る車道が完成、翌年からホテルが本格的に営業を始めている。現在、ホテルと木下小屋の2軒が営業している。

♨羅臼温泉　羅臼川の上流 3km、羅臼岳の南東麓、国道 334 号線（知床横断道路）添い。「蝦夷巡覧筆記」に「ラウシ 当所三里程山奥ニ温泉アリ、山高ク木アリ」、「協和私役」に「ラウス山とて雪の斑々残りし痕白く見ゆ。其下温泉出づ。夷人病あれば住て浴す。頗る霊ありと云」（安政3年）の記録があり、明治21年（1888）に作田繁蔵が浴室を設けたのが始めてとされる「状況報文」。大正2年（1913）頃には宿屋1軒、昭和10年ごろは20名収容で有料の「知床山荘」があった。現在、ホテル、民宿が6軒、宿泊を伴わない日帰りの公衆浴場が1軒、ほかに無料の露天風呂（熊の湯）もある。

♨ウトロ温泉　知床国立公園の入口にあり、ウトロ漁港の南東方、斜里町ウトロ香川にある温泉。昭和37年（1962）まではペレケ川支流のポンペレケ川上流にある温泉の湧出だけが知られていたが、同48年（1953）頃より温泉の利用が本格的になり、現在、ホテル、民宿、国民宿舎などが9ヵ所ある。

🏠木下木材伐採事業所（初代）昭和28年（1853）当時は登山小屋がなく、木下木材伐採事業所に一夜の宿を借りる登山者もいた。

🏠木下小屋（二代目）昭和38年（40年の記録もある）に、今の小屋より約4km下流に移転。丸太の橋を渡って行くのだが、小屋の管理をしていたのが星さんであった。収容人員40名、毛布20円、寝袋50円、鍋・食器少々、温泉あり（昭和47年）、この木下小屋は、昭和55年9月の台風により壊滅的な被害を受けた。土屋『北の峰々とともに』

🏠木下小屋（三代目）岩尾別コース登山口、6～9月のみ利用可、管理人常駐、要予約、

収容人員 40 人、素泊まり。平成 10 年（1998）1500 円、平成 22 年 2000 円、個人経営。現在も営業している。

【A-2 斜里山地】

🏠斜里岳八合目の小屋

「この山（斜里岳）に近年登山路が設けられ、八合目には小屋も建てられたので登山者が多い。小屋には寝具等の備付けはなく番人もいない。」『北海道の山岳・登山案内』（昭和 6 年）

🏠斜里岳山頂小屋

（謎の山小屋）三井の農家、塚野利治さんのお話によると、昭和 9 年（1934）前後だった。陸軍の将校が訪ねて来て「頂上に小屋を建てる為、村民 10 人ほど集めてくれ」と頼まれ、上斜里側から頂上へ木材を担ぎ揚げた。」との事。その時、頂上には床板だけが残されたもう一棟の小屋の跡があったという。資材の荷揚げには 3 日間かかり、私はおじの手足となって頑張った。山頂への途中は枝が刈られ、木が倒されていたり、鉈目が入っていたり、誰かが以前に歩いた形跡がある。頂上に着いてみると、床板だけが残された小屋の残骸が目に付いた。一緒に来た軍人さんに聞くと「2 年前に建てたが風に飛ばされ今回が 2 度目、頂上を少し下ったところに頑丈なものを建てる」とのことだった。「作業に 4 日間かかった。下山の日、4 人の兵隊が大きなリュックサックを背負って登ってきた。4 人とも新築の小屋に入り、しばらくすると三脚のようなものに望遠鏡を付け、海の方に向けていた」。このように懐かしそうに話してくれた。

昭和 31 年 7 月、山開きの翌日、私が山頂に着くと、その少し下に小屋があった。この小屋は古ぼけた壁板が少々失われていたが、骨組みはがっちりしており、広さは間口 1 間、奥行き 1 間半、屋根も風雨を凌ぐには十分。四方の柱は地面に埋められ、見るからに頑丈な造りのようだった。昭和 40 年（1965）に風のため倒壊するまで、私は毎年この小屋の朽ちていく姿を見続けることとなった。：渡辺健三

🏠斜里岳小屋（清岳荘＝初代）

斜里岳の中腹標高 669m の登山口、昭和 31（1956）年 7 月建設、木造 2 階建て一部ブロック造り、延 20 坪。

斜里岳の語り部、樫村勇さんのお話によると、昭和 25 年から 26 年頃、村の人達は農作業の合間に斜里岳の登山道建設の為、草刈りや足場の整備などに幾度も山に入った。

其の時、上斜里村（現在の清里町）の村民が熊に襲われ亡くなる事故も起こる。又休む処も無いため、何処かに避難小屋を建設しようとの機運が高まり、営林署の許可を得て、下二股に昭和30年から翌年にかけて建設された。木材やブロック、更に五右衛門風呂の釜までも全て馬や人力で担ぎ上げ完成した。外には五右衛門風呂があって、「宿泊する人は薪代実費として金参拾圓申し受けます、清里町観光協会」の立看板があった。この清岳荘は翌年春、雪崩で崩壊したため、見た人、泊まった人はごくわずかだろう。それゆえ「幻の小屋」といわれている。：渡辺健三『日本百名山　斜里岳〜山小屋物語』

斜里岳山荘（二代目）

斜里岳の中腹約670m地点、昭和35年（1960）建設、木造2階建て、宿泊定員夏季50人、冬季30人、自炊泊50円　清里営林署管理。昭和35年建設の二代目清岳荘は、地元の松材を使った2階建ての丸太小屋で、当時はお洒落な山小屋であり、室内の中央には4本の太い柱が土間より天井まで力強く立っていた。ランプの光が丸太の木肌を優しくゆらいでいたのが印象的だった。：渡辺健三

昭和57年使用中止、平成7年（1995）老朽化により取り壊し。

清岳荘（三代目）

斜里岳の中腹約670m地点　昭和57年（1982）10月30日建設、バス停「登山口」から約8km 徒歩2時間、70人収容　有料　清里観光協会管理。

昭和60年頃は、斜里岳山荘と清里荘は隣接していて別の経営だったが、その後は清岳荘の新館と旧館になっていて、斜里岳山荘の名は消えてしまった。

その新館清里荘も平成10年（1998）11月に原因不明の出火で消失してしまった。平成10年12月、地元の樫村御夫婦が正月用のしめなわを取り付けに行くと、あるはずの山小屋は跡形もなく、基礎と白い便器だけが残っていたという。火災による焼失で、原因は落雷ではないかとも言われ、利用者の不始末とか諸説もあったが、わからないままである。：渡辺健三

仮設小屋

小屋の焼失後、2階建プレハブの仮設建物がつくられ、50人収容、素泊まりのみ、レンタル寝具あり、管理人常駐。平成15年取り壊し。

清岳荘（四代目）

斜里岳の五合目、標高683m、平成16（2004）年5月から総事業費1億8600万円（半

額国費補助）で着工し、同年 11 月に完成。洋風デザインの鉄筋コンクリート 2 階建て、延べ 183 平方m。内部は広々とし、地元の木材を使った階段や羽目板が印象的、木の節と曲線の木目模様が美しい。宿泊室、研修室、汚水浄化処理機付きトイレなどが設けられている。外壁はこげ茶色の木板と町内産の岩石を組み合わせ景観に配慮されている。

　平成 17 年（2005）6 月から利用され、清里町観光協会が管理運営している。斜里山頂まで徒歩約 2 時間半。小屋まで車で乗り入れできる。収容人員：平成 17 年 50 人、平成 22 年 40 人。素泊り 2000 円

武佐岳憩清荘

　中標津コース登山口から 2.6km　標高 465m 地点。昭和 33 年（1958）武佐地区の青年同志会が建設　20 人収容、木造 2 階建でストーブあり　施錠なし利用自由　近くの憩ノ沢に水場あり、武佐岳登山同好会管理。

　平成 28 年 10 月、憩清荘の小屋は廃墟の状態だった。寺口一孝

【A-3　屈斜路摩周火山群】

川湯温泉

　屈斜路湖北東方の湯川川畔、南の硫黄山に泉源をもつ。明治 19 年（1886）に標茶の高橋貞三が温泉宿を始めたのが最初のようである。昭和期には賑わいを向かえて、現在は宿泊施設 50 軒、5000 人収容の温泉街となっている。『北海道の地名』（平凡社）

美幌越巡視小屋

　屈斜路湖畔近郊、大正 15 年(1926)建設、20 人収容、帝室林野局弟子屈出張所所属

網走越第一休泊小屋

　美幌峠下の国道沿い、昭和 15 年（1940）9 月建設、15 人収容、帝室林野局弟子屈出張所所属

銀嶺荘

　藻琴山の東藻琴川コース八合目にある小さな避難小屋。バイオトイレも併設されている。網走南部森林管理署所属

和琴休泊小屋

　和琴温泉付近、昭和 15 年（1940）建設、60 人収容、帝室林野局弟子屈出張所所属

🏠 札友内第二休泊小屋

美留和駅の南西6km、昭和11年（1926）建設、40人収容、帝室林野局弟子屈出張所所属

🏠 美留和第二休泊小屋

美留和駅の東3km、昭和6年（1931）建設、15人収容、帝室林野局弟子屈出張所所属

🏠 跡佐登第四休泊小屋

川湯の東北方4km、昭和13年（1938）建設、15人収容、帝室林野局弟子屈出張所所属

🏠 屈斜路湖巡視小屋

屈斜路湖畔、昭和7年（1932）建設、10人収容、帝室林野局弟子屈出張所所属

🏠 摩周巡視兼造林小屋

摩周湖畔、昭和8年（1933）、帝室林野局弟子屈出張所建設、35人収容。

🏠 摩周湖第二休泊小屋

弟子屈より摩周湖側へ6km、昭和11年（1926）、帝室林野局弟子屈出張所建設、15人収容。『山日記』

🏠 摩周湖巡視兼造林小屋

摩周湖畔、昭和8年（1933）建設、35人収容、帝室林野局弟子屈出張所所属

🏠 西別小屋

平成8年（1995）8月、西別岳登山口に建設、ログハウス、宿泊50人収容、無料、冬季施錠

【A-5　阿寒火山群】

♨ 阿寒湖畔温泉

雄阿寒岳南麓に温泉があることは明治期から知られていた（状況報文）が、本格的な温泉としての開発は、昭和2年（1927）頃、佐々木元吉が別荘を建てたことに始まり、

同5年に同氏によって雌阿寒ホテルが開設された。同9年に阿寒国立公園に指定され、客が訪れるようになった。
　（昭和9年頃）阿寒湖畔には温泉が湧出し、湖岸各處に點在してゐるが、旅館施設のあるのは、湖畔の南岸にある阿寒湖温泉だけである。附近には奇怪な姿で熱湯を噴出してゐるボッケの岬もあり、又雌阿寒岳登山を初め阿寒盆地周遊の根據地をなしてゐる。

雌阿寒ホテル（阿寒湖畔）　室11、1圓80銭～2圓半。

山浦旅館（阿寒湖畔）　室16、1圓80銭～3圓。

井上旅館（阿寒湖畔）　室10、1圓80銭～2圓半。

阿寒湖荘
　和室5、1圓80銭～3圓、洋室1圓半～2圓半。（名物）姫鱒粕漬、ワカサギ味淋干、ワカサギ佃煮
　雌阿寒岳、雄阿寒岳の山開きは毎年6月6日、湖畔神社で地元名士多数が列席して祝詞の式もいと嚴肅に、至って盛大に執行され、登山者の祥福を祈願する。観光シーズンには郵便局臨時出張所が設置され、大體6月中旬頃から10月中旬頃までの間小為替、貯金受拂、切手賣捌、ハガキ等を取扱ひ、風景入りの記念スタンプの設備も完備される。

阿寒石室
　雄阿寒岳八合目、10人収容（昭和5年頃）『山日記』（昭和5年6月）（梓書房刊）

尾札部巡視小屋
　尾札部川上流、昭和3年(1928)建設、20人収容、帝室林野局弟子屈出張所所属

阿寒越巡視小屋
　弟子屈と阿寒の途中、大正15年（1926）建設、20人収容、帝室林野局弟子屈出張所所属
　昭和10年（1935）頃、阿寒湖畔から雌阿寒岳への登山道沿いの渋川温泉の西方向に、旧巡視小屋と巡視小屋の二つがあった。また、現在の241号線から野中温泉への分岐にも巡視小屋があった。

雌阿寒営林署番小屋
雌阿寒岳剣ケ峰東方、10人収容、阿寒営林署所属、昭和7年(1932)頃建設。

奥春別休泊小屋
弟子屈と阿寒越道路の途中、昭和8年(1933)建設、35人収容、帝室林野局弟子屈出張所所属

夕映橋休泊小屋
奥春別休泊小屋の西方4km、昭和13年(1938)建設、30人収容、帝室林野局弟子屈出張所所属

志計礼別休泊小屋
弟子屈農地内、昭和11年(1936)建設、40人収容、帝室林野局弟子屈出張所所属

雄阿寒岳気象観測所
旧陸軍の気象観測所、雄阿寒岳九合目付近、石造りの避難小屋、無人(昭和35年頃)

十勝オンネトー青年の家
雌阿寒岳への登山口　収容68人　足寄町教育委員会管理、平成9年閉所。

清水ヶ丘ヒュッテ
十勝清水駅の北西約二粁　収容20人　自炊、浴場・寝具の設備あり、1泊30銭、休憩15銭、申し込みは清水駅。

【A-9 東大雪火山群】

ユーニイシカリ小屋
石狩川上流ユーニイシカリ川合流点、昭和3年(1928)建設、収容10人。旭川営林区署管理。

岩間温泉
昭和25年(1950)頃は十勝三股から音更川を西へ森林鉄道が走っていた。終点は二十一の沢の二股で、豪華な御殿があった。ここから歩いて20分位戻った二十の沢との分

岐点に、真四角の形をしたお堂のような温泉の建物があった。地形図では「岩間温泉」と書かれていた。

　昭和29年（1951）当時は、温泉は埋まってしまって使用されず、丸太で囲われた建物の壁はしっかりしていたが、屋根は朽ち果てて往時の形を残すのみであった。

　平成23年（2011）小屋は無い、コンクリートの浴槽一つ、誰が掘ったか掘りっぱなしの浴槽が一つ有った。：寺口一孝

造材事務所

　御殿跡（御殿飯場跡は標高803mの所で、岩間温泉はそこから更に奥、車で5分程度の場所。）と呼ばれる石狩岳の登山口には、かつて2階建ての造材事務所があった。柾ぶきの屋根でベランダがつき、100㌰の電灯の明りが窓からもれる様は、星空の下に輝く御殿のようであったという。御殿は昭和32年に撤去され、この跡地も今はヤマハンノキに占領されて、昔の面影はない。屋根だけを地上に出した半地下式の小屋は、原始の姿に還ろうとする木や草の中に今にも隠れてしまいそうだ。15〜6張りのテントを張る広さはあるが、年々狭くなっている。：山崎治『ただ今八合目』

十勝山岳会ヒュッテ（御殿飯場）

　音更川二十一の沢出会、宿泊15人収容、自炊燃料あり、宿泊100円、石狩岳、音更山、ニペソツ山への登山基地、十勝山岳会管理、（昭和35年頃）

ヤンベタップ造林小屋

　石狩川とヤンベタップ川の合流点、昭和26年（1951）建設、60人収容、番常、原則として一般開放せず、上川営林署管理。

シビナイ小屋（初代）

　石狩川上流とシビナイ川の合流点（現在のシビナイ橋付近）、標高900m地点、昭和2年（1927）建設、8人収容、沼ノ原・音更山方面への登山基地、北大山岳部所属。『山日記』（昭和5年）

シビナイ造林小屋（二代目）

　石狩川本流とシビナイ沢出合、標高875m地点、昭和26年（1951）建設、50人収容、番常、原則として一般開放せず、上川営林署管理。

🏠 三角点沢造材小屋

　石狩川本流と三角点沢出合（現在の大雪湖の南西畔）、標高800m地点、昭和26年（1951）建設、50人収容、番常、原則として一般開放せず、沼ノ原、ユニ石狩岳方面への登山基地、上川営林署管理。

🏠 石狩川本流伐木事業所

　ニセイチャロマップ川合流点、大函の東4km、標高750m地点、昭和26年（1951）建設、60人収容、番常、冬可、原則として一般開放せず、武利岳、武華山への登山基地、上川営林署管理。

🏠 ペンケチャロマップ伐木事務所

　石狩川とペンケチャロマップ川出合（現在の大雪湖北畔、標高700m地点、昭和25年（1950）建設、50人収容、番常、原則として一般開放せず、沼ノ原、ユニ石狩岳方面への登山基地、上川営林署管理。

🏠 営林署休憩小屋

　シンノスケ三ノ沢、西クマネシリ岳への登山口、上士幌営林署管理。

♨ 然別湖畔温泉

　鹿追町の北東、然別川上流の然別湖南西岸にある温泉。白雲山と天望山（唇山）への登山口。大正4年（1915）発行の「十勝国拓殖要覧」に「然別温泉」が記されている。同12年清野正次が宿を建て温泉営業を始めた。『鹿追町七十年史』

🏠 幌加温泉旅館

　上士幌町幌加、上士幌町ニペソツへの登山口、〔20万図〕北見55〔2.5万図〕幌加c
・明治9年（1876）6月30日、開拓使大判官松本十郎は、「石狩十勝両河紀行」に「当処温泉アリ」「此ノ温泉ニ厚子ヲサラシト」と記している。
・昭和3年（1928）高谷隆造が温泉利用の許可を受け、同8年に造材作業員のための宿舎を建てた「上士幌町史」
・昭和40年代は幌加温泉旅館とヒュッテ（自炊可）の2軒があった。その後、「湯元鹿（か）の谷」に名称変更。

芽登温泉

　足寄町芽登、標高400mのヌカナン川河畔、クマネシリ連峰への登山口。明治37年（1904）伊東重記が温泉を開業。『足寄町史』

・平成元年（1989）頃「芽登温泉ホテル」に改称し、平成30年は伊藤司（五代目）の経営。

菅野温泉（かんの）

　鹿追町市街より25kmの然別峡、然別湖の北西7kmにある温泉。ウペペサンケ山の登山口。明治44年（1911）本郷兵吉が温泉使用権の許可を受け、大正年間に温泉宿を建て本郷温泉を開業、昭和16年（1941）菅野温泉となった。

北稜岳山小舎

　北稜岳斗満コース登山口、30人収容、無料、陸別町企画商工課管理。

士幌小屋（チセ・フレップ）

　高原ヌプカの里の上、白雲岳、天望山への登山基地、昭和53年（1978）に北大恵迪寮生有志、北大OB、士幌町、北海道などの支援で建設。30人収容、北海道大学学生寮チセフレップ運営委員会管理。

　（平成21年）通年利用可　無料　冬期は水道閉鎖　有料、要予約（設立趣意に賛同する北大学生・教官・北大OB・その他有志）士幌町総務企画課管理。

【A-11 北大雪】

ニセイカウシュペ小屋

　ニセイカウシュペ山中腹、昭和6年（1931）建設、20人収容、旭川営林区署所有

石狩川本流伐木事業所

　ニセイチャロマップ川合流点、大函の東4km、標高750m地点、昭和26年（1951）建設、60人収容、番常、冬可、原則として一般開放せず、武利岳、武華山への登山基地、上川営林署管理。

小天狗荘

　奥白滝駅から約5.5km地点、現在の天狗岳スキー場の上の針葉樹林の中にヒュッテ「小天狗荘」（無人）があった。

🏠山望荘
　武利岳への登山口、武利川と下ノ沢の二股に建っていた山望荘は、荒れ放題の廃屋になっていた。（平成2年）

【A-12　表大雪】

　表大雪への登山口は、①北部の愛山渓温泉（旧・直井温泉）②北部の層雲峡温泉（旧・霊山碧水峡）、③北東部の銀泉台、④東部の大雪高原温泉、⑤南部の沼ノ原登山口　⑥南部のトムラウシ温泉、⑦西部の旭岳温泉（旧・勇駒別温泉）⑧西部の天人峡温泉（旧・松山温泉）の8ヵ所である。

表大雪への登山口①　♨愛山渓温泉（旧・直井温泉）
　表大雪の北部、上川町東雲より南東方へ道々223号線（愛山渓上川線）を安足間川の峡谷に沿って約19kmの急勾配の道を行き、永山岳の北西麓1030m地点、ポンアンタロマ川上流に位置する。沼の平・永山岳・比布岳への登山口。
・明治42年（1909）4月、愛別村字伊加牛の直井藤次郎ほか2人が巨熊を追っているうちに温泉を見いだす。大正15年（1926）直井氏が国の許可を得て直井温泉の経営を始める。『大雪山のあゆみ』
・大正15年（1926）直井温泉として開業。十数坪の掘っ建ての柾小屋たった。
・昭和5年（1930）大雪山登山道ができる。同年、愛山渓の松仙園へ直接つながる登山道ができた。
・昭和7年（1932）、愛山渓より北鎮岳に至る登山道ができた。
・昭和8年（1933）、村上元吉が直井温泉を譲り受け、建物が一新され「愛山渓温泉ホテル」となった。
　石北線の安足間駅より約20km、ポンアンタロマ川の上流に在り、（当時は）駅より温泉まで交通の便はないから歩かねばならぬ。
・昭和9年（1934）「大雪山国立公園」に指定される。
・（昭和9年頃）旭川より石北線に乗って上川駅の一つ手前安足間駅に下車、それよりポンアンタロマ川に沿ふて上川盆地の原始林を縫ひ比較的平坦な観光道路を登るのである。永山岳山麓を切り開いて建設した愛山渓温泉は「温泉施設完備せず掘立の山小屋の感を深くするが、佐上北海道長官の登山に依り漸く世に知られ、登山道道路網の完備と相まって将来益々発展性のある温泉場である。又冬はスキー場として絶好の地形を備えてい

第Ⅲ編　山小屋と登山基地

る。
- 昭和11年（1936）、東旭川から愛山渓温泉までペーパン道路（自動車道）がつけられた。同年、愛山渓温泉ホテルの名称を「愛山渓温泉」と改名。宿泊料1泊1圓50銭、辯當1食30銭、自炊1夜50銭、強力案内者1日3圓
- 昭和12年（1937）、温泉の建物を増改築。
- 昭和13年（1938）、旭川驛からポンアンタロマ川に沿ふて約二十一粁、馬橇約六時間（一名二圓）で達する。大雪山彙の西北永山岳の麓に、原始の針葉樹林に囲まれてたつ温泉とヒュッテが冬期大雪山の唯一目絶好な根拠地をなし、こゝからは容易に各山々に日帰りで登山することが出来る。
- 昭和26年（1951）上川～愛山渓の定期バス運行始まる。

　　　　　　　　　　　『スキー北海道』『大雪山と阿寒』『北海道の山岳』「大雪山」

表大雪への登山口②　♨層雲峡温泉（旧・塩屋温泉）
　層雲峡温泉は上川市街から国道39号を約23kmの上流に位置し、標高約600m。黒岳への登山口
- 安政4年（1857）大川端に温泉数ヶ所有之「イシカリ川水源見分書」イシカリ役所勤務の松田一太郎が石狩川の水源を探検した記録
- 安政4年（1857）石狩岳（大雪山を指す）の北方に「温泉」の記載がある。「松浦武四郎山川図」
- 明治33年（1958）3月、現地の実業家塩谷永次郎が子小椋・長蔵とともに石狩川上流の踏査に出かけ、上流五里で泉源を発見している。
- 大正4年（1915）に湯小屋を建て営業し、この温泉宿が「塩谷温泉」と呼ばれていた。
- 大正10年（1921）年8月に文豪・大町桂月が来遊し、当時「霊山碧水峡」と呼ばれていた景勝地を「層雲峡」と名付けた。それまで湯治客がまばらだった。
- 大正11年（1922）8月24日、塩屋温泉は空前の大洪水に襲われ家屋や家財のすべてを流出してしまった。同年11月にその権利一切を旭川の実業家・荒井初一に譲渡し、塩谷温泉の名はそのまま踏襲された。
- 大正12年（1923）大町桂月が『中央公論』に発表した「層雲峡から大雪山へ」の紀行文で、いっきに層雲峡の名が全国に広まった。
- 大正12年（1923）夏に層雲別温泉から黒岳への夏路が開墾された。
- 大正13年（1924）荒井が石狩川に釣橋を架けて旅館を建設してから、同年の登山客らが一挙に増えて948人に達した。『上川町史』
- 層雲峡は、大雪の登山口では一番早く開けた。当時の層雲峡には客室2つの小さな温

泉宿が1軒きり、まだ露天風呂のみだった。現在の層雲峡温泉に14ヵ所のホテルがある。:村上善彦・『北の山脈』4号・遙かなる山ある記 (2)
・昭和3年 (1928) 頃、札幌方面から大雪山に登山する場合には、午後に札幌を発つ列車に乗り込むと午後の11時頃層雲峡に着いた。一休みしてから夜道をご来光の時間を見計らってゆっくり登り、黒岳の山頂でご来光を迎えてから、目的の山に向かうのが常例になっていた。当時、上川の駅から層雲峡に行くにはバスがなかったので、駅から24kmを歩くか2台しかなかった自動車を予約するより手段がないので大変だった。これは、当時の必要経費である。札幌駅〜上川駅乗車賃（往復2割引）4円14線、層雲峡旅館、宿泊料1泊2食3円、自動車を利用する場合（往復）2円40銭、合計9円54銭。これ以外に食料費と雑費を要するので12〜3円を必要としたのであった。その頃の貨幣価値としては大金に思えた。:可知邦也『北の山脈』12号（遙かなる山ある記）
・昭和9年 (1934) 頃、旭川駅より石北線に乗って上川駅まで約2時間、汽車を降りて徒歩又は自動車で層雲峡まで行く。昭和9年から旭川層雲峡間の乗合自動車が開通している。自動車は、上川より24km、50〜60分、片道1円、旭川から約2時間、片道1円80銭であった。山の強力案内者の料金、1日食事付き層雲峡温泉で2円50銭、黒岳石室の宿泊料は1泊2食、握り弁当付で1円50銭だから約2倍であった。＜大雪山と阿寒＞

表大雪への登山口③　**銀泉台**

　国道39号線より273号線に入り、大雪ダムより道々1162号線（大雪山観光道路）の終点（標高約1520m）。赤岳や小泉岳への登山口。ここより30分程度歩いて開けた登山道から眺める第一花園の下の斜面が、赤・緑色に染まる景色は特に人気がある。銀泉台の名は、赤岳の山麓より流れる銀河の滝の源流と考えられたために呼ばれたと云われている。
　昭和29年 (1954) 9月26日、道内各地に甚大な被害をもたらした台風15号（洞爺丸台風）は、大雪山国立公園東山麓一帯を直撃し、石狩川本流沿いの原生林2263万石を一瞬のうちになぎ倒した。風倒木搬出の林道が造成され、数年後、その幹線は東大雪の山腹を縫う大雪赤岳観光道路に様変わりした。標高1350mの滝の沢とホロカイシカリ川の分水嶺に通称「銀泉台」のバスの終点があった。
・昭和35年頃、層雲峡駐車場から銀泉台までの定期バスが、登山シーズンには1日に3往復していた。赤岳は一躍脚光を浴びることになった。

⛺銀泉台ヒュッテ
　赤岳観光道路の終点1490m地点、赤岳の東方。木造230平方m、35人収容、冬季利用

不可、昭和57年（1982）から林野弘済会管理。自炊または食事付5200円（平成10年当時）。施設の老朽化と林野庁の経費節減もあって平成17年度で営業中止、最近10年の年間利用者は600人前後でピーク時に比べ2割以上減少していた。

表大雪への登山口④　♨大雪高原温泉

　層雲峡より大雪湖を経て南西方へ林道に入り、高根ケ原東麓のヤンベタップ川とユスミ沢の出会い標高1350m地点（緑岳の南側）に位置する。高根ケ原・緑岳への登山口。
・大正5年（1916）に営林署員よって発見。
・昭和29年（1954）の台風15号（洞爺丸台風）で生じた風倒木の運搬のために林道が温泉近くまで延びる。
・昭和38年に大雪高原ホテルが建設された。
・昭和53年頃の高原温泉の宿泊施設は、自炊のヒュッテとホテルが2軒あった。
・平成14年(2002)大雪高原山荘。標高1260m地点、収容56人、6月10日～11月10日営業。
・紅葉が有名で、その時期にはシャトルバスが運行されている。

表大雪への登山口⑤　クチャンベツ沼ノ原

　沼ノ原は、トムラウシ方面、忠別岳・白雲岳方面、また石狩連峰への従走路になっている。
　平成28年7月の大雨により、クチャンベツ沼ノ原登山口に至る林道が崩落し、当面の間通行止めになっている。（平成30年4月）

🏠ヌプントムラウシ避難小屋　屈足市街より約55kmにあるヌプントムラウシ温泉。沼ノ原山、五色岳への登山口。40人収容、無人、通年利用可、新得町営。

表大雪への登山口⑥　♨トムラウシ温泉

　新得町の北部、トムラウシ山の南側、十勝川の源流の本トムラウシ川の支流ユウトムラウシ川の北岸にある温泉。トムラウシ温泉を経由するトムラウシ山、化雲岳、オプタテシケ山、十勝岳など縦走コースの登山口。
・明治7年（1874）刊の「北海道地誌要領」に「虎牛湯」とみえる。造林で入った作業員以外には利用されないでいた。
・昭和40年（1965）に林道が延びたことから、町営の保養所ができた。
・昭和40年代には民営2軒を含め3軒の温泉宿が営業していた。

・平成15年（2003）は国民宿舎のみとなっていた。
・昭和39年（1964）国の大雪山特別調査班による調査を受けるや、新得町はトムラウシ東側の開発に力を注いだ。新得山岳会は観光協会と手を携えて登山道の整備にかかり、町はユートムラウシ温泉に町営の国民宿舎「東大雪荘」を建設した。そして、山と沼と花の秘境トムラウシ山域が現出するのである。：滝本幸夫・『北の山』

表大雪への登山口⑦　♨旭岳温泉（旧・勇駒別温泉）

　東川町の東部、旭岳の西麓、勇駒別川上流の標高約1050m地点にあった。大正3年（1914）に旭川の阿久津啓吉が温泉を発見し2年後に掘っ立ての湯小屋を建て温泉宿を営んだ。ユコマンベツ沢に沿う附近にあることから、勇駒別温泉と称した。
昭和29年に道路（現・道道旭川～旭岳温泉）が竣工し、翌年、旭川駅から定期バスが運行（約42km）するようになり、大雪山の登山基地として脚光を浴びるようになった。昭和42年に旭岳ロープウエイが運行を開始し、翌年には「姿見駅」までの全線が開通してから登山者が増加し、一般観光客も大原生林や姿見の池周辺の散策が可能になった。また大雪山連峰への登山や日本一の雪質とされる旭岳スキー場での山岳スキーなどの基地となった。昭和57年（1982）に旭岳温泉と改称された。『北海道の地名』（平凡社）

　旭岳温泉一帯は、スキーシーズンが全国で最も長く、毎年の10月から翌年5月まで、全日本クラス選手、自衛隊、学生などが強化練習に訪れる。現在の旭岳温泉に、ホテルが9ヵ所ある。

🏠迎岳荘　勇駒別（現・旭岳温泉）にあった旭川林務署の道有林監視員詰所。現在アートビレッジ「杜季」が建つ。

表大雪への登山口⑧　♨天人峡温泉（旧・松山温泉）

　東川町の東部、美瑛町市街の東方26km、忠別川上流右岸。JR旭川駅から約39km。天人峡コースを経由する旭岳、化雲岳、五色岳、忠別岳、トムラウシ山への登山基地。
・明治18年（1885）頃に塩沢御料局長[11]が「ダイナミックな渓谷と飛瀑がある出湯の里である」ところから「天人峡」と呼んだ。
・明治30年（1897）8月、アイヌの道案内で忠別川上流を探検していた松山多米蔵（旭川駅前付近で旅館を営んでいた）によって発見された。翌年、ここに湯小屋を建てて管

11　御料局は明治18年（1885）に設置された部局の名称、1908年に帝室林野管理局、1924年に帝室林野局と改称。

・明治34年（1900）以降は松山夫婦で温泉旅館の経営にあたり松山温泉と称した。松山は山案内も努めていた。
・（大正9年7月）ただ板片を組み立てたようなきわめて粗造の小舎造りの浴舎の古新聞紙を張りつめた板壁で囲まれた室のうちで、自分は鈍いランプの火光の下にある自分の姿を見出した。そして大都会の華美な燈影とその雑然たる騒音とを遠ざかってから、この松山温泉までの遠く長かった道程のうちに走馬燈のごとく自分の眼に映ったさまざまの事象を想い返してみた。（中略）すべての準備を終えて寝る前にもう一度湯に浴するため外に出た。湯槽は忠別川を渡った向岸にあるのである。空には星が晃めいて明日の天気の好いことを予報してくれる。呼吸する夜気の冷々するのはさすがに山の温泉に来たことを知らせる。終日烈しい日光の直射と重い荷に虐まれた身体の疲労を、岩をえぐって造った浴槽の内で適温の湯に浸かりながら癒した。湯から上がって寝るまで山の話がランプの下でなお続けられた。：大島亮吉『北海道山岳風土記』石狩岳より石狩川に沿うて
・大正12年（1923）に松山温泉と層雲峡とのルートが繋がり、松山温泉内に開設された忠別駅逓所の初代管理人が任命されている。
・大正13年（1924））宿泊料（握飯つき）1泊1円50銭、ビール70銭、卵1個5銭（途中の農家にて購入）：村上善彦『北の山脈4』
・（昭和初期頃）忠別川の谷間に在る一軒家の温泉。松山温泉に行くには、富良野線美瑛駅から志比内を経て約30km、或いは旭川から電車に乗り東川駅下車、自動車に乗り換えて發電所まで行き、そこから約20kmの道を忠別川に沿って歩かねばならぬ。『北海道の山岳』大雪山、昭和6年8月5日発行。
・昭和9年（1934）頃　旭川から東川まで電車に乗り、忠別川の上流に沿ふて志比内に出て、旭岳の山麓の原始林を縫ふてぐんぐん進んでゆくと、約16粁の地點にあって、勝仙峡のはるか奥、忠別川の清流に面して、俗塵を遠く離れた幽邃な温泉浴場である。こゝは大雪山の南登山口で又、トムラウシ山への登山口となってゐる。温泉は摂氏47度乃至54度の鐵鹽泉で、胃腸病、神經衰弱、肋膜炎等に有効である。温泉場の附近には北海道第一の飛瀑、羽衣瀧がある。『大雪山』『郷土史ふるさと東川Ⅰ』

（松山温泉）宿泊料‥1泊2食、握辨當付、1圓50錢[12]、自炊‥1泊（蒲團付）70錢、強力案内‥1日（食費持）3圓．卵1個5銭（途中の農家にて）温泉場の附近には北海道第一の飛瀑、羽衣瀧がある。＜大雪山と阿寒＞

12　当時の米価（生産者価格60kg）10円80銭

- 忠別川の峡谷は勝仙峡、忠別峡、天人峡などと呼ばれてきたものを、地元と大雪山国立公園観光連盟が協議して「天人峡温泉」という名称に統一された。
旭川の奥座敷ともいわれる。
- 昭和23年夏、旭川から東川経由で天人峡温泉までの定期バスが運行された。
- 現在の天人峡温泉のホテルは2ヵ所

愛山渓造林小屋

　愛山渓温泉の標高1000m地点、旭川森林事務所の巡視小屋があったところに昭和10年（1935）に建てられた。建設当時は10人収容だった。
- 昭和35年（1960）頃、番人常駐　寝具、炊事場、燃料あり　宿泊150円　旭川林務署管理

愛山荘ヒュッテ

　愛山渓温泉の標高900m地点。愛別岳、比布岳、北鎮岳など登山の基地。昭和23年（1948）に北海道林務部の造林小屋として建設、15坪平屋　収容人員15人、温泉がとりいれてあった。
　昭和29年（1954）収容15人、使用料150円『大雪山国立公園シリーズ14』

愛山渓ヒュッテ

　安足間駅より16km、昭和10年（1935）建設、60人収容、寝具・炊事具あり、村上元吉所有、通年利用可、料金（含食事）1圓50銭　ガイド・田中長之助（常駐）
- 昭和11年（1936）収容40人、料金1圓80銭、『スキー北海道』
- 平成10年（1998）頃、62人収容　自炊のみ　1720円　愛山渓青年の家管理『大雪山のあゆみ』
- 平成21年（2009）　58人収容　素泊まり2300円　4月下〜10月中旬開設　要予約　連絡先：愛山渓ドライブイン。

愛山渓青少年の家

　昭和55年（1980）、愛山渓クラブ前に鉄筋コンクリート2階建て新築、45人収容　自炊不可　有料　上川町運営。

愛山渓クラブ

　愛山渓温泉の標高1000m地点　木造3階建　昭和25年（1950）建設　100人収容　番

人常駐　寝具、炊事場、燃料あり　宿泊200円　上川村管理（村営）上川村が愛山渓温泉の施設を譲り受け「愛山渓クラブ」と称す。
- 平成13年（2001）愛山渓倶楽部に名称変更
- 平成27年（2015）収容40人、4月下〜10月下開設、宿泊7000円、要予約。
- 平成29年、上川町から株式会社りんゆう観光に運営委託される。

松仙園ヒュッテ

　愛山渓温泉より徒歩約4km、東旭川村松仙園三の沼より約200mの標高1340m地点、ここから当麻岳への登山道がある。昭和29年（1954）建設、20人収容、番人7月〜8月常駐、素泊100円、寝具、燃料、水、ストーブあり、冬可、旭川林務署管理。この小屋は、中央高地の風倒木処理のため建てられたので、一般登山者の利用は少なかった。登山者にとって存在価値が薄いため忘れられた小屋である。

荒井温泉旅館

　愛山渓温泉の普通旅館、並2食付き2円50銭、握り飯30銭、絵はがき1組35銭、草履1足13銭、ヤマベ20匹つなぎ35銭。＜大雪山と阿寒＞

師團温泉

- 大正末期には、大雪山の学術調査が大がかりに始まり、旧陸軍の療養所が開設され、皇族が懇問に訪れるようになったことも、（層雲峡の）施設が充実する一因となった。：小池省二「朝日新聞」（北の火の山）1997.9.25
- 昭和9年（1934）頃、層雲峡の地獄谷温泉群にあり、赤石川より峡谷の至る處に湧出冷鑛泉。層雲峡温泉の前に縣っている蓬來橋を渡って層雲閣温泉を右手にみて、爪先上りの山道を黒岳の大絶壁にかゝってゐる九十九瀧の飛瀑に目を奪はれ乍ら、ウルシ、ナナカマド、白樺等の密林の中にはいる。むせるような湯の花の臭ひが鼻をついて赤石川のプラチナ色した清流が網の目のやうに流れている。もうこの一帯は師團温泉の庭園で、到る處に無色透明の温泉が湧出してゐる。
- 昭和28年までの旅館は2軒だったが、同年、厚生省は層雲峡を集団施設地区に指定、国立公園管理所を設け、以後町立の旅館建設と民間ホテルの誘致が急速にすすみ、収容力が一気に増加した。
- 昭和32年（1957）、旭川より層雲峡温泉を通り北見方面に抜ける大雪国道（現・国道39号線）が開通。
- 昭和42年（1967）には層雲峡温泉にロープウェイとリフトが架かり、一躍脚光を浴び

るようになった。
・平成14年（2002）は大型温泉ホテル・旅館などが18軒あった。「北海道の地名」（平凡社）

🏠黒岳石室

　大正13年（1924）8月に登山小屋（石室）が帝室林野局と北海道庁によって建設された。黒岳山頂の三角点から露出した岩石の道を南西約7町20分（約800m）下った平らなところ標高1900m（現在1980mと表示）、建坪15坪、収容人員20名、番人・大久保金之助。：可知邦也『北の山脈12号』

　北海道における登山のための山小屋第1号は、大正9年（1920）建設になる羊蹄山九合目の石室、これにつづいて大正13年に黒岳と旭岳の石室ができた。

・大正14年8月に4日間の日程で、塩谷温泉（現在の層雲峡温泉）を中心に、北海道山岳会主催、大雪山調査会の後援で夏期大学が開催された。宮部金吾、小泉秀雄、館脇操、犬飼哲夫等が講師陣に加わり百名余の参加であった。8月18日は大雪山登山が行われ、その夜は黒岳小屋に宿泊している。小屋は1棟10坪ばかり、山にはめずらしい薪ストーブが据え付けてあって、どんどん薪を燃やし乍ら夏期大学以来馴染みである河野常吉老が、昔の北海道の話やおやじ（熊）の遭難談に花を咲かせてみんなを笑わせる。大雪山の紹介者たる小泉秀雄氏も居た。山の主と言われた成田爺も居る。片隅に宮部博士が疲れた体を横たえている。坂本直行も参加していた。『ヌプリ20周年記念誌』1998年7月16日発行

・昭和5年（1930）黒岳石室は10坪程のもので内部には仕切りがなく、1坪に満たない土間の踏み込みがあった。入った左側は登山者の休憩宿泊室に充て、右側の僅かなところを番人の居間兼寝所に充てていた。収容人員が20名程度の小さな石室であった。石室では、縦25糎、横10糎ほどの木札を用意してあって、1枚5銭で売っていた。買った者は登山の思い出や感想や名前を書いて、登山の記念に周囲の石壁に張り付けるように差し込んでいた。：可知邦也『北の山脈12号』

・昭和5年（1930）に増築され60人収容。宿泊（毛布1枚20銭、薪炭料35銭）、味噌汁1杯20銭、ビール86銭、サイダー47銭、キャラメル14銭、牛缶67銭、鮭缶75銭、カツオ缶70銭、福神漬70銭、米1升80銭、スタンプ料1回2銭、絵はがき1組5銭、大雪山調査会経営。『山日記』

・昭和8年（1933）にも増築。黒岳石室の宿泊料は1泊2食、握り弁当付で1円50銭だから層雲峡温泉の約2倍であった。＜大雪山と阿寒＞

・昭和20年代、石室には番人がいた。以前には3人いたが、いずれも山で年をとった老

人たちで、戦時中には二人になった。二人とも70歳に近かったと思う。そのうちの一人は成田の爺さんは70歳になっていたかもしれない。でも、まことに元気で、石室にその人たちがいないと淋しかった。7月1日の山開きが近づくと石室に上がってきて夏を過ごし、9月中旬に入り紅葉が足早にやってくると下山した。：竹越俊文『山の素描45年11月号』

・昭和26年（1951）増築、80人収容、番人7〜9月常駐、冬否、上川営林署所属。
・昭和28年増築、30.5坪。
・昭和29年、収容100人、使用料50円『大雪山』国立公園シリーズ14
・昭和29年、15号台風で倒壊した建物を翌30年に復旧。80人収容。番7月〜9月、冬否、上川営林署所属。
・昭和32年（1957）管理を町観光協会が受け持つ。
・昭和35年は100人収容、宿泊料一般150円。
・昭和38年、黒岳石室に遭難防止の電灯とサイレンが設置される。『大雪山のあゆみ』
・昭和42年（1967）層雲峡温泉から黒岳七合目までロープウエイとリフトができた。
・昭和46年、130人収容。
・平成10年（1998）、160人収容、宿泊料1300円、夏季管理人常駐、冬季は避難に利用可。
・平成22年（2010）、160人収容、素泊まり2000円、トイレ使用協力金200円程度
・平成30年現在、ソーラー発電、風力発電、自動発電機、蓄電池を備えている。
・平成31年4月　150人収容。
・黒岳石室の隣りに、平成15年（2003）9.19からバイオトイレが運用開始された。トイレは4室、用を足した後に自転車ペタルを人力でこぎオガクズを攪拌する。このオガクズは年5回交換している。北海道上川総合振興局が設置し、石室の管理人が運用している。

　平成16年は1万8千人が利用、16年6月から21年10月まで6年間の利用者数は、総数85,085人、年平均14,181人、1日平均137人だが、1日の最多地用人員は平成16年7月18日の820人。

　1回200円の協力金を求めているが収入は129万円、徴収率は36%であった。

白雲岳避難小屋（初代）

　標高1940m白雲岳頂上より南東1kmヤンベタップ川本流沢頭。北は黒岳方面、南はトムラウシ山方面へ向かう中継点にあたる。国体開催の記念に昭和29年(1954)、石を組み上げた石室として建設。33人収容、番人なし、水は石室前の雪渓を利用、冬可、無料、

北海道林部所有・東川町管理。

白雲岳避難小屋（二代目）

　昭和50年（1975）7月、元の位置（標高1990m地点）に、木造2階建てに改修、外壁を含める面積は、初代の小屋とほぼ同じ。床張の面積は階下29.6平方m、中二階は42.9平方m、建設費1126万円、トイレ、野外テーブル、ベンチが設備された。2階にも扉が設けられ冬期の使用も可　60人収容　通年利用可、避難用、春夏秋（6月中旬～9月下旬）管理人常駐。
・管理協力費：昭和50年600円、平成22年（2010）1000円。
・管理：大雪山国立公園管理事務所（昭和50年）、上川町　上川町産業経済課商工観光グループ（平成22年）
・宿泊利用者数：平成23年1599人（近年増加の傾向）

忠別岳石室（初代）

　忠別岳の南東方1km、標高1800m地点、昭和29年（1954）建設、20～30人収容、自炊、水は石室前の雪渓を利用、番人なし、冬可　上川営林署管理。

ユコマンベツ温泉小屋

　旭岳の南西方ユコマンベツ川上流、昭和8年（1933）建設、30人収容、北海道景勝地協会所有。

勇駒別白雲荘（別名・ユコマンベツ山の家）

　旭岳西方ユコマンベツ沢上流湯沼の畔、標高1100m、昭和15年（1940）に帝国林野局旭川出張所が建設、26人収容、番人7～10月常駐、寝具、燃料、水、炊事場あり、冬利用可。
・昭和29年（1954）収容60人、使用料150円『大雪山国立公園シリーズ14』
・昭和32年頃、番人7～9月常駐、素泊（一般）150円、寝具、燃料、水、炊事場あり、冬利用可。

湧駒荘

　昭和7年（1932）、造林小屋として建てられ、昭和26年（1951）旅館に改築。
　平成9年（1997）11月、新装、宿泊定員220人。

🏠 仰岳荘小屋

　標高 1000m 地点から 300m 下流にあった営林局の古い調査小屋の代わりに、ユコマンベツ上流の勇駒別場の沼畔に、昭和 15 年（1940）北海道林務部の森林監視小屋として建設され、旭岳登山の根拠として岳人にも利用された。丸太を組み合わせた 2 階建 29 坪の近代的ヒュッテで、収容人員 30 人。建設時から数年の間は番人が常駐していたが、戦後は寝具の備えはなく管理者もいなかった。

🏠 仰岳荘（初代）

　ユコマンベツ沢上流の標高 1000m 地点、昭和 16 年に旭川営林署の道有林監視員詰所として建設。

🏠 仰岳荘（二代目）

　ユコマンベツ沢上流の標高 1000m 地点、昭和 16 年（1941）に建設された仰岳荘小屋に、昭和 26 年、浴場と渡り廊下を増築、同時に補修された。21 人収容、寝具・燃料・水・炊事用具あり、番人常住、素泊 150 円、冬可。
・昭和 29 年（1954）夏、収容 30 人、使用料 150 人『大雪山国立公園シリーズ 14』
・昭和 34 年（1959）10 月、改築、木造 2 階建、地階鉄筋コンクリート、ブロック壁、階下 25.25 坪、階上 13.3 坪、浴室 3.75 坪、短波無線の設備を加え、近代的山小屋として一新した。21 人収容、番人常住し、燃料、水、炊事用具あり冬の利用ができた。宿泊料一般 150 円、神楽営林署管理：『林』1959 年 12 月号。
・このヒュッテの窓から姿見の池と旭岳の西側を間近に望め、1 人ひとりの登行する姿が蟻の這うように見えたという。
・平成 4 年（1992）廃止。

🏠 えぞ松荘

　昭和 46 年（1971）に、旭岳温泉、旭岳ロープウエイ乗り場近くに、東川町開拓記念会館の事業として開業。町役場の管理職が支配人として出向し、経営をきりもりする公営施設。1991 年、町営を廃止し民間経営へ委譲した。北海道開拓に寄与した農村老人らの憩いの場であるが、新たな顧客としてスキー合宿の大学生がやってきて、ノルディックやクロスカントリーなどを練習していた。翌 1972 年に「札幌冬季オリンピック」が開催されている。
・この跡地に現在「旭岳万世閣ホテルベアモンテ」が建っている。

🏠旭岳石室（巡視小屋）（初代）

　大正12年（1923）夏、旭岳への夏登山路が開墾され、翌年の8月に帝室林野局と北海道庁によって旭岳西麓姿見の池畔に40人収容の小屋が完成した。外壁が石で覆われているところから石室と呼ばれていた。管理・旭川森林事務所、40人『山日記』昭和5年

🏠旭岳避難小屋（姿見ノ池避難小屋）（二代目）

　旭岳西方姿見の池畔、標高1550m地点、昭和26年（1951）建設、10人収容、番人なし、冬可。1670m地点、1954年完成の記録（道新スポーツ）もある。
- 昭和32年（1957）改築とともに内部を中二階に変更
- 昭和35年頃は「姿見ノ池避難小屋」と呼ばれていた。20人（冬10人収容）避難用、無人無料、通年利用可、東川町商工観光課管理。建物が傾くほど老朽化していた。

🏠姿見の池避難小屋（旭岳石室）（三代目）

標高1665m地点、2000年秋に北海道が建設、木造二階建て延べ70平方m、1階は山の自然保護の啓発と休憩の場所、2階は簡易宿泊スペース。緊急避難時のみ宿泊可（20人）収容、無人、無料、トイレなし（携帯トイレ使用、トイレブース有り）水場なし、上川支庁管理。

🏠ヤンベタップ造林小屋

　石狩川とヤンベタップ川合流点、標高840m地点、昭和26年（1951）建設、60人収容、番常、原則として一般開放せず、高原温泉方面への基地、上川営林署管理。

🏠忠別岳避難小屋（二代目）　忠別岳の南1.5km、標高1620m。

〔忠別岳避難小屋の改善〕　旧忠別小屋（初代）は建設されてから、かれこれ10年ぐらいは利用できたらしいが、2～3年前に雪害で屋根がつぶれ使用できなくなっていたところ昭和46年（1971）に国・道費をもって再建のはこびとなった。今度の小屋はトイレ（大・小兼用）2組を内部に設け、建設面積は階下が38.88㎡、中2階が20.3㎡、総面積59.18㎡の規模で、収容人員は30名、つめるだけつめると50名は可能と思われる。工費は350万円である。夏季専用であるから防寒設備は考慮されていない。建具類が一番いたみやすいので框は6cm厚にし、ガラスは1cm厚のアクリル板を使うことにする。建具にはかざりの意味もあるが、5mm鋼板を要所にとり付けた。妻側（三角形側）の外壁は雪の側圧もかかるであろうから5cm厚の板とし、板の継ぎ目はミゾを切り3mm厚の鉄板をはめ込み、フローリング張りのようにした。あとで聞いた話だが、山の上で仕事をする大工

がいなくて、とうとう1人1日1万円の賃金で承知したそうである。11人の大工が建設に当たり、山上での作業は下山の日を入れて8日間で終わった。3日目に風雨があり、まだ小屋もできていなかったため、テントに水が入りスリーピング・バッグがずぶ濡れになり、大変苦労をして完成したのが9月25日であった。（道林務部林政課越智憲良氏の設計）：越智憲良『北の山脈』3号4号・忠別小屋の建設

⛺ヒサゴ沼避難小屋（初代）

標高1640mのヒサゴ沼畔、昭和14年（1939）財団法人国立公園協会が建設。平屋約4坪の石室、周囲の外壁は石で覆われていた。15人収容、番常、冬否、旭川市外神楽営林署管理。

⛺ヒサゴ沼避難小屋（二代目）標高1640mヒサゴ沼畔、収容10人、自炊、番人不在、無料、帯広林務署管理。（昭和35年頃）

⛺ヒサゴ沼避難小屋（三代目）

化雲岳の南約20分、トムラウシ山の北北東、標高1640mのヒサゴ沼畔、昭和57年（1982）建設、30人収容、無人、無料、十勝支庁林務課管理。
・平成21年（2009）頃、30人収容、通年利用可　雪渓水使用（沼の水は飲料不可）無人、無料、十勝支庁環境生活課自然環境係管理。

⛺ヒサゴ沼避難小屋（四代目）

化雲岳の南方約2km、ヒサゴ沼湖畔、悪天候時など緊急を要する際に利用できる。
・平成10年頃 40人収容、　無人、避難用、通年利用可、無料、上川支庁林務課管理
・平成21年（2009）、30人収容　通年利用可、無人、無料、避難小屋につき予約不要、上川町産業経済課商工観光グループ管理。
・平成31年（2019）4月、40人収容可。

⛺温泉小屋

トムラウシ山の東方約3.5㌔㍍、わせだ沢とヒサゴ沢の分岐のあたり。5人位が泊まれる小舎。ゆで卵がつくれそうな温泉が湧いていた。昭和37年夏から55年冬まで、北大の山岳部やスキー部が使用していた。W

ヌプン小屋

　トムラウシ川上流の富村ダム手前の曙橋より林道に入り、約15km、ヌプントムラウシ温泉、山小屋と露天風呂がある。30人収容、無人、避難用、通年利用可、無料、新得町役場商工観光課管理。さらに林道を約1km に登山口。林道は荒れていて車は通れない。（平成28年）
・平成31年（2019）4月、30人収容。

東大雪荘（国民宿舎）

　新得駅より道々718号線を車で約60分、標高650m地点、新得町営。
・平成15年、114人収容、通年利用可。
・平成21年、118人収容　通年利用可　要予約

トムラ登山学校レイク・イン

　新得市街より道々718号線を14km、車で約20分（トムラウシ温泉へ向かう途中）、130人収容。

硫黄沼小屋

　トムラウシ山の西方、標高1340mの硫黄沼畔で、登山コースの中間のよい位置にあった。昭和16年（1941）建設、5人収容の粗末な小屋、番なし、冬否、神楽営林署管理。
・昭和30年頃、破損が激しくほとんど使用に耐えない状態だった。

第Ⅲ編　山小屋と登山基地

岩尾別の羅臼岳登山口　渡辺義人

木下小屋（三代目）【339】

武佐岳小屋【342】

龍神の池上部の観測小屋
1956, 7　渡辺健三【69】

清岳荘（初代）
提供：渡辺健三【340】

清岳荘（二代目）　1962, 6
提供：渡辺健三【341】

清岳荘（三代目）
提供：渡辺健三【341】

清岳荘（四代目）　2005, 6
提供：渡辺健三【341】

A-12 表大雪

西別岳小屋 1999, 10 【343】

銀嶺荘(二代目) 2019.2
北見山岳会【342】

菅野温泉【348】

ヌプン小屋　ミッチー【362】

湯元鹿の谷　じゃらんネット【347】

白雲山避難小屋【359】

ヒサゴ沼避難小屋（四代目）【362】

旭岳温泉のホテル群
2016, 7【353】

第Ⅲ編　山小屋と登山基地

大雪山高原荘・山小屋WEB【352】

愛山渓温泉　ハミングバード
2017年【350】

黒岳山頂より黒岳石室　1994.7【357】

黒岳石室のバイオトイレ・山小屋WEB
【358】

松山温泉（大正期）
大雪山登山記念【353】

層雲峡温泉　1929(昭和4)年頃
日本地理大系10【350】

第Ⅳ編　登山記録

【A-1 知床火山群】

★明治23年（1890）神保小虎[13]らシレトコ山に登り硫黄山の新噴火口を測量した。「北海道地質報文」

★明治34年（1901）3月28日、陸地測量部の館潔彦ら、海別岳に一等三角点を撰定した。

★明治37年（1904）6月28日、陸地測量部の正木照信が、知床硫黄山に一等三角点を撰定した。

★明治38年（1905）6月26日、陸地測量部の岡栄次郎が、遠音別岳に一等三角点を撰定した。

★大正4年（1915）9〜11月、農商務省技師の門倉三能が、知床半島を地質調査した。『鉱物調査報告23号』

★大正5年（1916）夏、木下弥三吉が、斜里側より羅臼岳と硫黄山に登った。「北海道登山小史Ⅲ」

★大正15年（1926）7月14〜22日、北大スキー部の山縣浩ら3名が、岩宇別温泉より羅臼岳→硫黄山→羅臼東方頂上→ポロベツ川上流の小屋を縦走しウトロに戻った。『北大山岳部々報2号』

★昭和2年（1927）7月24〜31日、成蹊高校（東京）山岳部の先生と配属将校及び生徒3名が、夏休みに何か痛快事を成し遂げたいという野望を持っていたところ、その前年に北大が知床半島に挑戦した記録が発表されると、誰も近づくことのできなかった突端部の知床岳に大いなる興味を燃やした。船で網走からテッパンベツ川番屋に上陸し、ルシャ川から悪戦苦闘の末4日目に頂上に立ち、地獄谷、ポトピラベツを経て6日後に羅臼に辿り着いている。『山岳60年』

★昭和2年（1927）か3年ころ、羅臼村の佐藤広らが、羅臼川を遡行した記録がある。『羅臼町史』

---

[13] （1867~1924）明治21年8月北海道庁技師補、同22年北海道庁四等技師、同23年、『北海道地質報文上・下』同25年『北海道地質報文之内・北海道岩石総論』等の一連の報告書及びこれらの付図を作成。これらの報告書の中には、アイヌ語地名についての付言が添えられている。その後、私費でドイツのベルリン大学に留学し、アンモナイト等古生物学的研究に従事。東京帝国大学理科大学の鉱物学助教授、同教授を歴任、大正13年1月病没。

★昭和3年（1928）7月17〜19日、北大の原忠平らが、テッパンベツ川から知床岳を往復、カムイワッカ川から硫黄山、羅臼岳を経てイワウベツ川に下った。『北大山岳部々報2号』

★昭和6年（1931）4月12日、羅臼山岳会の鈴木音治らが、羅臼より積雪を伝い羅臼岳に登った。『山と雪8号』

★昭和9年（1934）3月22〜26日、北大の瀬戸国男らが、島戸狩より海別岳、越川駅逓より斜里岳に登った。『北大山岳部々報5号』

★昭和27年（1952）12月16日〜1月7日、京都大の伊藤洋平らが、知床岳と羅臼岳に登った。『山岳48年』

★昭和28年（1953）1月に、網走の木下弥三吉と中安靖知が海別岳に登った。

★昭和28年（1953）8月23日、羅臼村役場職員と地元漁師の12〜13名が、今の羅臼温泉キャンプ場を経由して頂上をめざした。沢と尾根を交互にたどり背丈ほどのクマザサを両手でつかみなが斜面をはいあがるように進み、山頂往復に2泊3日かかった。「北海道新聞」2004.4.20 ◇当時はまだ山小屋がなく、木下木材伐採事業所に一夜の宿を借りる登山者もいたが、個人でテントを持っている人はいなかった。

★昭和28年（1853）12月29日〜1月12日、札幌山岳会の小須田喜夫らが、羅臼岳より硫黄山を縦走した。「北海タイムス」

★昭和33年（1958）3月4日〜4月9日、明治学院大の縦走隊、那須健一ら4名が支援隊8名の支援で、海別岳より硫黄山の主脈を縦走した。『岩と雪3号』

★昭和33年（1958）7月30〜8月4日北大スキー部の阿部孝夫ら5名が、羅臼→里美台→羅臼岳→羅臼平→硫黄山→羅臼平→岩宇別を縦走した。『北海道大学スキー部100年、山スキー部50年』

★昭和34年（1959）3月7日〜30日、関西学院大山岳部の尾崎進ら11名（知床岬本隊）が、羅臼よりルサ川〜トッカリムイ岳〜知床岳〜ポロモイ岳〜ウイーヌプリ〜知床岬のルートを往復した。また、羅臼隊の山本宏ら3名は、羅臼→羅臼岳→硫黄山→ルサ川→知円別→羅臼を縦走した。『BOBLWEISS・15号』

★昭和34年（1959）3月14日〜4月5日、北海道学芸大の片岡脚胖が単独で知床岬より海別岳を縦走した。『北海道学芸大山岳部報1号』

★昭和34年（1959）7月19〜30日、横浜大の探査会と山岳部の知床半島学術合同調査隊35名（隊長・福島博）が、A隊と、B・C隊のリレーで、羅臼より知床岬を縦走した。『現代の探険9号』『岩と雪6号』

◇　知床のハイマツは幹の直径20㌢もある。それが地表の空間を完全に領している。くぐるすき間もまたぐ余裕もない、一歩一歩をしならせながら綱渡りのようにして泳い

でゆく。枝を踏み外すとジャングルのなかへ全身が落ち込んでしまう。落ちると足をとられて容易に出られない。ハイマツの海のなかにダケカンバやナナカマドが帯状に続くところがある。溝のように小さい谷だ。ハイマツより歩きよい。ヒグマにとっても歩きよいらしく新しい糞古い糞が並んでいる。：本田勝一『北海道探検紀』

★昭和34年（1959）年9月、釧路山岳会が知床中央高地を中心に集中登山し、ウビシノッタ川遡行し、羅臼岳の西ルンゼ他2コースを登った。『知床大会写真記録』

★昭和35年7月25〜31日、北大スキー部の石田ら3名、羅臼→里見台→羅臼平→硫黄岳→岩尾別→清里→斜里岳（往復）『北海道大学スキー部100年、山スキー部50年』

★昭和36年（1961）6月〜8月、釧路山岳会のパーティが春苅古丹より遠音別岳に登った。『知床大会写真記録』

★昭和37年（1962）12月27日〜1月13日、北大OBの新妻徹（OB）、山口淳一、沢田義一が、サポートなしでイグルーを造りながら、知床岳よりトッカリムイ岳→硫黄山→羅臼岳の縦走に成功した。『北大山岳部々報』10号『北海道の山と旅22号』

沢田義一は3年後に札内川の雪崩に遭遇し、埋没した雪洞内で4日間生き続け、冷静に遺書を書きとどめて世間の感涙をさそった岳人である。

★昭和37年（1962）12月28日〜2月1日、北海道学芸大札幌分校の阿岸充穂らが知床半島ウナキベツより海別岳まで縦走した。『北海道学芸大山岳部報告1号』

★昭和38年（1963）3月11日〜4月19日、岐阜薬大山岳部の長島弘ら11名が、ウトロより羅臼岳〜硫黄山〜ルシャ山〜知床岳〜ポロモイ岳〜ウイーヌプリ〜知床岬の同じルートを往復した。『岐阜薬大山岳部創立30周年記念事業報告書』

★昭和38年（1963）3月27日〜4月2日、北大山スキー部の小野堅太郎ら4名が、羅臼よりクンネベツ→カモイウンペ川→知床岳を登りルシャ川小屋に下った。『北海道大学スキー部100年、山スキー部50年』

★昭和39年（1964）3月14日〜25日、北大山岳部の米道裕弥ら4名が、知円別より知床岳とウイーヌプリに登り、（下山）土屋宅より硫黄岳→羅臼平→羅臼岳を登り岩尾別に下った。『北大山岳部々報10号』

★昭和40年（1965）3月8日〜18日、北大山岳部の八木橋武ら6名が、計根別より知床岳、知円別より硫黄山に登った。『北大山岳部々報11号』

★昭和40年（1965）3月17〜30日、岡山大山岳部の石原武美らが知床岳〜羅臼岳、遠音別岳〜羅臼岳を2パーティで結んだ。『岳人217号』

★昭和41年（1966）6月3日〜5日、北大山岳部の寺井啓ら3名が、宇登呂より羅臼岳→遠音別岳に登り羅臼温泉に下った。『北大山岳部々報11号』

★昭和42年（1967）3月9〜17日、北大山スキー部の北村育夫ら4名が、羅臼より計根

別→カモイウンペ→知床岳を、さらに羅臼→ラウス温泉→羅臼岳→岩尾別→宇登呂を縦走した。『北海道大学スキー部100年、山スキー部50年』

★昭和43年(1968) 1月1～6日、網走山岳会の桂田歓二ら11名が、愛山荘より知西別岳、遠音別岳に登り、同ルートを戻った。『網走山岳会会報・創立15周年記念号』

★昭和43年(1968) 4月3日～16日、北大山岳部の石井宇一郎ら3名が、宇登呂より海別山→遠音別岳→羅臼岳→硫黄岳→ルサ岳→知床岳を縦走し知床岬に下りた。『北大山岳部々報』11号『北大山岳部々報』11号

★昭和43年(1968) 8月1～16日、早稲田大学探検部は過去8年にわたり、知床の山域を調査で縦走を試みていたが、伊藤雅彦ら3名が、23名のサポート隊の支援を得て、背丈2ⅿ前後のハイマツに悩まされつつも、海別岳より知床半島の岬まで縦走した。『現代の探険9号』滝本幸夫。『北の山・記録と案内』

★昭和44年(1969) 7月25日～8月4日、北大山岳部の伊藤寿晴ら7名が、春刈古丹川より遠音別岳→羅臼乗越→オッカバケ沢→硫黄山を縦走しルシャ川を下った。『北大山岳部々報11号』

★昭和44年(1969) 12月27日～1月4日、北大OBの新妻徹ら6名が、ケンネベツから知床岳へ登った。『北海道登山記録と研究』

★昭和46年(1971) 4月2日～12日、北大山岳部の平野逸彦ら5名が、羅臼湖より遠音別岳→硫黄山→ルサ乗越→知床岳を縦走し知床岬に下った。『北大山岳部々報11号』

★昭和46年(1971) 12月27日～47年1月8日、、北大山岳部の平野逸彦ら6名が、羅臼町より羅臼岳→春刈古丹川→遠音別岳→1019m峰→海別岳を縦走し峰浜に下った。『北大山岳部々報』11号

★昭和47年(1972) 1月12～16日、釧路山岳連盟の岸憲宏らが羅臼岳の西ルンゼ大崩れを直登した。『北の山脈7号』

★昭和47年(1972) 7月31日～8月9日、北大山岳部の小宮山英重ら6名が、サシルイ川より羅臼岳→硫黄岳→ルシャ川→テッパンベツ川→知床岳→ポトピラベツ川→オケッテウシ川→ポロモイ台地→モイレウシ川を縦走し相泊に下った。『北大山岳部々報12号』

★昭和47年(1972) 12月27～1月9日、北海道学芸大旭川分校の寺沢靖夫らが、海別岳より知床岳を縦走した。『岳人313号』

★昭和47年(1972) 12月28日～1月8日、北大OB新妻徹ら7名が羅臼温泉より羅臼岳に登った。『北海道登山記録と研究』

★昭和47年(1972) 12月29～1月6日、美唄岳友会の堰代幹康が、ルシャ川より知床岳に登った。『北の山と本』

★昭和48年(1973) 3月30日～4月6日、酪農学園の新谷暁夫ら5名が、ルサ川よりル

サ乗越→知床岳→サシルイ川→三峰→羅臼平を縦走し羅臼温泉に下った。『北大山岳部々報12号』

★昭和48年（1973）8月15日〜18日、北大山岳部の古川幹夫ら5名が、羅臼温泉よりサシルイ岳→羅臼岳と三峰山のコル→羅臼岳→三峰山→サシルイ岳→オッカバケ山→硫黄岳→ルサ川を縦走し羅臼温泉に下った。『北大山岳部々報12号』

★昭和48年（1973）9月26日〜10月4日、北大山岳部の高橋和憲ら2名が、テッパンベツ川より知床岳に登りウナキベツ川を経て知床岬に下った。『北大山岳部々報12号』

★昭和48年（1973）12月28日〜1月8日、北大山岳部OBの新妻徹ら3名が、ルサ川より知床岳に登った。『北海道登山記録と研究』

★昭和49年（1974）3月23日〜27日、北大山岳部の安藤朝夫ら5名が、羅臼温泉より羅臼岳→三ツ峰→羅臼平を登り岩尾別温泉に下った。『北大山岳部々報12号』

★昭和51年（1976）6月3日〜6日、北大山岳部の石松重雄ら5名が、岩雄別温泉より羅臼岳→硫黄岳→848m峰を縦走しルサ川を下った。『北大山岳部々報12号』

★昭和51年（1976）6月3日〜7日、北大山岳部の小山正ら4名が、チセカルベツ川より硫黄岳→ルシャ山→ポンルシャ川→林道→コタキ川→知床岳を縦走し林道を下った。『北大山岳部々報12号』

★昭和51年（1976）6月4日〜7日、北大山岳部の平岡申行ら4名が、斜里より金山川→サマッキヌプリ→サマッキヌプリ沢→植別川→海別岳に登り海別川を峰浜に下った。『北大山岳部々報12号』

★昭和52年（1977）6月2日〜6日、北大山岳部の東信彦ら5名が、岩尾別より羅臼岳→硫黄岳→ルシャ山を縦走しルサ川を下った。『北大山岳部々報12号』

★昭和52年（1977）6月4日〜7日、北大山岳部の平野勝也ら4名が、イダシュベツ川より羅臼岳に登り知西別川を春刈古丹に下った。『北大山岳部々報12号』

★昭和52年（1977）7月4〜17日、「山の仲間山椒魚」の工藤栄一が単独で、遠音別岳より知床岬まで縦走した。『山と渓谷469号』

★昭和53年（1978）2月、前田正信らが、ウトロより流氷を伝いルシャに至り、知床岳西稜をスキーで滑降した。『スキーヤー38号』

★昭和53年（1978）3月9〜27日、北大山スキー部の竹内隆一ら4名が、羅臼よりオシュコロ川→観音岩→ウナキバツ川→知床岳→知床岬→ウナキベツ川→観音岩→ケンネベツ→羅臼→硫黄山→三ッ峰→羅臼岳→岩尾温泉を縦走した。『北海道大学スキー部100年、山スキー部50年』

★昭和53年（1978）3月21日〜4月5日、北大山岳部の小泉章夫ら5名が、峰浜より海別岳→遠音別岳→羅臼岳→知円別岳→知床岳→知床岬を縦走し相泊に下った。『北大山岳

部々報12号』
★昭和55年（1980）3月16日～4月3日、豊旅会の工藤栄一が海別岳よりスキーで知床岬まで、八雲山の会の細貝栄が知床岬より海別岳まで、それぞれ輪かんじきでノンデポ、ノンサポートで交差縦走をした。『岳人397号』
★昭和56年（1981）3月2日～16日、東京都立大ワンゲル部の矢内万喜男と小林吉夫が、斜里岳→羅臼岳→知床岳をスキーで縦走した。『山と渓谷558号』
★昭和58年（1983）3月7～22日、日本大学の大谷直弘ら8名が、ノンデポ、ノンサポートで、羅臼温泉より羅臼岳～知床岬まで縦走した。『雪と岩95号』
★昭和58年（1983）6月3～5日、北大山岳部の宮井浩典が、相泊よりメガネ岩→ペキンの岩→カブト岩を登り知床岬の文吉湾に下った。『北大山岳部々報13号』
★昭和63年（1988）1月10～27日、札幌山岳会の横山英雄らが、海別岳より知床岬まで知床半島の全山縦走を果たした。『札幌山岳会会報49号』
★平成3年（1991）3月13～30日、北大山スキー部の鳥羽山聡など4名が、宇登呂より海別岳→ラサウヌプリ→遠音別岳→天頂山→羅臼岳→知円別岳→ルシャ山→知床岳→知床岬→相泊を縦走した。『北海道大学スキー部100年、山スキー部50年』
★平成4年（1992）3月17日～4月6日、北大山岳部の斎藤清克ら5名が、摩周湖の清里峠より養老牛岳→サマッケヌプリ山→海別岳→遠音別岳→羅臼岳→知円別岳→知床岳→知床岬を縦走し相泊に下った。『北大山岳部々報14号』
★平成5年（1993）3月25日～4月12日、東京都立大WV部OBの村田文洋が単独で、海別岳より知床岬を、ノンデポ、ノンサポート、ワンプッシュで縦走した。『岩と雪162号』
★平成6年（1994）3月10～30日、伊藤健次夫妻が、根北峠より知床岬まで縦走し、相泊に戻った。『山と渓谷716号』
★平成7年（1995）8月19～23日、町田有恒が単独で、糠真布川右俣→海別岳→植別川本流→植別川→無名沢→ラサウヌプリ→オンネベツ川本流、同無名沢、春苅古丹川大谷川左俣→同右俣→遠音別岳→知西別岳→羅臼湖→知床岬を縦走した。『岳人615号』
★平成11年（1999）8月6～9日、網走山岳会の武田榮ら4名が、ウトロよりポトピラベツ川を遡行し知床岳に登り知床川を下降した。『網走山岳会会報・創立40周年記念号』
★平成18年（2006）12月29日～1月14日、慶応義塾大山岳部OBの鈴木崇史らが、羅臼温泉より羅臼岳に登り知床岬を縦走し、東海岸をペキンの鼻経由で戻った。『岳人720号』
★平成22年（2010）4月19日、秋葉圭太が単独で、遠音別岳東壁より（初滑降）、春刈古丹二俣→山頂→サケマス孵化場へ下った。『岳人759号』

★平成22年（2010）12月23〜29日、プリムラ山の会の初鹿裕康らが、ウトロ→知床岬→羅臼岳→トッカリムイ岳→知床岳手前を縦走し相沼に下った。『岳人766号』
★平成26年（2014）年4月28日　日本山岳会北海道支部が、北海道の東半分を南北に分断するオホーツク・太平洋分水嶺の踏査を達成した。登山道のない区間が大半のため難易度の高い踏査を、積雪がある時期に毎年少しずつ進められた。大雪山系の三国山に始まり、知床岬までの約350kmを、平成19年（2007）5月から2014年4月28日まで8年越しで達成した。踏査は支えたサポート隊などを含め35隊、延べ231人がリレー式で繋いだ。通過した山は、東三国山、イユダニヌプリ山、藻琴山、斜里岳、羅臼岳など30山、通過した峠は、美幌峠、釧北峠、知床峠など15峠であった。
　この踏査のため2007年11月に上ホロカメットク山で訓練中、主力メンバー4人が雪崩の直撃を受けて死亡している。この事故の反省と検証のため、取り組みは3年間中断した。『北海道新聞』2014.5.1

【A-2 斜里山地】

★明治11年（1878）秋山謙造らが測量調査のため、ルベシベより斜里岳に登った。「北海道地質報文」
★大正13年（1924）年8月2日、網走支庁の丸子属官らが藻琴山に登った。『東藻琴村誌』
★大正14年（1925）10月15日、地元の町田正雄ほか5名が国境測量のため、斜里側の越川に近い富士農場より東尾根に取り付き、馬ノ背を通って呻吟のすえ斜里岳の頂上に達した。現在もっともポピュラーとされている清里口の正反対にあたる。「馬ノ背」はこの時以来の名称になった。：滝本幸夫『北の山』
★昭和3年（1928）3月27日、北大山岳部の原忠平と中野征紀が、越川駅逓より斜里岳に登った。（冬期初登）『北大山岳部々報1号』
★（昭和7年頃か）三沢満他　釧路より列車で舌辛駅下車、林道を徹別飽別の小舎で少ない憩い、午後5時ルペシベの小舎に着いた。北海道でも夏の山旅は矢張り暑い。（昭和7年か）昨夜、釧路から同じ列車であたらしい北大山岳部の方々が、雄別より登ってきて泊まり合わせたので、今日は一緒に賑やかに小径を登り始める。ポンマチネシリを右山に巻いて登り、雌阿寒の尾根に取り付く。尾根伝いに阿寒岳の頂上に着いた。5400尺の標高が1本立って居る。5時半頃、阿寒湖の湖畔に着いて温泉に入った。翌日、雄阿寒に登って、阿寒湖に戻っている。『山と渓谷』20号　昭和8年6月25日印刷、7月1日発行

★昭和9年（1934）3月22〜26日、北大の瀬戸国男らが、島戸狩から海別岳、越川駅逓から斜里岳に登った。『北大山岳部々報5号』
★昭和33年（1958）5月3〜4日、堰代幹康、法量武らが、玉石沢のゴルジュより斜里岳の北壁を直攀した。『北海道登山史年表』
★昭和33年（1958）6月14〜15日、北見山岳会の江口完らが、斜里岳の北面バットレスを直攀した。『北見山岳会誌1号』
★昭和35年（1960）3月18〜20日、北見山岳会の江口完らが、斜里岳の北尾根を登った。『北見山岳会誌24号』
★昭和49年（1974）3月21〜24日、えぞ山岳会の佐藤明秀らが斜里岳の北壁を登った。『岩と雪39号』
★昭和52年（1977）1月8日〜11日、北大山岳部の八木欣平ら3名が、豊里登山口より斜里岳→南斜里岳に登り清里に下った。『北大山岳部々報12号』
★昭和53（1978）年1月4日〜6日、北大山岳部の北村一夫ら4名が、玉石沢西方の尾根より斜里岳を登り清里に下った。『北大山岳部々報12号』
★平成5（1993）年1月22〜29日、札幌山岳会の横山英雄ら4名が、武佐岳→標津岳→斜里岳を縦走した。『札幌山岳会会報51号』

【A-4・A-8 阿寒火山群・然別火山群】

★安政5年（1858）4月6日（太陽暦5月18日）、松浦武四郎[14]とアイヌ3名が、カムイヌプリ（摩周岳）に登っている。カムイヌプリに登った翌日、リスケ山に登っている。松浦武四郎の戊午日誌と久摺日誌は西別岳に登ったと書かれているが、実際に登った山は西別岳の北東側にある今のリスケ山と思われる。『江戸明治の百名山を行く－登山の先駆者松浦武四郎』（渡辺隆著）
★明治17年（1884）9月、内務省地理局の高橋不二雄が、石狩川を遡り石狩岳に登り諸山の位置を測量、釧路川の水源を探り阿寒山に登り、更に十勝川を極め佐幌岳、クマネシリ岳に登った。『北方文化研究報告18号』
★明治21年（1888）8月、秋山謙造らが測量調査で雌阿寒岳に登った。『北海道地質報

---

14 （1818〜1888）伊勢の国一志郡須川村（今の三重県松坂市小野江町）で生まれる。幕末期に蝦夷地をアイヌの協力を受けながら6回踏査し、地理、地名、産物、アイヌ民族の生活、各場所の商人や番人などの様子などを克明に記録。この調査記録を元に多くの著作を残している。北海道の名付け親とも呼ばれる。

文』
★明治23年（1990）神保小虎が測量調査で摩周火山に登った。『北海道地質報文』
★大正12年（1923）7月15〜25日、慶應義塾大の大島亮吉らが、然別川と音更川を彷徨し、西ヌプカウシ山に登った。『登高行5年』
★大正13年（1924）3月21日、小樽高商スキー部員の吉田秀夫ら3名が、雌阿寒岳にスキーで登った。【緑丘3号】
★昭和2年（1927）3月21〜23日、北大山岳部の島村光太郎らが、雌阿寒岳と雄阿寒岳に登った。『北大山岳部々報1号』
★昭和32年（1957）11月20〜25日、北大スキー部の溝口ら5名が、糠平よりウペペサンケ山〜丸山〜幌加川〜糠平を、縦走目的で偵察山行を行った。
★昭和33年（1958）2月5〜11日、北大スキー部の向井成司ら6名が、糠平よりウペペサンケ山〜丸山〜糠平を、縦走目的で偵察山行を行った。
★平成5年（1993）2月11〜22日、町田有恒が、雌阿寒岳よりウコキタヌプリを越え直別まで、白糠丘陵を縦走した。『岳人553号』

【A-9 東大雪火山群】

★明治7年（1874）7月25日、開拓使雇のライマンが地質調査のため石狩川を遡り、石狩岳に達し十勝側に下った。『大雪山のあゆみ』
★明治9年（1876）6月、開拓大判官の松本十郎が、イチャンナイケップ川を遡りルウチンに一泊し、28日に石狩岳に達し音更川を下った。『大雪山のあゆみ』
★明治24年（1891）9月9日、神保小虎がイシカリ川水源なるイシカリ岳の頂に達している。『北海道地質報文』
★明治32年（1899）9月14日、陸地測量部の正木照信らが、ウペペサンケ山に一等三角点を撰定。
★大正12年（1923）7月16〜27日、北大スキー部の田口鎮雄ら5名が、音更川から石狩岳に登り石狩川を下り層雲別村に至る。『北大山岳部々報12号』
★大正12年（1923）7月25日、慶応義塾大の大島亮吉らが然別川と音更川を彷徨し西ヌプカウシ山に登った。『登高行5年』
★大正15年（1926）7月、北大の沢本三郎らがニペソツ山に登った。『北大山岳部々報2号』
★昭和2年（1927）7月4〜9日、慶應義塾大の斎藤長寿郎らクマネシリ岳に登った。『登高行7年』

★昭和2年（1927）7月13〜21日、北大の山口健児らがオンネナイ温泉より三国山→ユニ石狩岳→石狩岳を縦走した。『北大山岳部々報1号』

★昭和2年（1927）7月13〜24日、北大山岳部の原忠平、渡辺成三らが芽登温泉より西クマネシリ岳→ピリベツ岳→クマネシリ岳を縦走し、シイトコロ川に下った。『北大山岳部々報1号』

★昭和3年（1925）2月3〜10日に、北大スキー部の伊藤秀五郎ら6名が、層雲別からヤンベタップ川を伝い、樹林帯以上はスキーとアイゼンを使用し、石狩岳の冬季初登頂を果たしている。『北海道大学スキー部創立100周年記念史』

★昭和4年（1929）4月1〜11日、北大山岳部の徳永芳雄と佐藤正が、ホロカ小屋よりニペソツ山にスキーで登った。『北大山岳部々報2号』

★昭和6年（1931）5月20〜30日、北大山岳部の伊藤紀克らが、上士幌よりニペソツ山に登り、国境尾根より沼ノ原を経て松山温泉に下った。『北大山岳部々報3号』

★昭和7年（1932）1月5〜7日、北大山岳部の中野征紀ら5名が、シーシカリベツ川から尾根沿いにウペペサンケ山に登った。『北大山岳部々報4号』

★昭和7年（1932）3月16〜22日、北大山岳部の豊田春満ら4名が、芽室温泉より西クマネシリ岳→クマネシリ岳→ピリベツ岳→南クマネシリ岳を縦走した。（クマネシリ山塊の全山登頂）『北大山岳部々報4号』

★昭和7年（1932）5月26日〜6月1日、北大の金光正次らが、ホロカ音更川からニペソツ山に登り、ウペペサンケ山に縦走し、然別沼に下った。『北大山岳部々報4号』

★昭和7年（1932）12月31日〜1月5日、北大の徳永正雄らが、十勝川のワッカレタリベツ川を遡行しニペソツ山に登った。『北大山岳部々報4号』

★昭和8年（1933）12月28日〜1月9日、北大山岳部の徳永正雄ら10名が3班編成で、極地法により無加川より音更山→石狩岳→ユニ石狩岳に登った。『北大山岳部々報5号』

★昭和11年（1936）3月14〜26日、北大山岳部の湊正雄ら7名が、音更川より十勝三股に至り極地法で石狩岳とニペソツ山に登った。『北大山岳部々報6号』

★昭和24年（1949）12月〜1月6日、札幌山岳倶楽部の小須田喜夫と森谷昭男が十勝三股よりユニ石狩岳のコルを経て音更山と石狩岳を縦走した。『峰路1号』

★昭和29年（1954）12月29日〜1月6日、札幌山岳倶楽部の小須田喜夫と森谷昭男が、十勝三股からユニ石狩岳のコルを経て音更山と石狩岳に登った。『峰路1号』

★昭和31年（1955）3月17〜21日、北大スキー部の佐藤鐵朗ら9名が、十勝三股より石狩岳〜音更山〜ニペソツ山を縦走した。『北海道大学スキー部100年、山スキー部50年』

★昭和32年（1957）5月4日、北大山岳部の遠藤禎一ら4名がニペソツ山の東壁を登っ

た。『北大山岳部々報8号』

★昭和32年（1957）12月29日〜1月6日、北大スキー部の落合ら5名が、十勝三股より音更川〜天狗〜ニペソツ山〜十勝三股を、向井ら7名が十勝三股よりユニ石狩岳〜十勝三股をそれぞれ偵察目的で縦走した。『北海道大学スキー部100年、山スキー部50年』

★昭和32年（1957）12月29日〜1月7日、北見山岳会の江口完らが、無加川より三国山に登り十勝三股に下った。『北見山岳会会誌1号』

★昭和33年（1958）2月5〜11日、北大スキー部の落合ら7名が、十勝三股より音更川〜天狗〜ニペソツ山手前と石狩岳を、また向井ら6名が糠平〜ウペペサンケ山〜丸山〜糠平をそれぞれ偵察目的で山行を行った。『北海道大学スキー部100年、山スキー部50年』

★昭和33年8月5〜10日、北大スキー部の佐々木ら4名が、十勝三股→音更川十六の沢→小天狗→天狗岳→ニペソツ山→幌加川→糠平温泉を縦走した。『北海道大学スキー部100年、山スキー部50年』

★昭和34年（1959）1月27日〜2月7日、北大スキー部が、ウペペサンケ山から三国山を縦走した。『北大山岳部々報8号』『北海道の山1号』

★昭和34年（1959）1月〜2月、北大スキー部の裏大雪系縦走
・1月26〜30日、サポート隊第1班（佐々木利夫ら6名）が、糠平→群界尾根→ウペペサンケ山
・1月28〜2月7日、小松弘ら4名の本隊が、糠平よりウペペサンケ山→ニペソツ山→石狩岳→ユニ石狩岳→三国山手前→十勝三股の裏大雪系約48kmを縦走。
・1月29日〜2月2日、サポート隊第2班（田辺顕人ら8名）が、第三尾根国境稜線→岩間温泉
・2月1〜6日、サポート隊第3班（高橋準ら6名）がユニ石狩岳
・2月6〜9日、サポート隊第4班（小島順治ら7名）が十勝三股→岩間温泉→群界尾根。縦走隊の残したスキー撤収→岩間温泉→国境尾根→石狩岳→岩間温泉『北海道大学スキー部100年・山スキー部50年記念誌』『北海道の山1号』

★昭和34年（1959）3月14〜20日、北大スキー部の佐々木利夫ら11名が、十勝三股→岩間温泉→国境尾根→音更山（往復）、天狗岳（往復）を縦走した。『北海道大学スキー部100年・山スキー部50年記念誌』

★昭和34年（1959）9月23〜28日、北大スキー部の阿部孝夫ら7名が、十勝三股→ユニ石狩岳→岩間温泉→十六の沢→天狗岳→ニペソツ山→十勝三股『北海道大学スキー部100年・山スキー部50年記念誌』

★昭和35年（1960）2月、十勝山岳会の白岩清らがニペソツ山の北壁を直攀した。『北

の山と人』

★昭和35年（1960）2月10日〜15日、北大スキー部の小松ら5名が、十勝三股より岩間温泉→川上岳→石狩岳→岩間温泉→十勝三股に下った。『北海道大学スキー部100年、山スキー部50年』

★昭和35年（1960）5月2〜4日、札幌山岳会の漆畑穣らがニペソツ山の東壁正面ルートを登った。『札幌山岳会会報25号』

★昭和36年（1961）4月29日〜5月4日、札幌山岳会のパーティがニペソツ山の東壁中央ルートを登った。『北海道の山15号』

★昭和37年（1962）6月2〜5日、北大山岳部の石田隆雄ら4名が、6の沢よりニペソツ山に登り6の沢→5の沢→2の沢を下った。『北大山岳部々報10号』

★昭和37年（1962）11月1日〜6日、北大山岳部の安田勲ら4名が、十勝三股よりニペソツ山→石狩岳→川上岳→沼の原山を縦走し層雲峡へ下った。『北大山岳部々報10号』

★昭和37年（1962）11月3〜6日、北大山岳部の増山直義ら4名が、硫黄塔温泉よりトムラウシ山→化雲岳→忠別岳→黒岳を縦走し層雲峡に下った。『北大山岳部々報10号』

★昭和37年（1962）12月28日〜38年1月8日、北大山岳部の増山直義ら11名が、幌加川4の沢よりウペペサンケ山→ニペソツ山→天狗岳を縦走し十勝三股へ下った。『北大山岳部々報10号』

★昭和38年（1963）2月1〜7日、北大山スキー部の永野正幸ら5名が、糠平よりウペペサンケ山と丸山に登り幌加に下った。『北海道大学スキー部100年、山スキー部50年』

★昭和38年（1963）5月19〜21日、富士製鉄室蘭山岳部と室蘭山岳会の合同パーティが、ニペソツ山の東壁正面リッジを登った。『富士製鉄室蘭山岳部報1号』

★昭和39年（1964）10月6〜8日、北大山スキー部の大谷隆昶ら5名が、十勝三股より十六の沢→ニペソツ山→大平→丸山→南丸山→ウペペ五峰を縦走し糠平に下った。『北海道大学スキー部100年、山スキー部50年』

★昭和39年（1964）10月30日〜11月3日、北大山岳部の岡田勝英ら6名が、16の沢よりニペソツ山、岩間温泉より石狩岳を登り十勝三股に下った。『北大山岳部々報10号』

★昭和40年（1965）9月25日〜27日、北大山岳部の西信[15]ら3名が、幌加川を遡りニペソツ山→小天狗のコル→岩間温泉→石狩岳→音更山を登り十勝三股へ下った。『北大山岳部々報11号』158p

---

[15] 「小樽の西四兄弟」北大山岳部で活躍された、長男・西信博（昭和27年入部）、次男・西安信（昭和33年入部）、三男・西信三（昭和35年入部）、四男・西信（昭和38年入部、昭和43年8月にソエマツ岳ソエマツ直登沢を4名で遡行中に遭難した）。

★昭和40年（1965）10月29日〜11月1日、北大山岳部の須田長良ら4名が、十六の沢より天狗のコル→ニペソツ山に登り、岩間温泉を経て石狩岳に登り十勝二股に下った。『北大山岳部々報11号』

★昭和40年（1965）12月27日〜1月2日、北大山岳部の古瀬健ら5名が、幌加より四の沢とニペソツ山を登り（スキーが流されたので）ツボ足で下山した。『北大山岳部々報11号』

★昭和41年（1966）1月27日〜29日、北大山岳部の西信ら5名が、白金温泉より美瑛川をオプタテシケ山に登り、トムラウシ山→温泉小屋→石狩岳を縦走し岩間温泉を経て十勝三股に下った。『北大山岳部々報11号』164p

★昭和41年（1966）3月10日〜4月5日、訓子府山岳会の堰代幹康らがニペソツ山南リッジを登り大滝沢よりウペペサンケ山に登った。『北の山と本』

★昭和41年（1966）3月26日〜4月3日、北大山岳部の名越昭男ら4名が、幌加より幌加川五の沢→ウペペサンケ山直下→天狗岳→小天狗→ニペソツ山→石狩岳を縦走し十勝三股に下った。『北大山岳部々報11号』

★昭和41年（1966）5月30日〜6月4日、北大山岳部の坂本克輔ら5名が、幌加の六の沢よりニペソツ山を登り、ヌプントムラウシ温泉〜沼の原山〜化雲岳〜トムラウシ山を縦走し天人峡温泉に下った。『北大山岳部々報11号』

★昭和41年（1966）5月30日〜6月3日、北大山岳部の山際清司ら6名が、幌加の六の沢を経てニペソツ山を登り、ヌプントムラウシ温泉→沼の原を経て、川上岳→石狩岳に登り岩間温泉に下った。『北大山岳部々報11号』

★昭和41年（1966）11月3日〜6日、北大山岳部の寺井啓ら12名が、十勝三股の十六の沢よりニペソツ山とユニ石狩岳を登り十勝三股に下った。『北大山岳部々報11号』

★昭和42年（1967）3月27日〜4月1日、置戸高教諭の早川禎治らが、エオマピリより前クマネシリを経てクマネシリ岳、西クマネシリ岳、ピリベツ岳を登った。『山の素描17号』

★昭和42年（1967）6月2日〜7日、北大山岳部の岸本正彦ら3名が、幌加より六の沢→水のみ沢→東壁II峰ルンゼ→ニペソツ山→II峰左ルンゼ→ニペソツ山→天狗→岩間温泉→二十の沢二股→シュナイダー取付を縦走し十勝三股に下った。『北大山岳部々報11号』

★昭和42年（1967）11月2日〜5日、北大山岳部の大村富士夫ら5名が、十勝三股の十六の沢より小天狗→ニペソツ山→岩間温泉御殿→音更山→を縦走し十勝三股に下った。『北大山岳部々報11号』

★昭和42年（1967）12月30〜1月9日、北大山スキー部の山崎雅昭ら4名が層雲峡よ

り音更沢出合→音更山→石狩岳→J・P→小天狗→ニペソツ山→杉沢出合を縦走し十勝三股に下った。『北海道大学スキー部 100 年、山スキー部 50 年』
★昭和 43 年（1968）3 月 15 日〜20 日、北大山岳部の名越昭男ら 2 名が、ニペソツ川よりニペソツ山に登った。。『北大山岳部々報 11 号』
★昭和 43 年 3 月 22〜27 日、北大山スキー部の田上省一ら 6 名が、幌加より 3 の沢出合→ニペソツ山→丸山→ウペペサンケ山を縦走し糠平川に下った。『北海道大学スキー部 100 年、山スキー部 50 年』
★昭和 43 年 1968）12 月 28 日〜1 月 4 日、北大山スキー部の川口正中ら 4 名が、幌加より七の沢出合→ニペソツ山→丸山→東丸山→ウペペサンケ第五峰を縦走し糠平に下った。
★昭和 44 年（1969）11 月 3〜4 日、神原正紀ら室蘭混成のパーティがニペソツ山東壁第一スラブを登った。『北海道の山と旅 44 号』
★昭和 44 年（1969）11 月 16 日〜20 日、北大山岳部の矢野実ら 6 名が、糠平温泉よりウペペサンケ山とニペソツ山に登り幌加に下った。『北大山岳部々報 11 号』
★昭和 44 年（1969）12 月 27 日〜1 月 4 日、札幌山岳会のパーティが 6 コースに分かれ、ニペソツ山に集中登山した。『札幌山岳会会報 35 号』
★昭和 44 年（1969）12 月 27 日〜1 月 4 日、北大山スキー部の椛島和夫ら 5 名が、幌加よりニペソツ山→ウペペサンケ v 峰→五の沢本流を縦走し幌加に戻った。『北海道大学スキー部 100 年、山スキー部 50 年』
★昭和 44 年（1969）12 月 27 日〜1 月 6 日、北大山スキー部の近藤博ら 4 名が、十勝三股より小天狗→ニペソツ山→音更山→岩間温泉→シュナイダー尾根→石狩岳→音更山→石狩川本流を縦走し大雪国道に出た。『北海道大学スキー部 100 年、山スキー部 50 年』
★昭和 44 年（1969）12 月 28 日〜1 月 6 日、北大山スキー部 OB の太田ら 5 名が、十勝三股よりニペソツ山→シュナイダーコース尾根の末端→石狩岳→音更山を縦走し十勝三股に下った。『北海道大学スキー部 100 年、山スキー部 50 年』
★昭和 44 年（1969）12 月 29 日、富士製鉄室蘭山岳部の大佐々哲夫らが、ニペソツ山の東壁正面リッジを登った。『北海道の山と旅 44 号』
★昭和 46 年（1971）11 月 3 日〜5 日、北大山岳部の越前谷幸平ら 3 名が、ニペソツ東壁を登った。『北大山岳部々報 11 号』
★昭和 46 年（1971）12 月 28〜1 月 5 日、北大山スキー部の小林博和ら 3 名が、幌加より六の沢→丸山→ニペソツ山→ウペペサンケ山を縦走し幌加に戻った。『北海道大学スキー部 100 年、山スキー部 50 年』
★昭和 47 年（1972）3 月 12 日〜17 日、北大山岳部の高橋一穂ら 5 名が、十勝二股の岩間温泉より音更山→石狩岳→ニペソツ山を縦走した。『北大山岳部々報 11 号』

★昭和47年（1972）9月29日〜10月2日、北大山岳部の渡部勇ら3名が、十六の沢よりニペソツ岳→糠平温泉→ウペペサンケ山を登った。『北大山岳部々報12号』
★昭和47（1972）年12月27日〜48年1月7日、北大山岳部の前田仁一郎ら6名が、ニペソツ川よりニペソツ岳（山）→ヌプントムラウシ川→音更川→石狩岳を縦走し十勝三股に下った。『北大山岳部々報12号』
★昭和48年（1973）9月24日〜29日、北大山岳部の森田英和ら3名が、十勝三股よりニペソツ山→石狩岳→音更山を縦走した。『北大山岳部々報12号』
★昭和48年（1973）12月27日〜49年1月4日、北大山岳部の山崎信男ら6名が、幌加川よりニペソツ岳（山）、岩間温泉より石狩岳とユニ石狩岳を登り層雲峡に下った。『北大山岳部々報12号』
★昭和49年（1974）12月9日〜14日、北大山岳部の花井修ら4名が、十勝三股よりニペソツ山→丸山→ウペペサンケ山を縦走し糠平に下った。『北大山岳部々報12号』
★昭和50年（1975）8月［ニペソツ山集中登山］札幌山の会、『北海道登山記録と研究』
・15〜16日、ニペソツ川コース（ワッカタリベツ沢）山田三樹夫ら3名
・15〜16日、ヌプントムラウシ川右股コース、加賀利明ら4名
・15〜16日、ヌプントムラウシ川左股コース、金子憲司3名
・15〜16日、幌加内本流コース、秋本節男ら3名
・16〜17日、音更川本流コース、丸山郁夫ら6名
★昭和50年（1975）11月2日〜3日、北大山岳部の沓沢敏ら4名が、十勝三股より天狗岳とニペソツ岳(山)を登り、11月22日〜25日、十勝三股より1596m→ユニ石狩岳→音更山→石狩岳を縦走した。『北大山岳部々報12号』
★昭和51年（1976）3月2日〜3日、北大山岳部の石松重雄ら3名が、十勝三股より杉沢→天狗→ニペソツ岳(山)を登り幌加に下った。『北大山岳部々報12号』
★昭和51年（1976）12月29日〜52年1月5日、北大山岳部の高橋仁ら5名が、層雲峡より石狩川源流→石狩岳→沼の原東コル→ヌプントムラウシ川→ニペソツ上流→ワッカタリベツ川上流→丸山コル→丸山→幌加川4の沢出会→ウペペサンケ山を縦走し幌加に下った。『北大山岳部々報12号』
★昭和52年（1977）3月11日〜19日、北大山岳部の高橋仁ら5名が、白金温泉より硫黄山→トムラウシ山→五色ヶ原〜沼の原→J・P→石狩岳→天狗→ニペソツ山を縦走し十勝三股に下った。『北大山岳部々報12号』
★昭和52年（1977）11月3日〜5日、北大山岳部の北村一夫ら5名が、十勝三股よりユニ石狩岳→音更山→石狩岳を縦走した。『北大山岳部々報12号』
★昭和52年（1977）11月20日〜25日、北大山岳部の福井文弘ら4名が、十勝三股より

石狩西のコル→音更山→石狩岳→ユニ石狩岳→三国山を縦走し十勝三股に下った。『北大山岳部々報12号』
★昭和52年（1977）11月25～27日、北大山岳部の東信彦ら4名が、十勝三股より天狗山→ニペソツ岳(山)に登り幌加川を下った。『北大山岳部々報12号』
★昭和52年（1977）12月28日～1月4日、北大山岳部の佐々木右治ら5名が、幌加より大平→ニペソツ山→丸山→南丸山→ウペペサンケ山を縦走し道道に下った。『北海道大学スキー部100年、山スキー部50年』
★昭和53年（1978）3月24日～4月3日、北大山岳部の小山正ら5名が、層雲峡より大雪湖→ユニ石狩沢→石狩岳→音更山→岩間温泉→ヌプントムラウシ川→ヌプン9の沢→ニペソツ岳(山)→ニペソツ川→丸山→ウペペサンケ山を縦走し糠平に下った。『北大山岳部々報12号』
★昭和53年（1978）6月1日～4日、北大山岳部の高橋仁ら4名が、石狩岳東面と音更山南面（ルンゼ登り）を登った。『北大山岳部々報12号』
★昭和53年（1978）12月25日～28日、北大山岳部の表雅英ら2名が、糠平やりウペペサンケ山を登り然別湖に下った。『北大山岳部々報12号』
★昭和54年（1979）3月4日～6日、北大山岳部の福井文弘ら4名が、十勝三股より北尾根を経てニペソツ岳(山)に登った。北大山岳部々報12号』
★昭和54年（1079）3月14日～19日、北大山岳部の毛利立夫ら3名が、幌加よりニペ東稜よりニペソツ岳(山)を登り十勝三股に下った。『北大山岳部々報12号』
★昭和55年(1980) 1月3～9日、北大山スキー部の三国俊亮ら4名が、糠平よりウペペ4峰→丸山→ニペ南陵下南コル→ニペソツ山→天狗→J・P間樹林内→音更川を縦走し道道に下った。『北海道大学スキー部100年、山スキー部50年)
★昭和55年(1980) 8月11～14日、日高同人の児玉隆と志賀敏彦が、音更川の二十一ノ沢左股沢、石狩岳直登沢、二十二ノ沢小石狩直登沢を登った。『北の山脈39号』
★昭和60年(1985) 1月7～15日、北大山スキー部の滝龍一郎ら5名が、新得よりヌプントムラウシ林道→ニペソツ西凌取付→北西凌→ニペソツ山→丸山→ウペペサンケ山→糠平分岐を縦走し糠平に下った。『北海道大学スキー部100年、山スキー部50年』
★平成3年（1991）5月12日、八谷和彦らが音更川十三ノ沢林道より南クマネシリ岳に登っている、頂上はガラガラした石が露出し、割れた石がガレ場のように堆積していた。ケルンや目印などもあり時々人が登ってくるらしかった。『ガイドブックにない北海道の山々』
★平成7年（1995）2月10～11日、安田成男ら3名が、菅野温泉よりスキーでピシカチナイ山に登った。『山の本19』

★平成9年（1997）12月31日〜1月10日、北大山スキー部の松井良典ら4名が、音更大橋より十石峠→ブヨ沢→音更山→石狩岳→北西尾根を縦走し林道を下った。『北海道大学スキー部100年、山スキー部50年』

★平成10年（1998）12月28日〜1月4日、北大山スキー部の西浦ら4名が、清川よりニセイカウシュッペ山→軍艦山→天狗山を縦走し北大雪スキー場に下った。『北海道大学スキー部100年、山スキー部50年』

★平成15年（2003）1月18日、東大スキー山岳部の新井裕己が、1日で幌加川よりスキーでニペソツ山の東尾根を登り、東壁を滑降した。『山と渓谷813号』

★平成18年（2006）5月3〜5日、札幌教育大WV部OBの上野学と島田茂が、ニペソツ山の東壁正面リッジを登った。『岳人710号』

【A-11 北大雪火山群】

★明治17年（1884）福士成豊[16]らが測量調査のためニセイカウシュッペ山に登った。『北海道地質報文』

★明治35年（1902）5月30日、陸地測量部の正木照信が、武利岳に一等三角点を撰定

★大正5年（1916）4月、参謀本部陸地測量部は双雲別の無名沢を遡行、大槍を迂回してチクルベツ沢にいったん下り、滝のある急な沢を伝ってニセイカウシュッペ山の頂上に達した。「点ノ記」

★大正15年（1926）5月18日、北大スキー部の須藤宣之助が層雲別よりニセイカウシュッペ山に登り北見峠に出た。『北大山岳部々報1号』

★大正15年（1926）7月18〜21日、北大スキー部の西川桜ら2名がイトムカから武華山と武利岳を往復し、ニセイチャロマップを層雲峡に下った。『北大山岳部々報2号』

★昭和2年（1927）2月6日、北大山岳部の宮沢精ら4名が層雲別よりニセイカウシュッペ山に登った。『北大山岳部々報1号』

★昭和3年（1928）2月3日の夜、北大の伊藤秀五郎、小森五作、和辻広樹、井田清、西川桜、野中保次郎、それに人夫2名が加わった一行は、翌朝上川へ着き、そこから馬橇に分乗して24 ^{k}ㅁ先の層雲峡温泉に入った。前年の夏に、前進基地として1つはホロカ

---

16 （1838〜1922）箱館奉行の御船大工棟梁見習、箱館府の外国方運上所出役通弁兼器械製造掛。その後、函館港湾の調査、函館地方の沿岸測量、北海道の三角測量に従事。1876年千島列島を調査測量し「クリル諸島海線見取図」を作成。北海道の測量・気象観測事業の上で指導的役割を果たした。

イシカリと大函との中間に、もう1つはシビナイ川の出合に小屋を造ってあった。5日、石狩川を遡り大函の結氷状態もよく最初の小屋へ着く。6日は10時間かかって第2の小屋へ、7日は前石狩沢にラッセルをつけ、8日ついに石狩岳の頂上に立った。『北大山岳部々報1号』

★昭和3年（1928）3月16〜24日に、北大スキー部の原忠平ら5名が、温根湯より武利岳と武華岳に登った。(積雪季初登頂)『北大山岳部々報1号』『北海道大学スキー部創立100周年記念史』

★昭和3年（1928）3月20〜21日、北大山岳部の原忠平ら5名が、天幕より武利岳と武華山を縦走し天幕に戻った。『北大山岳部々報1号』

★昭和5年（1930）5月21〜27日、北大山岳部の佐藤正ら4名が、留辺蘂より武華山→武利岳→支湧別岳を縦走し白滝に下った。『北大山岳部々報3号』

★昭和5年（1930）8月4〜17日、北大の徳永正雄がニセイチャロマップ川の屏風沢（今の九滝の沢）より屏風岳、武利岳に登り石狩川に下り、石狩岳→トムラウシ山→黒岳を縦走し層雲峡に下った。『北大山岳部々報3号』

★昭和6年（1931）3月24〜29日、北大山岳部の鈴木重雄らが中越より北見天狗岳と屏風岳に登った。『北大スキー部報1号』

★昭和7年（1932）1月1日、北大の福島健夫らが北見峠より北見天狗岳に登った。『北大山岳部々報4号』

★昭和7年（1932）3月25日〜28日、北大の三浦義明らが中越駅遖より支湧別岳、北見天狗岳に登った。『北大スキー部報2号』

★昭和7年（1932）5月27日〜6月2日、北大の大立目謙誼らが、上支湧別から支湧別岳→武利岳→屏風岳を縦走し層雲峡に下った。『北海道林業会報』

★昭和8年（1933）2月4〜9日、北大の徳永正雄が支湧別川より武利岳に登った。『北大山岳部々報4号』

★昭和11年（1936）12月29日〜1月5日、北大山岳部の葛西晴雄ら5名は馬橇で層雲峡大函に入り、ここから結氷状態の良いニセイチャロマップ川を遡り、2度の表層雪崩に遭遇するなど苦闘の末に武利岳頂上に立った。『北大山岳部々報6号』

★昭和12年（1937）3月23日、北大山岳部の初見一雄らが丸瀬布より北見富士に登った。『北大山岳部々報6号』

★昭和15年（1940）3月9〜17日、北大山岳部の住宮省三らが、武利川から武利岳に登りニセイチャロマップ川に下った。『北大山岳部々報7号』

★昭和31年（1956）2月14〜19日、北大スキー部の5名が、武利岳に登った。『北海道大学スキー部100年、山スキー部50年』

★昭和34年（1958）10月9～11日、北大スキー部の中島巌ら3名が、清川→ニセイカウシュッペ山→清川を縦走した。『北海道大学スキー部100年、山スキー部50年』

★昭和34年（1958）10月30日～11月1日、北大スキー部の斉藤貞ら6名が、清川→ニセイカウシュッペ山→清川を縦走した。『北海道大学スキー部100年、山スキー部50年』

★昭和34年12月30日～1月4日、北大スキー部の阿部孝夫ら3名、中越駅～ニセイニセイカウシュッペ山（往復）、上越駅～チトカニウシ（往復）、上白滝～北見天狗岳（往復）『北海道大学スキー部100年、山スキー部50年』

★昭和35年（1960）2月6～14日、北大スキー部の斉藤貞ら3名、層雲峡→ニセイチャロマップ川→武華岳→武利岳→屏風岳→層雲峡を縦走した。『北海道大学スキー部100年、山スキー部50年』

★昭和35年（1960）4月1日～7日、北大OBの新妻徹らが、清川よりニセイカウシュッペ山→屏風岳→武利岳→支湧別岳を縦走し白滝に下った。『北海道の山5号』

★昭和37年（1962）8月25～26日、小樽至峰会の今健一らがニセイノシキマップ川よりニセイカウシュッペ山に登った。「至峰記録1号」

★昭和37年（1962）12月26～30日、R・C・オヨヨの丹雄三らが層雲峡より大槍を越えニセイカウシュッペ山に登った。『北海道の山22号』

★昭和38年（1963）12月24～31日、北大山岳部の安田勲ら5名が、トイマルクシュベツ沢より有明山とニセイカウシュッペ山を登り支湧別川へ下った。『北大山岳部々報10号』

★昭和39年（1964）1月5～11日、北大山岳部の松村雄ら4名が、イトムカ川より武華岳→武利岳→ニセイチャロマップ岳→支湧別岳を縦走し白滝に下った。『北大山岳部々報10号』

★昭和41年（1976）11月23日～26日、北大山岳部の寺井啓ら5名が、清川を遡りニセイカウシュッペ山に登った。『北大山岳部々報11号』

★昭和41年（1966）12月27日～42年1月4日、北大山岳部の西信ら16名が、ニセイチャロマップ川を遡り武利岳→武華岳→ニセイカウシュッペ山を縦走し中越に下った。『北大山岳部々報11号』165p

★昭和42年（1977）11月23日～26日、北大山岳部の片桐且雄ら7名が、清川よりニセイカウシュッペを登った。『北大山岳部々報11号』

★昭和43年（1978）12月28日～1月5日、北大山岳部の加納隆ら5名が、層雲峡温泉より沼の原→温泉小屋→トムラウシ山→ヌプントムラウシ川出合→天狗岳を縦走し十勝三股に下った。『北大山岳部々報11号』

★昭和44年（1969）12月28日～45年1月5日、北大山岳部の遠藤一ら8名が、中越よ

りニセイカウシュッペ山→岩内川→天塩岳→オシラネップ川→北見富士を縦走した。『北大山岳部々報11号』

★昭和45年（1970）3月29日、北海岳友会の京極絃一が、層雲峡天狗ノ挽臼を登攀した。『北の山脈12号』

★昭和45年（1970）8月14日～17日、北大山岳部の高橋一穂ら2名が、層雲峡温泉より荒井川を遡りニセイカウシュッペ山へ登り、清川とテンマク沢を下った。『北大山岳部々報11号』

★昭和45年（1970）11月21日～24日、北大山岳部の下沢英二ら7名が、清川よりニセイカウキシュッペ山に登った。『北大山岳部々報11号』

★昭和47年（1972）3月16日～17日、北大山岳部の越前谷幸平ら3名が、層雲峡温泉より朝陽山→peak1559→ニセイカウシュッペ山→朝陽山を登り層雲峡温泉に下った。『北大山岳部々報11号』

★昭和47年（1972）12月1日～4日、北大山岳部の前田仁一郎ら5名が、清川よりニセイカウシュッペ山に登った。『北大山岳部々報12号』

★昭和47年（1972）12月7日～10日、北大山岳部の高橋一穂ら5名が、中越よりニセカウ北尾根1100mC1.2.3を経てニセイカウシュッペ山に登った。『北大山岳部々報12号』

★昭和47年（1972）12月24日～27日、北大山岳部の友成久平が単独で、大函より武利岳、武華岳に登った。『北大山岳部々報12号』

★昭和48年（1973）12月27日～49年1月2日、北大山岳部の菅野信夫ら5名が、大函より武華岳、武利岳→1518峰→ニセイカウシュッペ山に登り中越に下った。『北大山岳部々報12号』

★昭和49年（1974）3月1日～3日、北大山岳部の関野幸二ら4名が、ニセカウ南稜よりニセイカウシュッペ山に登り、ニセカウ北尾根より中越へ下った。『北大山岳部々報12号』

★昭和50年（1975）11月22日～27日、北大山岳部の岸川啓二ら4名が、清川よりニセイカウシュッペ山と1834峰を登った。『北大山岳部々報12号』

★昭和51年（1976）3月14日～17日、北大山岳部の石松重雄ら4名が、ニセイノシキオマパップよりニセイカウシュッペ南稜→ニセイカウシュッペ山→1834峰→天狗岳を登り奥白滝に下った。『北大山岳部々報12号』

★昭和51年（1976）12月3日～4日、北大山岳部の森田英和ら3名が、大函より武利岳と武華山を登りイトムカ鉱山に下った。『北大山岳部々報12号』

★昭和52年（1977）1月4日～11日、北大山岳部の石松重雄ら5名が、中越よりチカルベツ川→ニセイカウシュッペ山→トイマルクシュベツ川→国境稜線→有明山→天狗山→

北見峠→チトカニウシ山を縦走し上越に下った。『北大山岳部々報 12 号』

★昭和 52 年（1977）3 月 2 日～4 日、北大山岳部の高橋仁ら 2 名が、清川よりニセイカウシュッペ山→有明山→天狗岳を縦走し奥白滝に下った。『北大山岳部々報 12 号』

★昭和 52 年（1977）3 月 2 日～4 日、北大山岳部の花井修ら 5 名が、ニセイカウ南稜とニセイカウシュッペ山に登り中越に下った。『北大山岳部々報』12 号

★昭和 52 年（1977）12 月 4 日～6 日、北大山岳部の小山正ら 2 名が、西川の西尾根よりニセイカウシュッペ山に登った。『北大山岳部々報 12 号』

★昭和 53 年（1978）2 月 11 日～12 日、北大山岳部の八木欣平ら 4 名が、銀河の滝を攀じ登った。『北大山岳部々報 12 号』

★昭和 53 年（1978）3 月 3 日～4 日、北大山岳部の平岡申行ら 5 名が、西尾根よりニセイカウシュッペ山に登った。『北大山岳部々報 12 号』

★昭和 53 年（1978）3 月 4 日～5 日、北大山岳部の東信彦ら 4 名が、上支湧別より雲霧山西方ピーク→1580m の北尾根→1580m を登り上支湧別に戻った。『北大山岳部々報 12 号』

★昭和 53 年（1978）6 月 30 日～7 月 2 日、北大山岳部の志賀弘行ら 4 名が、ニセイノシキオマップよりニセイカウシュペ山を登り茅刈別川を下った。『北大山岳部々報 12 号』

★昭和 53 年（1978）12 月 9 日～12 日、北大山岳部の毛利立夫ら 4 名が、西尾根よりニセイカウシュッペ山→ヒマラ(比麻良)山→有明山を縦走し北大雪スキー場に下った。『北大山岳部々報 12 号』

★昭和 54 年（1979）2 月 1 日、北大山岳部 OB の越前谷幸平ら 3 名が、銀河の滝を登攀した。『北大山岳部々報』12 号

★昭和 54 年（1979）2 月 26 日～27 日、北大山岳部の毛利立夫ら 4 名が、ニセカウ南稜よりニセイカウシュッペ山に登った。『北大山岳部々報 12 号』

★昭和 54 年（1979）8 月 10～12 日、北大 OB の新妻徹ら 4 名が、茅刈別川本流よりニセイカウシュッペ山に登った。『北海道登山記録と研究』

★昭和 54 年（1979）8 月 12 日、吉田仁ら 4 名が、ニセイノシキオマップ沢よりニセイカウシュッペ山に登った。『北海道登山記録と研究』

★昭和 54 年（1979）8 月 11 日、洞野吉徳ら 5 名が、茅刈別川右股沢よりニセイカウシュッペ山に登った。『北海道登山記録と研究』

★昭和 54 年（1979）8 月 11 日、丸山郁夫ら 3 名が、茅刈別川直登沢一の沢よりニセイカウシュッペ山に登った。『北海道登山記録と研究』

★昭和 54 年（1979）8 月 11 日、小林トシ子ら 3 名が、茅刈別川直登沢二の沢よりニセイカウシュッペ山に登った。『北海道登山記録と研究』

★昭和 54 年 8 月 10～11 日、成田寿三ら 3 名が、茅刈別川直登沢三の沢よりニセイカウ

シュッペ山に登った。『北海道登山記録と研究』

★昭和54年（1979）11月23～25日、北大山岳部の志賀弘行ら5名が、清川のニセイカウシュッペ山西尾根よりニセイカウシュッペ山を登った。『北大山岳部々報12号』

★昭和54年（1979）12月7～10日、北大山岳部の中谷好治ら3名が、層雲峡より新大函の沢→丸山→平山→比麻良山→ニセイカウシュッペ山→有明山→天狗山を縦走し奥白滝に下った。『北大山岳部々報12号』

★昭和57年（1982）2月10日、旭川山岳会の村田憲彦らが、層雲峡錦糸の滝を直登攀した。『山と渓谷547号』

★昭和57年（1982）3月3～5日、北大山岳部の清水収ら5名が、清川よりニセイカウシュッペ西尾根→ニセイカウシュッペ山→比麻良山→有明山→天狗岳を縦走し奥白滝に下った。『北大山岳部々報12号』

★昭和57年（1982）12月26～29日、北大山スキー部の一迫公利ら4名が、層雲峡よりニセイノシキマップ川よりニセイカウシュッペ山を登り清川に下った。『北海道大学スキー部100年、山スキー部50年』

★昭和58年（1983）2月12日、同人アルファの三和裕佶らが層雲峡雲井ノ滝F1よりF3まで登攀した。『クライミングダイアリー5号』

★昭和58年（1983）7月14～15日、同人山岳党の小笠原浩らが、層雲峡天狗ノ挽臼蝦夷生艶焼をフリーで登った。『岩と雪98号』

★昭和59年（1984）1月22日、同人アルファの三和裕佶らが、層雲峡の七賢ノ滝を、同27日に岩間ノ滝を登った。『岳人444号』『北海道山岳』

★昭和59年（1984）12月23～24日、1月24日、旭川大の藤村洋一郎らが、層雲峡の大函を登った。『岩と雪108号』

★昭和60年（1985）4～5月、同人山岳党の石橋博美らが、層雲峡の兜岩周辺を開拓した。『岩と雪112号』

★昭和60年（1985）6月15日、吉田和正が石垣山の青い空、青いダイレクトルート等を登った。『岩と雪114号』

★昭和61年（1986）1月25日、JECCの広川健太郎らが、層雲峡小函トンネル上部岸壁の氷柱パラグーフォールを登った。『岳人466号』

★昭和61年（1986）6月28日～7月19日、東邦大ワンゲル部OBの矢島隆明らが、層雲峡の大函沢、小函沢、天狗ノ挽臼、鬼ヶ城にクラックルートを開拓した。『岩と雪121号』

★昭和63年（1988）2月7日、同人アルファの三和裕佶と松井傑が、層雲峡の残月峰対面に懸かる氷瀑VANISHING MOONを登攀した。『クライミングジャーナル35号』

★平成元年（1989）2月19日、八谷和彦が富士見よりツボ足とスキーで北見富士に登った。

★平成5年（1993）3月20日、旭川山岳会の藤本幸夫が単独で、ニセイカウシュッペ山のニセイノシキオマップ川支流の氷瀑ブルーウルフ中央ラインを登った。『岩と雪162号』

★平成31年（2019）2月28日～3月1日、旭川山岳会の宇野（吉）と星野（千）が、登山口→朝陽山→1558m（C1）→小槍ピーク→大槍ピーク→ニセイカウシュッペ山→朝陽山に登り登山口に戻った。「旭川山岳会HP」

★平成31年（2019）3月15日、北見山岳会のパーティが、留辺蕊のイトムカ峡谷で前人未踏と思われる氷漠3本をみつけアイスクライミングで登攀した。3本の滝に左からニジマスの滝、ヤマメの滝、イワナの滝と命名した。「北見山岳会HP」

★令和元年（2019）5月1～5日　旭川山岳会の林ら5名が、イトムカ登山口より武利岳→ニセイチャロマップ岳→丸山→ニセイカウシュッペ山を縦走し清川に戻った。「旭川山岳会HP」

【A-12 表大雪火山群】

★安政4年（1857）閏5月6日（太陽暦6月27日）、松浦武四郎はアイヌの案内で、サンケソマナイに荷物を置き、石狩川を見下ろす巨岩の上（石垣山）に立ち表大雪を遠望している。『松浦丁巳日誌6』

★安政4年（1857）、石狩役所在勤の松田市太郎が、石狩川上流から忠別岳付近を通って忠別川を下り、さらに十勝岳に登っている。『北の山』

★明治9年（1876）6月、開拓大判官の松本十郎[17]が、イチャンナイケップ川を遡りルウチン（ルウチシ）に一泊し、28日に石狩岳に達し音更川を下った。『大雪山のあゆみ』

★明治17年（1884）5月、内務省地理局の高橋不二雄と札幌縣の地形測量主任の福士成豊が、地図作製のため石狩川水系を調査し、上流地域と山の位置を測量した。このとき旭岳に登った。そして既成の地図を参照し「改正北海道全図」を作製し、明治20年5月に発行した。：高橋基『アイヌ語地名研究6』

17（1839~1916）　庄内藩（今の山形県）藩士の父に従って苫前や浜益に在勤。黒田清隆（開拓次官）の推薦で明治3年根室在勤開拓判官、同6年開拓使札幌本庁主任、大判官の頃、豊平川の出水を予知し防水工事を実施。同9年、樺太移住アイヌ民族の処遇を巡って黒田次官と衝突し、職を辞して庄内に帰った。

第Ⅳ編　登山記録

★明治17年（1884）9月、内務省地理局の高橋不二雄が石狩川を遡り石狩岳に登り諸山の位置を測量、釧路川の水源を探り阿寒山に登り、更に十勝川を極め佐幌岳、クマネシリ岳に登った。『北方文化研究報告18号』

★明治22年（1889）、神保小虎らが測量調査でトンラウシからホロカオトフケに登った。『北海道地質報文』

★明治33年（1900）9月10日、陸地測量部の館潔彦が、旭岳に一等三角点「瓊多窟（ヌタツク）」を撰定。

★明治36年（1903）6月11日、私立上川文武会（大正4年「旭川中学校」に改称）の生徒ら21名がオプタテシケ噴火山（今の旭岳）に団体登山を行う。「北海タイムス」『旭川市教育史』

〔解説〕このことは、旭川市博物館が所蔵する台紙付きの1枚の写真によって証明される。写真の1枚は旭岳山頂である。もう1枚は旭岳をバックにした写真である。その台紙の裏面には写真の説明文が10行書かれている。このオプタテシケ登山は、「噴火山」とあることから旭岳とも考えられる。（明治39,40年の）上川中学のオプタテシケと同じ山と考えていいだろう。大雪山系の学校登山としては史上最古であると思うがゆえである。まだ残雪豊かなこの時期に、一年生を含めた少年が3日で登破したことは驚愕の事実といえる。『大雪山』

★明治36年（1903）6月16日、陸地測量部の吉村義行がトムラウシ山に一等三角点を撰定。

★明治39年（1906）7月27〜30日、上川中学校（大正4年、旭川中学校に改称）の生徒有志（40名）と、案内、強力人夫などを加えて50余名がオプタテシケ山（今の旭岳）に登った。『大雪山のあゆみ』

★明治40年（1907）上川中学校の磯部精一（教諭）が生徒45名を引率し、旭岳に登った。『大雪山のあゆみ』

〔解説〕「昨年、オプタテシケ火山探検の挙ありて、首尾よくその嶮砦を蹴破りたる吾等は、それを以って未だ足れりとする能はず。本年もまた、大雪山大探検隊を組織し、昨年と日を同じうして、その行を始むることヽなれり。」『大雪山探検旅行記』40p

　この文章に、「本年もまた、大雪山大探検隊を組織し、昨年と日を同じうして」とある。『大雪山のあゆみ』は、第1回を明治39年、第2回を明治40年としている。
「ではオプタテシケとはどの山のことなのだろうか、過去の一時期、大雪山を「東オプタテシケ」と呼んでいたことはあるが、文面から察すると大雪山（旭岳）ではないように思われるが、諸説あって定かではない。『大雪山』

★明治42年（1909）8月、大平晟（おおだいらあきら）（日本山岳会）が佐藤岩蔵の案

内で、22日東川の農家泊、23日ピウケナイ沢露営、24日旭岳登頂からオプタテシケ山（今の旭岳）に登った。、25日東川の農家泊、26日旭川着。案内料は5日間で7円（それと別に糧食分を要す）、旭川での旅館宿泊料は1宿3飯1円。『山岳』第8年1号1913年

★明治44年（1911）8月、上川中学校の小泉秀雄（教諭）が旭川中学の生徒と卒業生、営林署長、そのほかの有志を集め総勢13人で、2日深夜1時、旭川を出発、松山温泉（今の天人峡温泉）に泊り、3日8時過ぎに出発、今の羽衣の滝の左側（右岸）に沿って旭岳に登った。現在このルートは廃道になっている。この年から小泉は大雪山全域の科学的調査に着手している。以来、小泉は大正3年8月、同5年、同6年7、8月と、通算数十日の山岳野営を行っている。『大雪山のあゆみ』『大雪山』

羽衣の滝　素材辞典 JF13

★大正5年（1916）5月、陸軍参謀本部陸地測量本部が、熊ノ沢から尾根伝いに登り愛別岳山頂に三等三角点を設置した。

★大正9年（1920）7月21〜31日に慶応義塾大の大島亮吉らが、クワウンナイ沢よりトムラウシ山に登り、ヌタプヤンベツ石狩川を経て石狩岳、ユニ石狩岳を登り層雲峡に下っている。『登高行3号』

〔解説〕大正10年頃小泉秀雄氏等の踏査によって石狩岳の概括的状態が「山岳」に記載されや、石狩岳の神秘境が俄に登山者の注目する所となり、それより逐年僅かながら登られる様になった。当時は、精密な地図も発行されず、小泉氏等は自身の踏査を総合して20万分の1位いの敬服に値する立派な地図を作製して登山者に提供せられ、数年後に陸地測量部の5万分の1と地図が発行せらるる迄は唯一の地図で、之に頼る他はなかったのであった。『北海道の山岳・登山案内』（石狩山地）昭和6年8月6日

★大正10年（1921）3月28〜30日、北大スキー部の加納一郎ら5名が、ユコマンベツ川上流の造林小屋からスキーにより旭岳を試登し、ユコマンベツ水源から下山。これは、大雪山系初のスキー登山であった。『北海道大学スキー部創立100周年記念史』

★大正10年（1921）7月、水姓吉蔵ら7人が、安足間川を遡り永山岳と北鎮岳に登った。『大雪山のあゆみ』

★大正10年（1921）8月20〜25日、大町桂月らが旭川駅を発し比布駅に降りて、そこ

から徒歩で層雲峡より黒岳沢を登り、黒岳・北鎮岳・旭岳に登り松山温泉に下った。「中央公論」

★大正11年（1922）北大スキー部の板倉勝宣、加納一郎ら5名が、1月7日は勇駒別の造林小屋に泊まって、8日は6時からスキーで2時間歩き爆裂火口のところまで行って引き返し、9日に前日のシュプールを辿って旭岳の頂上に達した。山頂付近はアイゼン使用している。『北海道大学スキー部創立100周年記念史』

★大正11年（1922）3月20日、北大スキー部の板倉勝宣、加納一郎ら3名が、層雲峡より黒岳にスキーで登頂、山頂付近はアイゼンを使用している。『北海道大学スキー部創立100周年記念史』

★大正11年（1922）3月30日、北大スキー部の板倉勝宣、加納一郎、板橋敬一ら8名が、10日間、黒岳石室に滞在して、黒岳、凌雲岳、北鎮岳、白雲岳、熊ケ岳、旭岳に登った。『北の山』

★大正12年（1923）8月18～21日、北海道山岳会上川支部が、第1回大雪山登山大会を催し47名が集う。「森岡チク（48歳、旭岳登頂8回目）」：吉田友吉著「中央高地登山詳述年表稿」『大雪山のあゆみ』『大雪山』

★大正13年（1924）5月、北大スキー部員が、松山温泉より化雲岳を経て忠別岳に登った。『北大山岳部々報1号』

★大正14年（1925）3月26日～4月5日、北大スキー部の伊藤秀五郎ら8名が、スキーで黒岳に登り、黒岳登山小屋を中心として、ゾンメルシーを使用して凌雲岳→北鎮岳→旭岳→北海岳→白雲岳→小泉岳に登頂した。旭岳、黒岳を除き積雪期初登頂。『北海道大学スキー部創立100周年記念史』

★大正15年（1926）5月12～21日、北大スキー部の野中保次郎ら4名が、層雲別より黒岳と忠別岳を縦走し、ヌタップヤンベツから石狩岳と音更山を往復した。『北大山岳部々報2号』

★昭和2年（1927）3月18～21日、北大山岳部の野崎健之助、坂本直行ら7名が、俵真布より硫黄岳→トムラウシ山を縦走した。『北大山岳部々報1号』

★昭和2年（1927）7月26日、黒岳石室の宿泊芳名録に、野口雨情[18]（東京市外吉祥寺・詩人・45歳）、塩谷忠（大雪山調査会理事）、村田丹下（東京赤坂・画家）が載っている。旭川で行われた「大雪山夏期大学」の講師として招かれた、野口雨情は3年前にも黒岳山頂に立っている。『大雪山のあゆみ』『大雪山』

---

18 （1882~1945）大正期の民謡・童謡作家、詩人。「七つの子」「青い目の人形」「十五夜お月さん」「証城寺の狸囃」などを作詞している。

★昭和4年（1929）8月、第七師団の山岳行軍記録によると「兵士182名、馬38頭、車両20両が、ユコマンベツ沢→熊ノ平→噴火口→中岳へ上り、北鎮岳で大暴風雨に遭遇したので、車両を飛ばされないように車輪を外して北鎮岳の麓に伏せ、一行は黒岳石室付近に一旦避難した。天候回復後北鎮岳に戻り、黒岳から層雲峡に下った」とある。：朝日守『北海道の百名山』

★昭和6年（1931）5月に、北大の奥田五郎の一行により、愛別岳が初めて登頂された。『北大山岳部々報4号』

★昭和7年（1932）12月28〜29日、北大の佐々保雄らが直井温泉（今の愛山渓温泉）より花の台尾根を伝い愛別岳に登り、1月3日は直井温泉より白川尾根を伝い再び愛別岳に登った。『北大山岳部々報4号』

★昭和8年1月6日、旭川中学の小野光らが、湧駒別からスキーで表大雪を横断し層雲峡に下った。『大雪山のあゆみ』

★昭和11年（1936）5月14日、北大の朝比奈英三らが、黒岳谷と桂月谷を遡行した。『北大山岳部々報6号』

★昭和12年（1937）9月6〜10日（山中4泊5日）、北大山岳部の石橋恭一郎が単独で松山温泉（現・天人峡温泉）より忠別川を遡り、未知の函や滝の難所を遡り忠別岳に登った。『北大山岳部々報6号』

★昭和15年（1940）3月19日、寺口彦次が単独で、大雪山から十勝岳への縦走を試み、忠別岳の近くで吹雪のため7日間雪穴で滞在し、旭岳を経て下山した。『北大山岳部々報7号』

★昭和17年（1942）8月3〜7日、陸軍七師団の砲兵ら約80名が、重量約40㌔の山砲と10数頭の軍馬とともに、旭川→層雲峡温泉→黒岳→北鎮岳→勇駒別温泉→旭川の154kmを縦走している。『追憶』（大雪山頂で大砲を撃った兵士の鎮魂譜）

★昭和25年（1950）3月28日〜4月5日、森田寛が単独で十勝岳より化雲岳へ縦走した。『北大山岳部々報7号』

★昭和25年（1950）7月23〜27日、北大山スキー部の9名が、松山温泉より旭岳→北海岳→白雲岳→烏帽子岳→北鎮岳→比布岳→永山岳→愛別岳→黒岳を縦走し層雲峡に下った。『北海道大学スキー部100年、山スキー部50年』

★昭和30年（1955）6月24〜29日、北大スキー部の10名が、層雲峡より黒岳〜北鎮岳〜旭岳南面大雪渓〜姿見の池を経て勇駒別温泉に下った。『北海道大学スキー部100年、山スキー部50年』

★昭和31年（1956）8月、新得山岳会の中木平三郎ら17名が、ユートムラウシ川よりトムラウシ山に登り天人峡に下った。『新得山岳会30年の歩み』

第IV編　登山記録

★昭和33年（1958）6月、北大スキー部のサマースキー
・第1班　14〜19日、小松弘ら12名、勇駒別〜旭岳〜北鎮岳〜黒岳〜層雲峡
・第2班　19〜24日、中島、若林の2名、旭岳→北鎮岳→比布岳→愛別岳→永山岳→旭岳→北海岳→旭岳　『北海道大学スキー部100年、山スキー部50年』
★昭和33年（1958）8月13〜17日、北大スキー部の佐々木利夫ら4名、層雲峡→黒岳石室→北海岳→白雲石室→忠別岳→化雲岳（熊に遭遇）『北海道大学スキー部100年、山スキー部50年』
★昭和33年9月19〜22日、北大スキー部の瑭ら4名が、天人峡→化雲岳→トムラウシ山（熊遭遇）→天人峡『北海道大学スキー部100年、山スキー部50年』
★昭和34年8月5日、小樽山岳会の一原有徳らが、忠別岳の第三稜フェースを登攀した。『岩と雪7号』
★昭和34年12月29日〜1月8日、北大スキー部の斉藤貞ら6人が、天人峡より滝見台→ポン化雲岳→化雲岳→天人峡、勇駒別温泉→天女が原→勇駒別に下った。『北海道大学スキー部100年、山スキー部50年』
★昭和36年1月9〜15日、北大スキー部の横山洋ら4名が、層雲峡より黒岳→北海岳→小泉岳→銀仙台を縦走し層雲峡に下った。『北海道大学スキー部100年、山スキー部50年』
★昭和36年1月28日〜2月2日、北大スキー部の瑭忠夫ら5名が俵真布より辺別川最上流カブト岩→トムラウシ山に登り辺別川に下った。『北海道大学スキー部100年、山スキー部50年』
★昭和36年1月29日〜2月2日、北大スキー部の中島巌ら4名が、白金温泉よりカブト岩→銀杏ヶ原→トムラウシ山→カブト岩→辺別川に下った。『北海道大学スキー部100年、山スキー部50年』
★昭和36年1月29日〜2月5日、北大スキー部の斉藤貞ら4名が、上川よりシビナイ川合流→ヌタップヤンベツ川合流→五色ヶ原→トムラウシ山→忠別岳→シビナイを縦走し上川に戻った。『北海道大学スキー部100年、山スキー部50年』
★昭和37年（1962）5月3〜6日、小樽至峰会の今健一らが陸満別より北尾根を伝い凌雲岳に登った。『至峰記録1号』
★昭和37年（1962）6月2日〜6日、北大山岳部の益田稔ら3名、ヌプントムラウシ温泉小屋より沼の原→忠別岳石室→化雲岳を登り天人峡に下った。『北大山岳部々報10号』
★昭和37年（1962）6月2日〜5日、北大山岳部の中川昭三ら3名が、白金温泉よりトムラウシ山と化雲岳を登り天人峡に下った。『北大山岳部々報10号』

★昭和37年（1962）6月2日～5日、北大山岳部の八木橋武ら4名が、美瑛川より硫黄沼→トムラウシ山→化雲岳を登り天人峡に下った。『北大山岳部々報10号』
★昭和37年（1962）10月1日～3日、北大山岳部の市村輝宣ら7名が、愛山渓温泉より北鎮岳→比布岳→愛別岳→間宮岳→旭岳→北海岳を縦走し層雲峡に下った。『北大山岳部々報10号』
★昭和37年（1962）12月27日～38年1月2日、北大山岳部の阪田正雄ら6名が、美瑛川よりトムラウシ山とオプタテシケ山を登り白金温泉に下った。『北大山岳部々報10号』
★昭和37年（1962）12月30日～1月6日　北大スキー部の桜間雄蔵（第1班A）ら6名と石田信博（第1班B）5名が、安足間より愛山渓温泉→当麻乗越付近→比布岳→北鎮岳→旭岳→永山岳を縦走した。『北海道大学スキー部100年、山スキー部50年』
★昭和38年1月6日～13日、北大スキー部の谷口尚弘（第2班A）ら5名と佐藤亮一（第2班B）ら5名が、安足間より愛山渓温泉→当麻乗越→安足間岳→愛別岳→北鎮岳→旭岳→ピウケナイ沢→北鎮岳→花の台→永山岳を縦走した。『北海道大学スキー部100年、山スキー部50年』
★昭和38年（1963）4月29日～5月3日、北大山岳部の西信三らが愛山渓で合宿を行い、白川本流より安足間岳直登ルンゼ、愛別岳直登ルンゼ等を登った。『北大山岳部々報10号』150p
★昭和38年（1963）6月5日～9日、北大山岳部の中川昭三ら5名が、ヌプントムラウシ川より沼ノ原山→白雲岳→北鎮岳→旭岳を縦走し勇駒別温泉に下った。『北大山岳部々報10号』
★昭和38年（1963）7月13日～17日、北大山岳部の橋本甲午ら3名が、化雲内沢よりトムラウシ山→白雲岳→黒岳を縦走し層雲峡に下った。『北大山岳部々報10号』
★昭和38年（1963）8月17日～25日、北大山岳部の益田稔と部外1名が、十勝二股よりトムラウシ山に登った。『北大山岳部々報10号』
★昭和38年9月20日～24日、北大山岳部の益田稔ら3名が、松仙ヒュッテより永山岳→北鎮岳→旭岳→白雲岳→トムラウシ山を縦走し天人峡に下った。『北大山岳部々報10号』
★昭和38年（1963）11月1日～5日、北大山岳部の一原正明ら3名が、勇駒別より旭岳→北鎮岳→比布岳→愛別岳を縦走し層雲峡に下った。『北大山岳部々報10号』
★昭和38年（1963）11月22日～24日、北大山岳部の沢田義一ら7名が、勇駒別より旭岳に登りスキーで勇駒別に下った。『北大山岳部々報10号』
★昭和39年（1964）5月3日～5日、北大山岳部の益田稔ら3名が、白金温泉よりトムラウシ山と化雲岳に登り天人峡に下った。『北大山岳部々報10号』

★昭和39年（1964）11月1日〜6日、北大山岳部の神谷晴夫ら5名が、勇駒別より旭岳→愛別岳→黒岳→烏帽子岳→白雲岳→黒岳を縦走し層雲峡に下った。『北大山岳部々報10号』

★昭和40年（1965）5月15日〜16日、北大山岳部の三ツ谷征志ら5名が、湧駒別温泉より姿見池→旭岳→黒岳に登り層雲峡温泉に下った。『北大山岳部々報11号』

★昭和40年（1965）10月31日〜11月3日、北大山岳部の松田彊ら6名が、湧駒別温泉より姿見の池→旭岳→北鎮岳→比布岳→黒岳石室→層雲峡温泉に下った。『北大山岳部々報11号』

★昭和40年（1965）12月27日〜41年1月4日、北大山岳部の八木橋武ら4名が、天人峡温泉より780m二股→970m二股→1180m二股→トムラウシ山南1900m地点→トムラウシ山を登りトムラウシ温泉に下った。『北大山岳部々報11号』

★昭和40年（1965）12月28日〜41年1月5日、北大山岳部の松田彊ら6名が、トムラウシ温泉よりポントムラウシ山→温泉小屋→トムラウシ山→五色ヶ原を縦走し層雲峡温泉に下った。『北大山岳部々報11号』

★昭和41年（1966）1月3〜10日、北大山スキー部の冬山訓練合宿で、勇駒別→ピウケナイ沢源頭（BC）旭岳、北鎮岳、比布岳などを集中登山した。

　Aパーティ岡本博之ら5名、

　Bパーティ川原田義彦ら5名、

　Cパーティ岡田信ら4名、

　Dパーティ佐藤岱生ら4名。

　『北海道大学スキー部100年、山スキー部50年』

★昭和41年（1966）5月4日〜7日、北大山岳部の名越昭男ら3名が、白金温泉より美瑛川→硫黄沼を経てトムラウシ山へ登り、温泉小屋→五色ヶ原を経て石狩川に出た。『北大山岳部々報11号』

★昭和41年（1966）7月28日、北海岳友会の京極絋一らが、層雲峡の流星ノ滝より赤岳沢を遡行した。『こまくさ5号』

★昭和41年（1966）8月27日〜30日、北大山岳部の大谷文雄ら4名が、化雲内→右股→ヒサゴ沼を遡り化雲岳に登り天人峡温泉に下った。『北大山岳部々報』11号

★昭和41年（1966）11月3日〜5日、北大山岳部の西信ら8名が、湧駒別温泉より姿見の池を経て旭岳に登った。『北大山岳部々報11号』165p

★昭和41年（1966）〜42年（1967）北大山スキー部の正月合宿（集中登山）

・12月30日〜1月5日　北村育夫ら5名、層雲峡→ヌタップヤンベツ川→五色分岐→ヒサゴ沼→トムラウシ山→ユウトムラウシ沢→トムラウシ温泉

- 12月31日～1月9日　宮崎敏育夫ら5名、高原温泉→白雲岳→高根が原→忠別岳→五色岳→ヒサゴ沼→トムラウシ山→カブト岩→ベベツ川→上俵真布
- 1月3～9日　飯豊利秋ら6名、天人峡→カウンナイ沢→トムラウシ山→トムラウシ温泉
- 1月3～11日　山崎輔久ら4名、白金温泉→美瑛川→双子沼→オプタテシケ山→黄金ヶ原→トムラウシ山→カブト岩→ベベツ川→上俵真布

『北海道大学スキー部100年、山スキー部50年』

★昭和42年（1967）2月、室蘭RCCの贄田克昭らが、層雲峡の銀河ノ滝を登攀した。『室蘭RCC2号』

★昭和42年（1967）3月16～21日、北大山スキー部の上ヶ島裕ら8名が勇駒別よりピウケナイ沢→北鎮岳→旭岳→間宮岳→北海岳→白雲岳を縦走し高原温泉に下った。『北海道大学スキー部100年、山スキー部50年』

★昭和42年（1967）3月21～25日、北大山スキー部の梅沢俊ら6名が、勇駒別より熊岳→比布岳に登り勇駒別に下った。『北海道大学スキー部100年、山スキー部50年』

銀河の滝　素材辞典JF132

★昭和42年（1967）6月1日～3日、北大山岳部の片桐目雄ら5名が、トムラウシ温泉よりトムラウシ山→ヒサゴ沼→忠別岳→白雲岳→旭岳を縦走し湧駒別温泉に下った。『北大山岳部々報11号』

★昭和42年（1967）7月12日～15日、北大山岳部の越前谷幸平ら2名が、化雲内よりトムラウシ山を登り黄金ヶ原を経て辺別川に下った。『北大山岳部々報11号』

★昭和42年（1967）7月19日～21日、北大山岳部の土屋彦ら3名が、化雲内より右股→ヒサゴ沼→化雲岳を登り天人峡温泉に下った。『北大山岳部々報11号』

★昭和42年（1967）7月28～29日、北海岳友会の京極絃一と風間国康が、天幕沢を遡行し愛別岳に、赤岳沢を遡行し白雲岳に登り、忠別岳第二稜を登った。『こまくさ5号』

★昭和42年（1967）11月2日～5日、北大山岳部の本多和彦ら5名が、湧駒別温泉より姿見池石室→旭岳→黒岳石室→北鎮岳を縦走し層雲峡温泉に下った。『北大山岳部々報11号』

★昭和42年（1967）12月27日～43年1月8日、北大山岳部の大谷文彦ら5名が、ヌプントムラウシ温泉よりニペソツ山→沼の原→トムラウシ山を縦走しトムラウシ温泉に下

★昭和43年（1968）6月2日～7日、北大山岳部の岡沢孝雄ら4名が、湧駒別温泉より姿見の池→旭岳→白雲岳→忠別岳→沼の原→トムラウシ山を縦走しトムラウシ温泉に下った。『北大山岳部々報11号』

★昭和43年（1968）7月13日～16日、北大山岳部の古田進ら2名が、天人峡温泉より化雲内とトムラウシ山に登りトムラウシ川より二股に下った。『北大山岳部々報』11号

★昭和43年（1968）10月1日～5日、北大山岳部の岡沢孝雄ら3名が、天人峡温泉より化雲内沢出合→化雲内沢上二股→右股→トムラウシ山に登り、黄金ヶ原→硫黄沼→美瑛川を白金温泉に下った。『北大山岳部々報』11号

★昭和43年（1968）10月28日、宮川勇と高田修が、黒岳尾根末端塾映月峰を登った。『北の山と人』

★昭和43年（1968）12月26日～1月3日、北大山スキー部の太田ら8名が、愛山渓温泉よりピウケナイ本流→熊ヶ岳北面→旭岳→間宮岳→北海岳→石室→緑岳→高原温泉を縦走し層雲峡に下った。『北海道大学スキー部100年、山スキー部50年』

★昭和44年（1969）6月、高田修と門田忠志が、層雲峡銀河ノ滝左岸塔前衛峰を登攀した。『北海道登山史年表』

★昭和44年（1969）7月29日～31日、北大山岳部の遠藤一ら8名が、天人峡温泉より化雲内沢→トムラウシ山→化雲岳を縦走し天人峡温泉に下った。『北大山岳部々報』11号

★昭和45年（1970）7月29日～31日、北大山岳部の井上孝俊ら5名が、天人峡温泉よりポン化雲内沢を遡り小化雲岳に登り天人峡温泉に下った。『北大山岳部々報11号』

★昭和45年（1970）8月14日～20日、北大山岳部の白石和行ら6名が、天人峡温泉より化雲内沢をトムラウシ山に登り、ヒサゴ沼と沼の原を経て石狩川に出た。『北大山岳部々報11号』

★昭和45年（1970）8月14日～21日、北大山岳部の卜沢英二ら3名が、天人峡温泉より化雲内沢を遡り黄金ヶ原→トムラウシ山→ヌタップヤンベツ→大石狩沢→石狩岳を縦走し十勝三股に下った。『北大山岳部々報』11号

★昭和45年（1970）10月4日～7日、北大山岳部の矢野実ら7名が、天人峡温泉より化雲岳→温泉小屋（修理作業を行う）→トムラウシ山→トムラウシ温泉へ下った（5名）。（2名は沼の原→ニペソツ山→幌加に下った）『北大山岳部々報11号』

★昭和45年（1970）10月10日～11日、北大山岳部の伏島信治ら4名が、湧駒別温泉より姿見の池、北鎮岳→黒岳石室→北海岳→白雲岳を縦走し高原温泉に下った。『北大山岳部々報11号』

★昭和46年（1971）3月12日〜14日、北大山岳部の竹田英世ら5名が、リクマンベツより凌雲岳に登った。『北大山岳部々報』11号
★昭和46年（1971）7月、北海岳友会の京極絃一が愛別岳の頂上岩を登攀した。『北の山と本』
★昭和46年（1971）7月18日〜22日、北大山岳部の高橋幸三ら4名が、天人峡温泉よりポンカウンナイ→小化雲岳→ヒサゴ沼→化雲内右股を経て天人峡温泉に下った。『北大山岳部々報11号』
★昭和46年（1971）10月2日〜4日、北大山岳部の竹田英世ら4名が、天人峡温泉より1320m→ヒサゴ沼→トムラウシ山を登り、トムラウシ温泉へ下った。『北大山岳部々報11号』
★昭和47年（1972）1月29日〜30日、北大山岳部の竹田英世ら3名が、層雲峡銀河の滝を登攀した。『北大山岳部々報11号』
★昭和47年（1972）3月15日、北大山岳部の越前谷幸平ら3名が、黒岳北壁を偵察し層雲峡銀河の滝を登攀した。『北大山岳部々報11号』
★昭和47年（1972）5月31日〜6月3日、北大山岳部の高橋一穂ら3名が、天人峡温泉より化雲岳→トムラウシ山→温泉小屋→忠別岳を縦走し高原温泉に下った。『北大山岳部々報12号』
★昭和47年（1972）6月1日〜6日、北大山岳部の小宮山英重ら5名が、旭岳→忠別川→忠別沼→化雲岳→温泉小屋→トムラウシ山を縦走し天人峡温泉に下った。『北大山岳部々報12号』
★昭和47年（1972）7月20日〜23日、北大山岳部の高地恒夫ら7名が、天人峡温泉よりカウンナイ沢→トムラウシ山→温泉小屋→化雲岳を縦走し天人峡温泉に下った。『北大山岳部々報12号』
★昭和47年（1972）8月5日〜8日、北大山岳部の前田仁一郎ら4名が、天人峡温泉よりカウンナイ沢→トムラウシ山→化雲岳→小化雲岳→ポンカウン沢を縦走し天人峡温泉に下った。『北大山岳部々報12号』
★昭和47年（1972）9月6日〜8日、北大山岳部の竹田英世ら3名が、カウンナイ沢より化雲岳→五色岳→忠別岳を縦走し層雲峡温泉に下った。『北大山岳部々報12号』
★昭和47年（1972）9月29日〜10月3日、北大山岳部の高橋一穂ら3名が、高原温泉より忠別岳→温泉小屋→化雲岳を縦走し天人峡温泉に下った。『北大山岳部々報12号』
★昭和47年（1972）10月1日〜3日、北大山岳部の小宮山英重ら2名が、カウンナイ沢よりトムラウシ山と忠別岳に登りヌタックヤンベツ川に下った。『北大山岳部々報12号』
★昭和47年（1972）11月3日〜5日、北大山岳部の高橋恒夫ら5名が、湧駒別温泉より

姿見の池を経て旭岳に登った。『北大山岳部々報12号』

★昭和48年（1973）2月11日、北大山岳部の越前谷幸平ら6名が銀河の滝を登攀した。『北大山岳部々報12号』

★昭和48年（1973）2月13日〜15日、北大山岳部の越前谷幸平ら4名が、白井川より桂月岳と黒岳の北壁・中央稜を登攀した。『北大山岳部々報12号』

★昭和48年（1973）6月6日〜9日、北大山岳部の池上宏一ら6名が、層雲峡より黒岳→凌雲岳→北鎮岳→旭岳→白雲岳→五色岳→温泉小屋→トムラウシ山を縦走し天人峡に下った。『北大山岳部々報12号』

★昭和48年（1973）6月6日〜10日、北大山岳部の岸川啓二ら3名が、天人峡より化雲岳→ヒサゴ沼→トムラウシ山→温泉小屋→五色岳→忠別岳→白雲岳→緑岳→北海岳→北鎮岳→熊ヶ岳→旭岳を縦走し湧駒別温泉に下った。『北大山岳部々報12号』

★昭和48年（1973）6月7日〜9日、北大山岳部の安藤朝夫ら6名が、湧駒別温泉より姿見池→旭岳→忠別岳→五色岳→温泉小舎→トムラウシ山を縦走し天人峡に下った。『北大山岳部々報12号』

★昭和48年（1973）7月26日〜28日、北大山岳部の友成久平ら4名が、天人峡より忠別川右股→小化雲岳を登り→カウンナイ左股に下った。『北大山岳部々報12号』

★昭和48年（1973）8月9日〜12日、北大山岳部の関野幸二と部外者1名が、カウンナイよりトムラウシ山と沼の原山を登りトムラウシ温泉に下った。『北大山岳部々報12号』

★昭和49年（1974）5月3日〜5日、北大山岳部ＯＢの越前谷幸平ら3名が、黒岳北西岩壁を登攀した。『北大山岳部々報12号』

★昭和49年（1974）6月6日〜9日、北大山岳部の冨田ゆきし他5名が、白金温泉よりトムラウシ山と沼の原山を登りヌプントムラウシ温泉に下った。『北大山岳部々報12号』

★昭和49年（1974）6月6日〜9日、北大山岳部の小山正ら7名が、高原温泉より五色ヶ原→温泉小舎→トムラウシ山を登り、硫黄沼→美瑛川本流を経て白金温泉に下った。『北大山岳部々報12号』

★昭和49年（1974）6月6日〜10日、北大山岳部の塚田昌司ら6名が、層雲峡より黒岳→桂月岳→旭岳→白雲岳→温泉小舎→トムラウシ山→化雲岳を縦走し天人峡に下った。『北大山岳部々報12号』

★昭和49年（1974）6月23日、北大山岳部OBの越前谷幸平ら4名が、黒岳のmw状岩壁を登攀した。『北大山岳部々報12号』P41

★昭和49年（1974）8月［トムラウシ山集中登山］札幌山の会『北海道登山記録と研究』
・クワウンナイ川コース、16〜17日、大西由志子ら4名。
・トムラウシ川ワセダ沢コース、16〜17日、新妻徹ら4名。

★昭和50年（1975）7月6日、北大山岳部の岸川啓二ら3名が、白井川より黒岳に登り層雲峡に下った。『北大山岳部々報12号』
★昭和50年（1975）7月13日、北大山岳部の土田直行ら5名が、ポンカウンナイより小化雲岳に登り天人峡に下った。『北大山岳部々報12号』
★昭和50年（1975）7月23日〜26日、北大山岳部の秋葉公太ら2名が、カウンナイ沢より化雲岳と小化雲岳を登りポンカウンナイ川を下った。『北大山岳部々報12号』
★昭和50年（1975）9月29日〜10月1日、北大山岳部の花井修ら2名が、黒岳沢より黒岳北壁U状岩壁を登った。『北大山岳部々報12号』
★昭和50年（1975）11月1日〜2日、北大山岳部の秋葉公太ら5名が、湧駒別温泉よりピウケナイ→安足間岳→比布岳→北鎮岳→旭岳を縦走した。『北大山岳部々報12号』
★昭和50年（1975）11月1日〜3日、北大山岳部の河合範雄ら2名が、湧駒別温泉より旭岳→中岳→北鎮岳→黒岳を縦走し層雲峡に下った。『北大山岳部々報12号』
★昭和50年（1975）11月1日〜3日、北大山岳部の花井修ら5名が、湧駒別温泉より旭岳と中岳に登り湧駒別温泉に下った。『北大山岳部々報12号』
★昭和50年（1975）12月7日〜10日、北大山岳部の秋葉公太ら4名が、凌雲北尾根→凌雲岳→黒岳石室を登り層雲峡に下った。『北大山岳部々報12号』
★昭和51年（1976）2月10〜12日、小樽山岳会の小林年ら5名のアタック隊が沼崎勝洋ら4名のサポート隊の支援で、層雲峡の銀河ノ滝、滝ノ沢、雄滝ノ沢を遡り、赤岳（2078m）と烏帽子岳（2072m）に登り、スキーで下った。『岩と雪60号』
★昭和52年（1977）3月2日〜4日、北大山岳部の平野勝也が単独で、凌雲北尾根より黒岳を登り層雲峡に下った。『北大山岳部々報12号』
★昭和52年（1977）7月10日、北大山岳部の平野勝也ら4名が、ポン化雲沢よりポン化雲岳に登り天人峡に下った。『北大山岳部々報12号』
★昭和52年（1977）7月22日〜24日、北大山岳部の森田英和ら4名が、天幕沢より比布岳と黒岳に登り赤石沢に下った。『北大山岳部々報12号』
★昭和52年（1977）7月22日〜23日、北大山岳部の平岡申行ら5名が、化雲内沢よりトムラウシ山に登った。『北大山岳部々報12号』
★昭和52年（1977）8月29日〜31日、北大山岳部の志賀弘行ら2名が、辺別川より黄金ヶ原を経てトムラウシ山に登り美瑛川に下った。『北大山岳部々報12号』
★昭和52年（1977）11月11日〜13日、北大山岳部の福井文弘ら4名が、旭岳の西尾根より旭岳、旭岳の東尾根より旭岳と北鎮岳に登った。『北大山岳部々報12号』
★昭和52年（1977）11月12日〜13日、北大山岳部の向山栄ら4名が旭岳の西尾根より、小山正ら8名が旭岳の東尾根より、小泉章夫ら6名が旭岳夏道より、それぞれ旭岳に登

った。『北大山岳部々報12号』
★昭和53年（1978）2月21日～23日、北大山岳部の福井文弘ら4名が、凌雲岳北尾根より凌雲岳と黒岳を登り層雲峡に下った。『北大山岳部々報12号』
★昭和53年（1978）8月、［愛山渓集中登山］札幌山の会『北海道登山記録と研究』
・11日、白川真水の沢コース、新妻徹ら2名。
・12日、白水川コース、田辺裕一ら3名
・12日、黒岳沢コース、稲澤薫ら3名。
・12～13日、赤岳沢コース、今野洋一、長谷川雅一ら5名。
・14日、石川コース、片桐寛久ら3名。
★昭和53年（1978）11月3日～5日、北大山岳部の美野輪治ら4名が、湧駒別よりピウケナイ沢→比布岳→愛別岳を登った。。『北大山岳部々報12号』
★昭和54（1979）年3月9日～13日、北大山岳部の長谷伸宏ら3名が、凌雲北尾根より黒岳に登った。『北大山岳部々報12号』
★昭和54年（1979）7月7～9日、北大山岳部の毛利立夫ら5名が、カウンナイ川よりトムラウシ山→化雲岳→五色ヶ原→忠別岳を縦走しヌタクヤンベツ川に下った。『北大山岳部々報12号』
★昭和54（1979）年11月10～12日、北大山岳部の中谷好治ら3名が、湧駒別温泉より旭岳と熊ヶ岳に登った。『北大山岳部々報12号』
★昭和55年（1980）12月27日～1月2日、北大山スキー部OBの船木上総ら4名が、トムラウシ温泉より林道終点→地獄谷BC→（トムラウシ）→化雲岳→C2345を縦走しトムラウシ温泉に戻った。『北海道大学スキー部100年、山スキー部50年』
★昭和55年（1980）12月31日～1月9日、北大山岳部の加藤峰夫ら4名が、層雲峡より→リフト→黒岳→黒岳石室→北海岳→白雲石室→忠別岳→忠別石室→五色ヶ原を縦走し、悪天候のため温泉沢対岸で断念した。『北海道大学スキー部100年、山スキー部50年』
★昭和56年（1981）12月29日～1月3日、小樽商大の成田修一らが安足間岳北壁右リッジを登った。『クライミングダイアリー2号』
★昭和57年（1982）3月10～17日、東京農工大探検部の尾崎研一らが、トムラウシ温泉より地獄谷温泉→五色ヶ原→忠別岳を大雪湖にスキー登山した。『山と渓谷549号』
★昭和57年（1982）3月21日～22日、同人ミスターベルンの斉藤錦らが、黒岳北壁正面スノーバンドルートを登った。『クライミングダイアリー3号』
★昭和57年（1982）12月28日～31日、北大山スキー部の小塚毅ら4名が、層雲峡よりリクマン別→凌雲岳北尾根→黒岳を登り層雲峡に下った。『北海道大学スキー部100年、山

スキー部50年』

★昭和57年（1982）12月28日〜1月6日、北大山スキー部の日野輝明ら4名が、新得よりトムラウシ温泉〜西沢〜トムラウシ山を往復し曙橋に下った。『北海道大学スキー部100年、山スキー部50年』

★昭和58年（1983）2月12日、同人アルファの三和裕佶ら4名が、2パーティに分れ、層雲峡雲井ノ滝をF1からF3まで登った。『岩と雪96号』

★昭和58年（1983）12月28日〜1月5日、北大山スキー部の青黄靖ら4名が、上川よりリクマン湖→凌雲化尾根→北鎮コル→北鎮岳→旭岳→後旭のコル→忠別石室→トムラウシ山→前トムラウシを縦走し林道をトムラウシ温泉に下った。『北海道大学スキー部100年、山スキー部50年』

★昭和59年（1984）1月21〜22日、同人アルファの三和裕佶らが層雲峡の白蛇の滝と岩間の滝の氷瀑を登った。『岩と雪103号』『岳人84年6月号』

★昭和59年（1984）2月25日、札幌登攀倶楽部の広本俊也と酪農学園大学山岳部の田山信明が、層雲峡流星の滝の右岸をアイスクライミングで尾根まで登り、右岸を懸垂で下降。『岩と雪110号』

★昭和59年（1984）7月8日、同人楊夫人の金沢弘明と札幌学院大ACの小出谷湶がジンギスカ汗を開拓、今年までに石垣山北東斜面の8ルートが確認されている。『岩と雪108号』

★昭和59年（1984）12月23日、30日、60年1月12日、旭川大学（無所属）の藤村洋一郎と北海道教育大学WV／RCTの佐藤直樹、根塚健司、山崎慎介、旭川大学ACの後藤久の5名が、大雪山層雲峡大函周辺で、弧弦の滝、あなたの滝（仮称）、乙女の滝の氷瀑を登った。『岩と雪107号』

★昭和59年（1984）12月27日〜1月3日、北大山スキー部の辻雅久ら5名が、曙橋よりトムラウシ温泉→東尾根基部→五色尾根→トムラウシ岳に登り曙橋に戻った。『北海道大学スキー部100年、山スキー部50年』

★昭和60年（1985）1月19日、同人アルファの三和裕佶ら3名が、層雲峡流星の滝を登った。『岩と雪108号』

★昭和60年（1985）2月9日、MRCC／チームありんこの伊藤裕之が、層雲峡銀河の滝の中央ルートをフリー・ソロで登った。『岩と雪110号』

★昭和61年（1986）2月8〜10日、同人アルファの三和裕佶らが、銀河ノ滝より黒岳の北壁北稜を継続し登った。『岳人468号』

★昭和61年（1986）6月28〜7月15日、東邦大WV・OB会の矢島隆明ら4名が、層雲峡の大函沢（おおかた柱状節理を形成している）、鬼ガ城、天狗の引臼の岩場11ヶ所を

★昭和62年（1987）2月22日、都留文大学山岳会の小笠原浩と小笠原鏡子が、層雲峡の清流ノ滝の氷瀑を登攀した。『岩と雪122号』
★平成7年（1995）2月19〜20日、フリークライミング・グループ・ド・ロシエの小笠原浩と鏡子が、層雲峡の小函・姫岩リトルポプリンセスを登った。『岳人575号』
★平成14年（2002）1月13日、札幌登攀倶楽部の中川博之が、層雲峡のスーパーパラグーフォールを登攀した。『岳人672号』
★平成14年（2002）1月20日、旭川山岳会の藤本英夫と藤田博司が、層雲峡の銀河ノ滝側壁・銀河伝説を登攀した。『岳人662号』

【大雪山火山群と十勝火山群の縦走】
広範囲の山域に及ぶ縦走の記録
（第二巻「北海道中央部」と一部重複掲載です）

★明治7年(1874) 7月、開拓使雇ライマンの一行が、地質調査のため石狩川を遡り、25日に石狩岳に達し十勝側に下った。「大雪山のあゆみ」
★明治17年（1884）9月、内務省地理局の高橋不二雄が石狩川を遡り石狩岳に登り諸山の位置を測量、釧路川の水源を探り阿寒山に登り、更に十勝川を極め佐幌岳、クマネシリ岳に登った。『北方文化研究報告18号』
★大正9年（1920）7月21〜31日、慶応大学山岳部の大島亮吉らが、クワウンナイ沢よりトムラウシ山に登り、ヌタプヤンベツ石狩川を経て石狩岳を縦走し層雲峡に下った。『登高行3号』これは縦走の登山として最初とされている。
★大正13年（1924）7月13〜22日、北大スキー部の小森五作、宮沢精、須藤宣之助が、層雲別より黒岳→忠別岳を縦走し、ヌタップヤンベツより石狩岳に登り石狩川を下り層雲別に帰った。『北大山岳部々報2号』
★大正14年（1925）8月19〜25日、慶應義塾大の八木橋豊吉らが、松山温泉より旭岳に登り、トムラウシ山へ縦走し、カムイサンケナイ川を下り十勝川に出た。『登高行6年』
★大正15年（1926）5月12〜21日、北大の野中保次郎ら6名が層雲別より黒岳→忠別岳→ヌタップヤンベツ沢→石狩岳→音更山を縦走した。『北大山岳部々報1号』
★大正15年（1926）5月16〜21日、北大山スキー部の山口健児ら3名が、ゾンメルシー（短スキー）で上富良野より吹上温泉→十勝岳→美瑛岳→ベベツ岳→オプタテシケ山→トムラウシ山→化雲岳を縦走し松山温泉に下った。『北大山岳部々報2号』

その3日後の十勝岳噴火は、山麓の町村に大被害をもたらした。

★昭和2年（1927）7月13〜26日、北大の徳永芳雄らが、吹上温泉より十勝岳→オプタテシケ山→トムラウシ山→黒岳を縦走し層雲別に下った。『北大山岳部々報1号』

★昭和3年（1928）8月25〜9月1日、法政大の角田吉夫と案内人の河村伊三郎が、層雲峡より黒岳→旭岳→忠別岳を縦走しヌタップヤンベツ川に下り、さらに大石狩沢より石狩岳に登り、音更川源流から石狩川を伝い層雲峡に戻った。『山想3号』

★昭和4年（1929）5月15〜22日、北大山岳部の安積樟三ら6名が、吹上温泉より十勝岳→オプタテシケ山→トムラウシ山→忠別岳→黒岳を縦走し層雲峡に下った。『北大山岳部々報2号』

★昭和4年（1929）8月9日、慶大義塾体育会山岳部の斎藤長寿郎と中村邦之助が髙橋浅市の案内で、層雲峡より黒岳→忠別岳→トムラウシ山→十勝岳を登り吹上温泉に下った。『登高行4号』

★昭和5年（1930）5月16〜26日、北大山岳部の中野征紀ら5名が、松山温泉（現・天人峡温泉）より沼ノ原山→石狩岳→ユニ石狩岳→三国山を縦走し温根湯に下った。『北大山岳部々報3号』

★昭和5年（1930）8月4〜17日、北大山岳部の徳永正雄ら4名が、ニセイチャロマップ川より屏風岳と武利岳に登り石狩川に下り、石狩岳→トムラウシ山→黒岳を経て層雲峡に下った。『北大山岳部々報3号』

★昭和6年（1931）5月20〜30、北大山岳部の江幡三郎ら6名が、ニペソツ→天狗岳→沼の原山→化雲岳を縦走した。『北大山岳部々報3号』

★昭和6年（1931）7月10〜20日、北大山岳部の豊田春満らが然別川よりウペペサンケ山、ホロカ川より音更川を遡行し石狩岳、ヌタップヤンンベツ川より忠別岳に登り層雲峡に下った。『北大山岳部々報3号』

★昭和6年（1931）8月16〜26日、北大山岳部の徳永正雄らがホロカ音更川よりニペソツ山、ヌプントムラウシ川よりトムラウシ川を経てトムラウシ山、オプタテシケ山、十勝岳へ縦走した。『北大山岳部々報3号』

★昭和7年（1932）1月4〜5日、坂本直行と野崎健之助が、吹上温泉より美瑛岳→オプタテシケ山→中硫黄岳を縦走し、俵真布で野営、吹上温泉に戻った。『北海道林業会報』

★昭和7年（1932）5月26日〜6月1日、北大の金光正次らが、ホロカ音更川よりニペソツ山とウペペサンケ山を縦走し然別沼に下った。『北大山岳部々報4号』

★昭和8年（1933）5月14〜23日、北大山岳部の本野正一ら4名が、層雲峡より黒岳→石狩岳→ニペソツ山を縦走し糠平温泉に下った。『北大山岳部々報4号』

★昭和9年（1934）12月29〜1月3日、北大山岳部の石橋正夫ら3名が、十勝岳→美瑛

川→トムラウシ山を縦走した。『北大山岳部々報5号』

★昭和25年（1950）3月28日〜4月5日、北大山岳部の森田寛が単独で十勝岳より化雲岳まで縦走した。『北大山岳部報々5号』『北大時報23号』

★昭和26年（1951）12月19日〜1月11日、北大山岳部の木崎甲子郎と野田四郎ら19名が、白銀荘から十勝岳より美瑛富士を経て黒岳まで縦走した。『北大山岳部々報8号』『北大山岳部時報26号』

★昭和35年（1960）12月、十勝山岳会と帯広畜産大の合同パーティが、旭岳より石狩岳まで縦走した。『北の山と本』

★昭和36年4月28日〜5月7日、北大スキー部OBの斉藤貞と北大山スキー部の4名が、十勝三股より岩間温泉→天狗岳→ニペソツ山→石狩岳→五色ヶ→忠別岳→白雲石室→ピウケナイ沢→当麻乗越を縦走し愛山渓温泉に下った。『北海道大学スキー部100年、山スキー部50年』

★昭和37年（1962）6月、北大山岳部の佐々木正雄ら5名。2日、十勝三股→御殿事務所→石狩岳と音更山のコル。3日、雨で停滞。4日、音更山往復。5日、石狩岳→沼ノ原→忠別岳石室。6日、白雲小屋→北海岳→黒岳石室。7日、北鎮岳→間宮岳→北海岳→黒岳石室→黒岳→グリセードで層雲峡に下った。『北大山岳部々報10号』

★昭和37年（1962）9月26日〜30日、北大山岳部の中川昭三ら3名が、十勝二股よりオプタテシケ山→トムラウシ山→化雲岳を縦走し天人峡に下った。『北大山岳部々報10号』

★昭和37年（1962）12月24日〜38年1月4日、北大山岳部の鶴巻大陸ら5名が、愛山渓より永山岳→比布岳→中岳→間宮岳→忠別岳→大石狩沢→1899m→石狩岳→音更山→三国山を縦走し十勝三股に下った。『北大山岳部々報10号』

★昭和37年（1962）12月26日〜38年1月6日、北大山岳部の西信三ら5名が、幌加川本流よりウペペサンケ山→ニペソツ山→石狩岳→ユニ石狩岳を縦走し十勝三股に下った。『北大山岳部々報10号』141p

★昭和37年（1962）12月30日〜1月6日、北大山スキー部の桜間ら6名（第1班A）と石田ら5名（第1班B）が、安足間より愛山渓温泉→当麻乗越付近→比布岳→北鎮岳→旭岳→永山岳を縦走した。『北海道大学スキー部100年、山スキー部50年』

★昭和38年（1963）1月6日〜13日、北大山スキー部の谷口尚弘ら6名（第2班A）と佐藤亮一ら5名（第2班B）が、安足間より愛山渓温泉→当麻乗越→安足間→愛別岳→北鎮岳→旭岳→ピオケナイ沢→北鎮岳→花の台→永山岳を縦走した。『北海道大学スキー部100年、山スキー部50年』

★昭和38年（1963）3月24日〜4月4日、北大山岳部の松村雄ら5名が、温泉小屋より

トムラウシ山→川上岳→石狩岳を縦走し岩間温泉に下った。『北大山岳部々報10号』
★昭和38年（1963）北大山スキー部、(「富良野岳―ウペペサンケ山縦走」の予察山行)
・10月2〜7日　在田一則ら4名　トムラウシ温泉→トムラウシ山→美瑛富士→十勝岳→上ホロカメッツク山→白金温泉
・10月5〜8日　大谷隆昶ら5名　十勝三股→十六の沢→ニペソツ山→大平→丸山→南丸山→ウペペ五峰糠平
・10月30日〜11月3日　在田ら5名　天人峡→化雲岳→トムラウシ山→沼ノ原分岐→クチャンベツ川→層雲峡
・10月31日〜11月3日　増田裕一ら5名　十勝三股→十七の沢→ユニ石狩登山口→ユニ石狩岳→ブヨ沢→音更山→石狩岳→沼ノ原→クチャンベツ川→層雲峡
・10月30日〜11月3日　高橋俊二ら5名　白金温泉→硫黄沼→カブト岩→スマヌプリ→トムラウシ山→化雲岳→天人峡
『北海道大学スキー部100年、山スキー部50年』
★昭和38年（1963）10月31日〜11月3日、北大山岳部の久須美健三郎ら5名が、白金温泉よりトムラウシ山→オプタテシケ山を縦走し白金温泉に戻った。『北大山岳部々報10号』
★昭和38年（1963）11月2日〜4日、北大山岳部の西信三ら6名が、層雲峡よりニセイカウシュッペ山→北鎮岳→旭岳を縦走し勇駒別に下った。『北大山岳部々報10号』162p
★昭和39年（1964）6月12日〜15日、北大山岳部の大本昭弘ら4名が、リクマンベツ沢より比布岳→旭岳→白雲岳→石狩岳→音更山を縦走し十勝三股に下った。『北大山岳部々報10号』
★昭和39年（1964）8月12日〜21日、北大山岳部の神谷晴夫ら3名が、天人峡より化雲沢→トムラウシ山→温泉小屋→ユウトムラウシ川→オプタテシケ山→十勝岳を縦走し白金温泉に下った。『北大山岳部々報10号』
★昭和39年（1964）〜40年（1965）北大山スキー部（縦走コースの偵察目的登山）
・12月19日〜1月12日　在田一則ら4名（本隊）富良野岳―ウペペサンケ山を縦走
・12月19〜27日、大田正豁ら9名（サポート隊Ⅰ）
・12月20〜27日、川上正宏ら6名（サポート隊Ⅱ）
・12月20日〜1月8日、裏悦次ら4名（サポート隊Ⅲ）
・12月27日〜1月8日、小林暁正ら8名（サポート隊Ⅳ）
・1月7〜13日、増田裕一ら6名（サポート隊Ⅴ）
★昭和40年（1965）10月30日〜11月2日、北大山岳部の佐々木正雄ら4名が、湧駒別温泉より姿見の池→旭岳→北海岳→白雲岳を縦走し、高原温泉→層雲峡温泉→朝陽山→

ニセイカウシュッペ山を縦走した。『北大山岳部々報11号』

★昭和41年（1966）12月27日〜42年1月6日、北大山岳部の神谷晴夫ら17名が4班に分かれ、①緑岳、忠別岳、沼の原山、音更山をアタック、②石狩岳、ユニ石狩岳に登り、③五色岳とトムラウシ山に登り、④忠別岳に登った。『北大山岳部々報11号』

★昭和42年（1967）5月31日〜6月6日、北大山岳部の寺井啓ら6名が、湧駒別温泉より旭岳→熊が沼→北鎮岳→比布岳→愛別岳→白雲岳→忠別岳→ヒサゴ沼→トムラウシ山→沼の原山を縦走しヌプントムラウシ温泉に下った。『北大山岳部々報11号』

★昭和43年（1968）6月1日〜7日、北大山岳部の平田更一ら5名が、湧駒別温泉より姿見の池→旭岳→熊ヶ岳→北鎮岳→愛別岳→忠別岳→ヒサゴ沼→トムラウシ山→沼の原→川上岳→ユニ石狩岳を縦走し十勝三股に下った。『北大山岳部々報11号』

★昭和43年（1968）6月2日〜8日、北大山岳部の本多和彦ら5名が、天人峡温泉より1400m台地→化雲岳→トムラウシ山→沼の原→川上岳→シュナイダーの頭→音更山を登り、岩間温泉より天狗のコル→ニペソツ山→1400m沢を経て幌加に下った。『北大山岳部々報11号』

★昭和43年（1968）6月3日〜7日、北大山岳部の佐野芳雄ら5名が、十勝三股より天狗岳→天狗岳南のコル→ニペソツ山→ヌプントムラウシ温泉→沼の原山→化雲岳を縦走し天人峡温泉に下った。『北大山岳部々報11号』

★昭和43年（1968）12月29日〜1月7日、北海道登高会が天人峡、湧駒別、白金の3コースより化雲岳に集中登山し、沼ノ原、川上岳を経て十勝三股に下った。『写真大雪山』

★昭和44年（1969）6月4日〜7日、北大山岳部の下沢英こら5名が、高原温泉より忠別岳→化雲岳→ヒサゴ沼→トムラウシ山→沼の原→川上岳→ニペソツ山→天狗のコルを縦走し十勝三股に下った。『北大山岳部々報11号』

★昭和44年（1969）6月4日〜8日、北大山岳部の井上孝俊ら5名が、白金温泉より美瑛川をトムラウシ山に登り、ヒサゴ沼→化雲岳→沼の原→川上岳→天狗岳→十六の沢を縦走し十勝三股に下った。『北大山岳部々報11号』

★昭和44年（1969）6月4日〜8日、北大山岳部の矢野実ら4名が、白金温泉より美瑛富士→オプタテシケ山→トムラウシ山→五色ヶ原→沼の原を縦走し層雲峡温泉に下った。『北大山岳部々報11号』

★昭和44年（1969）6月4日〜9日、北大山岳部の遠藤一ら6名が、湧駒別温泉より旭岳→白雲岳→忠別岳→トムラウシ山→化雲岳→沼の原→石狩岳→音更山を縦走し、十石峠を経て十勝三股に下った。『北大山岳部々報』11号

★昭和44年（1969）6月5日〜9日、北大山岳部の石下光夫ら6名が、新得よりヌプントムラウシ温泉→沼の原→石狩岳→化雲岳→ヒサゴ沼→トムラウシ山→化雲岳を縦走し

天人峡温泉に下った。『北大山岳部々報』11 号
★昭和 44 年（1969）7 月 24 日～8 月 30 日、北大山岳部の矢野実ら 6 名が、新得よりニペソツ山→トムラウシ山→白雲岳→北鎮岳を縦走し愛山渓温泉に下った。『北大山岳部々報』11 号
★昭和 44 年（1969）8 月 6～17 日、堰代幹康が単独で、十勝岳温泉より富良野岳、上ホロカメットク山に登りシ―十勝川を下りヌプン峠を経て、ヌプントムラウシ川よりニペソツ山、沼ノ原山を登り、トムラウシ温泉に出て、前トムラウシ山より西沢を下りトムラウシ川を下った。『北の山と本』
★昭和 45 年（1970）6 月 22 日～24 日、北大山岳部の高田寛之ら 2 名が、白金温泉より美瑛富士→オプタテシケ山→トムラウシ山→五色岳→忠別岳→北海岳→凌雲岳→黒岳を縦走し層雲峡温泉に下った。『北大山岳部々報 11 号』
★昭和 45 年（1970）7 月 24 日～8 月 3 日、北大山岳部の矢野実ら 6 名が、ニペソツ川よりニペソツ山、ヌプントムラウシ川よりトムラウシ山に登り、北鎮岳を経て愛山渓に下った。『北大山岳部々報 11 号』
★昭和 45 年（1970）7 月 24～8 月 3 日、北大山岳部の矢野実ら 6 名が、ニペソツ川よりニペソツ山→ヌプントムラウシ川→トムラウシ川→温泉小屋→トムラウシ山→白雲岳→北鎮岳を縦走し愛山渓温泉に下った。『北大山岳部々報 11 号』
★昭和 45 年（1970）12 月 26 日～46 年 1 月 4 日、北大山岳部の下沢英二ら 11 名が、中富良野の原始ヶ原よりトウヤウスベ山→温泉小屋→トムラウシ山→沼の原を縦走し層雲峡温泉に下った。『北大山岳部々報 11 号』
★昭和 45 年（1970）12 月 31～1 月 7 日、北大山スキー部の飯田修ら 4 名が、層雲峡よりシビナイ沢→忠別岳→五色岳→ヒサゴ沼→トムラウシ山→銀杏ヶ原→オプタテシケ山を縦走し白金温泉に下った。『北海道大学スキー部 100 年、山スキー部 50 年』
★昭和 46 年（1971）6 月 2 日～6 日、北大山岳部の平野逸雄ら 5 名が、白金温泉より美瑛富士→オプタテシケ山→トムラウシ山→ヒサゴ沼→沼の原を縦走しヌプントムラウシ温泉に下った。『北大山岳部々報 11 号』
★昭和 47 年（1972）12 月 27 日～48 年 1 月 5 日、北大山岳部の高橋一穂ら 5 名が、白金温泉よりオプタテシケ山→トムラウシ温泉→前トムラウシ→トムラウシ山→温泉小屋→沼の原コル→大石狩沢→石狩岳を縦走し層雲峡温泉に下った。『北大山岳部々報 12 号』
★昭和 48 年（1973）8 月 10～13 日、北大山岳部の石松重雄ら 2 名が、原始ヶ原より富良野岳→上ホロカメットク山→十勝岳→美瑛岳→オプタテシケ山→トムラウシ山→北沼を縦走し天人峡に下った。『北大山岳部々報 12 号』
★昭和 49 年（1974）3 月 23 日～28 日、北大山岳部の池上宏一ら 5 名が、白金温泉より

オプタテシケ山→トムラウシ山→白雲岳→旭岳を縦走し湧駒別温泉に下った。『北大山岳部々報12号』

★昭和49年（1974）6月5日〜9日、北大山岳部の関野幸二ら4名が、白金温泉より美瑛富士避難小屋→オプタテシケ山→トムラウシ山→温泉小舎→化雲岳を縦走し天人峡に下った。『北大山岳部々報12号』

★昭和49年（1974）6月5日〜8日、北大山岳部の平岡申行ら3名が、天人峡より化雲岳→ヒサゴ沼→温泉小舎→五色ヶ原→J．P→石狩岳→シュナイダーコースを縦走し十勝三股に下った。『北大山岳部々報12号』

★昭和51年（1976）6月3日〜7日、北大山岳部の沓沢敏ら6名が、天人峡温泉より小化雲岳→化雲岳→トムラウシ山→温泉小舎→五色ヶ原→J・P→天狗→ニペソツ山を縦走し石狩川沿いに下った。『北大山岳部々報12号』

★昭和51年（1976）12月29日〜52年1月8日、北大山岳部の花井修ら5名が、白金温泉より東尾根→オプタテシケ山→トムラウシ川→ヌプントムラウシ川→北西尾根→ニペソツ山を縦走し十勝三股に下った。『北大山岳部々報12号』

★昭和52年（1977）6月1日〜5日、北大山岳部の小泉章夫ら6名が、天人峡より化雲岳→ヒサゴ沼→トムラウシ山→温泉小舎→五色ヶ原→沼の原→J・P→石狩岳→音更山を縦走し旧道を十勝三股に下った。『北大山岳部々報12号』

★昭和52年（1977）8月30日〜9月1日、北大山岳部の原哲ら3名が、十勝岳温泉より上ホロ→十勝岳→美瑛岳→オプタテシケ山→トムラウシ山→化雲岳→忠別岳→白雲岳→黒岳を縦走し層雲峡に下った。『北大山岳部々報12号』

★昭和52年（1977）12月3日〜5日、北大山岳部の秋葉公太ら4名が、白金温泉より中央稜→オプタテシケ山→東尾根下降→西尾根→ニペソツ山を縦走し、石垣山手前で沢に下り白金温泉に至った。『北大山岳部々報12号』

★昭和52年（1977）12月28日〜1月5日、北大山スキー部の丸谷聖一ら5名が、白金温泉より丸山→硫黄沼→黄金ヶ原→トムラウシ山→双子沼→温泉小屋→六ッ沼→北西尾根→ニペソツ山→天狗を縦走し岩間温泉に下った。『北海道大学スキー部100年、山スキー部50年』

★昭和54年（1979）12月29日〜1月17日、旭川勤労者山岳会の寺島一男らが、石北峠より三国山→石狩岳→トムラウシ山→オプタテシケ山→富良野岳を縦走し十勝岳温泉に下った。「北海道新聞」

★昭和54年（1979）12月30日〜1月8日、北大山岳部の毛利立夫ら7名が、美瑛川より西尾根→オプタテシケ山→オプタテシケ東コル→トノカリシベツ山→ユウトムラウシ川→カムイサンケナイ→西沢→温泉小屋→トムラウシ山→コンタ1400m→沼の原西のコ

ル→クチャンベツを縦走し石狩川に下った。『北大山岳部々報 12 号』

★昭和 54 年（1979）12 月 31 日〜1 月 13 日、北大山スキー部の不破秀美ら 4 名が、幌加温泉より前天の肩→ニペソツ山→J・P→沼の原山→温泉小屋→トムラウシ山→ブタ山→オプタテシケ山→美瑛富士避難小屋を縦走し白金温泉に下った。『北海道大学スキー部 100 年、山スキー部 50 年』

★昭和 56 年（1981）12 月 27 日〜1 月 5 日、北大山スキー部の朝日教ら 4 名が、十勝三股より天狗のコル→ニペソツ山→J・P→沼の原最低コル→五色岳→ヒサゴ沼→トムラウシ山→前トムラを縦走しトムラウシ温泉に下った。『北海道大学スキー部 100 年、山スキー部 50 年』

★昭和 57 年（1982）7 月 10〜11 日、高橋伸幸が単独で黒岳よりオプタテシケ山まで縦走した。『山と渓谷 555 号』

★昭和 57 年（1962）12 月 27 日〜1 月 22 日、豊旅会の工藤英一が単独で、芽室岳→佐幌岳→下ホロカメットク山→十勝岳→旭岳を縦走した。『岳人 431 号』

★昭和 61 年（1986）7 月 23 日〜8 月 6 日、高橋亮治が→層雲峡→十石峠→石狩岳→白雲岳→旭岳→天人峡→クワウンナイ沢→トムラウシ山→十勝岳→富良野岳を縦横に縦走した。『山と渓谷 602 号』

★平成 元年（1989）12 月 29 日〜1 月 4 日、北大山スキー部の成瀬健ら 4 名が、旭岳温泉よりピウケナイ沢→ポン旭岳→南忠別岳→沼の原橋→石狩岳→北西尾根→石狩岳の 5 峰を縦走し→林道を下り国道分岐に出た。『北海道大学スキー部 100 年、山スキー部 50 年』

★平成 6 年（1994）12 月 29 日〜1 月 7 日、北大山スキー部の中村琢ら 4 名が、糠平より十石尾根→ブヨ沢→音更山→石狩岳→石狩沢→沼の原台地を縦走し層雲峡に下った。『北海道大学スキー部 100 年、山スキー部 50 年』

★平成 27 年（2015）8 月 9 日、旭川山岳会が、80 周年記念山行黒岳集中登山を行った。

1 コース　土屋ら 4 名　層雲峡〜黒岳、上り徒歩、下りの一部ロープウエイ使用
2 コース　総根ら大人 16 名、子供 8 名　層雲峡〜黒岳、往復の一部ロープウエイ使用
3 コース　8〜9 日　五十嵐ら 6 名　銀泉台→赤岳→白雲分岐→北海岳→黒岳→層雲峡
5 コース　河村（単独）旭岳→黒岳→層雲峡
6 コース　8〜9 日　林ら 4 名　扇沼山登山口→三川台→トムラウシ山→五色岳→忠別岳→北海岳→黒岳→層雲峡
7 コース　宮沢夫妻、お鉢周り→黒岳。芳澤（単独）黒岳→北海岳→黒岳。石井・富樫、天狗のひき臼 2 ピッチと 3 ピッチをクライミング「旭川山岳会 HP」

★平成 28 年（2016）5 月 15 日、札幌のプロスキーヤー藤川健（41）が単独で、午前 2

第Ⅳ編　登山記録

時過ぎに上富良野町の十勝岳温泉を出発、富良野岳、十勝岳、オプタテシケ山、トムラウシ山、五色岳、忠別岳、旭岳、旭岳温泉までの稜線 61.8km を山スキーで、所要時間 13 時間 21 分で縦走した。「北海道新聞」2016.6.28

第Ⅴ編　遭難事故

【A-1 知床火山群】

☆昭和54年（1979）3月、北大山岳部の平野勝也ら5名は知床半島の縦走で22日7時40分岬町をスキーで出発（快晴）。15時コンタ600mを越えた疎林帯でイグルーを造る。

　23日、地吹雪のため停滞。24日4時起床、無風快晴。6時15分スキーで出発、9時30分ザックをコルにデポし、10時30分硫黄山着、20分休憩後コルに引き返し12時頃東岳の東斜面をトラバースし、12時45分ショウジ川源頭1120m付近のカール状地点着。ここに、風除けにブロックを切り取った中にテントを張り、その周囲にブロックを2～3段積んだ。ピッケル4本を縦に差し込んで親綱を張り、さらに1本を後室の固定に使う。15時テント設営終了し21時就寝。

　25日6時除雪、地吹雪状態、昼頃から3時間おきに交代で除雪、17時頃ものすごい湿り雪となる。19時30分後室の方に吹雪が入り込み、雪を押し出しても溜まり、入り口付近は雪で狭くなる。26日4時、テントはほとんど埋没しグラスフレームが2本とも折れていた。交代で除雪するも、8時、個人の食糧と行動食を除いて隅に置いたものを取り出せない。除雪を繰り返す。11時頃2名が酸欠状態に、11時30分テントをナイフで裂き2名を引き出す。12時緊急下山開始。500mほど進んだころ1名が遅れ出し13時頃死亡。16時頃コンタ550m付近で1名が歩行不能になる。連絡のため1名下山開始（23時頃海岸通りに辿り着く）。23時頃縦穴（深さ約1m）ができ3名はこの中に入ったが、うち1名はほとんど反応しなくなっていた。27日5時40分頃、1名が雪穴を出て下山開始、間もなく道警ヘリコプターに発見され11時20分捜索隊と合流。『北大山岳部々報12号』、『北大山岳部時報47号』

☆平成10年（1998）7月15日、羅臼岳に夫婦で登山中、男性（67）が心臓発作で倒れ死亡した。＜北海道新聞＞

☆平成10年（1998）8月16日、知円別岳頂上から約10m下の南斜面で、ハイマツの上に覆いかぶさって倒れている大阪府の男性（51）の遺体を登山者が見つけ、北海道警察のヘリで運ばれた。単独で羅臼岳から硫黄山を縦走中に体調を崩し脳出血で病死だった。＜北海道新聞＞

☆平成16年（2004）9月23日、硫黄山へ3名で登山後、下山中ルートを間違えたことに気づいたが、そのまま沢伝いに知床第二大橋まで下り、崖を登り道路の出る途中で、1名が滑落し死亡した。

☆平成18年（2006）3月13日、日帰りの予定で海別岳にスキーで登っていた3名が吹雪のためビバークし、2名は翌朝自力で下山したが、男性が死亡した。
☆平成18年（2006）7月18日、山形県からの男性パーティ4名が羅臼岳に登頂後、下山中にオホーツク展望台付近にて、男性（80歳代）が発病（心筋梗塞）し急死した。
☆平成26年（2014）8月15日、午前7時15分ころ、硫黄山の山頂付近で男性が滑落したと別の登山客から119番通報があった。道警ヘリが男性（50歳代）を救助し羅臼町の診療所に搬送したが、同11時過ぎ死亡が確認された。

【A-2 斜里山地】

☆平成9年（1997）8月6日、3名のパーティで登山開始し30分後に、西別岳へのがまん坂で男性（79）が倒れ、虚血性心疾患で死亡した。
☆平成17年（2005）10月24日から斜里岳へ単独登山していた釧路市の男性（65）が、17時30分に登頂し、ヘッドランプなしで一の沢を下山中に、中腹の登山道から約200mの沢に転落した。25日夕方に捜索中の道警ヘリが沢にうつぶせに倒れているのを発見した。夜間のため収容不能で翌朝7時に収容されたが、すでに脳挫傷で死亡していた。斜里署は道に迷い滑落したとみている。「北海道新聞」2005, 10, 26

【A-3 屈斜路摩周火山群】

☆昭和47年（1972）9月27日、幕別小学校児童86名が雌阿寒岳を登山中に落雷に遭い、1名が死亡し3名が重軽傷を負った。
☆昭和58年（1983）7月21日、登山者の男性（47）が雌阿寒岳の青沼で溺死した。
☆平成8年（1996）9月初旬、男性（60）が単独で雌阿寒岳に登山中、霧に包まれ方向感覚を失い道に迷い、冷たい雨と風で体温が失われ疲労で死亡したものとみられる。薄手のズボンに長袖のシャツ、非常食や地図、コンパスは持っていなかった。
☆平成12年（2000）4月23日、硫黄山で高齢の山岳会員2名が、落石にあたりで死亡した。
☆平成15年（2003）8月17日、阿寒富士を単独で登山中の男性（58）が、急性心筋梗塞で倒れ死亡した。

【A-8 然別火山群】

☆平成30年（2018）1月27日、北見市の男性（63）が白雲山に霊山散策に出かけ、山頂から南西方向に下った沢に心肺停止状態で倒れていたのを道警山岳救助隊などが発見、病院に搬送されたが死亡が確認された。「北海道新聞」2018. 1. 27 夕

【A-9 東大雪火山群】

（ニペソツ山）

☆昭和36年（1961）1月、石狩岳で大雪の初縦走を終えてきた僚友を出迎えた帯広畜大のサポート班が、予定外行動としてニペソツ山を越え、ウペペサンケ山から糠平へおりるため、正月の5日だったろうか、もう直ぐ糠平湖の見えるとこのウペペの稜線で、大雪の方から吹き上げてくる強い突風のため2名が十勝側の深い沢に落ちていった。その年の7月、まだ残雪のある二ノ沢の源頭で遺体が発見された。：滝本幸夫『北の山』

☆昭和60年（1985）1月4日朝、釧路「熊の会」のY（31）をリーダーに、S（26）、T（24）の3名が、快晴無風のなか東壁を登攀すべく、頂上と天狗岳の間のコルから壁への取り付き点を目指して下降を始めた。その直後、雪崩に巻き込まれた。直ちに捜索が開始されたが発見されず雪解けを待って再開された。この捜索に全道から山仲間が駆けつけ、8日間で延べ609名による大捜索の末、男性3名の遺体を収容している。これは道内の山岳遭難としては最大規模の捜索であったろう。：佐藤「ニペソツに逝った友を偲んで」安田治「道新スポーツ・北海道百名山」

☆昭和62年（1987）9月6日、女性（34）がニペソツ山で滑落し死亡した。「北海道新聞」1987. 9. 7

☆平成15年（2003）9月4日、ニペソツ山を6名で登山していたところ、女性（65）が滑落し、頭蓋骨骨折で死亡した。「北海道新聞」2003. 9. 4

【A-11 北大雪火山群】

☆昭和37年（1962）8月1日、男性2名（20、17）がニセイカウシュッペ山で滑落し死亡した。「北海道新聞」1961. 3. 1

☆昭和44年（1969）1月27日、男性が武利岳で雪崩に遭い死亡した。『山の世界6』

☆昭和48年（1973）8月26日、ニセイカウシュッペ山電機の沢を、旭川西高校山岳部員3名で登攀中、学生2名（19、19）が急滝に落ち溺死した。「追悼ニセイカウシュッペ山電機の沢事故報告書」

☆昭和54年（1979）11月4日、小樽クライマーズクラブのパーティ6名でニセイカウシュッペ山大槍左股ルンゼ付近を下山中、スリップと同時に発生した雪崩に、男性（29）が巻き込まれ転落死した。「ニセイカウシュッペ遭難報告書」

☆平成11年（1999）1月31日、山岳プロの三和裕佶が、層雲峡の「七賢の滝」で滑落し死亡した。『消えゆく月に、三和裕佶追悼集』

☆平成12年（2000）2月12日、比麻奈山からニセイカウシュッペ山の吊尾根（通称アンギラス）の南南東斜面を4名のパーティがスキーでトラバース中に、女性（38）が雪崩に巻き込まれ荒井川の下流に流され、遺体は7月2日に発見された。「ニセイカウシュッペ山遭難事故報告書」（札幌中央勤労者山岳会発行）

【A-12 表大雪火山群】

☆大正3（1914）8月17日、大雪山の噴火口近くの有毒温泉で、下愛別の登山者が中毒で死亡した。

☆大正7年（1918）6月9日、道議会議員の男性がトムラウシ山を探検中に熊に襲われ死亡した。『北の山脈28』

☆大正12年（1923）8月17日、下愛別の男性が大雪山のお鉢平の有毒温泉で中毒死した。『北の山脈28』

☆昭和7年（1932）8月19日、男性が愛山渓温泉より永山岳を経て旭岳に登り、天候急変で凍死した。『北の山脈28』

☆昭和7年（1932）8月、男性がトムラウシ山で遭難し行方不明となる。『北の山脈28』

☆昭和24年（1949）1月10日、男性（45）が小旭岳南側斜面に電源開発調査で入山し、翌年1月に遺体で発見された。：阿地政美

☆昭和24年（1949）7月30日、男性（21）が大雪山の当麻乗越で熊に襲われる。「北海道新聞」1949.8.1

☆昭和24年（1949）11月21日、当麻岳の南西の登山道の当麻乗越で、登山者が熊に噛まれて死亡した。

☆昭和26年（1951）8月1日、男性が大雪山の愛山渓口で熊に襲われる。『山219』

☆昭和28年3月21日、大雪山の沼ノ平八島尾根で、26名が雪崩に遭い、6名が死亡した。『北海道の山4号』

☆昭和28年（1953）3月21日、旭川山岳会のパーテイ3名が、愛山渓温泉のヒュッテを出発した。その後を旭川愛雪クラブの有志23名も登り始めた。11時過ぎ沼ノ平に達したが、この先の通称三十三曲り付近は、風が強く斜面がきついと判断し、休憩後、先

頭にいたHは、風を避けて三の沼尾根から大きく北側に迂回しスキーで滑降したところ、後続の一団もわれ先にと思い思いのコースを滑り降りたその瞬間、転倒者の衝撃で雪崩が発生し、轟音と雪煙の渦に巻き込まれた。6名の男性（56、43、40、29、27、24）が死亡し、重軽傷7名を出した。アイスバーン化していた雪面に積もった1mの雪は強風で表面が堅雪板状化していた。『北海道の山4号』『北海道大百科事典』『岳人643号』速水潔『北海道の自然・冬山』

☆昭和32年（1957）1月5日、北大生ら男性3名（27、23、19）が旭岳で行方不明となった。「北海道新聞」1957,1,6

☆昭和33年（1958）6月24日、男性が黒岳で行方不明となった。『山と旅20号』

☆昭和33年（1958）7月22日、大雪山で男性が風雨のため疲労し死亡した。「高澤メモ」

☆昭和33年（1958）7月26日、東京工大の男性2名（22、22）が、大雪山お鉢平の有毒温泉で中毒死した。「北海道新聞」1958,7,29

☆昭和33年（1958）8月12日、男性が大雪山の熊ヶ岳で行方不明となる。『山と旅20』

☆昭和33年（1958）9月19日、東京芸術大学山岳部の学生（23）が北鎮岳北西面で台風21号に遭遇し遭難、28日に遺体が発見された。「追悼－大雪山に眠る安藤君の御霊に捧ぐ－」

☆昭和36年（1961）6月18日、東京都立大の学生2名（19、19）が、大雪山お鉢平の有毒温泉で中毒死した。「北海道新聞」1961.6.19

☆昭和37年（1962）8月8日、北鎮岳に入山した男性（20）が行方不明となる。「北海道新聞」1962.8.16

☆昭和37年（1962）8月16日、札幌西高校山岳部OBの男性が、白雲岳の小屋付近で遭難死した。「北海道新聞」1962.8.17

☆昭和37年（1962）9月24日、男性（30）が、旭岳で疲労のため凍死した。「北海道新聞」1962.9.25

☆昭和37年（1962）12月、北海道学芸大学（現北海道教育大学）函館分校山岳部の学生11名は、23日天人峡温泉と勇駒別温泉から2班に分かれて入山し29日午前8時半に白雲岳の外輪山で合流した。午前10時、11名は白雲岳の頂上に登った。ここから旭岳の石室に戻り勇駒別温泉へ下山する予定であったが、疲労の度合いの濃いメンバーがいたことから、明日下山することにした。12時40分、11名は松田岳と荒井岳の鞍部に置いていたベースキャンプに到着した。ここで、疲れている部員はテントで休み、元気のある者だけ午後4時までスキー訓練を行った。午後8時就寝する。天気予報は低気圧の接近で強風注意を伝えていた。

30日、午前5時20分起床し打ち合わせの後、旭岳石室に向け出発を決める。朝食の

頃から風が強くなってきた。キャンプを撤収し午前9時に下山を始める。30分ほどで荒井岳より間宮岳に至る。稜線に出たあたりから暴風雪になる。肩に掛けたスキーが強風に煽られ、吹雪で前後が見えなくなってきた。風邪を患い疲労している部員1名の荷を他の部員に委ねる。午前10時、熊ヶ岳の台地に至りここで一時停滞する。堅雪でブロックを積もうとしたが、強風に崩され天幕を張れない状態であった。雪洞を掘る場所を探しながら午前11時過ぎに後旭岳のコル付近に来たが、風の通り道となっており、適当な場所がないのでさらにもう少し歩く。部員1名の疲労が大きい、強烈なブリザードが吹き荒れる中、このまま下山を強行するのは無理と判断。現在地は旭岳頂上より熊ヶ岳側へ北北東180mの地点、積雪はおよそ3mである。午後1時、ブリザードが吹き荒れる中で雪洞を掘り始めた。雪が堅く締まっており作業は手間取った。幅200〜230ギ、奥行き400〜450ギ、高さ130〜140ギ、緩斜面のためL字型のセミイグルーを造った。ザックを置いて6名が寝袋でやっと横並びできる広さだ。雪洞の内部に、6名用テントを敷き、その上に各自のエアマットを並べた。入口に6名分のスキーと11名分のストックを立てた。もう1つ、直径150ギ高さ100〜150ギのイグルーを造り、11名の、ワカン、オーバーシューズ、アイゼンを入れた。完成したのは午後4時前だった。

　今日は昼食にありついていなかった。夕食はカンパン、みそパン、キビダンゴなどを、紅茶を飲みながら簡単にとった。くつろいでいた午後8時過ぎ頃、イグルーの天上に亀裂が入り風で持ち上げられると吹き飛ばされた。吹雪が内部をかき回すように舞い込んできた。靴やヤッケを脱いでいた者もいてパニック状態に陥った。真っ暗闇の中、寒さ凌ぎに6名用テントの中に9名が車座になって入った。午後10時過ぎ、テント、ザック、炊事用具、食料を掘り起こそうとしたが、凍結した氷が硬くスコップさえ入らない。酸欠のテントの中で11名は睡魔に襲われた。

　31日の夜明け、11名は空身のつぼ足でストックやピッケルを手に、旭岳を越えて石室をめざした。金庫岩を過ぎたあたりで1名が爆裂火口に滑落し、ここからは一行の足取りが判らない。最初に発見された遺体は、姿見の池南南東2kmの原始林の中で、リーダーNと最後まで行動を共にしていたT（20）だった。さらに旭岳南斜面のアイシポップD沢で3名（23、21、20）、爆裂火口で1名（21）、北東斜面で4名（21、20、20、20）、金庫岩南の標高1880m斜面で1名（23）、それぞれ散り散りになって発見された。救護を求めリーダーが自力で、1日午後1時過ぎに勇駒別温泉へ下山し、重度の凍傷を負ったが奇跡的に生命をとりとめた。

　この事故の翌年、それまでの遭難者の霊を慰めると共に旭岳石室の場所を知らせるため、旭岳ロープウェイ終点の駅から約500m、標高1665m地点の石室横に、高さ6m鉄製三角形の「大雪山愛の鐘」が建てられた。「眠れ旭岳の山の友…」の銘文が刻まれ、も

の悲しげに澄んだ鐘の音を奏でていた。2004年当時は、塔の傾きが目立ち危険なため鐘が落下しないよう固定されていたが、東川町などでつくる運営委員会が再建を計画し、募金の呼びかけに全国から善意が寄せられた。2006年7月24日に再建のセレモニーが行われ、鐘の音が再び旭岳の山腹に響いた。「旭岳」北海道学芸大学函館分校山岳部編

★昭和38年（1963）1月26日〜30日、北大山岳部の黒川武ら4名が、凌雲岳北尾根より黒岳→ニセイカウシュッペ山を縦走しスキーで下山の途中、黒川が風倒木の枝で腹部を強打（腎臓破裂、肋骨骨折）行動不能となる。『北大山岳部々報10号』

☆昭和39年（1964）7月19日、男性が赤岩を下山中に心臓狭心症の発作で死亡した。『旭川山岳会2号』

☆昭和40年（1965）6月28〜29日、大阪の2名が旭岳で心中し女性が死亡した。『旭川町史』

☆昭和43年（1968）2月2〜3日、東京の女性が旭岳頂上直下で死亡し、自殺とみられている。『郷土史ふるさと東川』

☆昭和43年（1968）8月1日、男性（36）が、忠別岳で転落し死亡した。「北海道新聞」1968.8.2

☆昭和44年（1969）8月17日、男性（21）が、黒岳で疲労のため死亡した。「北海道新聞」1969.8.18

☆昭和44年（1969）8月24日、男性（22）が、北鎮岳で疲労のため死亡した。「北海道新聞」1969.8.25

☆昭和45年（1970）5月2〜3日、東京の男性が、旭岳頂上直下で死亡し、自殺とみられている。『東川町史』

☆昭和45年（1970）6月14日、男性（21）が大雪山で疲労のため凍死した。「北海道新聞」1970.6.19

☆昭和45年（1970）7月30日、男性（21）が黒岳で疲労のため凍死した。『山書月報93号』

☆昭和45年（1970）10月4日、男性（30）が、忠別岳で疲労のため凍死した。「北海道新聞」1972.10.6

☆昭和45年（1970）11月28日、男性（27）が、旭岳から転落し死亡した。「北海道新聞」1070.11.30

☆昭和47年（1972）11月21日、旭岳西麓の盤ノ沢（ロープウェイ姿見の駅の南斜面、旭岳への旧登山道の途中）にて6名が幕営、夜11時頃、交代で除雪作業中雪崩に襲われ、北大山スキー部の5名（21、21、20、20、19）が死亡した。事故の衝撃はあまりにも大きく、この冬は一切の活動が停止された。「旭盤の沢雪崩遭難報告書」

☆昭和50年(1975)年1月2日、男性(45)が行方不明になった。「北海道新聞」1975.1.6

☆昭和50年(1975)年9月14日、女性(21)が天人峡で転落し死亡した。「北海道新聞」1975.9.15

☆昭和52年(1977)年12月30日、男性(28)が、旭岳と黒岳のあたりで行方不明になった。「北海道新聞」1978.1.25

☆昭和54年(1979)8月2日、東北大学医学部教授(48)と次男(13)がトムラウシ山頂上付近の斜面で暴風雨に遭遇し、疲労のため転落し死亡した。「登攀・樋口昌孝先生を偲んで」

☆昭和59年(1984)7月頃に、愛知県の男性(25)が、旭岳の中腹へ写真撮影で入山し行方不明になっていた。平成1年(1989)7月24日に、旭岳の裾平を南へ下った小旭岳西側の標高約1500mの小さな湿原でシラカバの枯れ木を組んで作った一辺5m四方のSOSの文字が、ヘリコプターから偶然に発見され、その近くから白骨死体の一部とリュックが見つかった。リュックの中にカセットテープレコーダーが入っていて、「SOS、助けてくれ、がけの上で見動きとれず・・・」2分17秒の叫びが録音されていた。「北海道新聞」1989.7.26ほか

☆昭和59年(1984)7月24日、男性(18)が化雲岳に登山中、心筋梗塞のため死亡した。「北海道新聞」1984.7.25

☆昭和59年(1984)8月26日、小学生の男子(11)が、黒岳で転落し死亡した。「北海道新聞」1984.8.27

☆昭和61年(1986)1月3日、男性(30)が旭岳に登山中行方不明になり、同年6月30日に遺体が発見された。「北海道新聞」1986.6.3

☆昭和61年(1986)8月23日午後、大雪山系沼ノ平の沼で、京都の男性(52)が死亡しているのを登山者が発見し旭川東署に届け出た。バックの中に、健康保険証、現金4万円、ノートに書かれた遺書「この金を葬式代に使って下さい」が入っていた。「北海道新聞」1986.8.24

☆昭和62年(1987)8月11日、女性(42)がクワウンナイ川に滑落し死亡した。「北海道新聞」1987.8.13

☆平成2年(1990)4月6日、広島県の男子大学生(19)が、旭岳の1600mの沢で自殺し1ヶ月後に凍死体で発見された。「北海道新聞」1990.5.6

☆平成4年(1992)3月28日、男性(26)が、上川岳の北尾根で雪庇を踏み外し滑落し死亡した。「北海道新聞」1992.3.29

☆平成4年(1992)4月26日、札幌市の男性(54)が、旭岳から下山途中吹雪とガスでコースを見失い、雪洞を掘ってビバークしたが疲労のため凍死した。「北海道新聞」

1992.4.27

☆平成5年（1993）8月16日、男性（31）が旭岳に登山中、疲労のため凍死した。「朝日新聞」1993.8.17

☆平成6年（1994）7月14日、男性（67）が忠別岳を登山中、腹痛のため死亡した。「北海道新聞」1994.7.15

☆平成7年（1995）7月15日、男性（54）が黒岳で倒れ死亡した。「北海道新聞」1995.7.17

☆平成7年（1995）7月30日、男性（56）が旭岳で転落し死亡した。「北海道新聞」1995.8.3

☆平成7年（1995）8月1日、トムラウシ山をめざし登山中、クワウンナイ川魚止メ滝から奥ノ二俣滝のあたりで、男性（24）と女性（28）がスリップで滑落し死亡したと推定される。「クワウンナイ川遭難事故報告書」

☆平成7年（1995）8月8日、トムラウシ川本流を6名のパーティで下降し、乙女の滝附近の急流をザイルで横断中に、女性（52）と男性（44）が川に流され死亡した。「トムラウシ川本流下り遭難事故報告書」

☆平成7年（1995）9月29日、男性（47）が、間宮岳へ登山中に急性心不全のため死亡した。「北海道新聞」1995.10.1

☆平成8年（1996）年7月13日、単独登山の男性（35）が、間宮岳と中岳の鞍部で鼻からの出血で倒れ、悪天候で行動不能に陥り凍死した。「北海道新聞」1996.7.13

☆平成9年（1997）年12月31日、単独登山の男性（42）が、旭岳の金庫岩附近で悪天候により行動不能に陥り死亡した。「朝日新聞」1998.1.6

☆平成10年（1998）年9月10日、単独登山の男性（66）が黒岳の山頂付近で写真撮影中に急性心不全に陥り死亡した。「北海道新聞」1998.9.11

☆平成10年（1998）年12月4日、男性（43）が黒岳に登山中に行方不明になった。『山764』

☆平成11年（1999）年1月31日、層雲峡七賢峰の滝で、氷壁登攀研修終了後のハーケン回収中に、登山家の三和祐佶（52）が滑落し死亡した。「きえゆく月に・三和祐佶追悼集」

☆平成12年（2000）年2月12日、ニセイカウシュッペ山の東尾根で4名のパーティが雪崩に遭い、女性（38）が行方不明となった。

☆平成13年（2001）7月23日、トムラウシ山で、2名のパーティのうち男性（42）が増水していた沢を横断中に転倒し流され死亡した。「北海道新聞」2001.7.24

☆平成13年（2001）8月9日、単独で黒岳を登山中の男性（43）が、病気のため死亡した。「北海道新聞」

☆平成13年（2001）10月19日、男性（53）が旭岳に登山中に行方不明となった。「北

海道新聞」2001.10.25

☆平成13年（2001）10月24日、旭岳に単独で登山していた男性（47）が、行方不明になった。

☆平成14年（2002）7月11日、男性ガイドが主催する福岡県内のツアーパーティ8名は、トムラウシ山頂付近を経て北沼への下りで、女性（58歳）が疲労のため行動不能となった。ガイド（49）が夜通し付き添うこととし、他の6名はヒサゴ沼避難小屋に向かった。午前4時半頃、天候が悪化したため、ガイドは動けない1名を残して避難小屋に避難した。2日後の午前10時に、ヘリで病院に搬送したが既に死亡していた。

　ヒサゴ避難小屋に留まった7名のうち、4名は天人峡温泉に下山し、疲労の激しい3名（ガイドを含む）はヘリで救出された。このガイドに対し旭川地裁は、業務上過失致死の罪で禁固8カ月、執行猶予3年の判決を下した。

☆平成14年（2002）7月11日、愛知県の女性パーティ4名は、5時半にヒサゴ沼避難小屋を出発したが、道を誤り山頂に向かう。山頂から南沼キャンプ地への下りで、リーダー格の女性が転倒し負傷した。4名のうち2名が下山し2名が残ることとし、ツエルトと寝袋でビバークしつゝ救助を待った。先に下山した2名も、川の増水と悪路のため難儀し、暗くなったため途中でビバークし、夜明けと共に下山を続け、12日午前5時半にトムラウシ温泉に着く。負傷者に付き添っていた1名は11時下山開始し（負傷者は亡くなっていた模様）自力でトムラウシ温泉に着く。救助隊が意識不明の女性を発見したが、悪天候のためヘリが飛べず、翌13日、救助隊が女性を前トム平まで移送、ここからヘリで病院に搬送したが、既に死亡していた。（十勝毎日新聞）

☆平成14年（2002）7月13日、愛知県の女性（59）がトムラウシ山へ登山中に低体温症のため死亡した。「ふわく山の会」

☆平成14年（2002）9月12日、旭岳に単独で縦走中の男性（73）が、疲労のため行動不能に陥り死亡した。「北海道新聞」2002.9.13

☆平成15年（2003）7月8日、男性（73）が旭岳の九合目附近で心筋梗塞のため死亡した。「北海道新聞」2003.7.9

☆平成15年（2003）7月8日、男性（62）が旭岳の七合目附近で心筋梗塞のため死亡した。「北海道新聞」2003.7.9

☆平成16年（2004）7月1日、旭岳より風雨の中を下山中のパーティ3名のうち、男性（72）が、足に痙攣を起し行動不能に陥り低体温症で死亡した。「北海道新聞」2004.7.2

☆平成16年（2004）9月16日、沼の平に単独で登り写真撮影中の男性（71）が、病気のため死亡した。

☆平成16年（2004）10月4日、旭岳を登山していた12名のパーティと別れ、単独で下

山していた女性（81）が道に迷い裾合平附近で凍死していた。「北海道新聞」2004.10.6

☆平成17年（2005）6月27日、単独で登山していた男性（50？）が、旭岳附近で行方不明になった。「北海道新聞」2005.6.30

☆平成18年（2006）9月30日、旭岳へ単独で登山していた男性（78）が、四合目付近の通称盤ノ沢の崖から転落し、10月4日午前、旭岳ロープウェイ終点姿見の駅から南に約1kmの登山道を10mほど外れた地点で、捜査中の北海道警察山岳遭難救助隊が見つけたが、死後2日以上経過していた。死因は凍死。男性は東京在住で、大雪山系にたびたび訪れており、登山道から足を滑らせたらしい。「北海道新聞」2006.10.5

☆平成18年（2006）10月7日、旭岳へ単独で登山して倒れた千歳市の男性（37）を、9日午後、旭岳七合目付近の南斜面の登山道から約50m外れた地点で、ヘリで捜索中の北海道警察に発見された。死因は外傷性脳出血。旭岳ロープウェイによると、旭岳五合目の姿見駅では8日、気温が氷点下3度まで下がり、風速40mの強風が吹き荒れ雪が激しく降っていた。「北海道新聞」2006.10.5.10

☆平成19年（2007）1月6日、男性（34）が旭岳で転倒滑落し死亡した。「北海道新聞」2007.1.8

☆平成19年（2007）6月、トムラウシ山の雪渓で倒れている帯広市の男性（50）を、27日午後に登山者が発見した。28日午前6時15分ごろ道警のヘリに収容されたがすでに死亡していた。死後数日経っていたが外傷がなく、単独で登山中の病死とみられている。「北海道新聞」2007.6.28.29

☆平成20年（2008）9月22日、旭岳の標高約1500m附近の沢で、札幌市の女性（58）が倒れているのをヘリで捜索中の道警が発見した。女性は誤って転落したとみられ、死因は外傷性ショック。「北海道新聞」2008.9.23

☆平成21年（2009）トムラウシ山で夏山登山史上最悪といわれる遭難事故が発生した。7月16日、トムラウシ山を登山中のツアーパーティ18名のうち、登山客7名と山岳ガイド1名（61）の8名が、山頂付近の登山道で激しい風雨と急激な気温の低下による疲労で動けなくなり、低体温症により凍死した。18名のうち自力で下山できたのは、5名の登山客だけだった。

　この遭難事故について、釧路地検は2018.3.9、業務上過失死傷の疑いで書類送検されていた旅行会社アミューズトラベル（東京）の元社長（58）と、同行ガイド2名の男性を、嫌疑不十分で不起訴、ツアーで死亡したリーダーガイドの男性（61）も、被疑者死亡で不起訴処分とした。

［トムラウシ山で亡くなった9名の方々］女性（浜松市59）、女性（広島市62）、女性（倉敷市64）、女性（愛知県69・2年前にトムラウシ山に登っていた）、女性（名古屋市68）、

女性（名古屋市62）、男性（名古屋市66）＝以上ツアー客7名。ツアーガイド男性(広島市（61、登山歴数10年）。他に単独登山の男性（茨城県64）、全員が低体温症による凍死だった。（北海道新聞2009, 7, 17～19、2018, 3, 10、朝日新聞2009. 7. 17）

☆平成24年（2012）3月17日に日帰りの予定で旭岳スキー場に入山したイスラエル共和国の女性（18）と男性（21）が、悪天候のため下山できず雪穴を掘って野営した。18日も極度の疲労のためで雪穴を掘って野営したが凍死した。軽食のみ持参、服装は薄手のジャンバー上下と軽登山靴。「北海道新聞」2012. 3. 20

☆平成24年（2012）10月1日、新日高町の女性（71）が単独で入山し、緑岳の九合目附近で意識不明となり倒れ死亡した。「北海道新聞」2012. 10. 2

☆平成25年4月5日、午前9時すぎ、千葉県松戸市の男性（46）が、黒岳七合目のリフト駅の北西約200mの稜線から約80m下で倒れているのを道警山岳救助隊員が発見し、防災ヘリで病院に搬送された凍死が確認された。旭川東署は男性が誤って滑落したものとみている。北海道新聞 2013. 4. 6

☆平成25年（2013）7月3日朝、千葉県成田市の女性（71）が、白雲岳の頂上附近から下山途中の雪渓で足を滑らせ斜面を40～50m転げ落ち、岩肌に頭部を強くぶつつけ、ヘリで病院に搬送されたが、死亡した。「北海道新聞」2013. 7, 4

☆平成25年（2013）9月18日、トムラウシ山の頂上附近で、広島県福山市の男性（61）が心肺停止状態でみつかり、道警のヘリが収容したが、凍死が確認された。北海道新聞（20013. 9. 20）

☆平成27年（2015）4月7日、札幌市の男性（68）が、雪の状態を調査するため黒岳に入山していたところ、七合目附近の片雪で転倒滑落し死亡した。「北海道新聞」2015. 4. 8

☆平成27年（2015）7月8日午前、宮城県亘理町の男性が、トムラウシ山の北沼付近の登山道で倒れていると、登山客が110番通報した。道の防災ヘリがテントにくるまれた男性（68）を発見し収容したが、まもなく死亡が確認された。死因は凍死とみられている。「北海道新聞」2015. 7. 9

☆平成27年（2015）12月21日、山梨県北杜市の女性（43）が、男性4名と黒岳の北側斜面をロッククライミングしながら山頂に到着後、滑落し死亡した。「北海道新聞」2015. 12. 23

☆平成28年(2016) 1月30日、旭岳に入山し白雲岳や忠別岳を縦走していた、神奈川県逗子市の男性（40）が、下山予定の2月1日になっても帰らないと、家族が旭川東署に通報し、道警山岳救助隊などが捜索していた。同年7月11日に、旭岳七合目附近の通称「地獄谷」で人が倒れているのを登山者が気づき、翌日、道警山岳救助隊が男性の遺体を収容した。「北海道新聞」2016. 7. 13 ほか

☆平成28年（2016）7月27日に旭岳から入山し表大雪山系を縦走していた九州歯科大ワンダーフォーゲル部の4名のうち、8月1日に天人峡温泉へ下山中に1名が遅れだし、3名が下山した後、男性（27）が行方不明になった。3日午後3時ごろ捜索していた陸自第2師団のヘリが、小化雲岳の登山道から離れた崖下で仰向けに倒れていたこの男性を発見し収容したが死亡が確認された。旭川東署は男性の後頭部に傷があったといい、登山道を外れ転落したとみて調べている。「北海道新聞」2016.8.4

☆平成28年（2016）10月23日から旭岳で行方不明になっている仙台市の男性（53）を、26日に道警山岳救助隊と陸上自衛隊が捜索していたが、手がかりがなく捜索を打ち切った。「北海道新聞」2016.10.27

☆平成30年6月23日、夫婦で上川町愛山渓の「村雨の滝」（1345m）近くの標高約1640mを登山中、江別市の女性（56）が残雪に足を滑らせて約100mの崖下に転落、夫の119番通報で約7時間後に道警ヘリで救助されたが、搬送先の病院で死亡が確認された。また救助にあたった旭川市消防本部の消防隊員（32）が、現場で滑落し意識不明の重体となっている。「北海道新聞」2018.6.24

第Ⅵ編　炭鉱・鉱山・鉄道

【A-1 知床地区の鉱山】

✕知床硫黄山鉱山　［位置］知床硫黄山を源流とするカムイワッカ川と鉱山沢［所在市町村］斜里町［主な生産物］硫黄［沿革］明治7年（1874）9月、ライマンが硫黄鉱山として有望なことを開拓使に報告「ケプロン報告」。明治9年の硫黄山小爆発による熔流硫黄を、皆月善六が同10年～13年まで稼行、同23年6月の硫黄噴出の後に最盛期があったものの、26年まで採掘し30年代に採掘は一時途絶えた。昭和11年（1936）に硫黄山が大爆発し、同年～18年に日本特殊鉱業㈱が熔流硫黄を採掘し、同48年廃止。［災害］明治18年に水腫病で鉱夫127名中33名が死亡、発病により45名を解雇。
『鉱山略記』『北海道金属非金属鉱床総覧』カムイワッカ川と鉱山沢に硫黄の露天堀跡が残っている。

✕海別鉱山　［位置］海別岳1419.4mの北東方直線距離2kmの植別川最上流［所在市町村］羅臼町［主な生産物］粗鉱［総生産量］昭和14（1959）～17年6218㌧。『北海道金属非金属鉱床総覧』

【A-2 斜里・標茶地区の鉱山】

✕武佐鉱山　［位置］武佐岳1005.7mの北東方直線距離5kmの海抜650m付近［所在市町村］中標津町［沿革］昭和12年（1937）に三浦竹次郎が発見、同15年跡佐登硫黄㈱が稼行、同19年硫黄整備で休山、同20年11月野村鉱業㈱が露天採掘開始、その後開発を計画したが休山。［主な生産物］硫黄鉱粗鉱［総生産量］2万㌧『北海道金属非金属鉱床総覧』『北海道の金属鉱業』

✕阿歴内・三星・大東炭鉱　熊牛村（現・標茶町）大字塘路村阿歴内　昭和6年（1931）田上督蔵が着業、同年渡辺承哉名義三星炭鉱に改称、10年阿部七郎名義、11年大東炭鉱㈱名義の大阿歴内炭鉱と東炭鉱に改称、18年整理廃鉱。〔生産物〕石炭〔生産量〕最盛期昭和11年度1.5万㌧、炭総生産量9.2万㌧〔従業員〕昭和8年度末148名『北海道炭鉱資料総覧』

【A-3 屈斜路地区の鉱山】

✕跡佐登鉱山　［位置］アトサヌプリ約520mの山腹、ＪＲ川湯駅の南西方直距離1.5km

［所在市町村］弟子屈町（20万地勢図：斜里11）［主な生産物］硫黄粗鉱、［沿革］明治5年（1872）佐野孫右衛門が屈斜路村アイヌの案内で硫黄鉱床発見（鉱山略記）同10年採掘開始、山元で精錬した硫黄は標茶（現・標茶町）まで駄馬で釧路川を釧路まで運送、同18年山田朔郎（函館）に譲渡、翌年から囚人労役による採掘「鉱覧山略記・北海道鉱床調査報文」、同29年採掘中止（釧路の産業史）の後も小規模な採掘が続く、昭和26（1951）年、野村硫黄鉱業㈱の跡佐登硫黄鉱業㈱名義、同38年休山［総生産量］明治12（1879）〜昭和19年（1946）3.5㌧、昭和26〜38年71㌧。（弟子屈町調勢要覧）。

勢多鉱山 音更川右岸。昭和14年（1939）日窒鉱業が水銀を採掘したのが始まり。同16年、帝国鉱発会社に経営委託し生産開始、最盛期の同17年、日産1〜1.5㌧生産、同年の従業員210名。第二次世界大戦終結により閉山。同27年、中央カオリン㈱が鉱区を買受け採掘、同40年代には4000〜5000㌧を出荷。近年は㈱共成レンテムが露天堀でゼオライトを年間5000〜7000㌧生産、農業用土壌改良剤、家畜糞尿処理剤、ペット用砂として利用されている。『北海道の地名』（平凡社）

【A-4 厚岸・釧路地区の炭鉱】
□釧路地区炭鉱の歴史

釧路炭田は、その大半が北海道東部の釧路支庁管内に分布し、中央部は釧路市を中心にその周辺に、西部は十勝支庁東部にまで、南方は太平洋の沖合海底下までを含む広大な範囲を占める。西から浦幌地区（浦幌町）、雄別地区（阿寒町）、白糠地区（白糠町・音更町）、春採地区（釧路市・釧路町・厚岸町）の4地区に分布する。その範囲は約3000k㎡の面積があり、当時は石狩炭田に次ぐ全国的でも3番目の規模とされた。

釧路炭田の開発は前近代末にさかのぼる。幕府は安政4年（1857）、シラヌカのシリイト岬（現・白糠町石炭岬）とオソツナイ（現・釧路市岩見ヶ原）で石炭を採掘した。このうちシラヌカでは7年間にわたり続けられたが、炭質がもろく崩れやすかったことなどから、文久4年（1864）に中止された。『松浦東蝦夷日誌』

明治20年（1887）から安田（のち安田商事㈱）が春採で採掘を開始、同23年の出炭量は5000㌧弱とされる。同26年別保で造材作業中に鉱脈が発見され、28年から大阪鉱山や山県炭鉱が採炭を始めた。

第一次世界大戦を境に、釧路炭田の開発は臨海部から内陸部へ拡大する。大正6年（1917）12月に官設鉄道の根室東線が釧路駅から東の厚岸駅まで開通し、厚岸町西部の上尾地区で青葉二坑・尾幌・旭・八千代などの炭鉱が開かれた。同6年から大祥内炭礦、同8年から北海道炭礦鉄道㈱が採炭を開始した。同社は同12年から炭鉱専用鉄道を敷設し山元から釧路川まで石炭を輸送した。同13年に三菱鉱業㈱が北海道炭礦鉄道の株式の

大半を買収し、雄別炭礦鉄道㈱と改称した。

同7年には北日本鉱業㈱が十勝支庁管内の浦幌炭礦、同10年には尺別炭礦が採炭を始めた。同9年、三井資本は春採で採炭していた木村組炭礦を買収し、太平洋炭礦㈱が発足した。同年、釧路炭田の総出炭量は21万㌧余を記録している。『北海道の石炭』『鉱業誌』

その後、釧路炭田は表層炭の採掘から斜坑を相次いで開発し、戦時の増産体制に入った昭和16年（1941）に、釧路炭田全体で239万㌧を出炭している。同19年8月、釧路炭田の各炭鉱は休止や保安の指定を受け、従業員や鉱員を九州や芦別の各炭鉱に移転させ、釧路炭田は採炭を中止した。

第二次世界大戦後は、増産体制が布かれ、同33年には太平洋炭礦、雄別炭礦、明治鉱業の27の炭鉱が採炭し、同43年の釧路炭田の出炭量は344万㌧を記録した。

しかし、同39年に白糠町の明治鉱業㈱庶路炭礦が閉山、同45年に雄別炭礦鉄道㈱の音別町雄別・尺別、白糠町上茶路が閉山、残る太平洋炭礦は平成14年（2002）1月に閉山し、代わって釧路コールマイン㈱釧路炭鉱が発足した。

❌**尾幌・昭和一抗・昭和・上尾幌炭鉱**　厚岸郡厚岸町大字苫多村字尾幌小字ワッカペケレベツ。明治36年（1903）馬場久蔵・佐藤与一郎・田中長之助の共同名義で尾幌炭鉱と称し稼行、大正2年（1913）村林謙吉名義、同6年佐藤正一ほか2名義、同7年吉岡万蔵名義、昭和4年（1929）蒔田勘三郎ほか1名・昭和一抗炭鉱に改称、同7年抗夫団体共同経営の昭和炭鉱に改称、同8年宮尾亮三名義上尾幌炭鉱と称す、同9年恵須取炭鉱㈱名義、同11年太平洋炭鉱㈱名義の新尾幌二抗と称す。最盛期昭和9年石炭生産量2.5万㌧、石炭総生産量9.3万㌧、昭和7年度末従業員172名。『北海道炭鉱資料総覧』

❌**尾幌・青葉炭砿**　厚岸郡厚岸町大字苫多村字尾幌。大正5年（1916）オモチプンナイ上流に抗口開設し尾幌炭砿と称す、同6年北海鉱業㈱の経営に移る、同年釧路〜厚岸に運炭軌道敷設、13年小西助三郎名義。最盛期の大正8年度石炭生産量1.2万㌧、石炭総生産量2.1万㌧。『北海道炭鉱資料総覧』

❌**八千代炭砿①**　厚岸郡厚岸町大字苫多村字尾幌ルークシュポール。大正6年（1917）中野米蔵・四日谷静一名義の八千代炭砿と称し開抗、昭和4年（1929）中野米太郎名義、同7年金沢浜次郎名義、12年阿部七ほか1名義、13年太平洋炭砿㈱名義。石炭総生産量6.6万㌧、昭和3年度末従業員30名。『北海道炭鉱資料総覧』

❌**八千代炭砿**　厚岸郡厚岸町苫多村字尾幌。昭和32年（1958）共同鉱業㈱が八千代炭鉱と称し祖鉱、同35年丸善鉱業㈱及び久保田重蔵所有区を譲受、同37年閉山。石炭総生産量3.2万㌧、昭和34年度末従業員68名。『北海道炭鉱資料総覧』

❌**新八千代炭鉱**　厚岸郡厚岸町苫多村字上尾幌。大正6年（1917）中野米蔵が開抗、昭

和9年(1934)金沢浜次郎、同12年阿部七郎にそれぞれ移転。昭和24年久田重蔵が新八千代炭鉱と称し着業、同28年休止、29年再開、35年事業団が買収。石炭総生産量4.2万㌧。30年度末従業員81名。『北海道炭鉱資料総覧』

青葉・丸善青葉・尾幌宝珠炭鉱 厚岸郡厚岸町苫多村字上尾幌。昭和26年(1951)鈴木善二が青葉炭鉱と称し着業、同29年休止、同33年丸善青葉炭鉱と称し再開、37年一時休止し再開、40年閉山。最盛期39年度末石炭生産量1.4万㌧、石炭総生産量7.6万㌧、昭和27年度末従業員57名。『北海道炭鉱資料総覧』

旭・依田・日東・新尾幌炭鉱 厚岸郡厚岸町大字苫多村字上尾幌。大正7年(1918)旭炭鉱合資会社名義旭炭鉱と称し開抗、同13年休業、昭和2年(1927)再開、同4年長谷川末吉名義、同6年休業、同8年日東炭鉱に改称、中西順吉名義、同10年松島幹雄名義新尾幌炭鉱に改称、同11年太平洋炭鉱㈱名義。最盛期昭和9年度石炭生産量2.0万㌧、石炭総生産量5.4万㌧、昭和4年度末従業員268名。『北海道炭鉱資料総覧』

昭和二坑炭砿 厚岸郡厚岸町大字苫多村字上尾幌。昭和3年(1928)蒔田勘三が太平洋炭砿所有区を譲受、昭和二坑炭砿と称し稼行、同5年太平洋炭砿㈱に返還。石炭総生産量2.3万㌧。『北海道炭鉱資料総覧』

青葉炭砿 〔位置〕厚岸郡大字苫多村字上尾幌、釧路郡釧路村。〔沿革〕昭和3年(1928)浜口儀兵衛名義、青葉炭砿と称し着業、昭和8年吉田倶之助名義、同10年宮崎芳作名義、同11年釧路炭砿㈱名義、同13年電気によるガス爆発事故により12名死亡。同16年日本特殊鋼㈱と合併、同18年整理炭砿。最盛期昭和16年度石炭生産量4.3万㌧、石炭総生産量27.0万㌧、昭和8度末従業員109名。『北海道炭鉱資料総覧』

糸魚沢炭砿 厚岸郡厚岸町字糸魚沢 明治43年(1910)菊地若松ほか1名が探鉱、昭和8年(1933)糸魚沢炭鉱と称し着業、同9年北洋炭砿㈱名義、同22年雨竜鉱業開発㈱が糸魚沢炭砿と称し着業、同24年休止、同31年閉山。昭和23〜24年の石炭生産量4,990㌧。昭和23年度末の従業員13名。『北海道炭鉱資料総覧』

上尾幌・新上尾幌炭鉱 厚岸郡厚岸町上尾幌。昭和22年(1947)北海鉱山㈱名義の上尾幌炭鉱と称し着業、同26年日東炭鉱㈱が太平洋炭鉱所有鉱区を譲受し新上尾幌炭鉱と称す、36年石炭鉱業合理化事業団が買収。最盛期昭和33年度石炭生産量5.0万㌧、石炭総生産量37.0万㌧、33年度末従業員と請負従事者369名。『北海道炭鉱資料総覧』

南尾幌炭鉱 厚岸郡厚岸町上尾幌。昭和37年(1962)第一鉱業㈱が新上尾幌炭鉱を踏襲、41年釧路興業㈱ほか2名義、42年閉山。石炭総生産量2.6万㌧、昭和38年度末従業員22名。『北海道炭鉱資料総覧』

厚岸炭鉱 厚岸郡厚岸町上尾幌。昭和36年(1961)上村鉱業㈱が上尾幌・新上尾幌炭鉱の跡を祖鉱、39年閉山。最盛期38年度石炭生産量3.7万㌧、石炭総生産量10.9万㌧。

36年度末従業員165名。『北海道炭鉱資料総覧』

✕ダイヤ炭鉱・宝生炭鉱 厚岸郡厚岸町苫多村字上尾幌。昭和32年（1957）関山保道がダイヤ炭鉱と称し着業。33年、村井建設木材工業㈱と関山ミチ共同名義の宝生炭鉱に改称。36年採掘終了、38年鉱区放棄。石炭総生産量2.1万㌧、34年度末従業員40名。『北海道炭鉱資料総覧』

✕尺別・仙鳳趾・尺別・鳳炭砿 厚岸郡仙鳳趾村（現・浜中町）字チネベツ、シャクシベツ。明治26年（1951）渡辺寅次郎が尺別炭山と称し稼行、28年備中伝助が買収、29年日本炭砿㈱が買収し仙鳳趾炭砿に改称。30年、海岸までの30町に軽便馬車鉄道を設け運搬、32年共立合資会社名義、41年鈴木市太郎名義で再び尺別炭砿と称す、44年鈴木由蔵名義、大正6年（1917）菅原忠太郎名義、同7年一時稼行、昭和15年（1940）塚田光夫・吉野恒三郎共同名義の鳳炭砿と称す、16年伊藤喜代名義、18年整理炭鉱。最盛期昭和15年度石炭生産量2.8万㌧、石炭総生産量8.5万㌧。『北海道炭鉱資料総覧』

✕獺津内炭山 安政3年（1856）幕府が釧路村獺津内媒炭を採掘したが幾日もなく止む。

✕仙鳳趾・尾幌・潮見炭鉱 釧路郡昆布森村字汐見、尾幌駅の南方12km。昭和21年（1946）北海鉱業㈱が仙鳳趾炭鉱と称し着業、同25年富士鉱業㈱が譲り受け尾幌炭鉱に改称、同30年鍋谷建設工業が租行、同38年閉山。石炭生産量6,056㌧。昭和26年度の従業員12名。『北海道炭鉱資料総覧』

✕跡永賀炭鉱 釧路郡昆布森村大字跡永賀湯の沢。昭和22年（1947）東和鉱業開発㈱が着業、同23年跡永賀炭業㈱名義、同29年休止、同32年再開、同34年終堀。石炭生産量7,160㌧。昭和32年度従業員27名。『北海道炭鉱資料総覧』

✕三井昆布森炭砿 釧路郡昆布森村（現・釧路町）字チョロベツ。明治38年（1905）大橋仁蔵名義稼行、同39年山県勇三郎名義、41年釧勝興業㈱名義、同年休業、大正6年再開、同8年三井鉱山㈱名義、明治38〜41年、大正6〜9年度石炭生産量2.4万㌧。『北海道炭鉱資料総覧』

✕開北炭鉱 釧路郡昆布森村（現・釧路町）字深山、別保駅より別保川に沿って約8km上流の右側台地。以前に太平洋炭砿㈱が別保二抗として稼業していた区域で、昭和28年（1953）古賀健太郎が開北炭鉱と称し着業、31年採掘終了。石炭総生産量2.6万㌧、29年度末従業員65名。『北海道炭鉱資料総覧』

✕三井昆布森炭鉱 釧路町。明治38年（1905）大橋仁造、同39年山県勇三郎、同41年釧勝興業㈱、大正8年三井鉱山㈱（記録不明）

✕山県炭鉱 釧路町。明治29年（1896）山県勇三郎開抗、同41年釧勝鉱業㈱別保砿（太平洋炭礦㈱系・記録不明）

✕大栄炭鉱 釧路町 古賀健太＝太平洋炭礦㈱系（記録不明）

第Ⅵ編　炭鉱・鉱山・鉄道

⚒**太平洋炭鉱**（春鳥炭山・木村組釧路炭砿）〔位置〕釧路市興津、JR釧路駅南南東約5km。
〔沿革〕　安政3年（1856）、釧路オソツナイ海岸の露頭炭を採炭したがこの年中止、明治4年（1871）佐賀伊万里藩の移民により採掘、翌年廃山。同19年山田朔郎が試堀開抗、同20年安田善之助（善次朗）名義春鳥炭山と称す。同21年大安抗開抗、同23年沼尻～知人埠頭貯炭場に馬車軌道敷設、同年大盛抗開抗、同41年安田商事名義春採炭山に改称、同5年安田商事㈱に改称、大正3年（1914）坑内出水と炭界不況で休止。

　大正6年木村久太郎が買収し木村組釧路炭砿と称し再開、同年に山元～埠頭の運炭路全線複線化。一方、大正5年三井鉱山㈱は釧路炭鉱を買収（釧路市史）、同9年三井鉱山㈱が資本参加、三井鉱山別保炭鉱と木村組釧路炭鉱が合併し太平洋炭鉱㈱を設立。同12年桂恋抗買収。

　昭和12年（1937）新尾幌抗買収、同年八千代・旧青葉炭鉱を併合、同年春採抗は保抗、別保抗と新尾幌抗は一時休抗、翌年再開。同22年海底採掘を本格化し興津抗開抗、桂恋抗開抗、同24年別保抗閉抗、同32年桂恋抗閉抗、同34年春採抗と興津抗の抗道連絡。

　昭和60年代には地下600m前後の深部の採炭に移行、沖合8kmほどの海底炭鉱で北海道唯一。

　平成14年（2002）閉山。地元の経済界などが釧路コールマイン㈱を発足、採炭を継続し、炭鉱技術海外移転の研修事業なども行い現在に至る。

〔生産量〕昭和52年度（最盛期）261万㌧、閉山までの総生産量約1億㌧。〔従業員〕昭和23年度末6524名〔主な労働災害〕昭和26年度15名、27年度11名、29年度43名。
『北海道炭鉱資料総覧』

⚒**別保炭鉱**　釧路村字別保小字フタコーベ・ツイシカリベツ（春鳥抗の東方約5km）。
〔沿革〕明治26年（1893）造材作業中に鉱脈を発見、翌年江政敏が別保炭山と称し開抗、同29年山県勇三郎名義、採掘された石炭は馬が牽引する軌道（トロッコ）及び湖水・河川を利用した船で釧路港に運ばれた。同41年釧勝興業㈱名義、大正9年三炭鉱別保抗として稼行。最盛期大正9年度石炭生産量8.5万㌧、石炭総生産量40.9万㌧、（二抗は昭和2年閉抗）

　「当時（明治35年）使用する抗夫は108名、大工1名、雑夫3名、其の募集は他地方に於いて為したることもあるも、今は炭鉱事務所に申し込みあるを以て時々必要に応じて雇い入れり。就業時間は抗内10時間、抗外12時間以内、女は8時間、14歳未満の男女は抗外の雑役8時間以内なり。（植民公報11号、明治35年11月）第二次大戦中は九州への強制配転で別保炭抗は休抗していたが、昭和21年（1946）再開。『北海道炭鉱資料総覧』

⚒**新別保炭鉱**　釧路郡釧路村上別保（春鳥抗の東方約26km）。以前に太平洋炭砿㈱が別

保二抗として稼業していた区域の路頭で、昭和27年（1952）新保晴作＝太平洋炭礦株系が新別保炭鉱と称し着業、同29年閉山。石炭生産量1万トン。昭和28年度従業員50名。『北海道炭鉱資料総覧』

✕杉本・細川・跡永賀炭砿　釧路郡跡永賀・昆布森・厚岸郡厚賀。明治31年（1898）杉本武兵衛名義で着業、大正2年（1913）細川杢蔵名義、同3年細川炭鉱と称し、昭和7年（1932）跡永賀炭砿に改称、同10年細川勝太郎名義、同18年整理炭鉱。石炭生産量1.4万トン。従業員数不明。『北海道炭鉱資料総覧』

✕釧路・土古・山県土古炭砿　釧路郡釧路町大字釧路村字土古炭。明治31年（1898）小島ツヤ名義の釧路炭山と称し稼行、同32年井上静雄ほか3名義の土古炭砿に改称、同34年山県勇三郎名義、明治31～35，37年石炭生産量9,702トン。従業員数不明。『北海道炭鉱資料総覧』

✕天寧炭砿　釧路郡釧路町大字釧路村字土古丹。明治36年（1903）高橋倉太郎ほか3名義で着業、同40年廃業か、石炭生産量2.4万トン。従業員数不明。『北海道炭鉱資料総覧』

✕桂恋炭鉱　釧路郡桂恋村字獺津内。安政3年（1856）幕府の命により船舶の燃料供給のため開採、翌年休止、明治4年（1871）佐賀藩が開採、翌5年採掘石炭庫が大破し休止、同29年着業したが坑内火災事故発生により休止、32年岡田八十次名義稼行、34年坑内水多量のため休止、大正5年（1916）安富其吉名義、同12年太平洋炭礦株が買収、明治32～33年、大正8～12年石炭総生産量1.5万トン。大正12年従業員76名。北海道内に於いて一番初めに開採された炭砿。『北海道炭鉱資料総覧』

✕大阪炭鉱　釧路郡釧路町字別保小字フタコーベ。明治38年（1905）大阪鉱業株名義で開抗、大正5年（1916）三井鉱山㈱が買収。最盛期大正4年度石炭生産量4.3万トン、石炭総生産量21.0万トン。従業員数不明。『北海道炭鉱資料総覧』

✕黒田・冨山・新別保炭鉱　釧路郡釧路村字別保。大正3年（1914）黒田新六ほか4名義の黒田炭鉱と称し着業、同6年上松民吾名義、同8年冨山炭鉱合資会社組織、同12年北炭名義、昭和15年藤田好三郎ほか1名名義の新別保炭鉱と称す、同16年斉藤知一郎名義。石炭生産量1.1万トン。従業員数不明。『北海道炭鉱資料総覧』

✕東別保炭鉱　釧路郡釧路村字上別保オビラシケ。昭和13年（1938）宮崎次郎が開抗し同18年に政府命令により休業。昭和27年石割信吉と阿部七郎共同名義で東別保炭鉱と称し着業、30年東別保炭鉱名義、32年と34年に石炭鉱業合理化事業団が買収。最盛期32年度石炭生産量1.4万トン、石炭総生産量6.6万トン、32年度末従業員と請負従事者79名。

✕新興炭鉱　釧路町。昭和28年（1953）新保晴作が稼行＝太平洋炭礦株系　オビラシー抗祖鉱、同30年（閉抗）。生産実績不明。『北海道炭鉱資料総覧』

✕**新別保・日曹別保炭鉱**　釧路郡釧路村オビラシケ。昭和4年（1929）上長徳三郎ほか3名義の新別保炭鉱と称し稼行、同10年中野友礼名義、同12年日曹鉱業名義、同13年日曹別保炭鉱と称す、同16年休止。石炭生産量1.8万㌧。従業員数不明。『北海道炭鉱資料総覧』

✕**三井釧路炭鉱**　釧路市。大正5年（1916）大阪炭鉱を継承、同9年釧路炭鉱と合併に太平洋炭礦㈱となる。

✕**釧路炭鉱**　釧路市。木村久太郎＝太平洋炭礦㈱系　大正6年（1917）春採炭山を継承、同9年三井釧路炭鉱と合併し太平洋炭礦となる、出炭期間：大正5～8年。

✕**新釧路炭鉱**　釧路郡釧路村。昭和29年（1954）栄和商事㈱が新釧路炭鉱と称し着業、39年栄和産業㈱に改称、同年太平洋炭礦㈱所有採抗を譲り受け、40年閉山。最盛期36年度石炭生産量7.0万㌧、総生産量45.9万㌧、39年度末従業員と請負従事者200名。『北海道炭鉱資料総覧』

✕**東釧路炭鉱**　釧路郡釧路村字天寧、根室線東釧路駅の北方約4km。大正2年（1917）、木下成田郎が天寧炭山として開抗し、大正8年まで断続的に稼業した。昭和25年（1950）北日本鉱業㈱が太平洋炭礦㈱の一部鉱区を譲り受け東釧路炭鉱と称し着業、同33年鉱区を2分割し採654号を石炭鉱業合理化事業団が買収、同42年同事業団により整理。最盛期昭和33年度石炭生産量1.2万㌧、石炭総生産量11.6万㌧、昭和33年度末従業員88名。『北海道炭鉱資料総覧』

✕**栄和炭鉱**　釧路郡釧路村。昭和32年（1957）栄和商事㈱が栄和炭鉱と称し着業、35年石炭抗廃止、同39年太平洋炭礦㈱所有鉱区を譲受け、同年深山新抗開抗、同45年チヨロベツ炭鉱（露天鉱）と合併、同47年閉山。石炭生産量：最盛期昭和42度10.2万㌧、総生産量81.2万㌧。昭和41年度従業員298名。『北海道炭鉱資料総覧』

✕**毘沙門炭鉱**　釧路市桂恋、釧路駅の東方8km。昭和32年（1957）栄和産業㈱＝太平洋炭礦㈱系が毘沙門炭鉱と称し祖鉱着業、41年閉山。最盛期39年度石炭生産量8.7万㌧、石炭総生産量45.7万㌧、明治39年度末従業員と請負従事者183名。『北海道炭鉱資料総覧』

✕**米町炭鉱**　釧路市。昭和47年（1972）閉山した栄和炭鉱の受け皿として米町炭鉱㈱が米町炭鉱と称し着業、48年閉山。46～47年の石炭総生産量24.3万㌧、48年度末従業員と請負従事者234名。『北海道炭鉱資料総覧』

【A-5 阿寒地区の鉱山】

✕**阿寒硫黄鉱山**　［位置］足寄町、雌阿寒岳（1499m）より北東方直距離約1km、旧爆裂

火口内及びその周辺、関連水系は白水川、白水小川。

〔主な生産物〕硫黄鉱粗鉱〔総生産量〕昭和27（1952）～38年77万㌧

〔沿革〕享和2年（1802）松前藩の役人が硫黄踏査、明治7年（1874）ライマンは「ケプロン報文」に「久寿里上流廿五里ノ所ニミアカン山ナツ子ノボリアリ、硫黄ヲ産ス。曾テ開採シタレトモ、廃業スルコト久シト」。同9年に釧路の佐野孫右衛門が、同20年に釧路の武富善吉が、同39年に釧路の細川時太郎が、大正5年に三浦繁松がそれぞれ採掘を行った記録がある。昭和27年に日本特殊鉱業㈱が阿寒硫黄鉱山として本格的操業、同32年阿寒硫黄鉱業㈱に改称、同38年休山。「鉱山略記」『北海道鉱床調査報文』『北海道金属非金属鉱床総覧』『釧路国郷土史』。

⛏**雌阿寒鉱山**　足寄町、足寄川支流の螺湾川、オントー、錦沼などで鉄を採掘していた、昭和37年（1962）廃止。

⛏**三金鉱山**　弟子屈町。鐺別川支流のトクシンウシ沢川、ソーウスベツ沢川などで金、銀、銅を採掘していた。昭和25年（1950）廃止。

⛏**久寿里・阿寒・釧路・舌辛・大成・阿寒炭砿**　〔位置〕阿寒郡舌辛村（現・阿寒町）大字舌辛小字オトンベツ、ポンスシカップ。〔沿革〕明治30年（1897）青海川宇太郎ほか6名が久寿里炭砿と称し着業、3年程で休業、同36年成瀬懿光名義の阿寒炭砿と称し着業、同39年釧路炭鉱に改称、大正5年（1916）清水善太郎名義、同6年沢口商店名義の舌辛炭砿と称す、同9年大北炭砿㈱名義の大成炭砿と称す、昭和11年（1936）斉藤商事名義一時阿寒炭砿と称す、同12年西沢義雄名義、同13年明治鉱業㈱名義、以降の記録不明。明治30～昭和11年石炭総生産量4万㌧。『北海道炭鉱資料総覧』

⛏**雄別炭砿**（ゆうべつ）〔位置〕阿寒郡阿寒町雄別炭山、旧釧鉄雄別鉄道雄別炭山駅西方約400m

〔沿革〕明治29年（1896）山懸勇三郎が従業員16名で月産120㌧採掘、同39年頃まで採掘、大正12年（1923）北海鉱鉄道㈱（北炭とは異なる別会社）が、湧別～釧路に鉄道開通と同時期に雄別炭砿を開坑。同13年三菱鉱業㈱の経営に移り雄別炭砿鉄道㈱に改称、この間、然別抗、本抗、中の沢抗、雄渓平抗、大曲一抗、二抗など数多くの抗口を開設。同16年勤労報国隊[19]入坑始まる。

昭和19年（1944）炭鉱整備により本抗区域休抗、苫桶区域は保抗、翌年休抗・保抗解

---

[19] 昭和16年12月1日施行。従来任意に存在していた勤労奉仕隊を義務付け、学校・職場ごとに14歳以上40歳未満の男性と14歳以上25歳未満の独身女性を対象とし、軍需工場、鉱山、農家などにおける無償労働に動員された。昭和20年3月、国民勤労動員令の施行とともに廃止された。

第Ⅵ編　炭鉱・鉱山・鉄道

除と共に再開、同21年財閥解体により三菱鉱業㈱から分離独立、同26年釧路埠頭㈱から埠頭専用鉄道を買収、同27年労働組合が63日間のストライキ、同28年最初の人員整理により839名希望退職。同32年雄別〜釧路間にディゼルカー運行開始、同34年鉄道部門分離で雄別炭砿㈱を設立、同35年第二次人員整理により200名希望退職、同38年雄別〜釧路間に雄別バス運行開始、同41年山花〜仁々志別間に雄別バス運行開始、同45年特別閉山。

〔生産量〕昭和41年（最盛期）67.7万㌧、大正11年〜昭和44年総生産量1921.6万㌧。
〔従業員〕昭和27年度末4317名。〔主な労働災害〕昭和43年度9名、44年度9名。『北海道炭鉱資料総覧』

✕舌辛炭砿　阿寒郡舌辛村・釧路郡鳥取村　昭和10年菊地由太郎名義舌辛炭砿と称し開抗、同年北構保ほか1名義、（以降不明）昭和10年度石炭生産量4,325㌧。同年従業員45名。『北海道炭鉱資料総覧』

✕栄炭砿　阿寒郡舌辛村（現・阿寒町）上布伏内、シュンク舌辛川支流。昭和12年（1937）熊谷真一試掘稼行、同13年栄炭砿㈱名義、同18年整理炭鉱、同25年竹内六造が栄炭鉱と称し再開、同32年石炭合理化事業団が買収。最盛期昭和16年度石炭生産量1万㌧、石炭総生産量4.8万㌧。『北海道炭鉱資料総覧』

✕阿寒炭鉱　阿寒郡阿寒村・白糠郡白糠村。昭和28年（1953）1月新生産㈱名義、阿寒炭鉱と称し着手、同年9月村井建設工業㈱名義、同29年3月採掘休止。石炭総生産量1.2万㌧。〔従業員〕昭和27年度末27名。『北海道炭鉱資料総覧』

✕西部炭鉱　阿寒郡阿寒村字知茶布。昭和32年（1957）西部令名義の西部炭鉱㈱が出炭開始、同33年閉山。同32年度石炭生産量3,260㌧。同年従業員48名。『北海道炭鉱資料総覧』

✕大曲炭鉱　阿寒郡阿寒村、ポン舌辛川の下流。昭和31年（1956）村井建設木材工業㈱（雄別炭礦鉄道㈱系）が生産開始、同43年採掘終了閉山。最盛期同40年度石炭生産量8.8万㌧、石炭総生産量59.8万㌧、同41年度末従業員152名。『北海道炭鉱資料総覧』

✕然別炭鉱　阿寒郡阿寒町、舌辛川の支流ペルツナイ川上約3.2km。昭和31年（1956）雄別炭鉱㈱鉱区を村井建設木材工業㈱が然別炭鉱と称し祖鉱、同45年然別炭鉱㈱に変更、同45年閉山。最盛期同43年度石炭生産量11.1万㌧、石炭総生産量97.1万㌧、同42年度末従業員221名。『北海道炭鉱資料総覧』

✕北陽炭鉱　阿寒郡阿寒村（現・阿寒町）字北陽。昭和15年（1940）北海道石炭㈱名義の北陽炭鉱と称し着業、同18年整理炭砿、同42年閉山。最盛期同40年度石炭生産量3.6万㌧、石炭総生産量5.9万㌧。『北海道炭鉱資料総覧』

✕古潭炭鉱　阿寒郡阿寒村字上布状。昭和22年（1947）山路俊一名義の古潭炭鉱と称し

着業、同23年瀬野春身名義、同27年㈲古潭炭鉱名義、同28年終堀。同32年日宝炭鉱（昭和33年出炭98㌧）と称し稼行。『北海道炭鉱資料総覧』

❌東栄炭鉱　阿寒町。昭和36年（1961）村井建設工業㈱（雄別炭礦鉄道㈱系）が開抗、出炭期間：同37～39年、40年閉山。

❌三菱阿寒炭砿　阿寒町。昭和30年施行案認可、同32年閉山。出炭量不明。

【A-6　白糠・浦幌地区の炭鉱】

❌白糠炭山　安政4年（1857）白糠シリエト（石炭岬の東端）で当時の幕府が開抗、北海道における最初の石炭採掘、元治2年（1865）中止。

❌三菱白糠炭砿　白糠町。大正2年（1913）長井太作、同3年高橋亮太、同6年三菱合資会社名義、〔生産量〕総生産量2865㌧。この炭砿の鉱区は、安政4年（1857）から元治元年（1864）まで江戸幕府により稼行された炭砿の跡地である。『北海道炭鉱資料総覧』

❌月肥炭鉱　白糠町刺牛（プシナイ）。明治30年（1897）に肥田照作が肥田炭鉱開鉱

❌北東炭鉱　白糠町　吉野広次＝明治鉱業㈱系　明治27年（1894）明治鉱業㈱鉱区を祖鉱、同29年閉山。

❌磯部・南木・白糠炭砿　白糠郡白糠村。明治32年（1899）磯部栄基名義の磯部炭砿と称し稼行、同34年楠木現順名義の南木炭砿と称す、同37年和田義英名義の白糠炭鉱と称す、大正2年（1913）頃放棄か。石炭生産量1.4㌧。従業員数不明。『北海道炭鉱資料総覧』

❌岬炭砿　白糠郡白糠村。明治39年（1906）菊地晩節ほか1名の名義、岬炭砿と称し着業、同41年販売不振により休止、大正元年頃放棄か。石炭生産量5,387㌧。『北海道炭鉱資料総覧』

❌釧勝庶路炭砿　白糠郡庶路村字エルモグンナイ。大正4年（1915）垣内喜四郎名義の釧勝興業が採掘、同7年まで採掘。石炭生産量7,809㌧。『北海道炭鉱資料総覧』

❌庶路炭鉱　白糠郡白糠町大字庶路、JR根室本線庶路駅の西方約2km。

〔沿革〕昭和13年（1928）、明治鉱業㈱がチプタナイ沢で行った試錐で主要炭層を発見、同14年、庶路本抗を開抗、同16年本岐炭鉱を買収したが同19年本岐抗は休抗。同19年庶路本抗は保抗、同21年庶路本抗再開、同22年本岐抗を再開、同25年休抗、同39年閉山。

〔生産量〕昭和36年度（最盛期）19.3万㌧、昭和22～38年沿う生産量275.8万㌧。

〔従業員〕昭和24年度1737名。

〔主な労働災害〕昭和35年20名。　　『北海道炭鉱資料総覧』

❌**上茶路炭鉱**　白糠郡白糠町茶路川上流の上茶路（抗口はシュトナイ沢沿い）。昭和38年雄別炭鉱㈱が鉄道の開通に合わせ開抗、この新抗のため同39年（1964）白糠駅～上茶路駅に鉄道25.2kmが敷設された。45年閉山。最盛期43度石炭生産量10.7万㌧、石炭総生産量39.4万㌧、43年度末従業員と請負従事者199名。『北海道炭鉱資料総覧』

❌**本岐炭礦**　白糠町大字庶路、JR根室本線庶路駅北方8km。〔沿革〕昭和11年（1936）庶路本岐炭砿㈱名義の庶路本岐炭砿と称し着業、同14～15年休抗、同16年明治鉱業㈱が買収、同19年炭鉱整備により休止、同22年出炭再開、同36年庶路炭鉱から本岐抗及び本岐一抗を分離、本岐炭鉱として操業、同44年明治鉱業㈱企業ぐるみの特別閉山。〔生産量〕昭和40年度24.4万㌧、昭和11年～43年度石炭総生産量158.7万㌧。〔従業員〕昭和42年度末687名『北海道炭鉱資料総覧』

❌**庶路本岐炭砿**　白糠郡白糠村字中庶路ケトンチコタン、JR根室本線庶路駅北方8km。〔沿革〕不明　昭和11～13年度の石炭生産量1.7万㌧。

❌**白糠炭鉱**　白糠町。明治37年（1904）青木幾太郎が開抗、大正2年（1913）井出床作、同5年高橋亮太郎の名義＝雄別炭礦鉄道㈱系、出炭期間：昭和4～5年、（閉山年不明）。

❌**茶安別炭鉱**　白糠町。昭和22年（1947）三菱鉱業㈱が鉱業権を取得、出炭期間：昭和36～39年。同39年閉山。

❌**西白糠炭鉱**　白糠郡白糠町字茶路、茶路川支流熊の沢区域、白糠駅の北西約8.5km。昭和32年（1957）雄尻炭鉱鉄道㈱鉱区を釧路埠頭㈱が祖鉱、34年祖鉱終了。石炭総生産量2.4万㌧、33年度末従業員と請負従事者36名。『北海道炭鉱資料総覧』

❌**松野沢炭鉱**　白糠郡白糠町中庶路。昭和27年（1052）明治鉱業㈱鉱区を大洋建設㈱が祖鉱、同29年休止、同31年吉原正重が祖鉱再開、34年明豊炭業㈱が祖鉱、同年吉原正重が祖鉱、41年閉山。最盛期32年度石炭生産量1.7万㌧、石炭総生産量10.3万㌧、同31年度末従業員61名。『北海道炭鉱資料総覧』

❌**東栄炭鉱**　白糠郡白糠町茶路川右股奥。昭和37年（1962）東栄炭鉱と称し稼行、同39年採掘終了。同40年閉山。石炭生産量1.3万㌧。昭和38年度従業員30名。『北海道炭鉱資料総覧』

❌**新白糠炭鉱**　白糠郡白糠町字岬、国鉄白糠駅の東方2km。安政年間に6年間、幕府によって石炭を小規模に採掘され、これを箱館に運搬し外国の船舶に供給した。昭和22年（1947）今野滝雄が三菱鉱区を新白糠炭鉱と称し祖鉱、38年閉山。最盛期32年度石炭生産量6.2万㌧、石炭総生産量61.0万㌧、33年度末従業員と請負従事者313名。『北海道炭鉱資料総覧』

❌**加利庶炭鉱**　白糠郡白糠町カリショ沢。大正3年（1914）山中毅名義ほか4名が事業着手、同4年頃から加利庶（かりしょ）炭鉱と称す、5年、高橋新次名義、6年、中谷半

三郎名義、7年、忠谷ムツ名義、8年、開北炭礦㈱名義、11年、㈱南昌洋行名義、昭和12年（1937）雄別炭礦鉄道㈱名義。最盛期の昭和11年度石炭生産量8千㌧、総生産量12.3万㌧、大正11年度末従業員107名。白糠駅まで1里半の専用馬車軌道を敷いていた（鉱業誌）。昭和32年釧路埠頭㈱が加利庶炭鉱と称し祖鉱、同34年終堀。『北海道炭鉱資料総覧』

✕福禄炭鉱・白糠炭砿　白糠郡白糠村字茶路原野。昭和8年（1933）柳取夷州男ほか3名名義で着業、同9年高橋善吉名義の福禄炭鉱と称す、11年広田幸松・阿部三次郎名義の白糠炭砿と称す、12年高橋善吉ほか2名名義、14年ラサ工業㈱名義、19年閉山。石炭総生産量20.8万㌧。昭和12年度従業員44名。『北海道炭鉱資料総覧』

✕神の沢炭砿①　白糠郡白糠町中庶路。昭和13年（1938）品川白煉瓦㈱名義・神の沢炭砿と称し稼行、18年整理炭鉱。最盛期16年度石炭生産量2.1万㌧、石炭総生産量7.0万㌧、従業員数不明。『北海道炭鉱資料総覧』

✕神の沢炭鉱②　白糠郡白糠町、庶路川東岸神の沢付近・白糠駅の北方8.6km。昭和25年（1950）清川梅太郎名義で神の沢炭鉱と称し着業、同29年休止、同31年再開、同37年採掘終了。同年石炭鉱業合理化事業団が買収。石炭総生産量4.0万㌧。〔従業員〕昭和35年度末46名。『北海道炭鉱資料総覧』

✕泊別炭砿②　白糠郡白糠町字庶路泊別。昭和32年（1957）第一鉱業㈱が神の沢炭鉱の一部（南斜坑）を譲り受け泊別炭鉱と称し祖鉱、同35年石炭鉱業合理化事業団が買収。石炭生産量2.3万㌧。昭和33年度従業員59名。『北海道炭鉱資料総覧』

✕白糠・茶路白糠・東亜炭鉱　白糠郡白糠町字茶路。昭和25年（1950）ラサ工業㈱が白糠炭鉱と称し着業（生産量不明）、27年茶路炭鉱㈱が茶路白糠炭鉱と称し着業、31年同一区域内で小野心一が東亜炭鉱と称し着手、35年茶路炭鉱㈱が祖鉱、同年東亜炭鉱を合併、36年採掘終了。最盛期35年度石炭生産量1.7万㌧、石炭総生産量10.1万㌧、35年度末従業員136名。『北海道炭鉱資料総覧』

✕上庶路炭鉱　白糠郡白糠町字上庶路。昭和27年（1952）北光炭業㈱＝明治鉱業㈱系が上庶路炭鉱と称し着業、同28年休止、同32年北新工業㈱が再開、同34年閉山。石炭総生産量4,821㌧。昭和32年度従業員40名。『北海道炭鉱資料総覧』

✕王内炭鉱　白糠郡白糠町茶路大苗。昭和35年（1960）新白糠炭鉱㈱が王内炭鉱と称し祖鉱、同36年北菱産業㈱が事業継承、同38年閉山。石炭総生産量6.6万㌧、36年度末従業員174名。『北海道炭鉱資料総覧』

✕尺別炭鉱（雄別鉱業所）　白糠郡音別村字尺別、旧私鉄尺別鉄道尺別炭山駅北方約500m。〔沿革〕明治29年（1896）田村造平が一時稼行、大正7年（1918）北日本鉱業㈱により開抗、同10年尺別炭礦で採炭開始、恐慌下の昭和3年（1928）雄別炭礦鉄道㈱に買

第Ⅵ編　炭鉱・鉱山・鉄道

収され雄別礦業所と称す、同10年奈多内抗を開抗、同11年大和鉱業㈱の浦幌炭礦を買収、同17年浦幌と尺別の両鉱を結ぶ尺浦通洞完成、同年尺別駅〜尺別炭鉱10.8kmを炭砿鉄道専用に改める、同19年北海道の炭鉱従業員の九州方面への強制配転が実施され尺別・浦幌の2山は休山。

　第二次大戦後の昭和21年（1946）5月、財閥解体により三菱礦業㈱より分離独立し、12月尺別奈多内抗再開、翌22年4月浦幌第一抗と太平抗再開、24年雄別礦業所より分離し尺別礦業所となる。同25年浦幌炭鉱と合併、同29年浦幌炭礦羽抗、同38年尺別炭砿双葉抗閉山、44年尺別炭鉱と合併、同45年2月、尺別・雄別・上茶路企業ぐるみ閉山。〔生産量〕昭和43年（最盛期）33.6万㌧、大正10年〜昭和44年度総生産量766.2万㌧。〔従業員〕昭和27年度末2571名。『北海道炭鉱資料総覧』

✖音別炭鉱①　白糠郡音別村字上音別、音別駅の北方22.5km。昭和12年（1937）村上礼亮ほか2名義の音別炭鉱と称し着業、同15年朝日鉱業㈱が採掘、同16年休山。石炭生産量1.5万㌧。従業員数不明。『北海道炭鉱資料総覧』

✖音別炭鉱②・上音別炭鉱　白糠郡音別村字上音別。昭和21年（1946）北原喜一郎名義の音別炭鉱着手、21年、音別炭鉱㈱名義、23年坑内火災により本抗休止、27年音別炭鉱休止、32年栄和産業㈱名義上音別炭鉱と改称し再開、38年閉山。最盛期35年度2.4万㌧、石炭総生産量13.4万㌧、26年度末従業員99名。『北海道炭鉱資料総覧』

✖茶安別炭砿　白糠郡音別町。昭和36年（1961）新白糠炭砿㈱が茶安別炭砿と称し着業、同40年閉山。最盛期38年度石炭生産量4.1万㌧、石炭総生産量6.5万㌧、38年度末従業員と請負従事者111名。『北海道炭鉱資料総覧』

✖北菱音別炭砿　白糠郡音別町。昭和46年（1951）露天堀稼行、47年出炭終了、60年閉山。46〜47年度石炭生産量2.3万㌧。『北海道炭鉱資料総覧』

✖浦幌炭砿　十勝郡浦幌村（現・浦幌町）下浦幌字上常呂、JR根室本線浦幌駅北東約26km。〔沿革〕大正2年（1913）平林甚輔が古河鉱業㈱から買収、同年大和鉱業㈱を設立し浦幌炭礦と称し開抗、同12年休抗。昭和8年再開、同11年雄別炭砿鉄道㈱名義、同19年炭鉱整備で休抗。同22年再開、同25年尺別炭鉱に併合、同29年閉山。〔生産量〕昭和18年（最盛期）17.5万㌧、大正7年〜昭和24年総生産量117.1万㌧。〔従業員〕昭和18度末常用813名・請負27名。『北海道炭鉱資料総覧』

【A-10　北見地区の鉱山】

✖北見鉱山①（別称：**伊奈牛鉱山**）〔位置〕遠軽町丸瀬布、伊奈牛川沿い。六ノ沢鉱床、八ノ沢鉱床、九ノ沢鉱床、一号・二号・三号などを抱えた金・銀の鉱山。〔沿革〕大正3

年（1914）遠軽在住の安江氏が発見し鉱区を設定。翌4年浜本氏（東京）が買収し試掘したが同7年売却、同8年片岡合名会社（札幌）が鉱区を設定したが着手することなく同年住友金属鉱業に売却。同9年、「伊奈牛抗」として開抗、金26kg、銀16㌧、銅・亜鉛それぞれ約0.5㌧、インジウム少々を産出したと伝えられている。昭和38年閉山。『丸瀬布町史』

※北見鉱山② JR相内駅の北西方約6km、北見市字住吉。昭和8年着手、石灰石（農業用炭酸カルシュム）20万㌧を生産、同43年頃まで操業していた。

※訓子府鉱山［位置］旧池北線日出駅の南方7km［所在市町村］北見市字大谷（20万地勢図：北見2)［沿革］昭和27年福岡余吉が採掘開始、同32年太平洋探鉱㈱が買収し訓子府石灰鉱業㈱を設立し経営、（昭和38年）［生産物］石灰石14.4万㌧。

【A-12 表大雪の鉱山】

※旭岳硫黄山〔位置〕上川郡東川村、旭岳（2291m）の西側中腹（標高約1600m)、勇駒別温泉（今の旭岳温泉）の東方8km。

〔沿革〕昭和17年（1942）中川某が旭岳硫黄採掘㈱を設立し採鉱に着手、同19年硫黄整備により休業した。同26年9～11月上旬まで毎日15㌧の粗鉱を産出したが成功しなかった。当初は噴火口から原石を採掘し麓までの搬送はすべて人力によっていたが効率が悪いので、オート三輪で第一天人ヶ原まで運び、ここから野花南の精錬所まで土橇で人力により運んだ。のちにオート三輪車で今の「姿見の池駅」の辺りまで運び、ここから土橇に原石を積み込みロープで縛り付け急斜面を利用して突き落とし、止まった所からは通路に丸太を敷き詰めこれに重油などを塗って土橇を滑らせて勇駒別（今の旭岳温泉）まで運送した。さらにのちには姿見の池から勇駒別まで簡易ケーブルを利用して運送されるようになり、姿見の池付近に管理事務所があった。この小屋が昭和41年（1966）に着工したロープウエイの建設に一役を担ったという。太平洋戦争の激化により労働力が不足し同19年に廃鉱となった。

同26年八木橋末太郎（弘前市）がこの鉱区を譲り受け、同年9月から採鉱開始、11月上旬まで毎日15㌧の粗鉱を産出していた。『北海道の金属鉱業』『大雪山』

※旭鉱山 上川郡美瑛町。伊藤孝佐（札幌市）が金、銀、銅、鉛、亜鉛、硫化鉄を採掘。

※国光鉱山 美瑛町、忠別川の支流クワウンナイ川。沿革〕昭和12年（1937）ごろから同20年まで銅、鉛、亜鉛を採掘、昭和20年休止、同40年廃止。『北海道の金属鉱業』

【道東地区の炭砿鉄道と森林鉄道】

□**釧路鉄道**　明治20年（1887）硫黄鉱と従業員の輸送のためアトサヌプリ・硫黄山と標茶（精錬工場）の間、約41.6kmに専用鉄道敷設、硫黄山鉄道・安田鉄道・標茶鉄道などと呼ばれていた。同25年安田善次郎ほか4名が買収し釧路鉄道㈱を設立し旅客も輸送する一般運輸営業を開始、客車1両・貨車7両の編成で、標茶～跡佐登を1日4往復したが、12月下旬から4月下旬までは積雪のため運休した。明治29年硫黄山の採掘停止に伴い釧路鉄道も翌年8月廃止となった。『北海道鉄道百年史・弟子屈町むかしむかし史』

□**釧路臨港鉄道**　大正14年（1925）、太平洋炭礦の関連会社「釧路臨港鉄道」が、春採駅と知人駅を結ぶ4.1kmで運行開始。大正15年、知人～臨港間、昭和2年、臨港～入船間、昭和3年、東釧路～春採間、昭和12年、城山―東釧路間で、それぞれ旅客営業したが、昭和38年（1963）11月1日、全線で旅客営業を廃止した。

　昭和54年、太平洋石炭販売輸送㈱が事業を引き継ぎ「太平洋石炭販売輸送臨港線」に名称変更。昭和61年11月1日、春採駅～知人駅間を存続し、その他の路線を廃止。

　平成31年（2019）3月31日付けで運休、同年6月30日に廃止。

　これで、国内唯一の石炭輸送専用鉄道がなくなった。＜参考：太平洋石炭販売輸送臨港線のＨＰ＞

□**上札鶴森林鉄道**　昭和9年（1934）斜里営林署によって上札鶴からオニセップ川本流の間に敷設され、同30年に撤去。（清里町史）

□**武利意森林鉄道**　丸瀬布市街地と濁川の間約40km、支線を含めると最盛期昭和20年（1945）の線路延長は約84km、主に山で切り出した木材を昭和3～38年（1928～1963）運搬していた。

□**足寄森林鉄道**　大正12年（1923）～昭和29年（1954）の工事で足寄貯木場から、利別川に沿い、足寄川右岸を北東方の上流へ津別町まで敷設され、その距離は幹線の45.9km（昭和13年）、支線は23本、全線を1本の線に延ばすと137.2kmに及んだ。鉄道は官営で、足寄営林区署管内において伐り出した木材を、蒸気機関車で牽かせる画期的な輸送方法であった。森林鉄道は昭和35年まで使用され、鉄道の軌道跡は、林道に格下げとなり、その後、道道へ昇格した。『十勝の森林鉄道』

□**陸別森林鉄道**　大正12年（1923）官営で運行開始した。陸別から陸別川右岸に沿い北東へ、同13年に上陸別まで延長、幹線の総延長20.1km、支線5本、25.2km、陸別営林分署管内における木材の輸送が主だった。昭和28年までに全線撤収され、跡地の一部は、町道、林道として今も活用されている。『十勝の森林鉄道』

□**斗満森林鉄道**　大正13年（1924）官営で運行開始、幹線は陸別から利別川左岸に出て

利別川を渡り、斗満川右岸を西へ、さらに北斗満まで延長された。敷設と撤去が繰り返され、幹線の総延長26.8km、支線5本の総延長35.4km。牽引は、蒸気機関車が昭和25年（1950）より年々ディーゼル機関車に交替している。陸別営林分署管内における木材の輸送が主だが、この鉄道を一般に官行列車（鉄道）と呼び、人、食糧、馬糧、機具、鞍馬に及んだ。

斗満森林鉄道の一部は官営運行終了後、昭和29年の台風15号による大量の風倒木を処理するため、十條製紙㈱の委託で恵盛木材が作業にあたった。同37～40年にかけて、新斗満線と斗満本流線を再利用された。最終撤収は昭和41年で、跡地の一部は自動車の通れる林道などとして利用されている。『十勝の森林鉄道』

□**三股の馬車鉄道と軌道**　音更川上流に於ける造林事業のため、十勝三股の貯木場から、西方へ三ノ沢馬鉄（昭和13～16年）、北東方へ五ノ沢馬鉄（同17～19年）、北方へ無名沢馬鉄・軌道（同19～24年）、音更軌道（同20～24年）がそれぞれ敷設と撤収を繰り返し、総延長19.3kmが開通していたと推定されている。『十勝の森林鉄道』

□**音更森林鉄道**　十勝三股駅に併設された三股貯木場を起点に西方へ昭和25年（1950）に運行開始した。翌年岩間温泉まで延長され総延長8.9km、導入された当初は機関車、ガソリン車、同31年にディゼル車。運行開始からわずか8年で同33年に全線が廃止された。鉄道跡地は、自動車道として利用されている。『十勝の森林鉄道』

□**十勝上流森林鉄道**　幹線は昭和25年（1950）新設、旧北海道拓殖鉄道屈足駅の貯木場を起点に西方へ、同26～28年に二股まで延長され、総延長49.9km、二股から7本の支線がキナウシ、トムラウシ、チカベツなどの山岳地帯へ延長さし延長42.4km。この森林鉄道は、十勝川上流を開発し森林農業、電力、交通、観光を総合的に推進することの一環とされ、同40年まで運行された。跡地は、自動車道や林道として利用されている。『十勝の森林鉄道』

□**築別炭砿専用鉄道**　国鉄築別駅より築別炭砿に至る16.6km、昭和16年（1941）12月開通し、石炭、一般旅客、貨物の連帯運転を行った。

□**釧路臨港鉄道**　大正7年（1918）に春採湖岸沿いの山元貯炭場～港頭に馬車鉄道が完成、同12年12月に釧路臨港鉄道㈱設立、同14年2月に春採～東釧路の線路延長し同時に馬車鉄道から蒸気機関に代わる、同15年旅客輸送も開始、同年、東釧路～城山・臨城～入舟の東部を線路延長し11.3kmの貨客地方鉄道となる。昭和38年（1963）11月旅客輸送を廃止し、太平洋炭礦㈱が輸送部門を担当。同54年太平洋石炭販売輸送に吸収合併。現在は釧路コールマイン㈱が釧路炭鉱の輸送を担当している。

□**根室東線**　大正6年（1917）釧路駅から東へ厚岸駅までの官設鉄道が開通し、厚岸西部の上尾幌地区で青葉二抗・尾幌（昭和10年恵須取炭礦）・旭（昭和8年日東炭礦）・八

第VI編　炭鉱・鉱山・鉄道

千代（大正13年太平洋炭礦）などの炭鉱が開かれた。（鉱業誌）

◇**雄別炭礦鉄道**　大正12年（1923）1月、北海炭礦鉄道㈱が新釧路〜雄別の山元44.1kmを石炭の輸送を主な目的として営業開始した。（この北海炭礦鉄道㈱は、幌内鉄道を引き継いだ北海道炭礦鉄道㈱とは全く無関係の会社である。）同13年3月三菱鉱業㈱が出資し経営に参加、雄別炭礦鉄道㈱と改める。

　昭和2年（1927）、雄別炭砿鉄道の全株式を三菱鉱業㈱が買収、戦後の財閥解体に伴い同21年三菱鉱業㈱より分離独立、同34年企業合理化のため鉄道部門を切り離し雄別鉄道㈱として発足、同43年国鉄との連絡輸送を始め、旅客輸送は本線の釧路〜雄別炭山44.1km、埠頭線の新富士〜雄別埠頭2.1km、鶴野線は鶴野〜新富士4.2km。同45年雄別炭礦の閉山に伴い雄別鉄道も4月の廃線で48年間の歴史を閉じた。『鉱山のＳＬたち』

□**雄別炭礦・尺別鉄道**　大正8年（1919）北日本鉱業㈱が石炭輸送のため尺別川流域沿いに山元（尺別炭鉱）〜尺別11.7km軽便専用鉄道を敷設、蒸気機関車による石炭貨車輸送を開始（音別町史）（鉱業誌）、同9年国有鉄道との連絡のため現在の尺別駅のところに尺別貨物駅を開業、同14年旅客・一般貨物も扱うようになった。（釧路鉄道管理局史）

　昭和3年（1928）経営不振に陥った北日本鉱業㈱の尺別炭礦は三菱鉱業㈱に買収され、同鉱業の子会社である雄別炭礦鉄道㈱の尺別礦業所として設備投資が図られた。（三菱鉱業営業報告書）同19年政府命令により尺別・浦幌の両炭鉱は休山となったが、山元に残留する家族のため運転をつづけ、同34年に雄別炭礦㈱の合理化策として炭鉱部門と輸送部門が分割され雄別鉄道㈱が発足、しかし、尺別では輸送部門は分離されず、尺別礦業所の尺別鉄道として存続した。『新釧路市史』炭鉱の活況を呈した同37年から混合列車で運転、同45年2月雄別炭礦㈱雄別・尺別・上茶路の三山は特殊閉山となり、翌46年4月廃線になった。

□**明治庶路炭砿専用線**　昭和13年（1914）国鉄根室本線西庶路駅〜明治鉱業庶路炭砿約4km及び同16年チプタナイ沢と西庶路信号所約2.7km専用線敷設、同年隣接する本岐炭礦を買収しケトンチ沢の本岐抗まで7kmに専用鉄道を延長、炭砿の閉山に伴い昭和39年6月廃線。

□**北海道拓殖鉄道**　大正14（1915）北海道拓殖鉄道㈱を設立、同年着工。現新得駅を起点に十勝川を東進し、現・上士幌町駅を結んでいた総延長54.3km 私設鉄道。昭和3年（1928）新得駅〜鹿追駅21km開業、翌年、鹿追〜中音更駅（現・士幌町）23.7km 同6年中音更駅〜上士幌駅9.6km開業した。十勝川上流の木材と農産物の輸送が中心。同24年東瓜幕駅〜上士幌駅が廃止、同43年8月廃止。『鹿追町史』『新得町百年史』「十勝の

国私鉄覚え書」

【開拓鉄道】『北海道炭田誌』(第2号、昭和28年1月)

◇雪裡線、新富士〜鶴居、29.1km。

◇幌呂線、下幌呂〜上幌呂、19.3km。

◇久著呂線、糖路〜上久著呂、28.9km。

◇仁々志別線、舌辛〜仁々志別、12.2km。

◇阿歴内線、糖路〜阿歴内、12.1km。この開拓鉄道は、鉄の軌道を馬の力により運行された。

第Ⅵ編　炭鉱・鉱山・鉄道

太平洋炭礦釧路鑛業所

太平洋炭礦釧路鑛業所
知人貯炭場全景

太平洋炭礦
別保坑選炭場

太平洋炭礦釧路鑛業所
別保二抗選炭場

太平洋炭礦別保坑社宅街ノ一部

太平洋炭礦新尾幌抗社宅街ノ一部

道東地区の炭砿鉄道と森林鉄道

太平洋炭礦 春採坑全景其一

太平洋炭礦 春採坑全景其二

太平洋炭礦 春採選炭場

太平洋炭礦 釧路鑛業所
春採抗選炭作業

太平洋炭礦春採坑
従業員社宅街ノ一部

太平洋炭礦 春採坑
日用品供給所

第Ⅵ編　炭鉱・鉱山・鉄道

旧炭山駅舎

尺別鉄道　尺浦通洞（浦幌ホーム）

新尺別駅舎

選炭機基礎のみ残る
旧尺別炭山駅構内

炭山駅構内

尺別炭鉱（尺別炭鉱中学校閉山30周年
記念誌）

道東地区の炭砿鉄道と森林鉄道

雄別炭山

一面泥土に覆われた雄別駅構内

雄別炭山駅構内

雄別炭礦記念碑

保存されている雄別鉄道8722号
（釧路市・釧路製作所）

第Ⅵ編　炭鉱・鉱山・鉄道

鴻之舞鉱山精錬所全景

鴻之舞鉱山　索道

鴻之舞鉱山事務所

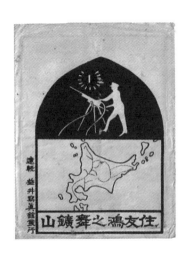

鴻之舞鉱山（封筒表紙）

鴻之舞鉱山
精錬所及市街地全景

第VII編　付録
1　同名・類似の山名一覧表（大雪山・北海道北東部）

呼　名	山　　名	標高値	山頂所在	山　　域	頁
samakki-nupuri	サマッキヌプリ①	947	斜里・羅臼	A1知床火山群	23
shiyamatsuke-nohori	シヤマツケノホリ(岳)②	1100〜1200	斜里・羅臼	A1知床火山群	44
samakke-nupuriyama	サマッケヌプリ山③	1062.3	清里・中標津・標津	A2斜里山地	71
samakkari-nupuri	サマッカリヌプリ④	974.3	津別・弟子屈	A3屈斜路摩周火山群	113
samakke-nupuri	サマッケヌプリ⑤	897.8	津別・弟子屈	A3屈斜路摩周火山群	117
uenshiri	ウエンシリ①	145.5	美幌	A3屈斜路摩周火山群	112
uenshiri	ウエンシリ②	219.5	美幌	A3屈斜路摩周火山群	112
uenshiri	ウエンシリ③	?	釧路(音別)	A6豊頃白糠丘陵	167
uenshiri	ウエンシリ④(山)	?	足寄	A6豊頃白糠丘陵	172
uenshiri	ウエンシリ⑤→有線山	415	新得・鹿追	A8然別火山群	214
riuenshiri	リウエンシリ	594	羅臼	A1知床火山群	26
penawawen-shiri	ペナワウェンシリ	325	津別	A3屈斜路摩周火山群	118
panawawen-shiri	パナワウェンシリ	?	津別	A3屈斜路摩周火山群	118
tapukopu	タプコプ①(タツコプ)	?	別海	A4根釧台地	126
tatsukofu	タツコフ②	?	釧路	A4根釧台地	130
tatsukopu	タツコプ③	?	津別	A5阿寒火山群?	143
tapukopu	タプコプ④→ポン山	66	釧路(音別)	A6豊頃白糠丘陵	167
tafukofu	タフコフ⑤	204.7	浦幌	A6豊頃白糠丘陵	175
tapukopu	タプコプ⑥	550	士幌	A8然別火山群	212
tapukopu	タプコプ⑦	540	士幌	A8然別火山群	212
tapukopu-notsu	タプコプノツ→タツコフサキ→硫黄山	659	斜里	A1知床火山群	30
wofui-tapukofu	ヲフイタプコフ	?	小清水・斜里	A2斜里山地	74
penakushi-tatsukopu	ペナクシタツコプ→ペナワアンタプコプ	312.4	弟子屈	A3屈斜路摩周火山群	80
panakushi-tatsukopu	パナクシタツコプ→パナワアンタプコプ	369	弟子屈	A3屈斜路摩周火山群	81
rii-tatsukofu	リイタツコフ	?	釧路	A4根釧台地	132
syuma-tatsukofu	シユマタツコフ	516	釧路(阿寒)	A5阿寒火山群	142
onne-tapukopu	オン子タプコプ	?	白糠	A6豊頃白糠丘陵	164
kuttapukopu	クッタプコプ→クッタプコプンベ	137	白糠	A6豊頃白糠丘陵	165
hon-tatsukopu	ホンタツコプ	66	釧路(音別)	A6豊頃白糠丘陵	168
tapukopira	タプコピラ	258	足寄	A6豊頃白糠丘陵	178
kenashiyofu-tatsukofu	ケナシヨフタツコフ	?	上士幌	A8然別火山群	196
otaoroshi-tapukopu	オタオロシタプコプ	?	上士幌	A8然別火山群	201
sakutarou-yama	作太郎山→タツコプ	?	足寄	A9東大雪火山群	219
pontapukopu	ポンタプコプ	?	津別	A10北見盆地	250
samakke-tapukopu	サマッケタプコプ→様毛山	537.4	津別	A10北見盆地	250
higashi-dake	東岳①	1520	斜里・羅臼	A1知床火山群	32
higashi-dake	東岳②	2067	上川	A12表大雪火山群	300
minami-dake	南岳①	1459	斜里・羅臼	A1知床火山群	33
minami-dake	南岳②	1339	白糠・阿寒	A5阿寒火山群	155
minami-dake	南岳③→松浦岳→緑岳	2020	上川	A12表大雪火山群	301
maruyama	丸山①	341.4	斜里	A2斜里山地	62
maruyama	丸山②→クッチャロウシュペ	229	弟子屈	A3屈斜路摩周火山群	108
maruyama	丸山③	103.3	標津	A4根釧台地	126
maruyama	丸山④→盤蝶山	76.9	厚岸	A4根釧台地	127
maruyama	丸山⑤→チウマイワ山	271.4	忠類	A7十勝西部丘陵	190
maruyama	丸山⑥	660	足寄	A8然別火山群	194
maruyama	丸山⑦	1,692	新得・上士幌	A8然別火山群	199
maruyama	丸山⑧	574	足寄・陸別	A9東大雪火山群	219
maruyama	丸山⑨→ケミチャプヌプリ	587.1	津別	A10北見盆地	251
maruyama	丸山⑩→ケナシパウシ	768.9	北見(留辺蘂)	A10北見盆地	257
maruyama	丸山⑪	1617.4	上川・遠軽(白滝)	A11北大雪火山群	280
maruyama	円山①	204.8	釧路	A4根釧台地	129
maruyama	円山②	204.9	浦幌	A6豊頃白糠丘陵	174
maruyama	円山③	379	置戸	A10北見盆地	256

451

第Ⅶ編　付録

呼(詠)名	山　名	標高値	山頂所在	山　域	頁
sankaku-yama	三角山①→チセ子ヌプリ	453.6	弟子屈	A3屈斜路摩周火山群	110
sankaku-yama	三角山②	77.5	標茶	A4根釧台地	128
sankaku-yana	三角山③→三笠山→霧里山	1291.1	白滝	A11北大雪火山群	268
sankaku-yama	三角山④→鬼斗牛山	379.3	旭川	B1上川盆地	第四巻
sankaku-yama	三角山⑤	188.6	旭川	B1上川盆地	第四巻
moiwa	モイワ	?	厚岸	A4根釧台地	127
moiwa-yama	モイワ山①	185.1	大樹	A7十勝西部丘陵	190
moiwa-yama	茂岩山	×××	豊頃	A7十勝西部丘陵	185
moiwa-yama	藻岩山→モイワ山②	635.7	足寄	A8然別火山群	202
todoyama	椴山①	?	標津	A2斜里火山群	57
todoyama	椴山②	918.9	上士幌	A8然別火山群	194
todo-yama	椴山③	362.0	当麻	B1上川盆地	第四巻
ishiyama	石山①→ポンヌプリ	252.5	弟子屈	A3屈斜路摩周火山群	96
ishiyama	石山②→イシノホリ	1439.6	鹿追	A8然別火山群	199
byoubu-iwa	屏風岩	920	弟子屈・小清水	A3屈斜路摩周火山群	100
byoubu-dake	屏風岳	1792.2	上川	A11北大雪火山群	279
byoubu-yama	屏風山	396.9	当麻	B1上川盆地	第四巻
otsurushi-yama	オツルシ山①→フンベ山	233.4	池田	A7十勝西部丘陵	183
otsurushi-yama	オツルシ山②→国見山	116.7	芽室・音更	A7十勝西部丘陵	187
shikaribetsu-yama	然別山①→ナイタイ山	1332	上士幌	A8然別火山群	203
shikaribetsu-yama	然別山②	1264.1	新得・鹿追	A8然別火山群	210
goshiki-dake	五色岳①	2038	上川	A12表大雪火山群	295
goshiki-dake	五色岳②	1868	美瑛・上川・新得	A12表大雪火山群	308
pontomura-yama	ポントムラ山	1336	新得	A12表大雪火山群	309
pontomuraushi-yama	ポントムラウシ山	1247.2	新得	A12表大雪火山群	310
tomuraushi-yama	トムラウシ山	2141.0	美瑛・新得	A12表大雪火山群	325
maetomuraushi-yama	前トムラウシ山	1649	新得	A12表大雪火山群	328
antaroma-dake	安足間岳	2200	上川・東川	A12表大雪火山群	315
antaroma-yama	安足間山	979.1	上川	A12表大雪火山群	317
ponantaro-yama	本安足山	1142.5	上川・東川	A12表大雪火山群	317
antaro-yama	安足山	851	当麻・上川	B1上川盆地	第四巻
takayama	高山①	84	浜中	A4根釧台地	124
taka-yama	高山②	895.9	白滝・遠軽(丸瀬布)	A11北大雪火山群	265
hakuun-yama	白雲山①	1186	上士幌	A8然別火山群	207
hakuun-yama	白雲山②→支湧別岳→中霧里山	1687.7	白滝・遠軽(丸瀬布)	A11北大雪火山群	268
hakuun-dake	白雲岳	2230.1	美瑛・上川	A12表大雪火山群	302
bouzu-iwa	坊主岩	750	白滝	A11北大雪火山群	268
bouzu-yama	坊主山	360	東神楽	B1上川盆地	第四巻
boushi-yama	坊子山	418.7	東神楽	B1上川盆地	第四巻
boushi-yama	帽子山	520	弟子屈	A3屈斜路摩周火山群	94
hinne-shiri	ヒン子シリ→雄阿寒岳	1370.5	釧路(阿寒)	A5阿寒火山群	141
pinne-shiri	ピン子シリ①→美利岳	1876.2	上川・遠軽(丸瀬布)	A11北大雪火山群	269
matineshiri	マチ子シリ②→雌阿寒岳	1499	釧路(阿寒)・足寄	A5阿寒火山群	150
matine-shiri	マチ子シリ①→武華山	1758.5	上川・遠軽(丸瀬布)・北見(留辺蕊)	A11北大雪火山群	273
midori-yama	緑山	865.4	遠軽(白滝)	A11北大雪火山群	276
midori-dake	緑岳→松浦岳	2020	上川	A12表大雪火山群	300
iou-zan	硫黄山①	1562.3	斜里	A1知床火山群	29
iou-zan	硫黄山②	659	斜里	A1知床火山群	30
iou-zan	硫黄山③→アトサヌプリ	508	弟子屈	A3屈斜路摩周火山群	92
kitoushi-yama	喜登牛山→キトウシ山①	1312.2	足寄・陸別	A9東大雪火山群	223
ikaoushi-yama	伊香牛山→キトウシノホリ②	349.6	当別・愛別	B1上川盆地	第四巻
kitoushi-yama	岐登牛山→キトウシノホリ③	456.5	旭川・東川	B1上川盆地	第四巻
kitoushi-yama	鬼斗牛山→三角山、キトウシ④	379.3	旭川	B1上川盆地	第四巻
onsen-yama	温泉山	1281.0	上士幌	A8然別火山群	195
onsen-dake	温泉岳	1578.6	新得・上士幌	A9東大雪火山群	241

2 第二巻の訂正と補稿

頁	行	誤	正
6	概略図の左上	邦英山	那英山
27	上から20	「to-nakar-ns-pet」	「to-nukar-ush-pet」
30	下から1	登れるが、明瞭な登山道はない。	登れる。
37	上から6	→大麓山	→大麓山、トウヤウスベ山
37	上から12		□松浦武四郎が美瑛の丘から眺望できたヌモッペ岳は、手前のトウヤウスベ山1400mと、その後方に大麓山1459.5mの頂が少し重なって見えたと思われる。したがってヌモッペ岳はこの両者が該当する。
37	下から16	ヌム・オッ・ペツ	ヌム・オッ・ペ
46	下から14	ヲツチシヘンサイウシヘ（前富良野岳の位置に）	ヲツチシヘンサイウシヘ
46	下から12	◇ヘンサイウシヘ（前富良野岳の位置に）	◇ヘンサイウシヘ（下記の解説を参照）
49	下から14	myoumi-yama	myouken-yama
59	下から2	殿狩隋道	殿狩林道
63	上から17	pet-turu-un-pe	pet-utur-un-pe
67	上から14	金剛山	金剛岳
401	下から26	金剛山	金剛岳
74	上から16	約860m	・865m
92	下から17	小神居岳	小神威岳
110	下から1	〔位置〕厚真川支流顔美宇川の川口のあたりの小山	〔位置〕厚真川支流頗美宇川南方のあたりの小山
113	下から12	東方2粁	東方2キロメートル
115	上から11	「チ・クル・に・ナイ」	「チ・クル・ニ・ナイ」
117	下から14〜15	パンンケオピラルカ沢川	パンケオピラルカ沢川
122	上から3	（川岸に樺の皮の多い）	（川尻に樺の皮の多い）
124	下から4	点の紀	点の記
127	下から18	「国土地理院」三角点名	「国土地理院」
127	下から15	標高1389mの山	標高1383mの山

第Ⅶ編　付録

頁	行	誤	正
129	下から13	川の登渉を	川の渡渉を
137	上から18	暗部から	鞍部から
138	上から18		タツコプ（川筋図）『武四郎蝦夷地紀行』518p
140	下から7	太田絃文	太田紘文
155	上から9	二岐山	二岐岳
155	上から17	二岐山	二岐岳
155	上から18	二岐山	二岐岳
155	下から10	二岐山	二岐岳
155	下から3	二岐山	二岐岳
156	下から13	二岐山	二岐岳
166	写真説明	幌尻沢	六の沢
169	上から3～6	〔夏季コース〕の全文	〔夏季コース〕全文削除
176	下から11		169頁、同上・夏季コース全文挿入
169	下から3	ピリカペタス沢	ピリカペタヌ沢
172	下から15	ピラトミ山の	ピラトコミ山
183	上から12	コイボクシュビチャリ	コイボクシュシビチャリ
185	下から1～2	サッシシビチャリ沢は、アイヌ語で〔水の涸れる染め退川〕の意	サッシビチャリ沢は、アイヌ語で〔水の涸れる染退川〕の意
187	上から5or8	サッシシビチャリ沢	サッシビチャリ沢
187	上から9	アイヌ語で「レ・プルウ・ネ・イ」	アイヌ語「レ・プッウ・ネ・イ」
189	上から7	ピセカイ山pisekai-yama・1027m	ピセカイ山pisekai-yama→ピセナイ山　・1027m
189	上から9	浦河11〔2.5万図〕ピリガイ山d	浦河20〔2.5万図〕美河c
189	上から8～9	〔山頂所在市町村〕新日高町（旧静内町）・浦河町・大樹町	〔山頂所在市町村〕新日高町（旧静内町）・（旧三石町）
199	上から3	ペセナイ沢川	ピセナイ沢川
199	上から8	ピラトミ川	ピラトコミ川
210	下から6	〔2.5万図〕富沢a	〔2.5万図〕三石a
213	下から11	りシクマ岳と云より	シクマ岳と云より
218	上から13	→オプシヌプリ　?m	→オプシヌプリ　120m
218	下から16	→プイヌプリ　?m	→プイヌプリ　120m

頁	行	誤	正
219	上から3	つまりニプ・タ・イ	つまりニプ・タ・イ
244	上から8		〔位置〕袴腰山とルチシ山の中間
254	上から1	tokatihorosiri-dake	tokati-dake
254	上から7	メナシシュンベツ川	メナシュンベツ川
254	下から13	ニクポシュメナシュウベツ沢	コイボクシュメナシュンベツ川
255	上から17	メナシシュンベツ川	メナシュンベツ川
255	下から6	1本三角点	1等三角点
271	上から21		（昭和29年夏）収容15人、使用料150円『大雪山国立公園シリーズ14』
272	下から14		(昭和19年)改築し富良野営林署の経営になる。使用料100円『大雪山国立公園シリーズ14』
276	下から13	幌山荘	佐幌山荘
279	下から12	三角山ユッテ	三角山ヒュッテ
287	上から14	トンラウシより	トムラウシより
287	上から17	オプタシケ	オプタテシケ
299	下から16	メナシベツ川に下る	メナシュンベツ川に下る
301	上から4	（ヌプチミツプ岳）	（ヌプチミップ岳）
301	上から15	ヌプチミツプ山	ヌプチミップ岳
303	上から5	住吉省三	住宮省三
303	上から10	サッシシビチャリ沢	サッシビチャリ沢
304	下から5	イグール	イグルー
307	上から9	1939峰	1839峰
310	上から8	剣岳	剣山
311	上から17	コウカクシュサツナイ岳	コイカクシュサツナイ岳
313	上から3	大橋正樹	大橋政樹
313	上から5or6	太田絃文	太田紘文
315	上から4	京極絃一	京極紘一
323	上から14	テガリ岳	ペテガリ岳
325	上から2	イグール	イグルー

第Ⅶ編　付録

頁	追加
101	🎿カムイスキーリンクス　旭川市神居町西丘112。道北最大のスキー場で、コースは神居山の北西斜面と北斜面に広がる。昭和初期に国設神居山スキー場として設置された。昭和11年国鉄発行の『スキー北海道』は、「神居山、神居古潭驛から石狩川を渡り約半粁遡り、登山口から指導標があるからこれに傳つて行けばよい。登り約六粁、二時間半、降り一時間位である。標高七九〇米、頂上附近には緩急大小のスロープがあり、輕い山岳スキーに適し一般向きである。」と紹介している。
101	🎿伊ノ沢市民スキー場　旭川市神居、サンタプレゼントパークの南東方。昭和11年国鉄発行の『スキー北海道』は、「伊ノ沢市民スキー場　旭川市神居７条18丁目　旭川驛から約四粁、美瑛川流域平原の南を限る一帯の丘陵で、緩急長短各種のスロープに富み、シャンツエ、休憩所の設備もあり、旭川市民の最も多く利用するスキー場である。」と紹介している。

タㇷ゚コㇷ゚について（補稿）

1. いわゆるタㇷ゚コㇷ゚のアイヌ語地名について、文献で確認できたものは北海道70余、東北地方に７ヶ所みられる。本書の集録は、第一巻に20、第二巻に13、第三巻は、第Ⅶ編「同名・類似の山名一覧表」（341頁）に26、載せている。

2. タㇷ゚コㇷ゚の地名と使用事例が示された文献は、松浦武四郎著の紀行文が初めて、例えばつぎのようである。その語意が簡単に書かれているが、その所在地が特定できないものがある。秦檍麿の『東蝦夷地名考、西蝦夷地名考』や上原熊次郎郎の『蝦夷地名考幷里程記』には記載がない。

「ヲフイタツコフ、少しの山にて、…」「松浦山川図」『松浦廻浦日記』下巻397p,

「タツコフは小山の事也。此処に山は無れども、此うしろのかわすじに有るによって、其川名を今此村名にも用ゆ。『松浦戊午日誌』上巻328p

「小川也。此処に仏飯の如き一つの山あるにより此タツコフの名起るとか」や。『松浦戊午日誌』上巻331p

「タツコフ…小山なり」『松浦戊午日誌』上巻507p

「タツコフは小さき丸山」『松浦丁巳日誌』下巻342p

　1891年（明治24）刊行された永田方正著『北海道蝦夷語地名解』は、タㇷ゚コㇷ゚をそれぞれの川筋に列挙し「小山、弧山、丸山、小円丘、小圓丘、小弧山」などと書いたが、詳しい解釈を述べていないため、その正確な位置が特定できないものもある。

　ジョン・バチェラー著「蝦和英三対辞書」（第四版1938年、491p）は、「Tapkop　タㇷ゚コㇷ゚　一峰の山」。また、知里真志保著『地名アイヌ語小辞典』（1956年）は「tap kop,-i　タㇷ゚コㇷ゚　①離れてぽつんと立っている円山；弧山；弧峰；②尾根の先にたんこぶのように高まっている所」。とあるが使用事例が示されていない。

3. アイヌ語地名研究会（1998年設立、札幌市）の会誌『アイヌ語地名研究』に、タㇷ゚コㇷ゚に関するつぎの論文が掲載されている。

【17号,2014年】・岡本武雄「由仁の夕張川筋、アイヌ語地名の考察」

【19号,2016年】・明石一紀「タツコプ像の再検討－夕張郡のタツコプをめぐって－」

・中野良宣「タㇷ゚コㇷ゚地形を再考する－タㇷ゚コㇷ゚は双頭の山」

- 渡辺隆「タㇷ゚コㇷ゚地名（資料）」
- 早田国光「旅来はタㇷ゚コㇷ゚ライペッ」

【20号,2017】高橋慎「松浦丁巳日誌にでてくるタツコプ」
- 伊藤せいち「未調査のタㇷ゚コㇷ゚地名」
- 渡辺隆・他「タㇷ゚コㇷ゚地名を考える」

【21号,2018】明石一紀「アイヌ語tapと地名タㇷ゚コㇷ゚についての考察」
- 中野良宣「支笏湖周辺にあるタㇷ゚コㇷ゚ーその形態的特徴と神謡的理解」
- 明石一紀「菅原真一のタップコップの語源論」
- 伊藤せいち「地名tapkop の解読と語源」

3 参考文献・写真提供（第三巻）

（第一巻、第二巻に使用した文献・資料の再掲は省略しました）

『美幌町史』1953 年（昭和 28）9 月
『津別町史』1954 年（昭和 29）9 月
『斜里町史』1955 年（昭和 30）4 月
『網走市史上』1958 年（昭和 33）5 月
『旭川市史』1959 年（昭和 34）4 月
『音更町史』1961 年（昭和 36）11 月
『比布町史』1964 年（昭和 39）8 月
『上川町史』1966 年（昭和 41）9 月
『根室市史』1968 年（昭和 43）7 月
『標津町史』1968 年（昭和 43）10 月
『女満別町史』1969 年（昭和 44）3 月
『愛別町史』1969 年（昭和 44）3 月
『新北海道史第七巻史料 1』編集・北海道　1969 年（昭和 44）5 月
『上士幌町史』1970 年（昭和 45）9 月
『羅臼町史』1970 年（昭和 45）9 月
『豊頃町史』1971 年（昭和 46）2 月
『あっけし町史』1975 年（昭和 50）2 月
『鹿追町史』1978 年（昭和 53）3 月
『清里町史』1978 年（昭和 53）8 月
『弟子屈町史』1981 年（昭和 56）3 月
『中標津町史』1981 年（昭和 56）6 月
『芽室町八十年史』1982 年（昭和 57）9 月
『湧別町百年史』1982 年（昭和 57）12 月
『置戸町史』1985 年（昭和 60）8 月
『津別町百年史』1985 年（昭和 60）12 月
『阿寒町百年史』1986 年（昭和 61）10 月
『白糠町史』1987 年（昭和 62）10 月
『池田町史上』1988 年（昭和 63）10 月

『釧路町史』1990 年（平成 2）8 月
『新十勝史』1991 年（平成 3）3 月
『新丸瀬布町史上』1994（平成 6）5 月
『新旭川市史』1994 年（平成 6）6 月
『足寄百年史上』2007 年（平成 19）3 月
近藤守重「西蝦夷地分間」1798 年作　東京大学史料編纂所
河野常吉「大雪山及石狩川上流探検開発史」1926 年（大正 15）8 月
北海道庁「北海道植民地区画図石狩国夕張郡馬追原野区画図」長沼町図書館所蔵
小島憲他・校注『日本古典文学全集』（万葉集一）付録（地名一覧）小学館　1971（昭和 46）1 月
池田実『夕張市史』夕張の旧地名　1981 年（昭和 56）3 月
永田方正『北海道蝦夷語地名解』（初版復刻）草風館 1982 年（昭和 57）9 月
松浦武四郎（秋葉実・解読）『丁巳東西蝦夷山川地理調日誌』北海道出版企画センター　1982 年（昭和 57）11 月
知里真志保『地名アイヌ語小辞典』（復刻版）北海道出版企画センター　1984 年（昭和 59）3 月
山田秀三『北海道の地名』北海道新聞社　1984 年（昭和 59）10 月
井上寿『十勝アイヌ語地名解』1985 年（昭和 60）5 月
山田秀三「タプコプ（たんこぶ山）物語」『東北・アイヌ語地名の研究』草風館 1993 年（平成 5）8 月
杉山四郎『空知のアイヌ語地名考』（三笠市）空知地方誌研究協議会　1998 年（平成 10）3 月
村上修「空知のアイヌ語地名考（歌志内市）」空知地方史研究協議会　1998 年（平成 10）3 月
三好勲・横平弘「アイヌ語の魅力（Ⅰ）タプコプ地名研究」アイヌ語地名魅力を探る会　2004 年（平成 16）3 月
扇谷昌康「豊頃町の旅来と遠別町の歌越の語源」『アイヌ語地名研究 7 号』北海道出版企画センター　2005 年（平成 17）1 月
平隆一「空知における tapkop 地名」『アイヌ語地名研究 8 号』北海道出版企画センター　2005 年（平成 17）12 月
堀淳一「タプコプタンコブ・タンコブタプコプ 2」（ウェブサイト）

http://www.digi-pad.jp/urasando/s_essay-hs07.html
国土地理院図（ウェブサイト）
　　　http://www.gsi.go.jp/kikaku/kihon-joho-1.html
清水清次郎「熊本県のアイヌ語系地名「田子山」について」『アイヌ語地名研究 11 号』北海道出版企画センター　2008 年（平成 20）12 月
杉本智彦「地形立体化ソフト、カシミール 3D」
　　　http://www.kashmir3d.com/kash/kashget.html
岡本武「由仁の夕張川筋アイヌ語地名の考察」『辿古三十年』由仁町郷土史研究会　2014 年（平成 26）4 月
大竹登「松浦武四郎の生い立ちと足跡」『辿古三十年』由仁町郷土史研究会　2014 年（平成 26）4 月
高橋慎「栗山のアイヌ語地名考『アイヌ語地名研究 17 号』北海道出版企画センター　2014 年（平成 26）12 月
清水敏一・西原義弘『大雪山、神々の遊ぶ庭を読む』2015（平成 27）2 月
北大山とスキーの会『北海道大学スキー部 100 年、山スキー部 50 年記念誌』2019 年（平成 31）3 月

【写真提供】
伊藤せいち（北見市）　長田邦雄（富良野市）　北のかもしかの山歩き
北見山岳会　Gekiyabu sakura　佐藤初雄（釧路市）　Jarannet
鈴木統（苫小牧市）　素材辞典　高澤光雄（札幌市）　谷口淳一
Tahur　Tiroro harugs　寺口一孝（登別市）　中川潤（石狩市）
はまちゃん日記　日帰り登山　北海道紀行（坂口一弘）　宮沢醇（札幌市）
林道への案内掲示板　山遊気　山小屋 WEB　ハミングバード　自然派空間
ミッチー　渡辺健三（釧路市）

Ⅷ編　山名索引（大雪山・北海道北東部）

凡　例
【2.5万図】2万5千分の1地形図の名称。山頂部がどのあたりに位置するかについて、4分割の右上をa、右下をb、左上をc、左下をdで示す。？は位置不明の山。
【頁】　第Ⅱ編「山の履歴」本文の掲載頁
【市町村】山頂部の所在市町村名。（ ）内は、平成合併直前の旧町村名
【標高値】？は不明、×××は、連山または山々のことなので標高値を表示できないもの。

呼(読)名	山　名	標高値	20万図	2.5万図	市町村	頁
ahoro-dake	阿幌岳→アッポロヌプリ	978	斜里62	木禽岳b	津別	143
aibetsu-dake	愛別岳	2112.7	旭川12	愛山渓温泉ab	上川	311
aka-dake	赤岳	2078.5	旭川4	層雲峡d	上川	291
akan-fuji	阿寒富士→ホンノホリ	1476.3	斜里64	雌阿寒岳c	釧路(阿寒)・足寄・白糠	149
akan-nohori	アカンノホリ→阿寒富士	1476.3	斜里64	雌阿寒岳c	釧路(阿寒)・足寄・白糠	150
amagi-iwa	天城岩	900	旭川4	層雲峡a	上川	290
amagoi-yama	雨乞山	233.6	斜里60	津別c	津別	248
ankarushi	アンカルシ→インガルシュペ山	382.4	夕張岳8	拓成a	帯広	192
anru-take	アンルタケ	？	斜里？	？	？	136
antaroma-dake	安足間岳	2200	旭川12	愛山渓温泉b	上川・東川	315
antaroma-yama	安足間山	979.1	旭川12	愛山渓温泉c	上川	317
apporo-nupuri	アッポロヌプリ→阿幌岳	978	斜里62	木禽岳b	津別	143
apunai-yama	アプナイ山→厚内山	214.8	帯広22	直別b	浦幌	173
arai-dake	荒井岳	2183	旭川4	層雲峡d	上川・東川	298
ariake-yama	有明山	1634.8	北見59	平山c	上川・北見(白滝)	277
arikinai-yama	アリキナイ山	77	釧路27	塘路湖b	標茶	130
asahi-dake	旭岳→東オプタテシケ山	2290.9	旭川13	旭岳a	東川	318
asahitouge	旭峠	830	北見35	花岡c	遠軽(丸瀬布)・留辺蘂	263
ashino-dai	芦ノ台	1306	旭川3	万景壁a	上川	260
ashiyoro-rikunbetsu-nohori	アシヨロリクンベツノホリ	？	北見38	東三国山x	置戸	220
atosa-nupuri	アトサヌプリ→硫黄山③	508	斜里37	川湯b	弟子屈	92
atosa-shiri	アトサシリ→硫黄山③	508	斜里37	川湯b	弟子屈	93
atosya	Atosja→硫黄山③	508	斜里37	川湯b	弟子屈	94
atsunai-yama	厚内山→アプナイ山	214.8	帯広22	直別b	浦幌	174
barasan	磐羅山→丸山④	76.9	釧路12	厚岸b	厚岸	127
bekanheushi-yama	ベカンヘウシ山	？	釧路17	上チャンベツx	浜中	128
bettori-yama	別取山	636.2	旭川11	菊水c	上川	310
bihoro-touge	美幌峠	493	斜里45	屈斜路湖c	美幌・弟子屈	107
birao-zan	美羅尾山→ピラヲロノポリ	553.7	斜里39	弟子屈c	弟子屈	99

第VIII編　山名索引

呼(読)名	山　　名	標高値	20万図	2.5万図	市町村	頁
biruwa-yama	美留和山→ペンケヌプリ	401.1	斜里38	美留和ab	弟子屈	96
biyoubu-iwa	屏風岩	920	斜里44	藻琴山b	弟子屈・小清水	100
boushi-yama	帽子山→サワンチサップ	520	斜里37	川湯c	弟子屈	94
bouzu-iwa	坊主岩	750	北見51	上支湧別c	北見(白滝)	268
bunzoo-dake	文蔵岳	1755	北見59	平山d	遠軽(丸瀬布)	279
byoubu-dake	屏風岳	1792.7	北見60	大函a	上川	279
byoubu-yama	屏風山②	1291	北見56	糠平d	上士幌	195
cfukuhetsu-dake	チユクヘツ岳→チクベツ岳①	1962.8	旭川5	白雲岳d	美瑛・上川	306
cfurui-yama	忠類山→尖峰	953	斜里4	武佐岳d	標津	59
cfuubetsu-dake	忠別岳①	1962.8	旭川5	白雲岳d	美瑛・上川	305
cfuurui-yama	忠類山→シケレヘウシ岳	300.1	広尾41	上更別b	大樹・幕別(忠類)	189
chacha-dake	チャチャ岳(ノホリ)→羅臼岳	1660	知床岬56	羅臼c	斜里・羅臼	37
chacha-dake	爺爺岳→羅臼岳	1660	知床岬56	羅臼c	斜里・羅臼	38
chacha-dake	祖父岳→羅臼岳	1660	知床岬56	羅臼c	斜里・羅臼	37
chayashikotsu	チヤシコツ	?	標津24	根室北部b	根室	125
chienbetsu-dake	知円別岳	1544	知床岬55	硫黄山d	斜里・羅臼	34
chikishiyanitaibo	チキシヤニタイボ	?	帯広39	農野牛x	豊頃	185
chikubetsu-dake	竹別岳→忠別岳	1962.8	旭川5	白雲岳d	美瑛・上川	306
chikushihetsu	チクシヘツ	?	斜里12	俣落岳x	?	63
chinishibetsu-dake	知西別岳	1317	知床岬64	知床峠d	斜里・羅臼	44
chinomi-shiri	チノミシリ	177	帯広5	河原c	釧路(音別)	167
chisene-nohori (dake)	チセ子ノホリ(岳)	?	斜里10	朱円b	斜里	62
chisene-nupuri	チセ子ヌプリ(ノホリ)→三角山	453.6	斜里46	和琴c	弟子屈	110
chise-nohori	チセノホリ→北見富士	1291.1	北見44	富士見d	北見(留辺蕊)	264
chiurui-dake	チウルイ岳→尖峰	953	斜里4	武佐岳d	標津	58
chohoumaiwa-yama	チホウマイワ山→チヨマイワ	271.4	広尾42	忠類a	幕別(忠類)	190
choma-iwa	チヨマイワ→チホウマイワ山①	271.4	広尾42	忠類a	幕別(忠類)	190
choubushi-san	長節山	86.2	帯広32	旅来b	豊頃	181
choyou-zan	朝陽山	1369.7	旭川4	層雲峡a	上川	263
daikan-yama(zan)	大観山	190	斜里49	呼人a	網走	76
daisyousawa-zan	大昭沢山	419.8	北見5	本岐b	津別	155
eboshi-dake	烏帽子岳	2072	旭川4	層雲峡d	上川	291
eirei-zan	英嶺山	521.3	知床岬56	羅臼b	羅臼	36
ekisyaran-dake	エキシヤラン岳→猫山	553.1	標津58	根室峯浜a	羅臼	47
enbou-yama	遠望山	1421	帯広57	然別湖a	鹿追	205
enkaruushi	エンカルウシ→インガルシュペ山	382.4	夕張岳8	拓成a	帯広	192
esaushi-yama	エサウシ山→フンベ山	170	帯広37	十勝池田d	池田	184
etonbi-yama	江鳶山→サウンポンヌプリ	712.5	斜里28	緑a	清里	74
etonmuka-yama	江屯武華山	1219	北見53	石北峠c	上川・北見(留辺蕊)	227
fukushiyaushi-tatsukopu	フクシヤウシタツコプ	200	知床岬63	知床五湖a&b	斜里	40

462

呼(読)名	山名	標高値	20万図	2.5万図	市町村	頁
funbe-san	フンベ山→エサウシ山	170	帯広37	十勝池田d	池田	184
fuppushi-dake	フップシ岳→ヌウシノホリ	1225.4	斜里63	阿寒湖d	釧路(阿寒)・足寄	145
fupuushi-nopori	フプウシノポリ	208	知床岬47	岬c	羅臼	28
furebetsu-dake	フレベツ岳→フーウレヘツ	1097.6	斜里64	雌阿寒岳a	釧路(阿寒)	147
furusekento-yama	フルセケント山	?	根室59	茶内c	浜中	125
futamata-yama	二股山	1155.7	旭川8	ペンケベツC	新得	310
fuuko-yama	風光山	537.5	斜里47	辺計礼山b	弟子屈・標茶	136
fuurehetsu	フーウレヘツ→フレベツ岳	1097.6	斜里64	雌阿寒岳a	釧路(阿寒)	148
ganseki-yama	岩石山	1088	帯広57	然別湖b	上士幌	207
gikeizan	義経山	294	帯広19	栄穂d	本別	172
ginsen-dai	銀泉台	1517	旭川4	層雲峡b	上川	290
goishi-yama	碁石山→ペナワアンタプコプ	312.4	斜里36	野上峠d	弟子屈	90
goshiki-dake	五色岳①	2038	旭川4	層雲峡d	上川	295
goshiki-dake	五色岳②	1868	旭川6	五色ヶ原c	美瑛・上川・新得	308
gunkan-yama	軍艦山	1181	北見63	ニペソツ山a	上士幌	241
hadasamu-yama	肌寒山	698	斜里47	辺計礼山c	弟子屈	111
hakonoue	函ノ上	1132.1	北見60	大函d	上川	290
hakutou-zan	白湯山	916	斜里63	阿寒湖b	釧路(阿寒)	145
hakuun-dake	白雲岳	2230.1	旭川5	白雲岳c	美瑛・上川	302
hakuun-zan	白雲山①	1186	帯広57	然別湖b	上士幌	207
hakuun-zan	白雲山②→上支湧別岳	1687.8	北見51	上支湧別b	北見(白滝)・遠軽(丸瀬布)	268
harumi-dai	春見台	316	斜里47	辺計礼山a	弟子屈	111
hesawa-yama	ヘサワ山	?	斜里30	摩周湖南部c	弟子屈	88
hetan-nupuri	ヘタンヌプリ	?	広尾42	忠類x	大樹	189
hibaushi-yama	枇杷牛山	957.7	北見36	大和ca	置戸	257
higashi-dake	東岳①	1520	知床岬55	硫黄山c	斜里・羅臼	32
higashi-dake	東岳②	2067	旭川5	白雲岳c	上川	300
higashimaru-yama	東丸山	1666	北見64	ウペペサンケ山c	新得・上士幌	200
higashimikuni-yama	東三国山→ヲロケウタナシ山	1230	北見38	東三国山b	置戸・足寄・陸別	221
higashinupukaushi-nupuri	東ヌプカウシヌプリ(山)	1252.2	帯広58	扇ヶ原a	士幌	211
higashioputateshike-yama	東オプタテシケ山→旭岳	2290.9	旭川13	旭岳a	東川	321
himara-yama	比麻良山	1796.1	北見59	平山d	上川・北見(白滝)	278
hinaga-yama	日永山	574	斜里47	辺計礼山d	弟子屈・標茶	136
hinne-shiri	ヒン子シリ②→雄阿寒岳	1370.5	斜里55	雄阿寒岳d	釧路(阿寒)	141
hira-dake	平岳	763.9	斜里20	サマックヌプリ山c	清里	72
hiraga-dake	平ヶ岳	1752	旭川5	白雲岳d	美瑛・上川	304
hira-yama	平山	1771	北見59	平山d	上川・北見(白滝)	277
hiyukinai-nohori	ヒユキナイノホリ→比布岳	2197	旭川12	愛山渓温泉b	上川・東川	315

第Ⅷ編　山名索引

呼(読)名	山　名	標高値	20万図	2.5万図	市町村	頁
hokkai-dake	北海岳	2149	旭川4	層雲峡d	上川・東川	292
hokuchin-dake	北鎮岳	2244	旭川4	層雲峡d	上川・東川	293
hokuryou-dake	北稜岳	1256	北見39	喜登牛山a	足寄	222
honnohori	ホンノホリ	?	釧路26	五十石a	標茶	129
hon-nohori	ホンノホリ→阿寒富士	1476.3	斜里64	雌阿寒岳c	釧路(阿寒)・足寄・白糠	149
hon-tatsukopu	ホンタツコブ→タブコブ④	66	帯広6	音別a	釧路(音別)	168
horoan-yama	幌安山	447.7	帯広34	活込a	足寄	182
horoka-yama	幌加山	887.2	北見37	常元c	北見(留辺蕊)・置戸	220
horoka-yama	ホロカ山	1165.9	北見55	幌加d	上士幌	231
horokenashi	ホロケナシ	?	広尾50	尾田x	大樹	191
horonai-nohori	ホロナイノホリ	763	知床岬45	知床岬b	斜里・羅臼	25
hororo	ホロロ	?	斜里56	ピリカネップd	鶴居	142
horoshika-touge	幌鹿峠	1081	北見56	糠平d	上士幌	196
houruyama	ホウル山→ウイーヌプリ	651.9	知床岬45	知床岬a	斜里・羅臼	25
ikishi-nohori	イキシノホリ	1267	知床岬64	知床峠d	斜里・羅臼	43
ikurushibe-yama	イクルシベ山	727	斜里46	和琴ab	弟子屈	108
ikuyuunai	育勇内	1219.7	北見56	糠平a	上士幌・足寄	194
inaushibetsu-nohori	イナウシベツノホリ	?	帯広46	幕別X	幕別	187
inaushi-nohori	イナウシノホリ	539.5	帯広10	ウコタキヌプリca	足寄・白糠	169
ingarusufupe	インガルシュぺ →エンカルウシ	382.4	夕張岳8	拓成a	帯広	192
ingaruushi-nohori	インガルウシノホリ	382.4	夕張岳8	拓成a	帯広	191
iou-yama	硫黄山①→ユワヲノホリ	1562.3	知床岬55	硫黄山c	斜里	29
iou-zan	硫黄山②→タブコブノツ	659	知床岬55	硫黄山c	斜里	30
iou-zan	硫黄山③→アトサヌプリ	508	斜里37	川湯b	弟子屈	92
ishikari-dake	石狩岳→鹿狩山	1967	北見62	石狩岳c	上川・上士幌	234
ishikari-dake②	石狩岳②→旭岳	2290.9	旭川13	旭岳a	東川	322
ishikarinokata	石狩の肩	1770	北見62	石狩岳c	上川・上士幌	238
ishinohori	イシノホリ→石山②	1439.6	北見64	ウペペサンケ山b	鹿追	199
ishiyama	石山①→ポンヌプリ	252.5	斜里38	美留和ab	弟子屈	96
ishiyama	石山②→イシノホリ	1439.6	北見64	ウペペサンケ山b	鹿追	199
itaya-yama	板谷山	?	帯広?	?	浦幌	178
itobe-yama	糸部山→江鳶山	712.9	斜里28	緑a	清里	75
iwahogi-yama	岩保木山	119.3	釧路36	遠矢a	釧路	132
iwamatsu-touge	岩松峠	1044	北見38	東三国山d	足寄・置戸	222
iwao-nopori	イワヲノポリ→硫黄山①	1562.3	知床岬55	硫黄山c	斜里	31
iwatanushi	イワタヌシ→岩田主山	607	斜里46	和琴cd	弟子屈	110
iwatanushi-yama	岩田主山→イワタヌシ	607	斜里46	和琴cd	弟子屈	110
iwayama	岩山	1121.5	北見60	大函b	上川	279
iyudani-dake	伊由谷岳	898.4	北見7	イユダニヌプリ山a	津別・足寄	158
iyudani-nupuri	イユダニヌプリ(山)→ユウタニ岳	902	北見7	イユダニヌプリ山a	陸別・足寄・津別	157

呼(読)名	山　名	標高値	20万図	2.5万図	市町村	頁
jyakusyon-piiku	J・P(ニペの耳)	1895	北見62	石狩岳d	上川・新得・上士幌	240
jyukaihou	樹海峰	1231.8	北見60	大函d	上川	280
jyukkoku-touge	十石峠	1576	北見62	石狩岳a	上川・上士幌	232
kabuto-yama	かぶと山→マクワンチサップ	574.1	斜里37	川湯d	弟子屈	96
kachikita-touge	勝北峠	972	北見54	十勝三股a	上士幌・置戸	228
kaisei-touge	開成峠	250	北見4	開成d	北見・津別	249
kaiyou-dai	開陽台→武佐台	269.2	斜里13	第二俣落b	中標津	65
kakkumi-touge	活汲峠	231	北見3	北見b	北見・美幌	249
kamiakita-yama	上秋田山	631.7	北見28	置戸c	留辺蘂・置戸	256
kamicfuubetsu-yama	上忠別山	1121.9	旭川1	旭岳d	美瑛	324
kami-dake	神岳→摩周岳	857	斜里30	摩周湖南部c	弟子屈	86
kamikachikita-yama	上勝北山	1390.4	北見53	石北峠d	上士幌・置戸	227
kamikawa-dake	上川岳	1884	旭川4	層雲峡d	上川	295
kamikoya	上小屋	941	北見54	十勝三股a	上士幌	229
kamimuka-yama	上武華山	825.6	北見45	曲り沢峠c	北見(留辺蘂)・置戸	224
kamishikaribestsu-yama	上然別山	1370.6	北見64	ウペペサンケ山cd	新得・鹿追	200
kamoi-dake	カモイ岳(山)→摩周岳	857	斜里30	摩周湖南部c	弟子屈	85
kamui-nupuri	カムイヌプリ(ノホリ)→摩周岳	857	斜里30	摩周湖南部c	弟子屈	85
kamuiroki-yama	カムイロキ山	370.5	帯広25	愛冠b	足寄	175
kamui-yama	神居山	169.3	帯広27	本別b	本別	177
kanchiushitokutapi-yama	カンチウシトクタピ山→カンジウシ山	276.9	斜里22	養老牛ca	中標津	81
kaneran-touge	カネラン峠	542	北見15	陸別東部b	陸別・足寄	194
kanjiushi-yama	カンジウシ山→カンチウシ岳	276.9	斜里22	養老牛ca	中標津	81
kankan-yama	カンカン山	214.2	帯広32	旅来c	豊頃	181
kannarashi-dake	カンナラシ岳→仁多山	?	斜里30	摩周湖南部d	弟子屈	89
kannarashi-dake	仁多山→カンラシ岳	?	斜里30	摩周湖南部d	弟子屈	89
kantiushi-dake	カンチウシ岳→カンジウシ山	276.9	斜里22	養老牛ca	中標津	81
kashiyu-nopori	カシユノポリ	?	知床岬45	知床岬b	羅臼	26
kaun-dake	化雲岳	1954.4	旭川14	トムラウシ山a	美瑛・新得	324
kawakami-dake	川上岳	1894	北見62	石狩岳d	上川・上士幌	240
kawaruppu-yama	川流布山	634.3	帯広20	川流布a	浦幌	173
keigetsu-dake	桂月岳	1938	旭川4	層雲峡d	上川	295
kemitippu-nupuri	ケミチップヌプリ	587.1	北見5	本岐c	津別	252
kenashipaushi	ケナシパウシ→丸山⑩	768.9	北見36	大和ab	留辺蘂	258
kenashiyofuko-tatsukofu	ケナシヨフコタツコフ	?	北見56	糠平x	上士幌	196
kengamine	剣ケ峰→オタウンペヌプリ	1328	斜里64	雌阿寒岳c	釧路(阿寒)・足寄	154
kihada-yama	黄肌山	?	帯広?	?	浦幌	178
kikin-dake	木禽岳→キキンルーチシヌプリ	994.8	斜里62	木禽岳b	津別	144

第Ⅷ編　山名索引

呼(読)名	山名	標高値	20万図	2.5万図	市町村	頁
kikinruuchishi-nupuri	キキンルーチシヌプリ→木禽岳	994.8	斜里62	木禽岳b	津別	144
kinchaku-yama	巾着山	16	根室41	風連c	根室	124
kinzan	金山	?	広尾??	?	?	188
kiridome-touge	霧止峠	96	帯広23	浦幌b	浦幌	175
kirisato-yama	霧里山→三角山②	1291.2	北見51	上支湧別ca	北見(白滝)	269
kiri-yama	錐山	720.9	斜里11	瑠辺斯岳b	斜里・標津	62
kitaishikari-dake	北石狩岳	1286.4	北見61	大雪湖d	上川	232
kitami-dake	北見岳→武利岳	1876.3	北見52	武利岳c	上川・遠軽(丸瀬布)	271
kitami-fuji	北見富士①→チセノホリ	1291.1	北見44	富士見d	北見(留辺蕊)	263
kitamigaoka	北見ヶ丘	185	北見3	北見d	北見	249
kitami-touge	北見峠	840	北見58	北見峠d	上川・遠軽(白滝)	274
kitapetoutoru-yama	北ペトウトル山	1400.9	帯広57	然別湖a	鹿追	205
kitatiyukubetsu-yama	北チユクベツ山	?	旭川5	白雲岳d	美瑛・上川	305
kitoushi-yama	喜登牛山→キトウシ山①	1312.2	北見39	喜登牛山b	足寄・陸別	223
kitoushi-yama	キトウシ山①→喜登牛山	1312.2	北見39	喜登牛山b	足寄・陸別	224
kiyosato-touge	清里峠	430	斜里29	摩周湖北部b	清里・中標津	82
koizumi-dake	小泉岳	2158	旭川5	白雲岳c	上川	299
komuniushi	コムニウシ	58	標津64	豊原a	別海	126
konpoku-touge	根北峠	487	斜里11	瑠辺斯岳d	斜里・標津	62
kooisan	コヲイサン	?	帯広??	?	?	167
kosaka-yama	小坂山	827.7	北見40	喜登牛a	足寄	224
kotengu	小天狗	1681	北見63	ニペソツ山ca	上士幌	241
kotengu	小天狗	1313	北見59	平山a	上川	276
kotoni-dake	琴似嶽→コトニヌプリ	952	斜里54	コトニヌプリa	津別・弟子屈	115
kotoni-nohori	コトニノホリ(ヌプリ)→コトニヌプリ	952	斜里54	コトニヌプリa	津別・弟子屈	116
koton-nohori	コトンノホリ→コトニヌプリ	952	斜里54	コトニヌプリa	津別・弟子屈	116
kounabetsu-dake	小海別岳→ポンヌプリ	902	斜里10	朱円b	斜里	52
kozuka	小塚	1877	旭川12	愛山渓温泉b	東川	313
kuchaunbetsu-dake	苦茶運別岳	1467	旭川6	五色ヶ原a	美瑛	307
kuchaushibe-nopori	クチャウシベノポリ→丸山②	229	斜里46	和琴a	弟子屈	108
kumaga-dake	熊ヶ岳	2210	旭川12	愛山渓温泉b	東川	314
kumaneshiri-dake	クマネシリ岳(ノホリ)→熊根山	1585.9	北見46	クマネシリ岳d	足寄	224
kumane-yama	熊根山→クマネシリ岳	1585.9	北見46	クマネシリ岳d	足寄	226
kumanosawa	熊の沢	380.8	帯広50	中音更a	上士幌	204
kumokiri-yama	雲霧山	1500.4	北見59	平山b	北見(白滝)	277
kunbetsu-dake	薫別岳→クン子ヘツ山	698.8	斜里3	西古多難a	標津	57
kunimi-yama	国見山→オツルシ山②	116.7	帯広53	帯広北部d	芽室・音更	187
kunitachi-yama	国立山	2194	旭川12	愛山渓温泉b	上川・東川	314

呼(読)名	山　名	標高値	20万図	2.5万図	市町村	頁
kunnebetsu-yama	訓子別山	856	北見29	北見勝山d	置戸・陸別	218
kunnehetsu-yama	クン子ヘツ山→薫別岳	698.8	斜里3	西古多糠a	標津	58
kunshintouge	訓津峠	468	北見13	釧津峠a	訓子府	253
kuraeushi-dake	ク(ウ)ラエウシ岳 →藻琴山	999.9	斜里44	藻琴山b	美幌・弟子屈・小清水	102
kuro-dake	黒岳	1984.4	旭川4	層雲峡d	上川	296
kushinhaushi	クシンハウシ	?	北見15	陸別東部x	足寄	160
kushiro-dake	釧路岳①→クツシソソ山	?	斜里38	美留和c	弟子屈	98
kushiro-dake	釧路岳②→藻琴山	999.9	斜里44	藻琴山b	美幌・弟子屈・小清水	105
kusuri-dake	クスリ岳→藻琴山	999.9	斜里44	藻琴山b	美幌・弟子屈・小清水	105
kusuri-yama	クスリ山(岳) →クツチヤロヌツプリ	503.9	斜里38	美留和c	弟子屈	98
kutekunhetsu-dake	クテクンヘツ山→俣落岳	1003.3	斜里12	俣落岳db	標津・中標津	64
kuteoshihetsu-nohori	クテヲシヘツノホリ	?	斜里21	養老牛温泉a	清里・中標津	72
kutibiru-yama	唇山→天望山	1173.9	帯広49	勢多山d	上士幌	204
kutoun-nupuri	クトウンヌプリ→コトニヌプリ	952	斜里54	コトニヌプリa	津別・弟子屈	116
kutsuchiyaro-nutsupuri	クツチヤロヌツプリ	503.9	斜里38	美留和c	弟子屈	97
kutsushishiso-yama	クツシシソ山→釧路岳	?	斜里38	美留和c	弟子屈	99
kuttapukopu	クッタプコプ →クッタプコプンペ	137	帯広2	右股b	白糠	165
kuttapukopu-npe	クッタプコプンペ→クッタプコプ	137	帯広2	右股b	白糠	165
kuttchiarousyupe	クッチャロウシュペ→丸山②	229	斜里46	和琴a	弟子屈	108
kuzure-yama	崩山	1257.4	帯広57	然別湖d	鹿追	210
machine-shiri	マチ子シリ①→武華山	1759	北見52	武利岳d	上川・遠軽(丸瀬布)・北見(留辺蕊)	273
machineshiri	マチ子シリ②→雌阿寒岳	1499	斜里64	雌阿寒岳c	釧路(阿寒)・足寄	154
maeasahi-dake	前旭岳	1608	旭川13	旭岳a	東川	323
maetengu	前天狗	1888	北見63	ニペソツ山c	新得・上士幌	242
maetengu	前天狗	1468	北見59	平山a	北見(白滝)	276
maetomuraushi-yama	前トムラウシ山	1649	旭川14	トムラウシ山b	新得	328
magarisawa-touge	曲り沢峠	722	北見45	曲り沢峠a	北見(留辺蕊)・置戸	224
makunbetsu	真勲別	752.9	北見11	菊水b	上川	310
makuwanchisappu	マクワンチサップ→かぶと山	574.1	斜里37	川湯d	弟子屈	95
mamiya-dake	間宮岳	2185	旭川4	層雲峡d	上川・東川	298
maruyama	丸山②→クッチャロウシュペ	229	斜里46	和琴a	弟子屈	108
maruyama	円山①→老者舞山	204.8	釧路21	仙鳳趾b	釧路	129
maruyama	丸山⑤→チホウマイワ山	271.4	広尾42	忠類a	幕別(忠類)	190
maruyama	丸山⑥	660	北見48	芽登温泉b	足寄	194
maruyama	丸山⑦	1692	北見64	ウペペサンケ山a	新得・上士幌	199
maruyama	丸山⑪	1617.8	北見60	大函c	上川・北見(白滝)	280

467

第Ⅷ編　山名索引

呼(読)名	山　　名	標高値	20万図	2.5万図	市町村	頁
maru-yama	丸山①	341.4	斜里11	瑠辺斯岳c	斜里	62
maru-yama	丸山③	103.3	標津58	根室峰浜b	標津	126
maru-yama	丸山④→磐羅山	76.9	釧路12	厚岸b	厚岸	127
maru-yama	円山②→タフコフ⑤	204.9	帯広22	常室c	浦幌	174
maru-yama	丸山⑧	574	北見31	西斗満b	足寄・陸別	219
maru-yama	丸山⑨→チヌケプヌプリ	587.1	北見5	本岐c	津別	251
maru-yama	円山③	379	北見20	訓子府c	置戸	256
maru-yama	丸山⑩→ケナシパウシ	768.9	北見36	大和ab	留辺蘂	257
mashiu-nobori	マシウノボリ(岳)→摩周岳	857	斜里30	摩周湖南部c	弟子屈	88
masyuu-dake	摩周岳→カムイヌプリ	857	斜里30	摩周湖南部c	弟子屈	87
mataochi-dake	俣落岳→クテクンヘツ岳	1003.3	斜里12	俣落岳db	標津・中標津	63
matsuda-dake	松田岳	2136	旭川4	層雲峡d	上川・東川	298
matsuura-dake	松浦岳→緑岳	2020	旭川5	白雲岳c	上川	300
meakan-dake	雌阿寒岳→マチ子シリ②	1499	斜里64	雌阿寒岳c	釧路(阿寒)・足寄	150
meakan-dake	メアカン岳→雌阿寒岳	1499	斜里64	雌阿寒岳c	釧路(阿寒)・足寄	152
menashi-yama	メナシ山①(羅臼岳と周辺の山々)	×××	知床岬56	羅臼c	斜里・羅臼	35
menashi-yama	メナシ山②	×××	斜里12	俣落岳db	標津・中標津	64
menoko-nohori	メノコノホリ→雌阿寒岳	1499	斜里64	雌阿寒岳c	釧路(阿寒)・足寄	154
meoto-yama	女夫山	859.3	帯広41	萩ヶ岡c	上士幌	202
meyama	雌山→武華山	1759	北見52	武利岳d	上川・遠軽(丸瀬布)・北見(留辺蘂)	273
miage-iwa	見上岩	800	斜里44	藻琴山a	大空(東藻琴)	100
midori-dake	緑岳→松浦岳	2020	旭川5	白雲岳c	上川	301
midori-yama	緑山	865.3	北見59	平山a	北見(白滝)	276
mikasa-yama	三笠山→三角山③	1291.2	北見51	上支湧別ca	北見(白滝)	268
mikuni-touge	三国峠	1139	北見54	十勝三股c	上士幌	231
mikuni-yama	三国山	1541.4	北見53	石北峠d	上川・上士幌・北見(留辺蘂)	227
minami-dake	南岳①	1459	知床岬55	硫黄山d	斜里・羅臼	33
minami-dake	南岳②	1339	斜里64	雌阿寒岳d	白糠・釧路(阿寒)	155
minami-dake	南岳③→松浦岳	2020	旭川5	白雲岳c	上川	301
minamikumaneshiri-dake	南クマネシリ岳	1560.1	北見55	幌加a	足寄	231
minamipetoutoru-yama	南ペトウトル山→シタマヌプリ	1345	帯広57	然別湖b	鹿追	208
minamishari-dake	南斜里岳	1442.2	斜里20	サマッケヌプリ山a	標津	71
minamitiyukubetsu-yama	南チユクベツ山	?	旭川6	五色ヶ原c	美瑛・新得	306
mitouyama	三東山→十勝ガ丘	180.2	帯広45	十勝川温泉b	池田	187
mitsumine	三ッ峰	1509	知床岬55	硫黄山d&羅臼c	斜里・羅臼	32
miyajima-yama	宮島山	414.1	帯広41	萩ヶ岡a	上士幌	201
miyoshibira-yama	ミヨシビラ山	?	帯広22	常室d	浦幌	174

呼(読)名	山　名	標高値	20万図	2.5万図	市町村	頁
moan-yama	モアン山	356.2	斜里22	養老牛a	中標津	80
moiwa	モイワ	?	釧路?	?	厚岸	127
moiwa	モイワ→藻岩山	300.7	北見11	相内d	北見	252
moiwa-yama	茂岩山	×××	帯広39	農野牛b	豊頃	185
moiwa-yama	モイワ山①	185.1	広尾42	忠類d	大樹	190
moiwa-yama	藻岩山→モイワ山②	635.7	帯広41	荻ヶ岡a	足寄	202
moiwa-yama	藻岩山→モユワノホリ	300.7	北見11	相内d	北見	252
moiwa-yama	モイワ②→藻岩山	635.7	帯広41	荻ヶ岡a	足寄	202
mokoto-yama	藻琴山→トエトクシベツ岳	999.9	斜里44	藻琴山b	美幌・弟子屈・小清水	100
momiji-yama	紅葉山	374	北見19	留辺蘂東部d	留辺蘂	255
moshiriya-osonae-yama	茂尻矢御供山	19	釧路37	釧路c	釧路	133
moyuwa-nohori	モユワノホリ→藻岩山	300.7	北見11	相内d	北見	253
mukaa-nobori	ムカーノボリ→武華山	1759.0	北見52	武利岳d	上川・遠軽(丸瀬布)・北見(留辺蘂)	273
muka-yama	武華山→ムカーノボリ	1759.0	北見52	武利岳d	上川・遠軽(丸瀬布)・北見(留辺蘂)	272
muri-dake	武利岳→ピン子シリ	1876.3	北見52	武利岳c	上川・遠軽(丸瀬布)	269
muruiganzan	無類岩山	1613.4	北見51	上支湧別b	遠軽(丸瀬布)	266
musadai	武佐台→開陽台	269.2	斜里13	第二俣落b	中標津	65
musa-dake	武佐岳→テクンベウシノホリ	1005.2	斜里4	武佐岳d	標津・中標津	60
mutsunuma-yama	六ッ沼山	1314.6	旭川7	五色ヶ原d	新得	309
nagayama-dake	永山岳	2046	旭川12	愛山渓温泉b	上川	312
nagayama-touge	永山峠(双湖台)	700	斜里55	雄阿寒岳b	釧路(阿寒)	137
naitai-yama	ナイタイ山→然別山①	1332	帯広49	勢多山c	上士幌	203
naka-dake	中岳	2113	旭川4	層雲峡d	上川・東川	299
nakajyou-dake	中条岳	1978	旭川12	愛山渓温泉b	上川	312
nakamachine-shiri	中マチネシリ→中雌山	1272	斜里64	雌阿寒岳c	釧路(阿寒)・足寄	155
nakame-yama	中雌山→中マチネシリ	1272	斜里64	雌阿寒岳c	釧路(阿寒)・足寄	155
nakao-yama	中尾山	1473.7	旭川14	トムラウシ山c	美瑛	328
naka-yama	中山	904.7	北見37	常元b	置戸	220
neko-yma	猫山→エキシヤラン岳	553.1	標津58	根室峯浜a	羅臼	46
niitokoro-yama	新常呂山	791.3	北見30	勲弥別川上流c	置戸・陸別	218
nikoro-nohori	ニコロノホリ→仁頃山	829.2	北見18	花園ab	北見・佐呂間	253
nikoro-yama	仁頃山→チユウシノホリ	829.2	北見18	花園ab	北見・佐呂間	253
ninarupo	仁鳴浦	974.8	北見48	芽登温泉b	上士幌・足寄	194
niokeoma-yama	ニヲケヲマ山	?	釧路21	仙鳳趾b	厚岸	129
nipe-sanmyaku	二屏山脈	1427.3	北見63	ニペソツ山a	上士幌	241
nipesotsu-yama	ニペソツ山	2013	北見63	ニペソツ山d	新得・上士幌	242
nisecharomatsufu	ニセチロマツフ→ニセイチャロマップ岳	1760	北見51	上支湧別d	上川・北見(白滝)・遠軽(丸瀬布)	269

469

第Ⅷ編　山名索引

呼(読)名	山　名	標高値	20万図	2.5万図	市町村	頁
niseicharomappu-dake	ニセイチャロマップ岳	1760	北見51	上支湧別d	上川 ・北見(白滝) ・遠軽(丸瀬布)	269
niseikausyuppe-yama	ニセイカウシュッペ山→トカチ岳	1883	旭川3	万景壁b	愛別・上川	260
nisei-yama	ニセイ山	1180.6	旭川7	トムラウシ川b	新得	309
nishibetsu-dake	西別岳→ヌウシヘツ山	799.5	斜里30	摩周湖南部a	標茶	83
nishibetsu-dake	ニシベツ岳→西別岳	799.5	斜里30	摩周湖南部a	標茶	83
nishikumaneshiri-dake	西クマネシリ岳	1635	北見54	十勝三股b	上士幌・足寄	230
nishinupukaushi-nupuri	西ヌプカウシヌプリ(山)	1251	帯広57	然別湖b	鹿追	208
nishitake-yama	西竹山	697.9	斜里21	養老牛温泉a	清里・中標津	73
nitatorusyuke-yama	ニタトルシュケ山	381.4	斜里37	川湯a	弟子屈	92
nita-yama	仁多山(仁田山)	420.5	斜里30	摩周湖南部d	弟子屈	89
nofuka-nohori	ノフカノホリ	？	釧路52	山花a	釧路	164
nogami-touge	野上峠	326	斜里36	野上峠b	弟子屈・清里	76
nokanoashi-yama	ノカノアシ山	？	北見53	石北峠d	上士幌・置戸	228
nokkeusi-yama	野付牛山→仁頃山	829.2	北見18	花園ab	北見・佐呂間	255
nokogiri-dake	鋸岳	2142	旭川4	層雲峡d	上川・東川	299
notatsukaushihe-dake	ノタツカウシヘ岳	×××	旭川12,13	愛山渓温泉/旭岳	上川・東川	287
notatsune-nohori	ノタツ子ノホリ	？	旭川12	愛山渓温泉x	上川・東川	318
notsukaushi-yama	ノツカウシ山	1252.2	帯広57.58	然別湖b/.扇ヶ原a	鹿追	210
nukabira-fuji	糠平富士	1834.9	北見64	ウペペサンケ山a	鹿追・上士幌	196
nukaushi-yama	額牛山	？	帯広40	勢多山x	上士幌	201
numanodairanonuma	沼ノ平の沼	1400	旭川12	愛山渓温泉b&d	東川・上川	316
numanohara-yama	沼ノ原山	1505.7	旭川6	五色ヶ原b	新得	307
nupuriondo-yama	ヌプリオンド山	？	斜里？	？	弟子屈	118
nupuripausfuppe-yama	ヌプリパウシュッペ山	1414	帯広57	然別湖b	鹿追	206
nutapukaushibe-nopori	ヌタプカウシベノポリ→旭岳	2290.9	旭川13	旭岳a	東川	322
nutsukeshi-dake	ヌツケシ岳	？	北見2	端野x	北見(端野)	249
nutsutaakausyube	ヌッタアカウシュベ	×××	旭川12,13	愛山渓温泉/旭岳	上川・東川	289
nuushihetsu-yama	ヌウシヘツ山→西別岳	799.5	斜里30	摩周湖南部a	標茶	85
nuushi-nohori	ヌウシノホリ→フップシ山	1225.4	斜里63	阿寒湖d	釧路(阿寒) ・足寄	147
oakan	ヲアカン→雄阿寒岳	1370.5	斜里55	雄阿寒岳d	釧路(阿寒)	138
oakan-dake	雄阿寒岳→ピン子シリ②	1370.5	斜里55	雄阿寒岳d	釧路(阿寒)	137
oakan-dake	男アカン岳→雄阿寒岳	1370.5	斜里55	雄阿寒岳d	釧路(阿寒)	138
ochirishi	オチリシ→大塚山	157.7	帯広26	足寄ca	足寄	177
ofui-dake	ヲフイ岳→ウイーヌプリ	651.9	知床岬45	知床岬a	斜里・羅臼	24
ofui-tatsukofu	ヲフイタツコフ	？	斜里27	札弦d	小清水・清里	74
ohachidaira	御鉢平	×××	旭川4	層雲峡d	上川	293

呼(読)名	山　名	標高値	20万図	2.5万図	市町村	頁
ohoro-yama	尾幌山	82	釧路20	尾幌d	厚岸	129
oketouenshiri	オケトウンウエンシリ	456.7	北見28	置戸b	置戸	256
oketo-yama	置戸山	550.1	北見28	置戸d	置戸	256
okkabake-dake	オッカバケ岳	1462	知床岬55	硫黄山d	斜里・羅臼	33
okufutamata	奥二股	628.6	斜里47	辺計礼山c	弟子屈	111
okuiou-dake	奥硫黄岳	1774	旭川14	トムラウシ山d	美瑛	328
okuiou-yama	奥硫黄山	1675	旭川14	トムラウシ山d	美瑛	328
okuonnebetsu-dake	奥遠音別岳→ラサウヌプリ	1019.4	斜里1	真鯉b	斜里・羅臼	47
okusfunbetsu-yama	奥春別山	476	斜里46	和琴b	弟子屈	108
okushiheyau	ヲクシヘヤウ	?	斜里10	朱円d	斜里	52
omonai-yama	重内山	483	斜里47	辺計礼山b	弟子屈	136
omote-daisetsun①	表大雪の総称 その1石狩岳	×××	旭川12,13	愛山渓温泉/旭岳	上川・東川	285
omote-daisetsun②	表大雪の総称その2忠別岳②	×××	旭川12,13	愛山渓温泉/旭岳	上川・東川	286
omote-daisetsun③	表大雪の総称	×××	旭川12,13	愛山渓温泉/旭岳	上川・東川	287
onbetsu-dake	ヲンベツ岳	?	帯広??	?	釧路(音別)・白糠	166
onnebetsu-dake	遠音別岳→ヲン子ノホリ	1330.4	標津53	遠音別岳c	斜里・羅臼	45
onne-nohori	ヲン子ノホリ→遠音別岳	1330.4	標津53	遠音別岳c	斜里・羅臼	46
onne-tapukopu	オン子タプコプ	?	釧路53	庶路c	白糠	164
onnetokuashibe-nupuri	オン子トクアシベヌプリ	?	北見8	オンネトーa	足寄	158
onneyu-touge	温根湯峠	500	北見28	置戸d	留辺蘂.置戸	257
onsen-dake	温泉岳	1578.6	北見62	石狩岳d	新得・上士幌	241
onsen-fuji	温泉富士→ワツカウイヌプリ	659.8	斜里21	養老牛温泉b	中標津	80
onsen-yama	温泉山	1281	北見56	糠平d	上士幌	195
onufu-nopori	ヲヌフノポリ→フップシ岳	1225.4	斜里63	阿寒湖d	釧路(阿寒)・足寄	147
oosaka-yama	大坂山	142	斜里24	泉沢c	標茶	134
ootsuka-yama	大塚山→オチリシ	157.7	帯広26	足寄ca	足寄	176
oozuka	大塚	1950	旭川12	愛山渓温泉b	東川	314
opashian-nupuri	オパシアンヌプリ	231.3	斜里46	和琴b	弟子屈	109
opashiyan-takkopu	オパシヤンタッコプ	369	斜里36	野上峠d	弟子屈	91
opera-tatsukobu	オペラタツコブ	312.4	斜里36	野上峠d	弟子屈	90
oppai-yama	オッパイ山	1635	北見54	十勝三股b	上士幌・足寄	230
opuchisyusappe	オプチシュサッペ→天望山	1173.9	帯広49	勢多山d	上士幌	204
oputateshike-nupuri	オプタテシケヌプリ	503.9	斜里38	美留和c	弟子屈	97
oribe-san	居辺山	427.1	帯広34	活込c	上士幌・本別	182
orokeutanashi-yama	ヲロケウタナシ山	?	北見37	常元X	置戸	220
orun-tatsuko-yama	ヲルンタツコ山	?	帯広63	上帯広x	芽室	187
osappe-nupuri	オサッペヌプリ	860	斜里54	コトニヌプリa	津別・弟子屈	114
osasusu-yama	長臼山→トンケシ山	95.3	帯広32	旅来b	豊頃	181
osonae-yama	御供山	75.5	釧路12	厚岸b	厚岸	128

第Ⅷ編　山名索引

呼(読)名	山　名	標高値	20万図	2.5万図	市町村	頁
osyamappu-yama	老者舞山→円山①	204.8	釧路21	仙鳳趾b	釧路	129
otanupuri	オタヌプリ	?	斜里33	浜小清水c	小清水	75
otaoroshi-tapukopu	オタオロシタプコプ	?	帯広41	萩ヶ岡x	上士幌	201
otaunpe-nupuri	オタウンペヌプリ→剣ケ峰	1328	斜里64	雌阿寒岳c	釧路(阿寒)・足寄	155
otiishi-yama	落石山→オツルシ山①	233.4	帯広37	十勝池田d	池田	184
otofuke-yama	音更山→ヲトケブ岳	1932.1	北見62	石狩岳c	上川・上士幌	238
otokehe-dake	ヲトケヘ岳→音更山	1932.1	北見62	石狩岳c	上川・上士幌	239
otokepu-dake	ヲトケブ岳→音更山	1932.1	北見62	石狩岳c	上川・上士幌	239
otsurushi-yama	オツルシ山①→落石山	233.4	帯広37	十勝池田d	池田	183
otsurushi-yama	オツルシ山②	116.7	帯広53	帯広北部d	芽室・音更	187
otsutateshike-yama	ヲツタテシケ山→旭岳	2290.9	旭川13	旭岳a	東川	322
ouba-yama	黄葉山	466	斜里39	弟子屈c	弟子屈	100
ouginuma-yama	扇沼山	1615.4	旭川14	トムラウシ山d	美瑛	329
oukoppe-yama	オウコッペ山	151.5	帯広23	浦幌a	浦幌	174
oyakotsu	ヲヤコツ	?	標津24	根室北部b	根室	125
panakushi-tatsukopu	パナクシタツコプ	369	斜里36	野上峠d	弟子屈	91
panawaan-tapukopu	パナワアンタプコプ	369	斜里36	野上峠d	弟子屈	91
panawanekimu-yama	パナワンエキム山	63.1	斜里18	斜里x	斜里	65
panawa-tatsukofu	パナワタツコフ	369	斜里36	野上峠d	弟子屈	91
panawawen-shiri	パナワウエンシリ	325〜376	斜里61	上里a	津別	118
pekere-zan	辺計礼山	732.3	斜里47	辺計礼山a	弟子屈	111
pekunneushi-nupuri	ペクン子ウシヌプリ	836.1	斜里4	武佐岳c	標津	58
penakushi-tatsukopu	ペナクシタツコプ	312.4	斜里36	野上峠d	弟子屈	90
penawaan-tapukopu	ペナワアンタプコプ	312.4	斜里36	野上峠d	弟子屈	90
penawanekimu-yama	ペナワンエキム山	82.2	斜里19	斜里岳x	斜里	65
penawa-tatsukofu	ペナワタツコフ	312.4	斜里36	野上峠d	弟子屈	90
penawawen-shiri	ペナワウエンシリ	325	斜里61	上里a	津別	118
penke-nupuri	ペンケヌプリ→美留和山	401.1	斜里38	美留和ab	弟子屈	96
pereke-yama	ペレケ山→タフカルウシ山	1267	知床岬64	知床峠d	斜里	43
petoutoru-yama	ペトウトル山	1414	帯広57	然別湖b	鹿追	205
pinne-shiri	ピン子シリ①→武利岳	1876.3	北見52	武利岳c	上川・遠軽(丸瀬布)	270
pippu-dake	比布岳→ヒユキナイノホリ	2197	旭川12	愛山渓温泉b	上川・東川	315
piraoro-nopori	ピラヲロノポリ→美羅尾山	553.7	斜里39	弟子屈c	弟子屈	99
piribetsu-dake	ピリベツ岳→比利山	1602	北見54	十勝三股b	上士幌・足寄	229
piri-yama	比利山→ピリベツ岳	1602	北見54	十勝三股b	上士幌・足寄	229
pishikachinai-yama	ピシカチナイ山→シカリベツ岳	1308.3	夕張岳1	ニペソツa	新得・鹿追	212

呼(読)名	山名	標高値	20万図	2.5万図	市町村	頁
ponantaro-yama	本安足山	1142.5	旭川12	愛山渓温泉d	上川・東川	317
ponasahi-dake	小旭岳	1654	旭川13	旭岳a	東川	323
poncfuubetsu-dake	凡忠別岳	1821	旭川5	白雲岳d	美瑛・上川	305
ponhakuun-dake	小白雲岳	1966	旭川5	白雲岳c	美瑛	301
ponishikari-dake	小石狩岳	1924	北見62	石狩岳d	上川・上士幌	240
poniwatanushi	ポンイワタヌシ	250.2	斜里46	和琴c	弟子屈	109
ponkaun-dake	小化雲岳	1924.4	旭川14	トムラウシ山a	美瑛	324
pon-nupuri	ポンヌプリ→小海別岳	902	斜里10	朱円b	斜里	52
pon-nupuri	ポンヌプリ→石山①	252.5	斜里38	美留和ab	弟子屈	97
pon-nupuri	ポンヌプリ	1400	旭川12	愛山渓温泉x	?	318
pon-otofuke-yama	ポン音更山	1802	北見62	石狩岳c	上川	234
ponpiribetsu-yama	本美利別山	1123.3	北見38	東三国山c	足寄	222
ponpon-yama	ポンポン山	380	斜里37	川湯c	弟子屈	94
ponsamakke-nupuri	ポンサマッケヌプリ	931.2	斜里54	コトニヌプリd	津別・釧路(阿寒)	137
ponshikaribetsu	奔然別	1005.4	旭川3	万景壁a	上川	260
pon-tapukopu	ポンタプコプ	?	北見4	開成x	津別	250
pontomuraushi-yama	ポントムラウシ山	1247.2	旭川7	トムラウシ川d	新得	310
pontomura-yama	ポントムラ山	1336	旭川7	トムラウシ川a	新得	309
ponyama	ポン山→タプコプ④	66	帯広6	音別a	釧路(音別)	168
poromoi-dake	ポロモイ岳→サツヌプリ	992.6	知床岬45	知床岬b	斜里・羅臼	25
poroneshiri-yama	ポロネシリ山	?	帯広23	浦幌x	浦幌	175
raikun-nupuri	ライクンヌプリ	111.6	斜里58	緋牛内d	美幌	248
raioniwa	ライオン岩	1691	北見52	武利岳d	上川・北見(留辺蘂)	274
rakun	Rakun	?	知床岬?	?	?	45
raruman-dake	ラルマン岳→ラルマニウシ岳	156.4	斜里19	斜里岳c	清里・斜里	66
rarumani-nohori	ラルマニノホリ→ラルマニウシ岳	156.4	斜里19	斜里岳c	清里・斜里	66
rarumaniushi-dake	ラルマニウシ岳→ラルマン岳	156.4	斜里19	斜里岳c	清里・斜里	66
rarumaniushi-dake	ラルマニウシ岳→江鳶山	712.9	斜里28	緑a	清里	75
rasaunokiba	ラサウの牙	840	斜里1	真鯉b	斜里・羅臼	47
rasau-nupuri	ラサウヌプリ→奥遠音岳	1019.4	斜里1	真鯉b	斜里・羅臼	47
raushi-dake	ラウシ岳→羅臼岳	1660.0	知床岬56	羅臼c	斜里・羅臼	37
raushi-dake	良牛岳→羅臼岳	1660.0	知床岬56	羅臼c	斜里・羅臼	37
raushi-dake	羅牛岳→羅臼岳	1660.0	知床岬56	羅臼c	斜里・羅臼	37
rausu-dake	羅臼岳→知床富士	1660.0	知床岬56	羅臼c	斜里・羅臼	36
reputan-nupuri	レプタンヌプリ→トウモシリ	355.1	斜里45	屈斜路湖cdab	弟子屈	106
riishiri-yama	リイシリ山	?	帯広?	?	?	177
rii-tatsukofu	リイタツコフ	?	釧路36	遠矢a	釧路	132
riiyuwa-nupuri	リイユワヌプリ	263	帯広17	螺湾cd	足寄	172
rikubetsu-yama	淕別山→リクンヘツ岳	599.8	北見14	上陸別a	陸別・津別	160

第Ⅷ編　山名索引

呼(読)名	山　　名	標高値	20万図	2.5万図	市町村	頁
rikubetsu-yama	陸別山	391.6	北見15	陸別東部c	陸別	253
rikunbetsu-dake	利薫別岳→リクンベツ岳	599.8	北見14	上陸別a	陸別・津別	160
rikunhetsu-dake	リクンヘツ岳→利薫別岳	599.8	北見14	上陸別a	陸別・津別	159
risuke-yama	リスケ山	787	斜里30	摩周湖南部a	標茶	82
riuenshiri	リウエンシリ	594	知床岬45	知床岬b	羅臼	26
rousha-yama	ロウシヤ山→ルシャ山	848.4	知床岬55	硫黄山a	斜里・羅臼	29
rubesu-dake	瑠辺斯岳	659	斜里11	瑠辺斯岳db	斜里・標津	62
ruchishi	ルチシ	510	斜里11	瑠辺斯岳d	斜里・標津	63
rusha-yama	ルシャ山→ロウシヤ山	848.4	知床岬55	硫黄山a	斜里・羅臼	28
ruuchishi	ルウチシ	487	斜里11	瑠辺斯岳d	斜里・標津	63
ruuchishi-nohori	ルウチシノホリ	446	斜里29	摩周湖北部b	清里・中標津	82
ruuchishi-nopori	ルウチシノポリ	627	帯広10	ウコタキヌプリa	足寄・白糠	169
ryouun-dake	凌雲岳	2125	旭川4	層雲峡d	上川	292
sajru	sajru→斜里岳	1547	斜里19	斜里岳b	清里・斜里	69
sakura-yama	佐倉山	295.5	帯広43	士幌a	士幌	186
sakutarou-yama	作太郎山	385	北見32	上利別b	足寄	219
samake-yama	様毛山	?	北見4	開成d	津別	251
samakkari-nupuri	サマッカリヌプリ→シヤマツカリ	974.3	斜里53	サマッカリヌプリb	津別・弟子屈	113
samakke-nupuri	サマッケヌプリ ⑤→シヤマツケノホリ	897.8	斜里54	コトニヌプリa	津別・弟子屈	117
samakke-nupuriyama	サマッケヌプリ山	1062.3	斜里20	サマッケヌプリ山b	清里・中標津・標津	71
samakke-tapukopu	サマッケタプコブ	?	北見4	開成d	津別	250
samakki-nupuri	サマッキヌプリ	947	知床岬45	知床岬a	斜里・羅臼	23
samatsuke-nohori	サマツケノホリ→シヤマツケノホリ	1100～1200	知床岬64	知床峠b	斜里・羅臼	45
sankaku-dai	三角台	74.7	根室42	厚床d	浜中	124
sankaku-yama	三角山①→チセ子ヌプリ	453.6	斜里46	和琴c	弟子屈	110
sankaku-yama	三角山②	77.5	釧路18	中チャンベツa	標茶	128
sankaku-yana	三角山③→三笠山	1291.2	北見51	上支湧別ca	北見(白滝)	268
sanneushi-yama	サンネウシ山(ノボリ)	?	釧路19	片無去a	厚岸	128
sanushi	サヌシ	282.1	斜里31	南弟子屈b	標茶	134
sarikiushi-dake	サリキウシ岳	1100	知床岬64	知床峠d	羅臼	42
sari-yama	サリ山→メナシ山①	×××	知床岬56	羅臼c	斜里・羅臼	36
saruno-take	サルノタケ→斜里岳	1547	斜里19	斜里岳b	清里・斜里	70
sasa-yama	笹山	?	斜里55	雄阿寒岳x	釧路(阿寒)	137
sashirui-dake	サシルイ岳	1564	知床岬55	硫黄山d	斜里・羅臼	34
satomi-dai	里見台	340	知床岬56	羅臼b	羅臼	36
sattsuru-touge	札弦峠	110	斜里27	札弦d	小清水	74
saunpon-nupuri	サウンポンヌプリ→江鳶山	712.9	斜里28	緑a	清里	75
sawanchisappu	サワンチサップ→帽子山	520	斜里37	川湯c	弟子屈	95
seiryuu-yama	青龍山	244.9	北見23	陸別b	陸別	218
sekihoku-touge	石北峠	1050	北見53	石北峠c	上川・北見(留辺蘂)	226

呼(読)名	山 名	標高値	20万図	2.5万図	市町村	頁
senpoku-touge	釧北峠	810	斜里63	阿寒湖c	津別・釧路(阿寒)	145
senshou-touge	釧勝峠	530	帯広11	ピラウンナイ川c	浦幌・白糠	171
setaniushi	セタニウシ	?	釧路37	釧路a	釧路	133
seta-yama	勢多山	996.6	帯広49	勢多山a	上士幌	202
setiri-yama	セチリ山	?	斜里56	ピリカネップa	釧路(阿寒)・鶴居	141
sfuyouyaushibetsu-dake	ショウヤウシベツ岳	?	斜里64	雌阿寒岳a	釧路(阿寒)	148
shayaratsuke-yama	シヤラツケ山	?	帯広?	?	?	177
shiba-yama	シバ山	1483.3	旭川5	白雲岳a	上川	299
shibetsu-dake	標津岳→標別岳	1061	斜里21	養老牛温泉a	清里・中標津	72
shibetsu-dake	標別岳→標津岳	1061	斜里21	養老牛温泉a	清里・中標津	72
shibinai-dake	シビナイ岳	1566	旭川5	白雲岳d	上川	304
shichikenhou	七賢峰	750	旭川3	万景壁d	上川	290
shiitokoro-yama	椎常呂山	1231.5	北見53	北見峠b	置戸	226
shikakari-yama	鹿狩山→石狩岳	1967	北見62	石狩岳c	上川・上士幌	237
shikaribetsu-dake	シカリベツ岳→ピシカチナイ山	1308.3	夕張図1	ニペソツa	新得・鹿追	213
shikaribetsu-yama	然別山①→ナイタイ山	1332	帯広49	勢多山x	上士幌	203
shikaribetsu-yama	然別山②	1264.1	帯広57	然別湖c	新得・鹿追	210
shikari-yama	士狩山	?	北見64	ウペペサンケ山x	鹿追・上士幌	199
shikerebe-yama	志計礼辺山→タンタカノホリ	581	斜里47	辺計礼山a	弟子屈	136
shikereheushi-dake	シケレヘウシ岳	300.1	広尾41	上更別b	大樹・幕別(忠類)	189
shimokachikita-yama	下勝北山	1352.4	北見54	十勝三股a	上士幌・置戸	228
shimokoro-yama	下頃山	?	帯広29	東台x	池田・浦幌	178
shimoskaribetsu-yama	下然別山	1093.2	北見64	ウペペサンケ山d	鹿追	200
shinnotsuushi-nupuri	シンノツウシヌプリ	462.8	帯広3	上茶路d	白糠	166
shirakaba-touge	白樺峠	890	帯広58	扇ヶ原a	士幌	212
shirakaba-yama	白樺山	?	帯広?	?	浦幌	178
shiranuka-dake	シラヌカ岳	?	帯広9	上螺湾x	白糠	168
shiretoko-dake	知床岳→チヤラセノホリ	1254.3	知床岬46	知床岳c	斜里	26
shiretoko-fuji	知床富士→羅臼岳	1660	知床岬56	羅臼c	斜里・羅臼	38
shiretokotouge	知床峠	738	知床岬64	知床峠a	斜里・羅臼	41
shiretoko-yama	シレトコ山→ウイーヌプリ	651.9	知床岬45	知床岬a	斜里・羅臼	24
shiruta	死留田	488.6	帯広49	勢多山b	上士幌	203
shitaba-nupuriyama	シタバヌプリ山	602.7	斜里21	養老牛温泉b	中標津・標津	73
shitama-nupuri	シタマヌプリ→南ペトウトル山	1345	帯広57	然別湖b	鹿追	208
shiyakubetsu-dake	シヤクベツ岳	?	帯広14	直別c	釧路(音別)	172
shiyamatsukari	シヤマツカリ→サマッカリヌプリ	974.3	斜里53	サマッカリヌプリb	津別・弟子屈	113
shiyamatsuke-iwa	シヤマツケイワ→シヤマツケノホリ	1100~1200	知床岬64	知床峠b	斜里・羅臼	45
shiyamatsuke-nohori	シヤマツケノホリ→シヤマツケイワ	1100~1200	知床岬64	知床峠b	斜里・羅臼	44

第Ⅷ編　山名索引

呼(読)名	山　名	標高値	20万図	2.5万図	市町村	頁
shiyamatsuke-nohori	シヤマツケノホリ→サマツケヌプリ	897.8	斜里54	コトニヌプリa	津別・弟子屈	117
shiyamatsuke-tatsukopu	シヤマツケタツコプ	?	北見4	開成d	津別	251
shiyarika-yama	シヤリカ山	?	釧路?	?	厚岸	124
shiyashiushi-yama	シヤシウシ山	?	根室59	茶内c	浜中	124
shiyokupuushi-nopori	シヨクプウシノポリ	?	帯広2	右股x	白糠・釧路(阿寒)	165
shiyokuwaunbe-nohori	シヨクワウンベノホリ	?	帯広1	庶路川上流c	足寄・白糠	160
shiyororo-yama	シヨロヽ山	878	北見8	オンネトーb	足寄・白糠	158
shiyuma-tatsukofu	シユマタツコフ	516	斜里56	ピリカネップd	釧路(阿寒)	142
shiyuubetsu-dake	支湧別岳→ユウベツ山	1687.8	北見51	上支湧別b	北見(白滝)・遠軽(丸瀬布)	266
shiyuuritai	シユウリタイ	?	斜里54	コトニヌプリx	標津	117
shizunai-yama	静内山	124.2	帯広23	浦幌d	浦幌	175
so-kippu-nupuri	ソーキップヌプリ	1026	斜里12	俣落岳b	標津・中標津	65
soshiri	ソシリ	458.7	斜里46	和琴b	弟子屈	109
soukaushipe-yama	ソーカウシペ山→滝ノ上山	567.5	帯広3	上茶路a	白糠	166
souunnai	双雲内	904.3	旭川3	万景壁c	上川	263
suneniushi-nupuri	スネニウシヌプリ	240.7	斜里31	南弟子屈b	標茶	134
sushiya-yama	スシヤ山(嶽)→ルシャ山	848.4	知床岬55	硫黄山a	斜里・羅臼	29
susoaidaira	裾合平	1690	旭川12	愛山渓温泉a	上川・東川	317
syari-dake	斜里岳→サル岳	1547	斜里19	斜里岳b	清里・斜里	67
syouun-yama	昌運山	357	斜里53	サマツカリヌプリc	美幌	114
tafukaruushi-yama	タフカルウシ山→ペレケ山	1267	知床岬64	知床峠d	斜里	42
tafukofu	タフコフ⑤→円山②	204.9	帯広22	常室c	浦幌	174
takayama	高山①	84	根室42	厚床d	浜中	124
taka-yama	高山②	895.8	北見50	白滝b	北見(白滝)・遠軽(丸瀬布)	265
takeyama	竹山	998.3	帯広49	勢多山d	上士幌	204
takinoue-yama	滝ノ上山→ソーカウシペ山	567.5	帯広3	上茶路a	白糠	166
tanno-touge	端野峠	260	北見2	端野c	北見・(端野)	249
tantaka-nohori	タンタカノホリ→志計礼辺山	581	斜里47	辺計礼山a	弟子屈	136
tantaka-yama	椴高山	395	釧路60	中庶路c	白糠	165
tapukopira	タプコピラ	258	北見24	大誉地d	足寄	178
tapukopu	タプコプ④→ポン山	66	帯広6	音別a	釧路(音別)	167
tapukopu	タプコプ⑥	550	帯広58	扇ヶ原a	士幌	212
tapukopu	タプコプ⑦	540	帯広58	扇ヶ原a	士幌	212
tapukopu	タプコプ(タツコフ)①	?	標津56	別海x	別海	125
tapukopu-notsu	タプコプノッ→硫黄②山	659	知床岬55	硫黄山c	斜里	32
tatsukofu	タツコフ②	?	釧路35	細岡b	釧路	130
tatsukofusaki	タツコフサキ→硫黄山②	659	知床岬55	硫黄山c	斜里	32
tatsukopu	タツコプ③	?	斜里60	津別c	津別	143
tekuheyaushi	テクヘヤウシ→武佐岳	1005.2	斜里4	武佐岳d	標津・中標津	61

呼(読)名	山 名	標高値	20万図	2.5万図	市町村	頁
tekunbeushi-nohori	テクンベウシノホリ→武佐岳	1005.2	斜里4	武佐岳d	標津・中標津	61
tekunbeyau-dake	テクンベヤウ岳→武佐岳	1005.2	斜里4	武佐岳d	標津・中標津	61
tekunbeyau-nohori	テクンベヤウノホリ→武佐岳	1005.2	斜里4	武佐岳d	標津・中標津	61
tekunfukau-nohori	テクンフカウノホリ→武佐岳	1005.2	斜里4	武佐岳d	標津・中標津	61
tenbou-zan	天望山→唇山	1173.9	帯広49	勢多山d	上士幌	204
tenchou-zan	天頂山	1046	知床岬64	知床峠a.b	斜里・羅臼	41
tengu-dake	天狗岳	1868	北見63	ニペソツ山c	新得・上士幌	242
tengu-dake	天狗岳	1553	北見59	平山a	北見(白滝)	275
tenmaku-yama	天幕山	1195.7	旭川4	層雲峡c	上川	291
tenpouzan	天宝山→椴山②	918.9	北見56	糠平b	上士幌	194
tentozan	天都山	194	斜里49	呼人a	網走	76
teshibetsu-dake	徹別岳→テシュペッヌプリ	877.4	釧路57	上徹別c	釧路(阿寒)	164
tesyupet-nupuri	テシュペッヌプリ→徹別岳	877.4	釧路57	上徹別c	釧路(阿寒)	164
thirara-take	チラヽタケ	?	広尾?	?	?	188
timikeppu	知美化布	568.6	北見5	本岐d	津別	252
tinukepu-nupuri	チヌケプヌプリ→丸山⑨	587.1	北見5	本岐c	津別	251
tinutsu-nohori	チヌツノホリ→フレベツ岳	1097.6	斜里64	雌阿寒岳a	釧路(阿寒)	148
tiyashikotsu	チヤシコツ	?	北見5	本岐a	津別	251
tiyrasehoro-nohori	チヤラセホロノホリ→知床岳	1254.3	知床岬46	知床岳c	斜里	27
tiyrase-nohori	チヤラセノホリ→知床岳	1254.3	知床岬46	知床岳c	斜里	27
tiyuusi-nohori	チユウシノホリ→仁頃山	829.2	北見18	花園ab	北見(端野)	255
todoyama	椴山①	?	標津60	伊奈仁x	標津	57
todoyama	椴山②→天宝山	918.9	北見56	糠平b	上士幌	195
toetokushibe-nohori	トヱトクシベノホリ→藻琴山	999.9	斜里44	藻琴山b	美幌・弟子屈・小清水	104
togari-mine	尖峰→忠類山	953	斜里4	武佐岳d	標津	58
togomeushi-yama	戸込牛山→トナイウシ山	449.6	斜里52	古梅d	津別・美幌	113
tohioka-yama	トヒオカ山	?	帯広39	農野牛x	豊頃	186
toitokoushi-dake	トイトコウシ岳→藻琴山	999.9	斜里44	藻琴山b	美幌・弟子屈・小清水	104
toitokushibetsu-nobori	トイトクシベツノボリ→藻琴山	999.9	斜里44	藻琴山b	美幌・弟子屈・小清水	104
tokachi-dake	トカチ岳→ニセイカウシュッペ山	1883	旭川3	万景壁b	愛別・上川	263
tokachiga-oka	十勝ヶ丘→三東山	180.2	帯広45	十勝川温泉b	池田	186
tokkarimui-dake	トッカリムイ岳	560.8	知床岬47	岬c	羅臼	28
tokomoro-yama	トコモロ山	?	帯広21	活平b	浦幌	173
tokoro-yama	所山	582	北見28	置戸d	置戸	257
tokoro-yama	常呂山(岳)→北見富士①	1291.5	北見44	富士見d	北見(留辺蕊)	264
tomuraushi-yama	トムラウシ山	2141	旭川14	トムラウシ山b	美瑛・新得	325
tonaiushi-yama	トナイウシ山	449.6	斜里52	古梅d	津別・美幌	112
tonkeshi-yama	トンケシ山	95.3	帯広32	旅来b	豊頃	181
toofutsu-yama	十弗山	275.9	帯広28	宝生a	本別・池田・浦幌	177
tosamoshibe	トサモシベ→トサムシベ岳	370.3	斜里45	屈斜路湖b	弟子屈	106

477

第Ⅷ編　山名索引

呼(読)名	山名	標高値	20万図	2.5万図	市町村	頁
tosamushibe-dake	トサムシベ岳→トサモシベ	370.3	斜里45	屈斜路湖b	弟子屈	106
toshibetsu-nohori	トシベツノホリ	?	北見30	勲弥別川上流x	置戸・陸別	218
toshibetsu-yama	トシベツ山	?	帯広37	十勝池田x	池田	182
touberi-yama	當縁山→湧洞山	335	広尾41	上更別a	幕別(忠類)・大樹	188
touma-dake	当麻岳	1967	旭川12	愛山渓温泉b	上川・東川	313
toumoshiri	トウモシリ	355.1	斜里45	屈斜路湖cdab	弟子屈	107
tsubetsu-touge	津別峠	745	斜里54	コトニヌプリa	津別・弟子屈	114
tsukimi-yama	月見山	529	斜里39	弟子屈c	弟子屈	100
tsukofu-yama	ツコフ山	?	釧路27	塘路湖c	標茶	130
tsutsuru-yama	ツツル山	?	帯広57	然別湖x	鹿追	205
uenhetsu-hori	ウエンヘツホリ	?	斜里?	?	斜里	70
uenruutishi	ウエンルウチシ	333	北見4	開成d	北見・津別	250
uenshiri	ウエンシリ①	145.6	斜里51	北見福住d	美幌	112
uenshiri	ウェンシリ②	219.7	斜里52	古梅b	美幌	112
uenshiri	ウエンシリ⑤→有縁山	415	夕張岳3	鹿追x	新得・鹿追	214
uen-shiri	ウエンシリ③	?	帯広5	河原c	釧路(音別)	167
uen-shiri	ウエンシリ(山)④	?	帯広18	奥仙美里c	足寄	172
uen-yama	有縁山→ウエンシリ⑤	415	夕張岳3	鹿追x	新得・鹿追	214
uesaka-yama	植坂山	475.9	広尾33	芽登a	足寄	243
ufui-nohori	ウフイノホリ→ウイーヌプリ	651.9	知床岬45	知床岬a	斜里・羅臼	23
ufun-nohori	ウフンノホリ	?	旭川14	トムラウシ山x	美瑛	329
uhori-yama	ウホリ山	?	根室59	茶内c	浜中	124
uii-nupuri	ウイーヌプリ→シレトコ山	651.9	知床岬45	知床岬a	斜里・羅臼	23
ui-nohori	ウイノホリ→ウイーヌプリ	651.9	知床岬45	知床岬a	斜里・羅臼	23
ukotaki-nupuri	ウコタキヌプリ	747	帯広10	ウコタキヌプリd	足寄・白糠	170
ukoubetsu-yama	宇光別山	1021.4	北見38	東三国山ca	置戸	221
una	una→海別岳	1419.3	斜里2	海別岳cd	斜里・羅臼・標津	51
unabetsu-dake	海別岳→ウナベツ岳	1419.3	斜里2	海別岳cd	斜里・羅臼・標津	48
unabetsu-dake	宇奈別岳→海別岳	1419.3	斜里2	海別岳cd	斜里・羅臼・標津	50
unabetsu-dake	ウナベツ岳(山・ヌプリ)→海別岳	1419.3	斜里2	海別岳cd	斜里・羅臼・標津	49
unabetsu-dake(yama)	羽奈別岳(山)→海別岳	1419.3	斜里2	海別岳cd	斜里・羅臼・標津	49
untotsuiwa	雲突岩	550	北見37	常元a	置戸	220
upepesanke-yama	ウペペサンケ山	1848	北見64	ウペペサンケ山a	鹿追・上士幌	197
uraeushi-dake	ウラエウシ岳(ノポリ)→藻琴山	999.9	斜里44	藻琴山b	美幌・弟子屈・小清水	101
uraiusfubetsu-nupuri	ウライウシュペッヌプリ→藻琴山	999.9	斜里44	藻琴山b	美幌・弟子屈・小清水	103
uraiya-dake	ウライヤ岳(ノポリ)	?	広尾42	忠類x	大樹・幕別(忠類)	189
urapekere-zan	裏辺計礼山	606	斜里47	辺計礼山a	弟子屈	110

呼(読)名	山　名	標高値	20万図	2.5万図	市町村	頁
urashi	Urashi→藻琴山	999.9	斜里44	藻琴山b	美幌・弟子屈・小清水	104
ushiroasahi-dake	後旭岳	2216	旭川13	旭岳a	東川	323
utatakanai-yama	歌高内山→オタウンペヌプリ	818.8	斜里63	阿寒湖a	津別・釧路(阿寒)	145
utoro-yama	ウトロ山	599	知床岬64	知床峠c	羅臼	42
wakaribetsu	和刈別	1033	北見58	北見峠d	上川・北見(白滝)	274
wakoto-yama	和琴山	216.1	斜里46	和琴b	弟子屈	109
watsukaui-nopori	ワツカウイヌプリ→温泉富士	659.8	斜里29	摩周湖北部b	清里・中標津	80
yakeyama	焼山	?	旭川6	五色ヶ原c	美瑛・新得	307
yamubekkuchi-yama	ヤムベックチ山	1430	帯広57	然別湖x	鹿追	205
yanhetsu-dake	ヤンヘツ岳	371.4	斜里36	野上峠d	弟子屈	89
yasumura-yama	安村山	522.5	帯広41	萩ヶ岡c	上士幌	201
yawanbetsu-yama	ヤワンベツ山→藻琴山	999.9	斜里44	藻琴山b	美幌・弟子屈・小清水	105
yourouushi-dake	養老牛岳	846.4	斜里21	養老牛温泉c	清里・中標津	73
yukeran-nupuri	ユケランヌプリ	721.3	帯広11	ピラウンナイ川d	釧路(音別)	171
yukimi-yama	雪見山	313	斜里47	辺計礼山a	弟子屈	111
yukishiro-yama	雪城山→北見富士	1291.1	北見44	富士見d	北見(留辺蘂)	265
yukuriyatanashi	ユクリヤタナシ→北見富士	1291.1	北見44	富士見d	北見(留辺蘂)	265
yuniishikari-dake	ユニ石狩岳	1756	北見62	石狩岳a	上川・上士幌	232
yuubetsu-yama	ユウベツ山→支湧別岳	1687.8	北見51	上支湧別b	北見(白滝)・遠軽(丸瀬布)	267
yuudani-nohori	夕谷登→イユダニヌプリ山	902	北見7	イユダニヌプリ山a	陸別・足寄・津別	158
yuudou-yama?	湧洞山→當縁山	335	広尾41	上更別a	幕別(忠類)・大樹	189
yuusendai	遊仙台	950	旭川4	層雲峡a	上川	290
yuutani-dake	ユウタニ岳→イユダニヌプリ山	902	北見7	イユダニヌプリ山a	陸別・足寄・津別	156
yuwao-dake	湯輪尾岳→硫黄山①	1562.3	知床岬55	硫黄山c	斜里	30
yuwao-nohori	ユワヲノホリ→硫黄山①	1562.3	知床岬55	硫黄山c	斜里	31
zangetsuhou	残月峰	1091	旭川4	層雲峡a	上川	263

［著者略歴］
渡　辺　　隆　watanabe takasi

1937 年　札幌市生まれ
1956 年　北海道立室蘭商業高校卒　北海道電力(株)入社
在職中　同社室蘭支店及び本店の山岳同好会所属
1989 年　北アルプス槍ヶ岳での滑落事故(重傷)を契機に、登山史及び
　　　　アイヌ語地名の調査研究活動を開始
1997 年　アイヌ語地名研究会設立、以降現在まで事務局長

［所属団体］
　　公益社団法人日本山岳会　　松浦武四郎研究会
　　アイヌ語地名研究会　　日本山書の会　　手稲郷土史研究会
　　室蘭地方史研究会

［主な著作］
　　1993 年「あの世から還って」　私家版
　　2002 年「蝦夷地山名辞書稿」『北の山の夜明け』日本山書の会
　　2007 年『江戸明治の百名山を行く－登山の先駆者松浦武四郎』
　　　　　　　　　　　　　　　　　　　　北海道出版企画センター
　　2013 年『山の履歴簿－山と人の関わり』第一巻 北海道南西部
　　　　　　　　　　　　　　　　　　　　北海道出版企画センター
　　2015 年『山の履歴簿－山と人の関わり』第二巻 北海道中央部
　　　　　　　　　　　　　　　　　　　　北海道出版企画センター

　　連絡先
　　　〒001-0017　札幌市北区北 17 条西 1 丁目 1-1
　　　北日本文化研究所内 Tel&Fax：011-299-6834

山の履歴簿 － 山と人の関わり
第三巻　大雪山・北海道北東部

発　行	2019 年 12 月 10 日
編著者	渡　辺　　隆
発行者	野澤　緯三男
発行所	北海道出版企画センター

　　〒001-0018 札幌市北区北 18 条西 6 丁目 2-47
　　電　話　011-737-1755　　FAX　011-737-4007
　　振　替　02790-6-16677
　　Ｕ Ｒ Ｌ　http://www.h-ppc.com/
　　E-mail hppc186 @rose.ocn.ne.Jp
　　印刷所　　㈱北海道機関紙印刷所

ISBN978-4-8328-1910-8　C0525